Die Steuerfahndung

von

Dr. Michael Streck
Rechtsanwalt
Fachanwalt für Steuerrecht

Dr. Rainer Spatscheck
Rechtsanwalt
Fachanwalt für Steuerrecht
Fachanwalt für Strafrecht

Dr. Peter Talaska
Rechtsanwalt
Fachanwalt für Steuerrecht

5. neu bearbeitete Auflage

2017

ottoschmidt

Zitierempfehlung:
Streck/Spatscheck/Talaska, Die Steuerfahndung,
5. Aufl. 2017, Rz. …

Bibliografische Information
der Deutschen Nationalbibliothek

Die Deutsche Nationalbibliothek verzeichnet diese Publikation in der Deutschen Nationalbibliografie; detaillierte bibliografische Daten sind im Internet über http://dnb.d-nb.de abrufbar.

Verlag Dr. Otto Schmidt KG
Gustav-Heinemann-Ufer 58, 50968 Köln
Tel. 02 21/9 37 38-01, Fax 02 21/9 37 38-943
info@otto-schmidt.de
www.otto-schmidt.de

ISBN 978-3-504-62318-0

Das verwendete Papier ist aus chlorfrei gebleichten Rohstoffen hergestellt, holz- und säurefrei, alterungsbeständig und umweltfreundlich.

Einbandgestaltung: Jan P. Lichtenford, Mettmann
Satz: WMTP, Birkenau
Druck und Verarbeitung: Kösel, Krugzell
Printed in Germany

Die Steuerfahndung

Das Buch „Die Steuerfahndung“ hat eine lange Tradition. Sie geht ursprünglich auf einen Vortrag meines Mitautors, Herrn Dr. Michael *Streck*, zurück, den dieser am 6.11.1978 auf dem ersten Steuerberatertag '78 in Berlin gehalten hatte. Zunächst wurde der Vortrag in die „Kölner Beratungsrichtlinie“ im Verlag des Arbeitskreises für Steuerrecht in Köln übernommen. 1986 erfolgte die Übernahme des Buchs durch den Verlag Dr. Otto Schmidt und es entstand somit die erste Auflage des heute vorliegenden Werks.

Seit der Vorauflage, die im Mai 2006 erschienen ist, hat sich im Bereich der Steuerfahndung und des Steuerstrafrechts so viel getan wie noch nie zuvor. Hintergrund ist, dass beginnend mit der öffentlichkeitswirksamen Durchsuchung bei Herrn Dr. Klaus *Zumwinkel*, dem ehemaligen „Postchef“ am 14.4.2008, eine Welle von „Auslandsanleger-Verfahren“ Deutschland beherrschte. Die Finanzverwaltung hat in großem Umfang Daten-CDs/DVDs angekauft, auf denen sich die Namen deutscher Steuerpflichtiger befanden, die in der Schweiz, Liechtenstein, Österreich und Luxemburg in großer Anzahl erhebliche Geldbeträge „verschwiegen“ anlegten. Die Verfahren wurden bei den Steuerfahndungsstellen als Massenverfahren bearbeitet. So war es nur eine Frage der Zeit, bis die Politik und der Gesetzgeber auf diese sehr öffentlichkeitswirksame Situation reagierten. Anstatt sich die Frage zu stellen, warum eine Vielzahl vermögender Deutscher ihre Gelder im Ausland anlegten, erfolgte eine gesetzliche Verschärfung der Selbstanzeige nach der anderen. So wurden beispielsweise das Vollständigkeitsgebot und weitere Sperren für die Einreichung der Selbstanzeige eingeführt. Von großer Bedeutung für die Zukunft wird die Verlängerung der strafrechtlichen Verfolgungsverjährung auf zehn Jahre im Falle der besonders schweren Steuerhinterziehung sein (§ 376 AO). In der Praxis ist es schon jetzt so, dass Steuerstrafverfahren für Veranlagungszeiträume laufen, in denen alle anderen Taten, wie z.B. Korruptionsdelikte, schon längst verjährt sind. Nur durch deren steuerliche Auswirkung als Betriebsausgabenabzug ergibt sich noch ein Ansatz für die Ermittlungsbehörden. Flankiert wurde der Gesetzgeber durch die im Bereich des Steuerstrafrechts neue, sehr restriktive Rechtsprechung des Bundesgerichtshofs, der sich unter anderem erstmals mit dem Aufstellen eines konkreten Gerüsts für die Strafzumessung beschäftigt hatte. So handelt es sich bei der nun vorliegenden 5. Auflage um eine wesentliche Neubearbeitung in vielen Bereichen, die unter anderem dazu geführt hat, dass die Randzahlen komplett neu vergeben werden mussten. Trotz des Umstands, dass die Steuerhinterziehung in den letzten Jahren erhebliche strafrechtliche Verschärfungen erfahren hat, bleibt es jedoch dabei, dass der Kern des Steuerstrafrechts im Steuerrecht liegt. Diesem Umstand folgt auch die 5. Auflage.

Herr Dr. Michael *Streck*, der Anfang 2016 aus unserer Partnerschaft ausgeschieden ist, und ich freuen uns, dass mein Kölner Partner, Herr Dr. Peter *Talaska*, als Autor hinzugekommen ist und als versierter und erfahrener Steuerstrafrechtsexperte das Buch in die Zukunft begleitet. Er bringt die Sicht der Verteidigung in Steuerstrafverfahren mit, die durch die bisherigen Autoren den Fokus des Werks gebildet hat.

München im Dezember 2016 — Dr. Rainer *Spatscheck*

Wegweiser

(Ausführliches Inhaltsverzeichnis auf S. XV ff.)

Wenn die Steuerfahndung kommt – Grundregeln für den Steuerbürger

- Wird die Steuerfahndung erwartet oder liegt das Erscheinen „in der Luft": Möglichkeit und Zweckmäßigkeit der **Selbstanzeige** prüfen, die strafbefreiend wirkt.
- Sobald die Steuerfahndung tätig wird, beginnt in der Sache das Strafverfahren, sei es förmlich eingeleitet oder nicht. Jeder Schritt steht ab sofort unter einem **Doppelaspekt**: Die Steuerfahndung ermittelt im **Strafverfahren** und im **Steuerverfahren**.
- Vor dem Erscheinen, nach dem Erscheinen: Die Steuerfahndung ist besser und weiß mehr als der Betroffene glaubt. **Vorsicht vor Unterschätzung**.
- Die Steuerfahndung beginnt i.d.R. mit einer **Hausdurchsuchung**. Gleichzeitig im Betrieb, am Arbeitsplatz, in der Privatwohnung und im Wochenendhaus. Fahnder sind geübte Durchsucher. Gegenstände, auf die sich das Augenmerk der Fahnder richtet: Briefe, Notizzettel, Notizbücher, Kalender, Schmierzettel, Bankmitteilungen, Kontoauszüge, Schlüssel (Safe), Verträge. Die Hausdurchsuchung muss „durchgestanden" werden; Rechtsbehelfe haben i.d.R. wenig Sinn.
- **Beschlagnahme:** Die Steuerfahndung hat das Recht, alle Papiere durchzusehen. Die Unterlagen, die sie mitnehmen will, kann sie beschlagnahmen, regelmäßig auch dann, wenn sie noch nicht über einen richterlichen Beschlagnahmebeschluss verfügt. Der Betroffene sollte auf einer Beschlagnahme bestehen; keine freiwillige Herausgabe von Unterlagen.
- Die Steuerfahndung muss gegenständlich genau **aufzeichnen**, was sie mitnimmt. Eine Ausfertigung dieser „Inventur" muss dem Betroffenen auf Verlangen ausgehändigt werden.
- Nach dem Erscheinen sofort den **Steuerberater** und/oder den **Anwalt** verständigen. Der Steuerbürger darf **telefonieren**, was hin und wieder von den Durchsuchenden bestritten wird.
- Ohne Beistand eines Beraters oder Verteidigers sind **Aussagen** unmittelbar anlässlich der Durchsuchung, von den Fahndern häufig angestrebt, **nicht ratsam**.
- Überhaupt gilt während des gesamten Verfahrens: **keine Einlassung, keine Auskünfte ohne Beratung**.

Grundregeln für den Steuerbürger

- **Vorsicht** vor **Kurzschlussreaktionen**. Reise ins Ausland, Leerräumen von Konten können **Haftgründe** darstellen.
- Das erkennbare Bemühen, die Fahnder von bestimmten **Ermittlungen abzuhalten, verursacht** oft diese **Ermittlungen**.
- Falls die Fahndung bei **Kunden, Lieferanten, Arbeitgebern, Arbeitnehmern** usw. ermitteln wird oder will, sollte der Betroffene vorher mit ihnen Kontakt aufnehmen. Das unvorbereitete Erscheinen der Steuerfahndung bei dem besten Kunden kann für einen Unternehmer verheerend sein. Zeugenbeeinflussung darf nicht stattfinden.
- Die Fahndung kann sich bei ihren Ermittlungen an die **Banken** wenden. Ein **Bankengeheimnis besteht** gegenüber der Fahndung **nicht**. Der Betroffene sollte seine Hausbank rechtzeitig informieren, falls mit Fahndungsermittlungen zu rechnen ist, um die Rufschädigung gering zu halten. Die Bitte der Fahnder, der Betroffene möge selbst Bankunterlagen zusammentragen, erfüllt regelmäßig nicht den angestrebten Zweck, den Besuch der Fahnder bei der Bank zu verhindern; die Steuerfahndung neigt schnell zu dem Verdacht, bei jeder freiwilligen Mithilfe werde etwas verschwiegen.
- Bei Aussagen der Fahndung über die **Straffolgen** einer Hinterziehung – „Sagen Sie alles, dann ist auch die Strafe gering" – ist große **Vorsicht** geboten. Die Fahndung entscheidet nicht über die strafrechtlichen Folgen.
- Das Gleiche gilt, wenn sich die Fahndung zu **Steuererlass-, Steuerstundungs-** oder **Vollstreckungsmaßnahmen** äußert. Hier ist nicht die Fahndung, sondern das Finanzamt zuständig.
- Folgt der Steuerfahndung unmittelbar ein **Arrest** zur **Sicherung** der **Steuerschuld**, so sollte mit der Vollstreckungsstelle ein Arrangement getroffen werden. Die Höhe der Steuerschuld, die der Betroffene sichert, präjudiziert nicht die endgültig festgesetzte Schuld. Ein Anerkenntnis liegt nicht vor. Der Streit an zwei Fronten – Steuerfahndung und Vollstreckungsstelle – muss vermieden werden.
- Nach dem ersten Sturm muss man sich generell auf ein **langes Verfahren** (18 Monate bis 20 Jahre) einrichten: 2 bis 3 Jahre sind ein Mittelwert. Praxiserfahrung: Erledigungseile bewirkt eher das Gegenteil.

Wenn die Steuerfahndung kommt – Grundregeln für den Berater

- Der Steuerberater sollte von Zeit zu Zeit mit dem Mandanten, sofern angebracht, das **Erscheinen** der **Steuerfahndung** als **Planspiel erörtern**.
- Die vorangehenden **Grundregeln** für den **Steuerbürger** sollten besprochen werden. Insbesondere muss mit dem gesamten Beratungsgewicht erreicht werden, dass der Mandant nach dem Erscheinen der Steuerfahndung keinen Schritt ohne Beratung unternimmt und den positiven Wert des Aussageverweigerungsrechts kennenlernt. Mandanten glauben i.d.R., Reden sei besser als Schweigen. Als Regel gilt das Gegenteil.
- Die Beratung und die Erörterung über den Fahndungseingriff sollten eher von den **härteren, nachteiligeren, pessimistischeren Möglichkeiten** ausgehen, als auf allzu optimistischen Erwartungen aufbauen.
- Im einschlägigen Fall ist auch die Möglichkeit der Verhaftung (**U-Haft**) zu besprechen. An eine mögliche Kaution und deren Finanzierung ist zu denken. Mittel für die Honorierung des Rechtsanwalts sollten verfügbar sein.
- Wird das Erscheinen der Steuerfahndung unmittelbar befürchtet, sind die Möglichkeiten der **Selbstanzeige** so schnell wie möglich zu erörtern. Jeder Tag Verzögerung kann nachteilig sein.
- Erscheint die Steuerfahndung bei einem Mandanten, so benötigt er den **Beistand** des **Beraters**. Der Berater, der sich jetzt von dem Mandanten entrüstet oder enttäuscht zurückzieht, verletzt das richtig verstandene **Beratungsethos**.
- Die **Strafverteidigung beginnt** vom **ersten Augenblick** des Erscheinens der Steuerfahndung an. Die Steuerhinterziehung oder leichtfertige Steuerverkürzung setzen stets eine Verkürzung von Steuern voraus. Folglich ist die **Auseinandersetzung** um die **Höhe** der verkürzten **Steuern** bereits **Strafverteidigung**.
- Aus der objektiven Fürsorgepflicht des Beraters für den Mandanten folgt, ihm seine **Beteuerung**, der **Verdacht** der Steuerfahndung sei **völlig** aus der **Luft gegriffen, nicht** zu **glauben**. Die Verteidigung muss nach dem ärgsten Verdacht der Steuerfahndung ausgerichtet

werden; das arglose Weitertragen der Behauptungen des Mandanten sieht dieser zwar gerne, nimmt dem Verteidiger jedoch wesentliche Reaktionsmöglichkeiten, falls der Verdacht der Steuerfahndung doch näher an der Wirklichkeit liegt, als dies der Mandant im Munde führt.

- Die **Steuerfahndung** ist **keine Betriebsprüfung**. Fahnder denken und handeln anders als der Betriebsprüfer. Der Zweck der Strafverfolgung erlaubt ihnen in ihren Augen eher, die in der Betriebsprüfung eingespielten Regeln des freundlichen, fairen und verlässlichen Umgangs zu verlassen.
- Mit **bereitwilliger Mitwirkung** und **Geständnisbereitschaft** zu **versuchen,** das Fahndungsverfahren **schnell** zu **erledigen**, ist **gefährlich**. Der gute Wille wird i.d.R. nicht mit einem besonderen Entgegenkommen honoriert.
- Bei der **Durchsuchung** und **Beschlagnahme Rechtsbehelfe** prüfen. Oft sind sie nicht zweckmäßig, im Einzelfall angebracht. Berater und Verteidiger sollten keine Rechtsbehelfe einlegen, um dem Mandanten zu zeigen, dass etwas geschieht.
- Grundsätzliche Beraterregel: Man **vertritt** den **Betroffenen** mit dem **Gesicht** zum **Gericht**, zur **Steuerfahndung**, zum **Finanzamt**. Wer in erster Linie während des Verfahrens den **Beifall** des **Mandanten** sucht, wird letztlich keinen Beifall für den Erfolg in der Vertretung finden.
- Der Steuerberater muss überlegen, ob sofort ein **Rechtsanwalt** als **Verteidiger** beizuziehen ist. Der Rechtsanwalt, als erster angesprochen, sucht sofort den Kontakt zum Steuerberater. Das **Gespann Steuerberater/Rechtsanwalt** muss für eine optimale Verteidigung kooperieren und funktionieren.
- Bei der Auswahl des Verteidigers ist zu bedenken, dass der **Verteidiger** nur **einen Tatbeteiligten** verteidigen kann.
- Droht ein **Arrest** oder ist er verfügt, sollten vorrangig die Verhandlungen mit der Vollstreckungsstelle aufgenommen werden, um hier eine einvernehmliche Regelung zu erzielen.
- Die **Entbindung** des **Beraters** von der **Schweigepflicht** ist sorgfältig zu überlegen. Im Zweifel sollte keine Entpflichtung erfolgen.
- Die **freiwillige Herausgabe** von **Mandatsunterlagen** durch den Berater an die Steuerfahndung ist – ohne Zustimmung des Mandanten – strafbar.

- **Buchführungsunterlagen**: Sie müssen nach § 104 AO herausgegeben werden; streitig ist, ob sie beschlagnahmt werden können.
- Die **Durchsuchung** einer **Beraterpraxis** und die Beschlagnahme von Mandatsunterlagen sollen i.d.R. richterlich überprüft werden; daraus folgt als Beraterverpflichtung, nahezu ausnahmslos Beschwerde einzulegen.

Inhaltsverzeichnis

Abkürzungsverzeichnis

a.A.	anderer Ansicht
a.a.O.	am angegebenen Ort
a.E.	am Ende
a.F.	alte Fassung
abl.	ablehnend
ABl.	Amtsblatt
Abschn.	Abschnitt
AEAO	Anwendungserlass zur Abgabenordnung
AEOI	Global Standard for Automatic Exchange of Financial Account Information
AEUV	Vertrag über die Arbeitsweise der Europäischen Union
AG	Aktiengesellschaft; auch: Die Aktiengesellschaft; auch: Amtsgericht
AIA	Automatischer Informationsaustausch
Anh.	Anhang
Anm.	Anmerkung(en)
AnwBl.	Anwaltsblatt
AO	Abgabenordnung
AO-StB	AO-Steuerberater
Art.	Artikel
AStBV (St)	Anweisungen für das Straf- und Bußgeldverfahren (Steuer)
AStG	Außensteuergesetz
AsylbLG	Asylbewerberleistungsgesetz
AufenthG	Aufenthaltsgesetz
Aufl.	Auflage
Aug.	August
AuslInvmG	Gesetz über steuerliche Maßnahmen bei Auslandsinvestitionen der deutschen Wirtschaft
AW-Prax	Außenwirtschaftspraxis
Az.	Aktenzeichen
BAnz	Bundesanzeiger
BayObLG	Bayerisches Oberstes Landesgericht
BB	Betriebs-Berater
BBG	Bundesbeamtengesetz
Bd.	Band
BdF	Bundesminister(ium) der Finanzen

Abkürzungsverzeichnis

BDSG	Bundesdatenschutzgesetz
BeamtStG	Beamtenstatusgesetz
BerlinFG	Berlinförderungsgesetz
betr.	betreffend
BetrVG	Betriebsverfassungsgesetz
BeurkG	Beurkundungsgesetz
BFH	Bundesfinanzhof
BFH/NV	Sammlung amtlich nicht veröffentlichter Entscheidungen des Bundesfinanzhofs
BFHE	Entscheidungen des Bundesfinanzhofs
BGB	Bürgerliches Gesetzbuch
BGBl.	Bundesgesetzblatt
BGH	Bundesgerichtshof
BGHR	Sammlung der BGH-Rechtsprechung in Zivil- und Strafsachen
BGHSt	Entscheidungen des Bundesgerichtshofs in Strafsachen
BGHZ	Entscheidungen des Bundesgerichtshofs in Zivilsachen
BJagdG	Bundesjagdgesetz
BMF	Bundesministerium der Finanzen
BMJ	Bundesminister(ium) der Justiz
BMJV	Bundesministerium der Justiz und für Verbraucherschutz
BpO	Betriebsprüfungsordnung
BRAO	Bundesrechtsanwaltsordnung
BR-Drucks.	Bundesrats-Drucksache
BStBl.	Bundessteuerblatt
BT-Drucks.	Bundestags-Drucksache
BuStra-Stelle	Bußgeld- und Strafsachenstelle
BVerfG	Bundesverfassungsgericht
BVerfGE	Entscheidungen des Bundesverfassungsgerichts
BZR	Bundeszentralregister
BZRG	Bundeszentralregistergesetz
BZSt	Bundeszentralamt für Steuern
CAA	Competent Authority Agreement
CRS	Common Reporting Standard
DB	Der Betrieb
DBA	Doppelbesteuerungsabkommen
Diss.	Dissertation

DNotZ	Deutsche Notar-Zeitschrift
DÖV	Die öffentliche Verwaltung
DRiZ	Deutsche Richterzeitung
DStJG	Deutsche Steuerjuristische Gesellschaft; gleichzeitig mit lfd. Nr. und Jahr Veröffentlichung der Jahrestagung
DStR	Deutsches Steuerrecht
DStRE	Deutsches Steuerrecht Entscheidungsdienst
DStZ	Deutsche Steuer-Zeitung
DSU	Dispute Settlement Understanding
-E	-Entwurf
EEA	Europäische Ermittlungsanordnung
EFG	Entscheidungen der Finanzgerichte
EG	Europäische Gemeinschaft
EGAO	Einführungsgesetz zur Abgabenordnung
EGGVG	Einführungsgesetz zum Gerichtsverfassungsgesetz
Einf.	Einführung
Einl.	Einleitung
ErbR	Zeitschrift für die gesamte erbrechtliche Praxis
ErbStDV	Erbschaftsteuer-Durchführungsverordnung
ErbStG	Erbschaftsteuergesetz
EStDV	Einkommensteuer-Durchführungsverordnung
EStG	Einkommensteuergesetz
EStR	Einkommensteuer-Richtlinien
EU	Europäische Union
EUAHiG	Gesetz über die Durchführung der gegenseitigen Amtshilfe in Steuersachen zwischen den Mitgliedstaaten der Europäischen Union (EU-Amtshilfegesetz)
EU-AmtshilfeRL	Richtlinie 2011/16/EU des Rates vom 15. Februar 2011 über die Zusammenarbeit der Verwaltungsbehörden im Bereich der Besteuerung und zur Aufhebung der Richtlinie 77/799/EWG
EuGH	Gerichtshof der Europäischen Union
EuHbG	Europäisches Haftbefehlsgesetz
EuRAG	Gesetz über die Tätigkeit europäischer Rechtsanwälte in Deutschland
EuRhÜbk	Europäisches Übereinkommen über die Rechtshilfe in Strafsachen vom 20.4.1959

EU-RhÜbk	Übereinkommen über die Rechtshilfe in Strafsachen zwischen den Mitgliedstaaten der Europäischen Union vom 29.5.2000
EU-ZinsRL	EU-Zinsrichtlinie
EWG	Europäische Wirtschaftsgemeinschaft
EWS	Europäisches Wirtschafts- und Steuerrecht
FA	Finanzamt
FAS	Frankfurter Allgemeine Sonntagszeitung
FATCA-Abkommen	Gesetz zu dem Abkommen vom 31. Mai 2013 zwischen der Bundesrepublik Deutschland und den Vereinigten Staaten von Amerika zur Förderung der Steuerehrlichkeit bei internationalen Sachverhalten und hinsichtlich der als Gesetz über die Steuerehrlichkeit bezüglich Auslandskonten bekannten US-amerikanischen Informations- und Meldebestimmungen
FATCA-USA-UmsV	Verordnung zur Umsetzung der Verpflichtungen aus dem Abkommen zwischen der Bundesrepublik Deutschland und den Vereinigten Staaten von Amerika zur Förderung der Steuerehrlichkeit bei internationalen Sachverhalten und hinsichtlich der als Gesetz über die Steuerehrlichkeit bezüglich Auslandskonten bekannten US-amerikanischen Informations- und Meldebestimmungen
FAZ	Frankfurter Allgemeine Zeitung
FG	Finanzgericht
FGO	Finanzgerichtsordnung
FinVerw.	Finanzverwaltung
FKAustG	Finanzkonten-Informationsaustauschgesetz
Fn.	Fußnote
FR	Finanz-Rundschau
FS	Festschrift
FVG	Gesetz über die Finanzverwaltung
GA	Goltdammer's Archiv für Strafrecht
GewO	Gewerbeordnung
GewStG	Gewerbesteuergesetz
GG	Grundgesetz
ggf.	gegebenenfalls
gl.A.	gleicher Ansicht
GmbH	Gesellschaft mit beschränkter Haftung

GmbHR	GmbH-Rundschau
GWB	Gesetz gegen Wettbewerbsbeschränkungen
GwG	Geldwäschegesetz
GZT	Gemeinschaftszolltarif
h.A.	herrschende Ansicht
h.L./h.M.	herrschende Lehre/Meinung
HandwO	Handwerksordnung
HFR	Höchstrichterliche Finanzrechtsprechung
HGB	Handelsgesetzbuch
HRRS	Höchstrichterliche Rechtsprechung zum Strafrecht
Hrsg.	Herausgeber
HZA	Hauptzollamt
i.d.F.	in der Fassung
i.d.R.	in der Regel
i.H.v.	in Höhe von
i.S.v./i.S.d.	im Sinne von/im Sinne der/des
i.V.m.	in Verbindung mit
Inf.	Die Information über Steuer und Wirtschaft
insb.	insbesondere
InvStG	Investmentsteuergesetz
InvZulG	Investitionszulagengesetz
IRG	Gesetz über die internationale Rechtshilfe in Strafsachen
ISR	Internationale Steuer-Rundschau
IStR	Internationales Steuerrecht
IWB	Internationale Wirtschaftsbriefe
Jan.	Januar
JbFfSt.	Jahrbuch der Fachanwälte für Steuerrecht
JGG	Jugendgerichtsgesetz
JR	Juristische Rundschau
JStG	Jahressteuergesetz
JVEG	Justizvergütungs- und -entschädigungsgesetz
JZ	Juristenzeitung
KG	Kammergericht; auch: Kommanditgesellschaft
KiStG	Kirchensteuergesetz
KiStRG Nds.	Kirchensteuerrahmengesetz Niedersachsen
KN	Kombinierte Nomenklatur

Abkürzungsverzeichnis

KO	Konkursordnung
KÖSDI	Kölner Steuerdialog
krit.	kritisch
KStG	Körperschaftsteuergesetz
KWG	Kreditwesengesetz
LG	Landgericht
LGBl.	Liechtensteinisches Landesgesetzblatt
m.w.N.	mit weiteren Nachweisen
MCAA	Multilateral Competent Authority Agreement
MDR	Monatsschrift für Deutsches Recht
Mio.	Million
MiStra	Mitteilungen in Strafsachen
Mrd.	Milliarde
MRK	Menschenrechtskonvention
Mrozek-Kartei	Mrozek, Steuerrechtsprechung in Karteiform (RFH 1914-1944)
NJW	Neue Juristische Wochenschrift
Nov.	November
NRW	Nordrhein-Westfalen
NStZ	Neue Zeitschrift für Strafrecht
NWB	Neue Wirtschafts-Briefe, Fach
NZWiSt	Neue Zeitschrift für Wirtschafts-, Steuer- und Unternehmensstrafrecht
o.Ä.	oder Ähnliches
OECD	Organisation for Economic Cooperation and Development
OECD-MA	OECD-Musterabkommen
OFD	Oberfinanzdirektion
OLG	Oberlandesgericht
p.a.	per anno
PartG	Parteiengesetz
PaßG	Paßgesetz
PStR	Praxis Steuerstrafrecht
RAO	Reichsabgabenordnung
RdF	Recht der Finanzinstrumente
Reg.-Dir.	Regierungsdirektor

RFH	Reichsfinanzhof
RFHE	Entscheidungen und Gutachten des Reichsfinanzhofs
RG	Reichsgericht
RGZ	Entscheidungen des Reichsgerichts in Zivilsachen
RiStBV	Richtlinien für das Strafverfahren und das Bußgeldverfahren
RiVAST	Richtlinien für den Verkehr mit dem Ausland in strafrechtlichen Angelegenheiten
RIW	Recht der internationalen Wirtschaft
RIW/AWD	Recht der internationalen Wirtschaft/Außenwirtschaftsdienst
rkr.	rechtskräftig
RL EEA	Richtlinie 2014/41/EU des Europäischen Parlaments und des Rates vom 3. April 2014 über die Europäische Ermittlungsanordnung in Strafsachen
RStBl.	Reichssteuerblatt
RVG	Rechtsanwaltsvergütungsgesetz
Rz.	Randzahl(en)
S./s.	Seite/siehe
SchwarzArbG	Gesetz zur Bekämpfung der Schwarzarbeit und illegalen Beschäftigung
SDÜ	Übereinkommen zur Durchführung des Übereinkommens von Schengen
Sept.	September
SGB I	Sozialgesetzbuch Erstes Buch: Allgemeiner Teil
SGB III	Sozialgesetzbuch Drittes Buch: Arbeitsförderung
SGB IV	Sozialgesetzbuch Viertes Buch: Gemeinsame Vorschriften für die Sozialversicherung
StB	Der Steuerberater
StBerG	Steuerberatungsgesetz
Stbg	Die Steuerberatung
StbJb.	Steuerberater-Jahrbuch
StbKongrRep.	Steuerberaterkongress-Report (ab 1977)
StBp	Die steuerliche Betriebsprüfung
StEK/StEK-Anm.	Steuererlasse in Karteiform bzw. Anmerkungen dazu
StGB	Strafgesetzbuch
StLex.	Steuer-Lexikon

Stpfl.	Steuerpflichtige(r)
StPO	Strafprozessordnung
str.	streitig
StraBEG	Strafbefreiungserklärungsgesetz
StraFO	Strafverteidiger Forum
StrEG	Gesetz über die Entschädigung für Strafverfolgungsmaßnahmen
StRK/StRK-Anm.	Steuerrechtsprechung in Karteiform bzw. Anmerkungen dazu
StuW	Steuer und Wirtschaft
StV	Strafverteidiger (Zeitschrift)
StVj	Steuerliche Vierteljahresschrift
StW	Die Steuerwarte
TIEA	Tax Information Exchange Agreement
Tz.	Textziffer(n)
u.a.	unter anderem; und andere
u.E.	unseres Erachtens
USD	US-Dollar
UStAE	Umsatzsteuer-Anwendungserlass
UStG	Umsatzsteuergesetz
UWG	Gesetz gegen den unlauteren Wettbewerb
UZK	Unionszollkodex
v.H.	vom Hundert
VerfGH	Verfassungsgerichtshof
VermBG, 5.	Fünftes Gesetz zur Förderung der Vermögensbildung der Arbeitnehmer
Vfg.	Verfügung
VG	Verwaltungsgericht
vGA	verdeckte Gewinnausschüttung
VGH	Verwaltungsgerichtshof
vgl.	vergleiche
WaffG	Waffengesetz
wistra	Zeitschrift für Wirtschaft, Steuer, Strafrecht
WoFG	Wohnraumförderungsgesetz
WoPG	Wohnungsbau-Prämiengesetz
Wpg	Die Wirtschaftsprüfung
WPO	Wirtschaftsprüferordnung

z.B.	zum Beispiel
ZAG	Zahlungsdiensteaufsichtsgesetz
ZFdG	Zollfahndungsdienstgesetz
ZfZ	Zeitschrift für Zölle und Verbrauchsteuern
Ziff.	Ziffer
ZIS	Zeitschrift für Internationale Strafrechtsdogmatik
ZIV	Zinsinformationsverordnung
ZK	Zollkodex
ZKA	Zollkriminalamt
ZK-DVO	Durchführungsverordnung zum Zollkodex
ZollVG	Zollverwaltungsgesetz
ZPO	Zivilprozessordnung
ZRP	Zeitschrift für Rechtspolitik
ZSEG	Gesetz über die Entschädigung von Zeugen und Sachverständigen
ZSteu	Zeitschrift für Steuern und Recht
ZWH	Zeitschrift für Wirtschaftsstrafrecht und Haftung im Unternehmen
zzt.	zurzeit

Literaturverzeichnis

Ambos/König/ Rackow	Rechtshilfe in Strafsachen, Kommentar, 2014
Armbrüster	Die Entwicklung der Verteidigung in Strafsachen, 1980
Bär	Handbuch zur EDV-Beweissicherung im Strafverfahren, 2007
Beermann/Gosch	AO/FGO Kommentar, Loseblatt
Beulke	Der Verteidiger im Strafverfahren, 1980
Bilsdorfer/Greck/ Naumann	Handbuch für das Steuerstraf- und Bußgeldverfahren, 1985
Bilsdorfer	Die Informationsquellen und -wege der Finanzverwaltung, 8. Aufl. 2009
Birk/Ehlers	Rechtsfragen des europäischen Steuer-Außenwirtschafts- und Zollrechts, 1995
Blümich	Einkommensteuergesetz, Körperschaftsteuergesetz, Gewerbesteuergesetz, Nebengesetze, Loseblatt
Blumers/Göggerle	Handbuch des Verteidigers und Beraters im Steuerstrafverfahren, 2. Aufl. 1989
Blumers/Kullen	Praktiken der Steuerfahndung, 2. unveränderte Aufl. 1981
Brand	SGB III-Kommentar, 7. Aufl. 2015
von Briel/Ehlscheid	Steuerstrafrecht, 2. Aufl. 2001
Brüssow/Gatzweiler/Krekeler/Mehle	Strafverteidigung in der Praxis, 4. Aufl. 2007
Buschmann/Luthmann	Das neue Steuerstrafrecht, 1969
Cramer/Cramer	Anwaltshandbuch Strafrecht, 2002
Dahs	Handbuch des Strafverteidigers, 8. Aufl. 2015
Dahs	Taschenbuch des Strafverteidigers, 4. Aufl. 1990
Dauses	Handbuch des EU-Wirtschaftsrechts, Loseblatt

Deutsches Steuerberatungsinstitut e.V. (Hrsg.)	Steuerberater Handbuch, 2016
DStJG	Veröffentlichungen der Deutschen Steuerjuristischen Gesellschaft e.V., s. *Kohlmann* (Bd. 6), *Kruse* (Bd. 11), *Fischer* (Bd. 21), *Trzaskalik* (Bd. 18), *Hüttemann* (Bd. 33) und *Mellinghoff* (Bd. 38)
Eich	Die tatsächliche Verständigung in Steuerverfahren und Steuerstrafverfahren, 1992
Festgabe Wassermeyer	Doppelbesteuerung: DBA, Zum 75. Geburtstag von Prof. Dr. Dr. h.c. Franz Wassermeyer, 2015
Fischer	Strafgesetzbuch mit Nebengesetzen, 63. Aufl. 2016
Fischer (Hrsg.)	Steuervereinfachung, DStJG 21, 1998
Flämig	Steuerprotest und Steuerberatung, 1979
Flore/Dörn/Gillmeister	Verteidigung bei Steuerfahndung und Steuerstrafverfahren, 3. Aufl. 2011
Flore/Tsambikakis	Steuerstrafrecht, Kommentar, 2. Aufl. 2016
FS Bruns	Frisch/Schmid (Hrsg.), Festschrift für Hans-Jürgen Bruns, 1978
FS Jöhr	*Küng* (Hrsg.), Wandlungen in Wirtschaft und Gesellschaft, Festschrift für Walter Adolf Jöhr zum 70. Geburtstag, 1980
FS Klein	*Kirchhof* (Hrsg.), Steuerrecht, Verfassungsrecht, Finanzpolitik, Festschrift für Franz Klein, 1994
FS Kohlmann	*Hirsch/Wolter/Brauns* (Hrsg.), Festschrift für Günter Kohlmann zum 70. Geburtstag, 2003
FS Peters	*Baumann/Tiedemann* (Hrsg.), Einheit und Vielfalt des Strafrechts, Festschrift für Karl Peters zum 70. Geburtstag, 1984
FS Schaumburg	*Spindler/Tipke/Rödder* (Hrsg.), Steuerzentrierte Rechtsberatung, Festschrift für Harald Schaumburg, 2009
FS Streck	*Binnewies/Spatscheck* (Hrsg.), Festschrift für Michael Streck zum 70. Geburtstag, 2011

FS Tipke	*Lang* (Hrsg.), Die Steuerrechtsordnung in der Diskussion, Festschrift für Klaus Tipke zum 70. Geburtstag, 1995
FS Wallis	*Klein/Vogel* (Hrsg.), Festschrift für Hugo von Wallis zum 75. Geburtstag, Der BFH und seine Rechnungslegung. Grundfragen – Grundlagen, 1985
Gedächtnisschrift Schlüchter	*Duttge/Geilen/Meyer-Goßner/Warda* (Hrsg.), Gedächtnisschrift für Ellen Schlüchter, 2002
Gellert	Zollkodex und Abgabenordnung, 2003
Göhler	Ordnungswidrigkeitengesetz, 16. Aufl. 2012
Goetzeler	Die rationalen Grundlagen des Steuerstrafrechts, 1934
Grabitz/von Bogdany/Nettesheim	Europäisches Außenwirtschaftsrecht, 1984
Graf/Jäger/Wittig	Wirtschafts- und Steuerstrafrecht, 2011
Grützner/Pötz	Internationaler Rechtshilfeverkehr in Strafsachen, Loseblatt
Haase	Internationales und Europäisches Steuerrecht, 4. Aufl. 2014
Hamm	Zur Grundlegung und Geschichte der Steuermoral, 1908
Hartung	Das Steuerstrafrecht, 3. Aufl. 1963
Hartz/Meeßen/Wolf	ABC Führer Lohnsteuer, Loseblatt
Hellmann	Das Neben-Strafverfahrensrecht der Abgabenordnung, 1995
Hendricks	Internationale Informationshilfe im Steuerverfahren, 2004
Henneberg	Entscheidungen zum Recht der Steuerverfehlungen, Loseblatt
Herrmann/Heuer/Raupach	Einkommensteuer- und Körperschaftsteuergesetz, Kommentar, Loseblatt
Holtfort (Hrsg.)	Strafverteidiger oder Interessenvertreter - Berufsbild und Tätigkeitsbild, 1979

Hübschmann/ Hepp/Spitaler	Abgabenordnung - Finanzgerichtsordnung, Kommentar, Loseblatt
Hüttemann (Hrsg.)	Gestaltungsfreiheit und Gestaltungsmissbrauch im Steuerrecht, DStJG 33, 2010
Isensee	Die typisierende Verwaltung, 1976
Joecks	Praxis des Steuerstrafrechts, 1997
Joecks/Jäger/Randt	Steuerstrafrecht, 8. Aufl. 2015
Karlsruher Kommentar	Strafprozessordnung, 7. Aufl. 2013
Kaspers	Vom Sachsenspiegel zum Code Napoléon, 1978
Kasseler Kommentar	Sozialversicherungsrecht, Loseblatt
Kaufmann	Ursprungsregeln, 1996
Kirchhof	EStG Kompaktkommentar, 15. Aufl. 2016
Klein	AO, 13. Aufl. 2016
Knapp	Der Verteidiger – Ein Organ der Rechtspflege?, 1974
Koch/Scholtz	Abgabenordnung, 5. Aufl. 1996
Kohlmann	Steuerstraf- und Steuerordnungswidrigkeitenrecht einschließlich Verfahrensrecht, Loseblatt
Kohlmann (Hrsg.)	Strafverfolgung und Strafverteidigung im Steuerstrafrecht, DStJG 6, 1983
Koslowski	Steuerberatungsgesetz, Kommentar, 7. Aufl. 2015
Kress	Motive für die Begehung von Steuerhinterziehung, Diss. Köln, 1983
Kruse (Hrsg.)	Zölle, Verbrauchsteuern, europäisches Marktordnungsrecht, DStJG 11, 1987
Kuhn/Weigell	Steuerstrafrecht, 2. Aufl. 2013
Lange	Strafrechtsreform, 1972
Löwe/Rosenberg	Strafprozessordnung und Gerichtsverfassungsgesetz, 26. Aufl. 2006 ff., Bd. 1 27. Aufl. 2016

Marienhagen	Die Einlassung der Verteidiger im Steuerstrafverfahren, Diss. Kiel, 1986
Meisel	Das Strafrecht der Reichsabgabenordnung, sein Prinzip und seine Technik, 1920
Mellinghoff (Hrsg.)	Steuerstrafrecht an der Schnittstelle zum Steuerrecht, DStJG 38, 2015
Meyer	Steuerfahndung, 1952
Meyer-Goßner/Schmitt	Strafprozessordnung, Kommentar mit Nebengesetzen, 59. Aufl. 2016
Möller	Die Berichtigungspflicht nach § 153 AO und die strafrechtlichen Folgen einer Pflichtverletzung, 1996
Möller/Schumann	Warenursprung und Präferenzen, 7. Aufl. 2013
Mönch	Steuerkriminalität und Sanktionswahrscheinlichkeit, Diss. Bremen, 1978
Müller, J.R.	Die Selbstanzeige im Steuerstrafverfahren, 2. Aufl. 2015
Müller-Eiselt/Vonderbank	EG-Zollrecht, Loseblatt
Müller/Wabnitz/Janovsky	Wirtschaftskriminalität, 4. Aufl. 1997
Münchener Anwaltshandbuch	Verteidigung in Wirtschafts- und Steuerstrafsachen, hrsg. von *Volk*, 2. Aufl. 2014
Münchener Kommentar	zum Strafgesetzbuch, Band 7: Nebenstrafrecht II, 2. Aufl. 2015
Nelles	Kompetenzen und Ausnahmekompetenzen in der Strafprozessordnung, Diss. Münster, 1979
Olgemöller	Zollkodex und AO-Haftungsrecht, Diss. Osnabrück, 2001
Panfler	Die Steuerhinterziehung, 1983
Park	Handbuch Durchsuchung und Beschlagnahme, 3. Aufl. 2015
Peres	Die Steuerhinterziehung im Spiegel der Rechtsprechung, 1963

Pfaff	Steuerzuwiderhandlungen und Wirtschaftskriminalität, 1979
Pfeiffer	Strafprozessordnung, 5. Aufl. 2005
Puviani	Die Illusion in der öffentlichen Finanzwirtschaft, 1903; dt. Übersetzung aus dem Italienischen, 1960
Quedenfeld/Füllsack	Verteidigung in Steuerstrafsachen, 5. Aufl. 2016
Randt	Der Steuerfahndungsfall, 2004
Reiß	Besteuerungsverfahren und Strafverfahren, 1987
Rengier	Das Zeugnisverweigerungsrecht im geltenden und künftigen Strafverfahrensrecht, 1979
Rogall	Der Beschuldigte als Beweismittel gegen sich selbst, 1977
Rolletschke/Kemper	Steuerstrafrecht AO - UStG - ZollVG, Kommentar, Loseblatt
Roth	Sammelauskunftsersuchen und internationale Gruppenanfragen, 2014
Roxin/Schünemann	Strafverfahrensrecht, 28. Aufl. 2014
Rüping	Beweisverbote als Schranken der Aufklärung im Steuerrecht, 1981
Rüping	Steuerfahndungsergebnisse und ihre Verwertbarkeit, 1981
Rüping	Das Strafverfahren, 2. Aufl. 1983
Rüster	Der Steuerpflichtige im Grenzbereich zwischen Besteuerungsverfahren und Strafverfahren, 1989
Schairer	Der befangene Staatsanwalt, 1983
Schaumburg/Peters	Internationales Steuerstrafrecht, 2015
Schedel	Ausschließung und Ablehnung des befangenen oder befangen scheinenden Staatsanwalts, Diss. Würzburg, 1984
Schick	Vergleiche und sonstige Vereinbarungen zwischen Staat und Bürger, 1967

Schindhelm	Das Kompensationsverbot im Delikt der Steuerhinterziehung, 2004
Schlüchter	Das Strafverfahren, 2. Aufl. 1983
Schmidt	EStG, Kommentar 35. Aufl. 2016
Schmölders/Hansmeyer	Allgemeine Steuerlehre, 5. Aufl. 1980
Schmölders/Strümpel	Vergleichende Finanzpsychologie – Besteuerung und Steuermentalität in einigen europäischen Ländern, 1968
Schönke/Schröder	Strafgesetzbuch, 29. Aufl. 2014
Schomburg/Lagodny/Gleß/Hackner	Internationale Rechtshilfe in Strafsachen, 5. Aufl. 2012
Schorn	Der Strafverteidiger, 1966
Schreiber	Die Beschlagnahme von Unterlagen beim Steuerberater, 1993
Schwarz/Pahlke	AO/FGO Kommentar, Loseblatt
Seckel	Die Steuerhinterziehung (§ 370 AO 1977), 1978
Simon/Wagner	Steuerstrafrecht, 4. Aufl. 2015
Söhn	Die Abgrenzung der Betriebs- oder Berufssphäre von der Privatsphäre im Einkommensteuerrecht, 1980
Spatscheck	Steuern im Internet, 2000
Stahl	Selbstanzeige, 4. Aufl. 2016
Streck (Hrsg.)	Beraterkommentar zur Steueramnestie, 2004
Streck/Kamps	Die Außenprüfung, 3. Aufl. 2017
Streck/Kamps/Olgemöller	Der Steuerstreit, 4. Aufl. 2017
Strümpel	Steuermoral und Steuerwiderstand der deutschen Selbständigen, 1966
Strümpel	Steuersystem und wirtschaftliche Entwicklung, 1968
Suhr/Naumann/Bilsdorfer	Steuerstrafrecht-Kommentar, 4. Aufl. 1986

Tersteegen	Steuer-Strafrecht, 1956
Tipke	Die Steuerrechtsordnung, Bd. 1-3 1. Aufl. 1993, Bd. 1 2. Aufl. 2000, Bd. 2 2. Aufl. 2003, Bd. 3 2. Aufl. 2012
Tipke	Steuerliche Betriebsprüfung im Rechtsstaat, 1968
Tipke/Kruse	Abgabenordnung/Finanzgerichtsordnung, Kommentar, Loseblatt
Tipke/Lang	Steuerrecht, 22. Aufl. 2015
Tretter	Die Steuermentalität, 1974
Troeger/Meyer	Steuerstrafrecht, 3. Aufl. 1957
Trzaskalik (Hrsg.)	Der Rechtsschutz in Steuersachen, DStJG 18, 1995
Wabnitz/Janovsky	Handbuch des Wirtschafts- und Steuerstrafrechts, 4. Aufl. 2014
Wannemacher & Partner	Steuerstrafrecht, 6. Aufl. 2013
Wassermeyer	DBA, Loseblatt
Wendeborn	Das Recht der Steuerfahndung gemäß §§ 208, 404 AO, 1989
Weyand/Diversy	Insolvenzdelikte, 9. Aufl. 2013
Witte	Zollkodex, 6. Aufl. 2016
Wolter	Systematischer Kommentar zur StPO, Loseblatt
Zybon	Wirtschaftskriminalität als gesamtwirtschaftliches Problem, 1972

Erster Teil
Grundlagen und Grundregeln der Steuerfahndung und Verteidigung

A. Die Steuerfahndung

I. Zweck, Befugnisse und Machtkonzentration

1. Zweck und Doppelfunktion

Steuerfahndung ist **Steuereintreibung** und **Steuerstrafverfolgung** unter massivem Einsatz der hoheitlichen Möglichkeiten des Staats. Fiskal- und Strafzweck verbinden sich, um sich in höchstmöglicher Konzentration und Rigorosität gegen einen Bürger zu wenden, der im Verdacht steht, dem Staat Steuern vorzuenthalten. Die hier erlaubte hoheitliche Gewalt wird nur noch im Bereich der Wehrhoheit übertroffen[1]. 1

Der **doppelte Zweck** macht die Fahndung zu einem janusköpfigen Gebilde. Sie ist **Fiskalbehörde** und unterliegt der **AO**. Sie ist **Strafverfolgungsbehörde**; insoweit gilt die **StPO**. Sowohl der Gesetzgeber[2] als auch Rechtsprechung[3], Finanzverwaltung[4] und herrschende Literatur[5] begreifen die Steuerfahndung als historisch gewachsene[6] klassische Institution mit Doppelfunktion[7]. 2

---

1 Vgl. *Dahs*, Handbuch des Strafverteidigers, 5. Aufl. 1983, Rz. 1.

2 Vgl. BT-Drucks. 7/4292 zu § 208 AO.

3 BFH, z.B. BFH v. 6.2.2001 – VII B 277/00, BStBl. II 2001, 306; BFH v. 15.6.2001 – VII B 11/00, BStBl. II 2001, 624; ständige Rspr.

4 FinVerw., AEAO zu § 208; Nr. 122 ff. AStBV (St) 2014 v. 1.11.2013.

5 *Rüsken* in Klein, AO, 13. Aufl. 2016, § 208 Rz. 1 ff.; *Seer* in Tipke/Kruse, AO/FGO, § 208 AO Rz. 15 (Mai 2011).

6 *Schick* in Hübschmann/Hepp/Spitaler, AO/FGO, § 208 AO Rz. 11 ff. (Nov. 1992).

7 Zur entsprechenden Rechtslage **vor Inkrafttreten** der **AO 1977** s. auch BVerfG v. 15.5.1963 – 2 BvR 106/63, BVerfGE 16, 125; BFH v. 2.8.1962 – IV 346/60 U, BStBl. III 1963, 49; s. weiter die Schrift von *Heinz Meyer*, Steuerfahndung, 1952; *Wolter*, Inf. 1975, 397, 407; *Jakob*, StuW 1971, 297; 1972, 115. Zur **geschichtlichen Entwicklung** s. die Hinweise bei *Seer* in Tipke/Kruse, AO/FGO, § 208 AO Rz. 1 (Mai 2011); *Schick*, JZ 1982, 125; *Sauer*, DStZ 1988, 339; *Wendeborn*, Das Recht der Steuerfahndung gem. §§ 208, 404 AO, 1989, 11 ff. Zur Kritik s. unten Rz. 49 ff.

3 AO und StPO sind die Normensysteme mit den wesentlichen **Eingriffsmöglichkeiten** des Staats. Sind sie einer einzigen Dienststelle in die Hand gegeben, kumuliert sich die **Eingriffsmacht**. Diese Machtkonzentration erfordert, dass die Steuerfahndung die in beiden Ordnungen normierten Rechte mit der Maßgabe beachtet, dass jeweils das stärkere Recht des Bürgers vorgeht[1]; sie muss mit doppelter Vorsicht handeln. Allerdings ist dies bereits rechtlich nicht gesichert (vgl. Rz. 22 ff.). Darüber hinaus lehrt die Praxis, dass die Steuerfahndung eher dazu neigt, aus beiden Rechten im Sinn einer eigenen „Meistbegünstigung"[2] die jeweils im Einzelfall wirksamsten Eingriffsmöglichkeiten abzuleiten. Unter anderem aufgrund dieser Gefahr wird der Steuerfahndung von *Schick* und *Hellmann* (s. Rz. 14) grundsätzlich die Möglichkeit bestritten, in der Doppelfunktion, hier insbesondere als Besteuerungsorgan, tätig zu werden.

4 Nur das Gesetz ist Rechtsgrundlage für den schwerwiegenden Eingriff der Steuerfahndung. Die **„Anweisungen für das Straf- und Bußgeldverfahren (Steuer)"**[3] geben keine eigene Rechtsgrundlage. Sie erläutern das Gesetz. Die Befugnis zu solchen Anweisungen wird bezweifelt[4]. Die ersten Entwürfe haben heftige Kritik ausgelöst[5]. Die Anweisungen wiederholen im Wesentlichen das Gesetz. Ihre Auswirkung in der Tagesarbeit ist gering.

2. Die Aufgaben nach § 208 AO

5 Im Gesetz sind die weitgreifenden **Aufgaben** der Steuerfahndung in **§ 208 AO** festgelegt[6]:

Die Steuerfahndung erforscht **Steuerstraftaten** und **Steuerordnungswidrigkeiten** (§ 208 Abs. 1 Nr. 1 AO). Steuerstraftaten sind Taten, die nach den Steuergesetzen strafbar sind (§ 369 Abs. 1 Nr. 1 AO); dies ist

1 Vgl. z.B. *Jakob*, StuW 1971, 297, 306; *Rüping*, Steuerfahndungsergebnisse und ihre Verwertbarkeit, 1981, 19.

2 *Jakob*, StuW 1971, 306.

3 AStBV (St) 2014 v. 1.11.2013, BStBl. I 2013, 1394.

4 *Hellmann*, wistra 1994, 13.

5 Vgl. aus der Diskussion (mit unterschiedlichen Wertungen): *Streck*, StV 1982, 244; Deutscher Steuerberaterverband, Stbg 1982, 215; *Meyer/Meyer*, Stbg 1982, 106; *Zeller*, DStZ 1982, 243, 293; *Zeller*, DB 1982, 2658; *Felix/Streck*, wistra 1982, 161; *Blumers*, DB 1982, 1642, und DB 1983, 633; *Hamacher*, DStZ 1982, 494; *von Fürstenberg*, DStR 1985, 455, 507; *Pfaff*, StBp 1985, 271.

6 Zur **Grundsatzkritik** an **§ 208 AO** mit einem „Plädoyer für dessen ersatzlose Streichung" s. *Hellmann*, Das Neben-Strafverfahrensrecht der Abgabenordnung, 1995, insb. 323 ff.

insbesondere die Steuerhinterziehung (§ 370 AO). Weiter ist der Bannbruch (§ 372 AO) Steuerstraftat (§ 369 Abs. 1 Nr. 2 AO). Bannbruch ist ein Zollvergehen, das hier nicht weiter dargestellt wird. Steuerstraftat ist die Wertzeichenfälschung, soweit die Tat Steuerzeichen betrifft (§ 369 Abs. 1 Nr. 3 AO). Steuerstraftat ist schließlich die **Begünstigung** einer Person, die eine der genannten Steuerstraftaten begangen hat (§ 369 Abs. 1 Nr. 4 AO). Begünstigung (§ 257 StGB) liegt vor, wenn jemand dem Täter hilft, die aus der Tat gezogenen Vorteile zu sichern. Die sog. Strafvereitelung (persönliche Begünstigung) ist keine Steuerstraftat[1]. Steuerordnungswidrigkeiten sind alle Zuwiderhandlungen, die nach den Steuergesetzen mit einer Geldbuße geahndet werden (§ 377 AO), insbesondere die leichtfertige Steuerverkürzung des § 378 AO.

Durch besondere **gesetzliche Normierungen** können für andere Delikte die Vorschriften über die Verfolgung von Steuerstraftaten zur Anwendung gelangen[2]. So bestimmt dies z.B. § 15 InvZulG 2010 für die Betrugstatbestände (§§ 263 und 264 StGB), die sich auf Investitionszulagen beziehen; weitere gesetzliche Ausdehnung der Aufgaben der Steuerfahndung: § 29a BerlinFG, § 8 Abs. 2 WoPG, § 14 Abs. 3 des 5. VermBG, §§ 160–164 StBerG[3]. 6

Aufgabe der Steuerfahndung ist es weiterhin, die **Besteuerungsgrundlagen** in den Fällen zu ermitteln, bei denen es um die Erforschung einer Steuerstraftat oder Steuerordnungswidrigkeit geht (§ 208 Abs. 1 Nr. 2 AO): Nach Ansicht des BFH[4] kann die Steuerfahndung die Besteuerungsgrundlagen nach dieser Vorschrift auch dann ermitteln, wenn bezüglich der Steuerstraftaten selbst Strafverfolgungsverjährung eingetreten ist, § 208 Abs. 1 Nr. 1 AO die Ermittlungen also nicht mehr rechtfertigen kann. 7

§ 208 Abs. 1 Nr. 1 und 2 AO – Ermittlung von Steuerstraftaten und ihren Besteuerungsgrundlagen – begründen das **zentrale Aufgabenfeld** der Steuerfahndung. Ob beide Funktionen trennbar oder als notwendige Einheit zu begreifen sind, ist streitig. Auf die Ansicht von *Schick* 8

---

1 Nr. 18 AStBV (St) 2014.

2 Vgl. Nr. 22 AStBV (St) 2014.

3 Nicht hierzu zählt die Verfolgung der **Verletzung** des **Steuergeheimnisses** (§ 355 StGB); *Ransiek* in Kohlmann, Steuerstrafrecht, § 369 Rz. 22 (Nov. 2015). Problematisch ist der Einsatz der Steuerfahndung bei der Ermittlung von **Nicht-Steuerstraftaten**; dazu BGH v. 24.10.1989 – 5 StR 238–239/89, wistra 1990, 59; *Pütz*, wistra 1990, 212; kritisch *Rüping*, StVj 1991, 322, 324.

4 BFH v. 16.12.1997 – VII B 45/97, BStBl. II 1998, 231; BFH v. 15.6.2001 – VII B 11/00, BStBl. II 2001, 625.

und *Hellmann* (Rz. 14) und die Rechtsweg-Rechtsprechung des BFH (Rz. 1204 ff.) sei hier hingewiesen.

9 Nach § 208 Abs. 1 Nr. 3 AO schließlich hat die Steuerfahndung die Aufgabe, **unbekannte Steuerfälle** aufzudecken und zu ermitteln[1].

10 **Beispiele:**

- Ermittlungen bei Chiffre-Anzeigen (s. Rz. 886 f.)
- oder bei Kreditinstituten (s. Rz. 765)
- oder bei Zahnärzten wegen Goldgeschäften
- oder über die Herkunft von Segel- und Motoryachten
- oder über Incentive-Leistungen an Kunden.

11 Die Fahndung kann auf **Ersuchen anderer Finanzbehörden** Ermittlungen anstellen (§ 208 Abs. 2 Nr. 1 AO). So kann die Fahndung auf Ersuchen eines Finanzamts eine **Außenprüfung** durchführen. In diesem Fall gelten für sie sodann alle Regeln einer Außenprüfung[2].

12 **Wertet** man die verschiedenen **Aufgabenbereiche**, so steht die Aufgabenerfüllung nach § 208 Abs. 1 Nr. 1 und 2 AO (Rz. 5 und 7), eindeutig im Mittelpunkt der Fahndungspraxis. Ermittlungen nach § 208 Abs. 1 Nr. 3 AO (Rz. 9 f.), d.h. Ermittlungen ohne die Einleitung eines Strafverfahrens, sind Einzelfälle; allerdings muss hier insofern eine Ausnahme vermerkt werden, als in den sog. Bankenfällen (Rz. 800 ff.) die Steuerfahndung häufig die Ermittlungen unter der Überschrift des § 208 Abs. 1 Nr. 3 AO begonnen hat, um den Betroffenen die Möglichkeit der Selbstanzeige zu belassen. Die Möglichkeit, den Fahndungseingriff wegen Nichtvorliegens der Voraussetzungen des § 208 Abs. 1 Nr. 3 AO anzugreifen, ist im Übrigen eine für den Extremfall denkbare Möglichkeit, nicht jedoch der Regelfall der Beratungspraxis[3].

---

1 Dazu *Seer* in Tipke/Kruse, AO/FGO, § 208 AO Rz. 26 ff. (Mai 2011).

2 *Seer* in Tipke/Kruse, AO/FGO, § 208 AO Rz. 37 (Mai 2011); FG Hamburg v. 21.11.1980 – VI 109/80, EFG 1981, 325. – Treffend bemerkt *Tipke*, Steuerliche Betriebsprüfung im Rechtsstaat, 1968, 86: „Es besteht indessen immer die Gefahr, dass der Blick der Fahndungsbeamten primär auf das Deliktische gerichtet ist, nicht auf den Auftrag, auch zugunsten des Steuerpflichtigen zu prüfen. Schon deshalb sollten Fahndungsbeamte nicht als Betriebsprüfer eingesetzt werden." Ähnlich auch *Rüsken* in Klein, AO, 13. Aufl. 2016, § 208 Rz. 50 ff.

3 Vgl. hierzu *Seer* in Tipke/Kruse, AO/FGO, § 208 AO Rz. 30, 31 (Mai 2011), *Wendeborn*, Das Recht der Steuerfahndung gem. §§ 208, 404 AO, 1989, 66 ff.; *Hellmann*, Das Neben-Strafverfahrensrecht der Abgabenordnung, 1995, 245 ff.; die hier geforderte **rechtsstaatliche Filigranarbeit** ist bei der Steuerfahndung nicht zu Hause. Zur Kritik s. weiter *Küffner*, DStR 1979, 243; *Rüping*, DStZ 1980, 180 f.; *Kühnel*, DStZ 1981, 95; *Henneberg*, BB 1986, 921.

Der **Ermittlungszeitraum** wird durch die steuerliche und strafrechtliche Verjährung bestimmt (dazu auch Rz. 1454 ff.). Der Ablauf der strafrechtlichen Verjährung hindert nicht Ermittlungen nach § 208 Abs. 1 Nr. 2 AO (s. Rz. 7). Zur Problematik zeitlich unterschiedlicher Verjährungszeitpunkte s. Rz. 1209. 13

Kritik zu § 208 AO: *Schick*[1] lehnt die Rechtmäßigkeit und Rechtswirksamkeit der Aufgabenzuweisung in § 208 AO ab. Die Verbindung steuerlicher und strafrechtlicher Funktionen sei unzulässig. Soweit § 208 AO der Steuerfahndung steuerrechtliche Aufgaben zuteile, sei die Vorschrift ohne Rechtswirksamkeit. Die Steuerfahndung sei ausschließlich eine Strafverfolgungsbehörde mit Strafverfolgungsaufgaben. Das Finanzamt könne sich der Ergebnisse der Steuerfahndung nur als „Abfallprodukte"[2] bedienen. Ähnlich auch *Hellmann*[3]: § 208 Abs. 1 AO räume der Steuerfahndung keine steuerverfahrensrechtlichen Befugnisse ein; sie könne nur steuerstrafrechtlich ermitteln. Diese radikalen Betrachtungsweisen mögen steuerpolitisch zu bejahen sein[4], sind jedoch mit dem geltenden Recht, insbesondere dem Wortlaut des § 208 AO nicht vereinbar[5]. Steuer- und Strafverfahren lassen sich durch Rechtsregeln verknüpfen, die die Funktionszuweisung in § 208 AO ermöglichen (vgl. im Einzelnen Rz. 22 ff.).[6] 14

3. Die Aufgaben nach § 404 AO

Nach § 404 AO hat die Steuerfahndung – neben den steuerlichen Aufgaben – die Funktion, steuerstrafrechtliche **Polizei** zu sein; die Beamten der Steuerfahndung sind insoweit **Ermittlungspersonen** (bis 2004 Hilfsbeamte) der **Staatsanwaltschaft**. 15

4. Die Befugnisse im Steuerverfahren

Die Steuerfahndung verfügt über die **Ermittlungsrechte** des **Finanzamts**, d.h. über die rechtlichen Möglichkeiten, die insoweit die AO einräumt (§ 208 Abs. 1 Satz 2 AO). Die Ermittlungsrechte der Steuerfahn- 16

1 *Schick* in Hübschmann/Hepp/Spitaler, AO/FGO, § 208 AO Rz. 54 ff. (Nov. 1992); *Schick*, JZ 1982, 125.
2 *Schick* in Hübschmann/Hepp/Spitaler, AO/FGO, § 208 AO Rz. 100 (Nov. 1992).
3 *Hellmann*, Das Neben-Strafverfahrensrecht der Abgabenordnung, 1995, 197 ff.; so auch *Jesse*, DB 2013, 1803.
4 So auch *Kohlmann* in FS Tipke, 1995, 492.
5 Abgelehnt auch vom BFH v. 29.10.1986 – I B 28/86, BStBl. II 1987, 440.
6 Vgl. im Einzelnen auch *Streck* in Kohlmann (Hrsg.), DStJG 6 (1983), 245 ff.

dung sind darüber hinaus stärker als diejenigen des Finanzamts (vgl. § 208 Abs. 1 AO): Sie hat das uneingeschränkte Recht auf Auskünfte Dritter und des Betroffenen; unter Aufhebung des § 93 Abs. 1 Satz 3 AO ist die Fahndung nicht verpflichtet, sich zuerst an den Betroffenen selbst zu halten (§ 208 Abs. 1 Satz 3 AO); die Dritten haben kein Recht auf schriftliches Auskunftsersuchen (§ 208 Abs. 1 Satz 3 AO i.V.m. § 93 Abs. 2 Satz 2 AO). Ebenfalls ist zugunsten der Steuerfahndung die Einschränkungen der Abs. 2 ist des § 97 AO bei der Vorlage und Prüfung von Urkunden aufgehoben (§ 208 Abs. 1 Satz 3 AO).

5. Die Befugnisse im Steuerstrafverfahren

17 Als Ermittlungsperson der Staatsanwaltschaft verfügt die Steuerfahndung über die **Machtmittel** der **Strafprozessordnung**, soweit der Polizei und den Ermittlungspersonen dort Rechte eingeräumt sind. Sie hat insbesondere das **Recht** des **ersten Zugriffs**. Bei Gefahr im Verzug kann sie beschlagnahmen, Häuser und Wohnungen durchsuchen, Verhaftungen vornehmen (§§ 404, 399 AO). Das Gebot vorherigen rechtlichen Gehörs wird beiseitegeschoben (vgl. § 33 Abs. 4 StPO). Ebenfalls ist die vorherige richterliche Kontrolle in diesen Fällen nicht zwingend[1]. Die Steuerfahndung hat **nicht** die Befugnisse der **Staatsanwaltschaft**, insbesondere kann sie keine Strafverfahren einstellen.

18 Der Satz des § 208 Abs. 1 AO, die Steuerfahndung habe die **Ermittlungsbefugnis der Finanzämter**, hat zu einem **Disput** geführt, der die Ausweitung der Rechte der Steuerfahndung zum Gegenstand hat. *Küster*[2] folgert aus dieser Vorschrift, dass der Steuerfahndung auch die Ermittlungsbefugnisse der Bußgeld- und Strafsachenstellen und damit staatsanwaltliche Ermittlungsbefugnisse gegeben seien. Wichtige Auswirkung: Die Steuerfahndung kann selbständig Durchsuchungs- und Beschlagnahmebeschlüsse beantragen. Beschuldigte und Zeugen müssen bei der Steuerfahndung erscheinen. Diese Ansicht hat sich nicht durchgesetzt. S. auch Rz. 422.

---

1 Bei **Gefahr im Verzug** bedarf es keines richterlichen Durchsuchungsbefehls; das Gleiche gilt für die Beschlagnahme (§§ 98, 105 StPO) und die Verhaftung (§ 127 StPO); s. unten Rz. 421, 461, 579.

2 *Küster*, BB 1980, 1371; *Küster* in Kohlmann (Hrsg.), DStJG 6 (1983), 262 ff.; gl. A. LG Hamburg v. 17.3.1981 – 38 Qs 3/81; LG München v. 30.6.1981 – 28 Qs 9/81, zitiert nach *Küster* in Kohlmann (Hrsg.), DStJG 6 (1983), 262 ff.

6. Die örtliche Zuständigkeit

Da die Steuerfahndung nach h.M. keine Behörde, sondern „Dienststelle" ist, bestimmt sich ihre Zuständigkeit nach der **Zuständigkeit** der **Behörde**, der sie **zugeordnet** ist. In Anwendung des § 17 Abs. 2 FVG kann einmal die Zuständigkeit auf die Bereiche mehrerer Finanzämter ausgedehnt werden; im Wege eines internen Organisationsakts kann aber auch die Zuständigkeit eingeschränkt werden. 19

Die örtliche Zuständigkeit ist zu trennen von der Frage, **wo** die **Steuerfahndung tätig** werden darf. Die Steuerfahndung kann ihren Aufgaben in der Bundesrepublik ohne räumliche Beschränkung nachgehen. Dies ist für das Bundesland, dem sie angehört, unstreitig[1], für die Aufgabenerfüllung in anderen Bundesländern zwar die herrschende Übung, aber zumindest problematisch[2]. 20

Im **Ausland** darf die Steuerfahndung nicht tätig werden; vgl. Rz. 944 ff. 21

II. Die Steuerfahndung zwischen Steuerverfahrens- und Strafverfolgungsrecht

1. Problem der Wahl und des Wechsels des Verfahrens

Besteuerungs- und **Strafverfahren** geben der Steuerfahndung **unterschiedliche Eingriffsrechte** und dem Betroffenen unterschiedliche **Abwehrrechte**. Das Strafverfahren kennt die Durchsuchung und die Beschlagnahme. Das Steuerverfahren kennt kein ausdrücklich normiertes Aussageverweigerungsrecht des Beschuldigten. Will man der Steuerfahndung nicht erlauben, sich willkürlich je nach der Situation die ihr günstigsten Rechte auszuwählen, müssen Rechtsregeln für das Verhältnis von Steuer- und Strafverfahren entwickelt werden[3]. Eines solchen Rechts bedarf es nicht, wenn der Steuerfahndung grundsätzlich die Fähigkeit bestritten wird, in beiden Verfahren zu handeln, wenn sie als reines Strafverfolgungsorgan angesehen wird[4]. 22

---

1 BFH v. 2.8.1962 – IV 346/60 U, BStBl. III 1963, 49.

2 Keine landesgrenzliche Beschränkung: LG Göttingen v. 5.4.1982 – 11 Qs 572 - 576/81, 3/82, StV 1982, 364; vgl. im Übrigen *Rüsken* in Klein, AO, 13. Aufl. 2016, § 208 Rz. 11 ff.; *Seer* in Tipke/Kruse, AO/FGO, § 208 AO Rz. 40 f. (Mai 2011).

3 Vgl. hierzu im Einzelnen: *Streck* in Kohlmann (Hrsg.), DStJG 6 (1983), 217 ff.; *Rüster*, Der Steuerpflichtige im Grenzbereich zwischen Besteuerungsverfahren und Strafverfahren, 1989; *Rüster*, wistra 1988, 49; *Streck/Spatscheck*, wistra 1998, 334; *Rüping*, DStR 2002, 2020.

4 So *Schick* u. *Hellmann*, s. oben Rz. 14; auch *Hellmann* in Hübschmann/Hepp/Spitaler, AO/FGO, § 393 AO Rz. 57 ff. (Juni 2009).

2. Gesetz und herrschende Rechtsansicht

23 Das allgemeine Verhältnis von Steuer- und Steuerstrafverfahren ist im **Gesetz** in § 393 Abs. 1 AO stiefmütterlich geregelt. § 393 Abs. 1 AO gilt auch für die Steuerfahndung (vgl. § 208 Abs. 1 Satz 3 AO). § 393 Abs. 1 Satz 1 AO bestimmt: „Die Rechte und Pflichten der Steuerpflichtigen und der Finanzbehörde im Besteuerungsverfahren und im Strafverfahren richten sich nach den für das jeweilige Verfahren geltenden Vorschriften." Der Satz ist nichtssagend. Mit dem Verhältnis befassen sich jedoch die Sätze 2–4 des § 393 Abs. 1 AO. Nach Satz 2 sind Zwangsmittel im Besteuerungsverfahren unzulässig, wenn sich der Steuerpflichtige durch die geforderte Aussage selbst belasten würde. Dies gilt stets, wenn ein Steuerstrafverfahren eingeleitet worden ist (Satz 3). Soweit Anlass besteht, ist der Steuerpflichtige über die Rechtslage zu belehren (Satz 4).

24 Die **selbstverständliche Feststellung** des § 393 Abs. 1 Satz 1 AO nimmt man in Rechtsprechung und Lehre bereits als Bestimmung des Verhältnisses beider Verfahrensordnungen zueinander hin[1]. Die Erkenntnis, dass StPO und AO gelten, bestimmt jedoch noch nicht das Verhältnis beider Ordnungen zueinander. Im für die Praxis entscheidenden Punkt gibt das Steuerrecht dem **Steuerverfahren** die **Priorität**: § 393 Abs. 1 AO wird dahin gehend verstanden, dass im Steuerstrafverfahren die volle Mitwirkungspflicht des Beschuldigten bestehen bleibt, ungeachtet dessen, dass er sich selbst belasten könnte[2]. Der Schutz der Nichterzwingbarkeit wird einerseits als ausreichend angesehen, andererseits wird selbst diese Unerzwingbarkeit dadurch unterlaufen, dass es für zulässig gehalten wird, aus der Mitwirkungsverweigerung nachteilige Folgerungen, z.B. Schätzungen, zu ziehen[3] (zu den möglichen nachteiligen Schätzungen s. auch Rz. 674).

---

1 Vgl. in diesem Sinne z.B. BT-Drucks. 7/4292 zu §§ 208 und 393; BFH v. 29.10.1986 – I B 28/86, BStBl. II 1987, 440; BFH v. 19.10.2005 – X B 88/05, BFH/NV 2006, 15; Nr. 16 AStBV (St) 2014; *Jäger* in Klein, AO, 13. Aufl. 2016, § 393 Rz. 1; *Seer* in Tipke/Kruse, AO/FGO, § 208 AO Rz. 130 (Mai 2011). Abs. 1 **RAO**: *Koch/Loose* in Steuerstrafrecht und Steuerordnungswidrigkeiten, 1968, 22, und *Suhr*, am gleichen Ort, 35; *Buschmann/Luthmann*, Das neue Steuerstrafrecht, 1969, 119 – jeweils mit leicht unterschiedlichen Akzenten.

2 Finanzausschuss zur AO 1977, BT-Drucks. 7/4292 zu §§ 208 und 393; BFH v. 9.12.2004 – III B 83/04; BFH/NV 2005, 503; Nr. 16AStBV (St) 2014; *Jäger* in Klein, AO, 13. Aufl. 2016, § 393 Rz. 1, die allerdings ein praktisches Aussageverweigerungsrecht feststellen. Zur Frage, ob **Steuererklärungen abzugeben** sind, wenn diese zur **Selbstbelastung** führen, s. unten Rz. 678

3 Nr. 16 AStBV (St) 2014.

3. Grundsätze des Verhältnisses beider Verfahrensrechte

§ 393 Abs. 1 AO ist nur der Versuch, das Verhältnis von Steuer- und Steuerstrafverfahren zu regeln. Im Wege der **Auslegung** und **Lückenergänzung** muss die Vorschrift angewandt werden. Wir greifen hier auf die Ergebnisse einer Untersuchung zurück, die *Streck* an anderer Stelle ausführlich dargelegt und begründet hat[1]. 25

Grundsatz der **Zweckrichtigkeit**: Beide Verfahren sind ausschließlich nach ihren eigenen Verfahrenszwecken zu beurteilen[2]. Möglichkeiten des Steuerverfahrens dürfen nicht genutzt werden, um die Strafverfolgung zu ermöglichen[3]. Die Mitwirkungspflicht des Steuerverfahrens dient dem Steuerzweck, nicht dem Strafzweck. Die Wohnung eines Verstorbenen darf nicht durchsucht werden, um die hinterzogenen Steuern des Verstorbenen im Steuerverfahren zu ermitteln. 26

Grundsatz der **Stetigkeit**[4]; **Grundsatz** des **hinreichenden Grunds** für einen **Wechsel**: Da der Steuerfahndung beide Verfahren in die Hand gelegt sind, kann sie grundsätzlich die Verfahrensart wechseln („Rollenwechsel"[5]). Der Wechsel darf nicht willkürlich geschehen[6], etwa nach Maßgabe einer Eingriffs-„Meistbegünstigung"[7], um überraschend Verteidigungs- und Rechtspositionen des Bürgers zu unterlaufen. Grundsätzlich muss die Behörde oder Dienststelle das einmal eingeschlagene Verfahren mit einer gewissen Stetigkeit verfolgen. Der Wechsel in das andere Verfahren erfolgt aufgrund einer pflichtgemäßen Ermessensentscheidung unter Berücksichtigung des Grundsatzes der Zweckrichtigkeit. Ein Verstoß gegen dieses Gebot führt zur Rechtswidrigkeit der nachfolgenden Maßnahmen des Verfahrens, in das gewechselt wurde; allerdings ist der Wechsel als solcher kein angreifbarer Verwaltungsakt. 27

---

1 *Streck* in Kohlmann (Hrsg.), DStJG 6 (1983), 217; vgl. auch *Kohlmann* in FS Tipke, 1995, 487.

2 *Kohlmann* in FS Tipke, 1995, 494; *Seer* in Tipke/Kruse, AO/FGO, § 208 AO Rz. 131 (Mai 2011). *Jakob*, StuW 1971, 307, spricht von der **eingrenzenden „Aufgabenimmanenz"**.

3 *Rüping*, DStZ 1980, 180: **rechtsmissbräuchliches „dysfunktionales Verhalten"**.

4 Vgl. auch *Kohlmann* in FS Tipke, 1995, 496.

5 So die Bezeichnung von BFH v. 2.12.1976 – IV R 2/76, BStBl. II 1977, 318; BFH v. 23.12.1980 – VII R 92/79, BStBl. II 1981, 349.

6 *Jakob*, StuW 1971, 306; *Laule*, DStZ 1984, 605.

7 *Jakob*, StuW 1971, 306; *Seer* in Tipke/Kruse, AO/FGO, § 208 AO Rz. 131 (Mai 2011).

28 **Grundsatz** der **Klarheit** des **Verfahrens**; **Vermutungsregeln**: Eine Vielzahl von praktischen Problemen folgt aus der Unsicherheit des Bürgers über das Verfahren, in dem die Behörde agiert. Diese ist grundsätzlich verpflichtet, dem Bürger mit „offenem Visier" entgegenzutreten[1]. Er muss erkennen können, ob sie steuerlich oder strafprozessual ermittelt und handelt. Ist dies unklar, muss sie sich dem Betroffenen eindeutig erklären. Nur diese Klarheit des Auftretens ermöglicht dem Bürger, die eigenen Rechte einzusetzen, die ihm obliegenden Pflichten zu erkennen; nur diese Klarheit erlaubt, die richtigen Rechtsmittel zu ergreifen und den Rechtsweg zu bestimmen.

29 In besonderem Maße gilt für die **Steuerfahndung** der Grundsatz der **Klarheit** des **Verfahrens**[2]. Gerade dort, wo der Bürger einem „Verfahrensgemenge" gegenübersteht, muss offengelegt werden, in welchem Verfahren die Steuerfahndung agiert. Die §§ 208, 404 AO zeigen ein Übergewicht strafrechtlicher Aufgaben. Hieraus lässt sich die **Vermutung** herleiten, dass die Fahndung im Zweifel als Strafverfolgungsorgan ermittelt[3]. Wer von der Steuerfahndung als Zeuge eingeladen wird, ist zum Erscheinen nicht verpflichtet, weil eine strafverfahrensrechtliche Pflicht nicht besteht. Will die Fahndung das Erscheinen nach § 93 AO im Steuerverfahren erzwingen (vgl. hierzu Rz. 721 ff.), muss sie sich ausdrücklich auf diese Rechtsgrundlage stützen.

30 **Informationsvermittlung**: Zwischen Steuer- und Steuerstrafverfahren besteht volle Durchlässigkeit (§ 30 Abs. 4 Nr. 1 AO; vgl. Rz. 1167).

31 Die **Nichterzwingbarkeit** der **steuerlichen Pflichten** (§ 393 Abs. 1 AO) hat unmittelbare Auswirkung auf die rechtliche Qualität dieser Pflichten; sie werden inhaltlich verändert, in ihrer Verpflichtungskraft herabgesetzt. Kollidieren sie mit Rechten des Verfolgten, ist diese „mindere Qualität" bei der Abwägung zu berücksichtigen. Das gewichtige Recht des Beschuldigten, im Strafverfahren zu schweigen, kann daher nicht mit besonders nachteiligen Sanktionen wegen Verletzung von steuerlichen Mitwirkungspflichten geahndet werden (vgl. hierzu Rz. 653). Das Schweigerecht zeigt hier eine **übergreifende Rechtswirkung** auf das Steuerverfahrensrecht.

32 Mit dem Problem wechselseitiger **Verwertungsverbote** befassen wir uns an anderer Stelle (Rz. 1423 ff.).

---

1 *Kohlmann* in FS Tipke, 1995, 494.
2 *Seer* in Tipke/Kruse, AO/FGO, § 208 AO Rz. 131 (Mai 2011).
3 *Seer* in Tipke/Kruse, AO/FGO, § 208 AO Rz. 131 (Mai 2011).

III. Organisation und Prüfer

1. Behörden- und Dienststellenstruktur

Gesetzlich nicht allgemein geregelt und folglich umstritten ist die **organisationsmäßige Natur** der **Steuerfahndung**. Während die herrschende Ansicht sie als unselbständige Dienststelle begreift[1], leitet *Schick* unmittelbar aus § 208 AO ihren Behördencharakter[2] ab und gewinnt dadurch die organisationsmäßige Möglichkeit, die Doppelfunktion auf eine Monofunktion zu reduzieren (vgl. Rz. 14). 33

Da § 208 Abs. 1 Satz 2 AO nur vage von „mit der Steuerfahndung betrauten Dienststellen der Landesfinanzbehörden" spricht und dafür keine nähere gesetzliche Vorgaben vorliegen, tritt die Steuerfahndung in den **einzelnen Bundesländern** in **unterschiedlichen Organisationsformen** auf.[3] Als gesetzliche Grundlage kommt § 17 Abs. 1 FVG in Betracht. Danach werden der Bezirk und der Sitz der Finanzämter durch die **oberste Landesbehörde** bestimmt. So ist die Steuerfahndung in meisten Bundesländern (Baden-Württemberg, Bayern, Brandenburg, Bremen, Hessen, Mecklenburg-Vorpommern, Rheinland-Pfalz, Saarland, Sachsen, Sachsen-Anhalt, Schleswig-Holstein und Thüringen) als **unselbständige** Dienststelle in die **Finanzämter** eingegliedert. § 17 Abs. 2 Satz 3 FVG ermöglicht es, durch Rechtsverordnung die Zuständigkeiten für die Bezirke mehrerer Finanzämter einem Finanzamt zu übertragen. Der Behördenleiter der Steuerfahndung ist der Vorsteher des Finanzamts. 34

In den anderen **vier** Bundesländern (Niedersachsen, Berlin, Nordrhein-Westfalen und in Hamburg) herrscht ein anderes Modell.[4] Nach diesem Modell wurden **eigenständige** Finanzämter geschaffen, die ausschließlich die **Funktion der Steuerfahndung** sowie Bußgeld- und Steuerstrafsachenstellen wahrnehmen, sog. „Finanzamt für Fahndung und Strafsachen" in Berlin und Niedersachsen; „Finanzamt für Steuerstrafsachen und Steuerfahndung" in Nordrhein-Westfalen bzw. „Fi- 35

1 *Seer* in Tipke/Kruse, AO/FGO, § 208 AO Rz. 4 (Mai 2011), *Wendeborn*, Das Recht der Steuerfahndung gem. §§ 208, 404 AO, 1989, 189 ff.

2 *Schick* in Hübschmann/Hepp/Spitaler, AO/FGO, § 208 AO Rz. 27 ff. (Nov. 1992); *Schick*, JZ 1982, 125.

3 Umstritten ist, ob die Aufgaben der Steuerfahndung auch einer Oberfinanzdirektion übertragen werden können, vgl. *Dänzer-Vanotti*, DStZ 1987, 345. Der Streit ist müßig, da dies zzt. in keinem Bundesland der Fall ist.

4 Vgl. *Seer* in Tipke/Kruse, AO/FGO, § 208 AO Rz. 7 (Mai 2011).

nanzamt für Prüfungsdienste und Strafsachen" in Hamburg.[1] Für die Zusammenführung von Bußgeld- und Strafsachenstelle und Steuerfahndung in einem Finanzamt bestehen Bedenken.[2] Sie entspricht der (nahezu undenkbaren) Zusammenführung von Staatsanwaltschaft (Bußgeld- und Strafsachenstellen) und Polizei (Steuerfahndung) in einer Behörde, wobei durchaus der für die Polizeiaufgaben zuständige Beamte Dienstvorgesetzter des Staatsanwalts sein kann.

Bundesland	**Organisation**
1. Baden Württemberg	Unselbständige Dienststelle eingegliedert in die Finanzämter
2. Bayern	Unselbständige Dienststelle eingegliedert in die Finanzämter
3. Brandenburg	Unselbständige Dienststelle eingegliedert in die Finanzämter (FA Cottbus, Frankfurt [Oder], Potsdam)
4. Bremen	Unselbständige Dienststelle eingegliedert ins FA Bremerhaven
5. Hessen	Unselbständige Dienststelle eingegliedert in die Finanzämter
6. Mecklenburg-Vorpommern	Unselbständige Dienststelle eingegliedert in die Finanzämter (FA Ribnitz-Damgarten und FA Neubrandenburg)
7. Rheinland-Pfalz	Unselbständige Dienststelle eingegliedert in die Finanzämter (FA Koblenz, FA Neustadt, FA Trier, FA Mainz-Süd)
8. Saarland	Unselbständige Dienststelle eingegliedert ins FA Saarbrücken Mainzer Straße
9. Sachsen	Unselbständige Dienststelle eingegliedert in die Finanzämter (FA Leipzig II, Chemnitz-Süd, FA Dresden-Nord)
10. Sachsen-Anhalt	Unselbständige Dienststelle eingegliedert in die Finanzämter (FA Magdeburg, FA Halle (Saale)
11. Schleswig-Holstein	Unselbständige Dienststelle eingegliedert in die Finanzämter (FA Kiel-Süd, FA Lübeck)

1 Dieses Organisationsmodell ähnelt sich dem Modell für die Zollfahndungsstellen der Bundesfinanzverwaltung gem. § 1 FVG, *Rüsken* in Klein, AO, 13. Aufl. 2016, § 208 Rz. 14.

2 S. auch *Streck* in DStJG 18 (1995), 179; die rechtsstaatliche Unbedenklichkeit bejahend *Seer* in Tipke/Kruse, AO/FGO, § 208 AO Rz. 8 (Mai 2011).

Bundesland	Organisation
12. Thüringen	Unselbständige Dienststelle eingegliedert in die Finanzämter (FA Gotha, FA Gera)
13. Berlin	Selbständige Dienststelle – Finanzamt für Fahndung und Strafsachen Berlin
16. Hamburg	Selbständige Dienststelle – Finanzamt für Prüfungsdienste und Strafsachen in Hamburg (seit Juli 2005)
14. Niedersachsen	Selbständige Dienststelle – Finanzämter für Fahndung und Strafsachen Hamburg, Braunschweig, Oldenburg und Lüneburg
15. Nordrhein-Westfalen	Selbständige Dienststelle – Finanzämter für Steuerstrafsachen und Steuerfahndung Aachen, Bielefeld, Bochum, Bonn, Düsseldorf, Essen, Hagen, Köln, Münster und Wuppertal

Die Dienststelle Steuerfahndung hat i.d.R. **Sachgebietsleiter** und **Prüfer**. Mehrere Prüfer gehören zu einem Sachgebiet. Ihr Vorgesetzter ist der Sachgebietsleiter. Hat die Steuerfahndung nur einen Sachgebietsleiter, ist er gleichzeitig der Dienststellenleiter. Hat die Dienststelle mehrere Sachgebietsleiter, ist einer gleichzeitig Dienststellenleiter. 36

Die **Entscheidungskompetenzen** der **höherrangigen Organe** oder **Behörden** sind bei der Steuerfahndung atypisch geregelt. Entgegen allen sonstigen Gesetzmäßigkeiten eines Behördenaufbaus konzentriert sich die Verantwortung und Entscheidungsmacht für die Tätigkeit der Fahndung nicht in der Hand einer vorgesetzten Behörde. Im umgekehrten Verhältnis zur Machtfülle der Steuerfahnder wird die Verantwortung „nach oben" diffus; sie verliert sich in Zuständigkeiten bis zur Undurchsichtigkeit. Die **Behördenpyramide** steht gleichsam **auf dem Kopf**. Vgl. auch Anlage 4. 37

Die **Steuerfahndung ermittelt;** ihre Prüfer erledigen die Arbeit, **aber**: In allen Fragen der **Steuerfestsetzung entscheidet** abschließend das zuständige **Finanzamt**. 38

Über Fragen der **Strafverfolgung** kann die **Bußgeld- und Strafsachenstelle** – d.h. das Strafverfolgungsorgan der Finanzverwaltung – **entscheiden** (§ 386 AO). Sie übt die Funktion der Staatsanwaltschaft aus. Die Beamten der Steuerfahndung sind Ermittlungspersonen der Staatsanwaltschaft und damit auch der Bußgeld- und Strafsachenstelle. Die Sache kann jedoch jederzeit an die Staatsanwaltschaft abgegeben wer- 39 den; die Staatsanwaltschaft kann die Sache jederzeit an sich ziehen (§ 386 Abs. 4 AO). Liegt ein Haftbefehl vor oder wird nicht ausschließlich wegen einer Steuerstraftat ermittelt, liegt die Sache zwingend in der Hand der Staatsanwaltschaft (§ 386 Abs. 2, 3 AO).

40 Für Maßnahmen der **Dienstaufsicht** – z.B. zur Entscheidung über eine Dienstaufsichtsbeschwerde – ist i.d.R. die **OFD** zuständig.

41 **Vier vorgesetzte** anweisungs- und ersetzungsbefugte **Dienststellen** überlagern die Fahndung. Die Kompetenzen sind in der täglichen Praxis unklar. Kein Beamter wird tatsächlich mehr gestärkt als durch eine Organisationsform, die ihm mehrere Vorgesetzte gibt. Hier ist die kontrollierende Verantwortung nicht mehr zu spüren; sie wird verschiebbar und kann in Gedanken jeweils einem anderen zugeordnet werden. Folge: Die Fahndung verselbständigt sich. Der Diener hat sich zum Herrn aufgeschwungen. Es ist vielfältig berichtete Erfahrung im Fahndungsverfahren, dass sowohl Finanzamt und OFD als auch die Staatsanwaltschaften, häufig sogar die Amtsgerichte, bei der Ermittlung der Besteuerungsgrundlagen, bei der Entscheidung über das strafrechtliche Procedere, bei Durchsuchungen, Beschlagnahmen und Verhaftungen in faktische Abhängigkeit zur Steuerfahndung geraten sind[1].

42 Abgesehen von der Rechtsproblematik dieser durch das System verursachten Eigendynamik der Steuerfahndung beschäftigt den **Praktiker** ein damit Hand in Hand gehendes typisches **behördliches Entscheidungsproblem**. Sucht der Berater das Gespräch mit dem entscheidungsbefugten Beamten, verweist der Beamte des Finanzamts oder der Staatsanwaltschaft mangels Sachkompetenz an die Steuerfahndung. Die Steuerfahndung, belastet mit einer Verantwortung, die ihr von Rechts wegen nicht zukommt, verweist zurück an das Finanzamt oder die Staatsanwaltschaft. Es entwickelt sich das Spiel von Hase und Igel mit umgekehrtem Vorzeichen; der richtige Beamte ist nie dort, wo man anlangt, sondern dort, wo man herkommt.

---

1 *Dahs*, Handbuch des Strafverteidigers, 8. Aufl. 2015, Rz. 172, berichtet über eine ähnliche Erfahrung im **Verhältnis Polizei/Staatsanwaltschaft** innerhalb der allgemeinen Strafverfolgung; ähnlich *Roxin/Schünemann*, Strafverfahrensrecht, 28. Aufl. 2014, § 9 Rz. 21. Daher kann *Müller-Brühl*, DStZ 1991, 712, trotz der vier vorgesetzten Dienststellen eine „Aufsichtsbehörde für die Steuerfahndung" fordern.

2. Der Prüfer und sein Sachgebietsleiter

Die **Fahnder** sind **Steuerbeamte** des gehobenen Dienstes, die zumeist aus der Betriebsprüfung kommen. I.d.R. geht dem Wechsel keine intensive und ausreichende Schulung im Strafprozessrecht voraus, während sie als Steuerbeamte exzellent ausgebildet sind[1]. Mit dem Überwechseln zur Fahndung erhält der „neugeborene" Fahnder unmittelbar die Aufgabe und Möglichkeit zu beschlagnahmen, Häuser zu durchsuchen, zu verhaften. 43

Der Fahnder lernt durch seine Arbeit eine Vielzahl von Fällen kennen, in denen Steuerbürger Steuern hinterzogen haben. Dieser **einseitige Umgang** im täglichen Beruf beginnt, die strafprozessualen Werte – sofern der Beamte sie überhaupt gelernt hat – zu verschieben. Der Fahnder gewinnt die Neigung, aus dem **Erfolg** die **Rechtmäßigkeit** seiner **Mittel** abzuleiten. Wer häufig bei Hausdurchsuchungen etwas findet, überzeugt die Kritiker, die einen Tatverdacht nicht sahen, eben durch den Erfolg. Obwohl das Strafprozessrecht gerade nicht von dem Prinzip der unbedingten Wahrheitsfindung beherrscht wird (s. Rz. 63 ff.), wird allein die begangene Steuerhinterziehung das rechtfertigende Mittel für alle Eingriffe, sie zu beweisen. Ein derart beschrittener Weg wird weitergegangen: Da – s. auch *Gotzens*[2] – die Fahndung häufiger fündig wird, als dass sie ohne Mehrergebnis abschließt, wird der **Beginn** der **Fahndung** zur **Rechtfertigung** der **Annahme** der **Hinterziehung**. Auf die Gefahr, die insoweit gerade von **jungen Fahndungs-Prüfern** ausgeht, hat *Bühler* bereits 1955 aufmerksam gemacht[3]. 44

Wer hier **wägen** will und in die Schale der Fahndung ihre hohen **Mehrergebnisse** und **Straferfolge**, in die andere Schale etwa Folgendes legt: 45

---

1 S. auch *Harms*, Die Stellung des Finanzbeamten im Steuerstrafverfahren, in Gedächtnisschrift Ellen Schlüchter, 2002, 451 ff.

2 *Gotzens*, Grenzüberschreitungen im Steuerfahndungsverfahren, in FS Streck, 2011, 519 ff.

3 „... und ich möchte noch eine **Empfehlung** für die **Verwaltung** hinzufügen, deren Befolgung manche der zum Teil bösen Sachen von vornherein abstellen würde, die da jetzt passieren: In ihrem Strafdienst überhaupt nicht jugendliche Heißsporne zu verwenden, sondern die eigenartige und recht gefährliche Doppelstellung dieser Beamten, nämlich die Vereinigung der Befugnisse der regulären Finanzbeamten mit denen des Hilfsbeamten der Staatsanwaltschaft, nur erfahrenen Beamten von sagen wir mindestens **35 Jahren** anzuvertrauen" (*Bühler* in StbJb. 1955/56, 57, Hervorhebungen von uns). S. auch *Gotzens*, Grenzüberschreitungen im Steuerfahndungsverfahren, in FS Streck, 2011, 519 ff.

- besonders belastende Ermittlungen gegen „regelwidrig“ tatsächlich **Unschuldige**,
- Unrechtmäßigkeiten bei der **Annahme** eines **Tatverdachts** bei Beschlagnahmen, Durchsuchungen – auch wenn die Fahndung fündig wird –,
- Überschreitung des **zulässigen Durchsuchungsrahmens**,
- fehlende **Belehrungen**,
- A-priori-Behandlungen als **Kriminelle**,
- Ankündigungen von Ermittlungen als tatsächliches **Druckmittel**,
- maßlose **Eingriffe** in **Drittbeziehungen**, insbesondere in Arbeitnehmer-, Kunden- und Lieferantenverhältnisse,
- **Überschätzungen** hinsichtlich der Besteuerungsgrundlagen,

muss schon über ein großes Feingefühl für die Rechtsstaatlichkeit verfügen, um nicht als Außenstehender sich spontan für das Fiskalgeld zu entscheiden. Nur der Betroffene, der dem Staatseingriff ausgesetzt ist, weiß, was ihm hier für „Geld“ genommen wird. Der Schutz der StPO ist aber gerade für diesen Einzelnen geschaffen.

Die einseitig konzentrierte Berufserfahrung prägt den Fahnder und sein Auftreten. Die Steuer- und Strafverfolger werden im Übrigen in ihren Aktionen weniger durch **persönliche**, **gefühlsmäßige**, **prestigebetonte** oder **politische** Gründe motiviert, als dies die Beschuldigten häufig annehmen.

46 Vorgesetzter des Prüfers ist der **Sachgebietsleiter**, der sowohl ein Beamter des höheren Dienstes (Jurist) als auch ein – i.d.R. erfahrener – Beamter des gehobenen Dienstes sein kann.

Ohne Zweifel ist der **Prüfer** in erster Linie **Ansprechpartner**. Er bestimmt wesentlich das Prüfungsgeschehen.

Diese Bedeutung des Prüfers lässt die **leitende Hand** des **Sachgebietsleiters** leicht vergessen. Selbst bei ihm droht sie hin und wieder in Vergessenheit zu geraten. Dass der träge, umständliche, ineffektive Prüfer einer Führung bedarf, sei hier am Rande erwähnt, ist im Übrigen aber Sache der Finanzverwaltung. Aus der Sicht des Geprüften ist der Sachgebietsleiter wichtig, wenn der Prüfer kein Ende findet, wenn er sich – durchaus mit großer Sorgfalt – in Fälle, in Details verrennt, wenn er der Prüfung die Dimension einer Lebensaufgabe gibt. Hier muss der Sachgebietsleiter die Zügel anziehen. Er muss dem Prüfer deutlich machen, dass er auch dann noch ein qualifizierter Prüfer ist, wenn er Ermittlungsverzichte leistet; ggf. muss der Sachgebietsleiter den Verzicht ausdrücklich anordnen. Die Mehrarbeit des Prüfers steht zu irgendeinem Zeitpunkt in keinem Verhältnis mehr zum Ergebnis (vgl. auch Rz. 121). Ist der skrupelhafte Prüfer alleingelassen, weil er meint, Fehler zu begehen, wenn er die Fahndungstätigkeit abbricht, liegen Führungsfehler des Sachgebietsleiters vor.

3. Die Hilfsinstitutionen der Steuerfahndung

Von gewichtiger Bedeutung ist das **Bundeszentralamt für Steuern** in Bonn. Es sammelt Informationen über steuerliche Auslandsbeziehungen und Umsatzsteuerrechtsverhalte. Rechtsgrundlagen sind in § 5 Abs. 1 FVG aufgelistet. Einzelheiten regelt ein BMF-Schreiben vom 7.9.2007[1]. 47

Außerdem kann sich die Steuerfahndung an das **Zollkriminalamt (ZKA)** Köln wegen kriminalistischer Untersuchungen (Echtheit von Belegen, Altersbestimmungen von Urkunden usw.) wenden[2] (s. auch Rz. 1545). 48

Schließlich gibt es an Schnittstellen zur organisierten Kriminalität eine eingerichtete Zusammenarbeit mit der **Polizei**.[3]

IV. Kritik an der Steuerfahndung

Die Arbeit der Steuerfahndung begleitet ein breites **öffentliches Missbehagen**. Ihre Tätigkeit ist ein „Dauerbrenner" der **Medien** und der **Publizistik**, zuletzt konzentriert auf die breit angelegten Bankermittlungen. Von Zeit zu Zeit werden „Schutzbünde" gegen die Steuerfahndung gegründet[4]. Die kritische Auseinandersetzung mit dem Steuerfahndungsrecht führt im Gegenzug zu empfindlichen Reaktionen aus der Fahndung selbst[5]. Allerdings müssen wir sehen, dass die Kritik gerade in den letzten zehn Jahren zurückgeht. Über die Steuerfahndung wird berichtet wie in den Jahrzehnten zuvor; zunehmend fehlt aber der kritische, ablehnende Unterton. Es scheint, als sei die Steuerfahndung zwar nicht akzeptiert, aber als notwendiges Übel hingenommen. Die 49

1 BMF v. 7.9.2007, BStBl. I 2007, 754 und Nr. 138 AStBV (St) 2014.
2 Nr. 139 AStBV (St) 2014.
3 Vgl. den Bericht in der FAZ v. 19.8.2016, S. 22, für NRW.
4 Zu einem Schutzbund im Saarland s. „Die Deutsche Steuergewerkschaft", 1980, 205, in Hamburg s. Welt am Sonntag Nr. 48 v. 1.12.1985.
5 *Kloos*, DStZ 1986, 505, gegen *Mösbauer*, DStZ 1986, 339; *Dörn*, BB 1992, 2407.

Entdeckung einer fast grenzenlosen Zahl von Auslandskonten mit nicht versteuerten Kapitalen und Erträgen bleibt nicht ohne Wirkung.

Jedes Gemeinwesen benötigt für die Erfüllung seiner Aufgaben Geldmittel. Steuern sind notwendig. Gleichwohl werden Steuern nicht gern gezahlt. Steuern werden hinterzogen. Um dem zu begegnen, ist die **Steuerfahndung notwendig**. Für sie gilt das gleiche Gebot, das in einem demokratischen Rechtsstaat für die Polizei gilt: Gerechtfertigt sind gerade so viele Fahnder wie notwendig; jeder Fahnder mehr wird durch einen rechtsstaatlichen Zweck nicht mehr getragen.

50 In der Fahndung verbinden sich Finanzverwaltung und Strafverfolgungsbehörde. Durch sie setzt der Staat seine **Übermacht** in intensiver Konzentration gegen einen einzelnen Bürger ein. Nachdrücklich ist zu fragen, ob diese Machtverknüpfung **rechtsstaatlich ist**. Zumindest ist es rechtsstaatliches Gebot, dass dieser geballte Machteinsatz **gesetzlich** exakt und **eingrenzend** geregelt ist. Eine Regelung liegt für das Abgabenrecht ebenso vor wie für das Strafprozessrecht. Das Überlagerungs- und Kollisionsrecht beider Verfahrensrechte ist nur kümmerlich normiert; dies gilt für das materielle Eingriffsrecht, für die Organisationsgliederung und die Festlegung der Verantwortlichkeit. Unter rechtlichen Gesichtspunkten sind diese Regelungen ungenügend[1].

51 Da die Grenzen wenig klar gezogen sind, neigt die Steuerfahndung dazu, diese **Grenzen** zu **überschreiten** und in rechtliche **Grauzonen vorzudringen**. Dies ist ein wesentlicher Grund für das Unbehagen, das gegenüber der Steuerfahndung empfunden wird. Abhilfe kann hier nur der Gesetzgeber schaffen.

---

1 Dies kann insb. in der Habilitationsschrift von *Hellmann*, Das Neben-Strafverfahrensrecht der Abgabenordnung, 1995, nachgelesen werden; s. auch Rz. 14.

B. Der Beschuldigte und sein Berater

I. Der Steuerbürger und die Steuerhinterziehung

Der **Steuerbürger** ist den **Umgang** mit der **Polizei**, auch in Form der **Steuerpolizei**, i.d.R. nicht gewohnt. Es ist eine Tatsache, dass selbst der sog. „hartgesottene" Unternehmer von einer Fahndung bis ins Mark getroffen wird. Strafverfolgung gehört nicht zu seinem Bewusstsein, nicht zu seinem Erfahrungsfeld. Erscheint die Fahndung, kollidieren zwei Welten: Die Fahndung sieht in dem Betroffenen mehr oder weniger sofort den Steuerhinterzieher, damit nach eigenem notwendigen Selbstverständnis einen Kriminellen; ein Wort, das den betroffenen Steuerbürger auf eine Ebene mit dem Dieb, Betrüger und Sexualtäter stellt. Bereits diese mögliche Parallelität empfindet der Bürger als ehrverletzenden Eingriff. 52

Steuerhinterziehung ist ein **Delikt** mit **geringem Unrechtsbewusstsein**; 53 sie verfügt über keine moralische Instanz, über kein aktives Gewissen; erst durch einen willentlichen Vernunftsakt kommt der Bürger zu dem Ergebnis, es sei wohl richtig, Steuern zu zahlen[1]. Nicht ein bejahtes

---

1 Zu diesem Ergebnis gelangen **Steuersoziologie** und **Steuerpsychologie**. Vgl. zunächst einmal jüngst *Kirchler/Kasper*, Steuern und Psychologie - Überlegungen zur Wirkung von Steuern auf Steuerzahler, in DStJG 38 (2015), 7 ff.; *Tipke*, Steuerrechtsordnung, Bd. 3, 2. Aufl. 2012, 1704 ff.; sodann unverändert durch die Jahrzehnte: *Puviani*, Die Illusion in der öffentlichen Finanzwirtschaft, 1903, deutsche Übersetzung aus dem Italienischen, 1960, 17: Die „Steuerwilligkeit ... ist abhängig von dem besonderen Urteil eines jeden Steuerzahlers darüber, ob sein Steuerleid von einem größeren Vorteil kompensiert wird." *Meisel*, Das Strafrecht der Reichsabgabenordnung, sein Prinzip und seine Technik, 1920, 14: „Das Moralische versteht sich in Steuersachen nirgends und niemals von selbst." *Popitz*, Vierteljahresschrift für Steuer- und Finanzrecht, 1930, 1 ff., 27 ff.; *Schmölders*, Steuermoral und Steuerbelastung, Vierteljahresschrift für Steuer- und Finanzrecht, 1932, 150; *Goetzeler*, Die rationalen Grundlagen des Steuerstrafrechts, 1934, 30 ff.; *Holtgrewe*, Der Steuerwiderstand, Das Verhalten des Steuerpflichtigen im Licht der modernen Psychologie, Finanzwissenschaftliche Forschungsarbeiten, Heft 5, Berlin 1954, 76; *Strümpel*, Steuermoral und Steuerwiderstand der deutschen Selbständigen, 1966, 40 ff.; *Strümpel*, Steuersystem und wirtschaftliche Entwicklung, 1968, 59; *Streck*, FR 1979, 267; *Streck*, BB 1984, 2205; *Tipke*, Steuerrechtsordnung, Bd. 3, 2. Aufl. 2012, 1704 ff.: Die Überschreitung der Grenze zur Steuerhinterziehung ist keine Frage moralischer Hemmungen. Die **katholische Moraltheologie** neigte dazu, die **Steuersünde** als **lässliche Sünde** zu behandeln; vgl. *Hamm*, Zur Grundlegung und Geschichte der Steuermoral, 1908, 314; strenger jetzt Rz. 2409 i.V.m. Rz. 1854 ff. des Katechismus der kath. Kirche, 1993. Eine Forschungsstelle für empirische Sozialökonomie hat ermittelt, dass 55,3 v.H. der Bürger

sittliches Gebot, Steuern zu zahlen, sondern der Gesetzesbefehl wird allenfalls befolgt[1]. Steuerhinterziehung kann folglich mit jeder Existenz verknüpft sein[2]. Bezieht man die gesamte Kleinhinterziehung in die Beurteilung ein, so ist es keine Übertreibung, wenn man davon ausgeht, dass nahezu jeder Steuerbürger hinterzieht[3]. In der Bewertung

---

den **Hinterzieher** nur als **Lebenskünstler**, raffinierten Geschäftsmann oder gerissenen Typ einschätzen (Stbg 1978, 182). Einen **internationalen Vergleich** geben *Tretter*, Die Steuermentalität, 1974, und *Schmölders/Strümpel*, Vergleichende Finanzpsychologie – Besteuerung und Steuermentalität in einigen europäischen Ländern, 1968. Die Steuermoral soll in Deutschland sogar geringer sein als in Italien, Spanien oder in der Türkei (FAS v. 9.1.2011, 37). Auf die bemerkenswerte Diskrepanz zwischen tatsächlicher und geführter Steuerbelastung macht die Untersuchung von *Blaufus/Bop/Hundsdoerfer/Sielaff/Kiesewelther/Weimann*, StuW 2010, 337 hin.

1 *Popitz*, Vierteljahresschrift für Steuer- und Finanzrecht, 1930, 30 ff.; *Schmölders*, Steuermoral und Steuerbelastung, Vierteljahresschrift für Steuer- und Finanzrecht, 1932, 153.

2 Jeder Berater und Fahnder wird bestätigen, dass **Unternehmer** wie **Angestellte**, **Arbeiter** wie **Vorstandsmitglieder**, **Studenten** wie **Professoren**, **Hausfrauen** wie **Ordensmitglieder** (vgl. Spiegel Nr. 2/1982, 30: Steyler Mission) und **Geistliche**, **Beamte** (Finanzamtsvorsteher, PStR 2012, 161) wie **Vertreter politischer Parteien**, **Sportvereine** und **gemeinnützige Organisationen** hinterziehungsanfällig sind; Ausnahmen gibt es nicht; selbst **Rentner** sollen pro Jahr 1–2 Mrd. Steuern hinterziehen; vgl. *Felix*, KÖSDI 1981, 4009 (heute eher mehr); *Seer* in Tipke/Lang, Steuerrecht, 22. Aufl. 2015, § 23 Rz. 3. Vgl. *Klotz*, Über den Verfall der guten Sitten im Steuerrecht, in FS Franz Klein, 1994, 289. Ähnliche Feststellungen bereits bei *Popitz*, Vierteljahresschrift für Steuer- und Finanzrecht, 1930, 30. Fachvortragsthemen wie „Kriminalisierung des Steuerbürgers?" (*Seer*, Stbg 2006, 7) können zum Widerspruch provozieren, wenn sie suggerieren sollen, die Steuerhinterziehung werde erst durch Gesetzgeber und Steuerfahndung „gemacht".

3 Vgl. hierzu – auch zur Entrüstung über diese Feststellungen – *Streck*, BB 1984, 2205 (zu dieser provokanten Äußerung von *Streck* s. auch *Weigell* in FS Streck, 2011, 609 ff.). BILD-Schlagzeile am 24.7.1991: So denkt die Mehrheit: **Steuerbetrug – finde ich gut**. Oder: **Schwarzarbeit ist schon fast Notwehr** (so der FDP Vorsitzende in Rheinland-Pfalz, *Rainer Brüderle* (FAZ v. 3.4.2004, 4). Der Bund der Steuerzahler hat 1995 durch eine Umfrage ermittelt, dass die Steuermoral weiter verfällt und 43 % der Bürger der Auffassung sind, wer bei der Steuer nicht mogele, verdiene nur Mitleid; zwei Drittel der Bevölkerung sähen die Steuerhinterziehung nicht als kriminelles Unrecht an (FAZ v. 14.1.1995, 9). Nach der Erhebung der Forschungsstelle für empirische Sozialökonomik zur Steuermentalität und Steuermoral der bundesdeutschen Bevölkerung und deren Einstellung zur Steuerreform 1999, Köln, 1999, 23, ist der Anteil derjenigen, die bei der Steuer mogeln, von 37 % (1990) auf 46 % (1999) angestiegen; *Seer* in Tipke/Lang, Steuerrecht, 22. Aufl. 2015, § 23 Rz. 3, beschreibt eine neuere Entwicklung; allerdings sind die Ablehnung der Steuerhinterziehung und das Verhalten in eigenen Steuersachen zwei verschiedene Dinge. Zu fragen ist wegen des Massenphänomens, ob es richtig ist, die gesamte **Kleinhin-**

der Hinterziehung liegt bezüglich strafrechtlicher Ermittlungen der Unterschied zu typischen Kriminaldelikten: Die Kriminellen, so wie sie der gemeine Sprachgebrauch versteht, haben regelmäßig Unwerturteil und Sozialschädlichkeit ihrer Handlungen in ihr Bewusstsein aufgenommen; sie nehmen Polizeiaktionen als tattypische Folge in Kauf. Den Steuerbetrüger trifft der Steuerfahndungsschlag unvorbereitet; entsprechend verwundbar ist er.

Diesen Tatbestand mag man kritisieren und das Kriminelle durch den Hinweis auf den „**Betrug am Staat**" oder den „Diebstahl an der Gemeinschaft" nachweisen[1]. Abgesehen davon, dass in dem „Nachweis" eine empfindliche Lücke in der Nichtbestrafung des **öffentlichen Verschwenders** klafft[2], ändert man dadurch an der Tatsache des geschilderten Bewusstseinszustandes nichts. Richtiger ist es, primär den Gründen nachzugehen, warum sich der Hinterzieher regelmäßig nicht als Krimineller begreift. Die Bekämpfung könnte sich sodann mehr mit den Ursachen als mit den Folgen befassen, die Gegenstand der Steuerfahndungsprüfung sind[3]. Im Steuerstrafrecht und in der Besteuerungswirklichkeit fehlt es an einer wirkungsvollen Erforschung und Diskus- 54

---

terziehung durch **§ 370 AO** der Großhinterziehung gleichzustellen und zu **kriminalisieren** (vgl. *Streck*, BB 1984, 2205).

1 Vgl. *Koch* in StbKongrRep. 1973, 49: „Warum also versucht man, Kriminelle, die die Allgemeinheit um Geld betrügen wollen, in der Glorie von Märtyrern erscheinen zu lassen?" Demgegenüber forderte *Meisel*, Das Strafrecht der Reichsabgabenordnung, sein Prinzip und seine Technik, bereits 1920 für Steuerdelikte wegen ihres **andersartigen Unrechtsgehalts** eine auch verfahrensmäßige Trennung von den Kriminaldelikten.

2 „Wer **Steuermoral fordert**, ist **Ausgabenmoral schuldig**", Der Steuerzahler Nr. 10/1978, 1. So auch *Koch* in StbKongrRep. 1968, 236; *Tipke*, Steuerrechtsordnung, Bd. 3, 2. Aufl. 2012, 1710. Der Bund der Steuerzahler hat 1979 ein Gutachten „Zur strafrechtlichen Erfassung der Fehlleitung öffentlicher Mittel" (von Prof. *Kohlmann*, Köln) vorgelegt, das eine Strafvorschrift für die Ausgabenverschwendung vorschlägt. Zur Anwendung des Untreuetatbestands (§ 266 StGB) auf die Verschwendung öffentlicher Mittel vgl. *Neye*, NStZ 1981, 369.

3 Von Fahndern hört man allerdings immer wieder (ähnlich im Schrifttum: vgl. z.B. *Koch* in StbKongrRep. 1973, 56, und die Diss. von *C. Seckel*, an vielen Stellen), sie würden bereits durch ihre **Negativwirkungen** nachhaltig **Hinterziehungen verhindern**. Wer einmal durch ihre Mühle gegangen sei, hinterziehe keine Steuern mehr. Mag sein; **Zweifel** sind durch die Statistik begründet, da die Mehrergebnisse (und das Klagen in der Öffentlichkeit über diese Steuerhinterziehung) sodann rückläufig sein müssten, was nicht der Fall ist.

sion dieser Ursachen; die Ergebnisse und Anstöße der Sozial- und Finanzwissenschaften werden kaum aufgenommen[1].

55 Vor Fahndungseingriffen ist „prinzipiell" keine **Bevölkerungsgruppe** sicher. Die Steuerfahndung geht in Einzelfällen auch gegen **Arbeitnehmer** vor; die Praxis kennt die Durchsuchung des Arbeitsplatzes. Auch „Prominente" genießen keinen Schutz.[2] Insbesondere hat die Steuerfahndung eine Vorliebe für **mittelständische Unternehmen**. Hier liegt das Schwergewicht ihrer Arbeit. Die Steuerfahndung zeigt grundsätzlich Scheu vor **Industriekonzernen – einzelne spektakuläre Fälle widersprechen dem nicht –** ebenso wie vor vielfältigen Eingriffen bei Arbeitnehmern, obwohl die Hinterziehung sowohl im Industriebereich[3] als auch bei Arbeitnehmern[4] kaum geringer sein dürfte. Mittelständische Unternehmen sind i.d.R. leicht und gut überschaubar, sie bieten sich für einen Eingriff fast optimal an[5]. Großkonzerne sind zu unüber-

---

1 Zum Einstieg in die einschlägigen Sozial- und Finanzwissenschaften vgl. *Schmölders, Holtgrewe, Strümpel, Schmölders/Hansmeyer* oben in Fn. zu Rz. 53; *Gnahs/Jannek*, Das Problem des illegalen Steuerwiderstands – Ein Versuch der Integration verschiedener Erklärungsansätze, Soziale Welt 1979, 205.

2 Hinweis auf die Fälle *Klaus Zumwinkel* (FAZ v. 15.2.2008, Titel; Süddeutsche v. 15.2.2008, Titel; Welt v. 15.2.2008, Titel Spiegel 8/2008, 20); *Uli Hoeneß* (FAZ v. 14.3.2014, Titel; Süddeutsche v. 15./16.3.2014 Titel; Spiegel v. 17.2.2014, Titel); *Alice Schwarzer* (Spiegel 6/2014, 6 u. 24/2014, 32; FAZ v. 4.2.2014 und 7.6.2014; TAZ v. 4.2.2014, 14. Der Spiegel v. 10.2.2014 nennt außerdem CDU Schatzmeister *Helmut Linssen*, Ex-Herausgeber der ZEIT *Theo Sommer*, Filmproduzent *Artur Brauner*.

3 **Stichworte**: Verrechnungspreise, verdeckte Gewinnausschüttungen, Schmiergelder, Spesen, Sachzuwendungen, Auslandsbeziehungen.

4 **Stichworte**: Schwarzarbeit, Nebentätigkeit, falsch geschätzte Werbungskosten, Lohnsteuer bei Putzfrauen, Kinderfrauen.

5 *C. Seckel* stellt in ihrer kriminologischen Untersuchung fest, dass der **mittelständische Unternehmer** im Sinne der Statistik der typische Steuerhinterzieher sei. Das ist kein Widerspruch zu meiner These, denn wenn sich die Verfolgung auf eine bestimmte Gruppe konzentriert – *Seckel* untersucht die **Akten** der Gemeinsamen Strafsachenstelle in Frankfurt –, wird diese auch bei Verurteilungen überrepräsentiert sein. Zu einem ähnlichen Ergebnis kommt *Mönch*, Steuerkriminalität und Sanktionswahrscheinlichkeit, Diss. Bremen, 1977, 113; auch hier werden jedoch nur geprüfte und ermittelte Fälle, nicht alle möglichen Fälle untersucht (vgl. S. 30). Die gleiche Feststellung gilt für den Beitrag von *Liebl*, wistra 1982, 15, 50, 85. In entsprechendem Sinn relativierend *Küster* in Kohlmann (Hrsg.), DStJG 6 (1983), 254. Die Dissertation von *Kress*, Motive für die Begehung von Steuerhinterziehung, Köln 1983, nennt sich korrekterweise in diesem Sinn „Eine Aktenstudie"; ähnlich *Peres*, Die Steuerhinterziehung im Spiegel der Rechtsprechung, 1963. Wegen Außerachtlassung der Fälle der Bußgeld- und Strafsachenstellen kommt *Heinz*, Wirtschaftskriminologische Forschung in der Bundesrepublik Deutschland, wistra 1983, 128, für

sichtlich, Arbeitnehmer müssten in ihrer Vielzahl angegangen werden; beides würde größeren intellektuellen und organisatorischen Aufwand erfordern. Die Bankenermittlungen (Rz. 800 ff.) widersprechen dem nicht unbedingt, da es hier nicht um das Verkürzungspotenzial der Banken selbst geht, sondern um das der Bankkunden. Der frühere Leiter der Steuerfahndung Köln meint[1]: „Eine harte Steuerfahndung kann die Millionen von Arbeitnehmern, die Leute mit dem gläsernen Portemonnaie, nicht beunruhigen." Das ist ein markiger Satz, der die Arbeitnehmer sicher erfreut. Jede Privilegierung nimmt man gerne hin, eine rechtswidrige, die rechtswidrige Vorteile sichert, mit besonderem Vergnügen[2]. Das **gläserne Portemonnaie** scheint den einen oder anderen Fahnder so zu faszinieren, dass man die schwarzen derselben Steuerbürger übersieht[3].

Über den **Umfang** der **hinterzogenen Beträge** gibt es keine exakten Daten, obwohl die empirische Sozialforschung heute durchaus Methoden zur Erfassung des individuellen persönlichen und finanziellen Intimbereichs kennt, die die Person selbst nicht bloßstellt[4]. Diese Daten 56

die Steuerhinterziehung zu nicht repräsentativen Ergebnissen. *Seckel* selbst gibt an (S. 113), dass das Verhältnis der entdeckten zur unentdeckten Tat im Verhältnis 1 : 100 stehe; aus den entdeckten Taten ist dann aber nur etwas über den **Typus** des **entdeckten Hinterziehers**, nicht über den aller Hinterzieher abzuleiten.

1 Reg.-Dir. *Stähler*, Der Spiegel Nr. 5/1978, 92.

2 Wobei uns fernliegt zu behaupten, dies geschehe bewusst; was hier wirkt, ist die formende Macht von Institutionsgesetzmäßigkeiten und -üblichkeiten.

3 Im Übrigen ist der Satz vom **gläsernen Portemonnaie** eine Feigenblatt-Unwahrheit, vgl. Fn. zu Rz. 55. Anders auch *Koch* in StbKongrRep. 1973, 49: „Das berühmte gläserne Portemonnaie des Arbeitnehmers gibt es nicht mehr." Nach *Strümpel*, Steuersystem und wirtschaftliche Entwicklung, 1968, 66, hat der **Arbeiter** die negativste Einstellung zur Steuerpflicht; dies bestätigt die Erfahrung, wonach der Druck zur **lohnsteuerfreien Schwarz-** oder **Überstundenarbeit** maßgeblich von den Arbeitern ausgeht.

4 Vgl. *Schmölders*, Der heimliche Beitrag zum Sozialprodukt, in Emil Küng (Hrsg.), Wandlungen in Wirtschaft und Gesellschaft, FS Walter Adolf Jöhr, 1980, 371 ff. abgedruckt in FAZ v. 8.3.1980, 15. So geht z.B. *Strümpel*, Steuersystem und wirtschaftliche Entwicklung, 1968, 82 ff., nicht den Weg, die Befragten unmittelbar nach ihrer eigenen Hinterziehung zu befragen; er bildet Hinterziehungsfälle und lässt sie von den Selbständigen bewerten. Zur empirischen Erfassung der Schattenwirtschaft s. auch *Gretschmann/Heinze/Mettelsiefen*, Schattenwirtschaft, 1984, 20 ff. Nach Wikipedia v. **6.8.2016** liegt der Anteil der Schattenwirtschaft in Deutschland bei **5–10 %** des Bruttoinlandsprodukts, um sodann konkret für **2015** den Prozentsatz mit **12,2 %** (= **2014**) anzugeben; dies zu den Genauigkeiten der Schätzungen. Was von diesen Schätzungen zu halten ist, kann auch der Lektüre der Fn. zu Rz. 56 entnommen werden.

wären für eine vernünftige Reflexion über die Steuerhinterziehung notwendig. Die „Schattenwirtschaft" des Illegalen verfälscht auch jede volkswirtschaftliche Statistik und die für die Steuerung der Volkswirtschaften notwendigen Größen[1]. Ohne derartige Erhebung sind Zahlen, die hin und wieder genannt werden und die zwischen 2 DM und 150 Mrd. DM – heute mühelos 1:1 umgerechnet in Euro – schwanken, freie Schätzungen, griffweise Vermutungen „pure Spekulationen"[2], die in einer sachlichen Erörterung keinen gesicherten Platz haben dürfen[3]. Auch die von der Finanzverwaltung – fast mit Stolz – jährlich publizierten Mehrergebnisse lassen nur im Sinn einer Untergrenze einen Rückschluss auf die tatsächliche Höhe der Hinterziehungen zu. Treffend im Übrigen *Kohlmann*: „Je größer die genannten Summen, desto überzeugender lässt sich unter dem Schlagwort „Bekämpfung der Wirtschafts-

---

1 *Schmölders* in FS Jöhr, 1980, 371 ff.

2 *Mönch*, Steuerkriminalität und Sanktionswahrscheinlichkeit, Diss. Bremen, 1977, 42.

3 **Beispiele**: Der Zentralverband des deutschen Handwerks schätzt 1981 allein den Schwarzarbeiter-Umsatz im Handwerk auf 10 v.H. des Handwerker-Umsatzes insgesamt, d.h. auf 10 v.H. von 380 Mrd. DM = **38 Mrd. DM**; vgl. Kölner Stadtanzeiger Nr. 91 v. 18. 4. 1981 und Der Spiegel Nr. 46/1981, Titelbericht. Die ZEIT Nr. 38 v. 11.9.1981 schätzt die Schwarzeinkommen mit **30–60 Mrd. DM** jährlich. Die Steuerehrlichkeit würde eine **Steuerminderung** zwischen 10 v.H. und 33 v.H. erlauben (*Mönch*, Steuerkriminalität und Sanktionswahrscheinlichkeit, Diss. Bremen, 1977, 39, unter Berufung auf *Zybon*, Wirtschaftskriminalität als gesamtwirtschaftliches Problem, 1972, 11, und *Lange*, Strafrechtsreform, 1972, 35). Die Steuer-Gewerkschaft beteiligt sich mit ständig steigenden Schätzungen an dem „Schätzungs-Roulett": vgl. Die Steuer-Gewerkschaft **1981**, 110: **10 Mrd. DM** Steuerausfälle fordern **20 v.H. mehr Personal** (ähnlich die in Die Steuer-Gewerkschaft 1985, 98, wiedergegebene Entschließung des Vorstands); Schätzung der Steuer-Gewerkschaft **1987: 54 Mrd. DM** (Handelsblatt v. 30.4.1987, S. 4) **1991: 100 Mrd. DM** (Handelsblatt v. 17.10.1991, 5), **1993: 150 Mrd. DM** (zitiert und abgelehnt vom BMF, BMF Finanznachrichten 23/93 v. 1.4.1993), 2000 dann wieder **100 Mrd. DM** (Spiegel 47/2000, 98). Die steigenden Zahlen der Steuer-Gewerkschaft sind ein kaum überprüfbares Mittel, den sich ausbreitenden „Virus der Steuerhinterziehung" mit Forderungen nach mehr Personal (Die Steuer-Gewerkschaft 1993, 151) und mit einem stärkeren Einsatz von Freiheitsstrafen (Die Steuer-Gewerkschaft 1994, 38) zu verbinden. *Küster* in Kohlmann (Hrsg.), DStJG 6 (1983), 254, schätzt den Steuerausfall auf 10 v.H. des Bundeshaushalts (= **25 Mrd. DM** in 1981). Der Bericht des MdB *Josef Grünebeck* v. 22.8.1985 spricht für 1984 von Steuerausfällen i.H.v. **50 Mrd. DM** SPD: **100 Mrd. DM** pro Jahr (FAZ v. 8.1.1988, 11). Die von *Gretschmann/Heinze/Mettelsiefen*, Schattenwirtschaft, 1984, 29, wiedergegebenen Daten für die Schattenwirtschaft in der Bundesrepublik schwanken zwischen **5 %** und **27 %** des **Bruttosozialprodukts**. Man kann sagen, fast sarkastisch, so geht das **Jahr für Jahr** weiter.

kriminalität" die Ausweitung der Strafverfolgungs- und Ahndungstätigkeit rechtfertigen[1]."

Die **hinterzogenen Beträge steigen** eher, als dass sie abnehmen. Die 57
Hoffnung, dass die Steuerehrlichkeit zunimmt, ist ein kleines, zartes Pflänzchen. Dass die Entdeckung der **ausländischen Konten** mit Schwarzgeldern und/oder nicht versteuerten Erträgen und die damit ausgelöste Selbstanzeigewelle etwas ändert, wagen wir zu bezweifeln[2]. Die Flucht vor dem Fiskus wird neue Wege finden[3].

Allerdings hat der Gesetzgeber durch eine Verschärfung des Steuerstrafrechts, die Rechtsprechung des BGH durch eine Verschärfung der Strafen reagiert. Welche Auswirkungen der „Klimawandel"[4] hat, bleibt abzuwarten[5]. Der ständige Ruf in der Politik nach einer Intensivierung der Steuerstrafverfolgung belegt eher, dass von einem grundsätzlichen Klimawandel keine Rede sein kann.

II. Der Steuerberater

Dem betroffenen Bürger steht sein Steuerberater zur Seite. Steuerbera- 58
ter und Mandant verbindet ein breites Vertrauensband; das **Steuerberatungsmandat** ist eines der intensivsten und vertrauensvollsten Beratungsverhältnisse, über das der Bürger verfügt.

Nach seiner heute noch weithin hingenommenen rechtlichen **Struktur** 59
ist dieses Steuerberatungsmandat für einen **Fahndungseingriff wenig gerüstet.** Nach der Erkenntnis des BVerfG ist der Steuerberater nicht Interessenwahrer seines Mandanten, sondern **Mittler** zwischen Finanzamt und Steuerbürger[6]. Da sich auch der Finanzbeamte als Mitt-

---

1 *Kohlmann* in Kohlmann (Hrsg.), DStJG 6 (1983), 9.

2 Zu dem zu Anfang des CD-Handels („Für ein paar Euro verraten die Leute alles und jeden", FAS v. 7.2.2010, 33), namentlich bekannten Verkäufer *Heinrich Kieber* s. Spiegel 2008/9, 30, Stern 2008/10, 260.

3 „Den Schuldigen fehlt (eben) oft jegliches Unrechtsbewusstsein" (Süddeutsche v. 24.11.2011, 23). Die gleiche Zeitung berichtet am 16.7.2016, 19, über das Ergebnis einer Studie der EU-Grünen unter der Überschrift „Paradiesische Zustände" – Steuerpflichtige ändern die Anlageform, nicht ihr Verhalten.

4 *Joecks* in FS Schaumburg, 2009, 1225. Ähnlich auch *Mellinghoff* in DStJG 38 (2015), 1 ff.

5 S. auch *Salditt* in FS Schaumburg 2009, 1269; *Schwedhelm* in FS Streck, 2011, 561 und *Weigell* in FS Streck, 2011, 609.

6 BVerfG v. 15.2.1967 – 1 BvR 569, 589/62, NJW 1967, 1317: „Das Leitbild des Gesetzgebers ist der Steuerbevollmächtigte, der als **Mittler** zwischen dem **Steuerpflichtigen** und den **Finanzbehörden** dafür eintritt, dass die Steuern **gerecht** erhoben werden." (Hervorhebungen von uns).

ler versteht[1], scheinen Steuerberater und Finanzbeamter austauschbar. Mit dieser Möglichkeit geht die Ansicht einher, dem Berater sei ein fast öffentliches Amt verliehen, das ihn ebenso mit Fiskalpflichten ausstatte wie mit Beraterpflichten[2]. Auch wenn in dieser Funktionsbeschreibung kaum verständliches Gedankengut des Dritten Reichs, und zwar des Staatssekretärs im Reichsfinanzministerium *Fritz Reinhardt*, nachklingt[3], muss von diesem Verständnis, wir befürchten teilweise auch Selbstverständnis, noch ausgegangen werden.

60 Wenn auch ein allgemeiner **Bewertungswandel** feststellbar ist[4], so muss ihn der Berater im Einzelfall, nämlich im Fall des Steuerfahndungseingriffs, sofort vollziehen. Wenn der Staat zugunsten des Fiskalzwecks und des Strafzwecks alle Möglichkeiten mobilisiert und die Rechte des Angegriffenen minimiert, ist ein „Mittler" kaum der rechte Schutz. Der Steuerberater muss **einseitiger Vertreter** des Steuerbürgers werden, um als Gegengewicht das Zünglein der Rechtswaage gegen die Fiskalmacht im Gleichgewicht zu halten.

---

1 Vgl. *Tipke* in StbKongrRep. 1967, 40, mit Hinweis auf *Fredersdorf*, Der Steuerbeamte als Mittler zwischen dem Staat und dem Steuerpflichtigen, in StbJb. 1958/59, 105.

2 Der Steuerberater „hat sich als **Wahrer des Rechts** zu fühlen. Sein Beruf kommt einem öffentlichen Amt nahe" (OLG Celle v. 2.6.1960 – 10 U 151/59, DB 1960, 1181; Hervorhebung von uns). – Auch heute noch anzutreffende Ansicht in der Strafgerichtsbarkeit.

3 Dazu die eindrucksvolle Darstellung von *Pausch*, Stbg 1978, 184, 208. Ebenso ist der Einfluss der RG-Rechtsprechung der 20er und 30er Jahre spürbar (z.B. RG v. 9.5.1933 – 1 D 992/32, RStBl. 1933, 577; RG v. 26.11.1934 – 5 D 217/34, RStBl. 1934, 1588). Ausführliche Dokumentation bei *Felix/Streck*, Der steuerberatende Beruf zwischen aktueller Bürgervertretung und unzumutbaren Fiskalpflichten, Stbg 1980, 78. S. auch *Rüping*, Der Steuerberater als „Organ der Rechtspflege", in FS Kohlmann, 2003, 499.

4 Vgl. *Flämig*, Steuerprotest und Steuerberatung, 1979, 44 ff.; *Flämig*, StbKongrRep. 1979, 45, 69, 73 ff.: Der Berater hat ein **privates Amt** inne; weiter präzisiert in DStZ 1984, 263. *Streck*, StbKongrRep. 1981, 163 ff.: Der Berater ist als **Organ** der **Steuerrechtspflege** zur **Einseitigkeit** verpflichtet; ähnlich auch *Meilicke*, BB 1985, 1885. OLG Bremen v. 26.4.1985 – Ws 111/84, 115/84, 116/84, StV 1985, 282: Der Steuerberater ist **nicht Sachwalter** der **Finanzämter**. BVerfG v. 4.7.1989 – 1 BvR 1460/85, 1239/87, NJW 1989, 2611: Der Steuerberater ist Organ der Steuerrechtspflege und **steht** insoweit dem **Rechtsanwalt gleich**. Vgl. weiter *Rüping* in FS Kohlmann, 2003, 499.

III. Der Verteidiger

Erst der Verteidiger gibt dem Betroffenen den möglichen und rechts- 61
staatlich **notwendigen Beistand**. An dieser Stelle meine ich die Funktion, nicht einen Berufszweig. Im Fahndungsverfahren kann auch der Steuerberater den Schutz als Verteidiger übernehmen (in den Grenzen des § 392 AO; s. dazu Rz. 71 ff.). Er wechselt damit aus der „Mittlerrolle" in die Rolle des einseitigen Interessenvertreters.

C. Verteidigung im Steuerfahndungsverfahren

I. Zweck der Verteidigung

62 Steuerfahndung ist Eingriff. „**Verteidigung ist Kampf**"[1]. Mit dem Verteidiger wählt sich der Betroffene für diesen „Kampf" einen Beistand[2], der von Rechts wegen, d.h. als Organ der Rechtspflege, zur **einseitigen Interessenwahrung** verpflichtet ist[3]. Der Eingriff der Strafverfolgungsbehörden ist nur rechtsstaatlich und gerade noch erträglich, wenn die Rechte des Betroffenen gewährleistet sind[4]. Die Möglichkeit der Verteidigung bedingt die Rechtsstaatlichkeit. Die Steuerfahndung ist eine Eingriffsbehörde, die mit besonderen Eingriffsrechten ausgestattet ist; folglich sichert erst eine starke und selbstbewusste Verteidigung die Legitimität ihres Vorgehens.

---

1 Mit diesem Satz beginnt *Dahs* sein Handbuch (*Dahs*, Handbuch des Strafverteidigers, 8. Aufl. 2015, Rz. 1). Oder: „Strafverteidigung ist ... Kampf gegen den von der Anklage ausgehenden Angriff", *Krekeler* in Cramer/Cramer, Anwaltshandbuch Strafrecht, 2002, 1.

2 Der Verteidiger ist nicht „Vertreter" des Beschuldigten; er handelt als **Organ** der **Rechtspflege** aus **eigenem Recht**, BGH v. 30.1.1959 – 1 StR 510/58, NJW 1959, 731.

3 *Dahs*, Handbuch des Strafverteidigers, 8. Aufl. 2015, Rz. 3 ff. Die **rechtliche Beurteilung** der **Funktion** des **Verteidigers** ist, ausgelöst insb. durch die Verteidigung in Terroristenprozessen, durch Begriffe wie „Konfliktverteidigung" Gegenstand einer anhaltenden **Diskussion**. Ich verweise hier auf *Holtfort* (Hrsg.), Strafverteidiger oder Interessenvertreter – Berufsbild und Tätigkeitsfeld, 1979; Arbeitskreis Strafprozeßreform. Die Verteidigung vorgelegt von *Bemmann/Grünwald* u.a., 1979; *Beulke*, Der Verteidiger im Strafverfahren, 1980; *Schneider*, Der Rechtsanwalt, ein unabhängiges Organ der Rechtspflege, 1976; *J. Müller*, Rechtsstaat und Strafverfahren, 1980, 208; *Augstein*, Der Anwalt: Organ der Rechtspflege, NStZ 1981, 52; Leitsätze zur Reform der Verteidigung, formuliert von Richtern und Staatsanwälten (!) der ÖTV, AnwBl. 1981, 224; *Müller*, NJW 1981, 1801; *Müller*, AnwBl. 1981, 311; historisch: *Armbrüster*, Die Entwicklung der Verteidigung in Strafsachen, 1980; *Gatzweiler*, Möglichkeiten und Risiken einer effizienten Strafverteidigung, StV 1985, 248; *Vehling*, StV 1992, 86; *Hamm*, Der Standort des Verteidigers im heutigen Strafprozess, NJW 1993, 289. Zum Stand der Diskussion: *Krekeler* in Cramer/Cramer, Anwaltshandbuch Strafrecht, 2002, 1; *Kempf* in Brüssow/Gatzweiler/Krekeler/Mehle, Strafverteidigung in der Praxis, Bd. 1, 4. Aufl. 2007, 1 ff. Zum Anwalt als **Interessenvertreter** im **Steuerstreit** s. *Spindler* in FS Streck, 2011, 417 ff.

4 „In der Konzeption des Gesetzgebers ist seine **natürliche Parteilichkeit** das kalkulierte Gegengewicht gegen die funktionelle Parteilichkeit der Anklage" (Hervorhebung von uns), Generalbundesanwalt *Max Güde*, Referat v. 8.10.1960, veröffentlicht bei *Holtfort* (Hrsg.), Strafverteidiger oder Interessenvertreter – Berufsbild und Tätigkeitsfeld, 1979, 112.

II. Verteidigung Schuldiger und das Problem der Wahrheitsfindung

63 Die Verteidigung verliert ihre rechtsstaatliche Funktion auch dann nicht, wenn der **Verteidiger weiß,** dass sein **Mandant Steuern hinterzogen** hat. Unser Strafrecht ist nicht beherrscht von dem Prinzip, die **absolute Wahrheit** festzustellen, sodass das Wissen um diese Wahrheit nicht notwendig die mit dem „wahren Sachverhalt" verknüpfte Bestrafung nach sich ziehen muss. Der Zweck der Wahrheitsfindung um jeden Preis wurde von der mittelalterlichen Strafverfolgung angestrebt; er rechtfertigte die Folter als Mittel der strafrechtlichen Sachverhaltserforschung[1]. Mit diesem Zweck ist die Verteidigung eines Schuldigen nur schwer vereinbar. Das heute geltende Strafrecht strebt nach einer **relativen Wahrheit**: Der **Sachverhalt** ist auf dem **prozessual zulässigen Wege** zu **ermitteln**[2].

64 Die **objektive Wahrheit, unzulässig ermittelt,** ist für das **Strafrecht nicht existent**.

Beispiel: Ist der Steuerpflichtige in Untersuchungshaft, wird ihm die Freiheit gegen ein Geständnis geboten und gesteht er daraufhin wahrheitsgemäß eine Hinterziehung von 500 000 Euro Schwarzgeld, ist die Wahrheit nicht für die Strafverfolgung[3], aber auch nicht für die Steuerfestsetzung[4] verwertbar.

65 Das Prinzip der relativen Wahrheit gibt damit dem **Verteidiger** in **Hinterziehungsfällen** eine unmittelbar **rechtsstaatliche Funktion:** Er hat die Pflicht, eine nicht prozessgerechte Ermittlung des Sachverhalts sowie eine spätere Verurteilung mit allen seinen Mitteln auch dann zu verhindern, wenn eine Straftat objektiv vorliegt. Im Hinblick auf diese Aufgabe ist es auch bei Kenntnis der Schuld zulässig, die Nichtbestrafung anzustreben[5]. Dass hierzu nur rechtlich zulässige Mittel eingesetzt werden dürfen, versteht sich.

---

1 Vgl. *Kaspers*, Vom Sachsenspiegel zum Code Napoléon, 1978, 128.

2 BGH v. 16.2.1954 – 1 StR 578/53, NJW 1954, 649, betr. Lügendetektor: „Die **Erforschung** der **Wahrheit**, die Hauptpflicht des Gerichts im Strafverfahren, hat **ausschließlich** auf die in diesen und weiteren Vorschriften geordnete **justizförmige Weise** stattzufinden." (Hervorhebungen von uns). BGH v. 14.6.1960 – 1 StR 693/59, NJW 1960, 1580, betr. heimliche Tonbandaufnahmen: „Es ist nicht Ziel des Strafverfahrens, um jeden Preis ein der materiellen Rechtslage entsprechendes Urteil zu erreichen." *Roxin/Schünemann*, Strafverfahrensrecht, 28. Aufl. 2014, § 1 Rz. 3.

3 BGH v. 14.9.1965 – 5 StR 307/65, NJW 1965, 2262.

4 Aus dem **strafprozessualen Verwertungsverbot** folgt i.d.R. ein **abgabenrechtliches Verwertungsverbot**; s. Rz. 1157.

5 Hierzu *Dahs*, Handbuch des Strafverteidigers, 8. Aufl. 2015, Rz. 77 ff.

66 Auch der Verteidiger ist zur **Wahrheit verpflichtet**; die Wahrheitspflicht wird jedoch durch das **Verschwiegenheitsgebot** und die **Treuepflicht** gegenüber dem Mandanten eingegrenzt. Der in diesen Pflichten liegende Konflikt wird zumeist über den Satz aufgelöst: Alles, was der Verteidiger sagt, muss nach seiner Überzeugung wahr sein; er muss jedoch nicht alles sagen, was wahr ist[1]. Die Formel ist sicher hilfreich; gleichwohl bleibt die Verteidigung in der Kollision zwischen Wahrheitspflicht und Mandantentreue häufig eine Gratwanderung, die höchste Aufmerksamkeit und rechtsethisches Fingerspitzengefühl verlangt.

67 Der Verteidiger ist nicht verpflichtet, **belastendes Material** der **Fahndung** mitzuteilen oder eine unzutreffende Schätzung zugunsten seines Mandanten zu verhindern.

68 Die Verteidigung eines Schuldigen ist mit einem **rechtstatsächlichen Problem** verknüpft. Nicht selten sehen Finanz- und Fahndungsbeamte in dem **Verteidiger** einen „**Hinterziehungsberater**". Das verfolgte Delikt scheint auf den Verteidiger abzufärben. Das häufige Fehlen einer strafprozessualen Schulung der Fahnder – ein Umstand, der ohnehin kein rechtes Verhältnis der Beamten zu einer prozessgerechten Wahrheitsermittlung anstelle einer objektiven Wahrheitserforschung aufkommen lässt (s. auch Rz. 43 ff.) – wirkt auch hier gegen den Betroffenen und seinen Verteidiger. Wo sich diese Anschauung in Fahndungsermittlungen konkretisiert, muss ihr mit aller Deutlichkeit entgegengetreten werden. Hier gibt es keinen Raum für Nachsicht.

69 Das Problem der Verteidigung von Schuldigen und der Rechtsberatung von Steuerpflichtigen, die im Verdacht der Steuerhinterziehung stehen, ist auch ein **Beratungsproblem**. Steuerberater, auch Wirtschaftsprüfer, sind hin und wieder nicht frei von der – fast selbstgefällig formulierten – Anschauung: „Fahndungsfälle kommen in meiner Praxis nicht vor." Dies ist kaum ein Verdienst des Beraters. Da er nicht über den Steuerfahndungseinsatz verfügt, wird hier eine von falschem Anstand getragene Vogel-Strauß-Politik betrieben, die für die Mandanten eben dieses Beraters gefährlich werden kann. Denn wer solche Mandanten nach seinen Vorstellungen nicht hat, ist für Steuerfahndungsfälle nicht gerüstet. Erscheint die Steuerfahndung gleichwohl, so wird die „weiße Weste" noch einmal hervorgekehrt und festgestellt, ein solcher Mandant könne nicht mehr zu der eigenen Klientel gehören. Dem in Not

1 *Dahs*, Handbuch des Strafverteidigers, 8. Aufl. 2015, Rz. 49; *Roxin/Schünemann*, Strafverfahrensrecht, 28. Aufl. 2014, § 19 Rz. 14 ff.; *Kempf* in Brüssow/Gatzweiler/Krekeler/Mehle, Strafverteidigung in der Praxis, 4. Aufl. 2007, § 1 Rz. 68, spricht daher von einem **Lügeverbot**.

geratenen Mandanten entzieht sich der Berater in einem Augenblick, in dem dieser seiner unbedingt bedarf.

Verteidigung und **Vertretung** in **Steuerfahndungsverfahren** sind für 70 den Steuerberater nicht nur ein notwendiges Übel. Sie gehören zu den unmittelbaren **Beratungspflichten**. Gerade wenn die Fiskalmacht zupackt, ist der Berater zur Hilfe verpflichtet. Wer sich hier entzieht, verletzt krass das **Ethos** der **Steuerberatung**. Auch der Arzt lässt den Blutenden und Verletzten nicht liegen, wenn dieser seinen Zustand vorwerfbar selbst verschuldet hat.

III. Wahl und Beauftragung des Verteidigers

1. Die Person des Verteidigers

Als Verteidiger kommt in erster Linie der **Rechtsanwalt** oder die 71 **Rechtsanwältin** in Betracht.

Der **Rechtslehrer** an einer **deutschen Hochschule** ist ebenfalls berechtigt, sich als Verteidiger zu bestellen (§ 138 Abs. 1 StPO).

Steuerberater, Steuerbevollmächtigte, Wirtschaftsprüfer und **vereidigte Buchprüfer** können als Verteidiger gewählt werden, soweit die Finanzbehörde das Strafverfahren selbständig durchführt[1]. Solange die Staatsanwaltschaft der Bußgeld- und Strafsachenstelle folglich die strafrechtliche Kompetenz noch nicht aus der Hand genommen hat (s. Rz. 39), kann der Angehörige des steuerberatenden Berufs sich als Verteidiger bestellen.

Darüber hinaus können die Angehörigen der steuerberatenden Berufe die Verteidigung in jedem Verfahrensabschnitt „in **Gemeinschaft** mit einem **Rechtsanwalt** oder einem Rechtslehrer an einer deutschen Hochschule führen" (§ 392 Abs. 1 AO). Hieraus erwächst eine selbständige Verteidigerberechtigung. Der Berater hat z.B. das Recht auf Akteneinsicht[2].

Schließlich können die Angehörigen der steuerberatenden Berufe nach § 138 Abs. 2 StPO als **Verteidiger** vom **Gericht zugelassen** werden. Die

1 Vgl. hierzu auch *Blumers* in Kohlmann (Hrsg.), DStJG 6 (1983), 307; *Werner*, Der Steuerberater als Verteidiger im Steuerstrafverfahren, in Sommer (Hrsg.), Steuerrecht Gesellschaftsrecht Berufsrecht, FS der Berufsakademie Villingen-Schwenningen 1995, 179.

2 Vgl. hierzu *Joecks* in Joecks/Jäger/Randt, Steuerstrafrecht, 8. Aufl. 2015, § 392 Rz. 27.

Strafgerichte sind insoweit gerade Steuerberatern gegenüber – zu Recht im Hinblick auf ihre Fachkenntnis – großzügig.

72 Der Beschuldigte darf **nicht mehr als drei Verteidiger** haben (§ 137 Abs. 1 StPO). Bei größeren Sozietäten wird daher i.d.R. nur der einzelne Anwalt in der Strafprozessvollmacht genannt, nicht aber die gesamte Sozietät.

73 Ebenso wie dem **Steuerberater** oder dem Steuerbevollmächtigten oft die **Kenntnisse** und Erfahrungen des **Verfahrensrechts**, insbesondere des Strafprozessrechts, fehlen, macht sich häufig bei **Anwälten** ein **Mangel** im **Steuerrecht** nachteilig bemerkbar. Der Anwalt ist zum Verteidiger ausgebildet. Da er jedoch tatsächlich diese Funktion häufig im Bereich des objektiven Tatbestands nicht optimal ausüben kann und folglich das u.E. wesentlichste Verteidigungsmittel – den Streit um den objektiven Tatbestand (Rz. 112) – aus der Hand gibt, lässt sich keine a-priori-Entscheidung für den einen oder anderen Berufszweig, aus dem der Verteidiger stammen sollte, rechtfertigen. Die **Vertretungs- und Verteidigungskombination Steuerberater** und **Anwalt** wird daher häufig, zumal bei größeren Fällen, richtig sein. Wichtig ist in derartigen Fällen, dass ein Vertreter die Federführung übernimmt. Anderenfalls gilt: Besser ein Verteidiger – sei er nun Steuerberater oder Rechtsanwalt – ohne optimale Kenntnisse in der Zweispurigkeit des Steuerfahndungsrechts als zwei Starvertreter ihres Fachs, die sich gegenseitig hindern.

2. Probleme bei der Verteidigung mehrerer Beschuldigter

74 Nach **§ 146 StPO** können **mehrere an einer Tat Beteiligte** nicht **gleichzeitig** durch den **gleichen Verteidiger** vertreten werden, eine für das Steuerstrafverfahren praktisch höchst weitreichende Vorschrift[1]. Ehegatten können bei Verdacht einer gemeinschaftlichen Hinterziehung nicht den gleichen Verteidiger wählen[2]. Das Gleiche gilt, wenn sich der Verdacht einer gemeinschaftlichen Tat gegen mehrere Gesellschafter, Chef und Prokurist oder Buchhalter oder Sekretärin, Steuerbürger und Freundin oder – sehr wichtig – gegen Steuerpflichtige und Berater richtet (dazu auch Rz. 107 ff.).

---

1 Vgl. hierzu auch *Streck*, MDR 1978, 893; Beispiel der Ausuferung OLG München v. 29.4.1983 – 2 Ws 440/83 K, MDR 1983, 865.

2 Krit. *Hilgers-Klautzsch* in Kohlmann, Steuerstrafrecht, § 392 Rz. 137 (Juli 2011).

§ 146 StPO gilt auch für die Verteidigung durch einen **Angehörigen** der **steuerberatenden Berufe** (s. Rz. 73 ff.). 75

Die Vorstellung der StPO, in derartigen Fällen solle jeder Tatbeteiligte durch einen anderen Verteidiger vertreten werden, ist gerade im Steuerstrafrecht **wenig sachgerecht**[1]. Die verdächtige Tat ist vom Sachverhalt her einförmig. I.d.R. liegt ein konkreter Interessengegensatz nicht vor. Die Verteidigung „aus einer Hand" ist sicherer und effektiver. Taktische, rechtliche und persönliche Differenzen unter den Verteidigern spielen der Fahndung in die Hände. Mehrere Verteidiger wollen sich möglicherweise voreinander profilieren; auch dies geht zu Lasten der Betroffenen. Doppelte Kosten fallen an, ohne dass die Verfolgten einen doppelten Vorteil sehen. 76

Das **Beratungsgespräch** eines Anwalts, der Verteidiger eines Beschuldigten wird, mit allen Beteiligten ist u.E. zulässig, sofern der Anwalt zu Beginn der Beratung die rechtliche Einschränkung des § 146 StPO darlegt und klarstellt, dass er nur eine Person verteidigen könne[2]. 77

Die Unzulänglichkeit des § 146 StPO führt in der Praxis zu **Ausweichmodellen**: 78

Da in der Fahndungsverteidigung Verteidiger und Steuerberater eng zusammenarbeiten sollen (s. Rz. 73), kann die Verteidigung des Mitbeteiligten vorerst der **Steuerberater** übernehmen. Der anwaltliche Verteidiger behält die Federführung.

§ 146 StPO hindert nicht die Verteidigung durch mehrere **Partner** einer **Anwaltssozietät**[3] oder Partnerschaft. Allerdings wird auch hier i.d.R. ein Anwalt oder eine Anwältin die leitende Federführung übernehmen. Dieses Modell sollte ausscheiden, wenn zwischen den Tatbeteiligten ein konkreter Interessengegensatz sichtbar wird (Ehepartner im Scheidungsverfahren, Chef/Angestellter nach der Kündigung). 79

---

1 Zur prinzipiellen **Kritik** s. *Krekeler*, AnwBl. 1981, 5; zur Kritik aus der Sicht des Steuerstrafrechts s. *Blumers/Göggerle*, Handbuch des Verteidigers und Beraters im Steuerstrafverfahren, 2. Aufl. 1989, Anm. 107; *Hilgers-Klautzsch* in Kohlmann, Steuerstrafrecht, § 392 Rz. 137 (Juli 2011).

2 Problematisch, da § 146 StPO bereits für die Anbahnung des Mandats gelten soll (*Schmitt* in Meyer-Goßner/Schmitt, StPO, 59. Aufl. 2016, § 146 Rz. 4; allerdings strittig, s. dort; vgl. auch *Behrendt* in Harzburger Protokoll, 81, 75); in der Praxis ist die **Vermeidung** dieses **Beratungsgesprächs** jedoch i.d.R. **objektiv unmöglich**.

3 BVerfG v. 28.10.1976 – 2 BvR 23/76, BVerfGE 43, 79.

80 Möglich ist, dass sich für einen Tatbeteiligten **zuerst kein Verteidiger** bestellt. Der Nicht-Verteidigte lehnt seine Interessenwahrung an die des Verteidigers an. Erst dann, wenn die Verteidigerstellung unbedingt erforderlich wird – z.B. in der Hauptverhandlung –, tritt ein Verteidiger hinzu, der dem bisher allein agierenden weiterhin die Federführung überlässt.

81 § 146 StPO steht der **Verbindung** einer **Verteidigung** mit der **steuerlichen Vertretung** eines Tatbeteiligten (s. Rz. 86 f.) nicht entgegen. So kann ein Partner einer Sozietät oder Partnerschaft den Ehemann verteidigen, die Sozietät beide Ehepartner steuerlich vertreten. U.E. kann selbst in der Einzelpraxis der Verteidiger eines Tatbeteiligten die steuerliche Vertretung für einen anderen Tatbeteiligten übernehmen. In Steuerfahndungsverfahren mit mehreren Tatbeteiligten, die von einem Anwalt oder einer Sozietät geführt werden sollen, kann man dem Problem des § 146 StPO folglich zuerst aus dem Weg gehen, indem man sich nur als steuerlicher Vertreter (§ 80 AO) bestellt. Zwar stehen die Verteidigerrechte – z.B. Akteneinsichtsrecht – noch nicht zur Verfügung. Diese Verteidigerrechte sind jedoch im Steuerfahndungsverfahren nicht von Beginn an von Bedeutung. Benötigt man sie, kann man für einen Tatbeteiligten die Verteidigung übernehmen.

82 Die **Ausweichmodelle** werden in der **Praxis** (auch soweit sie kritisch sind) von der Staatsanwaltschaft und der Bußgeld- und Strafsachenstelle wegen ihrer Sachnotwendigkeit **akzeptiert**, sofern man sorgfältig darauf achtet, dass der Akteninhalt dem formellen Gebot des § 146 StPO entspricht. In solchen Fällen ist es darüber hinaus auch Praxis, dass der Verteidiger des einen Beschuldigten das Verfahren des anderen Beschuldigten, der im Verfahren keine eigenständige Bedeutung hat, „miterledigt" (so kann häufig der Verteidiger des Ehemannes erreichen, dass nach der Hinnahme eines Strafbefehls für diesen das Verfahren gegen die Ehefrau eingestellt wird).

83 § 146 StPO steht der **sukzessiven Mehrfachverteidigung** nicht entgegen[1]. Lassen sich mithin die Verfahren zeitlich nacheinander abhandeln, kann jeweils derselbe Verteidiger tätig werden.

84 Im Fall des **konkreten Interessengegensatzes** ist es unbedingt ratsam, die Verteidigung in die Hände zweier Verteidiger aus unterschiedlichen Praxen zu legen.

---

1 Vgl. hierzu *Schmitt* in Meyer-Goßner/Schmitt, StPO, 59. Aufl. 2016, § 146 Rz. 18.

Zur Anwendung des § 146 StPO auf die Vertretung eines Zeugen durch den **Verteidiger** und den **Rechtsbeistand** eines **Zeugen** s. Rz. 754 f. Zur Anwendung des § 146 StPO auf die Beratung zur **Selbstanzeige** s. Rz. 192. 85

3. Übernahme sonstiger Vertretungsfunktionen

Der Verteidiger kann parallel zur Funktion als Verteidiger die **Beratung** 86 und **Vertretung** im **Steuerverfahren** nach § 80 AO übernehmen. Beide Vertretungsverhältnisse sind zu trennen; so gilt die Einschränkung des § 146 StPO nicht für die steuerliche Vertretung (s. Rz. 81), auch nicht für die Selbstanzeigeberatung (Rz. 192).

Der Verteidiger kann auch **Rechtsbeistand** eines **Zeugen** sein. Zu die- 87 ser Problematik s. Rz. 754 f.

4. Vollmacht

Der Berater, Anwalt oder Verteidiger bedürfen für ihr Auftreten im 88 Steuerfahndungsverfahren einer Vollmacht. Dies gilt sowohl für seine Stellung als Verteidiger als auch für seine Stellung als steuerlicher Bevollmächtigter i.S.v. § 80 AO.

Eine **schriftliche Vollmacht** des Verteidigers ist im Steuerfahndungs- 89 verfahren – wie überhaupt in Strafverfahren – nicht zwingend vorgeschrieben[1]. Ausreichend ist es, wenn der Beschuldigte mit seinem Verteidiger zusammen bei der Steuerfahndung erscheint[2]. Die Vermutung spricht für die Bevollmächtigung des tätig werdenden Anwalts[3]. Gleichwohl ist die Vorlage einer schriftlichen Vollmacht die Regel.

Die Bevollmächtigung als **steuerlicher Vertreter** richtet sich nach § 80 90 AO. Auf Verlangen hat sich der Bevollmächtigte schriftlich auszuweisen (§ 80 Abs. 1 Satz 3 AO). Die Anforderung der Vollmacht ist eine Ermessensentscheidung. Die Finanzverwaltung ist angewiesen, bei Angehörigen der steuerberatenden Berufe, auch bei Anwälten, nur bei besonderem Anlass eine schriftliche Vollmacht zu verlangen[4]. In der

---

1 *Schmitt* in Meyer-Goßner/Schmitt, StPO, 59. Aufl. 2016, vor § 137 Rz. 9; Ausnahmen: §§ 234, 350, 387, 411 StPO.
2 BayObLG v. 31.7.1980 – 2 Ob OWi 169/80, StV 1981, 117.
3 *Schmitt* in Meyer-Goßner/Schmitt, StPO, 59. Aufl. 2016, vor § 137 Rz. 9.
4 AEAO zu § 80.

Praxis ist im Steuerverfahren – auch gegenüber der Steuerfahndung – die Anforderung einer schriftlichen Vollmacht die Ausnahme.

5. Honorar

91 Das Thema Honorar haben wir **gesondert** behandelt; dort befassen wir uns auch mit der **steuerlichen Behandlung** der Honorarzahlung und ihrer Übernahme durch Dritte. S. Rz. 1597 ff.

6. Probleme des Mandatsbeginns

92 Erscheint die Steuerfahndung, nimmt der Betroffene in aller Regel **zuerst Kontakt** mit seinem **Steuerberater** auf. Schätzt dieser seinen Mandanten richtig ein, kennt er auch seine steuerlichen Stärken und Schwächen, wird es rasch zu einem konstruktiven Gespräch kommen, wie die Verteidigung zu beginnen und zu planen ist.

93 Ist der Steuerberater nicht nur überrascht, dass die Steuerfahndung erscheint, sondern auch, dass die Hinterziehung gerade bei dem eigenen Mandanten möglich ist – ist er **enttäuscht**, hat er ihn in seiner Wertkategorie „höher" eingeschätzt –, muss zuerst das Vertrauensverhältnis zum Steuerberater gerettet und auf neue Füße gestellt werden. Der Berater muss sich auf die neue Situation einstellen. Sein **Mandant** braucht seine **Hilfe**. Vgl. hierzu auch Rz. 69.

94 Kompliziert wird die Situation, wenn der betroffene Steuerbürger sich in der Pflicht fühlt, seinem Steuerberater weiterhin den **ehrlichen Steuerzahler vorzuspielen**, weil er vor dem zu hoch angesetzten oder zu hoch vermuteten Ethos des Beraters Angst hat. In diesen Fällen spricht der Betroffene mit dem Verteidiger eine andere Sprache als mit dem Steuerberater. Im Einzelfall müssen sogar beide – Verteidiger und Betroffener – dem Steuerberater Theater vorspielen. Optimal ist diese Situation nicht. Der Mandant sollte seinem Berater mehr Fakten anvertrauen und mehr Härte zutrauen. Der Berater sollte ein Stück Steuerpurismus, sofern vorhanden, ablegen.

95 Der Betroffene wählt sodann – nach Beratung mit dem Steuerberater – den **Verteidiger**. Entscheidet man sich für einen eigenen Verteidiger für das Steuerfahndungsverfahren, ist dieser Verteidiger eine „neue Person". Er ist für die Vertretung notwendig, in den Augen des Betroffenen ist er in der speziellen Steuerfahndungssituation sogar notwendiger als der Steuerberater. Auf der anderen Seite ist das Vertrauensverhältnis zu dem Steuerberater intensiver. Notwendigkeit und Vertrauensbasis ver-

halten sich in beiden Mandatsverhältnissen gegenläufig zueinander. Anwalt und Steuerberater müssen dies berücksichtigen. Der Anwalt schadet dem Beratungsverhältnis, wenn er sich über den Steuerberater hinwegsetzt und nicht die Möglichkeit nutzt, über den Steuerberater den Betroffenen mit seinem Rat wirksamer zu erreichen. Der Steuerberater schadet dem Betroffenen, wenn er sich im Hinblick auf den Anwalt völlig zurückzieht, weil er häufig dem Mandanten der bessere Gesprächs- und Vertrauenspartner ist, als der Anwalt; zudem ist er hinsichtlich der Fakten der optimale Zuarbeiter.

Das **Vertrauensverhältnis** zwischen Verteidiger und Mandant, das im Fahndungsverfahren auf lange Zeit angelegt sein muss, **entwickelt** sich **langsam**[1]. Es spricht für wenig Einfühlungsvermögen und psychologische Kenntnis, zu erwarten, der Mandant würde dem „fremden" Anwalt im ersten Gespräch alles, insbesondere alle Steuerverkürzungen, erzählen; ebenso unrealistisch ist es, diese sofortige Offenbarung zu fordern. Die Fahndung konzentriert sich auf „Geldsachen"; i.d.R. glaubt der Mandant, hier exzellent vorgesorgt zu haben, sodass er seine Situation besser einschätzt, als sie es tatsächlich ist (s. auch Rz. 138 f.). Der Verteidiger wird in die Sachverhaltskenntnis erst mit dem Laufe des Verfahrens hineinwachsen. 96

Häufig **erfährt** er den **Sachverhalt** erst über die **Steuerfahndung**, da diese zuerst mehr weiß, als der Betroffene annimmt. Es ist i.d.R. falsch, in derartigen Fällen mit Entrüstung über den Beschuldigten herzufallen. Es reicht, wenn die Steuerfahndung mehr weiß; man sollte ihr nicht noch die Genugtuung verschaffen, in das Mandatsverhältnis einen Keil gesetzt zu haben. Der Verteidiger wird vorsorglich den **Sachverhalt ärger vermuten**, als ihn der Mandant vorträgt, und nach diesem Bild seine Verteidigung einrichten. So wird man aus diesem Grund nicht von leichter Hand Erklärungen des Mandanten an die Steuerfahndung weitergeben, da man zuerst einmal befürchten muss, dass der Gegenbeweis sich bereits in den Steuerfahndungsakten befindet. Dies belastet das Mandat in der Anfangszeit, weil der Verteidiger strenger scheint als die sirenenhaft lockenden Fahndungsbeamten. Die Wahrscheinlichkeit geht dahin, dass die Erfahrung den Mandanten zugunsten seines Verteidigers bekehrt. 97

1 Zu diesem Vertrauensverhältnis zwischen Mandant und Rechtsanwalt, s. *Dombek* in FS Streck, 2011, 655 ff.

7. Beratung über Folgen und Nebenfolgen des Steuerfahndungsverfahrens

98 Das Gespräch mit dem Mandanten muss sich auf die Folgen und Nebenfolgen eines Steuerfahndungsverfahrens erstrecken. Hier darf es später **keine Überraschungen** geben.

99 Die **Hauptfolgen** – Nachzahlung der Steuer (einschließlich evtl. Sicherung der Steuerschuld) – und die strafrechtlichen Sanktionen werden im Gespräch selten vergessen.

100 Auf die **Zinsfolgen**, und zwar die normalen **Steuerzinsen** nach **§ 233a AO** und die **Hinterziehungszinsen,** muss hingewiesen werden (vgl. Rz. 1510 ff.). Bei langwierigen Steuerstrafverfahren, die weit in die Vergangenheit zurückgehen, kann der Zinsbetrag die Höhe der nachzuzahlenden Steuer erreichen. Um den Lauf der Zinsen abzuschneiden, können A-conto-Zahlungen vernünftig sein.

101 Über die **Beratungskosten** und ihre steuerliche Behandlung (vgl. Rz. 1567 ff.) muss gesprochen werden.

102 Bis zur Änderung des Bundesjagdgesetzes im Jahr 1990[1] konnte aufgrund einer Verurteilung wegen einer Steuerstraftat der **Jagdschein** entzogen werden; dies war sodann bis 2002 i.d.R. nicht mehr möglich[2].

---

1 Änderung durch das Dritte Rechtsbereinigungsgesetz v. 28.6.1990, BGBl. I 1990, 1221; dazu *Belling*, NJW 1991, 280.

2 Verteidiger von **Steuerstraftätern**, die zugleich **Jäger** sind, wissen von der Angst zu berichten, die der Betroffene bezüglich seines Jagdscheins hat. Kann er nach einer Verurteilung entzogen werden? Dies war lange strittig. Am 30.11.1989 entschied das Bundesverwaltungsgericht, der Entzug des Jagdscheins sei möglich (BVerwG v. 30.11.1989 – 3 C 92/87, NJW 1990, 1864). Am 25.7.1990 wurde die Entscheidung in der NJW veröffentlicht (Heft 30 v. 25.7.1990). Knapp einen Monat zuvor (!), nämlich am 28.6.1990, erschien im BGBl. das Dritte Rechtsbereinigungsgesetz BGBl. I 1990, 1221 mit einer Änderung des Bundesjagdgesetzes dahin gehend, dass der Jagdschein den verurteilten Hinterziehern nicht weggenommen werden darf. Da das Gesetzgebungsverfahren beträchtliche Zeit vor der Veröffentlichung im BGBl. begonnen haben muss, hat der Gesetzgeber sofort auf die Entscheidung des BVerwG und vor deren Veröffentlichung reagiert, und dies sodann unmerklich, nämlich unter dem nichtssagenden Titel eines Rechtsbereinigungsgesetzes. Das **Waffengesetz**, das dieselbe Formulierung enthält, die dem BVerwG erlaubte, den Jäger mit dem Entzug des Jagdscheins zu strafen (anwendbar ist § 5 Abs. 2 Nr. 1b WaffG i.V.m. der zitierten Entscheidung des BVerwG), wurde nicht korrigiert, woraus man lernen und schließen kann: Anders als in den USA haben wir im Bundestag eine schlechte Waffenlobby, hingegen eine **gut funktionierende** parteienübergreifende große **Koalition** der **Jäger**. Im Übrigen schwebt dem Gesetzgeber wohl ein differenzierter, eingeschränkter Rechtsschutz in

Seit 2002 kann der Jagdschein bei einer Verurteilung wegen Steuerhinterziehung wieder **entzogen** werden, da sich das BJagdG nunmehr in § 17 an das WaffG anlehnt; der **Waffenschein** aber kann entzogen werden[1].

Die **Ausstellung** eines **Passes** kann versagt werden (§ 7 PaßG). Es kann 103 die Entziehung eines Passes angeordnet werden (§ 8 PaßG). Voraussetzung ist insoweit, dass Tatsachen vorliegen, die die Annahme rechtfertigen, dass der Passbewerber sich seinen steuerlichen Pflichten entziehen will[2].

Gewerbeuntersagungsverfahren gem. **§ 35 GewO** wegen steuerlicher 104 Unzuverlässigkeit sind möglich. Allerdings wird in der Praxis von ihnen nicht häufig Gebrauch gemacht[3].

An **berufsrechtliche** Folgen ist zu denken. Bei den beratenden Berufen 105 kann sich an ein Steuerstrafverfahren ein Berufsrechtsverfahren anschließen. Dies geschieht auch bei Ärzten, allerdings vereinzelt.[4] Bei Beamten können Disziplinarverfahren folgen. Das Steuergeheimnis ist kaum ein Schutz.[5] Selbstanzeigen hindern diese Verfahren i.d.R. nicht.

In **Prüfungs-** und **Bestellungsverfahren** kann nach dem Schweben von 106 Strafverfahren gefragt werden. Hier muss auf ein schwebendes Steuerstrafverfahren hingewiesen werden.

Zu den **Mitteilungspflichten** und **Registereintragungen** s. im Übrigen Rz. 1549 ff.

IV. Verteidigung bei Tatverdacht gegen Mandant und Steuerberater

In einen bedrückenden **Konflikt** werden Betroffener und Steuerberater 107 geführt, wenn sich das **Fahndungsverfahren** auch gegen den **Berater** richtet oder richten könnte. Beginnt das Fahndungsverfahren, so ist der Steuerberater regelmäßig der erste und einzige, der dem Betroffenen

---

Steuerstrafsachen vor: Wer Steuern hinterzieht, verliert zwar den Waffenschein (das muss sein), jagen darf er aber weiter.

1 Vgl. §§ 45, 5 Abs. 2 Nr. 1a WaffG.

2 Vgl. im Einzelnen *Weyand*, Inf. 1989, 361; zur Zulässigkeit der Information der Passbehörde s. FG Düsseldorf v. 3.7.2002 – 4 V 3074/02, EFG 2002, 1130.

3 S. dazu auch *Hofmann*, DStR 1999, 2001. Zur Möglichkeit der Auskunftserteilung an die Gewerbebehörden s. Nr. 136 AStBV (St) 2014.

4 Selbst der Widerruf der Approbation ist möglich; vgl. *von Dorrien*, PStR 2016, 114.

5 Vgl. *Pflaum*, wistra 2011, 55; BMF-Schreiben v. 12.3.2010 – IV A 3-S 0130/08/10006, BStBl. I 2010, 222.

zur Seite steht. Der Mandant und Berater umfassende Verdacht der Fahndung zerschneidet dieses Vertrauensverhältnis unmittelbar, ohne Zeitverzögerung und nicht selten kaum mehr reparabel. Der Steuerberater kann den Mandanten nicht mehr in dem Fahndungsverfahren vertreten. Suchen beide ihre eigene Verteidigung, so spricht vieles dafür, dass sich beide alsbald gegenseitig belasten, um sich zu entlasten. Das enge Vertrauensverhältnis verkehrt sich in sein Gegenteil. Der Anwalt gerät nicht selten in unangenehme Konflikte: Ein Steuerberater empfiehlt ihn als Verteidiger und nimmt auch an den einführenden Gesprächen teil. Später wird der Verdacht auf den Steuerberater ausgedehnt. Der empfohlene Anwalt kann ihn nicht verteidigen (Rz. 74 ff.), ja wird in Zukunft möglicherweise sogar gegen ihn agieren.

108 Der „dringend" **tatverdächtige Steuerberater** kann **nicht Verteidiger** eines an der Tat Beteiligten sein; dies folgt aus § 138a Abs. 1 Nr. 1 StPO, wonach er in diesem Fall als Verteidiger auszuschließen ist. Gerät der Steuerberater folglich in den „dringenden" Verdacht, selbst an der Hinterziehung des Mandanten beteiligt zu sein, kann er ihn nicht als Verteidiger vertreten. Allein durch diesen Verdacht kann die Steuerfahndung den Steuerberater aus der Verteidigung drängen.

109 In solchen Verdachtsfällen folgen selbst für das **Steuerberatungsmandat** des Steuerberaters Schwierigkeiten. Eine Trennung zwischen Verteidigung und Steuerberatung wird schwierig. Verteidigung übt man in solchen Fällen möglicherweise auch dann aus, wenn man Steuerberatung betreibt. Der Steuerberater bleibt in der Gefahr, ausgeschlossen zu werden.

V. Taktische Hinweise und Maximen zur Verteidigung im Steuerfahndungsverfahren

110 Wenn wir an dieser Stelle **allgemeine Verteidigerhinweise** formulieren, so ist dies für den Leser nur sinnvoll, wenn er die Sätze als „**Maximen**" begreift und handhabt. Maximen geben Leitlinien. Über Alternativen und Abweichungen ist einzelfallbezogen zu entscheiden. Ermöglicht wird das **erste Angehen** eines Falls. Im Übrigen sprechen wir mit den Hinweisen und Maximen psychologische, strategische, bürokratische, menschliche Gegebenheiten an, die, breiter dargestellt, übergewichtigen Raum beanspruchen würden.

111 Die Verteidigung **beginnt** in Steuerfahndungsfällen **sofort**. Mag sich in anderen Strafrechtsfällen das Schwergewicht der strafrechtlichen Verteidigung auf die Hauptverhandlung vor dem Strafgericht konzentrie-

ren, so gilt dies nicht im Bereich der Steuerhinterziehung. Der Fahnder muss von Beginn an von dem Gefühl beherrscht werden, **alle** seine **Tätigkeiten** werden **überprüft**.

Dies gilt insbesondere für die Ermittlung der **richtigen Besteuerungsgrundlagen**. Jede Steuerstrafverteidigung wird in erster Linie über den **objektiven Tatbestand** geführt. Ein Steuerstrafverteidiger kann vortragen, der Beschuldigte habe nicht gewusst, dass Zinsen steuerpflichtig seien. Er habe nicht vorsätzlich gehandelt (= Verteidigung über den subjektiven Tatbestand). Die Verteidigung kann aber auch vortragen, Steuern auf gewerbliche Einkünfte seien deshalb nicht verkürzt, weil die Steuern nicht angefallen seien, z.B. weil es keine Einkünfte in der von der Steuerfahndung angenommenen Höhe gebe (= **Verteidigung über den objektiven Tatbestand**). Es steht außer Zweifel, dass die Verteidigung, die die Hinterziehung im objektiven Tatbestand bestreitet, die weit wirkungsvollere ist. Nach unserer Einschätzung wirkt eine Verteidigung in Steuerstrafsachen zu 75 % über den objektiven, zu 10 % über den subjektiven Tatbestand und zu 15 % auf sonstigen Ebenen[1]. Dies gilt auch nach Abschluss des Steuerfahndungsverfahrens, weshalb Nachforderungsbescheide nicht bestandskräftig werden dürfen, solange das Steuerstrafverfahren noch nicht abgeschlossen ist; s. auch Rz. 1092 ff.[2]. 112

Die Steuerfahndung muss wissen, dass die von ihr ermittelten Besteuerungsgrundlagen vor ihrer Anerkennung vielfach gewendet und geprüft werden, dass Schätzungen nicht aus Unsicherheit und Unkenntnis akzeptiert werden und dass der Steuerpflichtige und sein Berater, wenn erforderlich, **10 % exakter** sein können **als der Fahnder**. 113

Aus diesem Grund ist eine **optimale Zusammenarbeit** mit dem **Steuerberater**, sei er gleichzeitig Verteidiger oder nicht, unerlässlich (s. auch Rz. 73). Er allein verfügt i.d.R. über die Sachkenntnis, um in den Details der Besteuerungsgrundlagen der Fahndung begegnen zu können. 114

Der Steuerfahndungsprüfer ist **Polizist** und **Finanzbeamter**; jener ist eingreifende Hoheitsmacht, dieser ist flexibler, wirtschaftlich denkender Steuereinnehmer. Der Prüfer schwankt in seiner Arbeit zwischen beiden Verhaltensweisen. Ähnlich muss der Verteidiger in beiden Rol- 115

1 Vgl. *Marienhagen*, Die Einlassung der Verteidiger im Steuerstrafverfahren, Diss. Kiel 1986: Er hat festgestellt, dass etwa 75 % aller Verteidigereinlassungen mit dem subjektiven Schuldargument arbeiten. 18 % befassen sich mit steuerlichen Vorfragen, sind damit aber weit wirkungsvoller.

2 Zur „magischen" Verunsicherung durch die fehlende Bestandskraft s. auch *Streck* in DStJG 18 (1995), 173, 185.

len zu Hause sein: **harter Rechtswahrer** und **wirtschaftlich denkender Verhandlungspartner**. Negativ ist es, wenn er insbesondere die Möglichkeit des letztgenannten Agierens nicht nutzt.

116 So wie die Steuerfahndung zwischen den **Eingriffsmöglichkeiten** der StPO und der AO **hin und her pendelt**, so muss der Berater alle Rechte der AO und der StPO kennen und einsetzen. Aussageverweigerung und Mitarbeit können Hand in Hand gehen. Steuerfahndungsverteidigung ist **chamäleonartig**.

117 Die Verteidigung erfolgt mit dem **Gesicht** zur **Steuerfahndung**, mit dem **Rücken** zum **Mandanten**. Der Blick sucht nicht bei dem Mandanten, welche Aktivitäten er wohl gerne sähe.

118 Der Steuerfahndungsprüfer arbeitet an der Front. Nach häufig anzutreffendem Selbstverständnis „macht er die Arbeit". Weil dies nicht selten in der Tat so ist, hat der **Prüfer** viele Möglichkeiten. Er ist ein nicht zu übergehender **Gesprächspartner**.

119 Fehler des Prüfers sind **Aufsichtsfehler** des **Vorgesetzten**. Rügende Beschwerden sollten sich nicht gegen den Prüfer, sondern gegen den Sachgebietsleiter richten.

120 Steuerfahndungsverfahren sind langwierige Verfahren. Mandanten sind ungeduldig. Das **Zeitmaß** bestimmt gleichwohl regelmäßig die Steuerfahndung.

121 Das **Verhältnis** von **Prüfungsarbeit** und steuerlichem **Mehrergebnis** verläuft regelmäßig nicht linear, sondern **degressiv**. Immer mehr Prüfungszeit wird erforderlich, um ein immer geringer werdendes Prüfungsmehr zu erzielen. Grafisch kann dies wie folgt dargestellt werden:

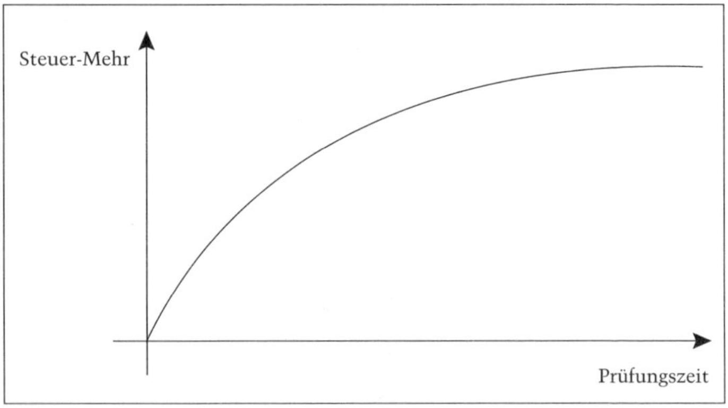

Aus der Sicht der Steuerfahndung kann es nur sinnvoll sein, die **Prüfung** dann **abzubrechen**, wenn die Prüfungsmehrarbeit in keiner Relation zum Mehrergebnis steht. Dies setzt allerdings die Erkenntnis voraus, dass es gerechter sein kann, viele Hinterziehungsverdächtige zu prüfen, als bei einigen eine Totalprüfung durchzuführen. Um diesen Ermittlungsverzicht bei Prüfern, zumal bei skrupelhaften Prüfern, durchzusetzen, ist die leitende Hand des Sachgebietsleiters gefordert. Der **Berater** kann demgegenüber eine sich hinziehende Prüfung mit immer mehr Gelassenheit begleiten. 122

Beflissene Mitarbeit und Detailinformationen **verkürzen nicht** das Verfahren, sondern provozieren häufig weitere Ermittlungen. Denn die Unglaubwürdigkeit umhüllt alles, was Betroffener und Verteidiger sagen. 123

Die **Antwort** auf **eine** Frage erzeugt **zwei** Nachfragen, werden auch diese beantwortet, sind vier weitere Fragen die Folge. Nur **Schweigen** blockiert das Fragen. S. auch Rz. 696 ff. 124

Wer den Eindruck erweckt, er **wolle** eine bestimmte **Ermittlung nicht**, **verursacht** sie. 125

Wer den Eindruck erweckt, ihm seien bestimmte **Ermittlungen**, da ungefährlich, völlig **gleichgültig**, **verhindert** sie. 126

Was der Beschuldigte und sein Vertreter auch sagen: Zuerst ist es nach Ansicht der Steuerfahndung **unwahr** oder nur **teilwahr**. 127

Was der Betroffene heute sagt, ist unglaubwürdig. Sagt er es **immer wieder**, wird es glaubwürdiger. 128

Änderung der **Einlassung** bleibt ein **Makel** („Wer einmal lügt, dem glaubt man nicht, und wenn er auch ...")[1]. 129

Nicht jeder kann alles wissen. Auch Fahnder sind Spezialisten. Zu ihrem Spezialgebiet zählen nicht unbedingt klassische **Betriebsprüfungsfragen** und echte steuerrechtliche Problemfälle. 130

Eine **Betriebsprüfung** durch **Fahnder** ist daher nicht grundsätzlich bekämpfungswürdig. 131

---

1 „**Falsus in uno falsus in omnibus**" (Wer in einem Punkt gelogen hat, hat in allen gelogen); „**Testis in uno falsus in nullo fidem meretur**" (Ein Zeuge, der in einem Punkt gelogen hat, verdient in nichts Glauben); *Liebs*, Lateinische Rechtsregeln und Rechtssprichwörter, 7. Aufl. 2007.

132 Strafverfolgung ist Teil der Justiz. **Justiz** ist **Gerechtigkeit** durch **Aktenverwaltung**. Entscheidungen werden aufgrund von Akten gefällt. Jedes Schreiben, das an die Steuerfahndung gerichtet wird, wird Teil der Akten und führt damit zur sog. Gerechtigkeit. Nicht aber das gesprochene Wort. Dieses kann freier geführt werden; das geschriebene Wort bleibt stets gezügelt. Allerdings muss daran gedacht werden, dass der Ermittler **Aktenvermerke** fertigen und damit den Akteninhalt beeinflussen kann.

133 Strafverfolgung ist zur Hälfte Entdeckung der Tat und zur anderen Hälfte die Suche nach **Beweismitteln**. Kein Betroffener ist verpflichtet, die Beweismittel zu seinen Lasten zu schaffen.

134 Ein **Geständnis** nimmt der Verfolgungsbehörde die Beweisprobleme oder mindestens 75 v.H. der Arbeit ab[1] (dazu auch Rz. 696 ff.).

135 Steuerfahndung ist keine Betriebsprüfung. **Vereinbarungen** und **Abreden** zählen nicht, wenn der Steuerfahndungszweck es gebietet.

136 Gleichwohl: Auch die Steuerfahndung **steht** im Übrigen **zu ihrem Wort**. Für den Verteidiger ist es nicht ratsam, sich mit leichter Hand von der eigenen Zusage loszusagen. Dem Erfolg der Einzelaktion steht der das lang dauernde Verfahren belastende Vertrauensverlust gegenüber.

137 Bei der Steuerfahndung ist **ein Gespräch nie abgebrochen**; keine Verhärtung zwingt notwendig zum Rechtsstreit; ein Faden ist immer wieder aufnehmbar.

138 **Vorsicht vor dem Mandanten**. Er muss vor seiner eigenen Klugheit geschützt werden. Steuersachen sind Geldsachen; in Geldsachen neigt man zum Glauben, „Weltmeister" zu sein.

139 **Informationen** des **Mandanten** sind oft **unvollständig**. Die fehlenden Informationen werden sodann von der Steuerfahndung nachgeliefert. Die Steuerfahndung weiß zumeist mehr, als der Betroffene annimmt.

---

1 Diese Erkenntnis ist bereits im römischen Recht in vielfältige Rechtssätze eingeflossen (hier zitiert nach *Liebs*, Lateinische Rechtsregeln und Rechtssprichwörter, 7. Aufl. 2007): „**Confessio est regina probationum**" (Das Geständnis ist die Königin der Beweise); „**Habemus optimum testem confitentem reum**" (Der beste Zeuge ist der geständige Angeklagte); „**Nulla fortior probatio, quam confessio partis**" (Es gibt keinen stärkeren Beweis als das Geständnis der Partei); „**Propria confessio est optima convictio**" (Das eigene Geständnis ist die beste Überzeugung).

C. Verteidigung im Steuerfahndungsverfahren

Fahnder sind erheblich **tüchtiger**, als es dem gängigen Beamtenbild entspricht. 140

Aber: Fahnder kennen das positive Gefühl, wenn **Arbeit durch andere** erledigt wird oder **nicht** erledigt werden muss. 141

Gute Fahnder sind ebenso wenig **links,** weil sie gut sind, wie behäbige Fahnder **rechts** sind, weil sie dem Vorurteils-Beamtenbild entsprechen. 142

Zweiter Teil
Die Fahndung

A. Vorbereitung auf den Steuerfahndungseingriff

I. Anlässe

Die Vorbereitung auf den Fahndungseingriff setzt voraus, dass man ihn für **möglich** hält oder ihn **erahnt**. Voraussetzung ist, dass man die Anlässe kennt und über sie nachdenkt. 143

Steuerhinterziehung ist Anlass für den Steuerfahndungseingriff. Der Satz ist, obgleich trivial, wichtig: Je länger eine Hinterziehung andauert oder je größer ihr Umfang ist, umso wahrscheinlicher wird der Eingriff. Der Krug geht so lange zum Brunnen, bis er bricht. Verbindliche Aufgriffs- bzw. Nichtaufgriffsgrenzen für die Finanzverwaltung und die Strafverfolgungsbehörden gibt es nicht. 144

Offensichtlichkeit der Hinterziehung intensiviert die Gefahr. Der gut situierte Arzt, der kaum ausgeben kann, was er verdient, und gleichwohl keine sonstigen Einkunftsquellen deklariert, ungesicherte Darlehen dubioser Schweizer Aktiengesellschaften usw. sind Winke mit Zaunpfählen. 145

Benötigt der Hinterzieher sein nicht versteuertes Kapital, ersinnt er **Verfahrensweisen**, um nicht versteuerte Gelder zu erklären. Diese „Weißwäsche“ ist eine klassische Gefahrenquelle für den Eingriff. 146

Mitwisser sind immer potenzielle Anzeiger. 147

Mittäter sind Mitwisser und immer potenzielle Anzeiger. 148

Das **Finanzamt** ist eine **exzellent informierte Behörde**.[1] Die Steuerakten sind eine Fundgrube für Anregungen und Überlegungen, ob und was der Steuerpflichtige hinterziehen könnte. Mithin können Hinweise und Informationen des Veranlagungsfinanzamts die Fahndung auslösen. 149

Ein **Betriebsprüfer** kommt mit den eigenen Ermittlungen nicht weiter. Er vermutet einen Hinterziehungstatbestand. Oder aufgrund seiner 150

---

1 Vgl. *Bilsdorfer*, Die Informationsquellen und -wege der Finanzverwaltung, 8. Aufl. 2009, 21 ff.

Feststellungen bestehen Anhaltspunkte für die mögliche Durchführung eines Strafverfahrens (vgl. § 10 BpO).[1] Die Bußgeld- und Strafsachenstelle wird informiert. Vorsicht also, wenn ein Betriebsprüfer die Prüfung nicht fortsetzt und die bisherige Prüfung die Möglichkeit einer Hinterziehung eröffnet hat. S. auch Rz. 689 ff.

151 **Kontrollmitteilungen** können Fahndungsprüfungen auslösen, wenn sie sich gehäuft oder im Einzelfall mit hohen Beträgen in einer Steuerakte befinden und die Kontrollinformationen mit dem Akteninhalt in Widerspruch stehen.

152 Hierzu zählt auch die Kontrollmitteilung aus **Bankkonten**, wenn in der Steuererklärung keine Kapitalerträge erklärt werden oder das Kontenkapital mit den erklärten Einkünften nicht in Deckung steht. § 30a AO schützt zwar vor derartigen Kontrollmitteilungen, aber nicht bei Geldwäscheverdachtsmitteilungen und bei Banken, bei denen sich der Tatverdacht gegen die Bankangestellten richtet (s. Rz. 782).

153 Kreditinstitute sind im Hinblick auf die **seit 1999** erzielten Kapitaleinkünfte nach § 45d EStG verpflichtet, dem Bundeszentralamt für Steuern die Höhe der ihnen vorliegenden **Freistellungsaufträge** und deren konkrete Ausschöpfung zu melden. Die gemeldeten Daten stehen der Finanzverwaltung allgemein, d.h. im Besteuerungs- aber auch im Steuerstrafverfahren, zur Verfügung.

154 Im **Insolvenzfall** gilt nicht nur für Banken, sondern für alle Gesellschaften, dass mit dem Insolvenzgericht bzw. dem Insolvenzverwalter eine fremde Person in das Unternehmen kommt, die sich speziell auf die Suche nach Unregelmäßigkeiten macht, um – wenn erforderlich zusammen mit der Staatsanwaltschaft – die Insolvenzmasse um Schadensersatzansprüche gegen ehemalige Geschäftsführer und Vorstandsmitglieder anzureichern. Steuerliche Verfehlungen und somit das Tätigwerden der Steuerfahndung kommen in Krisensituationen von Unternehmen häufig vor.[2]

155 Der **Ankauf von Steuer-CDs** ist seit dem Jahr 2007 ein beliebtes Mittel der Finanzverwaltung zur Entdeckung von Steuerhinterziehungen.

---

1 S. hierzu gleichlautender Erlass der obersten Finanzbehörden der Länder zu Anwendungsfragen zu § 10 Abs. 1 BpO: FinMin. NRW v. 31.8.2009 – S 1400-5-V A 5, BStBl. I 2009, 829.

2 *Weyand/Diversy*, Insolvenzdelikte, 9. Aufl. 2013, 171 ff. (190 ff.).

Behörden und **Rundfunkanstalten** sind bei **Honorarzahlungen** und ähnlichen Leistungen zu Kontrollmitteilungen verpflichtet.[1] 156

Seit Einführung der **Umsatzsteuer-Nachschau** durch das Steuerverkürzungsbekämpfungsgesetz (StVBG)[2] steht der Finanzverwaltung die Möglichkeit offen, außerhalb einer „normalen" Außenprüfung und ohne vorherige Ankündigung umsatzsteuerlich relevante Sachverhalte bei den Unternehmen vor Ort zu überprüfen. Hierzu können sie sich Aufzeichnungen, Bücher etc. vorlegen lassen, § 27b Abs. 1 und 2 UStG. Der „Nachschauer", d.h. der Finanzbeamte, der die Prüfung durchführt, hat die Möglichkeit, im Verlauf der Nachschau ohne vorherige Prüfungsanordnung i.S.v. § 196 AO direkt zu einer Außenprüfung überzugehen. Nach dem Wortlaut der Norm sind die Feststellungen, die im Rahmen einer Umsatzsteuer-Nachschau getroffen wurden, sowohl hinsichtlich der Umsatzbesteuerung als auch im Hinblick auf andere Steuerarten unmittelbar auswertbar, § 27b Abs. 4 UStG.[3] Somit stehen der Finanzverwaltung auf diesem Wege erlangte Informationen zur Verfügung, die einen Anlass zur Abgabe an die Steuerfahndung und der Einleitung von Ermittlungsverfahren darstellen können. 157

Eine entsprechende Regelung findet sich in § 42g Abs. 5 EStG für die ab dem Veranlagungszeitraum 2013 geltende **Lohnsteuer-Nachschau**.[4] 158

Nach § 33 Abs. 1 **ErbStG** sind gewerbsmäßige Vermögensverwahrer und Vermögensverwalter, z.B. **Banken**, verpflichtet, die von ihnen verwahrten bzw. verwalteten Vermögensgegenstände, bspw. Wertpapiere, und die gegen sie gerichteten Forderungen, z.B. Kontenbestände, im **Todesfall** dem Erbschaftsteuerfinanzamt mitzuteilen. 159

Das Kreditinstitut hat anzuzeigen: Personalien des Erblassers nebst Sterbeort und Todestag; Höhe der Guthaben und sonstigen Forderungen nebst Kontonummer; bei Wertpapieren, Anteilen und Genussscheinen den Nennbetrag, den Zinssatz, die Bezeichnung der Papiere, den Kurs am Todestag und den Kurswert; Wertsachen, die der Verstorbene beim Kreditinstitut hinterlegt oder zur Aufbewahrung gegeben hat; die Tatsache, ob der Kunde bei der Bank ein Schließfach hatte oder nicht. Entscheidend ist der konkrete Todeszeitpunkt.[5]

---

1 Für Behörden und öffentlich-rechtliche Rundfunkanstalten gilt die auf der Grundlage von § 93a AO erlassene Mitteilungsverordnung v. 25.3.2002, BStBl. I 2002, 477, geändert durch BMF-Schreiben v. 25.3.2004 – IV D 2-S 0229-11/04, BStBl. I 2004, 418.

2 Gesetz v. 19.12.2001, BGBl. I 2001, 3922.

3 Str., vgl. *Spatscheck/Ehnert*, AO-StB 2003, 304.

4 Die Vorschrift wurde durch das AmtshilfeRLUmsG v. 26.6.2013, BGBl. I 2013, 1809, eingeführt und ist am 30.6.2013 in Kraft getreten.

5 *Bilsdorfer*, Die Informationsquellen und -wege der Finanzverwaltung, 8. Aufl. 2009, 106.

Diese Mitteilung kann Hinweise auf nicht versteuertes Kapital und nicht versteuerte Erträge geben und daher zu Kontrollmitteilungen führen.[1] Inländische Banken müssen zudem auch die Vermögensgegenstände anzeigen, die von einer Zweigniederlassung im Ausland verwahrt oder verwaltet werden.[2]

160 **Versicherungsunternehmen** – hierzu gehören auch die Sterbekassen von Berufsverbänden, Vereinen und Anstalten, § 3 Abs. 1 ErbStDV – haben es nach § 33 Abs. 3 ErbStG dem Finanzamt anzuzeigen, bevor sie Versicherungssummen oder Leibrenten einem anderen als dem Versicherungsnehmer auszahlen oder sonst zur Verfügung stellen. I.d.R. handelt es sich um die Mitteilung der Auszahlung von Lebensversicherungen an Begünstigte, die mit späteren Nachfragen des Finanzamts, wie die Mittel verwendet wurden und ob z.B. Zinserträge angefallen sind, rechnen müssen. Werden Lebensversicherungen, deren Laufzeit vor dem 1.1.2005 begonnen hat, zur Sicherung von Darlehen eingesetzt, hat der Sicherungsnehmer dem Veranlagungsfinanzamt des Versicherungsnehmers die Verwendung der Lebensversicherung zur Darlehensbesicherung oder -tilgung nach § 29 Abs. 1 EStDV anzuzeigen. Hat der Sicherungsnehmer seinen Sitz im Ausland, trifft diese Verpflichtung das Versicherungsunternehmen. Diese Meldungen können Anhaltspunkte für bislang nicht versteuertes Kapital und Erträge hieraus liefern.

161 Nach § 22a EStG haben die Träger der Rentenversicherungen eine **Rentenbezugsmitteilung** abzugeben, deren Inhalt der Finanzverwaltung zur Verfügung steht.

162 **Gerichte** und **Behörden** sind bei dem Verdacht einer Steuerstraftat anzeigepflichtig **(§ 116 AO)**. Das Breittreten nicht versteuerter Einnahmen in einem Unterhaltsprozess kann zur Einladung an die Steuerfahndung werden.

163 Feststellungen von **Zollbehörden** – z.B. beim **Grenzübergang** – können Steuerfahndungsverfahren auslösen.

---

1 Dazu gleichlautender Erlass der obersten Finanzbehörden der Länder, FinMin. NRW v. 12.3.2015 – S 3900-10-V A 6, BStBl. I 2015, 225.

2 BFH v. 31.5.2006 – II R 66/04, BStBl. II 2007, 49. Die Frage, ob diese Regelung gegen die Niederlassungsfreiheit (Art. 49 AEUV) verstößt, wenn in dem anderen Mitgliedstaat keine vergleichbare Anzeigepflicht besteht und Kreditinstitute dort einem strafbewehrten Bankgeheimnis unterliegen, hat der BFH im Rahmen des Vorabentscheidungsverfahrens dem EuGH vorgelegt: BFH v. 1.10.2014 – II R 29/13, BStBl. II 2015, 232, anhängiges Verfahren vor dem EuGH: C-522/14.

Beispiel: Der Zoll stößt beim Grenzübergang auf Bankunterlagen, die er kopiert und an die Finanzverwaltung weitergibt.

Gem. Art. 3 Abs. 1 Satz 1 der Verordnung (EG) Nr. 1889/2005 hat jede natürliche Person, die in die EU einreist oder aus der EU ausreist und **Barmittel** i.H.v. 10 000 Euro oder mehr mit sich führt, dies bei den zuständigen Behörden des Mitgliedstaats, über den sie in die EU einreist oder aus der EU ausreist, anzumelden. Es besteht gem. § 12a Abs. 1 ZollVG die Pflicht, die Anmeldung unaufgefordert im Zeitpunkt der Ein- oder Ausreise schriftlich abzugeben, auch wenn der Betroffene von Zollbediensteten nicht angehalten und nach mitgeführten Barmitteln gefragt wird. Auf Verlangen der Zollbediensteten haben Personen Bargeld oder gleichgestellte Zahlungsmittel im Wert von 10 000 Euro oder mehr, die sie in den, aus dem oder durch den Geltungsbereich dieses Gesetzes verbringen oder befördern, nach Art, Zahl und Wert anzuzeigen sowie die Herkunft, den wirtschaftlich Berechtigten und den Verwendungszweck darzulegen. Die Anmeldepflicht ist nicht erfüllt, wenn die übermittelten Informationen unrichtig oder unvollständig sind. Zur Durchführung dieser Regelung stehen dem Zoll die Möglichkeiten des § 10 ZollVG offen, d.h. er darf Fahrzeuge anhalten und durchsuchen. Ferner dürfen Personen „körperlich durchsucht" werden, wenn „zureichend tatsächliche Anhaltspunkte dafür vorliegen, dass sie vorschriftswidrig Waren mitführen", im vorliegenden Fall also Bargeld o.Ä. im Wert von 10 000 Euro oder mehr beim Grenzübertritt bei sich tragen. Finden die Zollbeamten bei Gelegenheit der Durchsuchung Bankunterlagen oder andere Dokumente, die auf eine Hinterziehung hindeuten, dürfen sie diese kopieren und an die Finanzverwaltung weiterreichen, auch wenn sich herausstellen sollte, dass tatsächlich kein Bargeld, das den Wertrahmen übersteigt, mitgeführt wurde (zur Frage, ob nach dem Aufgriff an der Grenze noch eine Selbstanzeige möglich ist, vgl. Rz. 307). Der Verstoß gegen die Anzeigepflicht selbst kann nur als Ordnungswidrigkeit (§§ 31a und 31b ZollVG) mit einer Geldbuße bis zu 1 Mio. Euro geahndet werden.

Immer häufiger werden die Fälle, in denen durch Verdachtsmeldungen 164
einer **Geldwäsche**, § 11 GwG, Steuerfahndungsverfahren eingeleitet werden. In diesen Fällen erhält die Steuerfahndung die Information über einen Hinterziehungsverdacht sowie den Ermittlungsauftrag über die Staatsanwaltschaft, die Geldwäsche-Verdachtsanzeigen auswertet. Nach § 15 Abs. 2 GwG dürfen die Aufzeichnungen z.B. der Kreditinstitute an die Finanzverwaltung weitergegeben werden, sobald die Verdachtsmeldung wegen einer Nicht-Steuerstraftat, also bspw. der Geldwäsche, erfolgt. Nicht selten kommen die Verdachtsmeldungen von

Banken aus dem benachbarten Ausland, wie z.B. der Schweiz, die über ein entsprechendes „Geldwäsche-Gesetz" verfügt.

Die im Jahr 2001 eingeführte gewerbs- und bandenmäßige Steuerhinterziehung nach § 370a AO, die als Verbrechen qualifiziert wurde, war Vortat einer Geldwäsche nach § 261 StGB. Bei Verdacht des Vorliegens der tatbestandlichen Voraussetzungen durften die nach dem GwG zu fertigenden Aufzeichnungen auch gezielt zur Ahndung der gewerbs- und bandenmäßigen Steuerhinterziehung herangezogen werden.[1] § 370a AO wurde aus verfassungsrechtlichen Gründen mit Wirkung zum 1.1.2008 aufgehoben. An dessen Stelle trat das Regelbeispiel des § 370 Abs. 3 Satz 2 Nr. 5 AO. Durch Gesetz vom 21.12.2007[2] wurde § 261 Abs. 1 Satz 2 Nr. 4 b StGB mit Wirkung zum 1.1.2008 um das Vergehen der Steuerhinterziehung i.S.d. § 370 AO als geldwäscherelevante Vortat ergänzt, soweit diese gewerbsmäßig oder bandenmäßig begangen wird.[3]

165 Geschäfte mit Hinterziehungsabsicht über **chiffrierte Zeitungsanzeigen** bieten Anknüpfungspunkte. Ein „Chiffregeheimnis" existiert nicht (Rz. 886).

166 Letztlich kann schon normales **Zeitunglesen** Finanzbeamten zur Einleitung von Ermittlungsverfahren Anlass geben, wenn bspw. über einen prominenten Deutschen in seinem Ferienhaus auf Mallorca berichtet wird, sich aber aus den Steuererklärungen weder das Ferienhaus noch dessen Finanzierung erkennen lassen. Die Möglichkeit der Nutzung des **Internets** bietet insofern eine noch weitreichendere Gelegenheit, Unregelmäßigkeiten aufzudecken. So können z.B. mithilfe von Suchmaschinen hinterziehungsgefährdete Veröffentlichungen schnell aufgefunden werden. Der Wahrheitsgehalt von „Internetermittlungen" ist jedoch im Hinblick auf die nicht eindeutige Identifikation des Lieferanten der Informationen stets genau zu überprüfen.

167 **Selbstanzeigen**, insbesondere größeren Umfangs, ziehen Fahnder an. Dass eine Selbstanzeige auf Anhieb richtig ist, wird nicht vermutet. Im Gegenteil: Seit der Verschärfung des Selbstanzeigerechts besteht eher die Besorgnis, dass die Abgabe wirksamer Selbstanzeigen aufgrund der hohen Anforderungen nicht mehr möglich ist.[4] Bei Selbstanzeigen sollte man hieran denken. Dies ist jedoch i.d.R. kein Argument gegen die Erstattung einer Selbstanzeige.

---

1 *Hetzer*, ZfZ 2002, 38, 42 ff.

2 Gesetz zur Neuregelung der Telekommunikationsüberwachung und anderer verdeckter Ermittlungsmaßnahmen sowie zur Umsetzung der Richtlinie 2006/24/EG, BGBl. I 2007, 3198.

3 Zu weiteren Einzelheiten s. *Joecks* in Joecks/Jäger/Randt, Steuerstrafrecht, 8. Aufl. 2015, § 369 Rz. 209 ff.

4 S. z.B. *Habammer/Pflaum*, DStR 2014, 2267.

Anzeigen unter **Namensnennung** und **anonyme Anzeigen**. Kaum eine andere Behörde reagiert so sicher auf offene und anonyme Anzeigen wie die Steuerfahndung. Allerdings muss die Anzeige konkrete Informationen vermitteln. Der Hinweis „Schulze hat Schwarzgeld" wird keine Fahnder aus der Amtsstube locken; detaillierte Angaben über Verfahrensweisen, Auslandsbeziehungen, Konten usw. hingegen mit Sicherheit. 168

Potenzielle Anzeiger: Angestellte, Sekretärinnen, Mitgesellschafter, Geschäftspartner, Ehegatten, Geliebte, Wettbewerber – jeweils nach Streitigkeiten über den Arbeitsvertrag, das Gehalt, eine Kündigung, die Geschäftsbeziehung, die Höhe des Unterhalts usw. 169

Der **Name** des **Anzeigenden** wird durch das **Steuergeheimnis** geschützt.[1] Das gilt nicht bei vorsätzlich falschen Angaben (§ 30 Abs. 5 AO) und bei freiwilligen Anzeigen, soweit es um eine Nichtsteuerstraftat geht (§ 30 Abs. 4 Nr. 4 Buchst. b AO). Sind die Angaben des Anzeigenden falsch, kommt eine Straftat nach § 164 StGB (falsche Verdächtigung) in Betracht. Die Finanzbehörde kann, muss jedoch den Anzeigenden nicht bei der Staatsanwaltschaft anzeigen. Dem Steuerpflichtigen selbst wird der Name des Anzeigenden nicht mitgeteilt; so die Finanzverwaltung und die Rechtsprechung.[2] Der BFH verlangt zwar eine Abwägung, stellt jedoch gleichzeitig fest, dass dem Informantenschutz regelmäßig ein höheres Gewicht gegenüber dem allgemeinen Persönlichkeitsrecht des Steuerpflichtigen zukomme, wenn sich die vertraulich mitgeteilten Informationen im Wesentlichen als zutreffend erweisen und zu Steuernachforderungen führen.[3] 170

Der BFH hat im Übrigen festgelegt, dass ausschließlich er für eine gerichtliche Entscheidung über die Rechtmäßigkeit der Weigerung des Finanzamts, einem Beteiligten Akteneinsicht im finanzgerichtlichen Verfahren zu gewähren, zuständig ist. Trifft das Finanzgericht darüber eine Entscheidung, ist sie auf Beschwerde hin aufzuheben.[4]

Im Wege der steuerrechtlichen oder strafrechtlichen **Akteneinsicht** (Rz. 1135) lernt der Betroffene ebenfalls den Anzeiger nicht kennen, da die Anzeige i.d.R. nicht in die Fahndungs- und Strafakte aufgenommen 171

---

1 BFH v. 7.5.1985 – VII R 25/82, BStBl. II 1985, 571; BFH v. 8.2.1994 – VII R 88/92, BStBl. II 1994, 552; FG Köln v. 3.5.2000 – 11 K 6922/98, EFG 2000, 903; a.A. KG v. 6.6.1985 – 4 Ws 50/85, NJW 1985, 1971.

2 AEAO zu § 30 Nr. 10.1.; BFH v. 8.2.1994 – VII R 88/92, BStBl. II 1994, 552; BFH v. 7.12.2006 – V B 163/05, BStBl. II 2007, 275: **keine Mitteilungspflicht**.

3 BFH v. 7.12.2006 – V B 163/05, BStBl. II 2007, 275.

4 BFH v. 7.12.2006 – V B 163/05, BStBl. II 2007, 275. Kritisch hierzu *Rüsken*, NWB Fach 2, 9277 (Nov. 2007).

wird. Dies ist im Hinblick auf das Gebot der Aktenvollständigkeit (Rz. 1139) bedenklich.

Die Ablehnung der Nennung des Anzeigers ist im Strafverfahren nach §§ 23 ff. EGGVG **nicht anfechtbar.**[1] Es ist offen, ob der Verwaltungsrechtsweg gegeben ist.[2]

172 In **Diebstahlsanzeigen** und **Versicherungsmeldungen** offenbart der Steuerbürger oft mehr, als in den Steuerakten enthalten ist. Fundgruben für die Steuerfahndung.

173 Das Gleiche gilt für **Presseberichte** über den Diebstahl wertvollen Besitzes.

174 **„Flechtenwirkung"**: Eine Steuerfahndungsprüfung führt über Querverbindungen zu anderen Steuerpflichtigen. Die Steuerfahndung folgt diesen Querbezügen. Sie befällt (oder reinigt, wie man will) ganze Wirtschaftsorganismen. Hinweis zur Prüfung: Wenn ein Betroffener feststellt, dass der Fahnder auf eine derartige Querverbindung gestoßen ist, sollte überlegt werden, den Dritten zu informieren, um ihm die Selbstanzeige zu ermöglichen.

175 Die Fahndung handelt auf Anweisung der **Staatsanwaltschaft**.

176 **Instinkt** des Hinterziehers. Es gehört zur sicheren Erfahrung, dass des Hinterziehers eigener Instinkt den Fahndungseingriff voraussagt. Berater sollten sich hüten, diese Vorausahnung zu übergehen oder zu unterschätzen.

177 **Rezept** zur **Verhinderung** des **Erscheinens** der Steuerfahndung mit Hausdurchsuchung und Beschlagnahme? Aus der Praxis ist ein mit Vorsicht einzusetzendes **Mittel** bekannt: Wer den Steuerfahndungseingriff fürchtet, gehe zur Steuerfahndung, erkläre, dass er wegen dieser oder jener Gründe die Fahndung erwarte und lade sie ein, die Durchsuchung sofort durchzuführen, „damit man die Sache hinter sich habe". In keinem der Fälle, in denen so gehandelt wurde, ist die Steuerfahndung tatsächlich zur Hausdurchsuchung erschienen. Selbst wenn die Fahndung glaubt, der Bürger habe diese Textstelle gelesen und sie in die Tat umgesetzt, wird sie zögern, zu erscheinen: Mit einem Überraschungszugriff kann sie nicht rechnen.

1 OLG Hamm v. 8.2.1973 – 1 VAs 22/73, DÖV 1973, 283.
2 Bejahend FG Rheinland-Pfalz v. 24.6.1996 – 1 K 1992/95, juris; FG Rheinland-Pfalz v. 19.9.1995 – 5 K 2084/95, EFG 1995, 30.

II. Vorbereitung im Planspiel

Besteht Grund zur Annahme für die Möglichkeit des Eingriffs – aber auch, wenn der Fahndungseingriff nicht gänzlich unwahrscheinlich ist –, sollte der Berater mit seinem Mandanten das Erscheinen der Fahnder erörtern. Die Art des Eingriffs sollte in einem **Planspiel** vorgedacht werden.[1] Das Gleiche gilt für die Reaktion des Betroffenen. Zu der Erörterung mit dem Mandanten sollten gehören: die Möglichkeit des plötzlichen Erscheinens, einer Durchsuchung im Betrieb, am Arbeitsplatz, in der Wohnung, im Pkw; die Rechte bei einer Hausdurchsuchung; die Wahl des Verteidigers; das richtige Gespräch mit den Fahndern; die protokollarische Vernehmung; das Aussageverweigerungsrecht; das Recht von Zeugen auf einen Beistand. Muss mit Untersuchungshaft gerechnet werden, kann es hilfreich sein, wenn Bargeld oder sonstige Vermögenswerte als Kaution für eine eventuelle Außervollzugsetzung des Haftbefehls (vgl. Rz. 576) zur Verfügung stehen, auf die nicht nur der Mandant, sondern z.B. auch seine Frau, Kinder etc. Zugriff haben. 178

III. Selbstanzeige

1. Allgemeines

Mit der Selbstanzeige (§ 371 AO) hat der Gesetzgeber die Möglichkeit geschaffen, **rückwirkend** die Strafbarkeit der Steuerhinterziehung zu beseitigen. Die Regelung erscheint vielen Laien und damit auch manchem Politiker wie ein Fremdkörper und als eine Besonderheit des deutschen Steuerstrafrechts. Tatsächlich ist dies nicht der Fall. Denn im deutschen Recht finden sich an vielen Stellen Vorschriften, die dem Täter Straffreiheit oder Strafmilderung zusichern, soweit er sich bereits strafbar gemacht hat, aber die nachteiligen Folgen seiner Tat wieder beseitigt. Dies gilt bspw. für die Regelungen über den strafbefreienden Rücktritt vom Versuch (§ 24 StGB), die bei vielen Gefährdungstatbeständen vorzufindenden Regelungen über die tätige Reue (z.B. bei den Brandstiftungsdelikten, § 306e StGB), die Regelung über den Täter-Opfer-Ausgleich (§ 46a StGB) oder bspw. die analog zu § 371 AO ausgestaltete Regelung zur strafbefreienden Selbstanzeige in den Fällen unzulässiger Parteifinanzierung (§ 31d Abs. 1 Satz 2 PartG). 179

Ebenso wie in Deutschland besteht in vielen anderen Industriestaaten ebenfalls die Möglichkeit, durch die Offenlegung von bewusst ver- 180

1 Die Bedenken, die *Schick*, DStR 1982, 136, und StuW 1986, 387, gegen diesen Rat hat, teilen wir nicht.

schwiegenen oder auch nur rechtlich zweifelhaften Sachverhalten gegenüber den Finanzbehörden – gesetzlich garantiert – das strafrechtliche Risiko eines Steuervergehens auszuräumen.[1] Es handelt sich mithin auch nicht um eine Besonderheit des deutschen Rechts.

181 Für das System der **steuerlichen Mitwirkungspflichten** hat die Möglichkeit der Selbstanzeige zentrale Bedeutung: Der Bürger kann so dem Steuerfiskus auch nach einer bereits eingereichten Steuererklärung offen gegenübertreten, ohne strafrechtliche Verfolgung fürchten zu müssen. Gäbe es den Weg der strafbefreienden Selbstanzeige nicht, so müsste man demjenigen, der dauerhaft seine Einnahmen aus einer bestimmten Einkommensquelle verschwiegen hat, für den Fall der erstmaligen Abgabe einer zutreffenden Steuererklärung ein Verwertungsverbot hinsichtlich der Vergangenheit zubilligen, um diesen Steuerpflichtigen nicht (unzulässigerweise) durch Strafandrohung (§ 370 AO) hinsichtlich der aktuellen Erklärung zu einer Selbstbezichtigung in Bezug auf die Vergangenheit zu zwingen. Dies ist jedoch nicht gewollt.

2. Historie

182 Eine allgemeine Selbstanzeigevorschrift existierte bereits in § 374 RAO 1919, § 410 RAO 1931 bzw. § 395 RAO 1968. I.d.F. des § 371 AO 1977 hatte die Selbstanzeigevorschrift über fünfunddreißig Jahre lang materiell unverändert Bestand.

183 Im Anschluss an die durch den Kauf gestohlener Bankdaten aus dem Ausland (insbesondere aus Liechtenstein, der Schweiz und Luxemburg) ausgelöste Welle von Nacherklärungen entbrannte in den Jahren 2008 und 2009 sodann eine **rechtspolitische Diskussion** über die Zukunft der Selbstanzeige. Über kaum eine andere strafrechtliche Vorschrift wurde in den vergangenen Jahren so kontrovers in Rechtswissenschaft, Politik und Öffentlichkeit diskutiert, wie über die Regelung der Selbstanzeige. Das Spektrum der Diskussion reichte vom unveränderten Beibehalt der Vorschrift bis zu deren ersatzloser Abschaffung.

184 Im Mai 2010 griff dann der für das Steuerstrafrecht zuständige 1. Strafsenat des BGH in diese Diskussion ein und formulierte in seiner Entscheidung vom 20.5.2010 in Form von „obiter dicta“ Leitlinien zur Selbstanzeige, die erkennen ließen, dass der Senat einer Einschränkung

1 S. Beispiele bei *Kemper*, DStZ 2014, 832.

der bestehenden Selbstanzeigemöglichkeiten wohlwollend gegenüberstand.[1]

185 Die Anregungen des BGH wurden durch den Gesetzgeber aufgenommen. Der Bundesrat schloss sich in einer Beschlussempfehlung zum Jahressteuergesetz 2010 der Entscheidung des 1. Strafsenats an und schlug zunächst noch weit über die Anregung des BGH hinausgehende Einschränkungen des § 371 AO vor. Diese Vorschläge wurden in etwas abgemilderter Form durch die Bundesregierung im „**Schwarzgeldbekämpfungsgesetz**"[2] aufgegriffen, das am **3.5.2011** in Kraft trat. § 371 AO wurde durch die Reform des Jahres 2011 in wesentlichen Punkten umgestaltet. Das „**Vollständigkeitsgebot**" wurde in § 371 Abs. 1 AO eingeführt und damit die Möglichkeit der Abgabe einer sog. „**Teilselbstanzeige**" **abgeschafft**. Die Sperrgründe i.S.d. § 371 Abs. 2 AO wurden ausgeweitet. Ferner wurde das **Selbstanzeigeverfahren „zweiter Klasse"** für Taten ab einem Verkürzungsvolumen von damals mehr als 50.000 Euro eingeführt, für die statt der Strafbefreiung nur noch eine Verfahrenseinstellung gegen Zahlung eines Strafzuschlags gem. **§ 398a AO** möglich ist.[3]

186 Neu entfacht wurde die Diskussion um die Selbstanzeige durch die mediale Berichterstattung über die öffentlich gewordenen Selbstanzeigen von *Uli Hoeneß* und *Alice Schwarzer* im Jahr 2013 sowie einer Flut von Selbstanzeigen aufgrund der sog. „**Weißgeldstrategie**" insbesondere der Schweizer Banken. Die Finanzminister der Länder setzten daraufhin eine Arbeitsgruppe von Fachleuten ein, die im Winter 2013/2014 Vorschläge für eine erneute Reform des § 371 AO erarbeiteten. Im Ergebnis plädierten die Fachleute der Finanzverwaltung für eine Beibehaltung des Rechtsinstituts, stellten in ihrem Bericht aber denkbare Ansätze für eine inhaltliche Verschärfung dar. Auf Basis dieses Berichts verständigte sich die Große Koalition im Bund im Frühjahr 2014 auf eine erneute Reform des § 371 AO. Das BMF legte am 27.8.2014 einen **Referentenentwurf** vor. Schwerpunkt der Neuregelung in dieser Fas-

---

1 BGH v. 20.5.2010 – 1 StR 577/09, BGHSt 55, 180; mit kritischer Anm. *Salditt*, PStR 2010, 168; *Weidemann*, PStR 2010, 175; *Wulf*, wistra 2010, 286; *Habammer*, DStR 2010, 2425; im Ergebnis zustimmend dagegen *Meyberg*, PStR 2010, 162.

2 Gesetz zur Verbesserung der Bekämpfung von Geldwäsche und Steuerhinterziehung v. 28.4.2011, BGBl. I 2011, 676.

3 Vgl. aus der Vielzahl zusammenfassender Beiträge hierzu z.B. *Beckkemper/Schmitz/Wegner/Wulf*, wistra 2011, 281; *Spatscheck/Höll*, GmbHR 2011, R 129; *Stahl*, KÖSDI 2011, 17442; *Rolletschke/Roth*, Stbg 2011, 200; *Beyer*, AO-StB 2011, 150; *Schauf/Schwarz*, PStR 2011, 117; *Hunsmann*, NJW 2011, 1482; *Füllsack/Bürger*, BB 2011, 1239.

sung war die einheitliche Verlängerung der Strafverfolgungsverjährung in allen Fällen der Steuerhinterziehung auf zehn Jahre (mit dem Ziel, die Steuerpflichtigen bei Dauersachverhalten stets zur Berichtigung von zehn Jahren zu zwingen) und die Erhöhung der Auflagenzahlungen nach § 398a AO unter gleichzeitiger Herabsenkung des Grenzwerts auf einen Hinterziehungsbetrag von 25.000 Euro. Nach der Abstimmung der Fachressorts und der Einholung von Stellungnahmen wurde am 26.9.2014 der darauf aufbauende **Regierungsentwurf** veröffentlicht. Gegenüber dem Referentenentwurf enthielt dieser Entwurf noch einmal signifikante Änderungen. Insbesondere wurde die beabsichtigte allgemeine Verlängerung der Strafverfolgungsverjährung von fünf auf zehn Jahre wieder aufgegeben. Stattdessen sah der Entwurf in § 371 Abs. 1 AO nun einen „**Mindestberichtigungszeitraum**" vor. Ferner sollte das seit dem Jahr 2011 bestehende **Vollständigkeitsgebot teilweise** wieder **gelockert** werden. Der Regierungsentwurf wurde im nachfolgenden Gesetzgebungsverfahren nicht mehr abgeändert. Auch die Sachverständigenanhörung im Finanzausschuss des Bundestags führte zu keinen Änderungen. Zum 1.1.2015 trat sodann das „**Gesetz zur Änderung der Abgabenordnung und des Einführungsgesetzes zur Abgabenordnung**" vom **22.12.2014**[1] in Kraft.

3. Zweck und Einsatz

187 Rechtstechnisch handelt es sich bei der Selbstanzeige um einen **persönlichen Strafaufhebungsgrund.**[2] Das bedeutet, dass die bereits tatbestandsmäßig, rechtswidrig und schuldhaft begangene Tat durch die spätere Anzeige wieder straffrei wird. Da es sich um einen „persönlichen" Strafaufhebungsgrund handelt, ist für jeden Tatbeteiligten gesondert zu prüfen, ob die Voraussetzungen gerade für ihn eingetreten sind.[3] Grundsätzlich kommt sie nur demjenigen Täter oder Teilnehmer zugute, der sie erstattet.

188 Die Möglichkeit der Selbstanzeige wird vorrangig durch **fiskalische** und **steuerpolitische Zwecke** bestimmt; der Staat will unbekannte Steuerquellen durch das Versprechen der Straffreiheit erschließen; aus

---

1 BGBl. I 2014, 2415; aus der Vielzahl zusammenfassender Beiträge hierzu vgl. z.B. *Mack*, ErbR 2014, 302; *Talaska*, Stbg 2014, 462; *Joecks*, DStR 2014, 2261; *Kemper*, DStR 2014, 928; *Wegner/Krause*, PStR 2014, 120; *Heuel/Beyer*, AO-StB 2015, 129; *Buse*, DB 2015, 89; *Talaska/Bertrand*, ZWH 2015, 89.

2 *Joecks* in Joecks/Jäger/Randt, Steuerstrafrecht, 8. Aufl. 2015, § 371 Rz. 39.

3 *Joecks* in Joecks/Jäger/Randt, Steuerstrafrecht, 8. Aufl. 2015, § 371 Rz. 40.

diesem Grund ist nicht nur die Nacherklärung, sondern auch die Nachzahlung notwendig.[1]

Es gibt **keine Pflicht zur Selbstanzeige**. Die Berichtigungs- und Nacherklärungspflicht des **§ 153 AO** obliegt nicht dem Hinterzieher, da niemand verpflichtet ist, sich selbst einer Straftat zu bezichtigen. 189

Auf der anderen Seite ist die **„Freiwilligkeit"** nicht Bedingung der Selbstanzeige. Selbstanzeigen wegen der Gefahr der Entdeckung - das in der Praxis häufigste Motiv – sind wirksam. 190

Die **Beratung** über die **Selbstanzeige** gehört zur Aufgabe des Steuerberaters. Die Pflichtverletzung kann Schadensersatzansprüche auslösen, die unter Umständen auch die Strafe umfassen.[2] Der Steuerberater ist nicht verpflichtet, unbedingt zur Selbstanzeige zu raten. Das Für und Wider muss abgewogen werden. Die Selbstanzeige hängt z.B. von der Möglichkeit der Zahlung der verkürzten Steuern ab. Der Rat zur Selbstanzeige ist kein Parteiverrat; das Abraten keine Strafvereitelung.[3] Zum Rat zugunsten der Selbstanzeige, obwohl bereits Sperren greifen, s. Rz. 268 und 314. 191

§ 146 StPO (Rz. 74 ff.) ist **nicht anwendbar,** da die Selbstanzeigeberatung der steuerlichen Beratung zuzuordnen ist.[4] Ein Anwalt kann in einem Gespräch Ehepartnern zur Selbstanzeige raten. 192

Wurde der Rat der Selbstanzeige durch den Steuerberater gegeben und **folgt** der **Mandant** diesem Rat **nicht**, ist der Steuerberater nicht verpflichtet, den Mandanten bei dem Finanzamt anzuzeigen. Im Gegenteil: Die Anzeige wäre nicht nur berufsrechtswidrig.[5] Der Steuerberater würde sich zudem in diesem Fall wegen Verstoßes gegen die Verschwiegenheitspflicht gem. § 203 Abs. 1 Nr. 1 StGB strafbar ma- 193

---

1 Zum **Zweck** des § 371 AO und seiner Vorgänger s. BGH v. 11.11.1958 – 1 StR 370/58, BGHSt 12, 100; *Joecks* in Joecks/Jäger/Randt, Steuerstrafrecht, 8. Aufl. 2015, § 371 Rz. 21 ff., m.w.N.

2 Vgl. RG v. 10.6.1942 – III 14/42, RGZ 169, 267; BGH v. 31.1.1957 – II ZR 41/56, BGHZ 23, 222; ablehnend LG Bielefeld v. 7.9.1995 – 22 S 166/95, juris; *Streck*, DStR 1996, 288 (291).

3 *Spatscheck/Alvermann*, PStR 1999, 158.

4 *Hilgers-Klautzsch* in Kohlmann, Steuerstrafrecht, § 392 Rz. 132 (Juli 2011); *Schauf* in Kohlmann, Steuerstrafrecht, § 371 Rz. 86 (Aug. 2015); *Joecks* in Joecks/Jäger/Randt, Steuerstrafrecht, 8. Aufl. 2015, § 371 Rz. 109; *Streck*, DStR 1996, 288 (292).

5 LG Hannover v. 9.1.1984 – 44 StL 16/83, StB 1985, 101.

chen.[1] Auch ist eine Mandatsniederlegung nicht erforderlich.[2] Allerdings darf er sich in Zukunft an der Steuerhinterziehung nicht beteiligen, z.B. bei sich fortsetzenden Sachverhalten. Sobald der Steuerberater also „eingeweiht" wurde und Kenntnis von einer in der Zukunft **fortwährenden Hinterziehung** hat, kann sich ihm folgendes Problem stellen: Sollte der Mandant nicht von der Möglichkeit der Abgabe einer Selbstanzeige Gebrauch machen, kann der Steuerberater für ihn nur noch Steuererklärungen vorbereiten, in denen bspw. die verschwiegenen Einkünfte aus der Schweiz vorkommen, d.h. Erklärungen, die aus seiner Sicht zutreffend sind. Andernfalls liefe der Berater Gefahr, sich selbst wegen Beihilfe zu der Steuerhinterziehung seines Mandanten strafbar zu machen.[3] Als letzter Ausweg bleibt ihm nur die Möglichkeit, das Mandat niederzulegen, um straffrei zu bleiben. Vor diesem Hintergrund bietet es sich an, mit der Selbstanzeigeberatung von Anfang an einen Spezialisten zu betrauen. So minimiert der Steuerberater das Risiko des Mandatsverlusts in der Zukunft.

194 Zu **Honorarfragen** s. Rz. 1608.

195 Selbstanzeige und Strafverfahren: Es ist übliche Routine der Finanzverwaltung, bei Erhalt einer Selbstanzeige diese an die Strafsachenstelle zwecks **Einleitung eines strafrechtlichen Ermittlungsverfahrens** abzugeben. Die Selbstanzeige begründet typischerweise den Anfangsverdacht (§ 152 Abs. 2 StPO) einer Steuerhinterziehung. Auf diese Praxis muss der Mandant hingewiesen werden. Hat sich die Selbstanzeige als rechtzeitig und vollständig, d.h. als wirksam erwiesen, wird das Ermittlungsverfahren nach § 170 Abs. 2 StPO i.V.m. § 371 AO wieder eingestellt.

4. Selbstanzeige durch wen?

196 Jeder § 370 AO verletzende Beteiligte, sei er **Alleintäter**, **Mittäter**, **mittelbarer Täter**, **Anstifter** oder **Gehilfe**, kann Selbstanzeige erstatten.[4]

197 Jeder erstattet grundsätzlich für sich persönlich Selbstanzeige. Es ist jedoch nicht erforderlich, dass die Selbstanzeige höchstpersönlich abgegeben wird. **Der Täter kann sich vertreten lassen**. Die Vertretung kann

---

1 *Fischer*, StGB, 63. Aufl. 2016, § 203 Rz. 14.

2 *Streck*, DStR 1985, 12.

3 Vgl. *Joecks* in Joecks/Jäger/Randt, Steuerstrafrecht, 8. Aufl. 2015, § 371 Rz. 114.

4 *Schauf* in Kohlmann, Steuerstrafrecht, § 371 Rz. 81 (Aug. 2015).

durch einen Berufsträger (Steuerberater bzw. Rechtsanwalt), aber auch durch jede andere Person erfolgen.[1]

Der Bevollmächtigte muss jedoch aufgrund einer entsprechenden Vollmacht handeln, die **vor** Erstattung der Selbstanzeige erteilt wurde. Wie die Vollmacht erteilt wurde, ist irrelevant. Es genügt eine mündliche oder telefonische Bevollmächtigung. Entscheidend ist, dass der **Auftrag** zur Selbstanzeige **vor ihrer Erstattung** erteilt ist. Eine nachträgliche Genehmigung reicht nicht aus.[2] 198

Beispiel: Stellt der Steuerberater fest, dass sein Mandant bestimmte Einkünfte nicht erklärt hat und droht das Erscheinen des Prüfers, so kann der Berater nicht Selbstanzeige erstatten in der Erwartung, der Mandant werde später genehmigen. Der Berater muss sich vor der Selbstanzeige den dahin gehenden Auftrag geben lassen. Dies kann auch mündlich oder telefonisch geschehen. Das Steuerberatungsverhältnis umfasst regelmäßig nicht den Auftrag zur Selbstanzeige. Zweifelhaft ist, ob ein „Generalauftrag" ausreicht. Richtig dürfte sein, den Auftrag bezüglich einer konkreten Tat zu verlangen.

Verdeckte Stellvertretung ist grundsätzlich möglich.[3] 199

Beispiel: Eine GmbH hat zu Unrecht Vorsteuern in Anspruch genommen. Daran beteiligt waren der Fremd-Geschäftsführer, der Alleingesellschafter und dessen in der Buchhaltung angestellte Ehefrau. Soll die Rolle des Alleingesellschafters und dessen Ehefrau zunächst nicht offengelegt werden, kann überlegt werden, gegenüber dem Finanzamt einstweilen nur für den Fremd-Geschäftsführer Selbstanzeige zu erstatten.

Vorsichtshalber sollte in einem internen Protokoll festgehalten werden, dass die Selbstanzeige auch für die – im Protokoll namentlich benannten (!) – anderen Beteiligten erklärt wird. Erkennt das Finanzamt die Beteiligung der anderen und eröffnet es gegen diese ein Strafverfahren, kann die bisher **verdeckte Stellvertretung** unter Vorlage der Vollmachten und des internen Protokolls offengelegt werden. Die Selbstanzeige wirkt dann auch für diese.

Der BGH hat allerdings Zweifel geäußert, ob die Selbstanzeige zugunsten des anderen bei verdeckter Stellvertretung wirksam ist, wenn dem Betroffenen eine **Zahlungsfrist nach § 371 Abs. 3 AO zu setzen** ist. 200

1 Vgl. BGH v. 13.11.1952 – 3 StR 398/52, BGHSt 3, 373, zur Vorgängervorschrift des § 410 RAO; *Jäger* in Klein, AO, 13. Aufl. 2106, § 371 Rz. 100.

2 *Schauf* in Kohlmann, Steuerstrafrecht, § 371 Rz. 84 (Aug. 2015); *Joecks* in Joecks/Jäger/Randt, Steuerstrafrecht, 8. Aufl. 2015, § 371 Rz. 108; a.A. *Burkhard*, StBp 2003, 15 (16), der mit dem Argument, der Geisteskranke oder Bewusstlose sei ansonsten von der Möglichkeit des § 371 AO ausgeschlossen, eine Genehmigung mit Ex-tunc-Wirkung fordert.

3 BGH v. 5.5.2005 – 5 StR 548/03, NJW 2005, 2720; *Joecks* in Joecks/Jäger/Randt, Steuerstrafrecht, 8. Aufl. 2015, § 371 Rz. 110; *Schauf* in Kohlmann, Steuerstrafrecht, § 371 Rz. 87 ff. (Aug. 2015); *Jäger* in Klein, AO, 13. Aufl. 2016, § 371 Rz. 100; *Spatscheck/Alvermann*, INF 2001, 23.

Denn gegenüber dem unbekannten Beteiligten sei eine solche Fristsetzung nicht möglich.[1] Eine Ausnahme bestehe dann, wenn eine Fristsetzung und Zahlung von hinterzogenen Steuern nicht in Betracht kommt, d.h. jedenfalls dann, wenn durch die Angaben in der Selbstanzeige ohne Weiteres feststeht, dass ein Steuererstattungsanspruch nicht besteht. In diesen Fällen besteht keine durch § 371 AO gebotene Notwendigkeit, dass die Täter oder Teilnehmer der (versuchten) Steuerhinterziehung den Finanzbehörden namentlich bekannt werden; eine (weitere) Gefährdung des Steueraufkommens ist ausgeschlossen.[2]

201 Hoch problematisch ist die **verdeckte Stellvertretung** angesichts der vorgenannten Rechtsprechung des BGH in den Fällen des § 371 Abs. 2 Satz 1 Nr. 3 AO, also bei Fällen mit einer **Steuerverkürzung pro Tat von mehr als 25.000 Euro.** Denn hier kommt nach geltendem Recht unabhängig vom persönlichen Vorteil für jeden Beteiligten ein Strafzuschlag i.H.v. mindestens 10 % der Verkürzungsbeträge in Betracht. Ist der Beteiligte nicht namentlich bekannt, ist ihm gegenüber eine solche Festsetzung mit der Folge der Strafbefreiung bei Zahlung nicht möglich. Der Berater sollte in diesen Fällen daher aus Vorsichtsgründen dazu raten, möglichst alle potenziell strafrechtlich Beteiligten in diesen Fällen namentlich aufzuführen.

202 Der Auftrag zur Selbstanzeige darf erst **nach der Tat** erteilt sein.[3]

203 Auch **Mittäter** oder **Teilnehmer** einer Tat können nicht füreinander eine Selbstanzeige erstatten, ohne hierzu beauftragt zu sein.

204 Bei einer **Selbstanzeige** eines **Tatteilnehmers**, die die Beteiligung erkennen lässt, tritt durch die Selbstanzeige die Sperre des § 371 Abs. 2 Satz 1 Nr. 2 AO (s. auch Rz. 304) ein.

Beispiel: Der Händler arbeitet einvernehmlich mit dem Lieferanten mit unrichtigen Einkaufsbelegen; oder: Selbstanzeige eines Steuerberaters wegen der Hinterziehung eines Mandanten, an der er beteiligt war.

Praxishinweis: In derartigen Fällen sollten sich die Teilnehmer vorher abstimmen (sog. „**konzertierte Selbstanzeige**"). Vorsicht jedoch bei Meinungsverschiedenheiten, weil jeder der sich jetzt streitenden Teilnehmer dem anderen die Möglichkeit der Selbstanzeige nehmen kann.

---

1 BGH v. 5.5.2005 – 5 StR 548/03, NJW 2005, 2720.

2 BGH v. 5.5.2005 – 5 StR 548/03, NJW 2005, 2720.

3 Vgl. *Joecks* in Joecks/Jäger/Randt, Steuerstrafrecht, 8. Aufl. 2015, § 371 Rz. 107, m.w.N. zur Rspr.

Sind die **Tatbeteiligten** durch **besondere Pflichten verbunden** (Ehepartner, Gesellschafter, Steuerberater/Mandant), kann die Abgabe einer Selbstanzeige, ohne dem anderen die Möglichkeit zu geben, sich anzuschließen, **Schadensersatzansprüche** und **Kündigungsgründe** auslösen.[1] 205

Befürchtet der **Berater**, an der Steuerhinterziehung des Mandanten beteiligt zu sein – oder ist er beteiligt –, sollte er sich – eventuell vorsorglich – der Selbstanzeige anschließen. Können sich Mandant und Berater nicht einigen, ob eine Selbstanzeige erstattet werden soll, ist nach h.A. der Berater durch das Mandatsverhältnis nicht gehindert, die Selbstanzeige zu erklären, wenn er sich selbst strafbar gemacht hat. Die Mandatstreue und Verschwiegenheitspflicht treten hinter das Recht des § 371 AO zurück.[2] 206

5. Selbstanzeige für welche Delikte?

Die Selbstanzeige wirkt für die **Steuerhinterziehung** (§ 370 AO) strafbefreiend; gem. § 378 Abs. 3 AO auch für die leichtfertige Steuerverkürzung (s. Rz. 372 f.). 207

Kirchensteuerhinterziehung ist nicht nach § 370 AO, sondern allenfalls als Betrug nach § 263 StGB strafbar. Allein **Niedersachsen** hatte bis zum 23.12.2014 in § 6 Abs. 1 KiStRG Nds. auf die Vorschriften der Abgabenordnung einschließlich § 370 AO verwiesen und nur die Verfahrensvorschriften der §§ 385 ff. AO aus dem Anwendungsbereich ausgenommen. Mit Wirkung zum 24.12.2014 wurde das Gesetz dahin gehend geändert, dass die Vorschriften des Achten Teils der Abgabenordnung (Straf- und Bußgeldvorschriften, Straf- und Bußgeldverfahren) insgesamt nicht anzuwenden sind (§ 6 Abs. 1 Satz 2 KiStRG Nds.). Im Falle der wirksamen Selbstanzeige wegen Einkommensteuerhinterziehung gilt für die Bestrafung wegen Betrugs ein Verwertungsverbot.[3]

Für **andere Delikte** kommt auch eine analoge Anwendung nicht in Betracht, z.B. für das Erschleichen von Investitionszulagen[4], es sei denn, das Gesetz selbst ordnet die entsprechende Anwendung an, so bspw.

---

1 S. *Streck*, DStR 1996, 288 (291).

2 *Joecks* in Joecks/Jäger/Randt, Steuerstrafrecht, 8. Aufl. 2015, § 371 Rz. 114; *Schauf* in Kohlmann, Steuerstrafrecht, § 371 Rz. 101 (Aug. 2015).

3 *Joecks* in Joecks/Jäger/Randt, Steuerstrafrecht, 8. Aufl. 2015, § 371 Rz. 52.

4 *Jäger* in Klein, AO, 13. Aufl. 2016, § 371 Rz. 25; str. bei **gewerbs- oder bandenmäßiger Schädigung des Umsatzsteueraufkommens** nach § 26c UStG – vgl. *Jäger* in Klein, AO, 13. Aufl. 2016, § 371 Rz. 26.

in § 14 Abwasserabgabengesetz, § 8 Abs. 2 Wohnungsbauprämiengesetz und § 14 Abs. 3 5. VermBG (Arbeitnehmer-Sparzulage).

208 Keine Selbstanzeige ist möglich bei der **Begünstigung** einer Steuerhinterziehung (§ 257 StGB i.V.m. § 369 Abs. 1 Nr. 4 AO), bei der **Strafvereitelung** bezüglich einer Steuerhinterziehung (§ 258 StGB) und bei der Verletzung des **Steuergeheimnisses** (§ 355 StGB).

6. Form der Selbstanzeige

209 Die Selbstanzeige bedarf keiner im Gesetz vorgeschriebenen **Form**. Sie kann schriftlich oder mündlich erteilt werden.[1] Das OLG Köln ließ eine beiläufige Bemerkung in einer Besprechung bei dem Finanzamt für die Selbstanzeige ausreichen.[2]

210 Wer behauptet, eine Selbstanzeige abgegeben zu haben, ohne dies **beweisen** zu können, steht vor der Schwierigkeit, die Straffreiheit durchzusetzen; der Grundsatz **in dubio pro reo** gilt nur eingeschränkt.[3] Man wird unterscheiden müssen: Allein die Behauptung reicht nicht aus; wenn jedoch der Steuerpflichtige die Erstattung einer Selbstanzeige durch konkrete Umstände oder Beweismittel zwar nicht nachweist, aber wahrscheinlich sein lässt, kann auch hier der Grundsatz in dubio pro reo gelten.

211 **Zur Praxis:** Um späteren Streit um die Frage auszuschließen, ob, wann und mit welchem Inhalt eine Selbstanzeige erstattet wurde, sollte die Selbstanzeige aber stets schriftlich erfolgen. Die Versendung der Selbstanzeige per Post birgt das Risiko des Zeitverzugs bzw. des fehlenden Zugangsnachweises. Auch bei einer zulässigen Selbstanzeige per E-Mail[4] fehlt i.d.R. der Zugangsnachweis. Es ist daher ratsam, die Selbstanzeige **vorab per Fax** zu versenden und das Faxprotokoll zur Akte zu nehmen. Natürlich kann eine Selbstanzeige auch persönlich oder per Boten beim Finanzamt eingereicht werden. Die Überbringung beim Pförtner oder dem Sachbearbeiter ist dem Einwurf in den Briefkasten des Finanzamts vorzuziehen. Im Fall der Überbringung sollte das Finanzamt die Selbstanzeige quittieren. Wird dies abgelehnt, sollte der Berater, der die Selbstanzeige für den Mandanten erstattet, ein

---

1 BGH v. 2.12.2008 – 1 StR 344/08, wistra 2009, 189; *Joecks* in Joecks/Jäger/Randt, Steuerstrafrecht, 8. Aufl. 2015, § 371 Rz. 90.

2 OLG Köln v. 28. 8. 1979 – 1 Ss 574-575/79, DB 1980, 57; in Ergänzung ebenso LG Stuttgart v. 21.8.1989 – 10 KLs 137/88, wistra 1990, 72 (73).

3 *Joecks* in Joecks/Jäger/Randt, Steuerstrafrecht, 8. Aufl. 2015, § 371 Rz. 90.

4 *Joecks* in Joecks/Jäger/Randt, Steuerstrafrecht, 8. Aufl. 2015, § 371 Rz. 90.

„Abgabeprotokoll" fertigen, mit seinem Namen selbst zeichnen und zu den Mandantenakten nehmen. Im Fall des Einwurfs in den Briefkasten sollte der Einwurf von einem Zeugen bekundet werden können. Diese dritte Person sollte nicht nur belegen, dass ein verschlossener Briefumschlag zu einem bestimmten Zeitpunkt beim Finanzamt eingeworfen wurde, sondern auch über den Inhalt Bescheid wissen und diesen in die dokumentierte Aussage aufnehmen.

Die Selbstanzeige muss nicht den Begriff „Selbstanzeige" beinhalten. 212
Hiervon ist mit Blick auf die Abgrenzung zu § 153 AO (s. Rz. 375 ff.) i.d.R. auch abzuraten. Es ist auch nicht erforderlich, dass sich der Anzeigende einer Hinterziehung bezichtigt. Er kann und sollte sich auf die reine Nacherklärung des relevanten Sachverhalts und der dazugehörigen Zahlen beschränken.

7. Adressat der Selbstanzeige

Die Selbstanzeige ist **„gegenüber der Finanzbehörde"** zu erstatten. 213
Gemessen an der Legaldefinition des § 6 Abs. 2 AO könnte die Selbstanzeige bei jeder der dort genannten Behörden abgegeben werden.[1]

Zur Praxis: Ungeachtet dessen sollte der Berater Wert darauf legen, 214
das jeweils **örtlich und sachlich zuständige Finanzamt** zu ermitteln und die Nacherklärung dort einzureichen, um Verzögerungen oder Irrtümer bei der nach § 111 Abs. 1 AO gebotenen Weiterleitung innerhalb der Finanzverwaltung zu vermeiden und möglichst zügig einen konkreten Ansprechpartner für das Verfahren zu erhalten.

Sind **mehrere Finanzämter** für einen Hinterziehungskomplex zustän- 215
dig (Einkommensteuer bei dem Finanzamt A, Erbschaftsteuer bei dem Finanzamt B), kann die gesamte Selbstanzeige bei einem Finanzamt abgegeben werden. Dennoch empfiehlt es sich auch in solchen Fällen, das andere Finanzamt durch Weiterleitung einer Kopie des Selbstanzeigeschreibens ebenfalls zu informieren. Ist für **mehrere Personen** eine Selbstanzeige abzugeben (z.B. Ehegatte, Mitgesellschafter, GmbH und Gesellschafter bei einer Hinterziehung durch verdeckte Gewinnausschüttung), sollte die Selbstanzeige bei jedem der zuständigen Finanzämter abgegeben werden. Hier ist besondere Sorgfalt darauf zu verwenden, dass die Anzeigen zeitgleich eingehen, um nicht durch die eine Selbstanzeige einen Sperrgrund der Tatentdeckung für die andere Selbstanzeige herbeizuführen.

---

1 So auch *Jäger* in Klein, AO, 13. Aufl. 2016, § 371 Rz. 60.

216 Dringend abzuraten ist von der Abgabe einer **Selbstanzeige gegenüber der Staatsanwaltschaft**. Zwar ist auch diese als Behörde zur Weitergabe an das zuständige Finanzamt verpflichtet. Höchstrichterlich ist aber nicht geklärt, ob dies ausreicht oder ob nicht zeitlich vor der Weiterleitung bereits mit Eingang bei der Staatsanwaltschaft der Sperrgrund der Tatentdeckung eintritt, da die Staatsanwaltschaft gerade keine Finanzbehörde i.S.d. § 371 Abs. 1 AO ist.

8. Inhalt der Selbstanzeige

217 Die Selbstanzeige setzt voraus, dass **unrichtige** oder **unvollständige Angaben berichtigt** oder **unterlassene Angaben nachgeholt** werden (§ 371 Abs. 1 AO).

218 **Maßstab** für den Umfang der Erklärung ist die **ordnungsgemäß gebotene Erklärung**.[1]

219 Das Finanzamt sollte aufgrund der Selbstanzeige in der Lage sein, die notwendigen Steuerfolgen zu ziehen und Steuerbescheide zu verfügen (sog. **Materiallieferung**). Hinreichend ist, dass das Finanzamt ohne langwierige Nachforschungen den Sachverhalt aufklären und die Steuern berechnen kann. Eine gewisse eigene Ermittlungstätigkeit wird dem Finanzamt also durchaus zugemutet.[2] Auf keinen Fall dürfen an die Selbstanzeige strengere Anforderungen gestellt werden als an die Steuererklärungen.[3] Die rechtliche Beurteilung der nachgemeldeten Tatsachen obliegt dem Finanzamt.

220 Die Übersendung von ausgefüllten Erklärungsvordrucken kann strafrechtlich nicht verlangt werden.

221 In Ausnahmesituationen kann die Überlassung der Buchführung mit der Bezeichnung des strafbezogenen Bereichs ausreichend sein, ohne dass der Steuerpflichtige die relevanten Zahlen selbst zusammenstellt.[4]

222 **Faustregel:** Die Selbstanzeige muss so formuliert sein, dass die Finanzbehörde auf ihrer Grundlage in der Lage ist, ohne langwierige Nachforschungen den Sachverhalt vollends aufzuklären und die Steuer richtig

---

1 OLG Köln v. 28.8.1979 – 1 Ss 574-575/79, DB 1980, 57; *Joecks* in Joecks/Jäger/Randt, Steuerstrafrecht, 8. Aufl. 2015, § 371 Rz. 58.

2 Vgl. BGH v. 13.11.1952 – 3 StR 398/52, NJW 1953, 475; BGH v. 5.9.1974 – 4 StR 369/74, NJW 1974, 2293.

3 *Scheurmann-Kettner* in Koch/Scholtz, AO, 5. Aufl. 1996, § 371 Rz. 11.

4 BGH v. 16.6.2005 – 5 StR 118/05, NJW 2005, 2723, unter Hinweis auf BGH v. 5.5.2004 – 5 StR 548/03, wistra 2004, 309.

festzusetzen. Auf eine Zahlenangabe sollte also auf keinen Fall verzichtet werden. Eine Ausnahme besteht nur dann, wenn die bisher erklärten Zahlen zutreffend und nur die bisherige Qualifikation bzw. Zuordnung unrichtig war. Hier kann man sich auf die Korrektur der Qualifikation bzw. Zuordnung beschränken.

Nicht ausreichend: 223

- „Ich erstatte Selbstanzeige."
- „Ich habe Steuern hinterzogen und bitte um eine Betriebsprüfung."
- „Die Steuererklärung 2013 ist falsch."
- „Ich beantrage eine Betriebsprüfung."[1]
- „Ich habe seit 1996 Einkünfte aus selbstständiger Arbeit erzielt, die nicht erfasst sind."[2]
- Allein die Zahlung eines Steuerbetrags ohne sonstige Erläuterungen.

Häufig können die konkreten Zahlen nicht in der erforderlichen Zeit beschafft werden. In einem solchen Fall bietet sich die **Selbstanzeige in Stufen** an (beachte: Der Begriff wird nicht einheitlich verwendet und bezeichnet mitunter die unwirksame Ankündigung einer Selbstanzeige dem Grunde nach[3]): Dem Finanzamt werden im **ersten Schritt** geschätzte Zahlen mitgeteilt. Im **zweiten Schritt** erfolgt dann die Konkretisierung, ggf. anhand beigefügter Unterlagen, Auswertungen der Buchhaltung etc. Es kann auch darum gebeten werden, die endgültigen Beträge im Rahmen einer angekündigten Betriebsprüfung zusammen mit dem Finanzamt abzustimmen. 224

Eine solche Selbstanzeige in Stufen wird in der Praxis als ausreichend angesehen.[4] Der 1. Strafsenat des BGH hat die beschriebene Vorgehensweise in seiner Leitentscheidung zur Verschärfung des Selbstanzeigerechts vom 20.5.2010 ausdrücklich als wirksam anerkannt.[5] Wichtig ist die **Abgrenzung zur schädlichen „Ankündigung" einer Selbstanzeige**. Die Mitteilung gegenüber dem Finanzamt, dass bestimmte Angaben dem Grunde nach unzutreffend waren und dass die konkreten Zahlen nachgereicht werden (vergleichbar der Berichtigung nach § 153 AO), genügt den Anforderungen des § 371 AO nicht. Es

---

1 OLG Düsseldorf v. 27.5.1981 – 2 Ss 214/81-142/71 III, BB 1982, 544.
2 LG Hamburg v. 18.6.1986 – (50) 117/86 Ns, wistra 1988, 120.
3 Vgl. z.B. *Jäger* in Klein, AO, 13. Aufl. 2016, § 371 Rz. 54.
4 *Webel*, PStR 2007, 213.
5 BGH v. 20.5.2010 – 1 StR 577/09, wistra 2010, 304.

müssen immer – wenn auch geschätzte – Zahlen mitgeteilt werden, die den einzelnen Steuerarten konkret zugeordnet werden.[1]

225 Es empfiehlt sich, die **Schätzung** in solchen Fällen ausdrücklich als solche zu bezeichnen. Die Schätzungen müssen begründbar sein. Die Schätzungsgrundlagen können, müssen aber nicht, in die Selbstanzeige aufgenommen werden.

226 Um die Wirkung der Selbstanzeige abzusichern, sollte der Steuerpflichtige zu seinen Lasten **eher zu hoch als zu niedrig schätzen**. Unter strafrechtlichen Gesichtspunkten muss allerdings nicht so hoch geschätzt werden wie unter steuerrechtlichen. Die Schätzung muss also die mögliche Bandbreite nicht vollständig zum Nachteil des Steuerpflichtigen ausnutzen, auch wenn dies steuerlich bei Verletzung der Mitwirkungspflichten zulässig wäre.

227 Ist eine genaue Ermittlung der nachzuerklärenden Beträge auch innerhalb einer angemessenen Frist nicht möglich, bleibt die Selbstanzeige letztlich mit geschätzten Zahlen wirksam.

228 Die Angabe zu hoher Beträge zum Zweck einer möglichst sicheren Straffreiheit führt nicht dazu, dass man an diese Zahlen auch steuerlich gebunden ist. Der Steuerpflichtige kann gegen die Steuerbescheide, die die Selbstanzeige auswerten, Einspruch einlegen. Sogar ein **Antrag auf Aussetzung der Vollziehung** ist möglich. Hat das Finanzamt eine strafrechtliche Nachzahlungspflicht gesetzt, sollte allerdings besser zunächst vorläufig gezahlt und dann der Antrag auf Aufhebung der Vollziehung gestellt werden.[2]

229 Gestritten werden kann sowohl um die Höhe der nacherklärten Beträge als auch um die rechtliche Qualifikation. In der Argumentation ist allerdings eine gewisse Vorsicht geboten: Die Darstellung darf nicht darauf hinauslaufen, nachträglich einen abweichenden Sachverhalt zu präsentieren, denn dies könnte als ein schädlicher „**Widerruf der Selbstanzeige**" gewertet werden.[3] Auch darf nicht übersehen werden, dass man in der Praxis von dem selbst genannten Schätzungsniveau ohne Belege nur in Ausnahmefällen wieder herunterkommt.

230 Fraglich ist, ob eine Selbstanzeige auch dann möglich ist, wenn es dem Erklärenden **objektiv unmöglich** ist, die richtigen Besteuerungsgrundlagen zu ermitteln und mitzuteilen. Dies gilt insbesondere für **Gehilfen**

1 LG München II v. 13.3.2014 – W 5 KLs 68 Js 3284/13, wistra 2015, 77.
2 Dies ist gem. BFH v. 22.1.1992 – I B 77/91, BStBl. II 1992, 618 (621), zulässig.
3 Hierzu *Jäger* in Klein, AO, 13. Aufl. 2016, § 371 Rz. 90.

und **Mittäter** einer Steuerhinterziehung, die keinen Zugang zu den Besteuerungsgrundlagen haben. Auch sie können wirksam Selbstanzeige erstatten, wenn sie ihr Wissen und ihren Tatbeitrag dem Finanzamt mitteilen, da sie nicht von der Wohltat des § 371 AO ausgeschlossen sein können.[1]

Die **Abgabe** einer **Steuererklärung** ist eine Selbstanzeige, wenn bisher pflichtwidrig eine Steuererklärung nicht abgegeben worden war.[2] Werden abgegebene Steuererklärungen **berichtigt**, so muss erkennbar sein, dass die berichtigende Steuererklärung an die Stelle der falschen Steuererklärung tritt. Konkludent ergibt sich dies i.d.R. aus der höheren Bemessungsgrundlage und dem somit höheren Steuerbetrag.[3] In der Praxis werden Steuererklärungen und berichtigte Steuererklärungen regelmäßig als Selbstanzeige gewertet. Es empfiehlt sich, zur Absicherung der Selbstanzeige auf den Berichtigungszweck hinzuweisen. 231

Die Selbstanzeige muss so abgegeben werden, dass sie mit der Abgabe die Rechtsfolge des § 371 AO, die Straffreiheit, eintreten lässt. Ist die Straffreiheit eingetreten, so kann sie auch durch **weitere Ermittlungsmaßnahmen** nicht wieder aufgehoben werden. Eine Unart ist es, wenn Strafermittler, insbesondere Steuerfahnder, einen Katalog **ergänzender Fragen** zur **Selbstanzeige** stellen (was zulässig ist), dies aber mit der rechtswidrigen Drohung abstützen, wenn die Fragen nicht beantwortet würden, wäre die Selbstanzeige unwirksam.[4] Richtig ist: Führen die Ermittlungen zu dem Ergebnis, dass die Selbstanzeige falsch oder unvollständig ist, entfaltet sie keine Wirksamkeit. Dies ist das Risiko des Erklärenden. War die Selbstanzeige richtig und vollständig, so wird die Straffreiheit jedoch nicht dadurch aufgehoben, dass man der Steuerfahndung im nachfolgenden Strafverfahren nun die Mitwirkung verweigert. Die Selbstanzeige hebt das **Schweigerecht** des Beschuldigten nicht auf. 232

Ebenso ist man aus dem Recht der Selbstanzeige nicht verpflichtet, zur **subjektiven Tatseite** Erläuterungen abzugeben. Die Behandlung der Selbstanzeigen anlässlich der „Bankenfälle" (Rz. 842 ff.) hat hier zu merkwürdigen Formularblüten geführt. Den Strafverfolgungsbehörden 233

---

1 BGH v. 18.6.2003 – 5 StR 489/02, StV 2003, 559 (562); OLG Hamburg v. 21.11.1985 – 1 Ss 108/85, wistra 1986, 116; *Kemper* in Rolletschke/Kemper, Steuerstrafrecht, § 371 Rz. 138 (März 2016); *Riegel/Kruse*, NStZ 1999, 325.

2 BGH v. 2.12.2008 – 1 StR 344/08, wistra 2009, 189; *Jäger* in Klein, AO, 13. Aufl. 2016, § 371 Rz. 52.

3 *Schauf* in Kohlmann, Steuerstrafrecht, § 371 Rz. 178 (Aug. 2015).

4 Vgl. *Streck*, DStR 1996, 288 (290).

reicht nicht die Nacherklärung der Kapitalerträge; man will z.B. wissen, warum die Kapitalerträge nicht erklärt wurden. Für die Selbstanzeige ist dies ohne Belang.

9. Notwendiger Umfang der Selbstanzeige – Vollständigkeitsgebot

234 Strafbefreiung i.S.d. § 371 Abs. 1 AO tritt ein, wenn **für alle unverjährten Steuerstraftaten einer Steuerart in vollem Umfang** die unrichtigen Angaben berichtigt, die unvollständigen Angaben ergänzt oder die unterlassenen Angaben nachgeholt werden.

Während nach altem Recht – auch i.S.d. Rechtsprechung des 1. Strafsenats – noch auf die einzelne Tat im materiellen Sinne und damit notwendigerweise auf den einzelnen Veranlagungszeitraum abzustellen war, um die Vollständigkeit zu prüfen, besteht seit der Änderung des § 371 Abs. 1 AO im Rahmen des **Schwarzgeldbekämpfungsgesetzes**[1] nach der eindeutigen gesetzgeberischen Entscheidung das Erfordernis einer vollständigen zeitraumübergreifenden Nacherklärung hinsichtlich der jeweiligen Steuerart. Man spricht von einem „**Berichtigungsverbund**“. Eine **Teilselbstanzeige ist seitdem grundsätzlich nicht mehr möglich**.

235 In zeitlicher Hinsicht stellt § 371 AO für den Berichtigungszeitraum seit dem Schwarzgeldbekämpfungsgesetz auf die Verjährung ab. Aus der damaligen Gesetzesbegründung ergibt sich eindeutig, dass insoweit die **Strafverfolgungsverjährung** gemeint war. **Seit dem 1.1.2015** sind diese zeitlichen Vorgaben erweitert. Das Erfordernis der Korrektur aller unverjährten Steuerstraftaten bleibt bestehen, zusätzlich müssen nun Angaben „mindestens aber zu allen Steuerstraftaten einer Steuerart innerhalb der letzten zehn Kalenderjahre erfolgen“ (sog. „**Mindestberichtigungszeitraum**“).

In der Praxis weist dieses Vollständigkeitsgebot sowohl in zeitlicher als auch in sachlicher Hinsicht Probleme auf.

a) Mindestberichtigungszeitraum von zehn Kalenderjahren

236 Das zum 1.1.2015 in Kraft getretene Gesetz sieht vor, dass die Berichtigungspflicht auf mindestens zehn Kalenderjahre vor Abgabe der Selbstanzeige für alle Fälle der Steuerhinterziehung verlängert wird. Das bedeutet, dass auch in Fällen der einfachen Steuerhinterziehung

---

1 Gesetz zur Verbesserung der Bekämpfung von Geldwäsche und Steuerhinterziehung v. 28.4.2011, BGBl. I 2011, 676.

ungeachtet einer zwischenzeitlich eingetretenen Strafverfolgungsverjährung zehn Kalenderjahre rückwirkend zu korrigieren sind, um eine Vollständigkeit der Selbstanzeige zu gewährleisten.

Der Wortlaut des Gesetzes wie auch der Gesetzesbegründung lässt eine hinreichend sichere Bestimmung des Zehn-Jahres-Zeitraums allerdings nicht zu. 237

Beispiel: Der Steuerpflichtige hat seit dem Jahr 2003 Einkünfte aus Kapitalvermögen aus einem ausländischen Depot in seinen Einkommensteuererklärungen i.H.v. jährlich 30.000 Euro nicht angegeben. Die jeweiligen Erstbescheide zur Einkommensteuer ergingen stets Anfang des übernächsten Jahres nach Entstehen der Steuer. Im Januar 2016 entschließt er sich, jene Einkünfte nachzuerklären. Fraglich ist, welche Zeiträume zwingend in die Nacherklärung einzubeziehen sind, um eine vollständige Selbstanzeige abzugeben.

Es liegt erkennbar ein einfacher Fall der Steuerhinterziehung vor. Damit wären die Veranlagungszeiträume ab 2009 noch strafbefangen. Es sollen jedoch korrigierte Angaben mindestens zu allen Steuerstraftaten einer Steuerart innerhalb der letzten zehn Kalenderjahre erfolgen.

Die Gesetzesbegründung spricht im Hinblick auf den Mindestberichtigungszeitraum davon, dass die Einführung „dieser festen fiktiven Frist von zehn Jahren" aus Gründen der Rechtsklarheit im Strafrecht erforderlich sei.[1] In den ersten Reaktionen zu dem Ende September 2014 veröffentlichten Gesetzesentwurf der Bundesregierung[2] wurde sofort kritisiert, dass die Bestimmung dieses Mindestberichtigungszeitraums im Gesetzeswortlaut unklar sei.[3] Der Gesetzgeber nahm die Kritik damals nicht auf. Auch das Finanzministerium NRW stellte nach Inkrafttreten des Gesetzes fest, dass weder aus dem Gesetzestext selbst noch aus der Gesetzesbegründung abzuleiten sei, wie der Mindestberichtigungszeitraum zu bestimmen ist. Es sei vor diesem Hintergrund beabsichtigt, auf Bundesebene eine Klärung zu dieser Problematik herbeizuführen.[4] 238

Soweit ersichtlich, werden bisher **drei Auffassungen** vertreten: 239

- Der Mindestberichtigungszeitraum umfasst lediglich jene **Steuerstraftaten** einer Steuerart, **die sich auf die letzten zehn** dem Jahr der Abgabe der Selbstanzeige vorausgehenden abgeschlossenen **Kalenderjahre beziehen** (restriktive Auffassung).[5]

---

1 BR-Drucks. 431/14, 8.
2 BR-Drucks. 431/14.
3 *Joecks*, DStR 2014, 2261 (2262); *Talaska*, Stbg 2014, 462 (464); *Habammer/Pflaum*, DStR 2014, 2267 (2268).
4 FinMin. NRW v. 26.1.2015 – S 0702-8f-VA1, DB 2015, 280.
5 *Schwartz*, PStR 2015, 37 (39); *Grötsch/Seipl*, NStZ 2015, 498 (502 f.).

- Der Mindestberichtigungszeitraum umfasst alle **Steuerstraftaten** einer Steuerart, **die innerhalb der letzten zehn** dem Jahr der Abgabe der Selbstanzeige vorausgehenden abgeschlossenen **Kalenderjahre begangen wurden** (vermittelnde Auffassung).[1]
- Der Mindestberichtigungszeitraum umfasst alle **Steuerstraftaten** einer Steuerart, **die innerhalb der letzten zehn** dem Jahr der Abgabe der Selbstanzeige vorausgehenden abgeschlossenen **Kalenderjahre beendet wurden** (extensive Auffassung).[2]

240 Da im Gesetzeswortlaut das die Steuerstraftat und den Mindestberichtigungszeitraum hinreichend verbindende Verb fehlt, ist es bei der Auslegung des Wortlauts naheliegend, mit der vermittelnden Auffassung den Begriff der (Steuerstraf-)Tat heranzuziehen. Tat ist nach allgemeiner Definition ein menschliches Handeln, das hinsichtlich Subjekt, Gegenstand, Form und Erfolg durch ein Gesetz als strafbar beschrieben wird.[3] Es kommt somit – folgt man allein den Anhaltspunkten im Wortlaut – auf den Zeitpunkt der **Tathandlung** an. Dieser ist wiederum in § 8 Satz 1 StGB legaldefiniert und über § 369 Abs. 2 AO auch auf § 371 Abs. 1 AO anwendbar. Danach ist eine Tat zu der Zeit begangen, zu welcher der Täter oder der Teilnehmer gehandelt hat oder im Falle des Unterlassens hätte handeln müssen.

241 Wann der Erfolg eintritt, ist im Übrigen gem. § 8 Satz 2 StGB nicht maßgeblich. Daher findet die extensive Auslegung, die auf die Beendigung der Tat abstellt, im Gesetzeswortlaut keine Stütze. Denn bei der Steuerhinterziehung als Erfolgsdelikt ist die Tat typischerweise mit dem Eintritt des Verkürzungserfolgs gleichzeitig beendet.[4]

242 Der gesetzgeberische Wille spricht jedoch eindeutig dafür, dass ein fester Zeitraum, der unabhängig von weiteren Sachverhaltsbedingungen, z.B. dem Zeitpunkt der Abgabe von Steuererklärungen bzw. einem unsicher zu bestimmenden Zeitpunkt der Unterlassensstrafbarkeit, zu bestimmen ist, beabsichtigt war.[5] Die feste Frist sollte der Rechtsklarheit im Strafrecht dienen. Es sollte im Zweifel einem Strafrichter nicht zugemutet werden, den Zeitpunkt einer bereits seit mehreren Jahren verjährten Straftat zu ermitteln. Die Qualität der strafrechtlich belastbaren

---

1 *Geuenich*, NWB 2015, 29 (31); *Beneke*, BB 2015, 407; *Beyer*, NWB 2015, 769 (772).

2 *Habammer/Pflaum*, DStR 2014, 2267 (2268).

3 *Fischer*, StGB, 63. Aufl. 2016, § 1 Rz. 4.

4 *Wulf* in Münchener Kommentar, StGB, Nebenstrafrecht II, 2. Aufl. 2015, § 376 AO Rz. 16.

5 BR-Drucks. 431/14, 8.

Erkenntnisquellen lässt über einen solchen Zeitraum hinweg erfahrungsgemäß erheblich nach. Ferner ist insbesondere in den Fällen der Steuerhinterziehung von Veranlagungsteuern durch Unterlassen die Bestimmung des zutreffenden Zeitpunkts der Tat sowohl rechtlich umstritten[1] als auch für den Strafrichter ohne eine hoffentlich zutreffende Statistik des jeweils betroffenen Finanzamts faktisch nicht möglich.

Nach Abstimmung mit dem BMF hat sich das Finanzministerium NRW[2] 243
mittlerweile wie folgt positioniert: Zur Bestimmung der in den maßgeblichen Zeitraum fallenden Taten i.S.d. § 371 AO ist grundsätzlich hinsichtlich des Zeitpunkts der Tatbegehung bei Abgabe einer falschen Erklärung (**aktives Tun**) auf den **Abgabezeitpunkt** der Erklärung abzustellen und nicht auf den Zeitpunkt der Tatvollendung (Veranlagung). Bei **Unterlassenstaten** ist abweichend auf die **Tatvollendung** abzustellen, d.h. den Abschluss der wesentlichen Veranlagungsarbeiten der entsprechenden Steuerart.

Für die Praxis gilt im Zweifel: Für die Bemessung des Berichtigungs- 244
zeitraums sollte unterstellt werden, dass stets ein besonders schwerer Fall der Steuerhinterziehung vorliegt mit der Konsequenz einer verlängerten Strafverfolgungsverjährung i.S.d. § 376 AO von zehn Jahren. Denn bei dieser Annahme kommt selbst die extensive der drei vertretenen Auffassungen – auch wenn sie nicht überzeugt – zu keinem abweichenden Ergebnis. Ferner umgeht man damit die Unsicherheiten, die bei der Abgrenzung zwischen einfacher und besonders schwerer Steuerhinterziehung auftreten. Denn sollte der Zeitraum der unverjährten Steuerstraftaten wegen § 376 AO weiter zurückreichen als der Mindestberichtigungszeitraum, ist Ersterer vorrangig.

Weitergehende Probleme ergeben sich aus dem selbstständigen Be- 245
richtigungszeitraum von zehn Kalenderjahren in Kombination mit dem **Nachzahlungsgebot** des § 371 Abs. 3 AO.

Beispiel: Handwerker H hat über längere Zeiträume Leistungen an Privatpersonen „ohne Rechnung" ausgeführt. Nachdem seine Frau im Scheidungsverfahren mit einer Mitteilung dieser Sachverhalte an die Finanzbehörden droht, gibt er eine Selbstanzeige ab. Trotz größter Anstrengungen kann er die nachzuzahlende Steuer zu einem Restanteil von 10 % nicht bezahlen.

Nach dem Wortlaut setzt die Wirksamkeit der Selbstanzeige eine (vollständige) Nachzahlung der zu eigenen Gunsten hinterzogenen Steuern

---

1 Vgl. nur *Wulf* in Münchener Kommentar, StGB, Nebenstrafrecht II, 2. Aufl. 2015, § 376 AO Rz. 35 ff., m.w.N.

2 FinMin. NRW v. 12.1.2016 – S 0702-8f-V A 1, Tz. 4, n.v.

voraus. **Seit dem 1.1.2015** wird dies noch um die angefallenen Zinsen nach § 233a bzw. § 235 AO erweitert. Im Beispiel sind die Altjahre zwar strafrechtlich verjährt, gleichwohl handelt es sich aber noch um „hinterzogene Steuern" i.S.d. Gesetzes. Es erscheint deshalb fraglich, ob eine Teilzahlung auf die strafrechtlich noch unverjährten Zeiträume die Strafbefreiung herbeiführen kann. Das Gesetz regelt dies nicht eindeutig.

In der Beschlussempfehlung des Finanzausschusses des Deutschen Bundestags kann man nachlesen, dass die Koalitionsfraktionen der CDU/CSU und SPD der Auffassung waren, dass bei bereits eingetretenen Steuerverkürzungen der Umfang der Nachversteuerungs- bzw. Verzinsungspflicht mit dem Umfang der Erklärungspflicht korrespondiere. Daraus folge, dass auch bei einfacher Steuerhinterziehung zehn Jahre Steuern nachzuzahlen und zu verzinsen seien.[1] Danach ginge die Strafbefreiung insgesamt verloren, wenn nur ein Teil der auf die Altjahre entfallenden Steuern (oder sogar Zinsen!) nicht vollständig entrichtet wird.

Der Gesetzeswortlaut stützt diese Auffassung jedoch nicht.[2] Auch in der Gesetzesbegründung sind keine Anhaltspunkte für diese Verknüpfung zu finden. Gegen eine solche Rechtsauffassung spricht zudem, dass das Gesetz in § 371 Abs. 3 AO unverändert auf die Strafbarkeit „der Tat" (im Singular) abstellt. Die Nachzahlungsverpflichtung als Voraussetzung der Strafbefreiung könnte sich demnach auch nur auf die jeweilige Tat beziehen, die überhaupt noch verfolgt werden kann. Dann wäre eine anteilige Nachzahlung ausreichend, um insgesamt Straffreiheit zu erzielen.

246 **Praxishinweis:** Sollten Liquiditätsschwierigkeiten des Selbstanzeigenerstatters auftreten, raten wir dazu, Teilzahlungen mit ausdrücklicher Tilgungsbestimmung gem. § 225 Abs. 1 AO vorrangig auf die strafrechtlich noch nicht verjährten Steuern und Zinsen vorzunehmen.

b) Auswirkungen des Mindestberichtigungszeitraums auf den Strafzuschlag nach § 398a AO

247 Der neue **Mindestberichtigungszeitraum hat u.E. keine Bedeutung für den Umfang eines festzusetzenden Strafzuschlags**.[3] Bereits nach altem Recht war es unstreitig, dass sich § 398a AO auf die einzelne Tat i.S.d.

1 BT-Drucks. 18/3439, 6.

2 So auch *Buse*, DB 2015, 89 (92); *Beyer*, NWB 2015, 769 (780); *Wulf*, wistra 2015, 2163; *Joecks* in Joecks/Jäger/Randt, Steuerstrafrecht, 8. Aufl. 2015, § 371 Rz. 174.

3 So auch FinMin. NRW v. 12.1.2016 – S 0702-8f-V A 1, Tz. 12, n.v.

§ 370 AO bezieht und nicht auf alle Taten, auf die sich die Selbstanzeige nach § 371 Abs. 1 AO zu erstrecken hat.[1] Hieran hat sich nichts geändert. In der Gesetzesbegründung zum neuen § 398a AO wird ausdrücklich ausgeführt, dass sich der Geldbetrag auf die jeweilige noch nicht verjährte Straftat (Steuerart und Besteuerungszeitraum) beziehe.[2]

c) Bestimmung der „unverjährten Steuerstraftaten"

248 Um die zeitliche Reichweite des maßgeblichen Berichtigungsverbunds zu bestimmen, muss ergänzend ermittelt werden, wann für die einzelnen Taten Strafverfolgungsverjährung eingetreten ist. Auf die entsprechenden Ausführungen unter Rz. 1472 ff. wird verwiesen.

Die **Praxis** wird sich damit behelfen, im Zweifel **lieber „ein Jahr zu viel"** zu erklären und vorsorglich denkbar weit zurückzugehen.

d) Sonderproblem der Vollständigkeit der Selbstanzeige bei unterlassener Berichtigung nach § 153 AO

249 In den Fällen der Nacherklärung von ausländischen Kapitalerträgen sind bisweilen Mandanten zu beraten, die als Erben das „verschwiegene Konto" ihrer Eltern oder anderweitiger Rechtsvorgänger unversteuert fortgeführt haben. Hier steht neben der Korrektur der eigenen Einkommensteuer (und ggf. der Erbschaftsteuer) die Korrektur der Einkommensteuer des Erblassers im Raum. Denn als Rechtsnachfolger wären die Mandanten zumeist gem. § 153 AO zur Anzeige und Korrektur der Einkommensteuerverkürzungen auf Ebene des Erblassers verpflichtet gewesen. Fällt die **durch den Verstoß gegen § 153 AO begangene Steuerhinterziehung durch Unterlassen i.S.d. § 370 Abs. 1 Nr. 2 AO** noch in den einschlägigen „Berichtigungsverbund", so wäre die Selbstanzeige unvollständig, wenn die Unterlassenstat nicht mit korrigiert wird. Dabei ist zu bedenken, dass die begangene Steuerhinterziehung durch Unterlassen nach Auffassung der Finanzverwaltung alle Veranlagungsjahre betrifft, die zum Zeitpunkt der Pflichtverletzung noch hätten veranlagt werden können.[3]

---

1 S. nur *Jäger* in Klein, AO, 13. Aufl. 2016, § 398a Rz. 52.
2 BR-Drucks. 431/13, 13.
3 Vertiefend hierzu s. *Halaczinsky/Füllsack*, BB 2011, 2839; *Wulf*, PStR 2014, 255; *Heuel*, wistra 2015, 289 ff. und 338 ff.

e) Vollständigkeitsfalle: Aktuelle Steuererklärungspflichten

250 Neben der Frage, wie weit die Nacherklärung in die Vergangenheit reichen muss, sollte das Problem der **aktuellen Erklärungsfristen** berücksichtigt werden:

Beispiel: Steuerberater S bereitet für seinen Mandanten M die Abgabe einer Selbstanzeige für ein verschwiegenes Auslandskonto im Januar 2016 vor. Er berücksichtigt die Jahre 2004 bis 2013, für die bereits (unrichtige) Einkommensteuerbescheide vorliegen. Parallel hierzu arbeitet er gegenwärtig an der Erstellung der Einkommensteuererklärung für das Jahr 2014, die überfällig ist, da nach dem 31.12.2015 kein Antrag auf weitergehende Fristverlängerung gestellt wurde.

In einem solchen Fall sollte vorsorglich die Selbstanzeige für die Jahre 2004 bis 2013 zeitgleich mit der vollständigen Einkommensteuererklärung für 2014 eingereicht werden, da bei strenger Betrachtung auch für die Einkommensteuer 2014 aufgrund des Fristablaufs zur Erklärungsabgabe bereits der **Vorwurf einer (versuchten) Steuerhinterziehung** erhoben werden könnte. Ob solche Versuchstaten in den Berichtigungsverbund einzubeziehen sind oder isoliert hiervon ein Rücktritt nach § 24 StGB erfolgen kann, ist nicht geklärt.[1]

251 Obacht ist auch in dem banal erscheinenden Fall geboten, dass der Mandant den Berater mit der **Nachholung von Erklärungen** beauftragt, die von dem Mandanten über mehrere Jahre (genauer: Veranlagungszeiträume) hinweg verschleppt worden sind: Reicht der Berater entsprechend dem Arbeitsfortschritt diese nach und nach beim Finanzamt ein (bspw. 2010 im Mai, 2011 im Juni und 2012 im August 2016), so stellt dies nach Auffassung der Finanzverwaltung einen Verstoß gegen das Vollständigkeitsgebot dar, der zur Unwirksamkeit der Selbstanzeige führen soll.

252 Sind Umsatzsteuererklärungen nachzureichen, so war bislang daran zu denken, auch die laufenden und noch **offenen Voranmeldungen** mit einzureichen. Diese Falle ist durch die Neuregelung zum 1.1.2015 allerdings entschärft worden (vgl. § 371 Abs. 2a AO; s. hierzu Rz. 259 ff.).

1 Zum Konkurrenzverhältnis von Selbstanzeige und Rücktritt vom Versuch: *Spatscheck/Bertrand*, DStR 2015, 2420; FinMin. NRW v. 12.1.2016 – S 0702-8f-V A 1, Tz. 3, n.v.

f) Begriff der Steuerart

Der Begriff der Steuerart ist gesetzlich nicht definiert. In der Begründung zum Schwarzgeldbekämpfungsgesetz wird angeführt, dass bspw. alle strafrechtlich noch nicht verjährten „Einkommensteuerhinterziehungen" angegeben werden müssen. Sicher ist damit zunächst, dass alle Fehler mit Auswirkung auf die Einkommensteuer berichtigt werden müssen, unabhängig von der Einkunftsart und der Frage, ob es sich um identische, gleich gelagerte (wie bspw. zwei unterschiedliche Auslandskonten) oder völlig unterschiedliche Sachkomplexe handelt (bspw. Zinseinnahmen und überhöhte Sonderausgaben oder etwa eine parallel zu verschwiegenen Einnahmen zu Unrecht in Anspruch genommene Zusammenveranlagung getrennt lebender Ehegatten). 253

Unklar ist, welche Fälle darüber hinaus als **Steuerstraftat „einer Steuerart"** anzusehen sind: 254

Beispiel: A will eine Selbstanzeige wegen der bislang verschwiegenen Kapitaleinkünfte eines Auslandskontos abgeben. Er berichtet seinem Steuerberater, dass er darüber hinaus auch in den Betriebskostenabrechnungen eines VuV-Objekts überhöhte Werbungskosten berücksichtigt hat und dass er eine Haushaltshilfe für monatlich 500 Euro beschäftigt, die bei den Finanz- und Sozialbehörden nicht angemeldet ist.

Das Gesetz lässt offen, ob sich das Kriterium der „Steuerart" nur auf die begangenen Steuerhinterziehungen des konkreten Steuerpflichtigen bezieht oder ob ggf. auch die Beteiligung an „gleichartigen" **Steuerhinterziehungen verschiedener Steuerpflichtiger** einzubeziehen ist. Aus der Gesetzgebungsgeschichte lässt sich hierzu nichts entnehmen. Dort wurde stets nur das Problem der Nacherklärung ausländischer Kapitaleinkünfte diskutiert. Die aus der Beteiligung verschiedener Personen entstehenden Probleme hat der Gesetzgeber komplett übersehen. Im Rahmen der Gesetzesänderung zum 1.1.2015 wurde es ebenfalls versäumt, dies klarzustellen.

U.E. ist es erforderlich, den Wortlaut einschränkend dahin gehend auszulegen, dass **nur die „Steuerart" ein und desselben Steuerschuldners** einbezogen wird.[1] Bei dieser Lösung sind auch Abzugsteuerbeträge wie bspw. Lohnsteuern (als besondere Erhebungsform der Einkommensteuer des Arbeitnehmers) von dem Vollständigkeitsmaßstab ausgenommen. Dagegen wird man nicht so weit gehen können, verfahrensrechtlich abgesonderte Ermittlungsbereiche der Bemessungsgrundlage (also

---

1 So auch *Grötsch/Seipl*, NStZ 2015, 498 (502); a.A. *Jäger* in Klein, AO, 13. Aufl. 2016, § 371 Rz. 44.

bspw. die Hinzurechnungsbeträge nach dem AStG) von der nachzuerklärenden „Steuerart" auszunehmen.

g) Unbewusste Unvollständigkeit

255 Bereits die Entscheidung des 1. Strafsenats des BGH vom 20.5.2010 hatte die Frage aufgeworfen, wie mit den Fällen umzugehen ist, in denen der Betroffene eine Selbstanzeige abgibt, dabei aber **Teilbereiche** nicht berücksichtigt, weil er an sie im Zeitpunkt der Abgabe der Erklärung **einfach nicht mehr gedacht** hat.[1]

Beispiel: S gibt eine Selbstanzeige für die Kapitalerträge eines Schweizer Bankkontos ab. Er berücksichtigt dabei nicht, dass er im Jahr 2008 auch aus der Veräußerung von Aktien in einem deutschen Depot einen Veräußerungsgewinn i.H.v. 2.000 Euro erzielt hat, ohne dies seinerzeit in der Steuererklärung anzugeben.

Bei abstrakter Betrachtung könnte man meinen, das Problem „nichtdoloser" Teilselbstanzeigen könne nicht auftreten. Denn wie soll jemand zunächst vorsätzlich (d.h. vereinfacht: wissentlich) eine unzutreffende Steuererklärung abgeben und damit eine Steuerhinterziehung begehen, dies dann aber nachfolgend bei der Berichtigung nicht mehr wissen? Die Praxis weiß, dass solche Fälle sehr wohl möglich sind. Dies gilt insbesondere auch vor dem Hintergrund, dass **Vorsatz und Fahrlässigkeit** bei der Steuerhinterziehung nicht immer klar voneinander zu unterscheiden sind.

256 Die Bundesregierung hatte dies in ihrem ersten Entwurf zur Reform von § 371 AO im Jahr 2011 noch berücksichtigt, indem Unwirksamkeit der Selbstanzeige nur dann eintreten sollte, wenn der Täter wusste „oder **bei verständiger Würdigung der Sachlage damit rechnen musste**", dass seine Selbstanzeige unvollständig war. Zur Begründung hieß es: „Unbewusste Unrichtigkeiten und Unvollständigkeiten führen nicht zum Ausschluss der Straffreiheit."[2] In den Gesetzestext ist diese Einschränkung jedoch nicht übernommen worden.

257 **Zur Praxis:** Der Mandant ist hinsichtlich ergänzender Sachverhalte, die über den eigentlichen Kernbereich hinaus für die Vollständigkeit relevant sein könnten, **gründlich zu befragen**. Nicht wenige Mandanten verdrängen Fehler, die sie in der Vergangenheit bei der Abgabe von Steuererklärungen begangen haben, oder verstehen die zutreffende

1 BGH v. 20.5.2010 – 1 StR 577/09, wistra 2010, 304.

2 Gesetzesentwurf zum Schwarzgeldbekämpfungsgesetz v. 14.12.2010, BT-Drucks. 17/4182, 5.

Bedeutung einer „steuergünstigen" Behandlung bestimmter Sachverhalte nicht.

Etwas entschärft wird das beschriebene Problem durch die Rechtspre- 258
chung des BGH zur **Unschädlichkeit geringfügiger Abweichungen.**[1] Danach soll eine Abweichung von bis zu **5 %** als unschädlich anzusehen sein, wobei es sich allerdings um eine **unbeabsichtigte** Abweichung handeln muss – bewusste Fehlbeträge dürften von der Rechtsprechung stets als Unwirksamkeitsgrund angesehen werden.

Die vom BGH genannte 5-%-Grenze ist wohl auf den Betrag der nachzuzahlenden Steuer zu beziehen. Unklar ist, ob sich die Größenordnung auf den Gesamtbetrag des „Berichtigungsverbunds" oder auf die einzelnen Verkürzungsbeträge pro Einzeltat bezieht. Dies ist praktisch von erheblicher Relevanz, insbesondere bei der Nacherklärung von Erträgen aus ausländischen Kapitalanlagen: Nur wenn man die **„5-%-Klausel" auf den Gesamtzeitraum bezieht**, wäre eine abweichende zeitliche Zuordnung von Erträgen unschädlich und es wäre möglich, in Schätzungsfällen eine zu geringe Schätzung für das Jahr 2008 mit der überhöhten Schätzung des Jahres 2009 auszugleichen. Bezieht man die Grenze hingegen auf die Einzeltat, wären die beschriebenen Fehler ggf. ausreichend, um zur Unwirksamkeit zu führen.[2] Zu Recht geht das Finanzministerium NRW[3] davon aus, dass die Berechnung der 5-%-Grenze für den gesamten Berichtigungszeitraum mit der Möglichkeit der Kompensation zu erfolgen hat.

h) Ausnahmen vom Vollständigkeitsgebot für Lohnsteuer- und Umsatzsteuervoranmeldungen (§ 371 Abs. 2a AO)

Besondere Probleme stellten sich nach Einführung des Vollständig- 259
keitsgebots durch das Schwarzgeldbekämpfungsgesetz im Jahr 2011 bei den Anmeldungsteuern.

Formal betrachtet erfüllt die **verspätete Abgabe einer Steueranmeldung** den objektiven Tatbestand der Steuerhinterziehung durch Unterlassen (§ 370 Abs. 1 Nr. 2 AO). Ebenso liegt der objektive Tatbestand vor, wenn eine abgegebene Steueranmeldung später korrigiert wird und die Korrektur zu einer höheren Festsetzung (unter dem Vorbehalt der Nachprüfung) als die Erstanmeldung führt. Der subjektive Tat-

1 BGH v. 25.7.2011 – 1 StR 631/10, wistra 2011, 428.

2 S. hierzu *Spatscheck/Höll*, Stbg 2011, 561 (563); *Prowatke/Kelterborn*, DStR 2012, 640 (642); *Geuenich*, NWB 2012, 4024 (4028).

3 FinMin. NRW v. 12.1.2016 – S 0702-8f-V A 1, Tz. 1, n.v.

bestand ist in beiden Fällen bereits dann erfüllt, wenn der Erklärende die Frist zur Abgabe der Steueranmeldung kennt bzw. wenn er es konkret für möglich hält, dass die eingereichte Anmeldung späterer Korrektur bedarf.

260 Gerade bei den Umsatzsteuervoranmeldungen oder auch bei der Lohnsteuer sind die dargestellten Konstellationen an der Tagesordnung. Bis zur Änderung des § 371 Abs. 1 AO durch das Schwarzgeldbekämpfungsgesetz blieb dies strafrechtlich nur deshalb irrelevant, weil die **nachgereichten Erklärungen** ohne Weiteres als **„(Teil-)Selbstanzeigen"** i.S.d. § 371 AO angesehen werden konnten. Eine weitergehende Tätigkeit der Finanzbehörden war nicht veranlasst.

Nach der zum 3.5.2011 in Kraft getretenen Gesetzeslage bestanden dagegen für Unternehmen erhebliche Probleme, denn die nachgereichte Erklärung musste jetzt dem **Vollständigkeitsgebot** genügen. Zudem wäre sie ab einem Nachzahlungsbetrag von 50.000 Euro eigentlich nicht mehr strafbefreiend (vgl. **§ 398a AO** i.d.F. des SchwarzGeldBekG).

261 Die Finanzverwaltung hatte versucht, dieses Problem durch eine Verwaltungsanweisung zu lösen (vgl. **Nr. 132 Abs. 2 AStBV [St] 2013** i.d.F. vom 30.10.2012). Bei der Umsatz- und Lohnsteuer sollten *„berichtigte oder verspätet abgegebene Steuer(vor)anmeldungen nur in begründeten Einzelfällen an die BuStra weiterzuleiten sein"*. Durch diese Verfahrensanweisung wurde sichergestellt, dass in den betreffenden Fällen keine Strafverfahren eingeleitet wurden, obwohl dies nach dem Legalitätsprinzip eigentlich hätte geschehen müssen.

262 Diesen unhaltbaren Zustand hat der Gesetzgeber zum 1.1.2015 durch Einfügung von § 371 Abs. 2a AO beseitigt. Er führt – beschränkt auf den Bereich der **Umsatzsteuervoranmeldungen** und der **Lohnsteueranmeldungen** - die **Teilselbstanzeige** wieder ein.

Die stufenweise Korrektur von Umsatzsteuervoranmeldungen und Lohnsteueranmeldungen führt damit wieder zur (stufenweisen) Strafbefreiung.

Die Strafbefreiung kann insoweit unabhängig von der Höhe des Verkürzungsbetrags eintreten. Denn die in § 371 Abs. 2 Nr. 3 AO geregelte **Beschränkung auf Taten bis zu 25.000 Euro gilt ausdrücklich nicht** (vgl. § 371 Abs. 2a Satz 1 AO).

§ 371 Abs. 2a Satz 2 AO stellt klarstellend sicher, dass die erste Korrektur einer Voranmeldung auch **nicht als „Tatentdeckung"** gewertet werden kann, um die zweite Korrektur für unwirksam zu erklären. Dem

Gesetz nach bleibt es der Behörde aber wohl unbenommen, im Einzelfall nach der ersten Korrektur das Strafverfahren einzuleiten und dies bekannt zu geben. Damit wäre der Weg zu einer weitergehenden Teilberichtigung dann gesperrt.

Satz 3 der Sonderregelung hält fest, dass die auf das Jahr bezogenen Anmeldungen (d.h. insbesondere die **Umsatzsteuerjahreserklärung**) nicht von der Sonderregelung erfasst werden.

10. Die Sperrgründe des § 371 Abs. 2 AO

Vor der Abgabe der Selbstanzeige **muss geprüft werden, ob eine der** 263
gesetzlichen Sperren eingetreten ist. Bis zur Reform durch das Schwarzgeldbekämpfungsgesetz existierten drei gesetzliche Sperrgründe: Das Erscheinen des Prüfers zur steuerlichen Prüfung, die Bekanntgabe der Einleitung eines Ermittlungsverfahrens und die Tatentdeckung.

Mit **Wirkung ab dem 3.5.2011** wurden die Sperrgründe erweitert. Die 264
Sperre der steuerlichen Außenprüfung wurde zeitlich vorverlagert auf den Zeitpunkt der Bekanntgabe der Prüfungsanordnung. Neu eingeführt wurde eine betragsabhängige Sperre für (Einzel-)Taten mit einem Hinterziehungsvolumen von damals mehr als 50.000 Euro, verbunden mit der Regelung über die Einstellung des Verfahrens in diesen Fällen gegen Geldzahlung, § 398a AO.

Zum 1.1.2015 wurde dieser Bereich erneut reformiert. Auf den ersten 265
Blick ergeben sich Verschärfungen, insbesondere etwa durch Herabsenkung der betragsmäßigen Sperre auf 25.000 Euro pro Tat. Im Detail führen die Modifikationen aber stellenweise auch zu Erleichterungen gegenüber dem geltenden Recht. Nach aktueller Rechtslage sind innerhalb von § 371 Abs. 2 AO letztlich **acht verschiedene Sperrgründe** zu unterscheiden:

(1) die Bekanntgabe einer steuerlichen Prüfungsanordnung (Nr. 1 Buchst. a);

(2) die Einleitung und Bekanntgabe eines strafrechtlichen Ermittlungsverfahrens (Nr. 1 Buchst. b);

(3) das Erscheinen eines Amtsträgers zur steuerlichen Prüfung (Nr. 1 Buchst. c);

(4) das Erscheinen eines Amtsträgers zur Ermittlung wegen einer Steuerstraftat oder -ordnungswidrigkeit (Nr. 1 Buchst. d);

(5) das Erscheinen eines Amtsträgers zu einer steuerlichen Nachschau (Nr. 1 Buchst. e);

(6) Tatentdeckung (Nr. 2);

(7) Einzeltaten mit einem Hinterziehungsvolumen von mehr als 25.000 Euro (Nr. 3);

(8) das Vorliegen der Voraussetzungen eines Regelbeispiels aus dem Katalog des § 370 Abs. 3 AO (Nr. 4).

266 Für die Praxis ist zu beachten, dass einige der Sperrgründe die Selbstanzeige bereits dann insgesamt ausschließen, wenn der Sperrgrund nur für ein Jahr aus dem Berichtigungsverbund eingetreten ist, sog. „**Infektionswirkung**".

Abweichend von diesem Prinzip hat der Gesetzgeber für die **Sperre der Außenprüfung** (Bekanntgabe der Prüfungsanordnung gem. § 371 Abs. 2 Satz 1 Nr. 1 Buchst. a AO und Erscheinen des Prüfers gem. § 371 Abs. 2 Satz 1 Nr. 1 Buchst. c AO Erleichterungen geschaffen. Die Sperre gilt nur jeweils für die Veranlagungszeiträume und Steuerarten, für die eine Prüfungsanordnung vorliegt (s. klarstellend § 371 Abs. 2 Satz 2 AO).

267 Eine entsprechende isolierte Sperrwirkung gilt auch für die „**materiellen Sperrgründe**", d.h. bei Überschreitung der Betragsgrenze von 25.000 Euro und bei Vorliegen eines der Regelbeispiele aus § 370 Abs. 3 AO.

268 Ist die **Selbstanzeige gesperrt**, kann sie gleichwohl **sinnvoll** sein. Soweit sich die Sperre nur auf bestimmte Jahre oder Sachverhalte bezieht, kann die Selbstanzeige außerhalb dieser Sperre ihre Wirksamkeit entfalten. Die Möglichkeit der Bestrafung wird eingeschränkt. Würde der gesamte Hinterziehungssachverhalt eine Freiheitsstrafe rechtfertigen, bleibt durch die Beschränkung „nur" eine Geldstrafe. Selbst für die Veranlagungszeiträume und Steuerarten, für die eine Sperre wirksam ist, kommt es zwar zur Bestrafung. Im Rahmen der Strafzumessung ist jedoch die Offenbarung der Tat durch den Hinterzieher deutlich zu seinen Gunsten zu werten[1] (s. auch Rz. 348).

---

1 BGH v. 2.12.2008 – 1 StR 416/08, wistra 2009, 107; *Matschke*, wistra 2012, 457.

a) Sperre durch schriftliche Anordnung einer Außenprüfung (§ 371 Abs. 2 Satz 1 Nr. 1 Buchst. a AO)

Straffreiheit tritt nicht ein, wenn dem an der Tat Beteiligten, dem Begünstigten oder dessen Vertreter eine **Prüfungsanordnung bekannt gegeben** worden ist, **beschränkt** auf den sachlichen und zeitlichen Umfang der angekündigten Außenprüfung. 269

Maßgeblich für die **Bekanntgabe der Prüfungsanordnung** ist § 196 AO. Mündliche oder telefonische Ankündigungen entfalten keine Sperrwirkung, denn § 196 AO setzt ausdrücklich die **Schriftform** voraus. 270

Für den Zeitpunkt der Bekanntgabe gilt u.E. § 122 AO. Damit finden auch die gesetzlichen **Bekanntgabefiktionen** von § 122 Abs. 2 und Abs. 2a AO Anwendung.[1] Für die Neuregelung hat dies erhebliche Bedeutung. 271

Beispiel: Beim Steuerberater des A meldet sich telefonisch der Prüfer, um den Termin der für Mitte August vorgesehenen Betriebsprüfung 2010 bis 2013 abzustimmen. Er bittet vorab um die Übersendung einer Daten-CD zur Vorbereitung der digitalen Außenprüfung i.S.v. § 147 Abs. 6 AO. Die Prüfungsanordnung wird nachfolgend per einfachem Brief am Mittwoch, den 15.7.2015, versandt. Sie geht am 16.7.2015 beim Steuerberater ein.

In Fällen wie dem beschriebenen bleibt die Selbstanzeige möglich, bis die Drei-Tages-Fiktion des § 122 Abs. 2 AO eingetreten und die Prüfungsanordnung damit wirksam bekannt gegeben worden ist. Erst **am dritten Tag nach Aufgabe zur Post** kann die Anordnung wirksam werden. Dies ist steuerrechtlich u.E. eindeutig und knüpft an klare Rechtsprechung des BFH zum Merkmal der Bekanntgabe als Wirksamkeitsvoraussetzung der Prüfungsanordnung an.[2] Die hiergegen geäußerte Kritik[3] übersieht, dass es hier nicht um eine steuerliche Sachverhaltsfiktion geht, die strafrechtlich ggf. unbeachtlich sein könnte.

Die isolierte **Übersendung einer Daten-CD** bleibt ebenfalls unschädlich – sie führt den Sperrgrund des „Erscheinens" des Prüfers nicht herbei. 272

Erweist sich die **Prüfungsanordnung** bspw. wegen eines Mangels in der zutreffenden Bezeichnung des Inhaltsadressaten als **nichtig**, so dürfte die Sperrwirkung nicht eintreten. Dies folgt aus der Verknüp- 273

1 A.A. *Jäger* in Klein, AO, 13. Aufl. 2016, § 371 Rz. 113.

2 BFH v. 13.12.2000 – X R 96/98, BStBl. II 2001, 274 – ggf. unter Einrechnung weiterer Tage, wenn der dritte Tag auf ein Wochenende oder einen gesetzlichen Feiertag fällt, vgl. nur *Ratschow* in Klein, AO, 13. Aufl. 2016, § 122 Rz. 56, m.w.N.

3 S. *Jäger* in Klein, AO, 13. Aufl. 2016, § 371 Rz. 113.

fung mit den verfahrensrechtlichen Vorgaben der Abgabenordnung und entspricht der Linie der bisherigen Rechtsprechung des BGH.[1] Ob diese Rechtsfolge auch dann eintritt, wenn die **Prüfungsanordnung nur rechtswidrig** ist und im Einspruchsverfahren – nach Abgabe einer Selbstanzeige – aufgehoben wird, erscheint fraglich.[2] Rechtliche Fehler allein ohne eine Aufhebung im Rechtsbehelfsverfahren dürften die Sperrwirkung jedenfalls nicht beeinträchtigen.[3]

274 In der Praxis birgt die Vorverlagerung des Sperrgrunds einige Sprengkraft. Denn häufig erfährt der Berater von seinem Mandanten bei der Vorbereitung auf eine Außenprüfung von möglichen „Problemen" oder Unvollständigkeiten der Buchführung. In der Vergangenheit konnte er seinem Mandanten dann noch im Vorfeld der Prüfung zur Selbstanzeige raten, um mögliche Strafbarkeitsrisiken auszuräumen. Nach der Neuregelung geraten Mandant und Berater nun in eine **Zwangslage, sobald die Bekanntgabe wirksam erfolgt ist**: Der Mandant wird gezwungen, die fraglichen Sachverhalte zusätzlich zu verschleiern, um nicht in der Betriebsprüfung entdeckt zu werden, der Weg in die Legalität ist ihm verbaut.

275 Der Berater ist rechtlich nicht zu einer Anzeige des Mandanten verpflichtet, dies bleibt unverändert. Er muss jedoch gehörig aufpassen, im Gespräch mit dem Prüfer zu den fraglichen Sachverhaltskomplexen keine Angaben zu machen, die ihm später als unzutreffende Tatsachenangaben ausgelegt werden könnten. Denn unrichtige Tatsachenangaben des Beraters in dieser Situation können den Straftatbestand einer eigenen Steuerhinterziehung des Beraters begründen.[4]

276 Der **inhaltliche Umfang der Sperrwirkung** bestimmt sich bei einer Außenprüfung sachlich und zeitlich nach der **Prüfungsanordnung**.[5] Für Veranlagungszeiträume, die nicht Gegenstand der Prüfungsanordnung sind, bleibt der Weg zur Strafbefreiung offen. Die Beschränkung auf den sachlichen und zeitlichen Umfang der angekündigten Außenprüfung führt in der Praxis zu der begrüßenswerten Möglichkeit, dass dauergeprüfte Unternehmen – anders als nach alter Rechtslage – eine wirksame Selbstanzeige für die Jahre abgeben können, die nicht Ge-

1 Vgl. BGH v. 16.6.2005 – 5 StR 118/05, wistra 2005, 381 (383).
2 In diesem Sinne *Harle/Olles*, NWB 2014, 170.
3 *Jäger* in Klein, AO, 13. Aufl. 2016, § 371 Rz. 115.
4 *Ransiek* in Kohlmann, Steuerstrafrecht, § 370 Rz. 108 ff. (Juni 2009).
5 *Joecks* in Joecks/Jäger/Randt, Steuerstrafrecht, 8. Aufl. 2015, § 371 Rz. 207; *Jäger* in Klein, AO, 13. Aufl. 2016, § 371 Rz. 114.

genstand der Prüfungsanordnung sind.[1] Unwirksam bleibt die Nacherklärung nur für den Prüfungszeitraum. Klarstellend ist dies nochmals in § 371 Abs. 2 Satz 2 AO geregelt.

Fraglich ist, ob die Formulierung des § 371 Abs. 2 Satz 2 AO zugleich 277 dahin gehend als **Einschränkung des Vollständigkeitsgebots** verstanden werden kann, dass die durch die Prüfungsanordnung gesperrten Jahre auch nicht Gegenstand der Nacherklärung selbst sein müssen. Ein solches Verständnis wäre systematisch sinnvoll, da anderenfalls die Selbstanzeige nur um den Preis der strafrechtlichen Selbstbelastung möglich wäre. Eindeutig ist der Gesetzeswortlaut insoweit jedoch nicht: In der Begründung des Gesetzesentwurfs der Bundesregierung wird mit der Regelung des § 371 Abs. 2 Satz 2 AO eine Einschränkung des Vollständigkeitsgebots verbunden. Wörtlich heißt es dort:

> „Das Vollständigkeitsgebot nach § 371 Absatz 1 AO wird dadurch auf die Steuerstraftaten einer Steuerart begrenzt, die nicht Gegenstand des sachlichen und zeitlichen Umfangs einer (angekündigten) Außenprüfung sind."[2]

Bedauerlich ist nur, dass sich dieser gesetzgeberische Wille im Gesetzeswortlaut nicht eindeutig niedergeschlagen hat. Zwar wird auf § 371 Abs. 1 AO verwiesen. Allerdings kommt damit streng genommen zunächst nur zum Ausdruck, dass das Vollständigkeitsgebot des Abs. 1 außerhalb des sachlichen und zeitlichen Umfangs der Außenprüfung gilt. Erst durch einen Umkehrschluss kann man zu dem vom Gesetzgeber offensichtlich gewollten Ergebnis kommen, dass es innerhalb dessen nicht gelten könne. Dem Auslegungsstreit sind damit alle Türen geöffnet.

Die bisher hierzu ergangene Literatur zieht den gesetzgeberischen Willen heran und betrachtet die Regelung des § 371 Abs. 2 Satz 2 AO neben § 371 Abs. 2a AO als die zweite Ausnahme vom Vollständigkeitsgebot und damit als Einführung einer **weiteren Teilselbstanzeigemöglichkeit**.[3]

Vergleicht man die Regelungen des § 371 Abs. 2 Satz 2 AO und des § 371 Abs. 2a AO, fallen jedoch deutliche Unterschiede im Hinblick auf das Vollständigkeitsgebot auf. § 371 Abs. 2a Satz 1 AO normiert – im Gegensatz zu § 371 Abs. 2 Satz 2 AO – ausdrücklich eine Abweichung

1 *Müller*, FR 2015, 19 (22), nennt das Beispiel, dass die Umsatzsteuervoranmeldungen für Zeiträume berichtigt werden können, die dem prüfungsrelevanten Zeitraum folgen.

2 BR-Drucks. 431/14, 10, bzw. BT-Drucks. 18/3018, 12.

3 *Neuendorf/Saligmann*, DStZ 2014, 791 (795); *Joecks*, DStR 2014, 2261 (2264); *Geuenich*, NWB 2015, 29 (32); *Talaska*, Stbg 2014, 462 (463); *Schwartz*, PStR 2015, 37 (41); *Beneke*, BB 2015, 407 (409).

vom Vollständigkeitsgebot des Abs. 1. Gleiches gilt für § 371 Abs. 2a Satz 4 AO. Auch die Gesetzesbegründung spricht in diesem Kontext – anders als bei § 371 Abs. 2 Satz 2 AO – von der (Wieder-)Einführung der Teilselbstanzeige. Die Gesetzessystematik spricht also dafür, dass das Vollständigkeitsgebot trotz Einschränkung der Sperrwirkung der (angekündigten) Außenprüfung unangetastet bleiben soll.

Die Rechtsprechung hat sich zu dieser Frage noch nicht äußern können. Allerdings ist zu bedenken, dass der BGH zum Selbstanzeigerecht vor Einführung des Vollständigkeitsgebots im Rahmen des Schwarzgeldbekämpfungsgesetzes ausgeführt hat, dass eine Rückkehr zur Steuerehrlichkeit nur dann gegeben sei, wenn der Täter vollständige und richtige Angaben, mithin reinen Tisch mache, wohingegen eine Teilselbstanzeige als Rückkehr zur Steuerehrlichkeit nicht ausreiche.[1] Es wäre vor diesem Hintergrund nicht überraschend, wenn die Rechtsprechung der systematischen Auslegung des § 371 Abs. 2 Satz 2 AO den Vorzug vor der teleologischen Auslegung geben würde.

Es verwundert daher auch nicht, dass das **Finanzministerium NRW** in seinem Erlass vom 26.1.2015 ebenfalls – wenn auch ohne nähere Begründung – zu dem Schluss kommt, dass der Grundsatz der Vollständigkeit einer Selbstanzeige trotz § 371 Abs. 2 Satz 2 AO zu beachten sei.[2]

278 Die Prüfung der **Gewinnfeststellung bei einer Personengesellschaft** sperrt nach bisherigem Verständnis nicht die Abgabe einer Selbstanzeige hinsichtlich der sonstigen, nicht aus der Gewinnfeststellung stammenden Einkommensteuer der Gesellschafter.[3] Leider ist unklar, ob hieran nach der Neuformulierung des Gesetzes noch festzuhalten ist. Denn nunmehr ist die Nacherklärung hinsichtlich aller zum „Berichtigungsverbund" zählenden Taten **einer Steuerart** erforderlich.[4]

279 Die **Bekanntgabe gegenüber jedem Tatbeteiligten** oder dem durch die Tat nach § 370 AO **Begünstigten** sowie gegenüber deren jeweiligem **Vertreter** genügt, um die Sperre herbeizuführen. Faktisch führt dies zu einer umfassenden Sperrwirkung in persönlicher Hinsicht für alle ak-

---

1 BGH v. 20.5.2010 – 1 StR 577/09, BGHSt 55, 180.

2 FinMin. NRW v. 26.1.2015 – S 0702-8f-VA1, DB 2015, 280; weitergehend hierzu *Talaska*, DB 2015, 944; *Beyer*, BB 2016, 987 (988).

3 So BGH v. 15.1.1988 – 3 StR 465/87, wistra 1988, 151, für die Gewinnfeststellung einer GmbH & Still.

4 Zum Problem s. *Jäger* in Klein, AO, 13. Aufl. 2016, § 371 Rz. 43 und 44.

tuellen und ehemaligen Mitarbeiter eines Unternehmens, unabhängig von deren Kenntnishorizont.[1]

Nach **Abschluss** der Prüfung **lebt** die Möglichkeit der Selbstanzeige **wieder auf**. Maßgebend für das Wiederaufleben ist bei einer steuerlichen Außenprüfung die Bekanntgabe des Berichtigungsbescheids bzw. die Mitteilung gem. § 202 Abs. 1 Satz 3AO.[2] 280

b) Sperre durch Einleitung des Steuerstraf- oder Bußgeldverfahrens (§ 371 Abs. 2 Satz 1 Nr. 1 Buchst. b AO)

Straffreiheit tritt nicht ein, wenn dem an der Tat Beteiligten oder seinem Vertreter die Einleitung des Straf- und Bußgeldverfahrens bekannt gegeben worden ist. Die Einleitung des Verfahrens als solche reicht nicht aus. Zusätzlich ist die amtliche **Bekanntgabe erforderlich**. 281

Der **Umfang** der Sperre richtet sich nach dem Inhalt der Einleitung. 282

Die **Einleitungsverfügung** darf nicht bloß resigniert zur Kenntnis genommen werden, sie ist auf ihre Wirksamkeit zu **überprüfen**. Ist sie so ungenau, pauschal (z.B. „wegen AO", „wegen Steuerhinterziehung", „für nicht verjährte Zeiträume"), dass nicht festgestellt werden kann, worauf sich der Vorwurf erstreckt, tritt keine Sperrwirkung ein.[3] 283

Auch bei § 371 Abs. 2 Satz 1 Nr. 1 Buchst. b AO lebt die Möglichkeit zur Selbstanzeige **nach dem Abschluss des Straf- oder Bußgeldverfahrens** wieder auf.[4] Dieses Wiederaufleben wird jedoch nur bei Einstellungen nach § 153 StPO, § 398 AO oder § 170 Abs. 2 StPO relevant. 284

Soweit der Abschluss des Verfahrens durch eine Erkenntnis erfolgt, die den **Strafklageverbrauch** bewirkt (z.B. Freispruch, Urteil, Strafbefehl, Einstellung gegen Geldauflage nach Erfüllung der Auflage gem. § 153a StPO), stellt sich diese Frage eigentlich nicht mehr, da der unentdeckte

---

1 Hierzu *Müller*, FR 2015, 19 (21); *Geuenich*, NWB 2015, 29 (33); *Müller/Fischer*, PStR 2015, 200.

2 BGH v. 15.1.1988 – 3 StR 465/87, wistra 1988, 151; BGH v. 23.3.1994 – 5 StR 38/94, wistra 1994, 228; *Schauf* in Kohlmann, Steuerstrafrecht, § 371 Rz. 520 f. (Aug. 2015); *Joecks* in Joecks/Jäger/Randt, Steuerstrafrecht, 8. Aufl. 2015, § 371 Rz. 358 ff.; *Seipl/Grötsch*, wistra 2016, 1.

3 In diesem Sinne *Schauf* in Kohlmann, Steuerstrafrecht, § 371 Rz. 576 (Aug. 2015); ähnlich bereits *Bilsdorfer*, NWB Fach 13, 909 (924) (Aug. 1998); *Klos*, NJW 1996, 2339.

4 *Joecks* in Joecks/Jäger/Randt, Steuerstrafrecht, 8. Aufl. 2015, § 371 Rz. 362; *Beckemper* in Hübschmann/Hepp/Spitaler, AO/FGO, § 371 AO Rz. 206 (Aug. 2015); *Seipl/Grötsch*, wistra 2016, 1 (4).

Teil der Tat nicht mehr verfolgbar ist.[1] Bei genauer Betrachtung kann allerdings das neue Recht gleichwohl dazu zwingen, auch solche Jahre noch in die Nacherklärung aufzunehmen. Denn sie bleiben Bestandteil des Mindestberichtigungszeitraums. Auch wenn also ein Verfahren wegen Einkommensteuerhinterziehung 2012 wegen der Geltendmachung fingierter Betriebsausgaben rechtskräftig abgeschlossen ist, kann es im Jahr 2016 erforderlich sein, die verschwiegenen Kapitalerträge dieses Jahres in eine Selbstanzeige mit aufzunehmen. Denn anderenfalls würde der Vollständigkeitsmaßstab des § 371 Abs. 1 AO verletzt und für den „Mindestberichtigungszeitraum" in diesem Sinne kommt es nicht darauf an, ob eine Tat verfolgbar ist.

285 Unerfreulich ist die Situation, wenn aus nichtigem Anlass ein **Steuerstrafverfahren anhängig** ist, von dem die Betroffenen zwar wissen, dass die Vorwürfe unzutreffend sind und sich ausräumen lassen werden, der Steuerpflichtige aber **aus einem ganz anderen Grund eine Selbstanzeige abgeben** möchte. Überschneidet sich die Einleitung des (ungerechtfertigten) Strafverfahrens nur für ein Jahr mit der Steuerart und dem maßgeblichen „**Berichtigungsverbund**", so ist die Selbstanzeige insgesamt unmöglich (**Infektionswirkung**). Es muss dann gewartet werden, bis das zu Unrecht eingeleitete Verfahren formell nach § 170 Abs. 2 StPO beendet ist.

c) Sperre durch das Erscheinen des Amtsträgers zur steuerlichen Prüfung (§ 371 Abs. 2 Satz 1 Nr. 1 Buchst. c AO)

286 Mit dem Erscheinen eines Amtsträgers zur steuerlichen (Außen-)Prüfung ist eine Selbstanzeige nach § 371 Abs. 2 Satz 1 Nr. 1 Buchst. c AO nicht mehr möglich. Maßgeblich ist das **körperliche Erscheinen des Prüfers** auf dem Grundstück mit den Betriebs- oder Wohnräumen des Steuerpflichtigen.[2]

287 Nach der Vorverlegung der Sperrwirkung auf den Zeitpunkt der Bekanntgabe der Prüfungsanordnung hat dieser Sperrgrund nur noch einen **geringen praktischen Anwendungsbereich**. Denn liegt eine wirksame Prüfungsanordnung vor, so kommt es auf das Erscheinen nicht mehr an. Liegt hingegen entgegen § 196 AO keine wirksame Prüfungs-

---

1 Vgl. *Joecks* in Joecks/Jäger/Randt, Steuerstrafrecht, 8. Aufl. 2015, § 371 Rz. 362.

2 Vgl. zur Abgrenzung *Joecks* in Joecks/Jäger/Randt, Steuerstrafrecht, 8. Aufl. 2015, § 371 Rz. 226 ff.

anordnung vor, so kann auch das Erscheinen des Prüfers keine Sperrwirkung herbeiführen.[1]

Das Erscheinen des Prüfers zur steuerlichen Prüfung kann demnach nur von Relevanz sein, wenn es sich um eine Prüfung handelt, für die eine Anordnung nach § 196 AO nicht erforderlich ist, oder wenn man – bei strenger Interpretation des Wortlauts – von einer beschränkten Reichweite von § 371 Abs. 2 Satz 1 Nr. 1 Buchst. a AO ausgeht. Innenrevisionsprüfungen der OFD, reine Richtsatzprüfungen und isolierte Fiskalprüfungen der Steuerfahndung i.S.d. § 208 Abs. 1 Satz 1 Nr. 3 AO stellen keine förmlichen Außenprüfungen dar und sind daher nicht geeignet, eine Sperre der Selbstanzeige zu begründen.[2]

Ebenso wie bei der Sperre durch Bekanntgabe der Prüfungsanordnung ist zum 1.1.2015 gesetzlich klargestellt worden, dass sich die Sperrwirkung der Prüfung auf die konkret geprüften Steueransprüche beschränkt, mithin dass für Veranlagungsjahre außerhalb des Prüfungszeitraums die Selbstanzeige möglich bleibt (§ 370 Abs. 2 Satz 1 Nr. 1 Buchst. c i.V.m. Satz 2 AO). 288

Keine Prüfung i.S.v. § 371 Abs. 2 Satz 1 Nr. 1 Buchst. c AO ist nach zutreffender (aber umstrittener) Ansicht die **Umsatzsteuernachschau** oder eine **Liquiditätsprüfung**.[3] Für die Nachschau hat der Gesetzgeber dies mittelbar bestätigt, indem zum 1.1.2015 ein gesonderter Sperrgrund geschaffen worden ist. 289

Keine steuerliche Prüfung sind ferner **Ermittlungsmaßnahmen der Finanzkontrolle Schwarzarbeit** (FKS), selbst wenn die Zöllner von Beamten der Steuerfahndung als „Sachverständige" begleitet werden.[4]

d) Sperre durch Erscheinen eines Amtsträgers zu strafrechtlichen Ermittlungen (§ 371 Abs. 2 Satz 1 Nr. 1 Buchst. d AO)

Straffreiheit tritt nicht ein, wenn ein Amtsträger zur Ermittlung einer Steuerstraftat oder einer Steuerordnungswidrigkeit **erschienen** ist. 290

Die **Fahndungsprüfung** setzt eine Prüfungsanordnung nicht voraus. Die Fahndung erscheint regelmäßig auf der Grundlage einer (richterli- 291

1 BGH v. 16.6.2005 – 5 StR 118/05, wistra 2005, 381 (383).
2 Vgl. *Roth*, StBp 2016, 102 (103).
3 *Joecks* in Joecks/Jäger/Randt, Steuerstrafrecht, 8. Aufl. 2015, § 371 Rz. 222; *Schauf* in Kohlmann, Steuerstrafrecht, § 371 Rz. 469 ff., 473 (Aug. 2015); in diesem Sinne auch FinMin. NRW v. 12.1.2016 – S 0702-8f-V A 1, Tz. 6, n.v.
4 *Holewa*, PStR 2013, 121.

chen) Durchsuchungsanordnung, die zugleich die Einleitung des Verfahrens dokumentiert und insoweit mit dem Verfahrensgegenstand auch die Reichweite der Sperrwirkung bestimmt. Bedeutet das Erscheinen der Steuerfahndung ausnahmsweise keine Einleitung des Strafverfahrens i.S.d. § 371 Abs. 2 Satz 1 Nr. 1 Buchst. b AO, bestimmt sich die Sperrwirkung nach dem sachlichen Umfang der Prüfung.[1] Abzustellen ist auf den Verfolgungswillen der Ermittlungsbehörden.

292 Das neue Recht stellt nicht mehr auf das **Erscheinen eines „Amtsträgers der Finanzbehörde"** ab, sondern lässt auch einen Staatsanwalt oder Polizeibeamten ausreichen. Allerdings muss die Person mit einem Ermittlungsauftrag erscheinen, der sich auf steuerliche Delikte bezieht. Ermittlungen der Kriminalpolizei wegen außersteuerlicher Tatvorwürfe führen deshalb keine Sperre herbei. Dass ein Staatsanwalt allein und ohne Begleitung der Fahndung zu einer steuerstrafrechtlichen Durchsuchung erscheint, kommt in der Praxis kaum vor.

293 Nach Auffassung des BGH soll sich die Sperrwirkung bei strafrechtlichen Ermittlungen auch auf die **Vorwürfe** erstrecken, welche zwar nicht Gegenstand der Ermittlungen sind, aber **in einem engen sachlichen und/oder zeitlichen Zusammenhang** stehen, sodass ihre Aufdeckung im weiteren Verlauf der Durchsuchung zu erwarten ist.[2] Dies hat der 1. Strafsenat in seiner Entscheidung vom 20.5.2010 bekräftigt.[3] Auf das Erscheinen des Prüfers im Rahmen einer rein steuerlichen Prüfung wird man dies – entgegen der Auffassung von Teilen der Finanzverwaltung – nicht übertragen können. Denn anders als die Steuerfahndung ist der Prüfer zu Ermittlungsmaßnahmen außerhalb des durch die Prüfungsanordnung gezogenen Rahmens schon nicht ermächtigt, sodass für diese Komplexe auch keine gesteigerte „Entdeckungswahrscheinlichkeit" gegeben ist.

294 Das körperliche Erscheinen zu steuerstrafrechtlichen Ermittlungen sperrt die Abgabe der Selbstanzeige insgesamt, d.h. für alle Taten des jeweiligen Berichtigungsverbunds (**Infektionswirkung**). Häufig geht diese Sperre dann in die Sperre der Einleitung und Bekanntgabe des strafrechtlichen Ermittlungsverfahrens über. Ist dies nicht der Fall, so ist die Tür zur Selbstanzeige wohl wieder eröffnet, sobald der Amtsträger die Räumlichkeiten verlassen hat.

---

1 OLG Celle v. 27.3.2000 – 2 Ws 33/00, wistra 2000, 277.

2 BGH v. 5.4.2000 – 5 StR 226/99 „Konzertveranstalter", wistra 2000, 219 (225); *Jäger* in Klein, AO, 13. Aufl. 2016, § 371 Rz. 136.

3 BGH v. 20.5.2010 – 1 StR 577/09, wistra 2010, 304.

e) Sperre durch Erscheinen eines Amtsträgers zur steuerlichen Nachschau (§ 371 Abs. 2 Satz 1 Nr. 1 Buchst. e AO)

Straffreiheit tritt nicht ein, wenn ein Amtsträger der Finanzbehörde zu einer **Umsatzsteuer-Nachschau** nach § 27b UStG, einer **Lohnsteuer-Nachschau** nach § 42g EStG oder einer **Nachschau nach anderen steuerrechtlichen Vorschriften** erschienen ist und sich ausgewiesen hat (§ 371 Abs. 2 Satz 1 Nr. 1 Buchst. e AO). 295

Mit der Reform zum **1.1.2015** ist die bis dato streitige Frage einer möglichen Sperrwirkung in den Fällen der Umsatzsteuer-Nachschau und Lohnsteuer-Nachschau durch das Gesetz entschieden worden.[1] 296

Die **sachliche Reichweite** des Sperrgrunds ist jedoch unklar.[2] 297

Das Finanzministerium NRW ist zu Recht der Auffassung, dass weder im Gesetz selbst noch in der Gesetzesbegründung der sachliche und weitergehende zeitliche Umfang der Sperrwirkung der Nachschau bestimmt sei. Es sei ungeklärt, ob eine Nachschau eine Selbstanzeige in vollem Umfang für alle Steuerarten und Zeiträume sperrt. Diesbezüglich sei beabsichtigt, auf Bundesebene eine entsprechende Klärung herbeizuführen.[3]

Da sich die Sperrgründe stets auf die jeweilige Steuerart beziehen, ist es naheliegend, dass **sachlich** nur die Steuern gesperrt sind, die Gegenstand der jeweiligen Nachschau sind, also bspw. die Umsatzsteuer bei der Umsatzsteuer-Nachschau bzw. die Lohnsteuer bei der Lohnsteuer-Nachschau[4] – dann allerdings auf **alle Taten des Berichtigungsverbunds („Infektionswirkung")**[5]. Folgerichtig wäre ferner eine Eingrenzung des Umfangs der Sperrwirkung auf den in der Anordnung benannten Nachschau-Umfang.[6] Dies ergibt sich zwar nicht aus dem Gesetz, entspricht aber der allgemeinen Systematik der Sperrgründe. In Streitfällen wird man darauf abstellen, welche Rechtsgrundlage sich aus der Aktenlage vor dem Beginn der Maßnahme ergibt. Unklarheiten aufgrund mangelnder Dokumentation gehen zulasten der Strafverfolgung.

---

1 Zum Meinungsstreit s. *Webel*, StBp 2015, 309.
2 Vertiefend *Webel*, StBp 2015, 309.
3 FinMin. NRW v. 26.1.2015 – S 0702-8f-VA1, DB 2015, 280 (281).
4 *Joecks*, DStR 2014, 2261 (2264); *Buse*, DB 2015, 89 (91); *Beyer*, NWB 2015, 769 (774).
5 S. Einleitungssatz des § 371 Abs. 2 Satz 1 Nr. 1 AO.
6 *Janssen-Heid/Hilbert*, BB 2015, 598 (607).

298 Gerade bei der erst am 30.6.2013 eingeführten Regelung der **Lohnsteuer-Nachschau** des § 42g EStG ergeben sich gleichwohl eine Reihe von Rechtsunsicherheiten. Gibt es eine selbstanzeigespezifische Steuerart „Lohnsteuer"? Da die Lohnsteuer lediglich eine Erhebungsform der Einkommensteuer ist, spricht viel dafür, dass die Einkommensteuer als solche gesperrt ist, wobei dann immer noch unklar ist, ob der Arbeitgeber, der Arbeitnehmer oder beide hinsichtlich sämtlicher einkommensteuerlicher Sachverhalte gesperrt sein sollen. Dies würde sicher zu weit gehen und dem Charakter der Nachschau als explizit lohnsteuerliche Kontrollmaßnahme nicht gerecht werden.[1] Daher tritt u.E. eine Sperre nicht ein hinsichtlich jener Besteuerungsgrundlagen sowohl des Arbeitgebers als auch des Arbeitnehmers, die in keinem Zusammenhang mit der Lohnsteuer stehen.[2]

Auch wenn die praktische Relevanz des Sperrgrunds der Durchführung einer steuerlichen Nachschau überwiegend als vernachlässigenswert erachtet wird, wäre eine Klarstellung – wie sie das Finanzministerium NRW anstrebt – insbesondere zur Lohnsteuer-Nachschau dennoch sinnvoll. Sie könnte bspw. auch Hinweise für die strittige Auslegung des Begriffs „Steuerart" i.S.d. § 371 Abs. 1 AO liefern (s. Rz. 253 f.).

299 Die Sperrgründe des § 371 Abs. 2 AO setzen sämtlich voraus, dass der Betroffene prinzipiell erkennen kann, ob die Sperre eingetreten ist. Um dies auch für die Fälle der Nachschau zu gewährleisten, bestimmt das Gesetz, dass die Sperrwirkung erst eintritt, wenn der Amtsträger sich im Rahmen der Nachschau legitimiert, d.h. **„sich ausgewiesen hat"**.

300 Zudem ist zu berücksichtigen, dass die Maßnahme nur dann sperren kann, wenn sie inhaltlich den Voraussetzungen der Rechtsgrundlage entspricht. § 27b UStG setzt bspw. voraus, dass **Räume des Unternehmers** zum Zweck der Sachverhaltsfeststellung betreten werden. Ein Termin in den Räumen des Steuerberaters kann damit keine „Nachschau" i.S.v. § 371 Abs. 2 AO i.V.m. § 27b UStG darstellen.[3]

301 Das Gesetz erwähnt ausdrücklich die Umsatzsteuer- und die Lohnsteuer-Nachschau. Welche weiteren Fälle der „Nachschau" relevant werden können, ist nicht abschließend geklärt. Denkbar sind Fälle im Zoll- und Verbrauchsteuerrecht. Die hier mögliche **Nachschau auf Basis von § 210 AO** dürfte eine Sperre nach § 371 Abs. 2 Nr. 1 Buchst. e AO, je-

1 In diesem Sinne überzeugend *Janssen-Heid/Hilbert*, BB 2015, 598 (607).
2 So auch *Joecks*, DStR 2014, 2261 (2264); *Beyer*, NWB 2015, 769 (774); *Janssen-Heid/Hilbert*, BB 2015, 598 (607).
3 A.A. FinMin. NRW v. 12.1.2016 – S 0702-8f-V A 1, Tz. 7, n.v.

weils bezogen auf die geprüfte Abgabenart, herbeiführen. Dagegen sind rein verwaltungsrechtliche Maßnahmen (vgl. nur § 29 GewO) nicht ausreichend, da ihnen der steuerliche Bezug fehlt.

Zeitlich endet die Sperrwirkung mit dem Beenden der Nachschau, 302
wenn sie zu keinem Ergebnis führt. Führt die Nachschau hingegen zu Erkenntnissen, wird der Sperrgrund der Nachschau i.d.R. unmittelbar in einen anderen Sperrgrund übergehen, z.B. Tatentdeckung oder steuerliche Außenprüfung. Damit ist die Nachschau geeignet, den Eintritt anderer Sperrgründe zeitlich vorzuverlagern.[1]

f) Sperre durch Tatentdeckung (§ 371 Abs. 2 Satz 1 Nr. 2 AO)

In der Praxis recht problematisch ist § 371 Abs. 2 Satz 1 Nr. 2 AO, wo- 303
nach die Sperrwirkung auch dann eintritt, wenn die Tat ganz oder teilweise entdeckt ist und der Täter dies wusste oder bei verständiger Würdigung der Sachlage damit rechnen musste.

Der Sperrgrund ist zum 1.1.2015 unverändert geblieben. Dies ist be- 304
merkenswert. Denn der Gesetzgeber benutzt den **Begriff des „Täters"** im Sinne der materiellen Terminologie des StGB – dies ist durch die übrigen Änderungen des § 371 Abs. 2 AO ganz deutlich geworden. Konsequenterweise müsste demnach eine **Selbstanzeige des „Anstifters" oder „Gehilfen"** noch möglich sein, selbst wenn er Kenntnis von der Entdeckung hat. Es ist fraglich, ob dieses Ergebnis gewollt war. Insoweit ist zu konstatieren, dass in den anderen Sperrgründen eine Erweiterung der Sperre auf die Teilnehmer erfolgt ist, wohingegen hier eine Anpassung unterblieb. Dies spricht für eine bewusste Entscheidung.

Im Übrigen wird die Variante der „Tatentdeckung" unverändert durch 305
eine **objektive und eine subjektive Komponente** bestimmt.

Die **Schwierigkeit des Sperrgrunds** liegt darin, dass er **nicht klar und** 306
eindeutig zu konkretisieren ist. Wann ist die Tat objektiv entdeckt? Wann muss der Täter bei „verständiger Würdigung" damit rechnen? Die **Strafverfolgungsbehörden** versuchen hier naturgemäß eine möglichst **weitgehende Auslegung**. Die ältere Rechtsprechung des **BGH** hat versucht, diese Tendenz **einzuschränken** und klare Leitlinien zu formulieren. **Danach gilt Folgendes**:[2]

---

1 *Webel*, StBp 2015, 309 (315).

2 Vgl. BGH v. 13.5.1983 – 3 StR 82/83, NStZ 1983, 415; BGH v. 24.10.1984 – 3 StR 315/84, NStZ 1985, 126; BGH v. 27.4.1988 – 3 StR 55/88, wistra 1988, 308; BGH v. 30.3.1993 – 5 StR 77/93, wistra 1993, 227; BGH v. 5.4.2000 –

Eine Tatentdeckung liegt noch nicht vor, wenn ein Tatverdacht gegeben ist. Gleiches gilt, wenn Ermittlungen lediglich aufgenommen worden sind. Eine Tatentdeckung liegt selbst dann nicht vor, wenn das Finanzamt zu der Schlussfolgerung kommt, eine Steuerverkürzung sei objektiv vorgenommen worden. Vielmehr bedarf es **„einer Konkretisierung des Tatverdachts,** die gegeben ist, wenn **bei vorläufiger Tatbewertung die Wahrscheinlichkeit eines verurteilenden Erkenntnisses** gegeben ist".[1]

Der 1. Strafsenat des BGH hat diese Definition der objektiven Komponente der Tatentdeckung in seiner Entscheidung vom 20.5.2010 ausdrücklich bestätigt. Er hat (inhaltlich zutreffend) allerdings darauf hingewiesen, dass es sich um eine Bewertung auf **vorläufiger Tatsachenbasis** handelt, sodass der Begriff nicht mit dem Begriff des „hinreichenden Tatverdachts" nach einem ausermittelten Strafverfahren gleichgesetzt werden kann.[2] Gleichwohl wird diese Entscheidung vielfach als Beleg für eine Verschärfung der objektiven Komponente der Tatentdeckung herangezogen. Dies ist bei Interpretation der nachfolgenden Einzelfälle zu bedenken.

307 **Einzelfälle:**

- Die Kenntnis von dem fruchtlosen **Ablauf einer steuerlichen Erklärungsfrist** bedeutet noch nicht die objektive Entdeckung einer Steuerhinterziehung, weil das Fristversäumnis noch keinen Rückschluss auf eine Steuerschuld und auf den Vorsatz der Steuerhinterziehung erlaubt.[3]
- Der Umstand, dass ein Steuerpflichtiger es zu **Schätzungen** und zu **Haftungsbescheiden** kommen lässt, rechtfertigt für sich allein noch nicht die Annahme, dass die Steuerhinterziehung entdeckt ist.[4]
- Werden an einer **Grenzkontrolle** Belege über Konten oder Schließfächer bei ausländischen Banken gefunden, ist die Tat erst dann entdeckt, wenn ein für die Steuersache zuständiger Beamter feststellt, dass der Steuerpflichtige entsprechende Vermögensgegenstände

---

5 StR 226/99 „Konzertveranstalter", wistra 2000, 219 (225); kritisch *Bilsdorfer*, DStZ 1985, 188; *Dörn*, wistra 1993, 169.

1 Grundlegend BGH v. 13.5.1983 – 3 StR 82/83, NStZ 1983, 415.

2 BGH v. 20.5.2010 – 1 StR 577/09, wistra 2010, 304.

3 OLG Hamburg v. 27.1.1970 – 2 Ss 191/69, NJW 1970, 1385; *Jäger* in Klein, AO, 13. Aufl. 2016, § 371 Rz. 163.

4 OLG Celle v. 24.1.1984 – 1 Ss 367/83, wistra 1984, 116; *Jäger* in Klein, AO, 13. Aufl. 2016, § 371 Rz. 164.

und/oder Einkünfte in seiner Steuererklärung nicht erklärt hat.[1] Regelmäßig setzt dies den **Abgleich mit der Steuerakte** voraus. Ausnahmsweise soll eine Tatentdeckung hiervon unabhängig möglich sein, wenn sich nämlich bereits aus den gefundenen Unterlagen selbst ergibt (bspw. durch handschriftliche Anmerkungen etc.), dass es sich um bislang nicht erklärte Einkünfte handelt.

- **Kontrollmitteilungen,** die beim Finanzamt über bestimmte Geschäftsvorfälle eingehen, schließen eine strafbefreiende Selbstanzeige solange nicht aus, bis das Finanzamt erfährt oder selbst feststellt, dass die betreffenden Geschäfte nicht verbucht worden sind.[2]
- **Veröffentlichungen in Presse oder Rundfunk** bieten im Allgemeinen nur Anhaltspunkte für einen Tatverdacht. Eine Tatentdeckung kann nur ausnahmsweise bei sehr eingehender und detaillierter Berichterstattung angenommen werden, aus der der Betroffene als Leser Rückschlüsse auf seine individuelle Situation ziehen kann.[3] Zum Ankauf von Steuer-CDs s. auch Rz. 842 ff..
- Eine Tat ist noch nicht entdeckt i.S.d. § 371 Abs. 2 Satz 1 Nr. 2 AO, wenn die zur Entdeckung führenden Beweismittel rechtswidrig gewonnen wurden und einem **Beweisverwertungsverbot** unterliegen.[4]

Nach altem Recht war es bereits ausreichend, wenn die **Tat „zum Teil" entdeckt** war. Nach dem Urteil des BGH vom 5.4.2000[5] bestimmt sich die Tat in diesem Sinne nach dem Steuerpflichtigen, der Steuerart und dem Veranlagungszeitraum. Nach neuem Recht löst die Entdeckung eines Teils stets die Sperre für den gesamten „Berichtigungsverbund" aus (**Infektionswirkung**). 308

Nach Ansicht des BGH soll es wohl nicht darauf ankommen, dass auch die **konkrete Person des Täters** individuell (d.h. namentlich) bekannt ist.[6] Angesichts der strafrechtlichen Kernbedeutung des Ausschluss- 309

1 Zum Umfang der zulässigen Kontrollmaßnahmen FG Baden-Württemberg v. 27.3.2007 – 11 K 297/02, DStRE 2007, 1575.

2 Str., so *Joecks* in Joecks/Jäger/Randt, Steuerstrafrecht, 8. Aufl. 2015, § 371 Rz. 309, m.w.N.; a.A. LG Koblenz v. 13.3.1985 – 105 Js (Wi) 16966/83- 4 Ls -12 Ns, DStR 1985, 668; FG Rheinland-Pfalz v. 13.6.2006 – 1 K 2590/05, EFG 2007, 1312, und nachfolgend BFH v. 26.11.2008 – X R 20/07, BStBl. II 2009, 388, mit kritischer Anm. *Wulf*, Stbg 2010, 175 ff. zu § 7 StraBEG.

3 Zum Problem der Tatentdeckung in den Fällen der „Liechtenstein"-Ermittlungen s. *Randt/Schauf*, DStR 2008, 489; *Schwedhelm/Wulf*, Stbg 2008, 294.

4 *Buse*, DStR 2008, 2100 (2101); *Schwedhelm/Wulf*, Stbg 2008, 294 (296).

5 BGH v. 5.4.2000 – 5 StR 226/99 „Konzertveranstalter", wistra 2000, 219 (225).

6 BGH v. 5.5.2004 – 5 StR 548/03, wistra 2004, 309.

grunds erscheint diese Auffassung allerdings fragwürdig.[1] Mit der neuen Gesetzeslage ist dieses weite Verständnis noch weniger zu vereinbaren, zumal das Gesetz hier unverändert auf den „Täter" abstellt und durch die Reform keine Erweiterung auf andere „Beteiligte" vorgenommen wurde.

310 **Wer die Tat entdeckt** hat, ist nach herrschender Ansicht irrelevant. Typischerweise ist vom zuständigen Sachbearbeiter auszugehen. Es kommen jedoch auch Dritte in Betracht (z.B. Familienrichter, Polizei, ausländische Behörden, Privatpersonen). Bei diesen Dritten ist jedoch für die Sperrwirkung erforderlich, dass diese nicht nur die tatsächlichen Umstände kennen, sondern auch den Sinngehalt – d.h. die Qualifizierung des Geschehens als Steuerhinterziehung – erfassen und dass ergänzend damit zu rechnen ist, dass sie ihre Kenntnis der zuständigen Behörde weiterleiten.[2]

311 Der Täter **muss mit der Entdeckung rechnen, wenn** er aus ihm – nachweislich – bekannten Tatsachen den Schluss ziehen kann, dass jemand seine Tat entdeckt hat. Die Wendung „bei verständiger Würdigung" bezieht sich nicht auf den Stand der Kenntnis, sondern darauf, ob er aufgrund seiner Kenntnis die Folgerung auf die Entdeckung seiner Tat gezogen hat.[3]

312 Wird der Steuerpflichtige vom Finanzamt aufgefordert, sich zu einem bestimmten Sachverhalt zu erklären (bspw. die Erkenntnisse aus einer Kontrollmitteilung zu erläutern, die mit den Steuererklärungen unvereinbar erscheinen), so kommt es auf den genauen Wortlaut der Aufforderung an. **Auskunftsersuchen und Mitwirkungsverlangen** des Finanzamts sind grundsätzlich verpflichtend und vollstreckbar. Besteht nur der Anfangsverdacht einer Steuerhinterziehung (also weniger als „Tatentdeckung"), so muss das Finanzamt den Betroffenen auf seine möglichen Schweigerechte hinweisen (§ 393 Abs. 1 Satz 4 AO). Fehlt in dem Anschreiben ein entsprechender Hinweis, so darf der Steuerpflichtige davon ausgehen, dass keine Tatentdeckung eingetreten ist. Zumindest die subjektiven Voraussetzungen von § 371 Abs. 2 Satz 1 Nr. 2 AO liegen dann nicht vor.[4]

---

1 *Joecks* in Joecks/Jäger/Randt, Steuerstrafrecht, 8. Aufl. 2015, § 371 Rz. 314.

2 Vgl. dazu *Joecks* in Joecks/Jäger/Randt, Steuerstrafrecht, 8. Aufl. 2015, § 371 Rz. 317.

3 Instruktiv BayObLG v. 24.2.1972 – 4 St 135/71, BB 1972, 524. Die fälschliche Annahme des Täters, seine Tat sei entdeckt, schließt die Straffreiheit nicht aus: *Schauf* in Kohlmann, Steuerstrafrecht, § 371 Rz. 731 (Aug. 2015).

4 Vertiefend *Wulf*, Stbg 2010, 175.

Die Literatur ist überwiegend der Auffassung, dass die unspezifische Kenntnis des Steuerpflichtigen über den **Ankauf von Steuer-CDs**, z.B. durch die Presse, und die damit verbundene Erhöhung des Tatentdeckungsrisikos noch nicht dazu führt, dass der Betroffene mit einer Tatentdeckung rechnen muss.[1] Die Rechtsprechung ist dieser Auffassung indes nicht gefolgt. Das Amtsgericht Kiel und dem nachfolgend das Landgericht Kiel bestätigende Schleswig-Holsteinische Oberlandesgericht führen hierzu aus, dass der Begriff des Rechnenmüssens weit auszulegen sei.[2] Ein „Rechnenmüssen" liege auch dann vor, wenn ein Täter aufgrund der ihm bekannten Umstände eine Tatentdeckung für durchaus möglich und wahrscheinlich hält, auch wenn eine gewisse Unsicherheit verbleibt. 313

Praxishinweis: Ist **zweifelhaft, ob die Tat entdeckt ist**, sollte regelmäßig mit Blick auf den möglicherweise entdeckten Sachverhalt gleichwohl eine Selbstanzeige erstattet werden. Die Begründung ist einfach: Ist die Tat noch nicht entdeckt, wirkt die Selbstanzeige. Ist die Tat bereits entdeckt, kann durch die Selbstanzeige nur selten etwas verschlimmert werden. Im Gegenteil, es kann auch die missglückte Selbstanzeige Vorteile bringen. 314

Fraglich ist, ob der **Sperrgrund der Tatentdeckung wiederaufleben** kann. Von Bedeutung ist dies in der Konstellation, dass nach einer (zunächst unvollständigen) ersten „**Teilselbstanzeige**" eine zweite Nacherklärung für einen identischen Zeitraum abgegeben wird. Die Sperre der Tatentdeckung erfüllt die **Funktion eines „Vorfeldtatbestands"**. Jede Tatentdeckung muss nach dem Legalitätsprinzip zur Einleitung und letztlich zur Bekanntgabe des Strafverfahrens führen. Im Vorfeld dieser Ermittlungstätigkeit soll ein „Wettrennen" zwischen dem Betroffenen und den Ermittlern verhindert werden. Sind aber die Ermittlungen dann später eingestellt worden, so entfällt bestimmungsgemäß auch der Sperrgrund der Tatentdeckung wieder. Denn führen die pflichtgemäß eingeleiteten Ermittlungen dazu, dass kein strafrechtlicher Vorwurf erhoben werden kann, so verliert die „Vorfeldsperre" der Tatentdeckung ebenfalls ihre Berechtigung. 315

---

1 *Schwedhelm/Wulf*, Stbg 2008, 294; *Randt/Schauf*, DStR 2008, 489; *Mückenberger/Iannone*, NJW 2012, 3481; *Schöler*, DStR 2015, 503; *Burkhard*, PStR 2015, 179; *Beyer*, NWB 2015, 2357.

2 AG Kiel v. 7.11.2014 – 48 Ls 545 Js 46477/13, DStR 2015, 897; OLG Schleswig-Holstein v. 30.10.2015 – 2 Ss 63/15 (71/15), wistra 2016, 119; so auch die gängige Praxis der Staatsanwaltschaft Bochum in den sog. „LGT-Fällen".

Die **Vervollständigung einer in der Vergangenheit abgegebenen Teilselbstanzeige** führt mithin zur Straffreiheit unter der Voraussetzung, dass das Prüfungsverfahren wegen der Ersterklärung nach § 170 Abs. 2 AO eingestellt worden ist, bevor die zweite Erklärung abgegeben wird.[1]

g) Sperre bei Steuerhinterziehung von mehr als 25.000 Euro (§ 371 Abs. 2 Satz 1 Nr. 3 AO)

316 Straffreiheit tritt nicht ein, wenn die nach § 370 Abs. 1 AO verkürzte Steuer oder der für sich oder einen anderen erlangte nicht gerechtfertigte Steuervorteil einen Betrag von **25.000 Euro** übersteigt.

317 Im Gesetzgebungsverfahren zum Schwarzgeldbekämpfungsgesetz 2011 war zunächst vorgeschlagen worden, die strafbefreiende Wirkung der Selbstanzeige generell von der Zahlung eines Zuschlags i.H.v. 5 % auf die hinterzogene Steuer abhängig zu machen.[2] Hiergegen wurden verfahrensökonomische und verfassungsrechtliche Einwände erhoben.[3] Nach den Sachverständigenanhörungen einigte man sich im Finanzausschuss dann darauf, einen solchen Zuschlag nur in den Fällen der Steuerhinterziehung mit einem „Schaden" von mehr als 50.000 Euro zu erheben. Zum 1.1.2015 wurde die Betragsgrenze auf 25.000 Euro herabgesetzt.

318 Die **Einzelheiten der Berechnung** sind unklar:

Orientiert man sich streng an der Terminologie des StGB, so ist die Sperrwirkung des § 371 Abs. 2 Satz 1 Nr. 3 AO jeweils **bezogen auf die einzelne Tat im materiellen Sinne (§ 52 StGB) zu prüfen**. Eine Tat im materiellen Sinne wird im Regelfall durch den **Steuerpflichtigen**, die **Steuerart** und den **Veranlagungszeitraum** bestimmt. Das Verschweigen von Einnahmen in einem gewerblichen Einzelunternehmen für drei Jahre führt also zunächst zu neun Taten im materiellen Sinne (Einkommensteuer, Gewerbesteuer und Umsatzsteuer, jeweils bezogen auf drei Jahre). Ausnahmsweise werden verschiedene Gesetzesverstöße allerdings **tateinheitlich** zusammengerechnet. Dies ist der Fall, wenn unrichtige Angaben inhaltlich übereinstimmen und in einer Handlung

1 *Wulf/Talaska*, PStR 2011, 175 (180); *Seipl/Grötsch*, wistra 2016, 1 (5 ff.); a.A. *Rolletschke/Roth*, Stbg 2011, 200 (203); *Jäger* in Klein, AO, 13. Aufl. 2016, § 371 Rz. 65.

2 § 371 Abs. 3 AO-E i.d.F. der Bundesratsempfehlungen zum JStG 2010, BT-Drucks. 318/1/10, 80.

3 Vgl. nur *Mack*, Stbg 2011, 162.

beim Finanzamt eingereicht werden[1] (im Beispiel würde die gleichzeitige Abgabe der Jahressteuererklärungen für Einkommensteuer, Gewerbesteuer und Umsatzsteuer die Taten des betreffenden Jahres zu einer materiellen Tat verknüpfen). **Unterlassungstaten**, die durch die Verletzung unterschiedlicher Erklärungspflichten begangen werden, werden indes grundsätzlich nicht zusammengerechnet.[2]

Konsequenterweise dürfte damit im Fall der Einkommensteuerhinterziehung der **Solidaritätszuschlag** mit einzubeziehen sein, unabhängig davon, ob es um eine Tat durch Handeln oder durch Unterlassen geht. Denn die Verkürzung des Solidaritätszuschlags wird immer tateinheitlich mit der Hinterziehung der Einkommensteuer bzw. der Körperschaftsteuer begangen.[3] Die Kirchensteuer ist nicht einzubeziehen, da deren Verkürzung nach den landesrechtlichen Vorschriften nicht als Steuerhinterziehung strafbar ist (s. Rz. 207).

Gegen die **Zusammenrechnung tateinheitlich begangener Taten** ist einzuwenden, dass § 371 AO einen auf die Steuerart bezogenen Vollständigkeitsbegriff vorgibt. Die Berichtigung einer Umsatzsteuerhinterziehung führt zur Straffreiheit, selbst wenn die tateinheitlich begangene Einkommensteuerhinterziehung nicht zur Anzeige gebracht wird. Dieses Prinzip ist auf § 371 Abs. 2 Satz 1 Nr. 3 AO zu übertragen. Für die Berechnung der Grenzbeträge ist daher u.E. nur auf den **Verkürzungsbetrag der einzelnen Steuerart** abzustellen. Die in Tateinheit begangenen Taten sind *nicht* zu addieren.[4]

Ein praktisches Problem besteht darin, die **Höhe der verkürzten Steuer** 319
betragsmäßig zu bestimmen. Denn der strafrechtlich relevante Verkürzungsbetrag stimmt vielfach nicht mit dem Betrag überein, der in den Änderungsbescheiden (bezogen auf die jeweilige Steuerart etc.) als Nachzahlung festgesetzt wird. Unterschiede können sich zum einen daraus ergeben, dass im Hinblick auf Schätzungen oder im Hinblick auf steuerliche Nachweispflichten strafrechtlich andere Beweismaßstäbe als im Besteuerungsverfahren gelten. Zum anderen können Fälle auftreten, in denen subjektiv (für die Frage des Vorsatzes) zwischen strafrechtlich relevanten und strafrechtlich irrelevanten Nachzahlungsbeträgen zu differenzieren ist.

---

1 BGH v. 23.7.2014 – 1 StR 207/14, wistra 2014, 443.
2 BGH v. 23.7.2014 – 1 StR 207/14, wistra 2014, 443.
3 In diesem Sinne auch FinMin. NRW v. 12.1.2016 – S 0702-8f-V A 1, Tz. 2, n.v.
4 So nun auch auch FinMin. NRW v. 12.1.2016 – S 0702-8f-V A 1, Tz. 17, n.v., allerdings mit Ausnahme des Solidaritätszuschlags.

Rechtlich war bislang umstritten, ob der Grenzbetrag auf den **nominellen Verkürzungsbetrag oder** auf den **strafzumessungsrelevanten Steuerschaden** der jeweiligen Tat abstellt. Der Gesetzgeber hat diesen Streit durch die Einfügung von § 398a Abs. 2 AO mutmaßlich entschieden. Denn wenn der „Hinterziehungsbetrag" sich in § 398a AO nach den Vorgaben aus § 370 Abs. 4 AO (und damit nach dem **nominellen Verkürzungsbetrag**) bestimmt, dann wird man für die Auslegung von § 371 Abs. 2 Satz 1 Nr. 3 AO schwerlich Abweichendes vertreten können. Dies hat dann **dramatische Auswirkungen** in den Bereichen der **Steuerhinterziehung auf Zeit** (Überschreitung der Abgabefrist für Umsatzsteuerjahreserklärung um wenige Tage) und des **Kompensationsverbots** (dazu Rz. 354 ff.).

320 Im Ergebnis führt § 371 Abs. 2 Satz 1 Nr. 3 AO dazu, dass aus dem „Berichtigungsverbund" des § 371 Abs. 1 AO einzelne Taten ausscheiden, für die keine Strafbefreiung durch die abgegebene Selbstanzeige eintritt. Statt des Strafaufhebungsgrunds der Selbstanzeige ist dann das auf Einstellung der Ermittlungen gegen Geldzahlung gerichtete **Verfahren des § 398a AO** einschlägig.

321 Die aus der Neuregelung folgende Ungleichbehandlung verschiedener Fälle ist nach Maßgabe des allgemeinen Gleichheitssatzes nur gerechtfertigt, wenn ihr ein **sachgerechtes Differenzierungskriterium** zugrunde liegt. Im strafrechtlichen Regelungskontext kann dieses Differenzierungskriterium nur die individuelle Schuld des Täters sein. Nominell identische Verkürzungsbeträge können aber auf Taten mit einem erheblich abweichenden Unrechtsgehalt beruhen. Die Leitentscheidung des BGH vom 2.12.2008 zur Strafzumessung[1] hat dies mit deutlichen Worten betont – auch wenn sie vielfach zu Unrecht im Sinne einer gleichsam mathematischen Strafzumessungslehre verstanden wird. Dieses Problem wird durch die Neufassung zum 1.1.2015 verschärft, da § 398a Abs. 2 AO anordnet, dass für die Bemessung der Geldauflage auf die nominellen Verkürzungsbeträge gem. § 370 Abs. 4 AO (einschließlich der Geltung des Kompensationsverbots) und nicht auf den für die individuelle Strafzumessung maßgeblichen „Steuerschaden" i.S.v. § 46 StGB abgestellt werden soll.

Problematisch sind insbesondere die Fallgruppen, in denen selbst die Rechtsprechung für die Frage der Strafzumessung nicht von den nominellen „Verkürzungsbeträgen" ausgehen will: Fälle des Kompensationsverbots, Fälle der Steuerhinterziehung auf Zeit, Fälle der Um-

1 BGH v. 2.12.2008 – 1 StR 416/08, wistra 2009, 107.

satzsteuerhinterziehung ohne materiellen Steuerschaden etc. Eine Anwendung von § 371 Abs. 2 Nr. 3 AO kann hier den **verfassungsrechtlichen Einwand einer willkürlichen Ungleichbehandlung provozieren.**[1] Um diesem Einwand zu begegnen, werden Ermittlungsbehörden ggf. auf eine **Einstellung nach § 153a StPO** ausweichen. Denn die Auflage wird dann nicht nach der festen Vorgabe des § 398a AO, sondern nach den individuellen Verhältnissen bemessen und kann dann niedriger ausfallen.

h) Sperre bei Vorliegen einer Steuerhinterziehung in einem besonders schweren Fall (§ 371 Abs. 2 Satz 1 Nr. 4 AO)

Der Sperrgrund des § 371 Abs. 2 Satz 1 Nr. 4 AO wurde zum 1.1.2015 in das Gesetz aufgenommen. Ausgeschlossen ist die Selbstanzeige nunmehr auch in den Fällen, in denen einer der in § 370 Abs. 3 Satz 2 Nr. 2 bis 5 AO genannten **besonders schweren Fälle** der Steuerhinterziehung vorliegt. 322

Das Regelbeispiel der Hinterziehung von Steuern **„in großem Ausmaß"** (§ 370 Abs. 3 Satz 2 Nr. 1 AO) spielt insoweit keine Rolle, da die Selbstanzeige durch § 371 Abs. 2 Nr. 3 AO in jedem Fall bereits ab einer Verkürzung von 25.000 Euro gesperrt ist. 323

Damit verbleiben als mögliche Anwendungsfälle nur die Steuerhinterziehung unter **Beteiligung von Amtsträgern** (§ 370 Abs. 3 Satz 2 Nr. 2 und Nr. 3 AO), die wiederholte Steuerhinterziehung unter **Verwendung gefälschter Urkunden** (§ 370 Abs. 3 Satz 2 Nr. 4 AO) und die **bandenmäßige Umsatz- und Verbrauchsteuerhinterziehung** (§ 370 Abs. 3 Satz 2 Nr. 5 AO). 324

Rechtsfolge ist – wie bei § 371 Abs. 2 Satz 1 Nr. 3 AO –, dass der Beteiligte nur die Einstellung des Ermittlungsverfahrens gegen **Zahlung eines Strafzuschlags** erreichen kann (s. **§ 398a AO**). 325

11. Zahlungsfrist und sonstige Rechtsfolgen

Die Straffreiheit einer Selbstanzeige tritt nur ein, **„wenn"** die hinterzogenen Steuern innerhalb einer vom Finanzamt bestimmten, angemessenen Frist **gezahlt** werden **(§ 371 Abs. 3 AO)**. **Wie** die Tilgung erfolgt, ist **irrelevant**. Auch ein unbeteiligter **Dritter** kann die noch zu entrich- 326

1 AA *Jäger* in Klein, AO, 13. Aufl. 2016, § 371 Rz. 190.

tenden Steuern zahlen.[1] Diese Bedingung muss bei der **Abwägung**, ob eine Selbstanzeige zu erstatten ist, berücksichtigt werden. Ist absehbar, dass der Steuerpflichtige die Zahlung innerhalb der gesetzten Frist nicht erbringen kann, scheidet eine Selbstanzeige häufig aus.

327 Der Umfang der Nachzahlungsverpflichtung wurde zum 1.1.2015 verschärft. Auch die **Nachzahlungszinsen und die Hinterziehungszinsen** zählen nunmehr mit zu dem Betrag, der zu leisten ist, um Strafbefreiung zu erlangen.

328 Durch das Gesetz ist nicht eindeutig geregelt, ob die Nachzahlungsverpflichtung sich ab dem 1.1.2015 auf den gesamten Berichtigungszeitraum bezieht oder ob die Nachzahlung als Voraussetzung der Strafbefreiung nur hinsichtlich der strafrechtlich noch verfolgbaren Jahre erbracht werden muss. Richtigerweise tritt schon dann Straffreiheit ein, wenn die Steuern und Zinsen der strafrechtlich unverjährten Jahre gezahlt werden. Es ist damit zu rechnen, dass die Strafverfolgungsbehörden die schärfere Auslegung des Gesetzes vertreten und eine **Nachzahlung (einschließlich Zinsen) für den Gesamtzeitraum** verlangen werden.[2] Dadurch können dann vermehrt Fälle auftauchen, in denen die vollständige Strafbefreiung scheitert. Wie in diesem Zusammenhang Teilzahlungen zu verrechnen wären, ist völlig unklar.

329 Bislang spielt in der Praxis die **Zahlungsfrist eine merkwürdig geringe Rolle**. Bei der Fristbestimmung handelt es sich nach hM um eine **strafrechtliche Frist**. Sie muss ausdrücklich als solche bestimmt werden. Die üblichen steuerlichen Fristen aus dem Steuerbescheid sind, isoliert gesehen, keine Fristen i.S.d. § 371 AO.[3]

330 Äußerst umstritten ist, ob und mit welchem **Rechtsmittel** die Fristsetzung angegriffen werden kann. Überwiegend wird die Anrufung der ordentlichen Gerichte – nicht der Finanzgerichte (der BFH hat den Finanzrechtsweg verneint[4]) – zugelassen; teilweise wird jede Anfechtbarkeit verneint und die Überprüfung dem Strafverfahren in der Haupt-

1 Vgl. *Joecks* in Joecks/Jäger/Randt, Steuerstrafrecht, 8. Aufl. 2015, § 371 Rz. 177.
2 In diesem Sinne bereits FinMin. NRW v. 12.1.2016 – S 0702-8f-V A 1, Tz. 8 und 12, n.v.
3 OLG Karlsruhe v. 22.12.2006 – 3 Ss 129/06, wistra 2007, 159.
4 BFH v. 17.12.1981 – IV R 94/77, BStBl. II 1982, 352.

sache überlassen. Andere halten zutreffenderweise einen **Antrag nach § 98 Abs. 2 Satz 2 StPO analog** für den zulässigen Rechtsbehelf.[1]

Problematisch sind die **Maßstäbe** für die **Zahlungsfrist** selbst. Das LG Koblenz[2] überträgt die Stundungsregeln der AO auf die Zahlungsfrist. Das LG Hamburg[3] billigt demgegenüber eine Frist von sieben Tagen, wenn sich der Anzeigende vorher darauf einstellen konnte. Das AG Saarbrücken konkretisiert die angemessene Frist mit „nicht mehr als sechs Monaten".[4] Allgemein praktizierte Regeln gibt es hier nicht. 331

Ist die **Frist** gesetzt, so kann sie **verlängert** werden.[5] Die Verlängerung muss jedoch vor Ablauf der Frist ausgesprochen werden. Wird innerhalb der Frist nicht gezahlt, weil noch rechtzeitig ein Stundungsantrag gestellt wurde, über den erst nach Fristlauf entschieden wurde, ist die Wirksamkeit der Selbstanzeige zweifelhaft. Unabhängig davon, ob der Stundungsantrag nachträglich abgelehnt oder gewährt wird, ist die Selbstanzeige – berücksichtigt man nur den Gesetzeswortlaut – nicht wirksam.[6] Die strafrechtliche Norm des § 371 Abs. 3 AO kennt keine „Hemmung" des Ablaufs für die Dauer des Entscheidungsprozesses. 332

Die **Frist nach § 371 Abs. 3 AO** und etwaige Fristverlängerungen sowie die **steuerliche Zahlungsfrist** und ihre Stundung können folglich auseinanderfallen. 333

Die **Beilegung eines Schecks** über den nachzuzahlenden Betrag bei Abgabe der Selbstanzeige ist **nicht erforderlich**. Allerdings führt eine frühzeitige freiwillige Zahlung zur Unterbrechung des Zinslaufs und zu einem Anspruch auf Erlass etwaiger später durch Bescheid festgesetzter Nachzahlungszinsen.[7] 334

---

1 Vgl. zum Meinungsstreit *Joecks* in Joecks/Jäger/Randt, Steuerstrafrecht, 8. Aufl. 2015, § 371 Rz. 165 f.; *Schauf* in Kohlmann, Steuerstrafrecht, § 371 Rz. 391 ff. (Aug. 2015).

2 LG Koblenz v. 13.12.1985 – 105 Js (Wi) 17301/83 – 10 KLs, wistra 1986, 79.

3 LG Hamburg v. 4.3.1987 – (50) 187/86 Ns, wistra 1988, 317.

4 AG Saarbrücken v. 21.6.1983 – 9 As 86/83, wistra 1983, 268, mit Anm. *Bilsdorfer*, DStZ 1983, 415.

5 *Joecks* in Joecks/Jäger/Randt, Steuerstrafrecht, 8. Aufl. 2015, § 371 Rz. 167.

6 *Joecks* in Joecks/Jäger/Randt, Steuerstrafrecht, 8. Aufl. 2015, § 371 Rz. 168; *Kemper* in Rolletschke/Kemper, Steuerstrafrecht, § 371 Rz. 435 (Dez. 2011). Die Autoren verweisen auf die **Praxis**, die regelmäßig eine kurze **Nachfrist** gewährt, wenn der Verlängerungsantrag rechtzeitig gestellt war, aber erst nach Fristende abgelehnt wurde.

7 Zu den Einzelheiten einer freiwilligen Zahlung vor Festsetzung der zu verzinsenden Steuer s. Tz. 70.1. AEAO zu § 233a.

335 Eine **teilweise Nachzahlung** führte nach altem Recht zur anteiligen Strafbefreiung. Ob dies nach neuem Recht Bestand hat, ist wegen des geänderten Wortlauts fraglich, gerichtlich aber bislang nicht entschieden.

336 Die **steuerlichen Folgen** einer Hinterziehung werden durch eine Selbstanzeige nicht eingeschränkt. Dies gilt insbesondere für die Haftung des Hinterziehers nach § 71 AO, die Verlängerung der Festsetzungsfrist nach § 169 Abs. 2 Satz 2 AO, die Abänderungsbefugnis nach § 173 Abs. 2 AO sowie die Hinterziehungszinsen nach § 235 AO.

337 Auch in diesem Bereich hat die Selbstanzeige aber **Vorteile**: Stellt die Strafverfolgungsbehörde wegen der Selbstanzeige das Strafverfahren ein, muss das Finanzamt selbstständig die Hinterziehung ermitteln. Es trägt die objektive Beweislast und kann nicht auf Strafakten zurückgreifen. Es sind keine strafprozessualen Eingriffe, wie Durchsuchung oder Beschlagnahme, zulässig.

338 Bei Abgabe einer Selbstanzeige greift hinsichtlich der **steuerlichen Festsetzungsverjährung** die **Ablaufhemmung** des § 171 Abs. 9 AO ein. Danach endet die Festsetzungsfrist nicht vor Ablauf eines Jahres nach Eingang der Anzeige. Parallel sind die Ablaufhemmungstatbestände des § 171 Abs. 5 AO (Ermittlung der Besteuerungsgrundlagen durch die Steuerfahndung) sowie des § 171 Abs. 7 AO (Hemmung der Festsetzungsfrist nicht vor Verjährung der Steuerstraftat) einschlägig.[1]

339 Wird eine **Berichtigung** nach **§ 153 AO** von dem Finanzamt als Selbstanzeige gewertet und dem Berichtigenden dies mitgeteilt, so kann er diese Qualifikation nicht mit einem Rechtsmittel angreifen; dies ist erst bei Folge-Verwaltungsakten, z.B. Hinterziehungszinsbescheiden, möglich.

340 Die Selbstanzeige ist **kein Geständnis** im strafrechtlichen Sinne. Auch wer „vorsorglich" eine Selbstanzeige erstattet, kann später jede Hinterziehung verneinen. Er kann auch um die Höhe der nacherklärten Beträge streiten. Dieser rein steuerrechtliche Streit um die richtige Besteuerung ist nicht mit dem **Widerruf der Selbstanzeige** zu verwechseln, der zur Unwirksamkeit der Selbstanzeige führen kann.[2]

341 Der Anzeigenerstatter ist steuerlich nicht an die zunächst erklärten Zahlen gebunden. Dies ist insbesondere bei der Selbstanzeige in Stu-

---

1 S. hierzu auch BFH v. 17.11.2015 – VIII R 68/13, DStR 2016, 605.

2 So auch LG Heidelberg v. 16.11.2012 – 1 Qs 62/12, wistra 2013, 78, mit Anm. *Weinbrenner*, DStR 2013, 1268; vertiefend *Weigell/Görlich*, DStR 2016, 197.

fen wichtig. Die bewusst zu hoch geschätzten Beträge können im Besteuerungsverfahren korrigiert werden. Gegen die Steuerbescheide kann damit das reguläre **Rechtsbehelfsverfahren geführt werden**.

Allerdings ist Vorsicht geboten: Wer nachträglich einen anderen Sach- 342
verhalt vorträgt als den Sachverhalt, der mit der Selbstanzeige mitgeteilt wurde, der riskiert einen schädlichen „**Widerruf**". **Sachverhaltskorrekturen** sollten also nur dann vorgenommen werden, wenn die „neuen Tatsachen" sicher belegt werden können. Nachgeschobene **rechtliche Argumente** sind dagegen weitgehend unproblematisch.

Wichtig ist vor dem Hintergrund des § 371 Abs. 3 AO, dass zunächst 343
die festgesetzten Steuern gezahlt werden. Eine **Aussetzung der Vollziehung** sollte deshalb im Zweifelsfall nur im Nachhinein durch den Antrag auf Aufhebung der Vollziehung versucht werden.

Selbstverständlich bleibt es dem Steuerpflichtigen unbenommen, auch 344
in den **Fällen des § 398a AO** um die Höhe der tatsächlichen Steuernachzahlung und damit ggf. auch um die Höhe und das Eingreifen der Zuschlagszahlung zu streiten.

Die Selbstanzeige unterliegt dem **Steuergeheimnis** nach § 30 AO.[1] Das 345
Gesetz formuliert jedoch weitreichende Ausnahmen und Mitteilungsbefugnisse: Trotz der Selbstanzeige bleiben **Disziplinarmaßnahmen** gegen Beamte, Richter und Soldaten zulässig.[2] Ähnliches gilt für gewerberechtliche oder **sonstige Aufsichtsmaßnahmen**, soweit für deren Eingreifen keine Verurteilung wegen Steuerhinterziehung Voraussetzung ist (z.B. § 35 GewO). Zum Zweck dieser Verfahren kann eine Mitteilung erfolgen. Auch hier gilt aber: Eine wirksame Selbstanzeige belässt die objektive Beweislast bei der Behörde.

Die Selbstanzeige schützt nicht vor **Ermittlungen**; eine Selbstanzeige 346
kann eine Steuerfahndung auslösen.

Für „**Altfälle**" gilt: Bei Selbstanzeigen, die **bis zum 28.4.2011** abge- 347
geben wurden, ist § 371 AO in der bis zu diesem Zeitpunkt geltenden Fassung mit der Maßgabe anzuwenden, dass im Umfang der gegenüber der zuständigen Finanzbehörde berichtigten, ergänzten oder nachgeholten Angaben Straffreiheit eintritt (Art. 97 § 24 EGAO). Bis dahin abgegebene **Teilselbstanzeigen** sind somit wirksam.

---

1 *Burkhard*, Stbg 2013, 412; *Jehke/Haselmann*, DStR 2015, 1036.

2 Eine Übersicht findet sich bspw. bei *Schott*, PStR 2013, 221; s. auch *Dönmez*, NWB 2014, 629; *Jehke/Haselmann*, DStR 2015, 1036; *Jehke/Gallert*, DStR 2015, 1476.

Nach dem 28.4.2011 und **vor dem 1.1.2015** abgegebene Selbstanzeigen, über deren Wirksamkeit noch nicht abschließend entschieden ist, sind am Maßstab der aus Sicht des Betroffenen **mildesten Regelung** zu messen (**Meistbegünstigungsprinzip i.S.d. § 2 Abs. 3 StGB**).[1]

348 Die Konsequenzen einer **unwirksamen Selbstanzeige** sollen an dieser Stelle nicht vertieft werden.[2]

12. Das Verfahren der Selbstanzeige „zweiter Klasse" gem. § 398a AO

a) Allgemeines

349 In den Fällen, in denen nur wegen der Sperrgründe des § 371 Abs. 2 Satz 1 Nr. 3 und 4 AO Straffreiheit nicht eintritt, hat der an der Tat Beteiligte einen Anspruch auf Einstellung des Strafverfahrens, wenn er innerhalb einer ihm bestimmten angemessenen Frist die aus der Tat zu seinen Gunsten hinterzogenen Steuern und Zinsen entrichtet und einen zusätzlichen Geldbetrag (Strafzuschlag) an die Staatskasse bezahlt. Jener Strafzuschlag ist gestaffelt:

350

Verkürzung	Prozent	Strafzuschlag pro Tat
bis 25.000Euro	–	*kein Strafzuschlag*
ab 25.001 Euro	10 %	2.500 Euro bis 10.000 Euro
ab 100.001 Euro	15 %	15.000 Euro bis 150.000 Euro
> 1 Mio. Euro	20 %	200.000 Euro Minimum

U.E. nach ist die Berechnung der Höhe des Strafzuschlags jeweils tatbezogen vorzunehmen, eine Zusammenrechnung mehrerer **Taten unterschiedlicher Jahre** kann auch für die Einordnung innerhalb der Staffel des § 398a AO nicht erfolgen.

351 Für die Beratung von **Privatpersonen** werden die Fragen von § 371 Abs. 2 Satz 1 Nr. 3 AO und § 398a AO nur im Ausnahmefall relevant. Steuerverkürzungen von mehr als 25.000 Euro pro Tat sind hier nicht an der Tagesordnung.

---

1 FinMin. NRW, Erlass v. 9.2.2015 – S 0702 - 8f -V A 1, DB 2015, 408, mit Verweis auf Art. 3 des Gesetzesentwurfs (BT-Drucks. 431/14); FinMin. NRW v. 12.1.2016 – S 0702-8f-V A 1, Tz. 10, n.v.

2 Zur **Strafzumessung**: LG München II v. 13.3.2014 – W 5 KLs 68 Js 3284/13, wistra 2015, 77 („*Hoeneß*-Urteil"), mit Anm. *Beyer*, NWB 2014, 3608; *Webel*, PStR 2014, 70; zur zivilrechtlichen **Beraterhaftung**: *Esskandari/Schmitt*, NWB 2012, 2573; *Guntermann*, Stbg 2013, 420.

In den Praxisfällen verschwiegener Auslandskonten sind allerdings die Fälle der **Erbschaft- und Schenkungsteuerverkürzung** im Auge zu behalten.

Große Bedeutung gewinnt die Vorschrift im **unternehmerischen Bereich** – man denke nur an die Umsatz- oder Lohnsteueranmeldungen. Hier können Beträge von nominell mehr als 25.000 Euro pro Erklärung schnell erreicht sein. 352

Der Strafzuschlag fällt nur für jene Taten an, für die noch **keine Strafverfolgungsverjährung** eingetreten ist. 353

b) Zur Anwendbarkeit des Kompensationsverbots

Zur Betrachtung der Anwendbarkeit des Kompensationsverbots ist der Wortlaut der Vorschrift heranzuziehen. Gem. § 371 Abs. 2 Satz 1 Nr. 3 AO tritt Straffreiheit nicht ein, wenn die nach § 370 Abs. 1 AO **verkürzte Steuer** oder der für sich oder einen anderen erlangte nicht gerechtfertigte Steuervorteil einen Betrag von 25.000 Euro je Tat übersteigt. In jenen Fällen wird gem. § 398a Abs. 1 Nr. 2 AO von der Verfolgung einer Straftat abgesehen, wenn der an der Tat Beteiligte die aus der Tat zu seinen Gunsten hinterzogenen Steuern und Zinsen entrichtet und einen Geldbetrag zwischen 10 % und 20 % der **hinterzogenen Steuer** – sofern der **Hinterziehungsbetrag** bestimmte Schwellen überschreitet – zugunsten der Staatskasse zahlt. § 398a Abs. 2 AO stellt ferner klar, dass sich die Bemessung des **Hinterziehungsbetrags** nach den Grundsätzen des § 370 Abs. 4 AO richtet. 354

Das Gesetz bedient sich in vermeintlich zusammenhängenden Regelungsbereichen verschiedener Terminologien. Es ist daher fraglich, ob den verschiedenen Begriffen tatsächlich unterschiedliche Bedeutungen beizumessen sind. Damit einhergeht die Frage, wann unter Anwendung des Kompensationsverbots auf den Nominalbetrag der Steuerverkürzung und wann auf den eingetretenen Steuerschaden, also den effektiven Nachzahlungsbetrag, abzustellen ist. 355

Bei der Ermittlung der 25.000-Euro-Grenze wird nach dem Wortlaut des § 371 Abs. 2 Satz 1 Nr. 3 AO ausdrücklich auf die **verkürzte Steuer** des § 370 Abs. 1 AO verwiesen. § 370 Abs. 4 Satz 1 AO definiert die verkürzte Steuer als jene, die nicht, nicht in voller Höhe oder nicht rechtzeitig festgesetzt wurde. § 370 Abs. 4 Satz 3 AO wendet hierauf das sog. Kompensationsverbot an. Damit ist auch bei der Bestimmung 356 der 25.000-Euro-Grenze das Kompensationsverbot anzuwenden.[1] Maßgeblich ist damit der Nominalbetrag der verkürzten Steuer unabhängig davon, ob diese aus anderen Gründen hätte ermäßigt werden können.

Durch den Verweis auf § 370 Abs. 4 AO in § 398a Abs. 2 AO ist des Weiteren eindeutig geregelt, dass auch bei der Ermittlung des in § 398a Abs. 1 Nr. 2 AO genannten **Hinterziehungsbetrags** das Kompensationsverbot des § 370 Abs. 4 Satz 3 AO anzuwenden ist. **Hinterziehungsbetrag** und **verkürzte Steuer** werden somit vom Gesetzgeber gleichgesetzt. Warum er nicht dieselbe Terminologie verwendet, erschließt sich nicht. Anhand dieser Bemessungsgrundlagen wird entschieden, ob die 25.000-Euro-Grenze bzw. im Rahmen des § 398a Abs. 1 Nr. 2 AO zusätzlich die 100.000-Euro-Grenze bzw. die 1-Mio.-Euro-Grenze überschritten sind, und zwar tatbezogen.[2]

Die Bemessungsgrundlage für den anzuwendenden Prozentsatz ist nach dem Wortlaut des § 398a Abs. 1 Nr. 2 AO jedoch nicht der zuvor ermittelte Hinterziehungsbetrag, sondern die **hinterzogene Steuer**. Dies ist nach zutreffender Auffassung der Steuerbetrag, der im Falle einer Verkürzung zu eigenen Gunsten effektiv nachzuzahlen ist, also der Steuerschaden.[3] Aufgrund der eindeutigen gesetzlichen Terminologie ist das Kompensationsverbot des § 370 Abs. 4 Satz 3 AO auf die Bemessungsgrundlage des Strafzuschlags daher nicht anwendbar.[4] Die Gegenauffassung, wonach auch bei der Bemessungsgrundlage des Zuschlags nach § 398a Abs. 1 Nr. 2 AO das Kompensationsverbot greifen soll,[5] lässt sich mit dem Gesetzeswortlaut nicht in Einklang bringen.

---

1 A.A. *Beyer*, NWB 2015, 769 (774).

2 BT-Drucks. 18/3018, 14; *Beneke*, BB 2015, 407 (409); *Saligmann/Neuendorf*, DStZ 2014, 791 (797); *Geuenich*, NWB 2015, 29 (35); *Beyer*, NWB 2015, 769 (775).

3 FinMin. NRW v. 12.1.2016 – S 0702-8f-V A 1, Tz. 11, n.v.; *Geuenich*, NWB 2015, 29 (36); *Beneke*, BB 2015, 407 (409); *Beyer*, NWB 2015, 769 (776).

4 FinMin. NRW v. 12.1.2016 – S 0702-8f-V A 1, Tz. 11, n.v.; *Geuenich*, NWB 2015, 29 (36). In diesem Sinne bereits zu § 398a AO a.F. *Rolletschke* in Graf/Jäger/Wittig, Wirtschafts- und Steuerstrafrecht, 2011, § 398a AO Rz. 7.

5 *Habammer/Pflaum*, DStR 2015, 2267 (2270); *Schwartz*, PStR 2015, 37 (44); wobei diese auf die unterschiedliche Terminologie nicht eingehen. Zur alten Regelung in diesem Sinne auch *Jäger* in Klein, AO, 13. Aufl. 2016, § 398a Rz. 28 f.

c) Nachzahlungsverpflichtung und persönliche Reichweite des Strafzuschlags

§ 398a AO setzt zunächst voraus, dass die **hinterzogene Steuer** sowie die **Hinterziehungszinsen** nach § 235 AO sowie die **Zinsen nach § 233a AO**, soweit sie auf die Hinterziehungszinsen nach § 235 Abs. 4 AO angerechnet werden, **nachgezahlt** werden. 357

Die Verpflichtung zur Steuer- und Zinsnachzahlung trifft – ebenso wie bei § 371 AO – nur denjenigen, der **zu eigenen Gunsten Steuern hinterzogen** hat. Im Umkehrschluss bedeutet dies: Wer als **Mitarbeiter eines Unternehmens** falsche Steuererklärungen abgegeben oder daran mitgewirkt hat, der kann durch eine Berichtigung Straffreiheit erlangen, ohne dafür eine Steuer- oder Zinsnachzahlung leisten zu müssen. 358

Die Zahlung des Strafzuschlags trifft hingegen **„alle an der Tat Beteiligten"**, und zwar unabhängig davon, ob sie einen Vorteil erlangt haben.[1] 359

Bei **unzutreffenden Gewinnfeststellungserklärungen** einer Mitunternehmerschaft ist – bei unterstellter Gutgläubigkeit der Mitunternehmer – von einer Steuerhinterziehung der Geschäftsführung in mittelbarer Täterschaft auszugehen. Die eintretenden Steuerverkürzungen sind zusammenzurechnen. Nach neuerer Rechtsprechung des BGH[2] soll ein auf Ebene der Personengesellschaft ergangener überhöhter Verlustfeststellungsbescheid den Taterfolg des § 370 AO in der **Form der Vorteilserlangung** erfüllen. Wie der Umfang dieses Taterfolgs isoliert zu berechnen ist, also ohne hilfsweise auf die eintretenden Steuerverkürzungen abzustellen, bleibt unklar. 360

d) Verfahrensfragen

Das Verfahren ist der **Regelung des § 153a StPO nachempfunden**.[3] Die Strafverfolgungsbehörde (d.h. die Staatsanwaltschaft oder an ihrer Stelle die Straf- und Bußgeldsachenstelle) verfügt die vorläufige Einstellung des Verfahrens und teilt ihre Entscheidung dem Betroffenen mit. Gleichzeitig wird der Täter über die im Gesetz vorgesehene Zahlungspflicht für Steuernachzahlung und den Zuschlag belehrt. Erfolgt 361

1 In der seit dem 1.1.2015 geltenden Gesetzesfassung ist dies ausdrücklich geregelt. Bejahend zur unklaren alten Rechtslage: LG Aachen v. 27.8.2014 – 86 Qs 11/14, wistra 2014, 493; *Rolletschke/Roth*, Stbg 2014, 459.
2 BGH v. 2.11.2010 – 1 StR 544/09, NStZ 2011, 294.
3 BT-Drucks. 17/5067 (neu), 20.

die Zahlung dann fristgemäß, folgt die endgültige Verfahrenseinstellung nach § 398a AO.

362 Die **Rechtsnatur des „Zuschlags"** ist ungeklärt. Entsprechend regelt das Gesetz nicht, wie sich der Betroffene gegen eine Zahlungsaufforderung nach § 398a AO wehren kann. Aus allgemeinen Rechtsgrundsätzen lassen sich drei mögliche Varianten ableiten:

- Der Betroffene kann die Zahlung verweigern, die Strafsachenstelle wird das Verfahren dann durch den Antrag auf Erlass eines Strafbefehls abschließen (alternativ: Abgabe an Staatsanwaltschaft und Anklageerhebung). Ob § 398a AO einschlägig ist, wäre dann im **Einspruchsverfahren gegen den Strafbefehl** oder **bei Eröffnung des Hauptverfahrens durch das Gericht zu entscheiden**. Spätestens in der öffentlichen Hauptverhandlung wäre die Frage zu thematisieren. Folgt das Gericht der Einordnung der Strafverfolgungsbehörde, wäre (wohl) eine erneute Fristsetzung erforderlich, damit der Betroffene dann noch die Gelegenheit erhält, die Verfahrenseinstellung zu erreichen.
- Der Betroffene kann gegenüber der Entscheidung der Strafsachenstelle einen **Antrag an das OLG nach § 23 EGGVG** stellen. Dieser Rechtsbehelf ist zulässig, wenn es sich um einen „Justizverwaltungsakt" handelt und keine anderweitige Form des Rechtsschutzes geregelt ist.

Alternativ dazu könnte ein **Antrag an das Amtsgericht analog § 98 Abs. 2 Satz 2 StPO** gestellt werden, um eine Entscheidung des Amtsrichters einzuholen, die dann wiederum mit der Beschwerde beim Landgericht angefochten werden könnte.[1]

363 In der **Praxis** kommt es darauf an, zunächst im Kontakt mit der Strafsachenstelle (oder der Staatsanwaltschaft) die **Zahlungsfrist aufheben** zu lassen. Sodann können die inhaltlichen Fragen diskutiert werden, was anschließend ggf. in das Rechtsbehelfsverfahren mündet.

364 In der ab dem 1.1.2015 geltenden Fassung hat der Gesetzgeber die bis dato strittige Frage des Strafklageverbrauchs geklärt: Stellt sich nachträglich heraus, dass die Angaben in der Selbstanzeige unvollständig oder unrichtig waren (bspw. weil der Täter entgegen § 371 Abs. 1 AO nicht alle erklärungsbedürftigen Taten des „Berichtigungsverbunds" angegeben hat), so darf das strafrechtliche **Ermittlungsverfahren wieder aufgenommen** werden (§ 398a Abs. 3 AO).[2] Die bereits gezahlten

---

1 In diesem Sinne LG Aachen v. 27.8.2014 – 86 Qs 11/14, wistra 2014, 493.

2 Vertiefend *Roth*, Stbg 2015, 311.

Beträge werden nicht erstattet, können aber auf eine dann zu verhängende Geldstrafe angerechnet werden (§ 398a Abs. 4 AO). Eine Anrechnung auf **Geldauflagen** nach § 153a StPO oder **Bewährungsauflagen** kommt nach dem Gesetzeswortlaut nicht in Betracht. In diesen Fällen verfällt die geleistete Zahlung.[1]

§ 398a AO in der ab 1.1.2015 geltenden Fassung ist auf Selbstanzeigen, die vor dem 1.1.2015 abgegeben wurden, **nicht** anwendbar[2] (s. auch Rz. 347). Für jene Selbstanzeigen verbleibt es – sofern nach dem 2.5.2011 abgegeben – bei einem Strafzuschlag von 5 %, wenn die Schwelle von 50.000 Euro überschritten ist. 365

13. Strafverfolgungshindernis bei „Drittanzeige" gem. § 153 AO i.V.m. § 371 Abs. 4 AO

Erhebliche Bedeutung nach neuem Recht gewinnt schließlich die Korrektur nach **§ 153 AO i.V.m. § 371 AO**. Hinsichtlich der Einzelheiten zu § 153 AO s. Rz. 375 ff. 366

Wird die in § 153 AO vorgesehene Anzeige rechtzeitig und ordnungsgemäß abgegeben, so wird ein **Dritter**, der diese Erklärung abzugeben unterlassen oder unrichtig abgegeben hat, **strafrechtlich nicht verfolgt (Strafverfolgungshindernis)**, es sei denn, dass ihm die Einleitung eines Straf- oder Bußgeldverfahrens bekannt gegeben worden ist.

Beispiel: Erlangt ein neu berufenes Organ eines Unternehmens nachträglich Kenntnis von steuerlichen Unregelmäßigkeiten und Erklärungsfehlern seines Vorgängers in der Vergangenheit, so ist es nach § 153 AO zur Korrektur verpflichtet.

In der Diskussion stehen die **Auswirkungen** einer solchen Anzeige **auf die übrigen Beteiligten**.[3] 367

Zunächst wird unstreitig jener Täter – im Beispielsfall der Vorgänger des neu berufenen Organs – durch die Drittanzeige straffrei, der zuvor seinerseits der **Berichtigungspflicht nach § 153 AO nicht nachgekommen** ist und sich folglich wegen Steuerhinterziehung durch Unterlassen gem. § 153 Abs. 1 i.V.m. § 370 Abs. 1 Nr. 2 AO strafbar gemacht hat.

Hat der Täter eine **„originäre" Steuerhinterziehung i.S.d. § 370 AO** begangen, ist die Rechtslage unklar. Der Wortlaut der Norm ist insoweit

1 S. auch *Roth*, wistra 2015, 295.
2 *Hunsmann/Rübenstahl*, PStR 2015, 197.
3 *Wulf/Frank*, Stbg 2013, 507.

verunglückt.[1] Der Verweis auf „die in § 153 bezeichneten Erklärungen" legt nahe, dass auch die fehlerhaften Ursprungserklärungen gemeint sind. Allerdings steht dies im Widerspruch zu dem „Unterlassen" jener Erklärungen, da § 153 AO eine Berichtigungspflicht bei Unterlassen der Ursprungserklärung gerade nicht vorsieht. Die Vorschrift ist demnach der Auslegung zugänglich, was zu erheblicher Rechtsunsicherheit und in der Praxis zu individuell divergierenden und – da von strafrechtlicher Relevanz – untragbaren Ergebnissen führt.

368 Der Meinungsstreit um die Auslegung der Vorschrift wird bereits seit den 1990er-Jahren geführt. *Samson* hat die Auslegungsvarianten und Widersprüche in der Vorschrift grundlegend herausgearbeitet und sich nach dem Sinn und Zweck der Vorschrift, den Anzeigeverpflichteten aus einer Zwangslage zu befreien, für eine extensive Auslegung der Vorschrift zugunsten auch des originären Steuerhinterziehers ausgesprochen.[2] Die Angst vor Fremdbelastung solle kein Gegenmotiv für eine Anzeigepflicht bilden. Dem hat sich die Literatur teilweise angeschlossen.[3]

369 Das OLG Stuttgart[4] und mit ihm andere Teile der Literatur[5] sind dem entgegengetreten. Hätte der Gesetzgeber den Täter der fehlerhaften Ursprungserklärung i.S.d. §§ 149, 150 AO von der Strafverfolgung befreien wollen, hätte es nahegelegen, auf diese Vorschriften zu verweisen. Ferner eröffne eine extensive Auslegung eine Missbrauchsgefahr dahin gehend, dass gestalterisch das Vollständigkeitsgebot wie auch die Sperrgründe der Selbstanzeige i.S.d. § 371 AO für den Ursprungstäter umgangen werden könnten, indem zunächst ein gutgläubiges Organ eingesetzt und durch die unverzügliche Anzeige und Berichtigung Straffreiheit für den oder die Vorgänger erreicht wird.

---

1 *Kohler* in Münchener Kommentar, StGB, Nebenstrafrecht II, 2. Aufl. 2015, § 371 AO Rz. 353 f.; *Beckemper* in Hübschmann/Hepp/Spitaler, AO/FGO, § 371 AO Rz. 227 (Aug. 2015).

2 *Samson*, wistra 1990, 245.

3 *Dörn*, Stbg 1998, 562; *Kottke*, DStR 1996, 1352; *Bornheim*, PStR 1999, 5; *Schmedding* in Wannemacher, Steuerstrafrecht, 6. Aufl. 2013, Rz. 1974; differenzierend *Beckemper* in Hübschmann/Hepp/Spitaler, AO/FGO, § 371 AO Rz. 231 ff. (Aug. 2015).

4 OLG Stuttgart v. 31.1.1996 – Ws 1/96, wistra 1996, 190.

5 *Jäger* in Klein, AO, 13. Aufl. 2016, § 371 Rz. 242; *Kohler* in Münchener Kommentar, StGB, Nebenstrafrecht II, 2. Aufl. 2015, § 371 Rz. 357; *Kemper* in Rolletschke/Kemper, Steuerstrafrecht, § 371 Rz. 573 (Dez. 2011); *Schauf* in Kohlmann, Steuerstrafrecht, § 371 Rz. 856 (Aug. 2015).

Das AG Bremen[1] und nachfolgend das LG Bremen[2] haben wiederum in Kenntnis der Entscheidung des OLG Stuttgart die extensive Auslegung des § 371 Abs. 4 AO gestützt.

Erstaunlich ist, dass der Gesetzgeber trotz der jüngsten Änderungen 370 des § 371 AO hinsichtlich dieses Meinungsstreits keine Klarstellung vorgenommen hat. Dies untermauert die Kritik, dass der Gesetzgeber in erster Linie die Nacherklärung von Erträgen auf Auslandskonten privater Anleger im Blick hatte[3], für die die insbesondere im unternehmerischen Bereich geltende Drittanzeige i.S.d. § 317 Abs. 4 AO keine Relevanz hat. Bemerkenswert ist ferner, dass die ansonsten eher strafschärfende Rechtsprechung des 1. Strafsenats des BGH der restriktiven Wortlautauslegung des § 371 Abs. 4 AO durch das OLG Stuttgart zumindest teilweise und vermutlich unfreiwillig den Boden entzogen hat. Denn in seiner Entscheidung vom 17.3.2009[4] vertritt der BGH die Auffassung, eine steuerrechtliche Anzeige- und Berichtigungspflicht i.S.d. § 153 Abs. 1 Satz 1 Nr. 1 AO bestehe auch dann, wenn der Steuerpflichtige die Unrichtigkeit seiner Angaben bereits bei Abgabe der Steuererklärung billigend in Kauf genommen hat und damit auch originärer Täter war.

Daher gilt richtigerweise: **Die Anzeige gilt als strafbefreiende Selbstanzeige zugunsten aller anderen Beteiligten**, die vorhergehend entweder selbst unrichtige Angaben abgegeben haben, die Abgabe von Steuererklärungen für das Unternehmen unterlassen haben oder zuvor ihrer Berichtigungspflicht nach § 153 AO nicht nachgekommen sind.[5] Die **strafbefreiende Wirkung dieser Drittanzeige** – und das ist das Entscheidende – ist wiederum nach dem eindeutigen Wortlaut des Gesetzes **nicht an die Sperrwirkung des § 371 Abs. 2 Satz 1 Nr. 1 Buchst. a und c AO geknüpft** und auch während einer laufenden Betriebsprüfung noch möglich.

Hat der Steuerhinterzieher, auf den sich die Wohltat des § 371 AO er- 371 streckt, zum eigenen Vorteil gehandelt, so gilt § 371 Abs. 3 AO entsprechend. Er wird nur dann nicht verfolgt, wenn er die zu seinen Gunsten **hinterzogenen Steuern** innerhalb einer bestimmten angemessenen Frist **zahlt** (Rz. 326). Im Übrigen ist eine Steuerzahlung, um strafrechtlich nicht verfolgt zu werden, nicht erforderlich.

1 AG Bremen v. 17.2.1998 – 84b Ds 860 Js 22051/97, wistra 1998, 316.
2 LG Bremen v. 26.6.1998 – 42 Qs 84b Ds 860 Js 22051/97, wistra 1998, 317.
3 Vgl. nur *Beckemper/Schmitz/Wegner/Wulf*, wistra 2011, 281 (282).
4 BGH v. 17.3.2009 – 1 StR 479/08, BGHSt 53, 210.
5 So auch *Müller*, Die Selbstanzeige im Steuerstrafrecht, 2. Aufl. 2015, Rz. 163.

14. Nacherklärung bei leichtfertiger Steuerverkürzung

372 Bei leichtfertiger Steuerverkürzung wird gem. § 378 Abs. 3 AO eine Geldbuße nicht festgesetzt, soweit der Täter gegenüber der Finanzbehörde die unrichtigen Angaben berichtigt, die unvollständigen Angaben ergänzt oder die unterlassenen Angaben nachholt, bevor ihm oder seinem Vertreter die Einleitung eines Straf- oder Bußgeldverfahrens wegen der Tat bekannt gegeben worden ist.

373 Ein **Vollständigkeitsgebot** gibt es in diesem Kontext nicht. „**Soweit**" wie der Steuerpflichtige berichtigt, kann er nicht mehr nach § 378 AO belangt werden.

374 Auch kennt die bußgeldbefreiende Nacherklärung **nur** die **Sperre der Einleitung eines Straf- oder Bußgeldverfahrens**. Damit ist eine Nacherklärung selbst dann, wenn sie in der Betriebsprüfung erfolgt und/oder der Betrag von 25.000 Euro pro Tat überschritten ist, noch wirksam, soweit den betroffenen Verantwortlichen nur grobe Fahrlässigkeit vorgeworfen werden kann. Dies wird zukünftig eine wichtige Verteidigungslinie darstellen, wobei die Abgrenzung in der Praxis zumeist höchst problematisch ist.

15. Berichtigungserklärung nach § 153 AO

a) Allgemeines

375 Erkennt ein Steuerpflichtiger **nachträglich vor Ablauf der Festsetzungsfrist**, dass eine von ihm oder für ihn abgegebene **Erklärung unrichtig oder unvollständig** ist und dass es **dadurch zu einer Verkürzung von Steuern** kommen kann oder bereits gekommen ist, so ist er verpflichtet, dies **unverzüglich anzuzeigen** und die erforderliche **Richtigstellung vorzunehmen** (§ 153 Abs. 1 Satz 1 Nr. 1 AO). Die Anzeigepflicht besteht ferner, wenn die Voraussetzungen für eine Steuerbefreiung, Steuerermäßigung oder sonstige Steuervergünstigung nachträglich ganz oder teilweise wegfallen (§ 153 Abs. 2 AO).

376 § 153 AO normiert eine steuerrechtliche Pflicht und stellt gewissermaßen die Kehrseite des § 371 AO dar. Sowohl im Fall einer Anzeige und Berichtigung nach § 153 Abs. 1 AO als auch im Fall einer Selbstanzeige i.S.d. § 371 AO muss die Erklärung im Zeitpunkt ihrer Abgabe objektiv unrichtig gewesen sein und zu einer Steuerverkürzung geführt haben bzw. führen können. Der objektive Tatbestand der Steuerhinterziehung ist somit in beiden Anwendungsbereichen erfüllt. Die Regelungen unterscheiden sich daher lediglich in subjektiver Hinsicht. Ein Fall des

§ 153 AO liegt grundsätzlich nur dann vor, wenn der Steuerpflichtige bei Abgabe der steuerlichen Erklärung nicht vorsätzlich oder leichtfertig handelte.[1]

Vor Änderung der Selbstanzeigevorschrift im Jahr 2011 spielte diese subjektive Abgrenzung i.d.R. nur dann eine Rolle, wenn das Vorliegen von Sperrgründen i.S.d. § 371 Abs. 2 AO oder die Festsetzung von Hinterziehungszinsen streitig war. Erst durch die Einführung des Vollständigkeitsgebots des § 371 Abs. 1 AO sowie des Strafzuschlags i.S.d. § 398a AO hat diese Abgrenzung in der Praxis enorm an Bedeutung gewonnen. Da es jedoch an festen Anwendungs- und Abgrenzungskriterien fehlte, bestand in den letzten Jahren insbesondere in den Unternehmen eine erhebliche Unsicherheit, wie steuerliche Fehler zu korrigieren sind. Die drohende Kriminalisierung des Steuerrechts und die unterschiedliche Anwendungspraxis aufseiten der Finanzverwaltung führten dazu, dass sich das BMF dieses Themas durch Einfügung des **Anwendungserlasses zu § 153 AO** (AEAO zu § 153)[2] angenommen hat. Auch wenn es sich formal betrachtet nur um Innenrecht der Finanzverwaltung handelt, wird diese Veröffentlichung vorhersehbar für die Anwendung von § 153 AO erhebliche Bedeutung erlangen, zumal der Erlass auch noch über diesen speziellen Bereich hinausgehende Aussagen beinhaltet. 377

b) Anzeige- und Berichtigungspflicht

§ 153 Abs. 1 AO normiert eine Anzeige- und Berichtigungspflicht. § 153 378
Abs. 2 AO normiert lediglich eine Anzeigepflicht.

Von zentraler Bedeutung für das Verständnis der Regelung und für die Lösung von Praxisfragen ist daher die Erkenntnis, dass das Gesetz hinsichtlich der Frist zwischen der Korrekturanzeige und der Berichtigungserklärung **differenziert**: Nur die **Anzeige** hat **„unverzüglich"** zu erfolgen, also ohne schuldhaftes Zögern, nachdem der Berichtigungsbedarf erkannt worden ist. Für die **inhaltliche Berichtigung** bestimmt das Gesetz dagegen keine Frist, sie ist nicht „unverzüglich" zu erstat-

---

1 S. auch Tz. 2.2 und 2.5 AEAO zu § 153.

2 BMF v. 23.5.2016 – VV DEU BMF 2016-05-23 IV A 3-S 0324/15/10001, BStBl. I 2016, 490; s. auch *Wulf*, wistra 2016, 337; *Günther*, AO-StB 2016, 192; *Beyer*, NZWiSt 2016, 234; *Esterer*, DB 2016, M5; *Levedag*, GmbHR 2016, R200; ergänzend wird auf den vorangehenden Entwurf des BMF v. 16.6.2015 – IV A 4-S 0324/14/10001-01, n.v., und die diesbezügliche Literatur: z.B. *Wulf*, AG-Journal 2016, 20; *Geberth/Welling*, DB 2015, 1742; *Neuling*, DStR 2015, 558, verwiesen.

ten.[1] Eine **Frist** gilt insoweit **nur, wenn** sie vom Finanzamt **ausdrücklich gesetzt** wird. Rechtsgrundlage für eine solche Fristsetzung wäre § 149 Abs. 1 Satz 2 AO. Richtigerweise steht die Festsetzung und Bemessung der Frist zur Abgabe der „Berichtigungserklärung" im Ermessen der Finanzbehörde. Setzt das Finanzamt eine Frist, so muss sie den Umständen nach angemessen sein.

c) Strafbarkeit wegen Steuerhinterziehung durch Unterlassen bei Verletzung der Anzeigepflicht

379 Eine Strafbarkeit wegen Steuerhinterziehung durch Unterlassen setzt neben der Verletzung von § 153 AO weitergehende Merkmale voraus. Die Verletzung der Anzeigepflicht aus § 153 AO erfüllt zunächst nur das Merkmal der **„Pflichtwidrigkeit" i.S.v. § 370 Abs. 1 Nr. 2 AO**. Objektive Voraussetzung der Strafbarkeit ist darüber hinaus, dass sich die Finanzbehörde **„in Unkenntnis"** befindet, dass ihr also die Informationen, die hätten mitgeteilt werden müssen, nicht aus anderer Quelle bekannt sind. Schließlich muss es durch die Pflichtwidrigkeit zu einer **Steuerverkürzung** als Taterfolg gekommen sein.

380 Der objektive Tatbestand der Strafvorschrift ist erst in dem **Zeitpunkt** erfüllt, in dem **bei ordnungsgemäßem Verhalten die Steuerfestsetzung nachgeholt** oder korrigiert worden wäre. Bei genauer Betrachtung kommt es insoweit auf den (hypothetischen) Zeitpunkt der Bekanntgabe einer zutreffenden Steuerfestsetzung an. Für die Bestimmung dieses Zeitpunkts gilt zugunsten des Beschuldigten der strafrechtliche Zweifelsgrundsatz („in dubio pro reo").

381 Objektiv lässt sich die Pflichtwidrigkeit eines Verhaltens allerdings nur feststellen, wenn für den konkreten Fall rechtswirksam eine Frist bestimmt ist, innerhalb derer die vorgeschriebene Handlung vorgenommen worden sein muss. Dies bedeutet für § 370 Abs. 1 Nr. 2 i.V.m. § 153 AO: Eine Steuerhinterziehung durch Unterlassen kann prinzipiell **nur durch die unterlassene Korrekturanzeige begangen** werden. Für die Prüfung der Vollendung ist dann die Fristsetzung zur Abgabe der Berichtigungserklärung durch das Finanzamt und die Erfüllung dieser nachgelagerten Pflicht durch das Unternehmen hinzuzudenken. Die strafrechtliche Betrachtung entspricht insoweit den Fällen der Erbschaftsteuerhinterziehung durch Verletzung der Anzeigepflicht aus § 30 ErbStG.

---

1 Instruktiv *Samson*, wistra 1990, 245 (247) sowie OLG Karlsruhe v. 8.2.1996 – 2 Ss 107/95, NStZ-RR 1996, 372; a.A. Tz. 5.1 AEAO zu § 153.

Bleibt der Steuerpflichtige hingegen untätig, nachdem er fristgerecht die Unrichtigkeit als solche angezeigt hat, so führt dieses Unterlassen nicht zur Strafbarkeit, solange das Finanzamt nicht eine Frist zur Einreichung der Berichtigungserklärung gesetzt hat.

382 Subjektive Voraussetzung der Strafbarkeit ist, dass der betroffene Steuerpflichtige **vorsätzlich die Pflicht zur Korrektur verletzt und den Taterfolg herbeiführt**. Allerdings sind diese Voraussetzungen schnell erfüllt: Ausreichend ist Eventualvorsatz. Die Kenntnis der in § 153 AO beschriebenen Merkmale reicht für den subjektiven Tatbestand des § 370 Abs. 1 Nr. 2 AO zumeist aus. Hieraus ergibt sich regelmäßig auch bereits der Eventualvorsatz hinsichtlich des Erfolgseintritts in der Form der Beibehaltung der Steuerverkürzung.

383 Die Kenntnis der aus § 153 AO folgenden Rechtspflicht ist nicht erforderlich. Denn der Irrtum über die entstandene Verpflichtung ist nach allgemeiner Auffassung nur ein Verbotsirrtum i.S.v. § 17 StGB. Er führt nur zur Straffreiheit, wenn er unvermeidbar war.

384 Wichtig ist schließlich die **Beschränkung des Kreises der tauglichen Täter**, also der Personen, die mit dem Strafbarkeitsrisiko aus § 153 AO belastet sind.[1] Die Pflicht entsteht **nur für den Steuerpflichtigen**; **im Unternehmen** mithin nur für die Personen, die entweder gesetzliche Vertreter (§ 34 AO, also Geschäftsführer, Vorstände etc.) oder Verfügungsbefugte i.S.v. § 35 AO sind (vgl. § 153 Abs. 1 Satz 2 AO). Untergeordnete Mitarbeiter bis hin zu Prokuristen sind nicht zur Abgabe einer Korrekturanzeige verpflichtet, soweit sie nicht ausnahmsweise die Voraussetzungen des § 35 AO erfüllen. Gleiches gilt für externe Steuerberater. Auch Gesamtrechtsnachfolger des Steuerpflichtigen sind anzeigeverpflichtet. In Fällen einer Zusammenveranlagung zur Einkommensteuer trifft nur denjenigen Ehegatten oder Lebenspartner die Anzeige- und Berichtigungspflicht, dem die unrichtig oder unvollständig erklärten Besteuerungsgrundlagen zuzurechnen sind.

d) Detailprobleme, insbesondere aus dem unternehmerischen Bereich

385 Die Anzeigepflicht entsteht nur, wenn zuvor eine **in tatsächlicher Hinsicht unzutreffende oder unvollständige Ursprungserklärung** abgegeben worden ist. Dies muss nicht notwendigerweise eine förmliche Steuererklärung gewesen sein, auch andere Erklärungen des Steuer-

1 S. auch Tz. 4 AEAO zu § 153.

pflichtigen, die Einfluss auf die Höhe der festgesetzten Steuer oder auf gewährte Steuervergünstigungen gehabt haben, z.B. Änderungsanträge nach § 172 Abs. 1 Satz 1 Nr. 2 Buchst. a AO oder § 173 Abs. 1 Nr. 2 AO, Anträge auf Herabsetzung von Vorauszahlungen[1], sind erfasst.[2] Wichtig ist aber, dass **keine Anzeigepflicht** besteht, **wenn die Erklärung nur in rechtlicher Hinsicht unzutreffend war**. Zwar wird in der Literatur vereinzelt Abweichendes behauptet und die Ansicht vertreten, der Steuerpflichtige sei auch zur Korrektur verpflichtet, wenn er eine allein in rechtlicher Hinsicht fehlerhafte Steuererklärung abgegeben habe.[3] Diese Ansicht beruht aber auf einer ungenauen Analyse. Sie verstößt gegen das Grundprinzip, wonach die steuerlichen Mitwirkungspflichten nur darauf ausgerichtet sein können, den Finanzbehörden die maßgeblichen Sachverhaltsinformationen zu vermitteln.[4] Im Ergebnis besteht eine Korrekturverpflichtung nur dann, wenn zuvor unrichtige Angaben über steuerlich erhebliche Tatsachen gemacht worden sind. Auf reine Rechtsfehler muss nicht hingewiesen werden. Erfreulich eindeutig wird dies nunmehr auch durch das BMF hervorgehoben, wonach die Berichtigungspflicht nur entstehen kann, wenn zuvor unrichtige oder unvollständige **Tatsachenangaben** gemacht wurden.[5]

386 In der Praxis sollte allerdings ein Unternehmen mit diesem Argument nur dann von der Korrekturanzeige absehen, wenn eindeutig ist, dass dem Finanzamt mit der Ursprungserklärung alle erforderlichen Sachverhaltsangaben offengelegt wurden. Denn nur in einem solchen Fall besteht nach der **maßgeblichen Rechtsprechung des BGH** Sicherheit darüber, dass die unzutreffende rechtliche Würdigung nicht zu unzutreffenden Angaben über steuerlich erhebliche Tatsachen i.S.d. steuerlichen Verfahrensrechts geführt hat.[6]

387 Hat das **Finanzamt selbst bei der Veranlagung einen Fehler begangen**, besteht unzweifelhaft keine Anzeigepflicht. Denn wenn der Steuerpflichtige seine gesetzlichen Erklärungspflichten erfüllt hat, darf er eine für ihn günstige, aber fehlerhafte Veranlagung ruhig entgegennehmen, ohne das Finanzamt auf den Fehler hinweisen zu müssen.[7]

---

1 Tz. 3 AEAO zu § 153.

2 *Rätke* in Klein, AO, 13. Aufl. 2016, § 153 Rz. 2, m.w.N.

3 *Stöcker* in Beermann/Gosch, AO/FGO, § 153 AO Rz. 11 (April 2000).

4 Wie hier deshalb *Seer* in Tipke/Kruse, AO/FGO, § 153 AO Rz. 8 (Juni 2012).

5 Tz. 2.1 AEAO zu § 153.

6 BGH v. 10.11.1999 – 5 StR 221/99, wistra 2000, 137 (139 f.)

7 BFH v. 4.12.2012 – VIII R 50/10, DStR 2013, 703 (Rz. 33 ff.); *Seer* in Tipke/Kruse, AO/FGO, § 153 AO Rz. 10 (Juni 2012), m.w.N. zur Rechtsprechung; *Möller,*

Dies gilt auch, wenn ein Unternehmen das Finanzamt von einer falschen, aber für sich günstigen Rechtsansicht überzeugen konnte.

Nach einheitlicher Auffassung besteht keine Pflicht zur Anzeige gem. 388
§ 153 AO in dem Fall einer aufgrund **geänderter Rechtsprechung** unrichtig gewordenen Erklärung.[1] Dies folgt schon daraus, dass es in diesem Fall an unrichtigen Angaben über steuerlich erhebliche Tatsachen in der Ursprungserklärung fehlt. In dieser Situation hat der Steuerpflichtige mit seiner Erklärung keine Ursache für den Berichtigungsbedarf gesetzt, was erforderlich wäre, um ihn zur Korrektur zu verpflichten.[2] Im Übrigen hat die Behörde die geänderte Rechtsprechung auch von Amts wegen zu berücksichtigen. Gleiches gilt im Fall einer **(rückwirkenden) Gesetzesänderung** oder wenn die Finanzverwaltung ihre in den Richtlinien etc. veröffentlichte Rechtsauffassung ändert. Eine Pflicht zur Anzeige und Berichtigung besteht in diesen Fällen nicht.

Nach der zutreffenden Auffassung in der Literatur[3] und der veröffent- 389
lichten Rechtsprechung der Finanzgerichte[4] besteht auch keine Pflicht zur Abgabe einer Korrekturanzeige, wenn sich aus der **zwischenzeitlichen Bekanntgabe von Feststellungsbescheiden** eine Abweichung zu der abgegebenen Ursprungserklärung ergibt. Erstmalige oder geänderte Feststellungen nach dem AStG, einheitliche und gesonderte Gewinnfeststellungen für nachgelagerte Personengesellschaften oder Feststellungen gem. § 14 Abs. 5 KStG n.F. für Organgesellschaften lösen keine Korrekturpflicht aus.[5]

Die Berichtigungspflicht nach § 153 AO und die strafrechtlichen Folgen einer Pflichtverletzung, 1996, 126.

1 Vgl. nur FG Berlin v. 11.3.1998 – 6 K 6305/93, EFG 1998, 1166 (1170); *Heuermann* in Hübschmann/Hepp/Spitaler, AO/FGO, § 153 AO Rz. 9 (April 2014); *Seer* in Tipke/Kruse, AO/FGO, § 153 AO Rz. 8 (Juni 2012).

2 BFH v. 4.12.2012 – VIII R 50/10, DStR 2013, 703 (Rz. 35), unter Hinweis auf BFH v. 5.10.1966 – VI 328/65, BStBl. III 1967, 231, und *Heuermann* in Hübschmann/Hepp/Spitaler, AO/FGO, § 153 AO Rz. 8 f. (April 2014).

3 *Seer* in Tipke/Kruse, AO/FGO, § 153 AO Rz. 15 (Juni 2012).

4 FG München v. 10.6.2011 – 8 K 1016/08, EFG 2011, 2123; nachfolgend BFH v. 23.7.2013 – VIII R 32/11, DStR 2013, 1999. Die Revisionsentscheidung des BFH hat das Urteil des Finanzgerichts in dem hier maßgeblichen Punkt bestehen lassen; die Revision des Finanzamts war aus anderen Gründen erfolgreich.

5 So auch FG München v. 10.6.2011 – 8 K 1016/08, EFG 2011, 2123.

e) Sicheres Wissen als pflichtauslösender Kenntnisgrad?

390 Werden die Organe im Unternehmen auf möglichen Korrekturbedarf aufmerksam, müssen vielfach zunächst Mitarbeiter oder Berater zur Aufklärung eingesetzt werden. Die **Aufarbeitung komplexer Sachverhalte** kann sich über Wochen hinziehen. Das legitime Unternehmensinteresse wird häufig dahin gehen, Informationen erst nach außen zu geben, wenn intern Klarheit über die begangenen Fehler und die betragsmäßigen Konsequenzen besteht. Fraglich ist in diesem Zusammenhang, ab welchem Punkt nachträgliche Kenntnis i.S.d. pflichtauslösenden Tatbestands vorliegt.

391 Sicher ist: Der bloße **Verdacht** von Fehlern oder Unregelmäßigkeiten **löst noch keine Anzeigepflicht aus**. Das Gesetz spricht von „Kenntnis". Für den Grad der Kenntnis, ab dem eine Pflicht zur Berichtigung besteht, könnten strafrechtliche Grundsätze herangezogen werden. Würde man davon ausgehen, dass Eventualvorsatz i.S.v. § 15 StGB ausreichend ist, so müsste der Steuerpflichtige korrigieren, sobald er einen Fehler nur konkret für möglich hält.[1] Dies wäre ein recht strenger Maßstab. Die Rechtsprechung vertritt eine andere Auffassung. Der 1. Strafsenat des BGH hat klar entschieden, dass die nachträgliche Kenntnis in § 153 Abs. 1 AO mit der **Erlangung sicheren Wissens** gleichzusetzen ist.[2] Das BMF hat sich dem angeschlossen: **Erkennen** bedeutet das **positive Wissen** von der Unrichtigkeit oder Unvollständigkeit der Erklärung sowie die Erkenntnis, dass es durch die Erklärung zu einer Verkürzung der Steuer kommen kann oder bereits gekommen ist. Bloßes Erkennen-Können bzw. Erkennen-Müssen genügt nicht.[3]

392 Aus dem Erfordernis der sicheren Kenntnis leitet der BGH in seinem Beschlusses vom 17.3.2009[4] ab, dass eine steuerrechtliche Anzeige- und Berichtigungspflicht i.S.d. § 153 Abs. 1 Satz 1 Nr. 1 AO auch dann bestehe, wenn der Steuerpflichtige ursprünglich die **Unrichtigkeit seiner Angaben bereits bei Abgabe der Steuererklärung zwar nicht sicher gewusst, aber zumindest ernsthaft für möglich gehalten und billigend in Kauf genommen** und erst im Nachhinein sichere Kenntnis von der Unrichtigkeit der Erklärung erlangt habe. Ein Verstoß gegen den Grundsatz der Selbstbelastungsfreiheit bestehe in diesem Fall nicht, da dieser einerseits nicht lückenlos gelte und andererseits eine

1 So im Ergebnis auch FG München v. 6.9.2006 – 1 K 55/06, DStRE 2007, 1054 (1056).
2 BGH v. 17.3.2009 – 1 StR 479/08, wistra 2009, 312.
3 Tz. 2.4 AEAO zu § 153.
4 BGH v. 17.3.2009 – 1 StR 479/06, NJW 2009, 1984.

Selbstbelastungssituation nicht vorliege, da die Berichtigung grundsätzlich zugleich strafbefreiende Wirkung gem. § 371 AO entfalte. Sei die strafbefreiende Wirkung der Selbstanzeige wegen bestehender Hinderungsgründe oder mangels Zahlbarkeit der nachzuentrichtenden Steuer gesperrt, gelte grundsätzlich ein außergesetzliches strafrechtliches Verwertungsverbot. Nur ausnahmsweise in dem Fall, in dem wegen der vorangegangenen Falschabgabe dem Steuerpflichtigen die Einleitung des Steuerstrafverfahrens bekannt gegeben worden sei, sei die Berichtigungspflicht nach § 153 AO in Anlehnung an die Rechtsprechung des BGH zur Unzumutbarkeit der Abgabe von Steuererklärungen[1] suspendiert.[2]

Schwer zu bestimmen ist, welche Zeit den Verantwortlichen nach Be- 393
kanntwerden eines Sachverhalts verbleibt, bis die Korrekturanzeige beim Finanzamt eingegangen sein muss. In der Praxis wird dieses Problem dadurch entschärft, dass nach herrschender Auffassung die Pflicht erst im Zeitpunkt der Erlangung sicherer Kenntnis entsteht. Denn dies bedeutet zugleich, dass bei unklaren Sachverhalten **in der Ermittlungsphase noch keine Verpflichtung zur Anzeige** gegenüber dem Finanzamt besteht. Die Aufklärung des Sachverhalts kann prinzipiell abgewartet werden.

f) Maßstab der „unverzüglichen" Korrektur und Rechtsfolgen von verspäteten Anzeigen

Liegen gesicherte Erkenntnisse vor, so verlangt das Gesetz „unverzüg- 394
liches" Handeln. Unverzüglich bedeutet hier wie allgemein **„ohne schuldhaftes Zögern"** (vgl. § 121 Abs. 1 Satz 1 BGB). Die angemessene Frist bemisst sich nach den Umständen des Einzelfalls.

Diese Vorgaben näher zu konkretisieren bereitet erhebliche Probleme.[3] 395
Fraglich ist, ob dem Steuerpflichtigen eine gewisse **„Mindestreaktionszeit"** zuzubilligen ist, also eine Zeitspanne, die dem Betroffenen jedenfalls zusteht, bevor sein Verhalten die Grenze zur Pflichtwidrigkeit überschreitet. Die Abgabenordnung selbst geht hinsichtlich der Wiedereinsetzung in den vorherigen Stand davon aus, dass noch fristgerecht handelt, wer **innerhalb eines Monats** nach Wegfall des Hinder-

1 BGH v. 26.4.2001 – 5 StR 587/00, BGHSt 47, 8 (12 ff.); BGH v. 23.1.2002 – 5 StR 540/01, wistra 2002, 150.
2 Kritisch *Wulf*, PStR 2009, 190; *Alvermann/Talaska*, HRRS 2010, 166.
3 Zum Versuch einer weiteren Präzisierung vgl. *Jehke/Dreher*, DStR 2012, 2467.

nisses die versäumte Handlung nachholt. U.E. sollte dies als Parallele herangezogen werden, um überhaupt einen Anhaltspunkt zu gewinnen, sodass noch pflichtgemäß handelt, wer die Korrekturanzeige spätestens einen Monat nach Erlangung sicherer Kenntnis beim Finanzamt einreicht.[1] Das BMF hatte in seinem Entwurf eines Anwendungserlasses zu § 153 vom 16.6.2015 noch angedeutet, diese mögliche Frist näher konkretisieren zu wollen. Hiervon hat es im AEAO zu § 153 vom 23.5.2016 wieder Abstand genommen.

396 Unabhängig hiervon führt die verspätete Korrekturanzeige jedenfalls nicht unmittelbar zur Strafbarkeit. Bei genauer Betrachtung verbleibt ein gewisser „Puffer": Denn zögert der Steuerpflichtige zu lange, so stellt die verspätete Anzeige zunächst einen **Rücktritt vom Versuch (§ 24 StGB)** dar. Erst wenn der Zeitpunkt verstrichen ist, zu dem bei hypothetisch ordnungsgemäßem Verhalten ein korrigierter Steuerbescheid ergangen wäre, schlägt der Versuch in Vollendung um. Erfolgt die Anzeige nach diesem Zeitpunkt, kann sie immer noch sanktionsbefreiend wirken, soweit sie inhaltlich die Voraussetzungen einer Selbstanzeige i.S.v. § 371 AO erfüllt.

g) Veranlagungsfinanzamt als Adressat der Korrekturanzeige

397 Die Anzeige muss nach der gesetzlichen Systematik gegenüber dem für die jeweilige Erklärung **zuständigen Veranlagungsfinanzamt** abgegeben werden.[2] Die Übermittlung der Anzeige an eine unzuständige Finanzbehörde ist jedoch unschädlich. Allerdings beginnt in diesen Fällen die Jahresfrist gem. § 171 Abs. 9 AO dann erst mit Ablauf des Tags, an dem die Anzeige an das zuständige Finanzamt weitergeleitet wurde.[3]

398 Streitig war bisher, was hieraus für den Umgang mit neuen Erkenntnissen **innerhalb einer anhängigen Betriebsprüfung** folgt.

Teilweise wird vertreten, dass eine Anzeigepflicht nicht besteht, soweit der Betriebsprüfer im Rahmen seiner Prüfungshandlungen einen Fehler in den abgegebenen Steuererklärungen des Prüfungszeitraums erkennt und den Steuerpflichtigen hierüber informiert.[4] Andere gehen prinzipiell vom Bestehen einer Anzeigepflicht aus, soweit der Erklären-

1 Zum Meinungsspektrum s. *Kolbe*, PStR 2016, 98.
2 Einheitliche Auffassung, vgl. nur BFH v. 28.2.2008 – VI R 62/06, BStBl. II 2008, 595; Tz. 5.1 AEAO zu § 153.
3 Vgl. BFH v. 28.2.2008 – VI R 26/06, BStBl. II 2006, 595.
4 So insbesondere *Seer* in Tipke/Kruse, AO/FGO, § 153 AO Rz. 12 (Juni 2012).

de aufgrund des Hinweises des Prüfers vom Vorliegen eines Fehlers überzeugt ist. Allerdings dürfe der Steuerpflichtige regelmäßig darauf vertrauen, dass der Prüfer das Veranlagungsfinanzamt eigenständig informiert, sodass das Unterlassen der Anzeige nicht sanktionswürdig sei.[1]

In der Tat erscheint es wenig sinnvoll, eine **Anzeige bei der Veranlagungsstelle** einzureichen, wenn der Sachverhalt Gegenstand der laufenden Außenprüfung ist und dem Prüfer zur Bearbeitung vorliegt. Die Veranlagungsstelle würde mit der Bearbeitung in aller Regel abwarten, bis die Außenprüfung abgeschlossen ist. Soweit nicht ein Ausnahmefall vorliegt, bei dem eine unmittelbare Reaktion des Veranlagungsfinanzamts zu erwarten wäre, erscheint es deshalb vertretbar, den **Korrekturbedarf zunächst nur mit dem Prüfer zu erörtern**.

Das BMF hat hierzu in Tz. 3 AEAO zu § 153 Klarheit geschaffen: Die Anzeige sowie die Berichtigung durch den Steuerpflichtigen sind in Fällen von Fehlerfeststellungen durch die Betriebsprüfung für die in der Prüfungsanordnung vorgesehenen Steuerarten und Prüfungszeiträume entbehrlich.

h) Abgrenzung § 153 AO und § 371 AO aus Sicht der Verwaltung

Die Einfügung des Anwendungserlasses zu § 153 AO diente im Wesentlichen dazu, die Abgrenzung einer Berichtigung nach § 153 AO von einer strafbefreienden Selbstanzeige zu konkretisieren.[2] Das BMF hat sich hierzu – in Ergänzung zu den vorstehenden Ausführung – wie folgt positioniert: 399

Nachträgliches Erkennen bedeutet, dass der Steuerpflichtige bei Abgabe der Erklärung die Unrichtigkeit zunächst nicht erkannt hat. Hat der Steuerpflichtige die Unrichtigkeit der Angaben nicht **sicher gekannt**, sie gleichwohl billigend in Kauf genommen, und gelangt er später zu der sicheren Erkenntnis, dass die Angaben unrichtig waren, besteht aus Sicht des BMF eine Anzeige- und Berichtigungspflicht.[3] Damit knüpft das BMF an die Rechtsprechung des BGH vom 17.3.2009[4] an (s. Rz. 391) und verallgemeinert die Entscheidung des BGH über 400

1 *Dumke* in Schwarz, AO, § 153 Rz. 15 (Mai 2012); in diesem Sinne auch *Stöcker* in Beermann/Gosch, AO/FGO, § 153 AO Rz. 17 (April 2000); ähnlich FG Münster v. 20.1.2009 – 1 K 1873/06 U, EFG 2009, 982.

2 S. die Überschrift des Entwurfs des BMF v. 16.6.2015 – IV A 4-S 0324/14/10001-01, n.v.

3 Tz. 2.2 Satz 2 AEAO zu § 153.

4 BGH v. 17.3.2009 – 1 StR 479/06, NJW 2009, 1984.

den Einzelfall hinaus. § 153 AO und § 371 AO sind insoweit parallel anwendbar. In diesem Fall ist die Anzeige solange als unverzüglich zu werten, wie dem Steuerpflichtigen eine angemessene Zeit zur Aufbereitung der Selbstanzeige nach § 371 AO zuzugestehen wäre.[1]

401 Nicht jede objektive Unrichtigkeit legt den Verdacht einer Steuerstraftat oder Steuerordnungswidrigkeit nahe. Es bedarf einer sorgfältigen Prüfung durch die zuständige Finanzbehörde, ob der Anfangsverdacht einer vorsätzlichen oder leichtfertigen Steuerverkürzung gegeben ist. Insbesondere kann **nicht automatisch** vom Vorliegen eines **Anfangsverdachts** allein aufgrund der **Höhe der steuerlichen Auswirkung** der Unrichtigkeit der abgegebenen Erklärung oder aufgrund der **Anzahl der abgegebenen Berichtigungen** ausgegangen werden.[2]

402 Hat der Steuerpflichtige ein **innerbetriebliches Kontrollsystem** eingerichtet, kann dies ggf. ein **Indiz** darstellen, das gegen das Vorliegen eines Vorsatzes oder der Leichtfertigkeit sprechen kann, jedoch befreit dies nicht von einer Prüfung des jeweiligen Einzelfalls.[3]

Zur Einordnung: Unternehmen sind gesetzlich nicht zur Einrichtung eines bestimmten innerbetrieblichen Kontrollsystems zur Erfüllung ihrer Steuerpflichten verpflichtet. Die Einrichtung solcher Systeme hat allerdings nicht nur im Besteuerungsverfahren, sondern auch für ein mögliches Steuerstrafverfahren Relevanz. Die Finanzverwaltung hat mit der Neuregelung im AEAO zu § 153 AO den Grundstein für die Einführung von **Tax Compliance Management Systemen** gelegt. Bei Fehleranzeige nach § 153 AO kann ein solches System zumindest Indiz gegen bedingten Vorsatz – und damit gegen eine vermeintliche Selbstanzeige – sein. Zu klären ist allerdings, was überhaupt unter einem solchen System zu verstehen ist. Das BMF hat hierzu keine Vorgaben gemacht. Das IDW hat anknüpfend an den Anwendungserlass mit einem Positionspapier zur Ausgestaltung und Prüfung von Tax CMS reagiert.[4] Unklar ist ferner, was ein solches System rechtlich und tatsächlich wirklich leisten kann. Die Diskussion hierum steht noch am Anfang.[5] Zu befürchten ist

---

1 Tz. 5.2 Satz 4 AEAO zu § 153.

2 Tz. 2.5 Sätze 4 bis 6 AEAO zu § 153.

3 Tz. 2.6 Satz 6 AEAO zu § 153.

4 Entwurf v. 22.6.2016 eines IDW Praxishinweises 1/2016 zur „Ausgestaltung und Prüfung eines Tax Compliance Management Systems gem. IDW PS 980".

5 S. hierzu bspw. *Richter/Welling*, FR 2015, 297; *Wulf*, wistra 2016, 337; *Esterer*, DB 2016, M5; *Neuling*, DStR 2015, 558; *Werder/Rudolf*, BB 2016, 1433; *Ball/Papasikas*, BB 2016, 1495; *Kromer/Henschel/Simshäuser*, BB 2016, 2903; *Beneke*, BB 2016, 2327; *v. Wolfersdorff/Hey*, WPg 2016, 934.

in diesem Kontext, dass jedenfalls das Nichtvorhandensein eines Tax Compliance Management Systems aus Sicht der Finanzverwaltung eine negative Indizwirkung haben könnte und damit quasi eine Umkehr der Beweislast für die betroffenen Unternehmensleiter im Steuerstrafverfahren einhergeht.

Liegt ein Fehler vor, der unter Würdigung der Gesamtumstände des 403
Einzelfalls weder auf einer vorsätzlichen noch auf einer leichtfertigen Handlung beruht, liegt keine Steuerstraftat oder leichtfertige Steuerverkürzung vor.[1]

Praxishinweis: Die vorstehenden Ausführungen zeigen, dass eine steu- 404
erliche Korrekturerklärung im Zweifelsfall möglichst **„selbstanzeigetauglich" ausgestaltet sein** sollte. D.h. man sollte sich in Zweifelsfällen gerade nicht auf die schlichte Anzeige der Unrichtigkeit beschränken (obwohl dies nach § 153 AO eigentlich ausreichend wäre), sondern die Erklärung unmittelbar als „Materiallieferung" mit veranlagungsfähigen Zahlen ausgestalten, um sich für den Notfall auch auf § 371 AO berufen zu können. Bei **Dauersachverhalten** ist i.d.R. konsequenterweise anzuraten, auch bereits festsetzungsverjährte Besteuerungszeiträume entsprechend dem Mindestberichtigungszeitraum des § 371 Abs. 1 AO „**rein vorsorglich**" in die Nacherklärung einzubeziehen.

IV. Flucht ins Ausland

Die Möglichkeit einer Fahndungsprüfung weckt hin und wieder die 405
Überlegung, sich einer Strafverfolgung durch **Absetzen ins Ausland** zu entziehen. Lohnt die Flucht ins Ausland? Regelmäßig: nein. Die Flucht ins Ausland schafft den Haftgrund, der einem für das gesamte folgende Verfahren anhängt. Die Auseinandersetzung mit der Steuerfahndung setzt voraus, dass der Betroffene dem Verteidiger und Berater für Informationen zur Verfügung steht. Steuerfahndungsverfahren, in denen der Betroffene im Ausland ist, sind für die Verteidigung nur sehr schwer zu führen. Hat der Flüchtige im Inland ein Unternehmen, so ist auch hier in Fahndungszeiten die Anwesenheit des Unternehmers unbedingt erforderlich.

Folgender Praxisfall veranschaulicht diese Hinweise: 406

Praxisfall: Nach einer Selbstanzeige, die zu 1 Mio. Euro Nachsteuern führt, packte der Steuerpflichtige die Koffer, nahm die Kinder aus der Schule und verschwand nach Spanien. Eine Kurzschlussreaktion mit tief greifenden Folgen.

---

1 Tz. 2.8 AEAO zu § 153.

Vorher lag kein Haftgrund vor; jetzt war er gegeben. Das Unternehmen hätte die Selbstanzeige verkraftet; als Betrieb ohne Führung fiel es in die Insolvenz.

407 Bei der **Beratung** ist große **Vorsicht** geboten.[1] Der „Rat" zur Flucht kann Strafvereitelung (§ 258 StGB) und damit strafbar sein. In gleicher Weise strafbar ist **die unzutreffende Beantwortung der** von Ermittlern gestellten **Frage, wo sich der flüchtige Mandant aufhalte**. Gibt der Berater wahrheitswidrig an, er wisse es nicht, kann ebenfalls der Tatbestand des § 258 StGB erfüllt sein. Die richtige Antwort wäre hier die Berufung auf die Verschwiegenheitspflicht als Berater gewesen.

408 Die **Information** über das **Auslieferungsrecht**, über Staaten, die wegen Steuerdelikten ausliefern, und über Staaten, die nicht ausliefern (s. hierzu Rz. 586 ff.), ist rechtmäßig. **Wichtig** für die **Beratung** ist, dass Auslieferungsverträge nur den Anspruch auf Auslieferung regeln. Darüber hinaus muss bedacht werden, dass **jeder Staat ausliefern kann**. Auch Staaten mit anerkanntem Ruf der Nichtauslieferung können, wenn es die Staatsräson gebietet, Nichtstaatsangehörige an die Bundesrepublik ausliefern.

409 In die Beratung einfließen muss, dass nach §§ 7, 8 PaßG ein **Pass entzogen** werden kann, wenn sich der Betroffene einer Strafverfolgung oder Strafvollstreckung im Inland oder seinen steuerlichen Verpflichtungen entziehen will.[2] Allein die Tatsache nach dem Abschluss des Steuerstrafverfahrens, dass die Zahlung von Steuerrückständen durch den Ausgelieferten gefährdet ist, stellt keine Rechtsgrundlage für den Passentzug dar.[3]

1 Vgl. *Dahs*, Handbuch des Strafverteidigers, 8. Aufl. 2015, Rz. 54.
2 Dazu als **Demonstrationsurteil** VGH Baden-Württemberg v. 5.2.1979 – I 2951/78, RIW 1979, 422.
3 Vgl. *Bach*, wistra 2010, 133 ff.

B. Eingriff der Steuerfahndung und Ermittlungen bei dem Beschuldigten

I. Das erste Erscheinen

1. Telefonanruf; Erörterungsschreiben

Die Fahndung **ruft** – in seltenen Fällen – **an**, um ihr Erscheinen anzukündigen oder um Informationen über die Örtlichkeiten oder die Anwesenheit von bestimmten Personen zu erfragen. Hier ist sofortige Beratung geboten. Die Selbstanzeige ist nach umstrittener Ansicht noch möglich, in aller Regel vor dem Hintergrund der Strafzumessung jedenfalls sinnvoll (Rz. 314). 410

Das Gleiche gilt, wenn der Steuerpflichtige ein **Erörterungsschreiben** von der Fahndung erhält, wie dies in der Zeit der Ermittlungen gegen Anleger bei luxemburgischen, schweizerischen und liechtensteinischen Banken von 1994 bis ca. 2000 zur Ermöglichung einer zeitnahen Abarbeitung der Massenverfahren tausendfach geschah. 411

Hin und wieder werden von Fahndern sogar bewusst diese unspektakulären Wege des ersten Kontakts mit der Steuerfahndung gewählt, um die **Möglichkeit** einer **Selbstanzeige** offenzuhalten. Da die Selbstanzeige eine „Einladung" des Gesetzgebers ist (Rz. 179 ff.), verhält sich der Fahnder in diesen Fällen gesetzeskonform. Zwar ist die Selbstanzeige möglicherweise durch die Sperre des § 371 Abs. 2 Nr. 2 AO (Entdeckung der Tat) gefährdet (Rz. 303); gleichwohl wird der Berater häufig auch hier auf eine Selbstanzeige drängen, wenn man durch sie nur gewinnen, nicht aber mehr verlieren kann. Da die Strafverteidigung i.d.R. den objektiven Tatbestand (Steueranspruch) bestreitet und bezweifelt, während die wirksame Selbstanzeige diesem Bemühen zumindest den strafrechtlichen Sinn nimmt, sollte von der Steuerfahndung den Betroffenen weit häufiger die Möglichkeit der Selbstanzeige eröffnet werden. 412

2. Das persönliche Erscheinen der Fahnder

Das persönliche Erscheinen der Fahnder sperrt die Selbstanzeige (§ 371 Abs. 2 Nr. 1d AO, Rz. 286). Unabhängig davon, ob das Strafverfahren eingeleitet wird oder nicht, muss sich der Betroffene so betrachten, als sei er Objekt der Strafverfolgung. Jeder Schritt muss ab sofort sorgsam überlegt und mit dem Verteidiger abgesprochen werden. 413

414 Erscheinen die Fahnder **ohne Hausdurchsuchungsbefehl** (dazu Rz. 421 ff.), hindert das nicht in jedem Fall die sofort durch sie angeordnete Hausdurchsuchung (bei Gefahr im Verzug, s. Rz. 423). Gleichwohl sollte man die eigenen Räume nicht freiwillig der Durchsuchung preisgeben. Das Recht auf die Unverletzlichkeit der Wohnung ist als Grundrecht geschützt (Art. 13 GG). Die eigene Intimsphäre sollte, soweit sie sich durch die eigenen vier Wände verkörpert, nur aufgrund des prozessual notwendigen Akts, d.h. „justizförmig", für Zwecke der Strafverfolgung geöffnet werden.

3. Die rechtlichen Folgen des Erscheinens der Steuerfahndung

415 Erscheint die Steuerfahndung in der erkennbaren Absicht, steuerstrafrechtlich zu ermitteln, so ist das **Steuerstrafverfahren eingeleitet** (§ 397 Abs. 1 AO). Verbindet die Fahndung ihr Erscheinen mit einer Hausdurchsuchung, so sind die Voraussetzungen des § 397 Abs. 1 AO erfüllt; das Steuerstrafverfahren ist ebenfalls eingeleitet und sogar bekannt gegeben (§ 397 Abs. 3 AO). Dies ist nur ein Beispiel. Jede Ermittlungshandlung der Fahndung mit strafrechtlichem Hintergrund in Bezug auf eine bestimmte Person leitet das Steuerstrafverfahren ein. Die Einleitung ist in den Akten zu vermerken (§ 397 Abs. 2 AO). Sie ist dem Beschuldigten spätestens mitzuteilen, wenn er zur Mitwirkung bei der Ermittlung aufgefordert wird (§ 397 Abs. 3 AO). Die konkrete Ermittlungshandlung gegenüber einem bestimmten Steuerbürger, z.B. die Hausdurchsuchung bei diesem Steuerbürger, die ihn in eine Lage versetzt, die strafrechtliche Ermittlung gegen ihn zu erkennen, umfasst die Mitteilung der Einleitung des Strafverfahrens.

416 Wird gegenüber einer bestimmten Person steuerstrafrechtlich ermittelt, hat sie alle **Rechte** des **Beschuldigten** im Strafverfahren, insbesondere das **Aussageverweigerungsrecht** (§ 136 StPO). Steuerlich kann niemand gezwungen werden, sich selbst einer Straftat zu bezichtigen (§ 393 Abs. 1 AO; s. dazu im Einzelnen Rz. 1426 ff.).

417 Die Mitteilung, dass ein Steuerstrafverfahren eingeleitet ist, führt ohne weitere Prüfung zu der Rechtsfolge des § 393 Abs. 1 AO: Die **steuerrechtliche Mitwirkung** kann nicht mehr erzwungen werden[1]. Die Finanzbehörde, auch die Steuerfahndung, darf nicht mehr prüfen, ob sich der Steuerbürger selbst einer Straftat bezichtigen könnte und deshalb die Zwangsmittel ausgeschlossen sind. S. dazu Rz. 1426.

---

1 Ausführlich m.w.N.: *Streck/Spatscheck*, wistra 1998, 334.

Die Einleitung des Strafverfahrens schließt die Möglichkeit der **Selbstanzeige** aus; s. Rz. 281. 418

Das Erscheinen der Steuerfahndung unterbricht i.d.R. die **steuerstrafrechtliche Verjährung** oder zeigt eine derartige Unterbrechung an. 419
Nach § 78c StGB wird die Verjährung u.a. unterbrochen

- durch die erste Vernehmung des Beschuldigten (§ 78c Abs. 1 Nr. 1 StGB);
- durch die Anordnung der ersten Vernehmung des Beschuldigten (§ 78c Abs. 1 Nr. 1 StGB);
- durch die Bekanntgabe, dass gegen ihn das Ermittlungsverfahren eingeleitet ist – was eben durch eine Durchsuchung geschieht – oder durch die Anordnung der Bekanntgabe (§ 78c Abs. 1 Nr. 1 StGB);
- durch die richterliche Beschlagnahmeanordnung (§ 78c Abs. 1 Nr. 4 StGB);
- durch die richterliche Durchsuchungsanordnung (§ 78c Abs. 1 Nr. 4 StGB);
- durch den Haftbefehl (§ 78c Abs. 1 Nr. 5 StGB);
- durch die Bekanntgabe oder Anordnung eines Bußgeldverfahrens (§ 376 AO).

Der Beginn der Steuerfahndungsprüfung führt zur **Ablaufhemmung** 420
der **steuerlichen Verjährung** (§ 171 Abs. 5 AO; Rz. 1461).

II. Die Hausdurchsuchung

1. Anordnung

Ist die **Hausdurchsuchung angeordnet**, muss sich ihr der Betroffene in 421
der großen Vielzahl der Fälle beugen. Unmittelbare Rechtsbehelfe hindern nicht die Vollziehung (§ 307 Abs. 1 StPO; Aussetzung nach § 307 Abs. 2 StPO möglich, dazu Rz. 502). Faktisches Erwehren ist rechtswidrig (§ 113 StGB). Selbst der verständliche **Ruf** nach dem **Steuerberater** oder **Anwalt** bringt nur psychologische, aber im eigentlichen Sinne keine Rechtshilfe.

Hausdurchsuchungen werden durch den **Richter**, bei **Gefahr im Verzug** (zum Begriff s. Rz. 423) auch durch die **Staatsanwaltschaft** oder die **Steuerfahndung** angeordnet (§ 105 Abs. 1 StPO). Jeder Fahndungsbeamte kann also unmittelbar – formlos[1] – eine Durchsuchung anordnen. In der Fahndungspraxis ist der richterliche Durchsuchungsbeschluss die Regel[2].

422 In der Praxis **beantragt** hin und wieder die **Steuerfahndung** selbst den Durchsuchungsbeschluss. Umstritten ist, ob ihr dieses Antragsrecht zusteht oder ob der Antrag nicht von der Staatsanwaltschaft oder der Bußgeld- und Strafsachenstelle zu stellen ist[3]. Nach richtiger Auffassung hat sie dieses Antragsrecht nicht (s. Rz. 423). Dies gilt allerdings nur, wenn die Steuerfahndung einem Finanzamt zugeordnet ist, ohne dass das Finanzamt zugleich über die Funktion der Bußgeld- und Strafsachenstelle verfügt. Antragsberechtigt ist allenfalls das Finanzamt,

---

1 *Schmitt* in Meyer-Goßner/Schmitt, StPO, 59. Aufl. 2016, § 105 Rz. 2. Allerdings treffen den Ermittlungsbeamten anschließend konkrete Dokumentationspflichten, um später eine richterliche Überprüfung überhaupt möglich zu machen (BVerfG v. 20.2.2001 – 2 BvR 1444/00, NStZ 2001, 382; *Park*, Durchsuchung und Beschlagnahme, 3. Aufl. 2015, Rz. 98 f.).

2 Das soziologisch gewonnene Ergebnis von *Nelles*, Kompetenzen und Ausnahmekompetenzen in der Strafprozessordnung, Diss. Münster, 1979, Beschlagnahmen und Durchsuchungen würden **überwiegend** wegen „Gefahr im Verzug" von Staatsanwälten und ihren Hilfsbeamten angeordnet, können wir für die Fahndungspraxis **nicht** bestätigen (ebenso *Joecks* in Joecks/Jäger/Randt, Steuerstrafrecht, 8. Aufl. 2015, § 399 Rz. 35). Vielmehr ergibt sich schon unmittelbar aus Art. 13 Abs. 2 GG, dass regelmäßig nur ein Richter in das grundgesetzlich geschützte Recht der Unverletzlichkeit der Wohnung eingreifen darf. Bestünde der von *Nelles* damals beschriebene Zustand heute in bestimmten Regionen noch fort, würde dies allein die Durchsuchungsanordnung rechtswidrig machen (vgl. *Park*, Durchsuchung und Beschlagnahme, 3. Aufl. 2015, Rz. 23 ff., 58 ff.). Vor diesem Hintergrund muss zumindest der Versuch einer telefonischen Kontaktaufnahme mit einem Gericht unternommen werden (Verfassungsgericht des Landes Brandenburg v. 21.11.2002 – 94/02, NJW 2003, 2305). Hierfür müssen die Gerichte einen Bereitschaftsdienst einrichten (*Amelung*, NStZ 2001, 337), der jedenfalls tagsüber, aber bei Bedarf auch nachts zur Verfügung steht (BVerfG v. 10.12.2003 – 2 BvR 1481/02, NJW 2004, 1442). Eine vom Gericht zunächst mündlich erteilte Anordnung ist schriftlich zu bestätigen (*Schmitt* in Meyer-Goßner/Schmitt, StPO, 59. Aufl. 2016, § 105 Rz. 3; ganz gegen die Möglichkeit des mündlichen Beschlusses *Harms*, DRiZ 2004, 25).

3 **Für ein eigenes Antragsrecht** *Küster*, BB 1980, 1371; **dagegen**: *Randt* in Joecks/Jäger/Randt, Steuerstrafrecht, 8. Aufl. 2015, § 404 Rz. 79; *Matthes* in Kohlmann, Steuerstrafrecht, § 404 Rz. 96 (Aug. 2016); das LG Hildesheim v. 10.11.1980 – 22 Qs 3/80, BB 1981, 356, verlangt einen Antrag der Bußgeld- und Strafsachenstelle oder der Staatsanwaltschaft; dazu Anm. *von Elsner*, Stbg 1981, 61; wie LG Hildesheim das AG Hamburg – 160 Gs 322/79, mitgeteilt von *Küster*, BB 1980, 1371 (1373); LG Düsseldorf v. 21.4.1982 – III Qs 33/82, WM 1982, 624; LG Freiburg v. 16.7.1986 – IV Qs 72/86, wistra 1987, 155; LG Berlin v. 8.2.1988 – 514 Qs 1/88, wistra 1988, 203; *Henneberg*, BB 1976, 1557; *Rüping*, StVj 1991, 322 (324).

nicht eine Dienststelle. Hat ein Finanzamt sowohl die **Funktion** der **Bußgeld-** und **Strafsachenstelle** wie auch die der Steuerfahndung (s. Rz. 1 ff.), hat es das Antragsrecht[1].

Allerdings kann die Steuerfahndung sich nach **§ 163 Abs. 2 Satz 2 StPO unmittelbar** an das **Gericht** wenden, wenn die „schleunige Vornahme richterlicher Untersuchungshandlungen erforderlich" ist. Das Gericht kann bei „Gefahr im Verzug" ohne staatsanwaltlichen Antrag entscheiden (§ 165 StPO). Auf diese Ausnahme-Not-Brücke verweist die Steuerfahndung, um ihren unmittelbaren Verkehr mit dem Gericht zu rechtfertigen[2]. Bezweckt werden soll jedoch die institutionelle Ausschaltung der Staatsanwaltschaft. Denn in aller Regel ist in Fahndungsfällen eine schleunige Vornahme des richterlichen Durchsuchungsbefehls, d.h. die Nicht-Einschaltung der Bußgeld- und Strafsachenstelle oder der Staatsanwaltschaft, nicht erforderlich. Für die prinzipielle Verkehrung des Regel-/Ausnahmeverhältnisses ist jedoch § 163 StPO nicht geschaffen[3]. 423

Erfolgt im Einzelfall die **Anordnung** der Durchsuchung durch die **Staatsanwaltschaft** oder die **Steuerfahndung,** kann entsprechend § 98 Abs. 2 Satz 2 StPO die richterliche Entscheidung beantragt werden[4]. Diese Möglichkeit besteht i.d.R. jedoch nur zu Beginn oder während der Durchführung. Ist die Durchsuchung vollständig vorüber, ist der Antrag ebenso wie das Rechtsmittel gegen die Entscheidung des Richters nur noch mit besonderem Feststellungsinteresse zulässig (s. Rz. 497). 424

Zwischen richterlicher Anordnung und der Durchsuchung vergeht einige Zeit, oft sind es Wochen. Fraglich ist, **wie lange** der **Beschluss Gültigkeit** hat. Der Beschluss kann nur so lange Bestand haben, wie der Sachverhalt, der dem Richter mit dem Antrag vorgetragen wurde, andauert. Der Vollzug eines richterlichen Beschlusses bei verändertem Sachverhalt ist rechtswidrig. Das BVerfG[5] hält die Durchführung einer richterlichen Durchsuchungsanordnung für rechtswidrig, wenn sie 425

---

1 *Randt* in Joecks/Jäger/Randt, Steuerstrafrecht, 8. Aufl. 2015, § 404 Rz. 80; AG Kempten v. 24.3.1986 – 2 Gs 517/86, wistra 1986, 271, mit Anm. *Cratz*; LG Stuttgart v. 25.6.1987 – 6 Qs 57/87, wistra 1989, 40, mit Anm. *Frey*.

2 Vgl. z.B. *Scheurmann-Kettner* in Koch/Scholtz, AO, 5. Aufl. 1996, § 404 Rz. 21.

3 Zustimmend *Rüping*, StVj 1991, 322 (325); *Schmitt* in Meyer-Goßner/Schmitt, StPO, 59. Aufl. 2016, § 163 Rz. 26.

4 *Schmitt* in Meyer-Goßner/Schmitt, StPO, 59. Aufl. 2016, § 105 Rz. 16; BGH v. 16.12.1977 – 1 BJs 93/77, NJW 1978, 1013; OLG Stuttgart v. 5.5.1977 – 4 VAs 234/76, NJW 1977, 2276.

5 BVerfG v. 27.5.1997 – 2 BvR 1992/92, NJW 1997, 2165; hierzu: *Dauster*, StraFo 1998, 408; *Rabe/von Kühlewein*, GA 2002, 650 unter h.

nicht **spätestens** nach sechs Monaten vollzogen wurde. Während die Rechtsprechung[1] kleinere Überschreitungen der Frist von z.B. zwei Tagen für unschädlich hält, wird vor allem in der älteren Literatur eine deutlich einschränkendere Ansicht vertreten: Sind **vier Wochen** verstrichen, spricht die Vermutung eindeutig für die Änderung des Sachverhalts[2]. Unabhängig von allen Fristen wird eine Durchsuchungsanordnung jedenfalls unzulässig, wenn sich die Ermittlungslage erkennbar geändert hat[3].

426 Die **Durchsuchung verbraucht** den Durchsuchungsbefehl. Dies gilt auch dann, wenn der Betroffene die Durchsuchung **freiwillig** gestattet. Die subjektive Durchsuchungsabsicht und die tatsächliche Durchsuchung sind ausreichend[4].

2. Voraussetzungen

427 Voraussetzung für die Durchführung ist der **Verdacht** der **Steuerhinterziehung** oder einer **Steuerordnungswidrigkeit**. Diese Schwelle ist in der Praxis äußerst niedrig.

428 Der **Durchsuchungsbeschluss** muss durch tatsächliche Angaben den **Tatvorwurf konkretisieren**, außerdem müssen nach Möglichkeit die Beweismittel in etwa umschrieben sein, denen die Durchsuchung gilt[5]; nur unter dieser Bedingung kann die Rechtmäßigkeit, insbesondere die Verhältnismäßigkeit, geprüft werden.

„Ein Durchsuchungsbefehl erfüllt nicht die rechtsstaatlichen Mindestanforderungen der Messbarkeit und Kontrollierbarkeit des Eingriffs in das Grundrecht des Art. 13 Abs. 1 GG, wenn er beim Vorwurf der Steuerhinterziehung weder die Art der Steuer bestimmt noch eine zeitliche Eingrenzung des Tatvorwurfs ent-

1 LG Zweibrücken v. 23.9.2002 – Qs 103/02, NJW 2003, 156.

2 Vgl. LG Saarbrücken v. 11.3.1993 – 8 Q 92/93, Stbg 1994, 40: Der Durchsuchungsbeschluss ist „unverzüglich" zu vollziehen. Die internen Anweisungen im Ermittlungsverfahren hielten demgegenüber in den ersten Entwürfen eine Geltungsdauer von sechs Monaten für rechtens; dagegen *Blumers*, DB 1982, 1645; *Felix/Streck*, wistra 1982, 165; *Hamacher*, DStZ 1982, 495; rechtfertigend *Zeller*, DB 1982, 2662, und DStZ 1982, 295. Kritisch zu Vorratsbeschlüssen auch *Rüping*, StVj 1991, 322 (326). Übersicht bei *Buse*, DStR 2010, 215 ff.

3 *Schmitt* in Meyer-Goßner/Schmitt, StPO, 59. Aufl. 2016, § 105 Rz. 8a, m.w.N.

4 BVerfG v. 12.2.2004 – 2 BvR 1687/02, StV 2004, 633; LG Hamburg v. 5.5.2003 – 620 Qs 29/03, wistra 2004, 36; *Rengier*, NStZ 1981, 378; s. auch *Schmitt* in Meyer-Goßner/Schmitt, StPO, 59. Aufl. 2016, § 105 Rz. 14.

5 BVerfG v. 26.5.1976 – 2 BvR 294/76, NJW 1976, 1735; BVerfG v. 24.5.1977 –2 BvR 988/75, NJW 1977, 1489; LG Mönchengladbach v. 20.3.1986 – 12 Qs 59/86 (4), StV 1986, 246.

hält, obwohl derartige Angaben möglich gewesen wären, ohne den Zweck der Strafverfolgung zu gefährden"[1].

Ein Durchsuchungsbeschluss muss demnach neben der Bezeichnung des Beschuldigten enthalten:

- eine Bezeichnung der **Straftat**, deren angebliche Begehung Anlass zur Durchsuchung gibt[2];
- materielle Angaben über den **Inhalt des Tatvorwurfs**[3];
- eine konkretisierende Angabe der **Verdachtsgründe**[4];
- **Zweck**, **Ziel** und **Ausmaß** der Durchsuchung[5];
- insbesondere die beispielhafte Angabe der **Beweismittel**, denen die Durchsuchung gilt[6].
- Umstritten ist, ob auch die Auffindungsvermutung als „Bindeglied zwischen Durchsuchungszweck und -objekt" mit kriminalistischer Wahrscheinlichkeit plausibel gemacht werden muss[7].

Gegen dieses Gebot wird in der Praxis nicht selten verstoßen, und zwar auch durch die Gerichte. Selbst widersprüchliche Begründungen der Strafverfolgungsbehörde lassen die Gerichte genügen[8].

Durchsuchungsbeschlüsse, die den verfassungsrechtlichen Mindest- 429
anforderungen an die Konkretisierung des Tatvorwurfs nicht genügen, können die **Verjährung** nicht unterbrechen[9].

Nächtliche Hausdurchsuchungen sind nur eingeschränkt zulässig 430
(§ 104 StPO). Die Steuerfahndung erscheint selten nachts, sodass diese Vorschrift nur geringe Bedeutung hat.

Die Durchsuchung steht unter dem **Gebot** der **Verhältnismäßigkeit** der 431
Mittel. Je intensiver die Folgen des Eingriffs sind, umso stärker ist die

---

1 BVerfG v. 23.6.1990 – 2 BvR 910/88, StV 1990, 483; *Burkhard*, wistra 2000, 118 f.

2 BVerfG v. 9.11.2002 – 2 BvR 436/01, NStZ 2002, 212; LG Koblenz v. 1.3.2004 – 10 Qs 61/03, wistra 2004, 438.

3 BVerfG v. 22.3.1999 – 2 BvR 2158/98, StV 1999, 519; BGH v. 27.5.2003 – 4 StR 142/03, NStZ 2004, 275.

4 BVerfG v. 29.1.2002 – 2 BvR 1245/01, NStZ-RR 2002, 172.

5 BVerfG v. 5.12.2002 – 2 BvR 1028/02, StV 2003, 203; BVerfG v. 4.6.2002 – 2 BvR 1761/01, StV 2003, 205.

6 BVerfG v. 5.5.2000 – 2 BvR 2212/99, NStZ 2000, 601.

7 *Park*, Durchsuchung und Beschlagnahme, 3. Aufl. 2015, Rz. 81-83, m.w.N.

8 Beachtenswert wegen des rechtsstaatlichen Niveaus allerdings eine Entscheidung des LG Köln v. 25.4.1983 – 117 Qs 3/83, StV 1983, 275.

9 BGH v. 27.5.2003 – 4 StR 142/03, NStZ 2004, 275.

Durchsuchung eingeschränkt[1]. In aller Regel sind die übliche Beschlagnahme und Durchsuchung nach herrschendem Verständnis verhältnismäßig. Dies hängt einmal damit zusammen, dass der Anfangsverdacht nach Fahndererfahrung so hoch angesiedelt wird, dass Durchsuchung und Beschlagnahme angemessen erscheinen. Zum anderen wird generell die Durchsuchung als Mittel der Strafverfolgung von nur geringen Angemessenheitsbedingungen abhängig gemacht.

432 Die Praxis kennt Durchsuchungen in **steuerlichen Bagatellsachen**, z.B. bei Zinsdelikten oder bei dem Verdacht falscher Spendenbescheinigungen. Es ist wenig erfolgversprechend, sich vor den Beschwerdekammern wegen des Verstoßes gegen das Verhältnismäßigkeitsgebot gegen die Zwangsmaßnahmen zu wenden. Gerade deshalb sollte in unklaren Fällen Zurückhaltung bei der Einlegung von Beschwerden geübt werden, um nicht für das weitere Verfahren eine negative gerichtliche Entscheidung gegen sich stehen zu haben.

433 **Kritik:** Da die Durchsuchung für den Betroffenen einen einschneidenden Eingriff darstellt, der sich als Verletzung der Intimsphäre tief in das Bewusstsein einprägt, ist die Praxis der geringen Schwelle zum Durchsuchungsbeschluss äußerst bedenklich und sollte von Praxis, Wissenschaft und Gerichtsbarkeit überdacht werden. Auch ist in Erinnerung zu rufen, dass die Durchsuchung das Grundrecht der Unverletzlichkeit der Wohnung (Art. 13 Abs. 1 GG) verletzt. Dieser **Grundrechtseingriff** gebietet, nur bei gravierenden Verdachtsgründen die Unverletzlichkeit zu durchbrechen[2].

434 Aus dem Gebot der Verhältnismäßigkeit der Mittel folgt auch, dass sich in einem **Betriebsprüfungsverfahren** die Betriebsprüfung auf jeden Fall zuerst der Mittel der AO bedienen muss, bevor sie einen Beschlagnahmebeschluss über eine Bußgeld- und Strafsachenstelle beantragt[3].

435 Generell bezieht sich der Verhältnismäßigkeitsgrundsatz im Bereich der Durchsuchung und Beschlagnahme nicht nur auf das „Ob" überhaupt, sondern auch auf die **Durchführung**[4]. Wenn der Verhältnismäßigkeitsgrundsatz im Steuerfahndungsverfahren überhaupt konkrete Auswir-

---

1 *Schmitt* in Meyer-Goßner/Schmitt, StPO, 59. Aufl. 2016, § 102 Rz. 15; BVerfG v. 26.5.1976 – 2 BvR 294/76, NJW 1976, 1735; BVerfG v. 24.5.1977 – 2 BvR 988/75, NJW 1977, 1489; BVerfG v. 26.6.1990 – 2 BvR 417/88, StV 1990, 529.

2 BVerfG v. 18.9.2008 – 2 BvR 683/08, NJW-Spezial 2009, 21; BVerfG v. 23.3.1994 – 2 BvR 396/94, StV 1994, 353, mit Anm. *Streck*.

3 BVerfG v. 29.2.2012 – 2 BvR 1954/11, BFH/NV 2012, 1293; LG Köln v. 25.4.1983 – 117 QS 3/83, StV 1983, 275.

4 BVerfG v. 26.5.1976 – 2 BvR 294/76, NJW 1976, 1735.

kungen von Wesentlichkeit zeigt, so in dem Bereich der Durchführung[1]. Aufgrund dieses Grundsatzes sind z.B. bei der Beschlagnahme von Buchführungs- und Geschäftsführungsunterlagen dem Beschuldigten regelmäßig **Kopien** zur Fortführung des Geschäfts zur Verfügung zu stellen[2]. Die Kosten der Kopien trägt der Beschuldigte[3].

3. Durchführung

Durchsuchung ist das **amtlich** erlaubte **Suchen** nach Beweismitteln. Zu 436
den **Räumen** und **Gegenständen**, auf die sich regelmäßig eine Fahndungsdurchsuchung erstreckt und erstrecken kann, gehören die Wohnung, Zweitwohnung, Ferien-, Wochenendhäuser, Jagdhütten, gewerbliche und betriebliche Räume, Praxis, Schuppen, Garagen, Schränke, Betten, Safes, Pkw, Schiffe, Behältnisse, Aktentaschen, Handtaschen, Koffer und – immer wichtiger werdend – EDV-Anlagen.

Der **Inhaber** der zu durchsuchenden Räume darf bei der Durchsuchung 437
anwesend sein (§ 106 StPO). Inhaber ist der Gewahrsamsinhaber. Ist die Wohnung gemietet, darf der Mieter, nicht der Vermieter anwesend sein.

Der Inhaber kann **Dritten** gestatten, seine Rechte als Inhaber wahr- 438
zunehmen und insofern an der Durchsuchung teilzunehmen[4]. Nur

---

1 Vgl. *Menges* in Löwe/Rosenberg, StPO, 26. Aufl. 2014, § 94 Rz. 51 ff.; *Tsambikakis* in Löwe/Rosenberg, StPO, 26. Aufl. 2014, § 105 Rz. 59 ff.

2 Vgl. *Schmitt* in Meyer-Goßner/Schmitt, StPO, 59. Aufl. 2016, § 94 Rz. 18; *Menges* in Löwe/Rosenberg, StPO, 26. Aufl. 2014, § 94 Rz. 63 ff.; abl. *Koch*, wistra 1983, 63: Weder könne sich i.d.R. die Staatsanwaltschaft mit Kopien begnügen noch seien i.d.R. den Beschuldigten Kopien zu überlassen. Zumindest das Letztere (Überlassung von Kopien) ist jedoch i.d.R. nach dem Verhältnismäßigkeitsgrundsatz geboten, um den Fortbestand eines Betriebs nicht zu gefährden. *Koch* befasst sich auch mit dem Problem, wer die Kopien zu fertigen habe; nach seiner Ansicht – er ist selbst Staatsanwalt – obliegt diese Aufgabe nicht der Staatsanwaltschaft, sondern dem erkennenden Gericht; dagegen *Sieg*, wistra 1984, 172. In der Praxis ist der Beschuldigte i.d.R. bereit, die Kopien vor Abgabe der Originale zu fertigen. Jedenfalls ist ihm auch noch später zu gestatten, auf eigene Kosten Kopien anzufertigen (*Schmitt* in Meyer-Goßner/Schmitt, StPO, 59. Aufl. 2016, § 94 Rz. 18).

3 **A.A.** – Kosten trägt die Strafverfolgungsbehörde – gegen die h.A. *Menges* in Löwe/Rosenberg, StPO, 26. Aufl. 2014, § 94 Rz. 65, mit dem zutreffenden Hinweis, dies sei die Konsequenz aus der Rechtmäßigkeit einer nur eingeschränkt zulässigen Beschlagnahme.

4 *Schmitt* in Meyer-Goßner/Schmitt, StPO, 59. Aufl. 2016, § 106 Rz. 2; *Tsambikakis* in Löwe/Rosenberg, StPO, 26. Aufl. 2014, § 106 Rz. 5 f.

wenn die Durchsuchung gestört wird, ergibt sich für die Steuerfahndung das Recht des § 164 StPO, s. Rz. 451.

439 Der **Beschuldigte** – sofern er nicht Inhaber ist – und der Verteidiger haben kein Recht auf Anwesenheit[1]. Das heißt jedoch nur, dass auf sie nicht gewartet werden muss. Ist der Verteidiger anwesend, darf er nicht ferngehalten werden, da hier in aller Regel ein Fall des § 164 StPO nicht vorliegt[2]. In der Praxis wird die Anwesenheit des Verteidigers zumeist gebilligt.

440 Ist der Eigentümer oder Inhaber der durchsuchten Räume **nicht anwesend**, so muss auf ihn nicht gewartet werden (vgl. § 106 StPO). Ist bei der Durchsuchung weder ein Richter noch ein Staatsanwalt zugegen[3], so sind, „wenn möglich, ein Gemeindebeamter oder zwei Mitglieder der Gemeinde zuzuziehen" (§ 105 Abs. 2 StPO). Diese Vorschrift wird von der Steuerfahndung teilweise nicht beachtet[4], obwohl sie gerade auch die Beamten schützt[5]. Der Beschuldigte kann auf die Einhaltung des § 105 Abs. 2 StPO verzichten[6]. Über einen Verzicht ist nachzudenken, wenn im konkreten Fall die Durchsuchungszeugen eher die Gefahr der Öffentlichkeitswirkung mit sich bringen, als eine Überwachung der im ganzen Haus aktiven Ermittlungsbeamten möglich erscheint.

441 Der von der Durchsuchung Betroffene, auch wenn er Beschuldigter ist, kann zu Beginn und während der Durchsuchung grundsätzlich **telefonieren** und Telefongespräche empfangen. Eine generelle Telefon-

---

1 *Schmitt* in Meyer-Goßner/Schmitt, StPO, 59. Aufl. 2016, § 106 Rz. 2; *Tsambikakis* in Löwe/Rosenberg, StPO, 26. Aufl. 2014, § 106 Rz. 11, 13.

2 Nach § 164 StPO kann der durchsuchende Beamte „Störer" der Durchsuchung festnehmen. Liegt keine solche Störung vor, kommt eine Entfernung vom Durchsuchungsort nicht in Betracht. *Schmitt* in Meyer-Goßner/Schmitt, StPO, 59. Aufl. 2016, § 106 Rz. 3; *Rengier*, NStZ 1981, 375. Staatsanwalt *Stypmann*, wistra 1982, 11, **befürwortet** sogar die **Anwesenheit** eines **Verteidigers**.

3 Die Anwesenheit eines Amtsanwalts oder eines Vertreters der Finanzbehörde, der einem Staatsanwalt nach § 399 Abs. 1 AO gleichsteht, soll ebenfalls ausreichend sein (LG Koblenz v. 1.3.2004 – 10 Qs 61/03, wistra 2004, 438 [440]).

4 Das Recht räumt den Ermittlungsbehörden einen Ermessensspielraum ein, *Schmitt* in Meyer-Goßner/Schmitt, StPO, 59. Aufl. 2016, § 105 Rz. 11. Die aktuelle Praxis zeigt, dass bei Durchsuchungen die Vorschrift immer häufiger eingehalten wird. Aus der Rechtswidrigkeit der Durchsuchung folgt jedoch nicht die Möglichkeit, die Verwertung beschlagnahmter Beweismittel zu hindern. Die bewusste Missachtung gibt jedoch dem Betroffenen die Möglichkeit, Notwehr auszuüben und Widerstand zu leisten (*Tsambikakis* in Löwe/Rosenberg, StPO, 26. Aufl. 2014, § 105 Rz. 120).

5 *Rengier*, NStZ 1981, 374.

6 *Schmitt* in Meyer-Goßner/Schmitt, StPO, 59. Aufl. 2016, § 105 Rz. 12.

sperre ist unzulässig[1]. Dies wird von der Fahndung hin und wieder bestritten[2]. Der Betroffene hat auch das Recht, allein zu telefonieren. Durch das Telefongespräch wird in aller Regel die Durchsuchung nicht tangiert, sodass § 164 StPO (s. Rz. 451) nicht anwendbar ist[3]. Im Hinblick auf diese Vorschrift wird man allenfalls das Telefonieren aus der Pförtnerloge in die Chefetage untersagen können, um eine vorzeitige Benachrichtigung vom Erscheinen der Steuerfahndung zu hindern[4]. Unbestreitbar darf der Beschuldigte oder Betroffene mit seinem Verteidiger oder Berater sofort, allein und ohne Mithörmöglichkeit an dem hierfür auszuschaltenden Lautsprecher telefonieren[5].

Der Beschuldigte oder andere Personen sind nicht verpflichtet, bei der Durchsuchung **anwesend zu bleiben**. Ihr Entfernen stört die Durchsuchung nicht, sodass die Voraussetzungen des § 164 StPO nicht vorliegen (s. Rz. 451). Allenfalls für eine sehr kurze einleitende Zeitspanne, in der die Fahndung einen Überblick gewinnen will, ist es gerechtfertigt, den Anwesenden das Verlassen des Raumes zu verbieten, um Verdunkelungen zu verhindern[6]. 442

Die Steuerfahndung kann bei der Durchsuchung **Papiere** selbst **durchsehen** (§ 404 Satz 2 AO). Das Recht der Durchsicht erstreckt sich auch auf Privatpapiere, sofern sie steuerlich von Bedeutung sind, was man jedoch erst durch die Durchsicht feststellen kann. Verschlossene Schriftstücke dürfen geöffnet werden. Hierbei handelte es sich lange Zeit um ein Sonderrecht der Fahndung. Inzwischen dürfen auch die „Ermittlungspersonen" i.S.v. § 152 GVG[7] auf Anweisung der Staatsanwaltschaft eine Durchsicht der Papiere durchführen (§ 110 StPO). 443

Nehmen die **Fahnder** die **Unterlagen ohne vollständige Durchsicht** in die Diensträume **mit**, so setzt sich hier die Durchsuchung fort (vgl. Rz. 426). In diesem Fall hat der Inhaber der Papiere auch bei der Durchsuchung in der Dienststelle ein Teilnahmerecht. Dies ist zwar nicht Fahndungspraxis, ergibt sich aber zwingend aus der ratio legis der §§ 106, 110 Abs. 2 StPO. 444

---

1 Vgl. *Park*, Durchsuchung und Beschlagnahme, 3. Aufl. 2015, Rz. 200.
2 Vgl. den Sachverhalt OLG Stuttgart v. 7.6.1972 – 2 VAs 158/71, NJW 1972, 2146.
3 *Krekeler*, wistra 1983, 45.
4 *Rengier*, NStZ 1981, 375.
5 *Park*, Durchsuchung und Beschlagnahme, 3. Aufl. 2015, Rz. 200, mit Hinweis auf §§ 137 Abs. 1 Satz 1 und 148 StPO; *von Briehl/Ehlscheid*, § 3 Rz. 328; *Rengier*, NStZ 1981, 375; *Krekeler*, wistra 1983, 43 (45).
6 *Rengier*, NStZ 1981, 375.
7 Früher „Hilfsbeamte der Staatsanwaltschaft".

445 Der Betroffene ist **nicht verpflichtet**, der Fahndung zu **helfen**, Unterlagen herauszusuchen usw. Er kann sich völlig passiv verhalten. Der Beschuldigte ist auch nach § 95 StPO nicht zur Herausgabe von Beweismitteln verpflichtet[1].

446 **Zufallsfunde** sind bei der Durchsuchung gefundene Gegenstände, die auf das Vorliegen einer anderen Straftat hindeuten. Für sie gilt § 108 StPO. Sie sind einstweilen in Beschlag zu nehmen. Die Staatsanwaltschaft ist zu unterrichten. Auf § 108 StPO stützen sich die Fahnder, wenn sie nur über einen eingeschränkten Durchsuchungsbeschluss verfügen. Man ist versucht, dem Zufall durch eine intensive „Umschau" ein wenig nachzuhelfen, um plangerecht Zufallsfunde zu entdecken[2]. Oder man beteiligt an der Durchsuchung wegen anderer Delikte „planvoll" Steuerfahnder, um auch zufällig Unterlagen zur Steuerhinterziehung aufzufinden[3].

447 Die **einstweilige Beschlagnahme** bei Zufallsfunden kann vom Richter in eine **endgültige** umgewandelt werden[4]. Hiergegen kann Beschwerde eingelegt werden. Dies ist das Verfahren, in dem sodann vorgebracht werden kann, von einem „Zufall" könne keine Rede sein.

448 Sucht die Steuerfahndung bestimmte Unterlagen, gibt sie der Betroffene sofort **freiwillig** heraus, ist der in der richterlichen Anordnung genannte Durchsuchungszweck erreicht. Die weitere Durchsuchung ist rechtswidrig. Weitere Funde sind auch als Zufallsfunde (Rz. 446) nicht mehr beschlagnahmbar[5].

449 Nach **§ 107 StPO** erhält der Betroffene eine Mitteilung über den Grund der Durchsuchung. Außerdem hat er Anspruch auf ein **Verzeichnis** der **beschlagnahmten Gegenstände**. Man sollte darauf achten, dass alle Gegenstände, die die Fahndung mitnimmt, in dem Verzeichnis nach § 107 Satz 2 StPO festgehalten werden. Dies kann z.B. bei Aktenordnern oder anderweitig zusammengefassten Papieren problematisch

---

1 *Schmitt* in Meyer-Goßner/Schmitt, StPO, 59. Aufl. 2016, § 95 Rz. 5.

2 Weder das „gezielte" Suchen nach Zufallsfunden ist zulässig noch das Suchen von Gegenständen, auf die sich die Durchsuchungsanordnung gerade nicht bezieht (LG Berlin v. 15.1.2004 – 518 Qs 44/03, NStZ 2004, 571); *Ehlers*, BB 1978, 1515; und als plastischen **Beispielsfall** LG Bonn v. 1.7.1980 – 37 Qs 57/80, NJW 1981, 292.

3 LG Bremen v. 13.7.1984 – 43 Qs 398/84, wistra 1984, 241.

4 *Schmitt* in Meyer-Goßner/Schmitt, StPO, 59. Aufl. 2016, § 108 Rz. 7.

5 Die Durchsuchung endet mit Erreichung des Durchsuchungszwecks (*Schmitt* in Meyer-Goßner/Schmitt, StPO, 59. Aufl. 2016, § 105 Rz. 14; *Stypmann*, wistra 1982, 12).

sein. Allerdings wird die Pflicht zur Aufzeichnung der mitgenommenen Unterlagen nicht durch ihre Vielzahl eingeschränkt. Der Betroffene kann darauf bestehen, dass zumindest die Anzahl der Blätter der Ordner und Akten vermerkt wird[1]. Die Aufzeichnung muss zu einer Identifizierbarkeit führen[2]. Empfehlenswert kann sein, selbst Akten mit Seitenzahlen zu versehen. In der Praxis findet sich häufig die Angabe „5 Leitzordner"; dies ist unzureichend[3]. Ein Beweismittel für das, was mitgenommen wurde, ist damit nicht geschaffen. Völlig unzulänglich sind die Angaben wie „ein Karton mit Schriftverkehr", „Bündel Briefe" oder „14 div. Unterlagen"[4]. Die Bezeichnung ist nur ausreichend, wenn man zu einem späteren Zeitpunkt konkrete Unterlagen sucht und anhand der sog. „Nachweisung" deren Verbleib, d.h. den Umstand der erfolgten Beschlagnahme, nachweisen und ggf. Kopien anfordern kann. Teilweise tauchen in der strafrechtlichen Hauptverhandlung Beweismittel auf, von denen nicht ermittelt werden kann, wo sie beschlagnahmt wurden, was dem Beschuldigten z.B. den ihm günstigen Nachweis vereitelt, dass Scheinrechnungen nur vorbereitet, aber noch nicht in den Verkehr gebracht wurden. Hat das durchsuchte Objekt mehrere Zimmer und z.B. einen privat und einen geschäftlich genutzten Teil, ist der Ort des Auffindens exakt festzuhalten. Im Zweifelsfall muss pro Zimmer ein Nachweisungsblatt erstellt werden.

Ein Anspruch, sich **Kopien** von den beschlagnahmten Unterlagen zu 450
fertigen, besteht grundsätzlich nicht; insoweit gilt das Recht der Akteneinsicht (s. Rz. 1135), das die Entscheidung in das Ermessen der Verfolgungsbehörde legt. Eine Einschränkung wird jedoch durch den Grundsatz der Verhältnismäßigkeit insbesondere im Rahmen der Beschlagnahme von benötigten Geschäftsunterlagen regelmäßig gegeben sein[5] (s. Rz. 431).

Die Durchsuchungsbeamten können Personen, die die Durchsuchung 451
stören, **vorübergehend festnehmen (§ 164 StPO)**. Erforderlich ist eine Störung der Durchsuchung. Telefongespräche oder das Entfernen des

---

1 Vgl. *Tsambikakis* in Löwe/Rosenberg, StPO, 26. Aufl. 2014, § 107 Rz. 3; *Schmitt* in Meyer-Goßner/Schmitt, StPO, 59. Aufl. 2016, § 107 Rz. 3. Die Gegenstände müssen **„nach Art und Zahl"** aufgeführt werden; LG Stade v. 3.9.2001 – 12 Qs 3/2001, wistra 2002, 319; *Lohmeyer*, StB 1982, 3.

2 *Schmitt* in Meyer-Goßner/Schmitt, StPO, 59. Aufl. 2016, § 107 Rz. 3.

3 *Krekeler*, wistra 1983, 46.

4 Nicht ausreichend Nr. 69 Abs. 2 AStBV (St) 2014, BStBl. I 2013, 1394 ff., nach der z.B. die Sammelbezeichnung „ein Karton Schriftverkehr mit den Lieferanten 19… bis …" genügen soll. Vgl. *Bruns* in Karlsruher Kommentar, StPO, 7. Aufl. 2013, § 107 Rz. 4.

5 *Schmitt* in Meyer-Goßner/Schmitt, StPO, 59. Aufl. 2016, § 94 Rz. 18, m.w.N.

Beschuldigten hindern nicht die Durchsuchung. Die Festnahme ist das äußerste Mittel; nach dem Grundsatz der Verhältnismäßigkeit sind mildere Maßnahmen vorzuziehen[1].

452 Zum Gebot der **Verhältnismäßigkeit** der **Mittel** bei der Durchführung einer Durchsuchung s. Rz. 431.

4. Hinweise zur Praxis

453 **Typischer Ablauf der Durchsuchung:** Die Fahndung beginnt mit mehreren Prüfern – zumeist morgens zwischen 7.00 Uhr und 8.00 Uhr – selten montags – zugleich in der Privatwohnung, im Betrieb und am Arbeitsplatz; Wohnzimmer, Küche, Keller, Kinderzimmer, Schlafzimmer müssen preisgegeben werden. Pkw, Brief-, Hand- und Aktentaschen werden nicht übersehen. Schränke sind ebenso wie sonstige geschlossene Behältnisse zu öffnen. Fahnder haben – ebenso wie die Staatsanwaltschaft und deren Ermittlungspersonen – das Recht, alle Papiere und Schriftstücke sofort durchzusehen, um zu beurteilen, was beweiserheblich ist (Rz. 443). Besondere Augenmerke richten sich auf Briefe, Notizzettel, Notizbücher, Kalender, Schmierzettel, Bankunterlagen, Kontoauszüge, Schlüssel (Safe), Computer, E-Mails und sonstige EDV. Keiner wird den Fahnder hindern, einen Augenblick zu lange bei einer Sache zu verweilen, die nichts steuerlich Erhebliches darstellt oder beweist; die Sekunden, die hier „treffen" können, kann kein Richter wägen. Das Privatleben öffnet sich nicht nur der Strafverfolgung; Intimsphären zwischen Kindern und Eltern und unter Ehegatten werden aufgerissen. Ein jeder kann im Spiegel des eigenen häuslichen Bereichs ermessen, was hier geschieht. In den letzten Jahren hat sich als Unsitte etabliert, dass Fahnder vorgefundene, potenziell beweiserhebliche Situationen mit Handys fotografieren – so bspw. Badezimmer, Schlafzimmer und Kleiderschränke, wenn es darum geht, die Eigennutzung in Fällen der Vermietung an nahe Angehörige zu dokumentieren. Für den Umgang und vor allem die Löschung der Fotos gibt es finanzamtsintern keine klaren Regeln bzw. keine Dokumentation.

454 **Verhaltensregeln** für Hausdurchsuchungen: Es hat keinen Zweck, die Hausdurchsuchungen durch kleine Stolpersteine zu hindern. Man muss die Durchsuchung geschehen lassen. Der Betroffene kann sowohl seinen Berater als auch einen Anwalt anrufen; es besteht keine Tele-

---

1 *Meyer-Goßner* in Meyer-Goßner/Schmitt, StPO, 59. Aufl. 2016, Einl. Rz. 20 f., *Schmitt* in Meyer-Goßner/Schmitt, StPO, 59. Aufl. 2016, § 164 Rz. 3; *Rengier*, NStZ 1981, 375.

fonsperre. Durchsuchung einerseits und Einlassung (d.h. Aussage) zu den Vorwürfen andererseits sind sorgfältig zu trennen. Fahnder drängen häufig darauf, dass sich der Betroffene sofort anlässlich der Durchsuchung einlässt. Vernehmung und Durchsuchung sollen verbunden werden, möglicherweise, um den Überraschungseffekt auszunutzen. Eine Grundregel für die Verteidigung im Fahndungsverfahren heißt: Keine Einlassung anlässlich der Durchsuchung. Dies ist schon deshalb richtig, weil sich der Betroffene regelmäßig in einem Zustand der Erregung befindet, der als psychische Grundlage einer Aussage weder der Fahndung noch der Verteidigung nutzt.

Zur Vernehmung von **Zeugen** anlässlich der Durchsuchung s. Rz. 715. 455

Die Durchsuchung kann während des **gesamten** Strafverfahrens erfolgen. Sie ist auch **mehrfach hintereinander** möglich. Die zweite Durchsuchung – aufgrund erneuter Anordnung – ist allerdings nicht häufig, weil die Steuerfahndung i.d.R. annimmt, dass sie bei der zweiten Durchsuchung kaum noch fündig wird. Die Ausnahmen bestätigen die Regel, wenn die Fahndung hofft, bei der zweiten Durchsuchung Überraschung und Sorglosigkeit ausnutzen zu können. Gerade bei Unternehmen setzt nach der ersten Durchsuchung häufig eine Phase der Aufarbeitung ein, deren Ergebnisse nicht der Beschlagnahmefreiheit unterliegen und von den Ermittlungsbehörden als Unterstützung gerne „mitgenommen" werden. Zur bei der zweiten Durchsuchung gefundenen **Verteidigerpost** bzw. Zusammenstellungen und interne Stellungnahmen für Verteidigungszwecke s. Rz. 908. 456

Zum **Rechtsschutz** s. Rz. 496 ff. 457

III. Durchsuchung der Person und körperliche Durchsuchung

Die Durchsuchung kann sich nach § 102 StPO auch auf die **Person** und ihre **Bekleidung** beziehen. Die Steuerfahndung kann in diesem Fall z.B. die Taschen der Kleider durchsehen und prüfen, ob der Beschuldigte Gegenstände in seiner Kleidung versteckt hält. Die Ausführungen zur Hausdurchsuchung, Rz. 421 ff., gelten entsprechend. Diese Durchsuchung stützt sich auf die gleiche Rechtsnorm wie die Hausdurchsuchung. 458

Die **körperliche Untersuchung** des Beschuldigten regelt § 81a StPO. Gegenstand dieser Beweisermittlung ist der Körper des Beschuldigten selbst. Die körperliche Durchsuchung spielt im Steuerfahndungsverfahren eine geringe Rolle. Selbst bei den in der Praxis immer wieder vorkommenden verschluckten Beweisunterlagen – hier greift z.B. § 81a 459

StPO ein – hat die Durchsuchung wenig Sinn, da die Unterlage zerstört sein dürfte. Die Anordnung trifft der Richter (§ 81a Abs. 2 StPO), bei Gefährdung des Untersuchungserfolgs die Staatsanwaltschaft oder die Steuerfahndung. Das Verschlucken einer Notiz, die sich noch im Mund des Beschuldigten befindet, kann die Steuerfahndung mithin hindern.

IV. Die Beschlagnahme

1. Anordnung

460 Die Durchsuchung dient dem Auffinden von **Beweisgegenständen**. Die Steuerfahndung kann Beweisgegenstände im Wege der Beschlagnahme oder freiwilligen Herausgabe in die **amtliche Verwahrung** überführen.

461 Die Beschlagnahme wird durch den **Richter**, bei **Gefahr im Verzug** durch die **Staatsanwaltschaft** oder die **Steuerfahndung** – möglich: formlos – selbst angeordnet (§ 98 Abs. 1 StPO). „Gefahr im Verzug" liegt vor, wenn der Zweck der Beschlagnahme gefährdet ist, falls zuvor der Richter angerufen würde[1]. Über die „Gefahr im Verzug" entscheidet der Fahnder nach eigener pflichtgemäßer Beurteilung; jedoch steht ihm hierbei kein eigener Beurteilungsspielraum zu, da es sich um einen unbestimmten Rechtsbegriff handelt[2]. Ein tatsächlicher oder rechtlicher Irrtum führt nicht zur Rechtsunwirksamkeit[3]. Ist allerdings die Annahme von Gefahr im Verzug objektiv unter keinem Gesichtspunkt vertretbar, so kann der rechtswidrigen Durchsuchung und Beschlagnahme ein Verwertungsverbot folgen[4].

---

1 Zum Begriff **„Gefahr im Verzug"** und dem Umgang damit im Bereich von Durchsuchung und Beschlagnahme s. oben Rz. 423 und *Schmitt* in Meyer-Goßner/Schmitt, StPO, 59. Aufl. 2016, § 98 Rz. 6: Sie liegt vor, wenn die richterliche Anordnung nicht eingeholt werden kann, ohne den Zweck der Beschlagnahme (oder Durchsuchung) zu gefährden, was in Deutschland – jedenfalls tagsüber – praktisch nicht der Fall ist (vgl. BVerfG v. 20.2.2001 – 2 BvR 1444/00, NJW 2001, 1121).

2 *Schmitt* in Meyer-Goßner/Schmitt, StPO, 59. Aufl. 2016, § 98 Rz. 7; *Park*, StraFo 2001, 159; noch von einer Ermessensentscheidung ausgehend OLG Stuttgart v. 11.12.1968 – 1 Ss 666/68, NJW 1969, 760.

3 *Schmitt* in Meyer-Goßner/Schmitt, StPO, 59. Aufl. 2016, § 98 Rz. 7.

4 BVerfG v. 23.7.2007 – 2 BvR 2267/06, juris; AG Bremen v. 10.1.2012 – 75 Ls 570 Js 14531/10 (8/11), NStZ 2012, 287; OLG Koblenz v. 6.6.2002 – 1 Ss 93/02, NStZ 2002, 660; LG Osnabrück v. 26.11.1990 – 13 Js 13349/90, StV 1991, 152; s. auch AG Offenbach v. 19.2.1991 – 21 Gs 19 Js 3253.3/91, StV 1991, 153; *Krehl*, NStZ 2003, 461 (463); *Beichel/Kieninger*, NStZ 2003, 10, 11; *Klemke*, Anm. zu LG Dresden v. 24.9.2003 – 5 Qs 86/2003, StraFo 2004, 13 (15).

Beschlagnahmt die Steuerfahndung **ohne richterliche Anordnung**, so soll sie binnen drei Tagen die richterliche Bestätigung beantragen, wenn bei der Beschlagnahme weder der von ihr Betroffene noch ein Angehöriger anwesend war oder wenn bei Anwesenheit diese Personen ausdrücklich widersprechen (§ 98 Abs. 2 Satz 1 StPO). Hierbei handelt es sich um eine bloße Sollvorschrift, die die Beschlagnahme nicht unwirksam macht[1]. Unabhängig von der Steuerfahndung kann auch der Betroffene jederzeit eine gerichtliche Entscheidung über die Beschlagnahme beantragen (§ 98 Abs. 2 Satz 2 StPO). Über das Recht nach § 98 Abs. 2 Satz 2 StPO ist der Betroffene zu belehren (§ 98 Abs. 2 Satz 7 StPO); auch eine Verletzung dieser Pflicht führt nicht zur Rechtswidrigkeit der Beschlagnahme. 462

Die von der Steuerfahndung erwirkten **Hausdurchsuchungsbefehle** enthalten teilweise mit **allgemeinen Worten** auch **Beschlagnahmeanordnungen** für etwa aufzufindende Beweisgegenstände. Zweifelhaft ist, ob dies richterliche Beschlagnahmen sind[2]. Regelmäßig sind hier die Beweismittel nicht ausreichend konkretisiert[3]. Eine wirksame Beschlagnahme liegt nicht vor[4]. Liegt keine hinreichende Beschlagnahme vor, so beschlagnahmt die Steuerfahndung bei Gefahr im Verzug aus eigener Kompetenz, was die Folgen des § 98 Abs. 2 Satz 1, 2 StPO auslöst (Rz. 462). 463

Parallel zu den obigen Ausführungen zum Durchsuchungsbeschluss (vgl. Rz. 428) muss somit der richterliche Beschlagnahmebeschluss notwendig folgenden **Inhalt** haben[5]: 464

- Angabe des **Beschuldigten**,
- Angabe des **Strafbarkeitsvorwurfs**,
- konkrete **Bezeichnung** der beschlagnahmten Gegenstände,
- Angabe des Beschlagnahme**zwecks** und der Beweisbedeutung,

---

1 *Menges* in Löwe/Rosenberg, StPO, 26. Aufl. 2014, § 98 Rz. 46.

2 Grundsätzlich ist eine Verbindung zulässig, wenn im Übrigen alle Voraussetzungen erfüllt werden (*Park*, Durchsuchung und Beschlagnahme, 3. Aufl. 2015, Rz. 453).

3 Gl.A. *Schmitt* in Meyer-Goßner/Schmitt, StPO, 59. Aufl. 2016, § 98 Rz. 9. Vgl. auch LG Stuttgart v. 11.7.1986 – 9 Qs 80/86, StV 1986, 471: „Die Beschlagnahmegegenstände müssen im Beschlagnahmebeschluss so genau bezeichnet sein, dass weder bei dem durch die Anordnung Betroffenen noch bei dem die Beschlagnahme Durchführenden Zweifel über den Umfang der Maßnahme bestehen können."

4 OLG Düsseldorf v. 21.7.1982 – 2 Ws 501/82, StV 1982, 513.

5 *Park*, Durchsuchung und Beschlagnahme, 3. Aufl. 2015, Rz. 475 ff. i.V.m. Rz. 74.

- bei Bedarf: Abwendungsbefugnisse im Rahmen des **Verhältnismäßigkeitsgrundsatzes**[1], z.B. Kopien statt Originale[2].

2. Voraussetzungen

465 Voraussetzung ist der **Verdacht** einer **Steuerhinterziehung** oder **Steuerordnungswidrigkeit**. Auch hier ist die Verdachtsschwelle in der Praxis gering. S. auch Rz. 427 ff.

466 Der Beschluss muss zum Ausdruck bringen, zu welchen **Delikten** die zu beschlagnahmenden Unterlagen Beweismittel sein können[3]. Hiergegen wird oft verstoßen. Schriftliche Unterlagen scheinen die unwiderlegbare Vermutung in sich zu tragen, grundsätzlich Beweismittel für Steuerdelikte darzustellen.

467 Eine unmittelbare Beschlagnahme von **Geld** kommt nur dann in Betracht, wenn das beschlagnahmte Geld ein Beweismittel darstellt, was i.d.R. nicht der Fall ist[4]. Der Umstand, dass überhaupt Bargeld in entsprechender Höhe vorhanden war, kann schon durch die Aussage der Durchsuchungsbeamten nachgewiesen werden. Alternativ ist denkbar, dass das Bargeld unter Zeugen gezählt wird und der Betroffene den Fundort und die Höhe des Geldbetrags schriftlich bestätigt[5]. Hierfür ist eine Beschlagnahme der Scheine – nach dem Verhältnismäßigkeitsgrundsatz[6] – nicht erforderlich. Soweit es z.B. auf die Nummerierung von Geldscheinen ankommt, reichen Kopien aus.

468 Die Beschlagnahme des Geldes zur **Sicherung** der **Steuerschuld** ist unzulässig; sie kann nur in seltenen Fällen im Wege der „**Zurückgewinnungshilfe**„[7] auf § 111b StPO i.V.m. §§ 73 ff. StGB gestützt werden[8]. In der Praxis war zu erkennen, dass die Strafverfolgungsbehörden diese neu entdeckte Möglichkeit des „Zugriffs" auf fremde Vermögenswerte immer mehr ausweiteten. Die hiermit einhergehenden Probleme sind

1 *Bandisch*, AnwBl. 1992, 355.
2 *Park*, Durchsuchung und Beschlagnahme, 3. Aufl. 2015, Rz. 475 ff. i.V.m. Rz. 83.
3 S. Zusammenfassung der notwendigen Inhalte der Anordnung unter Rz. 464. *Menges* in Löwe/Rosenberg, StPO, 26. Aufl. 2014, § 98 Rz. 20; OLG Düsseldorf v. 4.2.1983 – 2 Ws 905/82 und 20/83, StV 1983, 407.
4 *Klos*, wistra 1987, 121; *Dörn*, wistra 1990, 181.
5 LG Berlin v. 26.2.1990 – 505 Qs 27/89, wistra 1990, 157.
6 *Schmitt* in Meyer-Goßner/Schmitt, StPO, 59. Aufl. 2016, § 94 Rz. 18.
7 *Schmitt* in Meyer-Goßner/Schmitt, StPO, 59. Aufl. 2016, § 111b Rz. 6.
8 *Park*, StraFo 2002, 73 (77); LG Berlin v. 26.2.1990 – 505 Qs 27/89, wistra 1990, 157; hierzu *Dörn*, wistra 1990, 181.

immens. Wird z.B. bei einem Unternehmen eine solche Zurückgewinnungshilfe-Aktion durchgeführt, kann von heute auf morgen Zahlungsunfähigkeit mit Folge der Insolvenz eintreten, selbst wenn sich im weiteren Verfahren die Unschuld des Betroffenen erweist. Ferner lassen sich wirtschaftlich sinnvolle Einigungen häufig schneller und besser mit Finanzbeamten als mit Strafrichtern verhandeln. Deshalb ist schon eine leicht rückläufige Tendenz der Anwendung zu erkennen. Die Fahndungsbehörden veranlassen wieder - wie früher – eine Sicherung nach den Regeln der §§ 324 ff. AO – Arrest – (vgl. Rz. 643 ff.).

Die Beschlagnahme ist auch bei vorliegendem **Einverständnis** zur Herausgabe möglich; der Betroffene kann die Beschlagnahme durch sein Einverständnis nicht abwenden[1]. Im Einzelfall kann die Steuerfahndung die Beschlagnahme vorziehen, da nur sie den Strafrechtsschutz des § 136 StGB (Siegelbruch) vermittelt. Wird das Einverständnis zur Herausgabe später **widerrufen**, berührt dies nicht unmittelbar die amtliche Verwahrung. Der Widerruf kann als Antrag auf gerichtliche Entscheidung gewertet werden (Antrag nach § 98 Abs. 2 StPO; dazu Rz. 497 ff.); notfalls schafft die Fahndung durch eine jetzt erfolgende Beschlagnahme die Rechtsgrundlage für das amtliche Verwahrungsverhältnis. 469

Für die Beschlagnahme spielen die **Eigentumsverhältnisse** keine Rolle. 470

Auch für das Beschlagnahmerecht gilt das Gebot der **Verhältnismäßigkeit** der **Mittel**; die Ausführungen zur Durchsuchung gelten entsprechend, Rz. 431 ff. Zur Fertigung von Kopien s. Rz. 431. 471

Die **Rechtmäßigkeit** der **Beschlagnahme** ist **unabhängig** von der **Rechtmäßigkeit** einer **Durchsuchung**, die zur Beschlagnahme führte[2]. Diese Rechtslage ist für den Laien kaum einsichtig, da er spontan aus der Rechtswidrigkeit einer Durchsuchung die Rechtswidrigkeit der Beschlagnahme folgert. Krasse Verstöße bei der Durchsuchung können im Ausnahmefall jedoch zur Rechtswidrigkeit bei der Beschlagnahme und zu einem Verwertungsverbot führen[3]. 472

Zur **Beschlagnahme** anlässlich der **Durchsuchung** s. auch Rz. 436. 473

---

1 Vgl. *Schmitt* in Meyer-Goßner/Schmitt, StPO, 59. Aufl. 2016, § 94 Rz. 13.

2 *Schmitt* in Meyer-Goßner/Schmitt, StPO, 59. Aufl. 2016, § 94 Rz. 21; BGH v. 18.11.2003 – 1 StR 455/03, NStZ 2004, 449; LG Wiesbaden v. 3.3.1978 – 14 Qs 143/77 B, NJW 1979, 175.

3 LG Bonn v. 1.7.1980 – 37 Qs 57/80, NJW 1981, 292.

474 Soweit eine **Beschlagnahme rechtswidrig** ist – z.B. Verstoß gegen ein Beschlagnahmeverbot –, dürfen die rechtswidrig beschlagnahmten Gegenstände nicht verwertet werden[1]. Zum Verwertungsverbot s. auch Rz. 1423 ff. Zur Herausgabe oder Vernichtung von **Kopien** s. Rz. 536. Aus Rz. 472 folgt, dass die **Rechtswidrigkeit** der **Durchsuchung** noch nicht zwingend zu einem Verwertungsverbot hinsichtlich der beschlagnahmten Gegenstände führt. Zum **steuerlichen Verwertungsverbot** s. Rz. 1435 ff.

3. Durchführung

475 Die beschlagnahmten und freiwillig herausgegebenen Beweismittel werden in **amtliche Verwahrung** überführt. Die Verwahrung erfolgt durch die Staatsanwaltschaft, durch das Finanzamt (Bußgeld- und Strafsachenstelle) oder – die Regel – die Steuerfahndung. Die Beschlagnahme ist auch in anderer Weise möglich. So können Räume oder Behältnisse – z.B. der Safe – durch Versiegelung beschlagnahmt werden. Die beschlagnahmten Gegenstände stehen unter dem **strafrechtlichen Schutz** des § 133 StGB (Verwahrungsbruch) und des § 136 StGB (Siegelbruch).

476 In der Fahndungspraxis ist die **freiwillige Herausgabe** nicht selten, da der Betroffene ohnehin keine Möglichkeit hat, den Gegenstand zurückzuhalten. Die freiwillige Herausgabe ist nicht empfehlenswert[2]. Gegen die freiwillige Herausgabe kann keine Beschwerde eingelegt werden. Zwar kann sie später widerrufen werden, was i.d.R. die Beschlagnahme zur Folge hat[3]. Wird ein Gegenstand jedoch beschlagnahmt, kann er selbst nicht zur Rechtfertigung der Beschlagnahme herangezogen werden[4]. War er zuerst freiwillig herausgegeben, kann er die spätere Beschlagnahme rechtfertigen.

---

1 Vgl. z.B. *Schmitt* in Meyer-Goßner/Schmitt, StPO, 59. Aufl. 2016, § 97 Rz. 46 und 48; *Park*, Durchsuchung und Beschlagnahme, 3. Aufl. 2015, Rz. 677 ff.; *Rüping*, Beweisverbote als Schranken der Aufklärung im Steuerrecht, 1981, 54 ff.

2 A.A. *Park*, Durchsuchung und Beschlagnahme, 3. Aufl. 2015, Rz. 668, der die Möglichkeit außer Acht lässt, den Fahndungsbeamten die in dem Durchsuchungs- und Beschlagnahmebeschluss genannten Unterlagen herauszusuchen, wodurch eine weitere, unangenehme Durchsuchung, z.B. von Unternehmen mit der Gefahr von Zufallsfunden, vermieden wird. Diese Unterlagen werden jedoch nicht einfach übergeben, sondern müssen beschlagnahmt werden. So werden einerseits Durchsuchungen vermieden, andererseits bleibt die volle Rechtsschutzmöglichkeit erhalten.

3 Vgl. *Menges* in Löwe/Rosenberg, StPO, 26. Aufl. 2014, § 94 Rz. 38.

4 Vgl. z.B. LG Koblenz v. 30.10.1984 – 10 Qs 10, 23/84, Stbg 1985, 7.

Wird die Beschlagnahme **gestört**, gilt das zu Rz. 344 Gesagte entsprechend. 477

Die **Beschlagnahme erlischt** mit der Einstellung des Strafverfahrens oder mit der Rechtskraft eines Strafurteils[1]. Sie erlischt ebenfalls, wenn sie von Gericht, Staatsanwaltschaft oder Fahndung aufgehoben wird. Während des Verfahrens kann z.B. die Fahndung, was häufig geschieht, die Beschlagnahme durch Herausgabe der Unterlagen aufheben. 478

Die beschlagnahmten Gegenstände sind nach Aufhebung der Beschlagnahme **herauszugeben**. War die Sache beschlagnahmt worden, ist sie an den Gewahrsamsinhaber herauszugeben, in dessen Gewahrsam sie vorgefunden und beschlagnahmt worden war[2]. War die Sache freiwillig übergeben worden, erfolgt die Herausgabe an denjenigen, der sie freiwillig herausgegeben hatte. Der Herausgabeanspruch ist ggf. vor den ordentlichen Gerichten geltend zu machen[3]. 479

Gegenstände, die die Steuerfahndung beschlagnahmt hat, darf sie nicht an das **Finanzamt** zur **Pfändung** herausgeben[4]. Ebenfalls dürfen im Strafverfahren beschlagnahmte Gegenstände nach Beendigung des Strafverfahrens nicht dem Finanzamt als Beweismittel für noch schwebende **Steuerverfahren** zur Verfügung gestellt werden[5]. Allenfalls wird man gestatten müssen, dass zugunsten des Finanzamtes Kopien gezogen werden[6]. Diese Grundsätze gelten auch zwischen dem für die Steuerfahndung oder Bußgeld- und Strafsachenstelle zuständigen Finanzamt und dem für die Besteuerung zuständigen Finanzamt. 480

---

1 *Menges* in Löwe/Rosenberg, StPO, 26. Aufl. 2014, § 98 Rz. 56 ff.

2 *Schmitt* in Meyer-Goßner/Schmitt, StPO, 59. Aufl. 2016, § 94 Rz. 22; OLG Düsseldorf v. 13.12.1989 – 2 Ws 582/89, NStZ 1990, 202: Soweit die RiStBV erlauben, die Sache an Dritte herauszugeben, sind sie rechtswidrig; LG Berlin v. 26.5.1993 – 504-6/92, StV 1994, 179; *Menges* in Löwe/Rosenberg, StPO, 26. Aufl. 2014, § 94 Rz. 94; § 98 Rz. 66 ff.

3 *Menges* in Löwe/Rosenberg, StPO, 26. Aufl. 2014, § 94 Rz. 73, und zwar nach Beendigung, nicht schon während der Beschlagnahme, OLG Stuttgart v. 25.4.1984 – 1 U 41/84, wistra 1984, 240.

4 FG Baden-Württemberg v. 29.3.1979 – IX 120/78 (VIII 3/77, VI 73/75), EFG 1979, 532.

5 A.A. *Merkt*, DStR 1990, 476, der annimmt, das Finanzamt könne mittels Steuerverwaltungsakte die Zurückhaltung anordnen. Dies ist unzutreffend. Das Finanzamt kann die Vorlage von Unterlagen, nicht aber Zurückhaltungsrechte verfügen.

6 *Merkt*, DStR 1990, 476.

481 Umstritten ist die Frage, ob im Falle der Herausgabe von beschlagnahmten Gegenständen die Ermittlungsbehörde diese dem Empfänger „bringen" muss, oder ob dieser darauf verwiesen werden kann, sich die freigegebenen Sachen abzuholen. Nach zutreffender Ansicht handelt es sich um eine **Bringschuld**[1], d.h. dem letzten Gewahrsamsinhaber müssen die Gegenstände dorthin gebracht werden, wo sie beschlagnahmt wurden[2].

482 Zum **Rechtsschutz** im Fall der Beschlagnahme s. Rz. 496.

V. EDV-Durchsuchung und Beschlagnahme

483 Kommen **Datenträger**, wie z.B. Festplatten, Disketten, CDs und DVDs, oder Computerausdrucke als Beweismittel in Betracht, können sie als bewegliche Gegenstände ebenfalls beschlagnahmt werden[3]. Die Fertigung von Kopien stellt insofern das mildere Mittel dar und geht der Beschlagnahme der gesamten Computeranlage z.B. eines Unternehmens vor[4]. Ist es möglich, die Beweismitteleigenschaft im Vorfeld auf konkrete Dateien zu beschränken, muss die Beschlagnahmeanordnung dem entsprechen.

484 Nur wenn konkrete Anhaltspunkte dafür vorliegen, dass sich **verborgene** oder **verschlüsselte Daten** auf einem Datenträger befinden, darf der entgegengesetzte Weg eingeschlagen werden, bei dem der Original-Datenträger beschlagnahmt wird, während dem Betroffenen zur Aufrechterhaltung des Geschäftsbetriebs eine oder mehrere Kopien überlassen werden[5]. Das Argument, dass bei der bloßen Fertigung von Kopien für die Ermittlungsbehörden die Gefahr bestehe, Daten könnten unerkannt auf der zurückgelassenen Festplatte verbleiben, ist – nur – in diesem Fall nicht zu entkräften.

---

1 *Schmitt* in Meyer-Goßner/Schmitt, StPO, 59. Aufl. 2016, § 94 Rz. 22; *Damrau*, NStZ 2003, 408; a.A. LG Hamburg v. 20.2.2004 – 303 S 16/03, NStZ 2004, 512; **a.A.** BGH v. 3.2.2005 – III ZR 271/04, PStR 2005, 124, zu der Frage, ob der Betroffene einen Anspruch auf Ersatz der für den Rücktransport erforderlichen Aufwendungen nach § 2 Abs. 2 Nr. 4 StrEG (vgl. Rz. 545) hat.

2 Zum Rechtsweg s. *Hoffmann/Knierim*, NStZ 2000, 462.

3 *Schmitt* in Meyer-Goßner/Schmitt, StPO, 59. Aufl. 2016, § 94 Rz. 4; BVerfG v. 12.4.2005 – 2 BvR 1027/02, StraFo 2005, 286, mit dem Hinweis auf den neu eingefügten § 483 StPO, in dessen Rahmen der Gesetzgeber offensichtlich die moderne Datenverarbeitung akzeptiert.

4 BVerfG v. 18.2.2003 – 2 BvR 372/01, NStZ-RR 2003, 176.

5 BVerfG v. 12.4.2005 – 2 BvR 1027/02, StraFo 2005, 286; *Spatscheck/Spatscheck*, PStR 2000, 188.

Umstritten ist, was die Ermittlungsbehörden unternehmen dürfen, um sich über das EDV-System des Betroffenen zunächst einen **Überblick** zu verschaffen und anschließend beschlagnahmte Dateien zu **sichten und auszuwerten**. Inzwischen ist in der Rechtsprechung anerkannt, dass die EDV-Anlagen in Betrieb genommen werden dürfen, um überhaupt an die Daten zu gelangen[1]. Sind Spezialprogramme erforderlich, um die Daten zu lesen, dürfen auch diese Programme auf der EDV-Anlage des Betroffenen beschlagnahmt werden[2]. 485

Das Lesen und Verarbeiten der Dateien geschieht auf der Grundlage des § 110 StPO. Die Norm war zum Zeitpunkt ihrer Entstehung, zu dem Computerdaten noch nicht von Bedeutung waren, dem Wortlaut nach nur für die „**Durchsicht von Papieren**" konzipiert, wird jedoch auf Computerdaten analog angewandt[3]. Als Konsequenz hieraus ist stets darauf zu achten, dass nur die in § 110 Abs. 1 StPO bezeichneten Personen die Durchsicht vornehmen. 486

Besonderheiten gelten bei der sensiblen Beschlagnahme von EDV-Daten bei **Berufsgeheimnisträgern**, wie z.B. in Steuerberater-, Wirtschaftsprüfer- oder Rechtsanwaltsbüros. Im Rahmen dieses Verfahrens hat sich das **BVerfG**[4] grundsätzlich und ausführlich mit der Frage der EDV-Beschlagnahme befasst[5]: 487

Das BVerfG hatte über den Fall einer räumlich und persönlich mit einer **Steuerberatungsgesellschaft verflochtenen Rechtsanwaltskanzlei** zu entscheiden. Gegen einen der Sozien bzw. Gesellschafter, einen Rechtsanwalt und Steuerberater, lief ein Ermittlungsverfahren, in welchem dem Berater vorgeworfen wurde, zugunsten von Mandanten an Steuerhinterziehungen mitgewirkt zu haben. Im Rahmen der gegen den Berater in den Kanzleiräumen durchgeführten Durchsuchung der Staatsanwaltschaft wurde im Ergebnis der gesamte Datenbestand der beiden Beratungsgesellschaften, der vor allem Informationen über Mandanten enthielt, die mit dem Ermittlungsverfahren nichts zu tun hatten, beschlagnahmt. Hiergegen wurde von den Beratern Verfassungsbeschwerde erhoben. 488

Sehr deutlich stellt das BVerfG einen Eingriff in Grundrechtspositionen fest: Jedenfalls ist das **Recht auf informationelle Selbstbestimmung** 489

1 *Schmitt* in Meyer-Goßner/Schmitt, StPO, 59. Aufl. 2016, § 102 Rz. 10a.
2 LG Trier v. 16.10.2003 – 5 Qs 133/03, NJW 2004, 869.
3 *Park*, Durchsuchung und Beschlagnahme, 3. Aufl. 2015, Rz. 233.
4 BVerfG v. 12.4.2005 – 2 BvR 1027/02, NJW 2005, 1917.
5 Vgl. *Spatscheck*, AnwBl. 2005, 566.

(Art. 2 Abs. 1 i.V.m. Art. 1 Abs. 1 GG) der nicht vom Ermittlungsverfahren betroffenen, quasi nur zufällig beteiligten Mandanten betroffen. In einer Vielzahl von Fällen werden so personenbezogene Daten unberechtigt von den Behörden gespeichert und ausgewertet. Ferner ist das Recht auf ein rechtsstaatliches faires Verfahren (Art. 2 Abs. 1 GG) betroffen. Der Zugriff auf den gesamten Datenbestand einer Rechtsanwaltssozietät und einer Steuerberatungsgesellschaft beeinträchtigt wegen des Umfangs in schwerwiegender Weise das für das jeweilige Mandatsverhältnis vorausgesetzte und rechtlich geschützte Vertrauensverhältnis zwischen den Mandanten und den für sie tätigen Berufsträgern. Rechtsanwalt und Steuerberater sind Organe der Rechtspflege. Um dieser Position gerecht zu werden, muss das Vertrauensverhältnis gewährleistet sein. Eine „freie Advokatur" genießt Grundrechtsschutz.

490 Soweit Eingriffe in die grundrechtlich geschützten Positionen auf der Grundlage von § 94 StPO und der hiermit verbundenen Zweckbestimmung zulässig sind, muss die jeweilige Zwangsmaßnahme im Einzelfall am **Verhältnismäßigkeitsgrundsatz** und insbesondere am **Übermaßverbot** gemessen werden. Nur so kann verhindert werden, dass die Ermittlungsbehörden Durchsuchung und Beschlagnahme zum verbotenen Suchen nach „Zufallsfunden" (§ 108 StPO) missbrauchen. Im Einzelnen:

- Ein dauerhafter Zugriff auf den **Gesamtdatenbestand** ist dann nicht erforderlich, wenn auch so die beweiserheblichen Daten sichergestellt werden können.
- Die Möglichkeit einer **Trennung** der potenziell erheblichen von den restlichen Daten ist intensiv zu überprüfen. Als technische Umsetzung kommt die Erstellung einer Kopie in Betracht, aus der die für das Verfahren irrelevanten Daten herausgelöscht werden.
- Der Zugriff kann durch die Möglichkeit der **materiellen Datenzuordnung** im Rahmen einer Datenstruktur begrenzt werden. Ggf. sind Suchbegriffe oder Suchprogramme einzusetzen.
- Die Prüfung der **Verfahrensrelevanz** ist im Rahmen einer „vorläufigen Sicherstellung" des Datenträgers vorzunehmen. Dieses Verfahrensstadium der „Durchsicht" (§ 110 StPO) soll intensiv genutzt werden, um nur die verfahrensrelevanten und verwertbaren Daten letztlich einer Beschlagnahme zuzuführen.
- Von technischer Seite wird häufig vorgetragen, eine Beschlagnahme des Datenträgers sei insgesamt erforderlich, um **verborgene oder verschleierte Dateien** später sichtbar machen zu können. Dieses Ar-

gument gilt nicht ungeprüft und allgemein. Nur wenn im Einzelfall diese Gefahr vorgetragen wird, ist das Übermaßverbot nicht verletzt.

- Eine Beschlagnahme des gesamten Datenbestands ist hingegen zulässig, wenn eine **materielle Zuordnung der Daten** nach Mandanten, Verfahren etc. aufgrund der Struktur des Datenbestands **nicht** möglich ist.

Praxiskenntnis zeigt das BVerfG, indem es zumindest bei schwerwiegenden, bewussten oder willkürlichen Verfahrensverstößen ein **Beweisverwertungsverbot** als Folge einer fehlerhaften Durchsuchung und Beschlagnahme von Datenträgern und der darauf vorhandenen Daten für geboten hält. Nur zu häufig neigen Ermittlungsbehörden dazu, im Eifer der Datensuche großzügig mit Beschlagnahmeverboten umzugehen. Das Grundrecht auf informationelle Selbstbestimmung bzw. Effektuierung des Vertrauensverhältnisses im Mandat kann nur gesichert werden, wenn von Anfang an klar ist, dass unberechtigt erhobene Daten später nicht zu Beweiszwecken herangezogen werden dürfen[1]. 491

Der Beschluss des BVerfG gibt den Beratern Anlass, die in der eigenen Kanzlei vorhandene **Datenstruktur** auf Trennbarkeit, Zuordenbarkeit und Eindeutigkeit hin zu **überprüfen**. Problematisch ist dieses Postulat des BVerfG, da moderne EDV-Systeme mit sog. „Verbunddaten" arbeiten. In Datenbanken sind Informationen in unterschiedlichen Feldern abgelegt, z.B. alle personenbezogenen Daten in einer Oracle-Datenbank. Textdateien oder ähnliche Daten werden in Sammelordnern gespeichert und lediglich mit den Stammdaten verknüpft. Auf diese Weise ist eine Trennung, z.B. nach Ordnern, nicht möglich. Als einzige Lösung kommt in Betracht, die Programme mit Selektions- und Export-Funktionen zu versehen, die z.B. alle für den Mandanten X in Betracht kommenden Daten auf einen externen Datenträger kopieren. Ist keine Absonderung möglich, riskiert der Berater, dass z.B. sein gesamtes Sicherungsband mit Daten betreffend alle Mandanten beschlagnahmt wird, was Schadensersatzansprüche nach sich ziehen kann. 492

Rechtlich kompliziert ist die Durchsuchung und Beschlagnahme im Zusammenhang mit **E-Mails**[2], die während des gesamten Übertragungsvorgangs durch das Fernmeldegeheimnis (Art. 10 GG) geschützt sind, weshalb ein Zugriff nur nach den Grundsätzen der §§ 100a und 100b StPO (Telekommunikationsüberwachung) erfolgen darf. Umstritten ist 493

---

1 *Spatscheck*, AnwBl. 2005, 566 (567).

2 *Park*, Durchsuchung und Beschlagnahme, 3. Aufl. 2015, Rz. 802 ff.

die Frage, wann genau eine E-Mail sich noch „in Bewegung", d.h. im Kommunikationsvorgang befindet und wann dieser beendet ist. Zum maximalen Schutz des Betroffenen führt die Rechtsansicht, nach der insgesamt, d.h. vom Versand bis inklusive der Speicherung beim Empfänger ein einheitlicher Kommunikationsvorgang angenommen wird, der insgesamt den Restriktionen der Telekommunikationsüberwachung unterliegt.[1] Die Gegenmeinung differenziert den Vorgang in mehrere Phasen[2]: Sobald die E-Mail beim Empfänger angekommen und somit auf dessen Festplatte gespeichert ist, fällt sie unter die gerade beschriebene Vorgehensweise. Problematisch ist die Phase, in der die E-Mail vom Versender abgesandt wurde und sich über dessen Provider und den Provider des Empfängers noch „auf dem Weg" befindet. Hier soll der Zugriff nur nach den Grundsätzen der Telekommunikationsüberwachung möglich sein.

494 **BGH[3] und BVerfG[4]** haben einen einfacheren Ansatz gewählt: Während der BGH die Vorschriften über die Postbeschlagnahme (§ 99 StPO) analog für einschlägig hält, geht das BVerfG klar davon aus, dass die allgemeinen Beschlagnahmevorschriften der §§ 94 ff. StPO anwendbar sind. Allerdings sei insofern genau zwischen beweiserheblichen und nicht mit dem Ermittlungsverfahren in Verbindung stehenden E-Mails zu differenzieren, wobei Letztere frühzeitig zu löschen seien.

495 Dem Vortrag der Ermittlungsbehörden folgend, dass die Organisation und Durchführung von Straftaten häufig auf der Grundlage von internetbasierten Diensten erfolgen soll, wurde die **Onlinedurchsuchung** diskutiert, die den Ermittlern die erforderlichen Einblicke liefern soll. Hierunter wird klassischerweise verstanden, dass ein „**Trojaner**", d.h. ein Ausspähprogramm, heimlich auf die EDV-Anlage der Verdächtigen gespielt wird, das den Behörden Daten liefert. Der BGH[5] hat eine solche Maßnahme für repressive Zwecke, d.h. zum Zwecke der Strafverfolgung, als unzulässig angesehen. Das BVerfG[6] hat bislang nur zum präventiven Einsatz Stellung genommen und wegen der Intensität des Grundrechtseingriffs und vor allem wegen der Heimlichkeit des Vorgehens zu dessen Verhältnismäßigkeit den Verdacht erheblicher Straftaten gefordert. Die Onlinedurchsuchung darf nicht mit der **Durchsicht elektronischer Speichermedien** nach § 110 Abs. 3 StPO verwechselt

1 LG Hamburg v. 8.1.2008 – 619 Qs 1/08, wistra 2008, 116.
2 *Bär*, Handbuch zur EDV-Beweissicherung, 2007, Rz. 102 f.
3 BGH v. 31.3.2009 – 1 StR 76/09, NStZ 2009, 397 (398).
4 BVerfG v. 16.6.2009 – 2 BvR 902/06, NJW 2009, 2431.
5 BGH v. 31.1.2007 – StB 18/06, NJW 2007, 930.
6 BVerfG v. 27.2.2008 – 1 BvR 370/07 und 1 BvR 595/07, NJW 2008, 822.

werden, bei der den Ermittlungsbehörden die Berechtigung eingeräumt wird, räumlich vom Durchsuchungsobjekt getrennte Speichermedien online, bspw. durch Anmeldung auf einem Cloud-Speichermedium (z.B. iCloud oder Onedrive), zu durchsuchen, wenn ansonsten der Verlust beweiserheblicher Daten droht.

VI. Rechtsschutz bei Durchsuchung und Beschlagnahme

1. Allgemeines

Der **Rechtsschutz** gegen strafprozessuale Zwangsmaßnahmen ist **lückenhaft, zersplittert, uneinheitlich** und für den Bürger äußerst unbefriedigend. 496

2. Rechtsmittel des Strafverfahrens

a) Beschwerde

Das **Überprüfungssystem** der StPO ist wie folgt geregelt[1]: 497

- **Beschlagnahmeanordnung** durch den **Richter** (Amtsgericht): Beschwerde (§§ 304 ff. StPO); Entscheidung durch das Landgericht.
- **Beschlagnahmeanordnung** bei **Gefahr im Verzug** durch **Beamte**: Antrag auf richterliche Entscheidung (Amtsgericht, § 98 Abs. 2 StPO) und anschließend Beschwerde (§§ 304 ff. StPO; s. auch Rz. 536 ff.); Entscheidung durch das Landgericht.
- **Durchsuchungsanordnung** durch den **Richter** (Amtsgericht): Beschwerde (§§ 304 ff. StPO); Entscheidung durch das Landgericht.
- **Durchsuchungsanordnung** bei **Gefahr im Verzug** durch **Beamte**: Antrag auf richterliche Entscheidung (Amtsgericht, § 98 Abs. 2 StPO analog) und anschließend Beschwerde (§§ 304 ff. StPO; Rz. 536); Entscheidung durch das Landgericht.
- Wird die **nachträgliche Feststellung** der Rechtswidrigkeit von bereits durch Vollzug erledigten Eingriffsmaßnahmen der Staatsanwaltschaft und ihren Ermittlungspersonen beantragt, findet – je nachdem von wem die Maßnahme angeordnet wurde – entweder § 98 Abs. 2 StPO analoge Anwendung oder die Beschwerde ist nach § 304 StPO

1 Übersicht bei *Laser*, NStZ 2001, 120; vgl. hierzu auch *Rüping* in Kohlmann (Hrsg.), DStJG 6 (1983), 267 ff.

statthaft[1]. Zum Rechtsmittel gegen die **Art und Weise** einer abgeschlossenen Durchsuchung vgl. Rz. 540 ff.

498 Mit der Entscheidung des **Landgerichts** ist die rechtliche Überprüfung bei den ordentlichen Gerichten **abgeschlossen**; es bleibt noch die **Verfassungsbeschwerde** beim BVerfG.

499 **Beschwerdeberechtigt** bei der Anfechtung eines Beschlusses des AG ist jeder, dessen Rechte durch den Beschluss „betroffen" werden (§ 304 Abs. 2 StPO)[2].

500 Beschwerdeberechtigt ist in erster Linie der **Beschuldigte**. Dies gilt u.E. auch, wenn infolge der Beschuldigung bei Dritten – z.B. Bank – durchsucht wird. Da es um seine Beziehung zu dem Dritten – z.B. Bankkonto –, um seine Beschuldigung und um seine etwaigen Beweismittel geht, ist er jedenfalls mittelbar betroffen und muss das Beschwerderecht haben[3].

501 Auch der **Nicht-Beschuldigte** hat das Beschwerderecht, wenn seine Rechte berührt werden. Das gilt z.B. stets für den Gewahrsamsinhaber der durchsuchten Räume und der Beweismittel[4]. Bei der Durchsuchung einer Bank kann folglich die Bank als juristische Person Beschwerde einlegen.

502 In den Beschwerdeverfahren gibt es keinen **Vertretungszwang**. Der Beschuldigte kann sich selbst vertreten. Ein Anwalt kann die Beschwerde führen. Soweit der Steuerberater zur Verteidigung berechtigt

---

1 *Schmitt* in Meyer-Goßner/Schmitt, StPO, 59. Aufl. 2016, § 98 Rz. 23, § 105 Rz. 16 und vor § 296 Rz. 18a; *Laser*, NStZ 2001, 120. Nach BVerfG v. 30.4.1997 – 2 BvR 817/90, 728/92, 802 und 1065/95, BVerfGE 96, 27, ist im Hinblick auf die Rechtsweggarantie des Art. 19 Abs. 4 Satz 1 GG bei Konstellationen, in denen wegen der kurzen Dauer des Eingriffs, z.B. Durchsuchung oder – je nach Fall – Beschlagnahme, ein „normales" Rechtsmittel nicht möglich ist, die spätere Beantragung der Feststellung der Rechtswidrigkeit und somit eine gerichtliche Überprüfung des Eingriffs zulässig.

2 Vgl. *Meyer-Goßner* in Meyer-Goßner/Schmitt, StPO, 59. Aufl. 2016, § 304 Rz. 6.

3 *Meyer-Goßner* in Meyer-Goßner/Schmitt, StPO, 59. Aufl. 2016, § 304 Rz. 7. Im Einzelfall ist zu differenzieren: Die Durchsuchung „seiner" Bank kann vom Betroffenen nicht angefochten werden (LG Köln v. 25.4.1983 – 117 Qs 3/83, StV 1983, 275), wohl aber die dort durchgeführte Beschlagnahme seiner Kontounterlagen (KG v. 5.5.1999 – 2 AR 26/99 - 3 Ws 116/99, NJW 1999, 2979). Soweit in der Literatur (*Pfeiffer*, StPO, 5. Aufl. 2005, § 304 Rz. 1) zwischen unmittelbarer und mittelbarer Betroffenheit unterschieden wird, bleibt dies ungenau und ist für die Praxis wenig tauglich.

4 *Matt* in Löwe/Rosenberg, StPO, 26. Aufl. 2014, § 304 Rz. 51.

ist, kann auch er das Beschwerdeverfahren vor dem Landgericht führen[1].

Die Beschwerde ist an keine **Frist** gebunden. Sie kann folglich auch noch zeitlich sehr viel später eingelegt werden, wenn dies im Einzelfall zweckmäßig ist. 503

Die Beschwerde wird bei dem **Gericht**, dessen Entscheidung angefochten wird, schriftlich oder zu Protokoll der Geschäftsstelle eingelegt (§ 306 StPO). 504

Der **Antrag** im Beschwerdeverfahren, der förmlich in der StPO nicht vorgeschrieben ist, geht auf Aufhebung des Beschlusses oder seine Modifizierung, z.B. zu gestatten, die Beschlagnahme durch Fertigung von Kopien abzuwenden (Rz. 435). 505

Das **Verwertungsverbot** folgt als mögliche Rechtsfolge aus der erfolgreichen Beschwerde (s. Rz. 544, 1423 ff.). Es wird nicht eigens beantragt und vom Gericht festgestellt. Nachdem das LG Bonn in einem Beschluss[2] gleichwohl ausdrücklich das Verwertungsverbot ausgesprochen und selbst das BVerfG ein mögliches Verwertungsverbot zur Disziplinierung der Ermittlungsbeamten in seine Entscheidung vom 12.4.2005[3] aufgenommen hat, kann es nur förderlich sein, die Feststellung des Verwertungsverbots ausdrücklich zu beantragen. 506

Eine **Begründung** der Beschwerde „ist nicht vorgeschrieben, aber zulässig und zu empfehlen"[4]. 507

In dem Beschwerdeverfahren hat die Überprüfung **formeller** und **verfahrensrechtlicher Bedingungen** der Durchsuchungs- und Beschlagnahmebeschlüsse einen hohen, in Relation zum Tatverdacht sogar einen höheren Stellenwert. Den **Tatverdacht** selbst in den Mittelpunkt der Beschwerde zu stellen, ist mit Vorsicht zu verfolgen. Das Beschwerdegericht entscheidet nicht, ob eine Hinterziehung vorliegt, sondern nur darüber, ob ein Verdacht hinsichtlich der Hinterziehung besteht. Ein Verdacht lässt sich schnell bejahen, was später in den Beschwerdeentscheidungen nachlesbar ist. Im weiteren Fahndungsverfahren gewinnt sodann die eigentlich nur den Verdacht bejahende Entscheidung einen eigenen Argumentationswert zugunsten der Fahndung. Da ihr 508

1 *Streck*, KÖSDI 1982, 4472.
2 LG Bonn v. 1.7.1980 – 37 Qs 57/80, NJW 1981, 292.
3 BVerfG v. 12.4.2005 – 2 BvR 1027/02, StraFo 2005, 286.
4 *Meyer-Goßner* in Meyer-Goßner/Schmitt, StPO, 59. Aufl. 2016, § 306 Rz. 5.

Verdacht von einem Landgericht bestätigt wurde, ist später die Entscheidung des Landgerichts Beleg für die Hinterziehung.

509 **Nach der Beschlagnahme** befinden sich die Unterlagen im Gewahrsam der Strafverfolgung. Diese ist grundsätzlich nicht gehindert, während der **Dauer des Gerichtsverfahrens** die Unterlagen bereits **auszuwerten**.

510 **§ 307 Abs. 2 StPO** ermöglicht dem Beschlussgericht (Amtsgericht) oder dem Beschwerdegericht (Landgericht), die **Vollziehung** des **Beschlusses auszusetzen**.

511 Wird der Antrag nach § 307 Abs. 2 StPO gestellt, so erfolgt in der **Praxis** häufig keine ausdrückliche Aussetzung. Das Gericht nimmt die beschlagnahmten Unterlagen in Gewahrsam. Oder: Die Unterlagen werden versiegelt. Hierdurch wird die faktische Aussetzung erreicht.

512 Ergeben sich bereits während der Durchsuchung ernste Bedenken hinsichtlich der Rechtmäßigkeit und wird die Beschwerde angekündigt (z.B. bei der Durchsuchung einer Beraterpraxis), so sind die Fahnder i.d.R. bereit, sofort eine **Versiegelung** zuzulassen. § 110 Abs. 2 Satz 2 StPO kann entsprechend angewandt werden.

513 Die einstweilige Nichtauswertung der beschlagnahmten Unterlagen durch das Finanzamt während des strafprozessualen Beschwerdeverfahrens kann nicht beim **Finanzgericht** im Wege der einstweiligen Anordnung erreicht werden[1].

514 Im Beschwerdeverfahren gibt es kein eigenes **Akteneinsichtsrecht**.

515 Legt der **Verteidiger** Beschwerde für den Beschuldigten ein, so steht ihm das Akteneinsichtsrecht nach **§ 147 StPO zu**, das jedoch regelmäßig in diesem Stadium des Verfahrens noch nicht zu einem Recht erstarkt ist. Da das Ermittlungsverfahren im Normalfall noch nicht abgeschlossen sein wird, kann die Einsichtnahme mit dem Hinweis auf die Gefährdung des Untersuchungszwecks verweigert werden (vgl. § 147 Abs. 2 StPO). Die Straf- und Bußgeldsachenstelle macht in der Praxis hiervon regelmäßig Gebrauch, wenn z.B. noch weitere Vernehmungen geplant sind oder Rechtshilfe im Ausland beantragt wurde.

516 Da die hiervon zu unterscheidende Akteneinsicht im Beschwerdeverfahren auch nicht untersagt ist, steht es im **Ermessen** des **Gerichts**, Einsicht zu gewähren. Die Entscheidung über den Antrag erfolgt nach den

---

1 FG Rheinland-Pfalz v. 22.1.1979 – V 1a/79, EFG 1979, 377.

Maßstäben des Gebots, rechtliches Gehör zu gewähren[1]. Die Praxis ist uneinheitlich. Überwiegend wird die Einsicht gewährt.

Die StPO kennt jedoch einen Schutz gegen die Verwertung von Schriftsätzen, Urkunden usw., zu denen der **Gegner** noch **nicht gehört** wurde: Wird insoweit das rechtliche Gehör verletzt, kann nach **§§ 33a, 311a StPO** beantragt werden, nach Anhörung erneut zu entscheiden. Die an sich unangreifbare Entscheidung eines Landgerichts in Beschwerdesachen wird folglich noch einmal überprüft. 517

Durch die gewährte Akteneinsicht werden die **Interessen** der **Strafverfolgungsbehörde** nicht berührt, da sie die Dispositionsmöglichkeit hat, dem Gericht nur solche Unterlagen vorzulegen, die der Beschwerdeführer einsehen kann[2]. Sie ist also nicht zur vollständigen Vorlage verpflichtet; was sie jedoch dem Gericht vorlegt, muss dem rechtlichen Gehör zugeführt werden. 518

Empfehlung: Um später dieses Recht voll ausschöpfen zu können, um die Verletzung des rechtlichen Gehörs deutlich zu machen, sollte daher in Beschwerdeverfahren Akteneinsicht beantragt werden. Die Nichtgewährung ist später der erste Beleg für die Verletzung des rechtlichen Gehörs. Voraussetzung ist natürlich, dass das Beschwerdegericht Informationen ohne Anhörung verwertet hat. Hier ist eine sorgfältige Analyse der Entscheidung des Landgerichts notwendig. 519

Gerade für die Fahndungsverfahren ist bedeutsam: Die **Durchsicht** von **Unterlagen** ist **Teil** der **Durchsuchung**. Während dieser Durchsicht ist die Beschwerde gegen die Durchsuchung jedenfalls noch möglich[3] (Rz. 497) und zur Vermeidung von Zufallsfunden auch sinnvoll. Dies gilt auch dann, wenn die Fahndung die Unterlagen zur Durchsicht mitgenommen hat. Nur ausnahmsweise erfolgt bereits während der Durchsuchung eine vollständige Durchsicht der Unterlagen, sodass die Beschwerde gegen die Durchsuchung in Steuerfahndungsfällen eine geraume Zeit möglich bleibt. 520

---

1 *Matt* in Löwe/Rosenberg, StPO, 26. Aufl. 2014, § 308 Rz. 5.

2 Vgl. LG Köln v. 25.4.1983 – 117 Qs 3/83, StV 1983, 275.

3 S. *Schmitt* in Meyer-Goßner/Schmitt, StPO, 59. Aufl. 2016, § 105 Rz. 15 f.; sowie zur überholten Rechtslage: BGH v. 13.8.1973 – 1 BJs 6/71/StB 34/73, NJW 1973, 2035; KG v. 8.11.1974 – 1 Ws 297/74, NJW 1975, 355; OLG Karlsruhe v. 6.7.1979 – 3 VAs 4/79, NJW 1979, 2527; LG Köln v. 7.4.1981 – 117 (62) Qs 3/80, NJW 1981, 1746.

521 Um diese **Beschwerde-Zeit** „festzuhalten", sollte der Antrag nach § 307 Abs. 2 StPO auf einstweiligen Rechtsschutz gestellt werden; s. Rz. 510 f.

522 Eine besondere **Beratungsaufgabe** ist die Antwort auf die Frage, **ob das Beschwerdeverfahren durchgeführt** wird.

523 Die **Schwelle** zur **richterlichen Unterschrift** unter einen Durchsuchungs- und Beschlagnahmebeschluss oder zu seiner Bestätigung ist so **gering**, dass sie häufig kaum spürbar ist. Es ist nicht recht verständlich, in welchem Maß die Richter in diesem Bereich ihr richterliches Anordnungsrecht an die Steuerfahndung faktisch delegiert haben[1]. Ein Anfangsverdacht wird erschreckend schnell bejaht[2]. Hausdurchsuchungen in Bagatellsachen sind keine Einzelfälle. Der Einbruch in das Grundrecht der Unverletzlichkeit der Wohnung (Art. 13 GG) wird erlaubt, selbst wenn im Verhältnis zur Gesamtsteuerschuld ein nur geringer Betrag infrage steht. In das Grundrecht wird eingegriffen, obwohl – möglicherweise etwas mühevoller – das Ziel auch in anderer Weise zu erreichen wäre.

524 Gleichwohl gibt es **Gründe** für die **Beschwerde**[3]:

Der **Tatverdacht** ist so **gering**, dass er einen Durchsuchungs- und Beschlagnahmebeschluss nicht trägt; seltener Fall[4].

525 Der Durchsuchungs- und Beschlagnahmebeschluss weist sonstige – eindeutige – **formelle** und **verfahrensrechtliche Mängel** auf: Hier kann durch das Beschwerdeverfahren ein Verwertungsverbot erreicht werden. Selbst wenn ein solches Verfahren zwar erfolgreich, jedoch ohne Verwertungsverbot endet, die Beschlüsse also ordnungsgemäß wiederholt werden könnten, sollte das Beschwerdeverfahren durchgeführt werden, um der Fahndung die eigene „Rechtsempfindlichkeit" deutlich zu machen.

526 Das Beschwerdeverfahren wird durchgeführt, um den **„guten Glauben" Dritten gegenüber** zu dokumentieren.

Beispiel: Eine Bank wird vollständig (also nicht nur bezüglich eines Kunden) durchsucht. Die Bank muss u.E. die Beschwerde führen, um ihren Kunden nicht das Argument zu liefern, sie lasse sich allzu leicht und ohne Gegenwehr durchsuchen. Dazu auch Rz. 766 ff.

1 Vgl. *Mayer-Wegelin*, DStZ 1984, 246.
2 Vgl. zur Kritik *Mayer-Wegelin*, DStZ 1984, 245.
3 Vgl. *Streck*, StV 1984, 348.
4 Vgl. z.B. LG Köln v. 25.4.1983 – 117 Qs 3/83, StV 1983, 275.

Der Eingriff ist so **gravierend**, dass man ihn nur landgerichtlich überprüft hinnehmen sollte. Beispiel: Durchsuchung einer **Steuerberaterkanzlei** (s. auch Rz. 935 ff.). 527

Das Beschwerdeverfahren verspricht **weitere Informationen** vonseiten der Fahndung oder Staatsanwaltschaft, weil sie hierzu zur Abwehr der Beschwerde gezwungen sind. 528

Durch das Beschwerdeverfahren soll, was legitim ist, **Zeit** gewonnen werden, z.B. um Selbstanzeige noch zu ermöglichen. 529

Es werden **grundrechtliche** Probleme angesprochen, z.B. bei der Durchsuchung eines Presseorgans oder einer Parteidienststelle. Da der Rechtsweg bereits mit dem Landgericht abgeschlossen ist, ermöglicht das Beschwerdeverfahren einen schnellen Rechtsgang zum BVerfG (s. Rz. 543 f.). 530

Nirgends werden die beschlagnahmten Gegenstände so **exakt** und **dokumentativ verzeichnet** wie in Gerichtsbeschlüssen. 531

Während bei der ersten Verfügung das Amtsgericht nur recht unzureichend informiert ist, erfolgt regelmäßig im Beschwerdeverfahren eine **Aktenvorlage**. Diese kann Überraschungen bringen, wofür eine Entscheidung des LG Bonn[1] Beleg ist. Diese Möglichkeit kann nur durch das Beschwerdeverfahren eröffnet werden. 532

Im Übrigen kann bereits die in diesem Rechtskreis herrschende **Unsicherheit** der **Gerichte**[2] das Beschwerdeverfahren veranlassen. 533

Beschwerdeverfahren werden grundsätzlich deshalb durchgeführt, um die Gerichte für die Problematik der „schnellen und leichten Durchsuchungs- und Beschlagnahmebeschlüsse“ zu **sensibilisieren**. Hier ist natürlich eine Abstimmung mit den Einzelinteressen des Mandanten erforderlich. 534

Gegen die Einlegung der Beschwerde kann – neben der häufig erfahrenen Erfolglosigkeit – sprechen, dass der rechtswidrige, nicht konkretisierte Durchsuchungs- und Beschlagnahmebeschluss nicht die **strafrechtliche Verjährung** nach § 78c Abs. 1 Nr. 4 StGB unterbricht[3]. 535

Hat die **Beschwerde** gegen eine Beschlagnahmeanordnung **Erfolg**, so sind die **Unterlagen** sofort **herauszugeben**. Kopien dürfen nicht zurück- 536

---

1 LG Bonn v. 1.7.1980 – 37 Qs 57/80, NJW 1981, 292.
2 *Streck*, StV 1984, 348.
3 *Fischer*, StGB, 63. Aufl. 2016, § 78c Rz. 14; *Krekeler*, wistra 1983, 45.

gehalten, gefertigte Kopien müssen herausgegeben oder vernichtet werden (vgl. auch Rz. 543). Zwar bleibt die Beschlagnahmemöglichkeit grundsätzlich bestehen; das Gleiche gilt für die Möglichkeit, wegen „Gefahr im Verzug" zu beschlagnahmen. „Gefahr im Verzug" besteht jedoch wegen der Aufhebung der Beschlagnahme nur wenige Stunden, nicht drei Tage nach der Beschlagnahmeaufhebung[1] (zur Verfügbarkeit des „Richters" vgl. Rz. 461).

537 Problematisch ist, ob und wie eine **erneute** richterliche **Überprüfung** herbeigeführt werden kann, wenn die erste Beschwerde zurückgewiesen wurde.

538 Wurde die **Beschwerde** gegen den Durchsuchungsbeschluss **zurückgewiesen**, ist eine erneute Überprüfung nicht mehr möglich.

539 Im Fall der Beschlagnahme **dauert** die **Rechtsbelastung an**. **Entfällt** der **Verdacht** einer Straftat oder der Beweiswert des beschlagnahmten Gegenstandes oder ändern sich in anderer Weise die für die Beschlagnahme erheblichen Umstände, so kann u.E. das Gericht erneut angerufen werden, um die Rechtmäßigkeit der Beschlagnahme zu überprüfen. § 98 Abs. 2 StPO ist hier entsprechend anzuwenden.

b) Antrag nach §§ 23 ff. EGGVG

540 Der Antrag nach §§ 23 ff. EGGVG ist kein Rechtsbehelf, um das Durchsuchungsverfahren dem **Grunde nach** zu überprüfen[2].

541 Ist nicht die Beschlagnahme oder Durchsuchung dem Grunde nach Gegenstand des Rechtsmittels, sondern die **Art** und **Weise** ihrer **Durchführung**, so war nach früher überwiegender Rechtsprechung nach §§ 23 ff. EGGVG das OLG anzurufen[3]. So konnte z.B. bei der Weigerung, ein ordnungsgemäßes **Verzeichnis** nach **§ 107 StPO** zu erstellen, der Rechtsweg nach §§ 23 ff. EGGVG beschritten werden[4].

542 **Inzwischen** sieht der BGH als statthaften Rechtsbehelf gegen die **Art** und **Weise** der Durchführung – auch einer bereits abgeschlossenen – Durchsuchung einen **Antrag nach § 98 Abs. 2 Satz 2 StPO analog** an;

---

1 Beispielsfall s. LG Hannover, mitgeteilt von *von Elsner*, Stbg 1981, 62.

2 OLG Hamm v. 23.12.1982 – 7 VAs 77/82, NStZ 1983, 232.

3 Vgl. OLG Stuttgart v. 7.6.1972 – 2 VAs 158/71, NJW 1972, 2146; im Einzelnen sehr streitig.

4 BGH v. 21.11.1978 – 1 BJs 93/77/StB 210/78, BGHSt 28, 206; BGH v. 26.6.19905 – AR (VS) 8/90, BGHSt 37, 79 (82).

unabhängig davon, wer die Durchsuchung angeordnet hat[1]. Unklar ist die Situation, wenn bereits im richterlichen Durchsuchungsbeschluss die Art der Durchführung vorgegeben ist. Da man sich bereits gegen eine richterliche Entscheidung wendet, ist nach zutreffender Ansicht die Beschwerde das richtige Rechtsmittel[2].

3. Verfassungsbeschwerde

Die prozessualen Maßnahmen der **Durchsuchung** und **Beschlagnahme** können, auch wenn strafverfahrensrechtliche Rechtsbehelfe ausscheiden, mit der Verfassungsbeschwerde beim BVerfG angegriffen werden[3] (zur Problematik, das BVerfG im Fall der Durchsuchung einer **Bank** anzurufen, s. Rz. 809 ff.); das gilt auch, wenn Durchsuchungen abgeschlossen sind. Beispiel: Eine heimliche Tonbandaufnahme darf nicht beschlagnahmt und verwertet werden[4]. 543

Ist eine Beschlagnahme verfassungswidrig, dürfen die beschlagnahmten Gegenstände ebenfalls **nicht verwertet** werden. Das BVerfG hat dies in der Vergangenheit ausdrücklich in Entscheidungen aufgenommen, um sicher zu sein, dass die Beschwerdevoraussetzungen eingehalten werden[5]. Aus dem Verwertungsverbot folgt, dass auch Kopien von rechtswidrig beschlagnahmten Unterlagen herauszugeben oder zu vernichten sind[6]. Zum steuerlichen Verwertungsverbot s. Rz. 1423 ff. 544

4. Gesetz über die Entschädigung für Strafverfolgungsmaßnahmen

Wird der betroffene Staatsbürger **freigesprochen** oder kommt es zu einer **Einstellung** des **Verfahrens**, kann er Ersatz des ihm durch die Beschlagnahme oder Durchsuchung entstandenen Vermögensschadens nach den Vorschriften des „Gesetzes über die Entschädigung für Straf- 545

---

1 BGH v. 7.12.1998 – 5 AR (VS) 2/98, BGHSt 44, 265; BGH v. 25.8.1999 – 5 AR (VS) 1/99, BGHSt 45, 183.

2 *Schmitt* in Meyer-Goßner/Schmitt, StPO, 59. Aufl. 2016, § 105 Rz. 17; *Fezer*, NStZ 1999, 151; **a.A.** *Katholnigg*, NStZ 2000, 155.

3 BVerfG v. 23.6.1990 – 2 BvR 416/88, StrafV 1990, 529; BVerfG v. 23.6.1990 – 2 BvR 910/88, StrafV 1990, 483.

4 BVerfG v. 31.1.1973 – 2 BvR 454/71, BVerfGE 34, 238, ein Steuerstrafverfahren betreffend.

5 Vgl. BVerfG v. 12.4.2005 – 2 BvR 1027/02, StraFo 2005, 286; BVerfG v. 24.5.1977 – 2 BvR 988/75, NJW 1977, 1489.

6 BVerfG v. 24.5.1977 – 2 BvR 988/75, NJW 1977, 1489; OLG Stuttgart v. 5.5.1977 – 4 VAs 234/76, NJW 1977, 2276.

verfolgungsmaßnahmen"[1] verlangen. Zu den Vermögensschäden gehören auch die Verteidigungskosten, soweit sie sich auf die Beschlagnahme oder Durchsuchung beziehen[2]. Das Gesetz hat im Fahndungsverfahren keine große Bedeutung. Bei einer Einstellung kann eine Entschädigung nur gewährt werden, wenn dies der Billigkeit entspricht; dies soll bei der in der Praxis häufig vorkommenden Verfahrenseinstellung nach § 153a StPO i.d.R. zu verneinen sein[3].

5. Schadensersatz

546 Aus dem öffentlich-rechtlichen Verwahrungsverhältnis (s. Rz. 460 ff.) folgen **Sorgfalts-** und **Obhutspflichten**. Werden sie verletzt und erleidet der Eigentümer einen **Schaden** – z.B. wenn der Gegenstand nicht mehr oder nur beschädigt herausgegeben werden kann –, so steht ihm ein Schadensersatzanspruch zu. Für den Schadensersatz- und Herausgabeanspruch sind die ordentlichen Gerichte zuständig[4].

547 Neben der Entschädigungsmöglichkeit nach Rz. 545 kann der Betroffene den **allgemeinen zivilrechtlichen Schadensersatzanspruch** nach Art. 34 GG, § 839 BGB wegen Amtspflichtverletzung geltend machen, der durch das StrEG nicht ausgeschlossen wird[5].

6. Dienstaufsichtsbeschwerde

548 Schließlich kann sich der Steuerbürger gegen alle Maßnahmen der Fahndung anlässlich der Durchsuchung und Beschlagnahme mit der Dienstaufsichtsbeschwerde wenden; dazu weiter Rz. 1215 ff.

VII. Beschlagnahme der Post

549 Die Beschlagnahme der Post, die an den Beschuldigten gerichtet oder für ihn bestimmt ist, auf dem Postweg ist – auch bei Steuerdelikten – nach §§ 99, 100 StPO in einem in den erwähnten Bestimmungen **beson-**

---

1 StrEG v. 8.3.1971, BGBl. I 1971, 157, letzte Änderung v. 13.12.2001, BGBl. I 2001, 3574 (3577).

2 *Schmitt* in Meyer-Goßner/Schmitt, StPO, 59. Aufl. 2016, Anh. 5 § 7 StrEG Rz. 5 f.

3 *Schmitt* in Meyer-Goßner/Schmitt, StPO, 59 Aufl. 2016, Anh. 5 § 3 StrEG Rz. 2 sowie die konkreten Ausschlussgründe der §§ 5 und 6 StrEG.

4 *Schmitt* in Meyer-Goßner/Schmitt, StPO, 59. Aufl. 2016, § 94 Rz. 23; LG Hamburg v. 20.2.2004 – 303 S 16/03, NStZ 2004, 512.

5 *Schmitt* in Meyer-Goßner/Schmitt, StPO, 59. Aufl. 2016, Anh. 5 Vorbem. Rz. 3.

ders geregelten Verfahren möglich[1]. Die Praxiserfahrung lehrt, dass von dieser Möglichkeit kaum Gebrauch gemacht wird.

VIII. Abhören des (Mobil-)Telefons (TÜ)

550 Die Überwachung und die Aufnahme des Fernmeldeverkehrs auf Tonträger, das Abhören des Telefons, erlaubt § 100a StPO nur bei im Einzelnen aufgezählten Delikten. Hierzu zählt die „normale" **Steuerhinterziehung** nach §§ 370 ff. AO selbst **nicht**. Lediglich bei Verwirklichung des Regelbeispiels nach § 370 Abs. 3 Nr. 5 AO (z.B. „Umsatzsteuerkarusselle") ist nach § 100a Abs. 2 Nr. 2a StPO eine Telefonüberwachung möglich.

551 Entgegen dieser Regelung ist es eine **weit verbreitete**, durch den Verteidiger nicht ausräumbare **Annahme**, die Steuerfahndung höre regelmäßig die Telefone ab. Entsprechend der Rechtsregel zeigt auch die Praxis, dass die Fahndung im Normalfall keine Telefone abhört[2]. Das Wissen der Steuerfahndung, das den Mandanten zur Annahme verleitet, sein Telefon sei abgehört, hat der Prüfer i.d.R. aus den ihm vorliegenden Unterlagen.

552 Zu dieser Regel gibt es **Ausnahmen**: Bei Umsatzsteuerkarussellen[3] kann der Verdacht einer Strafbarkeit wegen „**Bildung einer kriminellen Vereinigung**" (§ 129 StGB) aufkommen[4]. Nach § 100a Abs. 2 Nr. 1d StPO kommt in diesem Fall eine Telefonüberwachung in Betracht, was eine zusätzliche Ermächtigung neben der unter Rz. 550 beschriebenen, unmittelbar in § 100a Abs. 2 Nr. 2a StPO vom Gesetzgeber eingeräumten darstellt. Gleiches gilt nach § 100a Abs. 2 Nr. 1m StPO, wenn ein **Geldwäscheverdacht** nach § 261 StGB vorliegt. Im Zusammenhang mit einer Steuerhinterziehung kann eine Geldwäschestrafbarkeit nach § 261 Abs. 1 Nr. 4b StGB nur tatbestandsmäßig sein, wenn es sich bei der Vortat um eine Steuerhinterziehung handelt, die gewerbsmäßig oder von einem Mitglied einer Bande, die sich zur fortgesetzten Begehung solcher Taten verbunden hat, begangen wurde. Eine Telefonüberwachung kann jedoch nicht auf einen Geldwäscheverdacht gestützt werden, wenn wegen der Vortatbeteiligung nach § 261 Abs. 9

1 Von der Postbeschlagnahme muss die bereits beim Empfänger angekommene Post unterschieden werden. Hier gelten die allgemeinen Beschlagnahmegrundsätze, vgl. Rz. 460 ff.

2 Zu problematischen Grauzonen s. allerdings *Depping*, StB 1995, 97.

3 Zum Begriff vgl. *Kindsdorfer*, PStR 2004, 52; *Wegner*, PStR 2004, 243.

4 *Wegner*, PStR 2004, 101 mit Hinweis auf BGH v. 16.3.2004 – 5 StR 364/03, wistra 2004, 229.

Satz 2 StGB eine Bestrafung nicht in Betracht kommt und die Vortat selbst keine Katalogtat des § 100a StPO darstellt[1].

IX. Überwachung des E-Mail-Verkehrs

553 S. hierzu „Beschlagnahme von E-Mails“ unter Rz. 493.

X. Observation

554 Im Einzelfall kann die Steuerfahndung auch Örtlichkeit und Personen **bedeckt ausforschen** und beobachten. Derartige Observationen sind nicht häufig. Die rechtlichen Grenzen sind unklar[2]. Der Steuerbürger muss auf jeden Fall mit ihnen rechnen.

XI. Verhaftung und vorläufige Festnahme

555 Ein Ermittlungsverfahren wegen des Verdachts der Steuerhinterziehung führt nicht zwangsläufig zur Untersuchungshaft. Es müssen zusätzlich **Haftgründe** vorliegen. Bei rechtzeitiger Beratung sind sie **vermeidbar**.

1. Untersuchungshaft

556 Die Verhängung der Untersuchungshaft nach §§ 112 ff. StPO ermöglicht die Inhaftierung eines bislang noch nicht Verurteilten, der deshalb nach Art. 6 Abs. 2 MRK an sich in vollem Umfang als unschuldig anzusehen ist. Einziger Zweck der Untersuchungshaft ist, die **Durchführung eines geordneten Strafverfahrens** zu gewährleisten und die spätere Vollstreckung einer eventuell als Ergebnis des Verfahrens festgesetzten Freiheitsstrafe sicherzustellen[3]. Vor diesem Hintergrund ist jeweils im Einzelfall sorgfältig abzuwägen, ob die Interessen des Gemeinwohls, zu denen auch die Durchführung der Strafrechtspflege gehört, die Verhängung der Untersuchungshaft zwingend gebieten[4] oder ob nicht auch ein milderes Mittel ausreichend ist[5]. Der Verhältnismäßigkeitsgrundsatz ist ausdrücklich in § 112 Abs. 1 Satz 2 StPO genannt.

1 BGH v. 26.2.2003 – 5 StR 423/02, wistra 2003, 305.
2 Vgl. hierzu *Pump*, wistra 1987, 54; *Wendeborn*, 140 ff.
3 *Schmitt* in Meyer-Goßner/Schmitt, StPO, 59. Aufl. 2016, Vor § 112 Rz. 4, m.w.N.
4 BVerfG v. 6.2.1980 – 2 BvR 1070/79, NJW 1980, 1448.
5 BVerfG v. 27.7.1966 – 1 BvR 296/66, BVerfGE 20, 144 (147).

Ein Haftbefehl setzt einen **dringenden Tatverdacht** und das Vorliegen eines **Haftgrundes** voraus, § 112 Abs. 1 Satz 1 StPO. 557

Dringender Tatverdacht ist gegeben, wenn die Wahrscheinlichkeit groß ist, dass der Beschuldigte Täter oder Teilnehmer einer Straftat ist[1]. Insofern ist eine Prognoseentscheidung erforderlich, wobei die spätere Verurteilung wahrscheinlich[2], jedenfalls möglich[3] sein muss. Hierbei darf der dringende Tatverdacht nicht nur auf bloße Vermutungen gestützt sein, sondern muss sich aus bestimmten, bereits ermittelten Tatsachen herleiten lassen[4]. 558

Nach § 112 Abs. 2 StPO kommen im Fall der Steuerhinterziehung die drei **Haftgründe** der Flucht, der Fluchtgefahr und der Verdunkelungsgefahr in Betracht (hierzu im Einzelnen ab Rz. 560 ff.). Soweit in § 112a StPO die Wiederholungsgefahr als weiterer Haftgrund genannt wird, kommt dieser nur bei ganz bestimmten Taten zur Anwendung, zu denen die Steuerhinterziehung nicht gehört. Der Steuerstrafverteidiger gewinnt im Laufe seiner beruflichen Tätigkeit den Eindruck, als ob sich in der Praxis der Staatsanwaltschaften und Haftrichter inzwischen „gewohnheitsrechtlich" fundierte, im Hinblick auf eine schnelle Aufklärung überaus effektive, aber rechtsstaatlich abwegige Haftgründe eingespielt hätten[5]. So kann man z.B. immer wieder feststellen, dass selbst die hartgesottensten Hinterzieher nach längerer Untersuchungshaft eine deutlich größere Geständnis- und Kooperationsbereitschaft zeigen als zuvor. Welcher Ermittler kann von sich sagen, dieser Versuchung immer widerstanden zu haben? Bei Verfahren mit Öffentlichkeitswirkung kann es der Zwang, schnelle Ergebnisse erzielen zu müssen, sein, der Anlass für Verhaftungen bietet. Befindet sich der Täter erst in Untersuchungshaft, kann ohne öffentlichen Druck ermittelt werden. In Haftbefehlen liest man solche Ausführungen freilich nicht. Sie nachzuweisen, ist quasi unmöglich. 559

---

1 *Schmitt* in Meyer-Goßner/Schmitt, StPO, 59. Aufl. 2016, § 112 Rz. 5.
2 So *Parigger*, NStZ 1986, 211.
3 *Schmitt* in Meyer-Goßner/Schmitt, StPO, 59. Aufl. 2016, § 112, Rz. 5 mit Hinweis auf BGH v. 6.4.1979 – 1 BJs 205/78/StB 16/79; NStZ 1981, 94. Abwägend *Deckers*, StV 2001, 116.
4 *Schmitt* in Meyer-Goßner/Schmitt, StPO, 59. Aufl. 2016, § 112 Rz. 7.
5 Von *Paeffgen*, NJW 1990, 537, als „apokryphe Haftgründe" bezeichnet. Ablehnend *Lemme*, wistra 2004, 288.

a) Flucht, § 112 Abs. 2 Nr. 1 StPO

560 Der Haftgrund der Flucht liegt vor, wenn der Beschuldigte **flüchtig** ist, z.B. seine Wohnung aufgibt und ins Ausland reist, oder wenn er sich, bspw. unter falschem Namen, **verborgen** hält.

561 Der **Ausländer**, der mit bekannter Adresse in seinem Heimatland lebt und sich dort zur Verfügung hält, ist nicht flüchtig[1].

b) Fluchtgefahr, § 112 Abs. 2 Nr. 2 StPO

562 Sie ist gegeben, wenn es wahrscheinlicher ist, dass sich der Beschuldigte **dem Strafverfahren entzieht**, als dass er sich ihm stellen werde[2].

563 **Für** Fluchtgefahr sprechen[3]:

- auffälliger Wohnungs- und Arbeitsplatzwechsel,
- Verwendung falscher Namen,
- Fehlen fester familiärer und beruflicher Bindungen,
- plötzliche Veräußerung von Immobilien,
- Abheben größerer Bargeldbeträge,
- Vermögen im Ausland und Fremdsprachenkenntnisse,
- nach der Rechtsprechung[4] auch eine besonders hohe Straferwartung[5].

564 **Gegen** Fluchtgefahr kann angeführt werden:

- jeweils das Gegenteil der unter Rz. 563 angeführten Punkte und in Steuerstrafverfahren zusätzlich
- **Besicherung** des – angeblich – hinterzogenen Betrags mit inländischem Vermögen oder jedenfalls die Perspektive, den Betrag in angemessener Zeit aufbringen zu können[6] sowie

---

1 OLG Bremen v. 7.8.1997 – BL 159/97, NStZ-RR 1997, 334; LG Hamburg v. 1.3.2002 – 620 Qs 19/02, StV 2002, 205.

2 *Schmitt* in Meyer-Goßner/Schmitt, StPO, 59. Aufl. 2016, § 112 Rz. 17, m.w.N.

3 *Schmitt* in Meyer-Goßner/Schmitt, StPO, 59. Aufl. 2016, § 112 Rz. 20 f., m.w.N.

4 OLG München v. 11.1.2013 – 3 Ws 19/13, 3 Ws 20/13, StraFo 2013, 114; OLG Hamburg v. 23.8.2001 – 3 Ws 121/01, StV 2002, 490.

5 Str., vgl. zum Meinungsstand *Schmitt* in Meyer-Goßner/Schmitt, StPO, 59. Aufl. 2016, § 112 Rz. 23–25. Die Höhe der Straferwartung kann schon deshalb nicht allein maßgeblich sein, da sie subjektiv sehr unterschiedlich wahrgenommen und empfunden wird.

6 *Lehmbruck* in Wannemacher, Steuerstrafrecht, 6. Aufl. 2013, Rz. 3803.

- mehrfache Rückkehr aus dem Ausland während des Ermittlungsverfahrens.

565 Ein **Ausländer**, der sich in sein Heimatland zurückbegeben hatte, ist nur fluchtverdächtig, wenn er erklärt, er werde sich dem Verfahren nicht stellen. Die „allgemeine Besorgnis", der Angeklagte werde sich später einer eventuellen Strafvollstreckung nicht stellen, trägt die Annahme von Fluchtgefahr nicht[1].

c) Verdunkelungsgefahr, § 112 Abs. 2 Nr. 3 StPO

566 Der Haftgrund der Verdunkelungsgefahr ist verwirklicht, wenn das Verhalten des Beschuldigten den dringenden Verdacht begründet[2], er werde auf **sachliche** (z.B. Urkunden, Buchführungsunterlagen, u.a.) und **persönliche Beweismittel** (Zeugen) einwirken **und** dadurch die **Ermittlung der Wahrheit erschweren**.

567 Das ist **nicht** der Fall, wenn der Betroffene lediglich die ihm zustehenden **strafprozessualen Rechte** geltend macht. So können die Verweigerung einer Einlassung, der Widerruf des Geständnisses oder die Nichtnennung von Mittätern und Komplizen ebenso wenig die Verdunkelungsgefahr begründen wie der Umstand, dass die Steuerfahndung ihre Ermittlungen noch nicht abgeschlossen oder angeblich wichtige Zeugen noch nicht vernommen hat[3].

568 Hinzukommen muss die **Erschwerung der Wahrheitsermittlung** durch das Handeln des Betroffenen. So sind z.B. nicht jegliche Gespräche mit – potenziellen – Zeugen ein Grund, Verdunkelungsgefahr anzunehmen. Nur wenn auf die Zeugen durch Täuschung, Drohung oder Ausnutzung eines Autoritätsverhältnisses in unlauterer Weise zu einer Verschleierung der Wahrheit hin eingewirkt wird, kann sie in Betracht kommen[4].

569 Hiermit ist nicht zu vereinbaren, dass die Rechtsprechung bei Hinterziehungsdelikten, die häufig im Zusammenhang mit Scheinrechnungen, „Briefkasten-Firmen" oder unzutreffenden Buchungen vorkom-

---

1 OLG Karlsruhe v. 1.3.2004 – 3 Ws 44/04, StV 2005, 33; *Böhm*, NStZ 2001, 633 (636); *Dahs/Riedel*, StV 2003, 416.

2 Eine bloße theoretische Möglichkeit oder Absicht ist nicht ausreichend. Es muss eine konkrete Gefahr bestehen (OLG Hamm v. 12.1.2004 – 2 Ws 326/03, StraFo 2004, 134).

3 *Schmitt* in Meyer-Goßner/Schmitt, StPO, 59. Aufl. 2016, § 112 Rz. 28 ff., m.w.N.

4 OLG Saarbrücken v. 3.6.2002 – 1 Ws 109/02, StV 2002, 489.

men, allein schon aus diesem Grund den Haftgrund der Verdunkelungsgefahr annimmt[1]. Vielmehr ist in jedem Einzelfall **„aufgrund bestimmter Tatsachen„** (§ 112 Abs. 2 Satz 1 StPO) eine sorgfältige Überprüfung durchzuführen[2].

570 Die Verdunkelungsgefahr kann ferner von dem **Steuerberater** oder Steuerbevollmächtigten ausgehen, der entweder dem Mandanten zu helfen sucht oder die eigene Teilnahme am Delikt des Mandanten verdunkeln will. Hier kann die Verdunkelung zur Begünstigung (§ 257 StGB) oder Strafvereitelung (§ 258 StGB) werden.

2. Zuständigkeit und Verfahren

571 Die Untersuchungshaft wird durch einen **schriftlichen Haftbefehl** des **Richters** angeordnet, § 114 Abs. 1 StPO.

572 Dem Beschuldigten, der aufgrund des Haftbefehls verhaftet wird, ist dessen Inhalt **bekannt zu geben** und eine **Abschrift** zu übergeben, § 114a StPO. Er muss unverzüglich dem zuständigen Haftrichter, d.h. dem Richter, der den Haftbefehl erlassen hat, **vorgeführt** werden, § 115 StPO. Unverzüglich bedeutet so bald wie möglich, jedoch allerspätestens am Tag nach der Ergreifung[3]. Kommt die Staatsanwaltschaft und ihre Ermittlungsbeamten, die für die Vollstreckung des Haftbefehls zuständig ist (§ 36 Abs. 2 StPO), dem nicht nach, kann eine Strafbarkeit wegen Freiheitsberaubung in Betracht kommen[4].

573 Während die Vorführung vor den zuständigen Richter neben dem prozessual vorgeschriebenen Angebot einer Vernehmung (§ 115 Abs. 2 StPO) in aller Regel Gericht, Staatsanwaltschaft und Verteidigung die Möglichkeit eines ersten Orientierungsgesprächs gibt, ist das bei einer Vorführung vor den **„nächsten" Richter** nicht der Fall. Vor diesen ist der Beschuldigte nach § 115a StPO vorzuführen, wenn der zuständige Richter oder dessen Vertreter nicht innerhalb der unter Rz. 572 genannten Frist erreichbar ist. Der nächste Richter kennt den Fall nicht. Seine einzige Aufgabe ist nach § 115a Abs. 2 Satz 3 StPO, zu überprüfen, ob der ihm Vorgeführte mit demjenigen identisch ist, der in dem Haftbefehl genannt wird, und ob der Haftbefehl noch gültig ist[5]. Inhaltliche Entscheidungen kann er nicht treffen, sondern lediglich wichtige Infor-

---

1 Rechtsprechungsnachweis und Kritik hierzu bei *Krekeler*, wistra 1982, 8 ff.
2 *Lehmbruck* in Wannemacher, Steuerstrafrecht, 6. Aufl. 2013, Rz. 3811.
3 *Schmitt* in Meyer-Goßner/Schmitt, StPO, 59. Aufl. 2016, § 115 Rz. 4 f.
4 *Fischer*, StGB, 63. Aufl. 2016, § 239 Rz. 8.
5 *Schmitt* in Meyer-Goßner/Schmitt, StPO, 59. Aufl. 2016, § 115a Rz. 5.

mationen unverzüglich an den zuständigen Richter weitergeben[1]. Haftbefehlseröffnungen vor dem nächsten Richter sind regelmäßig für alle Beteiligten äußerst frustrierend: Der Verhaftete und sein Verteidiger wollen keine förmliche Vernehmung zur Sache zu Protokoll geben, wie § 115a Abs. 2 Satz 1 StPO dies vorsieht, sondern alle diejenigen Argumente vortragen, die zeitnah einen Entscheidungsbefugten davon überzeugen, dass keine Haftgründe vorliegen. Der nächste Richter, der diese Aufgabe unerwartet neben seinen normalen Verfahren erledigt, sieht sich außerstande, den Vortrag der Verteidigung zu würdigen, da er außer dem Haftbefehl keine weiteren Verfahrensinformationen hat. So muss davon ausgegangen werden, dass die Vorführung vor den nächsten Richter als bloße Förmlichkeit das Verfahren nicht fördert. Vielmehr kann es taktisch sinnvoller sein, sich gleich schriftlich an den zuständigen Richter zu wenden.

Wird der Beschuldigte z.B. aufgrund eines Haftbefehls eines Leipziger Haftrichters in Dortmund aufgegriffen, ist es unmöglich, ihn bis zum Ablauf des nächsten Tages dem „zuständigen" Leipziger Richter vorzuführen. Nachdem der „nächste" Haftrichter in Dortmund eine Identitätsfeststellung hinsichtlich des Betroffenen und eine Wirksamkeitsfeststellung hinsichtlich des Haftbefehls durchgeführt hat, wird der Beschuldigte auf Wunsch (§ 115a Abs. 3 StPO) dem zuständigen Richter in Leipzig vorgeführt werden. Hierzu wird er **„verschubt"**. Das bedeutet, dass der Verhaftete über fest eingerichtete Gefangenentransportstrecken mit Bussen von Dortmund nach Leipzig gebracht wird. Da es keine direkte Verbindung gibt, kann der Weg über Hamburg, Rostock etc., führen. So ist es keine Seltenheit, wenn Untersuchungshäftlinge auf diese Weise 14 Tage „unterwegs" sind. Für den Verteidiger ist dies äußerst unangenehm, als er in dieser Zeit kaum Kontakt zu seinem Mandanten halten kann. Tagsüber fährt dieser Bus und jeden Abend übernachtet er in einer anderen Justizvollzugsanstalt. Wenn in der Literatur gefordert wird, dass auch Einzeltransporte eingesetzt werden müssen[2], kommt dies in der Praxis aus Kostengründen nur sehr selten vor. Die lang andauernde Verschubung von Untersuchungshäftlingen, die noch nicht einmal „ihrem" Haftrichter vorgeführt wurden, ist rechtsstaatlich bedenklich. 574

1 *Schmitt* in Meyer-Goßner/Schmitt, StPO, 59. Aufl. 2016, § 115a Rz. 6.
2 So *Schmitt* in Meyer-Goßner/Schmitt, StPO, 59. Aufl. 2016, § 115a Rz. 8.

3. Rechtsmittel und „Verschonungsbeschluss“

575 Solange der Beschuldigte sich in Untersuchungshaft befindet, kann er jederzeit **Haftprüfung** nach § 117 StPO beantragen. Ferner ist gegen den Haftbefehl als richterliche Entscheidung die **Beschwerde** nach § 304 Abs. 1 StPO zulässig.

576 Als eine besondere Ausprägung des Verhältnismäßigkeitsgrundsatzes ordnet § 116 StPO an, dass der Haftbefehl **außer Vollzug** gesetzt werden muss, wenn weniger einschneidende Maßnahmen in Betracht kommen.

577 Ist der Haftbefehl auf **Fluchtgefahr** gestützt, kommen namentlich Meldeauflagen, Hinterlegung von Personalausweis bzw. Reisepass und die Leistung einer Kaution infrage, § 116 Abs. 1 StPO. Die Höhe der Kaution hat sich ausschließlich an den persönlichen wirtschaftlichen Verhältnissen des Betroffenen und nicht z.B. an dem zum Vorteil eines Unternehmens verursachten Vermögensschaden zu messen. In Steuerstrafsachen wird die Haftverschonung häufig von der Leistung einer **Sicherheit** im Hinblick auf die angebliche Steuerschuld oder gleich von der Bezahlung der vorläufig berechneten **Steuerschuld** direkt an die Finanzkasse abhängig gemacht. Letzteres hat den steuerlichen Vorteil, dass hierdurch der Zinslauf (vgl. Rz. 1510) unterbrochen wird.

578 Wird der Haftbefehl auf **Verdunkelungsgefahr** gestützt, so kommt Haftverschonung durch die Verhängung eines **Kontaktverbots** zu Mitbeschuldigten und Zeugen in Betracht, § 116 Abs. 2 StPO.

4. Vorläufige Festnahme

579 Wer auf „frischer Tat“ betroffen oder verfolgt wird, kann von „jedermann“, d.h. jedem Bürger, – ausschließlich – zur **Feststellung der Identität** nach § 127 Abs. 1 StPO **vorläufig festgenommen** werden. Bei Gefahr im Verzug sind die Staatsanwaltschaft sowie die Beamten des Polizeidienstes auch zur vorläufigen Festnahme befugt, wenn die Voraussetzungen für den Erlass eines Haftbefehls vorliegen.

5. Beratungsüberlegungen

580 Ist eine Verhaftung denkbar, so sollte für diesen Fall **Vorsorge** getroffen werden.

581 Die Möglichkeit der Verhaftung muss mit dem Berater **(Verteidiger)** durchgesprochen werden. Zur Flucht ins Ausland s. Rz. 405. Die kon-

kret anstehende Verhaftung ist häufig mit der von der Staatsanwaltschaft offen oder verdeckt angebotenen Versuchung verbunden, ihr durch ein Vollgeständnis oder gar „Übergeständnis" zu entgehen. Der Versuchung erliegen Mandanten, die ihren Anwalt nicht sofort erreichen können und die den Verhaftungsfall nicht ausreichend vorausgedacht haben. Auch hier gilt als Grundsatz (s. auch Rz. 654): kein Geständnis ohne Verteidiger.

Der **Haftbefehl** kann **außer Vollzug** gesetzt werden (§ 116 StPO). Hierbei können Auflagen angeordnet werden. Wichtigste Auflage zur Verminderung der Fluchtgefahr ist die Kaution. 582

Die **Kaution** bezweckt die Minderung oder den Ausschluss des Fluchtreizes. Die Staatsanwaltschaft verlangt häufig die Sicherung der Steuerschuld, sofern diese nicht schon gesichert ist, zuzüglich eines Zusatzbetrags zur Strafsicherung[1]. Wer mit der Möglichkeit der Verhaftung rechnet, muss die Kautionsstellung vorbereiten. Ist er verhaftet, sind ihm häufig die Wege verschlossen, optimal und ausreichend die Sicherungsmittel zu beschaffen. 583

An die **Honorierung** des **Verteidigers** muss gedacht werden. Die Beratung in Haftsachen ist außerordentlich zeitintensiv und eilbedürftig. 584

Für Kaution und Honorierung muss die **Verfügungsmöglichkeit** über **Geld** oder Vermögensgegenstände durch einen Dritten (Ehefrau, Freund, Angestellter usw.) bestehen. 585

XII. Auslieferung und Europäischer Haftbefehl

Am 23.8.2004 trat in Deutschland das **Europäische Haftbefehlsgesetz** (EuHbG) in Kraft.[2] Es setzte einen Rahmenbeschluss des EU-Rats vom 13.6.2002 um[3] und führte auf Bundesebene den sog. Europäischen Haftbefehl ein. Dieser ermöglichte es den deutschen Behörden erstmals, deutsche Staatsangehörige aufgrund eines Europäischen Haftbefehls an andere EU-Mitgliedstaaten auszuliefern. 586

Mit Urteil vom 18.7.2005 hat das **BVerfG** das EuHbG für **insgesamt nichtig** erklärt.[4] Es stützte sich im Wesentlichen auf folgende Argu- 587

---

1 Gegen eine Forderung auf Rückzahlungen einer bar hinterlegten Kaution kann **nicht** mit **Steuerforderungen aufgerechnet** werden (BGH v. 24.6.1985 – III ZR 219/83, HFR 1986, 541).
2 BGBl. I 2004, 1748.
3 ABl. Nr. L 190 v. 18.7.2002, 1.
4 BVerfG v. 18.7.2005 – 2 BvR 2236/04, NJW 2005, 2289.

mente: Das EuHbG genüge nicht den verfassungsrechtlichen Ansprüchen des Art. 16 Abs. 2 Satz 2 GG. Danach ist eine Auslieferung von deutschen Staatsangehörigen innerhalb der EU auf der Grundlage eines Gesetzes erlaubt, soweit rechtsstaatliche Grundsätze gewahrt sind. Das BVerfG hat hieraus das Erfordernis entwickelt, dass der Rahmenbeschluss und die darin enthaltenen Umsetzungsspielräume grundrechtsschonend vom deutschen Gesetzgeber umzusetzen seien. In Bezug auf das EuHbG sei dies aber nicht geschehen. Insbesondere sehe das Gesetz kein Rechtsmittel gegen einen Auslieferungsbewilligungsbescheid vor. Außerdem habe der deutsche Gesetzgeber nicht von der im EU-Rahmenbeschluss vorgesehenen Möglichkeit Gebrauch gemacht, die Auslieferung deutscher Staatsangehöriger zu verweigern, wenn die Straftat einen Inlandsbezug aufweist.

588 Durch die Nichtigkeit des EuHbG galt **wieder die alte Rechtslage**, d.h. die früheren **bilateralen Auslieferungsabkommen** – zuletzt auf der Grundlage des Übereinkommens über die Auslieferung zwischen den Mitgliedstaaten der EU vom 27.9.1996[1] – waren wieder gültig. In diesen hatte sich Deutschland zwar ausnahmslos vorbehalten, keine eigenen Staatsbürger auszuliefern, zum Teil sind diese zeitlich befristeten Vorbehalte aber abgelaufen. Da im dann gültigen Recht jedenfalls **keine Durchführungsvorschriften für eine Auslieferung von deutschen Staatsangehörigen** existierten (vgl. § 2 IRG), war davon auszugehen, dass bis zum Erlass eines neuen Umsetzungsgesetzes deutsche Staatsangehörige von Deutschland nicht ausgeliefert werden konnten. Entsprechende Vorgaben existierten auf Ebene des Bundesjustizministeriums. Möglich war aber nach wie vor der umgekehrte Fall, dass ein im EU-Ausland befindlicher Deutscher nach Deutschland ausgeliefert wurde. Hier stellte sich nur die Frage, auf welcher Grundlage eine solche Auslieferung erfolgen konnte. Die anderen EU-Mitgliedstaaten hatten inzwischen alle den EU-Rahmenbeschluss umgesetzt. Richtete also Deutschland ein Auslieferungsersuchen an einen EU-Nachbarn, war nicht klar, ob dieser – im Verhältnis zu Deutschland – die alten Auslieferungsabkommen oder sein eigentlich gem. Art. 31 des EU-Rahmenbeschlusses vorrangiges Durchführungsgesetz zum EU-Haftbefehl anwenden musste. Dies konnte insbesondere im Bereich der Fiskalstraftaten von Bedeutung sein. Nach dem früher geltenden § 6 Abs. 3 des Übereinkommens über die Auslieferung zwischen den Mitgliedstaaten der EU vom 27.9.1996 konnten die einzelnen Mitgliedstaaten die Auslieferung wegen fiskalischer Straftaten auf bestimmte Steuer-

1 ABl. Nr. C 313 v. 23. 10. 1996, 11.

arten beschränken. Dies war nach Art. 4 Nr. 1 des EU-Rahmenbeschlusses nicht mehr möglich.

Inzwischen ist die Rechtsunsicherheit durch den **Erlass eines neuen Umsetzungsgesetzes** wieder entfallen. Ein vom Kabinett am 25.1.2006 verabschiedeter Entwurf[1] wurde vom Gesetzgeber i.d.F. vom 20.7.2006 verabschiedet[2]. Darin wird das ursprüngliche EuHbG im Grundsatz beibehalten und lediglich die Regelungen geändert, die das BVerfG ausdrücklich beanstandet hat. Insbesondere regelt der Gesetzesentwurf eine gerichtliche Überprüfungsmöglichkeit der Bewilligungsentscheidung. Außerdem wurde gegenüber dem ursprünglichen EuHbG der Kreis der vom Europäischen Haftbefehl Betroffenen erweitert. Nunmehr sollen nicht nur deutsche Staatsangehörige, sondern auch ausländische Staatsbürger nach den Regelungen des EuHbG ausgeliefert werden, wenn sie in Deutschland mit einem deutschen Familienangehörigen oder Lebenspartner in familiärer oder lebenspartnerschaftlicher Gemeinschaft leben. Schließlich hat die Bundesregierung entsprechend den Vorgaben des BVerfG solche Straftaten von der Auslieferung zum Zwecke der Strafverfolgung ausgenommen, die einen maßgeblichen Bezug zu Deutschland aufweisen. Diese Einschränkung ist im Bereich der Fiskalstraftaten von erheblicher Bedeutung. Da hier ein Inlandsbezug i.d.R. gegeben sein dürfte, können Deutsche und ihnen gleichgestellte ausländische Staatsbürger für in Deutschland hinterzogene Steuern auch zukünftig nur hier strafrechtlich verfolgt werden. 589

XIII. Dinglicher Arrest im Steuerfahndungsverfahren

1. Allgemeines

Die **Sicherung der Steuerschuld** ist nicht die vornehmliche Aufgabe der Steuerfahndung. Gleichwohl prüft die Fahndung regelmäßig, ob der mögliche Steueranspruch gefährdet ist. Erscheint die künftige Zwangsvollstreckung eines behaupteten Steueranspruchs gefährdet, so wird der Eingriff der Steuerfahndung, je nach den Umständen des Einzelfalls, von einer unmittelbaren Sicherstellung der mutmaßlichen Steuerschuld, die hinterzogen sein soll, begleitet. 590

Im Steuerstrafverfahren sind zwei Wege zur Sicherung des Steueranspruchs durch die Finanzbehörde denkbar. Die Abgabenordnung er- 591

1 BR-Drucks. 70/2006.

2 BGBl. I 2006, 1721.

öffnet den Weg über den **dinglichen Arrest im Besteuerungsverfahren** gem. § 324 AO. Die Strafprozessordnung sieht nach derzeit noch gültiger Rechtslage allgemein im Rahmen der sog. **Rückgewinnungshilfe** die Anordnung des **strafprozessualen dinglichen Arrests** zugunsten des durch die Straftat Verletzten nach § 73 Abs. 1 Satz 2 StGB i.V.m. §§ 111b Abs. 2 und 5, 111d, 111e StPO vor. Aufgrund der zunehmenden Bedeutung des strafprozessualen dinglichen Arrests in der Steuerfahndungspraxis ist in den letzten Jahren insbesondere das Konkurrenzverhältnis zwischen steuerlichem und strafrechtlichem Arrest in die Diskussion geraten. Dabei häuften sich Entscheidungen der Strafgerichte, die einer (uneingeschränkten) Parallelität der Verfahren – so die Strafverfolgungsbehörden – kritisch gegenüberstehen.[1] Dies eröffnet Verteidigungsmöglichkeiten.

Am 13.7.2016 hat die Bundesregierung den „**Entwurf eines Gesetzes zur Reform der strafrechtlichen Vermögensabschöpfung**" vorgelegt.[2] Mit dem Entwurf sollen Vereinbarungen des Koalitionsvertrags und Vorgaben der Richtlinie 2014/42/EU über die Sicherstellung und Einziehung von Tatwerkzeugen und Erträgen aus Straftaten in der Europäischen Union umgesetzt werden. Das Recht der strafrechtlichen Vermögensabschöpfung soll danach vollständig neu gefasst werden. Zur Anpassung an die auf europäischer und internationaler Ebene übliche Terminologie wird der Verfall des geltenden Rechts in § 73 Abs. 1 StGB-E in „**Einziehung von Taterträgen**" umbenannt. Der bisherige Verfall von Wertersatz wird künftig unter den Begriff der „Einziehung des Wertes von Taterträgen" gefasst, § 73c StGB-E. Neuland betritt der Entwurf mit der Einführung einer Möglichkeit der Vermögensabschöpfung losgelöst von dem Nachweis einer konkreten Straftat in § 76a Abs. 4 StGB-E. Werden Gegenstände in einem Verfahren wegen des Verdachts einer Katalogtat, im Wesentlichen aus den Bereichen der organisierten Kriminalität und des Terrorismus, sichergestellt, kann trotz Einstellung dieses Verfahrens die Einziehung des Gegenstands angeordnet werden. Voraussetzung dieser an das anglo-amerikanische Institut der „**non-conviction-based confiscation**" angelehnten Maßnahme ist die Überzeugung des Gerichts, der Gegenstand rühre aus einer rechtswidrigen Tat her. Prozessual soll eine Stärkung der vorläufigen Sicherstellungsmöglichkeiten erfolgen. Die Unterscheidung in Beschlagnahme des unmittelbar aus der Tat Erlangten, §§ 111b bis 111d StPO-E, und Sicherung durch Pfändung von Legalvermögen des

1 Zum Meinungsstand s. *Roth*, wistra 2010, 335; *Bach*, JR 2010, 286; *Frank*, StBp 2010, 318; *Madauß*, NZWiSt 2013, 128.

2 BT-Drucks. 18/9525 bzw. BR-Drucks. 418/16.

Betroffenen aufgrund eines **Arrestes** soll beibehalten werden, **der anstelle des dinglichen Arrestes neu geschaffene Vermögensarrest** wird jedoch nach dem Entwurf als originär strafprozessuale Maßnahme in den §§ 111e bis 111h StPO-E ausgestaltet. Liegt dringender Tatverdacht vor, sollen die vorläufigen Maßnahmen angeordnet werden, §§ 111b Abs. 1 Satz 2, 111e Abs. 1 Satz 2 StPO-E, ansonsten verbleibt es bei einem weiten Ermessensspielraum der Strafjustiz. Ausdrücklich erforderlich ist jeweils ein Sicherstellungsbedürfnis, das bisher bei der Beschlagnahme nicht geregelt war. Die Vorschrift des § 111b Abs. 3 StPO, die den Bestand einer Sicherungsanordnung nach Ablauf bestimmter Fristen von dem Vorliegen des dringenden Tatverdachts abhängig macht (s. Rz. 613), soll gestrichen werden. Die zeitlichen Grenzen vorläufiger Maßnahmen ergeben sich unmittelbar aus dem Verhältnismäßigkeitsgrundsatz. Die bisherige Rechtsprechung zur Dauer vorläufiger Maßnahmen und zum Arrestgrund soll insoweit fortgelten. Kernstück des Reformvorhabens ist die Neuregelung der Opferentschädigung durch den Wegfall des § 73 Abs. 1 Satz 2 StGB (s. Rz. 614 ff.). Die Einziehung des Tatertrags oder des Wertes von Taterträgen soll unabhängig von Verletztenansprüchen im Urteil erfolgen, soweit nicht ein etwaiger Verletztenanspruch bereits erloschen ist, § 73d Abs. 1 StGB-E. Das Regelungsmodell der „Rückgewinnungshilfe" würde damit hinfällig, die komplizierte Vorschrift über den staatlichen „Auffangrechtserwerb" überflüssig. Das Strafverfahren wird durch die Reform nach Auffassung des Bundesministeriums für Justiz und Verbraucherschutz von zeitraubenden zivilrechtlichen Fragen befreit, die Vermögensabschöpfung erheblich vereinfacht und erleichtert.

Am 29.9.2016 fand die erste Lesung des Gesetzes im Bundestag statt. Die Gegenäußerung der Bundesregierung erfolgte am 26.10.2016. Das Bundesministerium für Justiz und Verbraucherschutz rechnet mit einem Inkrafttreten des Gesetzes in der ersten Jahreshälfte 2017.

Die nachfolgende Darstellung des strafprozessualen dinglichen Arrestes schildert die im Zeitpunkt der Veröffentlichung dieses Werks (noch) geltenden Rechtslage.

2. Dinglicher Arrest im Besteuerungsverfahren

a) Materielle Voraussetzungen

Gem. § 324 Abs. 1 AO kann die für die Steuerfestsetzung zuständige 592
Finanzbehörde zur Sicherung der Vollstreckung von Geldforderungen den Arrest in das bewegliche oder unbewegliche Vermögen anordnen,

wenn zu befürchten ist, dass sonst die Beitreibung vereitelt oder wesentlich erschwert wird. Materielle Voraussetzung für den dinglichen Arrest im Besteuerungsverfahren ist somit das Vorliegen eines Arrestanspruchs und eines Arrestgrunds.

aa) Arrestanspruch

593 Ein Arrestanspruch ist gegeben, wenn feststeht oder hinreichend, d.h. überwiegend wahrscheinlich ist, dass eine zu sichernde Geldforderung besteht, die nach den §§ 249 bis 322 AO vollstreckt werden kann.[1] Dies sind im Wesentlichen die **Ansprüche aus dem Steuerschuldverhältnis** i.S.d. § 37 AO. Es ist erforderlich, dass sich aus dem als wahrscheinlich unterstellten Tatbestand ein rechtlich einwandfreier Anspruch ergibt.[2] Es muss also ein festsetzbarer und einforderbarer Steueranspruch bestehen.

594 Der Anspruch braucht gem. § 324 Abs. 1 Satz 2 AO zahlenmäßig noch nicht festzustehen. Zur Ermittlung der Höhe des Arrestanspruchs können die Besteuerungsgrundlagen daher unter den Voraussetzungen des § 162 AO **geschätzt** werden. Der Anspruch kann ferner betagt oder bedingt[3] sein.

bb) Arrestgrund

595 Ein Arrestgrund besteht, wenn bei objektiver Würdigung unter ruhiger und vernünftiger Abwägung aller Umstände die Besorgnis gerechtfertigt ist, dass ohne sofortige Sicherung durch Arrestanordnung die Vollstreckung des Anspruchs vereitelt oder wesentlich erschwert wird; dabei kann es auf die Möglichkeit eines schnellen und unmittelbaren und damit auch eines sicheren Zugriffs ankommen.[4]

---

1 BFH v. 6.2.2013 – XI B 125/12, BStBl. II 2013, 983, m.w.N.

2 *Werth* in Klein, AO, 13. Aufl. 2016, § 324 Rz. 3.

3 Weitergehend hierzu *Kruse* in Tipke/Kruse, AO/FGO, § 324 AO Rz. 11 (Juni 2012).

4 BFH v. 4.7.1978 – VII R 21/78, BStBl. II 1978, 548; BFH v. 25.4.1995 – VII B 174/94, BFH/NV 1995, 1037; BFH v. 26.2.2001 – VII B 265/00, BStBl. II 2001, 464; *Kruse* in Tipke/Kruse, AO/FGO, § 324 AO Rz. 14 (Juni 2012).

Typische Einzelfälle: 596

- Die **Verbringung von Vermögen ins Ausland**, sodass im Inland kein Vermögen bleibt, ist ein klassischer Arrestgrund.[1] Die bloße Wahrscheinlichkeit einer Vermögensverschiebung genügt jedoch nicht.[2]
- Die bloße Möglichkeit, den **Wohnsitz ins Ausland** zu **verlagern**, genügt ebenfalls nicht.[3]
- Nach der Rechtsprechung des BFH kann eine wesentliche Erschwerung der Vollstreckung vorliegen, wenn ein späteres **Leistungsgebot im Ausland vollstreckt** werden müsste.[4] Diese Ansicht ist insofern zweifelhaft, als die Regelung des § 917 Abs. 2 ZPO gerade nicht in § 324 AO übernommen wurde.[5]
- Auch die **allgemeine schlechte Vermögenslage** des Betroffenen ist kein Arrestgrund.[6]
- Die Berufung allein auf die **Ausländereigenschaft eines Betroffenen** ist zur Begründung eines Arrestanspruchs unzulässig.[7]
- Nach ständiger Rechtsprechung stellt allein der Umstand, dass der **dringende Tatverdacht einer Steuerhinterziehung** oder eine sonstige steuerliche Unzuverlässigkeit besteht, keinen Arrestgrund dar.[8]
- Selbst die **Einbuchung angeblicher Scheinrechnungen** ist kein Arrestgrund.[9]
- Bei zusammenveranlagten **Ehegatten** wirkt sich der in der Person des einen Ehegatten bestehende Arrestgrund nicht auf den anderen Ehegatten aus.[10] In dieser Konstellation ist an die Aufteilung der Steuerschuld (§§ 268 ff. AO) zu denken.

Ergeht nach Anordnung des dinglichen Arrests ein vollstreckbarer 597
(§ 254 Abs. 1 AO) Steuerbescheid, der die durch den Arrest gesicherte Steuerforderung beinhaltet, fällt der Arrestgrund weg. Das Arrestver-

---

1 BFH v. 26.2.2001 – VII B 265/00, BStBl. II 2001, 464.
2 BFH v. 26.2.2001 – VII B 265/00, BStBl. II 2001, 464; FG Baden-Württemberg v. 14.12.1965 – I 466/65, EFG 1966, 200.
3 *Kruse* in Tipke/Kruse, AO/FGO, § 324 AO Rz. 15 (Juni 2012).
4 BFH v. 25.4.1995 – VII B 174/94, BFH/NV 1995, 1037.
5 S. auch *Kruse* in Tipke/Kruse, AO/FGO, § 324 AO Rz. 15 (Juni 2012).
6 BFH v. 26.2.2001 – VII B 265/00, BStBl. II 2001, 464.
7 *Kruse* in Tipke/Kruse, AO/FGO, § 324 AO Rz. 15 (Juni 2012).
8 BGH v. 3.10.1985 – III ZR 28/84, HFR 1987, 96; BGH v. 19.10.1995 – IX ZR 82/94, BGHZ 131, 95 (105); BFH v. 21.2.1952 – IV 429/51 U, BStBl. III 1952, 90; BFH v. 26.2.2001 – VII B 265/00, BStBl. II 2001, 464; BFH v. 6.2.2013 – XI B 125/12, BStBl. II 2013, 983.
9 FG Hamburg v. 20.8.2007 – 2 V 167/07, juris.
10 FG Niedersachsen v. 5.6.1989 – XIII 106/89, EFG 1989, 612.

fahren wird ohne eine nochmalige Pfändung in das Vollstreckungsverfahren übergeleitet. Mit der Überleitung in das Vollstreckungsverfahren wird die Arrestanordnung gegenstandslos.[1]

b) Formelle Voraussetzungen

598 Liegen Arrestanspruch und Arrestgrund vor, **kann (Ermessen)** der Arrest angeordnet werden.

599 **Zuständig** für den Erlass der Arrestanordnung ist der **Vorsteher** des zuständigen Festsetzungsfinanzamts.[2]

600 Die Arrestanordnung ist ein **schriftlicher**[3], **zustellungspflichtiger**[4] und **unterschriftsbedürftiger**[5] **Verwaltungsakt**. Die elektronische Form ist ausgeschlossen. Steuerart und Besteuerungszeitraum sind in der Arrestanordnung zwingend anzugeben.[6] Ferner ist gem. § 324 Abs. 1 Satz 3 AO ein Geldbetrag zu bestimmen, bei dessen **Hinterlegung** die Vollziehung des Arrests gehemmt und der vollzogene Arrest aufzuheben ist. Das Fehlen der Schriftform führt ebenso wie die verpflichtende Angabe von Steuerart und Besteuerungszeitraum zur Nichtigkeit der Arrestanordnung gem. § 125 Abs. 1 AO.[7] Die fehlende Angabe der Hinterlegungssumme führt hingegen nicht zur Nichtigkeit der Anordnung.

601 Die Arrestanordnung ist zu **begründen** (§ 324 Abs. 2 Satz 2 AO). Die Finanzbehörde muss die für das Bestehen eines Steueranspruchs dem Grunde und der Höhe nach sowie für dessen Gefährdung sprechenden Tatsachen darlegen und glaubhaft machen.[8] Die bloße Wiedergabe des Gesetzestexts genügt nicht. Die Begründung kann im Einspruchsverfahren bis zur Einspruchsentscheidung bzw. im Klageverfahren bis zum Schluss der mündlichen Verhandlung nachgeholt, erweitert oder ersetzt werden.[9] Da der Arrest der Sicherung einer bestimmten Steuerforderung dient, ist der spätere Austausch des Arrestanspruchs jedoch unzulässig.[10]

---

1 BFH v. 28.8.1968 – I B 18/68, BStBl. II 1968, 832; BFH v. 6.7.2001 – III B 58/00, BFH/NV 2001, 1530; BFH v. 6.2.2013 – XI B 125/12, BStBl. II 2013, 983.
2 § 324 Abs. 1 Satz 1 AO i.V.m. Nr. 71 AStBV (St) 2014 v. 1.11.2013.
3 § 157 Abs. 1 AO.
4 § 122 Abs. 5 AO.
5 § 324 Abs. 2 Satz 1 AO.
6 Vgl. *Kruse* in Tipke/Kruse, AO/FGO, § 324 AO Rz. 33 (Juni 2012).
7 *Kruse* in Tipke/Kruse, AO/FGO, § 324 AO Rz. 31 und 36 (Juni 2012).
8 BFH v. 6.2.2013 – XI B 125/12, BStBl. II 2013, 983.
9 *Werth* in Klein, AO, 13. Aufl. 2016, § 324 Rz. 7 und 11, m.w.N. zur Rspr.
10 BFH v. 10.3.1983 – V R 143/76, BStBl. II 1983, 401.

Die Arrestanordnung ist gem. § 325 AO aufzuheben, wenn nach ihrem Erlass Umstände bekannt werden, die die Arrestanordnung nicht mehr gerechtfertigt erscheinen lassen. 602

c) Vollziehung der Arrestanordnung

Die Vollziehung der Arrestanordnung obliegt den mit der Vollstreckung nach §§ 249 bis 323 AO betrauten Stellen. Sie erfolgt somit im Wege der **Einzelvollstreckung**. 603

Die Vollziehung ist schon vor der Zustellung an den Arrestschuldner zulässig. Sie ist jedoch ohne Wirkung, wenn die Zustellung nicht innerhalb einer Woche nach der Vollziehung erfolgt (§ 324 Abs. 3 Satz 2 AO). Sie ist ferner unzulässig, wenn seit dem Tag, an dem die Anordnung unterzeichnet worden ist, ein Monat verstrichen ist (§ 324 Abs. 3 Satz 1 AO). 604

Durch die Hinterlegung des in der Arrestanordnung genannten Geldbetrags bei der Finanzkasse kann der Arrestschuldner die Vollstreckung abwenden. 605

d) Rechtsbehelfe

Eine Anhörung vor Erlass der Arrestanordnung ist nicht vorgesehen und auch nicht üblich. 606

Gegen die Arrestanordnung ist in der Hauptsache sowohl der Einspruch (§ 347 AO) als auch die **Anfechtungsklage** (§ 40 FGO) zulässig. Die Durchführung eines behördlichen Einspruchsverfahrens ist ausnahmsweise nicht zwingend (§ 45 Abs. 4 FGO). 607

Da der Einspruch keine aufschiebende Wirkung hat, ist ggf. die **Aussetzung bzw. Aufhebung der Vollziehung** gem. § 361 AO beim Finanzamt bzw. aufgrund von § 69 Abs. 4 FGO unmittelbar beim Finanzgericht zu beantragen. 608

Die Finanzbehörden vertreten oftmals die Auffassung, dass eine Aussetzung oder Aufhebung der Vollziehung – wenn überhaupt – stets nur gegen **Sicherheitsleistung** erfolgen könne. Der BFH lehnt diese Auffassung ab.[1] Eine solche Sichtweise führe zu einer Verkürzung des grundrechtlich gesicherten Anspruchs auf effektiven Rechtsschutz.[2] Selbst

---

1 Vgl. BFH v. 6.2.2013 – XI B 125/12, BStBl. II 2013, 983.

2 BFH v. 6.2.2013 – XI B 125/12, BStBl. II 2013, 983, m.w.N. zu dem insoweit bestehenden Meinungsstreit.

wenn im Einzelfall eine Aussetzung oder Aufhebung der Vollziehung nicht ohne Sicherheitsleistung ausgesprochen werden könne, sei stets zu prüfen, ob unter Beachtung des Grundsatzes der Verhältnismäßigkeit ggf. eine nur teilweise Sicherheitsleistung in Betracht komme.[1]

609 **Praxishinweis:** Da Einwendungen gegen die zu vollstreckende Arrestanordnung gem. § 256 AO nicht zugleich gegen die Einzelzwangsvollstreckungsmaßnahmen als solche mit Erfolg geltend gemacht werden können, ist anzuraten, neben dem Aussetzungsantrag zugleich einen Antrag auf **einstweilige Einstellung der Zwangsvollstreckung** gem. § 258 AO zu stellen, um das Verfahren bis zur Entscheidung der Rechtsbehelfsstelle oder des Finanzgerichts im Eilverfahren insgesamt „auf Eis" zu legen.

610 Ist die **Arrestanordnung rechtswidrig** oder sogar **nichtig**, schlägt dies entsprechend auf die nachfolgenden Zwangsvollstreckungsmaßnahmen durch.[2]

3. Dinglicher Arrest im Steuerstrafverfahren

a) Materielle Voraussetzungen

611 Rechtsgrundlage für das „Einfrieren" von Vermögen des Beschuldigten im Wege des strafprozessualen dinglichen Arrests ist nach derzeitiger Rechtslage noch § 111b Abs. 2 StPO. Durch den Entwurf eines Gesetzes zur Reform der strafrechtlichen Vermögensabschöpfung[3] sollen die Voraussetzungen vollständig neu gefasst werden (s. auch Rz. 591).

Bis zum Inkrafttreten der Reform ist die Anordnung des dinglichen Arrests von vier Voraussetzungen abhängig:

aa) Einfacher Tatverdacht

612 Es muss der Tatverdacht einer Steuerhinterziehung bestehen. Ausreichend ist das Vorliegen eines **Anfangsverdachts** i.S.v. § 152 Abs. 2 StPO. Ein solcher liegt vor, wenn es nach kriminalistischen Erfahrungen möglich erscheint, dass eine verfolgbare Straftat vorliegt.[4]

613 Gem. § 111b Abs. 3 StPO muss sich der Anfangsverdacht zu einem **dringenden Tatverdacht** verdichtet haben, wenn der dingliche Arrest

1 BFH v. 6.2.2013 – XI B 125/12, BStBl. II 2013, 983.
2 *Kruse* in Tipke/Kruse, AO/FGO, § 324 AO Rz. 63 (Juni 2012).
3 BT-Drucks. 18/9525 bzw. BR-Drucks. 418/16.
4 Vgl. nur *Schmitt* in Meyer-Goßner/Schmitt, StPO, 59. Aufl. 2016, § 152 Rz. 4.

länger als sechs Monate aufrechterhalten werden soll. Wegen der Schwierigkeit und des Umfangs des Verfahrens kann die Maßnahme auch ohne dringende Gründe bis zu zwölf Monate aufrechterhalten werden. **Spätestens aber nach zwölf Monaten** ist die weitere Aufrechterhaltung des Arrests ausschließlich bei Vorliegen dringender Verdachtsmomente möglich.[1]

bb) Arrestanspruch

Des Weiteren müssen gem. § 111b Abs. 2 StPO hinreichende Gründe für die Annahme vorhanden sein, dass der Verfall von Wertersatz angeordnet werden könnte (Arrestanspruch). Nach § 73 Abs. 1 Satz 1 StGB ordnet das Gericht den Verfall von dem an, was der Täter oder Teilnehmer für die Tat oder aus ihr erlangt hat. Aus der Tat erlangt sind alle Vermögenswerte, die dem Täter aufgrund der Tatbegehung in irgendeiner Phase des Tatablaufs zufließen. Der Wertersatzverfall richtet sich nach § 73a StGB und ist dann anzunehmen, wenn der aus der Straftat erlangte Vermögensvorteil nicht (mehr) in einem konkreten Gegenstand verkörpert ist. 614

Nach allgemeiner Auffassung kann auch eine Verurteilung wegen Steuerhinterziehung die Anordnung des Verfalls rechtfertigen. Im Regelfall der Steuerverkürzung erlangt der Täter aus der Tat die Befreiung von einer Verbindlichkeit in dem Sinne, dass die Steuer zunächst nicht festgesetzt und infolgedessen auch nicht entrichtet wird. Der Natur nach handelt es sich um ersparte Aufwendungen. Da diese im Vermögen des Täters nicht körperlich vorhanden sind, wäre zum Zwecke der Vermögensabschöpfung der Wertersatzverfall in Höhe der verkürzten Steuer anzuordnen. 615

Dass letztlich in einem Urteil wegen Steuerhinterziehung i.d.R. kein Verfall angeordnet wird, ist auf § 73 Abs. 1 Satz 2 StGB zurückzuführen. Nach dieser Vorschrift darf kein Verfall angeordnet werden, soweit dem Verletzten aus der Tat ein Anspruch zusteht, dessen Erfüllung dem Täter den Vorteil aus der Tat entziehen würde. Hier würde die Nachzahlung der vom Angeklagten an den Steuerfiskus zu bezahlenden Steuern seinen durch die Tat erlangten Vermögensvorteil wieder beseitigen. Gleichwohl geht die Rechtsprechung davon aus, dass der Steuerfiskus einen Arrestanspruch in Form der sog. **Rückgewinnungshilfe** hat.[2] 616

---

1 S. auch *Schmitt* in Meyer-Goßner/Schmitt, StPO, 59. Aufl. 2016, § 111b Rz. 8 f.; *Wulf*, PStR 2006, 10.

2 BGH v. 28.11.2000 – 5 StR 371/00, NJW 2001, 693.

617 Hat der Beschuldigte **für einen Dritten** gehandelt und hat dieser Dritte etwas erlangt, so ermöglicht das Gesetz die Anordnung des Wertersatzverfalls gegen diesen Dritten gem. §§ 73 Abs. 3, 73a StGB. Dies ist insbesondere dann von Bedeutung, wenn dem Beschuldigten als Geschäftsführer einer GmbH die Hinterziehung von betrieblichen Steuern (Körperschaftsteuer, Gewerbesteuer, Umsatzsteuer) vorgeworfen wird. Die Anordnung des Verfalls und damit eines Arrests in diesen Fällen unmittelbar gegen den Geschäftsführer persönlich kann grundsätzlich nicht angeordnet werden. Das Bundesverfassungsgericht betont, dass die pauschale Annahme einer **Vermögensverschiebung zwischen der Gesellschaft und ihrem Vertreter** eine Arrestanordnung gegen das Organ nicht rechtfertigen kann.[1] Es bedarf vielmehr konkreter, eingehender Feststellungen zur Begründung der Annahme, dass auch das Organ neben der eigentlich begünstigten Gesellschaft „etwas" aus der Tat erlangt hat.

618 „**Gründe**" i.S.d. § 111b StPO liegen bereits vor, wenn eine gewisse, auf Tatsachen gestützte Wahrscheinlichkeit besteht, dass unter Berücksichtigung der Ermessensregelungen namentlich in § 74 Abs. 1 StGB und unter Beachtung der Härteklauseln in § 73c und 74b StGB die genannten Rechtsfolgen verhängt werden oder, im Falle der Rückgewinnungshilfe, nur deshalb nicht verhängt werden, weil Ansprüche des Verletzten i.S.d. § 73 Abs. 1 Satz 2 StGB der Anordnung des Verfalls entgegenstehen.[2] Dies entspricht i.d.R. dem Maßstab des Anfangsverdachts.

619 Zur Ermittlung der Höhe des Arrestanspruchs können die hinterzogenen Steuern **geschätzt** werden (§ 73b StGB).

cc) Arrestgrund

620 Weitere Voraussetzung des Arrests ist das Vorliegen eines Arrestgrunds, §§ 111b Abs. 2, 111d StPO i.V.m. § 917 ZPO. Dieser liegt vor, wenn Umstände oder Anhaltspunkte die Annahme rechtfertigen, dass eine Vollstreckung einer Verfallsanordnung in der Zukunft ohne die Anordnung der vorläufigen Maßnahme vereitelt oder wesentlich erschwert werden würde.[3] Der Arrestgrund kann nicht schematisch aus

---

1 BVerfG v. 14.6.2004 – 2 BvR 1136/03, wistra 2004, 378; BVerfG v. 3.5.2005 – 2 BvR 1378/04, wistra 2005, 335; BVerfG v. 29.5.2006 – 2 BvR 820/06, wistra 2006, 337.

2 OLG Stuttgart v. 11.4.2007 – 2 Ws 41/07, wistra 2007, 276; *Schmitt* in Meyer-Goßner/Schmitt, StPO, 59. Aufl. 2016, § 111b Rz. 8.

3 LG Hamburg v. 13.4.2004 – 620 Qs 13/04, NStZ-RR 2004, 215.

dem Tatvorwurf hergeleitet werden. Vielmehr müssen alle Umstände des Einzelfalls berücksichtigt und gewichtet werden.[1] Es müssen also konkrete Anhaltspunkte vorliegen, die auf eine Verschlechterung der gegenwärtigen Vollstreckungsmöglichkeiten hindeuten. Das ist bspw. der Fall, wenn der Beschuldigte im Begriff ist, seine Vermögensbestandteile vor der Vollstreckung beiseitezuschaffen.[2] Das Vorliegen einer Vermögensstraftat bzw. der darauf gerichtete Verdacht als solcher genügt hingegen nicht.

Unstreitig ist, dass ein Arrestgrund in diesem Sinne nicht besteht, wenn 621
die Finanzbehörde als formell Verletzte ihrerseits bereits einen **dinglichen Arrest im Besteuerungsverfahren** hinsichtlich desselben (behaupteten) Steueranspruchs gem. § 324 AO verfügt hat, da in diesen Fällen kein Sicherungsbedürfnis mehr besteht.[3]

Ungeklärt ist, ob bereits die Möglichkeit der Finanzverwaltung, einen 622
dinglichen Arrest nach § 324 AO zu verfügen, das Bestehen eines strafprozessualen Arrestgrunds mangels **Rechtsschutzbedürfnisses** ausschließt. Die überwiegende Meinung geht bislang davon aus, dass die Finanzbehörden zwischen dem Mittel des steuerlichen und des strafprozessualen Arrests wählen können.[4] Gerade in der jüngeren Vergangenheit finden sich allerdings auch Gegenstimmen.[5] In dem „**Entwurf eines Gesetzes zur Reform der strafrechtlichen Vermögensabschöpfung**"[6] soll im Übrigen gem. § 111e Abs. 6 StPO-E ausdrücklich geregelt werden, dass die Möglichkeit einer Anordnung nach § 324 AO einem strafrechtlichen Vermögensarrest nicht entgegenstehen soll.

---

1 BVerfG v. 7.6.2005 –2 BvR 1822/04, StraFo 2005, 338.

2 *Wulf*, PStR 2006, 10 (12).

3 S. auch *Peters* in Kohlmann, Steuerstrafrecht, § 399 Rz. 45.1 (Aug. 2014).

4 BGH v. 28.11.2000 – 5 StR 371/00, wistra 2001, 96; OLG Schleswig-Holstein v. 8.1.2002 – 1 Ws 407/01, juris; OLG Oldenburg v. 26.11.2007 – 1 Ws 554/07, wistra 2008, 119; OLG Celle v. 20.5.2008 – 2 Ws 155/08, wistra 2008, 359; OLG Zweibrücken v. 8.4.2009 – 1 Ws 339/08, wistra 2009, 484; OLG Nürnberg v. 22.9.2010 – 1 Ws 504/10, wistra 2011, 40; LG Berlin v. 26.2.1990 – 505 Qs 27/89, NStZ 1991, 437, mit Anm. *Dörn*, wistra 1990, 181; LG Hamburg v. 13.11.2003 – 620 Qs 99/03, wistra 2004, 116; LG Hamburg v. 18.3.2004 – 164 Gs 632/02, NStZ-RR 2004, 215; LG Halle/Saale v. 20.8.2008 – 22 Qs 15/08, wistra 2009, 39; *Roth*, wistra 2010, 335; *Madauß*, NZWiSt 2013, 128; *Peters* in Kohlmann, Steuerstrafrecht, § 399 AO Rz. 45.2 (Aug. 2014).

5 LG Berlin v. 6.3.2006 – 526 Qs 47-49/2006, wistra 2006, 358 (359); LG Mannheim v. 21.12.2006 – 25 Qs 14/06, StraFo 2007, 115; LG Saarbrücken v. 5.5.2008 – 2 Qs 22/08, NStZ-RR 2008, 284; OLG Düsseldorf v. 10.3.2010 (zitiert nach *Madauß*, NZWiSt 2013, 128 [129]); *Bach*, JR 2010, 286.

6 BT-Drucks. 18/9525 bzw. BR-Drucks. 418/16.

dd) Verhältnismäßigkeit

623 Wie jede strafprozessuale Zwangsmaßnahme im Rahmen des Ermittlungsverfahrens steht auch die Anordnung eines dinglichen Arrests unter dem Vorbehalt der Verhältnismäßigkeit. Nachdem dieses Merkmal in der Rechtsprechung der Amts- und Landgerichte zunächst überaus großzügig behandelt worden ist, hat das Bundesverfassungsgericht die besondere Bedeutung dieses Merkmals mehrfach hervorgehoben.[1]

624 Prüft man schulmäßig, so stellt sich zunächst die Frage der **Erforderlichkeit**. Ob ein strafprozessualer Arrest zugunsten des Finanzamts überhaupt erforderlich sein kann, ist fraglich. Denn das Finanzamt hat die Möglichkeit, selbst eine steuerliche Arrestanordnung nach § 324 AO zu erlassen und sich dadurch einen vorläufigen Vollstreckungstitel zu schaffen, der den Steuerpflichtigen seiner Natur nach weniger belastet. Die strafprozessuale Maßnahme wäre demzufolge nicht das mildeste aller gleich geeigneten Mittel. An dieser Stelle setzt sich somit der Meinungsstreit zum Bestehen eines Arrestgrunds (s. Rz. 622) fort.

625 Unabhängig hiervon: Nach der Rechtsprechung des Bundesverfassungsgerichts verlangt im laufenden Ermittlungsverfahren das Eigentumsgrundrecht des Beschuldigten eine sorgfältige **Abwägung** mit dem Sicherstellungsinteresse des Staats.[2] Nach Auffassung einiger Strafgerichte[3] sei im Kontext eines strafprozessualen Arrests bei dieser Abwägung auch zu berücksichtigen, wenn der Steuerfiskus von der Möglichkeit, selbst einen dinglichen Arrest nach § 324 AO zu erlassen, abgesehen hat, obwohl ihm ersichtlich dieselben Informationen wie den Strafverfolgungsbehörden zur Verfügung standen. **Sieht der Steuerfiskus** in diesen Fällen **von Sicherungsmaßnahmen ab,** so zeige sich darin ein **fehlendes oder jedenfalls stark eingeschränktes Sicherungs-**

1 BVerfG v. 5.5.2004 – 2 BvR 1012/02, StV 2004, 411; BVerfG v. 14.6.2004 – 2 BvR 1136/03, wistra 2004, 378; BVerfG v. 3.5.2005 – 2 BvR 1378/04, wistra 2005, 335; BVerfG v. 19.1.2006 – 2 BvR 1075/05, NJW 2006, 1048; BVerfG v. 29.5.2006 – 2 BvR 820/06, wistra 2006, 337; BVerfG v. 17.4.2015 – 2 BvR 1986/14, wistra 2015, 348.

2 BVerfG v. 5.5.2004 – 2 BvR 1012/02, StV 2004, 411; BVerfG v. 14.6.2004 – 2 BvR 1136/03, wistra 2004, 378; BVerfG v. 3.5.2005 – 2 BvR 1378/04, wistra 2005, 335; BVerfG v. 19.1.2006 – 2 BvR 1075/05, NJW 2006, 1048; BVerfG v. 29.5.2006 – 2 BvR 820/06, wistra 2006, 337; BVerfG v. 17.4.2015 – 2 BvR 1986/14, wistra 2015, 348.

3 OLG Oldenburg v. 26.11.2007– 1 Ws 554/07, wistra 2008, 119; LG Saarbrücken v. 19.3.2008 – 2 Qs 5/08, wistra 2008, 240; OLG Celle v. 20.5.2008 – 2 Ws 155/08, wistra 2008, 359.

bedürfnis, das einer strafprozessualen Arrestanordnung entgegenstehen könne.

Hinweis: Der Unterschied zur entsprechenden Diskussion in Bezug auf den Arrestgrund (s. Rz. 622) besteht darin, dass im Rahmen der Verhältnismäßigkeitsprüfung eine Gesamtabwägung aller Umstände – nicht allein des Sicherstellungsinteresses – zu erfolgen hat.

Auch mit der Intensität des Eingriffs steigen die Anforderungen an die Rechtfertigung dieses Eingriffs. Gerade wenn im Wege der vorläufigen Sicherungsmaßnahme **das gesamte oder nahezu das gesamte Vermögen** der Verfügungsbefugnis des Beschuldigten entzogen wird, fordert der Verhältnismäßigkeitsgrundsatz nicht lediglich eine Vermutung, sondern eine „**besonders sorgfältige Prüfung**" und eine „eingehende Darlegung der dabei maßgeblichen tatsächlichen und rechtlichen Erwägungen".[1] Insbesondere bei der Arrestierung von nahezu des gesamten Vermögens des Beschuldigten ist nach der Rechtsprechung des Bundesverfassungsgerichts angesichts der Intensität des Eingriffs das bloße Bestehen eines Anfangsverdachts nicht ausreichend. Die Rechtsprechung des Bundesverfassungsgerichts ist dahin gehend zu interpretieren, dass in einem solchen Falle eine höhere Wahrscheinlichkeit für das Vorliegen einer Steuerverkürzung und damit das Vorliegen der Verfassungsvoraussetzungen gegeben sein muss.[2] 626

Bedeutung im Rahmen der Verhältnismäßigkeitsprüfung hat zudem der **Zeitablauf**. Nach dem Gesetz reicht ein Anfangsverdacht nur für einen Zeitraum von sechs Monaten aus. Dauert der dingliche Arrest darüber hinaus an, so sind dringende Gründe für seine Fortdauer erforderlich (§ 111b Abs. 3 StPO). Können die Ermittlungsbehörden besondere Ermittlungsschwierigkeiten geltend machen, so beträgt die Frist, ab der ein dringender Tatverdacht erforderlich wird, zwölf Monate (s. auch Rz. 613). Nach Ablauf dieser Zeitspannen steigen zugleich die Anforderungen an die Verhältnismäßigkeit. 627

Diesen Rechtsgedanken zum Zeitablauf hat die Rechtsprechung verallgemeinert: Bei der Arrestierung von Vermögen im Wege der Rückgewinnungshilfe **verändert sich mit zunehmendem Zeitablauf die Relation zwischen dem betroffenen Eigentumsrecht und dem Sicherstellungsinteresse** des Geschädigten. Hat der Geschädigte der Steuerhinterziehung nach Monaten nicht die Möglichkeiten zur Titulierung seiner Ansprüche ergriffen – der Fiskus also keinen steuerlichen Arrest 628

1 BVerfG v. 14.6.2004 – 2 BvR 1136/03, wistra 2004, 378.
2 BVerfG v. 29.5.2006 – 2 BvR 820/06, wistra 2006, 337.

nach § 324 AO angeordnet oder einen Steuerbescheid erlassen –, so entfällt sein Schutzbedürfnis. Der dingliche Arrest ist dann aufzuheben. Leider ist in der Rechtsprechung bislang **keine klare zeitliche Grenze** herausgearbeitet worden.[1] Gleichwohl ist erkennbar, dass sich die zeitliche Grenze zur Titulierung des steuerlichen Anspruchs über § 324 AO in den bisherigen strafgerichtlichen Entscheidungen stetig verkürzt hat. Angesichts der „einfachen und schnellen" Sicherungsmöglichkeit der Finanzbehörden dürfte auch ein Zeitablauf von nur wenigen Monaten zur Rechtswidrigkeit des strafprozessualen Arrests führen. Daher ist unter Umständen ein frühzeitiger Antrag auf Aufhebung des Arrests bzw. eine Beschwerde gegen den Arrestbeschluss mit dem Hinweis auf § 324 AO in Betracht zu ziehen, um so die Liquidität des Beschuldigten wiederherzustellen.

b) Formelle Voraussetzungen

629 Für die Anordnung des Arrests ist grundsätzlich der **Ermittlungsrichter** am Amtsgericht zuständig (§ 111e Abs. 1 StPO). Nur ausnahmsweise – bei **Gefahr im Verzug** – kann der dingliche Arrest auch durch den **Staatsanwalt** angeordnet werden. Im Steuerstrafverfahren steht somit auch der **Straf- und Bußgeldsachenstelle** diese Eilbefugnis zu (§ 399 Abs. 1 AO). Dabei stellt die Rechtsprechung an die Annahme von „Gefahr im Verzug" hohe Anforderungen. Diese liegt nur dann vor, wenn ein richterlicher Beschluss vor Durchführung der Maßnahme nicht erlangt werden kann bzw. nicht erlangt werden konnte. Die Finanzbehörde ist bei Gefahr im Verzug nur dann zuständig, wenn sie zuvor vergeblich versucht hat, eine richterliche Entscheidung herbeizuführen (und keinen Richter erreichen konnte) oder bereits die zeitliche Verzögerung infolge des Versuchs die durchzuführende Maßnahme gefährden würde.[2] Angesichts vorhandener Bereitschaftsdienste bei Gericht ist die Annahme von Gefahr im Verzug, gerade in einem Steuerfahndungsverfahren, kaum denkbar.

1 LG Landshut v. 4.11.2002 – 3 Qs 364/02, wistra 2003, 199, für den Zeitraum von 18 Monaten; ähnlich LG Düsseldorf v. 13.12.2000 – III 8/00 SH 6, StV 2001, 446, für den Zeitraum von fünf Monaten; LG Hildesheim v. 11.12.2002 – 15 Qs 38/02, StraFo 2003, 166, für den Zeitraum von drei Monaten; vgl. auch OLG Köln v. 10.2.2004 – 2 Ws 704/03, StV 2004, 413, mit Anm. *Marel*; und LG Bochum v. 5.12.2007 – 12 Qs 20/07, wistra 2008, 237, mit Anm. *Alvermann/Talaska*.

2 So ausdrücklich BVerfG v. 20.2.2001 – 2 BvR 1444/00, NJW 2001, 1121 (1125), unter Ziff. III.2.b.

Die Umstände, welche die Annahme von Gefahr im Verzug begründen, sind **aktenkundig** zu machen. Im Falle einer Arrestanordnung der Staatsanwaltschaft oder der Straf- und Bußgeldsachenstelle ist innerhalb einer Woche die gerichtliche Bestätigung zu beantragen (§ 111e Abs. 2 Satz 1 StPO). 630

Keinesfalls haben Steuerfahnder das originäre Recht, bei einer **Durchsuchung aufgefundenes Bargeld** zu arrestieren.. 631

Die Arrestanordnung selbst muss **schriftlich** ergehen. Sie muss den Arrestgrund benennen und die Höhe des Arrests mit einem konkreten Geldbetrag angeben.[1] Weiterhin muss schriftlich nach § 923 ZPO festgehalten werden, dass der Beschuldigte durch **Hinterlegung** eines konkret zu bezeichnenden Geldbetrags die Hemmung und Aufhebung des Arrests veranlassen kann. Kann der Beschuldigte eine Sicherheit in der genannten Höhe leisten, so entfällt mit Leistung der Sicherheit der Arrestgrund. 632

c) Vollziehung des Arrests

Der dingliche Arrest wird insbesondere durch die nachstehend aufgeführten Maßnahmen vollzogen: 633

- **Pfändungen in Forderungen** können durch die Staatsanwaltschaft bzw. Straf- und Bußgeldsachenstelle angeordnet werden oder auf deren Antrag durch das Gericht, das den Arrest angeordnet hat (§ 111f Abs. 3 Satz 3 StPO). Mit der Zustellung der Pfändung kann die Steuerfahndung beauftragt werden (vgl. § 111f Abs. 4 StPO).
- Bei **beweglichen Sachen** kann die Vollziehung ohne förmliche Beauftragung durch die Steuerfahndung im Wege der **Pfändung** vorgenommen werden (vgl. § 111f Abs. 3 Satz 1 StPO).
- Die Eintragung einer **Arresthypothek** in das Grundbuch erfolgt auf Ersuchen der Staatsanwaltschaft bzw. Straf- und Bußgeldsachenstelle nach § 111f Abs. 2 Satz 1 StPO i.V.m. § 29 Abs. 3 Grundbuchordnung (GBO).

Gem. § 111d Abs. 2 StPO i.V.m. § 923 ZPO kann die **Vollziehung** des dinglichen Arrests **gehemmt** und die Aufhebung eines vollzogenen Arrests beantragt werden, wenn der im Arrestanordnungsbeschluss festgesetzte Geldbetrag (Lösungssumme) hinterlegt wird. 634

---

1 Vgl. § 920 ZPO.

635 Die nach Anordnung des Arrests ausgebrachten Sicherungsmaßnahmen sind dem Festsetzungsfinanzamt als Verletztem durch die Bußgeld- und Strafsachenstelle mitzuteilen (vgl. § 111e Abs. 3 StPO).

636 Hat das Finanzamt nachfolgend einen **Steuerbescheid** erlassen und ist dieser vollstreckbar (§§ 251, 254 AO), kann es die Zulassung der Zwangsvollstreckung beim zuständigen Amtsgericht beantragen (§§ 111g, 111h StPO). Nach Zulassung der Zwangsvollstreckung durch das Gericht führt das Festsetzungsfinanzamt das Vollstreckungsverfahren (§§ 249 ff. AO) fort. Durch dieses Zulassungsverfahren wird sichergestellt, dass das Festsetzungsfinanzamt in den durch die jeweilige Arrestvollzugsmaßnahme begründeten Rang der sichernden Staatsanwaltschaft bzw. Straf- und Bußgeldsachenstelle eintritt. Die sichergestellten Vermögenswerte stehen nur zur Erfüllung der sich aus der Steuerstraftat ergebenden Steueransprüche zur Verfügung.

d) Rechtsbehelfe

637 Die Arrestanordnung selbst ist dem Betroffenen nicht mitzuteilen. Mitteilungspflichtig ist nach dem Gesetz nur deren Vollzug, und zwar gem. § 111e Abs. 3 StPO gegenüber dem Geschädigten (also demjenigen, der durch den Arrest begünstigt ist).

638 Ein **Antrag beim Amtsgericht auf Aufhebung des Arrests** kommt in Betracht, wenn der Arrest von der Finanzverwaltung oder der Staatsanwaltschaft erlassen wurde (§ 111e Abs. 2 Satz 3 StPO), wenn die Art und Weise der Durchführung der strafprozessualen Arrestmaßnahme beanstandet wird[1] oder wenn der Arrest infolge Zeitablaufs in die Rechtswidrigkeit wächst[2].

639 Die **Beschwerde** i.S.d. § 304 StPO beim Amtsgericht ist insbesondere bei einem richterlich angeordneten Arrestbeschluss oder bei Ablehnung des Antrags auf Aufhebung des Arrests einzulegen. Ist die Maßnahme bereits abgeschlossen, der Arrest also z.B. bereits wieder aufgehoben, kann gleichwohl noch nachträglich im Beschwerdewege die Feststellung der Rechtswidrigkeit erreicht werden.[3]

640 Helfen weder Amtsgericht noch Landgericht der Beschwerde ab, ist gegen die Entscheidung des Landgerichts bei einem Wert von mehr als 20000 Euro – was in der Steuerfahndungspraxis eher die Regel als die

1 *Spillecke* in Karlsruher Kommentar, StPO, 7. Aufl. 2013, § 111e Rz. 19.
2 *Spillecke* in Karlsruher Kommentar, StPO, 7. Aufl. 2013, § 111e Rz. 16.
3 *Greven* in Karlsruher Kommentar, StPO, 7. Aufl. 2013, § 98 Rz. 28.

Ausnahme sein dürfte – die **weitere Beschwerde** nach § 310 Abs. 1 Nr. 3 StPO zulässig. Dann entscheidet das Oberlandesgericht.

Ein **Antrag auf Entscheidung des Gerichts nach § 111f Abs. 5 StPO** ist dann angezeigt, wenn infolge des Arrests Gegenstände sichergestellt werden, die im Eigentum unbeteiligter Dritter stehen. Zuvor ist zu klären, ob nicht Steuerfahndung und Staatsanwaltschaft auf entsprechenden Hinweis bereits zur Freigabe bereit sind. Ggf. ist dies selbstverständlich der schnellere Weg. 641

Praxishinweis: Wichtig ist schließlich der Gesichtspunkt der **Akteneinsicht**. Nach der Rechtsprechung des Bundesverfassungsgerichts gelten für die gerichtliche Anfechtung von Arrestanordnungen die für die Untersuchungshaft geltenden Grundsätze. Danach kann die Beschwerdeentscheidung nur auf die Tatsachen und Beweismittel gestützt werden, die dem Beschuldigten durch die Akteneinsicht bekannt gemacht worden sind.[1] Erforderlich ist umfassende Akteneinsicht. Dem Betroffenen bzw. dessen Strafverteidiger dürfen keine Aktenbestandteile vorenthalten werden.[2] Letztlich bedeutet dies: Verweigert die Staatsanwaltschaft die Akteneinsicht, so ist die Arrestanordnung aufzuheben. Es verbleibt dann keine Tatsachengrundlage, auf die das Gericht seine Beschwerdeentscheidung zulässigerweise stützen könnte.[3] Wie das LG Kiel griffig formuliert: 642

> „Solange es den Ermittlungsbehörden gemäß § 147 Abs. 2 StPO erforderlich erscheint, die Ermittlungen dem Beschuldigten nicht zur Kenntnis zu geben, muss auf Eingriffsmaßnahmen wie Untersuchungshaft oder Arrest verzichtet werden."[4]

XIV. Sicherung der mutmaßlichen Steuerschuld

Die Sicherung der Steuerschuld oder die Vollstreckung[5] hinterzogener Steuern sind nicht die vornehmliche Aufgabe der Steuerfahndung. Gleichwohl prüft die Steuerfahndung regelmäßig auch, ob der mögliche Steueranspruch gefährdet ist. 643

Erscheint der **Steueranspruch gefährdet**, so wird der unmittelbare Eingriff der Steuerfahndung, je nach den Umständen des Einzelfalls, von 644

1 BVerfG v. 5.5.2004 – 2 BvR 1012/02, StV 2004, 411; BVerfG v. 19.1.2006 – 2 BvR 1075/05, NJW 2006, 1048.
2 BVerfG v. 29.5.2006 – 2 BvR 820/06, wistra 2006, 337.
3 Vgl. BVerfG v. 19.1.2006 – 2 BvR 1075/05, NJW 2006, 1048.
4 LG Kiel v. 14.6.2006 – 46 Qs 42/06, StV 2006, 465.
5 Zur Zusammenarbeit Steuerfahndung/Vollstreckung s. oben Rz. 9 ff. sowie *Pump*, StBp 1987, 157.

einer unmittelbaren Sicherstellung der mutmaßlichen Steuerschuld, die hinterzogen sein soll, begleitet. Dies geschieht durch **Arrestanordnung** und nachfolgende Einzelvollstreckung (§§ 324 ff. AO).

645 Der Arrest muss **innerhalb eines Monats vollzogen** sein (§ 324 Abs. 3 AO). Dies zu wissen, ist für die Beratung wichtig. Gelingt es, mit Sicherheitsleistungen und Verhandlungen über diesen Monat zu kommen, kann aus dem Arrest nicht mehr vollstreckt werden.

646 Neben der Vollstreckung von Steuerbescheiden und Arrestanordnungen kennt die Praxis auch die **freiwillige Absicherung** der möglichen Nachforderung. Dem Finanzamt werden aufgrund freiwilliger Absprachen Grundschulden oder mehrere Gegenstände zur Sicherheit abgetreten bzw. übertragen.

647 An die Stelle des Arrests kann nicht die **Geldbeschlagnahme** anlässlich der Durchsuchung treten; s. Rz. 467.

648 Der von dem Fahndungsverfahren und der Anordnung des Arrestes betroffene **Mandant** ist bei dem ersten Zugreifen der Finanz- und Strafverfolgungsbehörde regelmäßig nicht gewillt, die von der Fahndung gemutmaßte Steuerschuld zu akzeptieren, und erst recht nicht, diese zu zahlen. Die ersten Schätzungen der Fahndung sind auch häufig nicht von der Art, als Realität annehmbar zu sein. Gleichwohl sollte man häufig alles unternehmen, um das Finanzamt zu sichern.

649 Es ist für die **Beratung** eine schwierige Aufgabe, sowohl an der **Steuerfahndungsfront** als auch gegen die **Vollstreckungsstelle** zu kämpfen. Die Vollstreckungsstelle ist mit ihren unmittelbaren Zugriffsmöglichkeiten in der Lage, nicht nur sofort einen Betrieb stillzulegen, sondern auch durch Pfändungen das Privatleben empfindlich zu treffen. Man sollte sich nach Möglichkeit alsbald mit der Vollstreckungsstelle arrangieren, um sich sodann völlig auf die Fahndung konzentrieren zu können. Auch wenn eine Sicherung nicht in der vom Finanzamt geforderten Höhe möglich ist, sollte zuerst die Beratungskonzentration auf diesen Bereich gerichtet werden.

650 Regelmäßiges und auch regelmäßig akzeptiertes **Sicherungsmittel** ist die **Grundschuld**. Benötigt der Betroffene die Grundschulden nicht anderweitig, handelt es sich um ein billiges Sicherungsmittel, da nur die Eintragungskosten anfallen. Hat sich das Finanzamt noch nicht mit einer Sicherungshypothek ins Grundbuch eintragen lassen, empfiehlt sich die Bestellung einer Eigentümer-Briefgrundschuld, die mit Brief

dem Finanzamt abgetreten wird. Auf diese Weise wird die Eintragung des Finanzamts im Grundbuch vermieden.

Ein entscheidender **Hinweis** für den **Mandanten**: Die Höhe des Arrestbetrages bzw. der Steuerschuld, die abzusichern ist, präjudiziert in keiner Weise die endgültige Steuerschuld. Dies ist die Rechtslage; dies entspricht aber auch der tatsächlichen Erfahrung. Die Sicherheitsleistung umfasst also kein „Geständnis" oder „Anerkenntnis". Selbst die Bezahlung der angeblichen Steuerschuld wäre für das weitere Verfahren nicht präjudizierend. Insofern arbeitet das Finanzamt wie eine Bank. Kommt es letztlich zu keiner Mehrsteuer, wird der zuviel gezahlte Betrag dem Steuerpflichtigen erstattet und nach Maßgabe des § 233a AO mit 6 % pro Jahr verzinst. Diese Guthabenzinsen sind wiederum steuerpflichtig. Je nach Vermögensstruktur und Anlageverhalten des Mandanten kann eine Rendite von 6 % vor Steuern attraktiv sein. 651

Der Steuerfahndung stehen demnach grundsätzlich **zwei Möglichkeiten** zur Verfügung, die von ihr behauptete Steuerschuld zu sichern: In Betracht kommt die Zurückgewinnungshilfe nach § 111b Abs. 1 und 4 StPO (s. Rz. 468) sowie der Arrest nach §§ 324 ff. AO (s. Rz. 644). In der Praxis ist die Zurückgewinnungshilfe das einschneidendere, starrere, strafverfahrensrechtlich orientierte Mittel. Es lässt häufig keine schnelle Einigung zu, um z.B. den Fortbestand eines Unternehmens zu sichern. Allein schon die Vermischung strafrechtlicher und abgabenrechtlicher Verfahrenswege macht den Steuerfahndern als Finanzbeamten und dem Strafrichter beim Amtsgericht eine Kooperation schwierig. Erfahrene Fahnder wählen dieses massive Mittel, wenn das Ziel die **„Vertreibung" des Hinterziehers** ist und man bewusst nicht davon ausgeht, dass dieser die Fahndungsaktion übersteht, wie das z.B. bei Umsatzsteuerkarussellen (vgl. Rz. 552) oder ausländischen Subunternehmern im Baugewerbe der Fall ist. Die flexiblere Möglichkeit der Sicherung einer vorläufig festgestellten Mehrsteuer bietet der dingliche Arrest nach §§ 324 ff. AO (vgl. Rz. 592 ff.). Unabhängig vom Vorliegen einer Straftat kann hier die Steuerschuld in Kooperation von Steuerfahndung und Veranlagungsfinanzamt, d.h. innerhalb der Finanzverwaltung, gesichert werden. Mit dem Veranlagungsfinanzamt, dem es auch darauf ankommt, einen **Steuerzahler zu erhalten**, können regelmäßig schneller Absprachen zur Fortführung eines Unternehmens getroffen werden als mit dem strafrechtlich orientierten Amtsrichter. Dieser Weg wird häufig eingeschlagen, wenn man vom wirtschaftlichen Fortbestehen des Steuerpflichtigen nach der Fahndungsmaßnahme ausgeht. 652

XV. Einlassung, Auskünfte und Mitwirkung des Beschuldigten

653 Die Fahndung zeigt regelmäßig ein drängendes Interesse an einer alsbaldigen **Einlassung** und einer aufklärenden **Mitwirkung** des Fahndungsbetroffenen[1].

1. Einlassung und Weigerungsrechte im Strafverfahren

654 Der Beschuldigte kann sich zum **Strafvorwurf äußern**.

655 Die Steuerfahndung gewährt – ob man will oder nicht – spätestens mit der Beendigung ihrer Tätigkeit, aber auch während ihrer Ermittlungsarbeit, dem Betroffenen die **Möglichkeit** zur **Stellungnahme**; er wird angehört oder – nach dem Sprachgebrauch der StPO – vernommen. Wichtig ist für die Strafverfolgungsbehörde die eingeräumte Möglichkeit; denn hierzu ist sie nach § 163a Abs. 1 Satz 1 StPO verpflichtet. Zwar kann diese Vernehmung auch noch durch die Staatsanwaltschaft oder Bußgeld- und Strafsachenstelle erfolgen; in der Praxis erfolgt jedoch die erste Vernehmung nach § 163a Abs. 1 Satz 1 StPO i.d.R. durch die Fahndung. Wurde die Möglichkeit gewährt, kann die Verfolgungsbehörde ohne erneute Kontaktaufnahme mit dem Beschuldigten oder seinem Verteidiger entscheiden, wie sie nach Beendigung der Ermittlungen weiter verfährt. Sie kann sofort Anklage erheben oder einen Strafbefehl beantragen. Klug und vernünftig sind diese Überraschungsentscheidungen nicht, aber auch nicht rechtswidrig; sie sind im Übrigen nicht die Regel.

656 Die Anhörung kann auch **schriftlich** erfolgen (§ 163a Abs. 1 Satz 2 StPO).

657 In strafprozessualer Hinsicht steht dem Beschuldigten ein **Aussageverweigerungsrecht** zu, über das er zu Beginn der ersten Vernehmung zu belehren ist (vgl. § 136 Abs. 1 Satz 2 StPO); der Beschuldigte kann das Aussageverweigerungsrecht **frei** – also beliebig – in Anspruch nehmen; strafrechtlich werden hieran keine nachteiligen Folgen geknüpft[2]. Be-

---

1 Ist er nämlich **geständnisbereit**, wird der Fahndung **Arbeit erspart**.

2 Schweigt der Beschuldigte in vollem Umfang, dürfen daraus keine für ihn nachteiligen Schlüsse gezogen werden. Hingegen darf teilweises Schweigen des Beschuldigten als Beweisanzeichen verwertet werden. (vgl. *Miebach*, NStZ 2000, 236; *Meyer-Goßner* in Meyer-Goßner/Schmitt, StPO, 59. Aufl. 2016, § 261 Rz. 16 ff.). Insbesondere in einem frühen Stadium des Ermittlungsverfahrens, in dem gerade dem Verteidiger noch nicht alle Umstände des Sachverhalts bekannt sind, sollte man mit Angaben, soweit sie nicht eindeutig zugunsten des Mandanten verifizierbar sind, sehr vorsichtig sein.

vor die Gefahr besteht, dass sich der Mandant in Widersprüche verstrickt, sollte der Verteidiger darauf drängen, von dem Recht, keine Angaben zu machen, Gebrauch zu machen (vgl. Beratungsüberlegungen unter „Hinweise zur Praxis" Rz. 695 ff.). Schweigen ist das am schwersten zu widerlegende Argument[1]. Zu jedem späteren Zeitpunkt, d.h. insbesondere nach Durchführung der Akteneinsicht (vgl. Rz. 1135 ff.), können Angaben nachgeholt werden. Nachträglich als unzutreffend erkannte Angaben glaubhaft zu berichtigen, ist hingegen nur schwer möglich.

Der Beschuldigte ist auch im Übrigen zu keiner den Sachverhalt auf- 658
klärenden **Mitwirkung,** z.B. zur Herausgabe von Beweismitteln und Unterlagen[2], verpflichtet.

Im Strafverfahren ist der Beschuldigte **nicht verpflichtet,** einer **Ladung** 659
der **Steuerfahndung** Folge zu leisten. Eine **Pflicht** zum **Erscheinen** besteht nur gegenüber der Staatsanwaltschaft, der Bußgeld- und Strafsachenstelle (vgl. § 163a Abs. 3 StPO) und dem Gericht.

Die **Ladung** durch die Staatsanwaltschaft, die Bußgeld- und Strafsa- 660
chenstelle und das Gericht kann förmlich – schriftlich (§ 133 StPO) –, aber auch formlos, z.B. telefonisch, erfolgen. In jedem Fall ist der Verteidiger von dem Termin zu benachrichtigen (§§ 163a Abs. 3, 168c Abs. 5 StPO). Eine gesetzliche Pflicht, den Verteidiger von einer Ladung durch die Fahndung zu benachrichtigen, besteht nicht. Die Benachrichtigung kann dadurch erzwungen werden, dass der Beschuldigte nur dann bereit ist, vor der Fahndung auszusagen, wenn sein Verteidiger benachrichtigt und ihm die Anwesenheit gestattet (s. Rz. 661) wird.

Der Betroffene hat keinen Rechtsanspruch darauf, dass sein **Verteidi-** 661
ger bei seiner **Vernehmung** durch die Steuerfahndung **anwesend** ist[3]. Ein Anwesenheitsrecht ist erst gegeben, wenn die Bußgeld- und Strafsachenstelle (oder die Staatsanwaltschaft bzw. das Gericht) die Vernehmung durchführt (§ 399 Abs. 1 AO, §§ 163a Abs. 3, 168c Abs. 1 StPO).

---

1 Spruch eines Sprüchekalenders, früher eingerahmt im Büro von Dr. *Michael Streck*, den Mandanten sicher im Blickfeld.

2 *Schmitt* in Meyer-Goßner/Schmitt, StPO, 59. Aufl. 2016, § 95 Rz. 5.

3 Herrschende Lehre: *Schmitt* in Meyer-Goßner/Schmitt, StPO, 59. Aufl. 2016, § 163 Rz. 16; *Erb* in Löwe-Rosenberg, StPO, 26. Aufl. 2007, § 163a Rz. 95 f.; a.A. z.B. *Schäfer*, MDR 1977, 980, mit dem bemerkenswerten Hinweis, dass die **Anwesenheit** eines **Anwalts** bei der **Vernehmung** durch die „vom Erfolgsdenken geprägte" **Polizei** wohl **nötiger** sei. In diesem Sinne auch *Wegemer*, NStZ 1981, 247. Für ein Anwesenheitsrecht des Verteidigers s. 65. DJT, Abt. Strafrecht, Rz. II, NJW 2004, 3244.

Gestattet die Steuerfahndung die Teilnahme – was die Regel ist –, hat der Verteidiger ein Hinweis- und Fragerecht[1].

662 Der Beschuldigte selbst hat keinen Anspruch auf eine **Abschrift,** Durchschrift oder Kopie der **Aussage.** Die StPO untersagt jedoch nicht die Überlassung einer Abschrift. Der Verteidiger hingegen hat nach § 147 Abs. 3 StPO insoweit jederzeit Anspruch auf Akteneinsicht. Hieraus folgt in der Praxis die Üblichkeit, zumindest dem anwesenden Verteidiger nach der Vernehmung eine Durchschrift zu überlassen[2].

663 Sowohl die StPO (§§ 136, 163a StPO) als auch die AO (§ 393 AO) verpflichten zur **Rechtsbelehrung,** die nicht selten dort, wo die Pflicht die Steuerfahndung trifft, unterbleibt. Das Strafprozessrecht ist äußerst zurückhaltend, aus der Verletzung von strafprozessualen Belehrungspflichten ein strafrechtliches oder steuerliches Verwertungsverbot herzuleiten. Nach anfänglichem Zögern erkennt heute die Rechtsprechung des BGH ein **strafrechtliches Verwertungsverbot** an[3]. Dies kann auf die Pflicht nach § 393 Abs. 1 Satz 4 AO, d.h. auf die steuerliche Belehrungspflicht, übertragen werden. Konsequent wäre, parallel hierzu ein **steuerliches Verwertungsverbot** anzunehmen[4]. Dem folgen Rechtsprechung und Finanzverwaltung jedoch nicht[5].

2. Auskünfte und Mitwirkung im Steuerverfahren

a) Mitwirkungspflicht

664 Im Besteuerungsverfahren unterliegen der Steuerpflichtige und Dritte **umfangreichen Mitwirkungspflichten**. Nach §§ 90 Abs. 1, 93 Abs. 1 Satz 1 und 200 Abs. 1 AO haben sowohl die am Verfahren unmittelbar Beteiligten als auch „andere Personen" der Finanzbehörde beispielsweise die zur Feststellung eines für die Besteuerung erheblichen Sach-

---

1 *Schmitt* in Meyer-Goßner/Schmitt, StPO, 59. Aufl. 2016, § 163 Rz. 16; *Erb* in Löwe-Rosenberg, StPO, 26. Aufl. 2007, § 163a Rz. 96.

2 Befürwortet auch von *Schmitt* in Meyer-Goßner/Schmitt, StPO, 59. Aufl. 2016, § 163a Rz. 26.

3 BGH v. 30.4.1968 – 1 StR 625/67, BGHSt 22, 129; BGH v. 31.5.1968 – 4 StR 19/68, BGHSt 22, 170; BGH v. 14.5.1974 – 1 StR 366/73, BGHSt 25, 325; deutliche Wende zugunsten des Beschuldigten in BGH 5 v. 27.2.1992 – StR 190/91, NJW 1992, 1463; dazu *Kiehl*, NJW 1993, 501; *Streck/Spatscheck*, wistra 1998, 334 (337) m.w.N., sowie unten Rz. 677 f.

4 *Streck/Spatscheck*, wistra 1998, 334 (338).

5 BFH v. 23.1.2002 – XI R 10, 11/01, BStBl. II 2002, 328; vgl. Rz. 654 ff.

verhalts erforderlichen Auskünfte zu erteilen. Weiter sind sie nach §§ 97, 100 Abs. 1 und 200 Abs. 2 AO verpflichtet, dem Finanzamt Gegenstände und Unterlagen, insbesondere Geschäftsbücher und Aufzeichnungen, die für die Besteuerung von Bedeutung sind, vorzulegen und eine wahrheitsgemäße Steuererklärung abzugeben[1]. Weigerungsrechte des Beteiligten selbst gibt es im Besteuerungsverfahren grundsätzlich nicht. Gegen den Steuerpflichtigen und Dritte, die Auskunfts- und Mitwirkungspflichten verletzen, sind Zwangsmittel zulässig. Hier kommen Zwangsgeld, Ersatzvornahme und unmittelbarer Zwang nach §§ 328 ff. AO in Betracht.

b) Einschränkung bei Gefahr strafrechtlicher Verfolgung

Wird gegen den Steuerpflichtigen ein steuerstrafrechtliches Ermitt- 665
lungsverfahren eingeleitet, kann er als „Beschuldigter" nach strafprozessualen Grundsätzen nicht mit staatlichem Zwang zur Selbstbelastung, d.h. zur Aussage gegen sich selbst, gezwungen werden, §§ 136, 136a StPO. Dieses Prinzip des „nemo tenetur se ipsum accusare" (niemand ist verpflichtet, sich selbst zu belasten = **Nemo-tenetur-Prinzip**) ergibt sich u.a. aus Art. 2 Abs. 1 i.V.m. Art. 1 GG und hat somit Verfassungsrang[2]. Das Verbot eines Zwangs zur Selbstbelastung ergibt sich zudem aus Art. 14 Abs. 3g des Internationalen Pakts über staatsbürgerliche und politische Rechte vom 16.12.1966, ratifiziert durch das Gesetz vom 17.12.1973[3]. Ferner ist das Nemo-tenetur-Prinzip in Art. 6 Abs. 1 der Konvention zum Schutze der Menschenrechte und Grundfreiheiten (MRK)[4] festgeschrieben[5]. Demnach ist das Recht des Beschuldigten, im Strafverfahren keine Aussage zu machen oder sonstige, aktive Mitwirkungshandlungen erbringen zu müssen, national und international umfangreich und eindeutig geregelt und bei der Auslegung nachrangiger Normen zu berücksichtigen[6]. Da die Ermittlungen im Steuerstrafverfahren stets den gleichen Sachverhalt wie das hierzu parallel verlaufende Besteuerungsverfahren betreffen, wäre der Steuerpflichtige –

1 Ausführlich *Hellmann*, Das Neben-Strafverfahrensrecht der Abgabenordnung, 1995, 79 f.

2 BVerfG v. 13.1.1981 – 1 BvR 116/77, BVerfGE 56, 37 (49).

3 BGBl. II 1973, 1533; sowie *Rogall* in FS Kohlmann, 2003, 465 (468 f.).

4 MRK v. 4.11.1950, BGBl. II 1952, 685; in Deutschland in Kraft getreten am 15.6.1989, BGBl. I 1989, 1059.

5 *Joecks* in Joecks/Jäger/Randt, Steuerstrafrecht, 8. Aufl. 2015, § 393 Rz. 8.

6 *Streck/Spatscheck*, wistra 1998, 334 (335); *Rüster*, Der Steuerpflichtige im Grenzbereich zwischen Besteuerungsverfahren und Strafverfahren, 1989, 27 ff.; *Rogall*, Der Beschuldigte als Beweismittel gegen sich selbst, 1977, 67 ff.

gäbe es keine Lösung dieser Regelungskollision – zur aktiven Mitwirkung unter Zwangsmittelandrohung im Besteuerungsverfahren verpflichtet und hätte gleichzeitig ein Recht, die Aussage und sonstige Aufklärungshandlungen zu verweigern.

c) Konfliktlösung in der geltenden Abgabenordnung

666 Will man dem Beschuldigten sein strafprozessuales Recht, keine Angaben machen zu müssen, erhalten, bestehen theoretisch **mehrere Möglichkeiten**, dieses Problem zu lösen[1]. Denkbar ist, die Mitwirkungspflichten des Steuerpflichtigen gänzlich außer Kraft zu setzen, soweit ein Ermittlungsverfahren wegen einer Steuerstraftat gegen ihn eingeleitet worden ist oder er sich bei Erfüllung seiner Pflichten einer Straftat bezichtigen müsste[2]. Auch ist es möglich, diese Mitwirkungspflichten zwar bestehen zu lassen, jedoch auf die Anwendung von Zwangsmitteln in diesem Zusammenhang zu verzichten. Weiter kann man an der Erzwingbarkeit der Mitwirkungspflichten festhalten und die strafrechtliche Unverwertbarkeit der Erkenntnisse festschreiben. Schließlich ist denkbar, das rechtsschutzschwächere Besteuerungsverfahren bis zur Entscheidung über das rechtsschutzintensivere Strafverfahren auszusetzen.

667 In der **aktuellen gesetzlichen Regelung** (s. auch Rz. 673, 678 f.) wurden die zweite und dritte Variante kombiniert[3]:

Nach § 393 Abs. 1 Satz 1 AO bleiben Rechte und Pflichten des Steuerpflichtigen sowie der Finanzbehörde im Besteuerungsverfahren und im Strafverfahren formal getrennt voneinander bestehen. Der Steuerpflichtige bleibt also trotz des Ermittlungsverfahrens wegen einer Steuerstraftat **auskunftspflichtig**[4].

668 Andererseits dürfen jedoch zur Durchsetzung der steuerlichen Mitwirkungspflicht **keine Zwangsmittel** eingesetzt werden, wenn dies zu einer „Selbstbelastung" des Steuerpflichtigen führen würde (§ 393 Abs. 1 Satz 2 AO). Der Steuerpflichtige ist hierüber zu **belehren** (§ 393 Abs. 1 Satz 4 AO; vgl. Rz. 1423 ff.). Die Gefahr einer „Selbstbelastung" i.S.v. § 393 Abs. 1 Satz 2 AO ist gegeben, wenn die Erfüllung der Mit-

---

1 *Rogall* in FS Kohlmann, 2003, 465 (471).

2 *Streck/Spatscheck* wistra 1998, 334 (335).

3 Vgl. *Hellmann* in Hübschmann/Hepp/Spitaler, AO/FGO, § 393 Rz. 38 ff. (Juni 2009); *Joecks* in Joecks/Jäger/Randt, Steuerstrafrecht, 8. Aufl. 2015, § 393 Rz. 5.

4 BFH v. 19.9.2001 – XI B 6/01, BStBl. II 2002, 4.

wirkungspflicht einen **Anfangsverdacht für die Verfolgung der Straftat** begründen könnte[1]. Hierbei muss es sich um eine Steuerstraftat (§ 369 Abs. 1 AO) oder eine Steuerordnungswidrigkeit (§ 377 Abs. 1 AO) handeln. Das Zwangsmittelverbot gilt ebenfalls, wenn – wie beim Subventionsbetrug (§ 264 StGB) hinsichtlich der Gewährung von Investitionszulagen – in Sondergesetzen ausdrücklich auf das Steuerstrafverfahrensrecht verwiesen wird. Wurde bereits ein Steuerstrafverfahren eingeleitet, ist nach der unwiderlegbaren gesetzlichen Vermutung des § 393 Abs. 1 Satz 3 AO von der Gefahr einer Selbstbelastung auszugehen; die Einleitung eines Ordnungswidrigkeitenverfahrens hat – folgt man dem Wortlaut der Vorschrift – diese Wirkung nicht.

Der **hinterziehende Bürger** dürfe **nicht besser behandelt** werden als 669 der **ehrliche Steuerbürger**. Dies ist das stets wiederholte Argument[2] zur Rechtfertigung des herrschenden Rechtszustandes, das schon wegen seiner Eingängigkeit gefährlich und misstrauenserweckend ist. Der Vergleich ist richtig, aber eben nur auf der Rechtsebene des Steuerrechts. Im Hinblick auf die Steuerzahlungspflicht soll der Hinterzieher keine Vorteile genießen, die dem gutwilligen Zahler nicht zukommen. Zu fragen ist aber auch: Soll der Hinterzieher strafrechtlich schlechter behandelt werden als der Dieb, Betrüger oder Totschläger, weil er im Übrigen nicht besser behandelt werden darf als der gutwillige Zahler? Erst in dieser „Kombination" sind die Rechtswerte eingefangen, die die Konfliktsituation umfasst. Gibt es kein probates Mittel zur Konfliktlösung, so kann es im Einzelfall richtig sein, den Hinterzieher steuerlich besser zu behandeln als den gutwilligen Steuerzahler, um ihn strafrechtlich nicht schlechter zu behandeln als sozial schädlichere Kriminelle.

Das Zwangsmittelverbot gilt unmittelbar nur für den **Steuerpflichtigen** 670 i.S.v. § 33 AO, unerheblich, ob er Täter oder Teilnehmer ist[3]. Weiter fällt hierunter der **gesetzliche Vertreter** oder **Geschäftsführer** i.S.v. § 34 AO, der für einen Beteiligten (§ 78 AO) Auskünfte zu geben hat.

1 *Joecks* in Joecks/Jäger/Randt, Steuerstrafrecht, 8. Aufl. 2015, § 393 Rz. 21, m.w.N.

2 S. z.B. Finanzausschuss BT-Drucks. 7/4292 zu § 208 AO und – wiederholend – zu § 393 AO; BVerfG v. 12.4.1996 – 2 BvL 18/93, HFR 1996, 597; BFH v. 23.7.1999 – XI B 170/97, BFH/NV 2000, 7.

3 *Hilgers-Klautzsch* in Kohlmann, Steuerstrafrecht, § 393 Rz. 78 f., 88 (April 2013); *Joecks* in Joecks/Jäger/Randt, Steuerstrafrecht, 8. Aufl. 2015, § 393 Rz. 23.

671 Erfüllt der Steuerpflichtige dennoch seine steuerliche Mitwirkungspflicht und verschafft hierdurch den Behörden Kenntnisse, die auf die Begehung anderer Straftaten hindeuten, dürfen diese gegen ihn grundsätzlich nicht für die Verfolgung der sonstigen **Nichtsteuerstraftaten** verwandt werden (§ 393 Abs. 2 Satz 1 AO)[1].

672 Teilweise wird in der Literatur vertreten, unmittelbar nach Beendigung des Steuerstrafverfahrens lebe die Möglichkeit, die ununterbrochen bestehende steuerliche Mitwirkungspflicht mit Zwangsmitteln (§ 328 AO) durchzusetzen, wieder auf[2]. Das Verbot des § 393 Abs. 1 Satz 2 AO enthält jedoch **keine konkrete zeitliche Begrenzung**. Hieraus sowie im Hinblick auf die ebenfalls zeitlich nicht formal eingeschränkte Wirkung des Nemo-tenetur-Prinzips wird die Intention des Gesetzgebers deutlich, nach der von Zwangsmitteln im Besteuerungsverfahren – ohne jeden Vorbehalt – stets abgesehen werden muss, soweit sich der Steuerpflichtige der Gefahr einer Selbstbelastung aussetzen würde[3]. Diese Voraussetzung kann auch noch nach Beendigung des Strafverfahrens erfüllt sein[4]. Beispielsweise schützt ein Freispruch vor einer Wiederaufnahme des Verfahrens ebenso wenig wie die Einstellung des Verfahrens nach § 398 AO[5] oder § 170 Abs. 2 StPO. Es besteht allein dann kein steuerliches Zwangsmittelverbot, wenn der Durchführung des Strafverfahrens ein absolutes Verfolgungshindernis, wie z.B. Verjährung, entgegensteht[6].

d) Schätzungsfälle

673 Soweit die Finanzbehörde die Besteuerungsgrundlagen nicht ermitteln oder berechnen kann, hat sie diese zu schätzen (§ 162 Abs. 1 AO). Eine Schätzung ist insbesondere vorzunehmen, wenn der Steuerpflichtige über seine Besteuerungsgrundlagen **keine ausreichenden Erklärungen** zu geben vermag, eine weitere Auskunft oder eine Versicherung

1 Ausführlich: *Jarke*, wistra 1997, 325; *Spriegel*, wistra 1997, 321.

2 *Wolter*, StBp 1972, 261.

3 *Rogall*, Der Beschuldigte als Beweismittel gegen sich selbst, 1977, 167.

4 *Hilgers-Klautzsch* in Kohlmann, Steuerstrafrecht, § 393 Rz. 100 (April 2013); *Joecks* in Joecks/Jäger/Randt, Steuerstrafrecht, 8. Aufl. 2015, § 393 Rz. 44.

5 *Joecks* in Joecks/Jäger/Randt, Steuerstrafrecht, 8. Aufl. 2015, § 393 Rz. 44. Nach § 362 Nr. 4 StPO ermöglicht ein Geständnis – als welches Angaben im Besteuerungsverfahren ggf. angesehen werden können – eine Wiederaufnahme des durch ein freisprechendes Urteil abgeschlossenen Strafverfahrens zuungunsten des Angeklagten.

6 *Hellmann* in Hübschmann/Hepp/Spitaler, AO/FGO, § 393 AO Rz. 95 (Juni 2009).

an Eides statt verweigert oder seine **Mitwirkungspflicht** nach § 90 Abs. 2 AO **verletzt**. Das Gleiche gilt, wenn der Steuerpflichtige Bücher oder Aufzeichnungen, die er nach den Steuergesetzen zu führen hat, nicht vorlegen kann oder wenn die Buchführung oder die Aufzeichnungen der Besteuerung wegen Mangelhaftigkeit nicht nach § 158 AO zugrunde gelegt werden (§ 162 Abs. 2 AO) kann. Ziel einer solchen steuerlichen Schätzung ist es, aufgrund der bekannten Anhaltspunkte denjenigen Betrag zu bestimmen, welcher der Wirklichkeit am nächsten kommt[1]. Hierbei soll das Finanzamt bei groben Verstößen des Steuerpflichtigen gegen seine steuerlichen Mitwirkungspflichten innerhalb seines durch die Anhaltspunkte gegebenen Spielraums an die oberste Grenze gehen können[2]. Insofern wird in Kauf genommen, dass im Rahmen einer griffweisen Schätzung bei nur spärlichen Anhaltspunkten der Steuerpflichtige trotz sorgfältiger Abwägung aller Umstände durch das Schätzungsergebnis stärker belastet wird, als es den verwirklichten Besteuerungsgrundlagen entspricht[3]. Macht der Steuerpflichtige eine niedrigere Steuerschuld geltend, trifft ihn die Darlegungs- bzw. Beweislast.

Da er als Steuerpflichtiger trotz der Einleitung des strafrechtlichen Er- 674
mittlungsverfahrens nicht von seiner steuerlichen Mitwirkungspflicht befreit ist, sondern diese nur nicht mit Zwangsmitteln durchgesetzt werden kann, liegen die tatbestandlichen **Voraussetzungen** des § 162 Abs. 1, Abs. 2 Satz 1 AO für eine **Schätzung** vor: Der Steuerpflichtige ist seiner Erklärungspflicht nicht nachgekommen, weshalb der Behörde die erforderlichen Besteuerungsgrundlagen nicht vorliegen. Wird nun vom Finanzamt eine Schätzung der Besteuerungsgrundlagen von noch nicht nach § 169 Abs. 2 Satz 1 AO verjährten Veranlagungszeiträumen durchgeführt, orientiert sich diese allein an den **„steuerlichen" Schätzungsmethoden** (zur Schätzung im Strafverfahren vgl. Rz. 1319 ff.). An sich wird es für unzulässig angesehen, den Steuerpflichtigen, der – legal – seine Mitwirkungspflicht verweigert, mit einer besonders nachteiligen Schätzung zu „bestrafen". Vielmehr ist es geboten, diesen wie jemanden zu behandeln, der unverschuldet seiner Mitwirkungspflicht nicht nachkommen kann[4]. In der Praxis geht jedoch die Steuerfahn-

1 BFH v. 20.7.2010 – X B 70/10, BFH/NV 2010, 2007; BFH v. 20.12.2000 – I R 50/00, BStBl. II 2001, 949; BFH v. 31.8.1967, BStBl. II 1967, 686.

2 BFH v. 9.3.1967 – IV 184/63, NJW 1967, 2380.

3 *Baum* in Koch/Scholtz, AO, 5. Aufl. 1996, § 162 Rz. 4 ff.; *Joecks* in Joecks/Jäger/Randt, Steuerstrafrecht, 8. Aufl. 2015, § 370 Rz. 80.

4 *Streck*, BB 1984, 202; *Hellmann*, Das Neben-Strafverfahrensrecht der Abgabenordnung, 1995, 117.

dung – der steuerlichen Schätzungsmethode folgend – an die allerhöchste Grenze dessen, was möglich erscheint. Hierbei wird von der Finanzverwaltung teilweise bewusst in Kauf genommen, dass die Schätzungsfeststellungen wahrscheinlich deutlich über der tatsächlich verwirklichten Steuerschuld liegen. Als Rechtfertigungsgrund für solche „**Strafschätzungen**„ wird stets angeführt, der Steuerpflichtige habe sich die für ihn negativen Schätzungsergebnisse selbst zuzuschreiben. Würde er entsprechende Angaben machen bzw. Unterlagen vorlegen, käme die Veranlagung zu einer wesentlich günstigeren Steuerfolge[1].

e) Ausschlussfristen

675 Der Beschuldigte wird durch die Schätzung im Besteuerungsverfahren, will er die ungünstige Steuerfolge nicht als „Strafsteuer" hinnehmen, trotz seines strafprozessualen Rechts, keine Aussage machen zu müssen, genötigt, Angaben zu machen und Unterlagen vorzulegen. Dies trifft zunächst für das eigentliche Veranlagungsverfahren und die sich anschließenden Rechtsbehelfsverfahren zu. Ob das Finanzamt dem Steuerpflichtigen im Einspruchsverfahren eine Ausschlussfrist nach § 364b AO zur Einspruchsbegründung setzen kann, wenn hinsichtlich dieses Veranlagungszeitraums gleichzeitig ein strafrechtliches Ermittlungsverfahren eingeleitet ist, wurde bislang in Rechtsprechung und Literatur noch wenig problematisiert[2]. Eine solche Vorgehensweise **verstößt gegen das Zwangsmittelverbot** des § 393 Abs. 1 Satz 2 AO[3]. Die Setzung einer Ausschlussfrist zur „Richtigstellung" der von der Finanzverwaltung geschätzten Zahlen steht im Hinblick auf die Zwangslage beim Steuerpflichtigen der Aufforderung zur Mitwirkung unter Zwangsmittelandrohung gleich. Dem Finanzamt bleibt es jedoch unbenommen, eine negative Einspruchsentscheidung zu treffen und somit die Frage der Art der steuerlichen Mitwirkungspflicht des Beschuldigten auf die finanzgerichtliche Ebene zu verlagern. Dort ist beispielsweise eine ohne Angabe der Beschwer eingelegte finanzgerichtliche Klage bereits unzulässig, § 65 FGO.

---

1 *Streck/Spatscheck*, wistra 1998, 334 (338 f.); *Seer* in Tipke/Kruse, AO/FGO, § 103 AO Rz. 4 (Mai 2013).

2 *Joecks* in Joecks/Jäger/Randt, Steuerstrafrecht, 8. Aufl. 2015, § 393 Rz. 37.

3 A.A. *Jäger* in Klein, AO, 13. Aufl. 2016, § 393 Rz. 20, der die Zwangssituation verkennt und nur die im Gesetz ausdrücklich genannten Zwangsmittel als unzulässig ansehen will. Diese Einschätzung berücksichtigt nicht die zeitliche Entstehungsgeschichte der Normen. Hätte der wesentlich jüngere § 364b AO schon zum Zeitpunkt der Ausgestaltung des § 393 Abs. 1 Satz 2 AO bestanden, wäre er in der Aufzählung der unzulässigen Zwangsmittel enthalten.

f) Auswirkung auf das Strafverfahren

Die steuerliche Schätzung hat mittelbaren Einfluss auf das Strafverfahren: Zwar ist der Strafrichter nicht zwingend an eine bestandskräftige Veranlagung im Besteuerungsverfahren gebunden. Doch hat diese jedenfalls **starke Indizwirkung**. In der Praxis ist der häufig steuerrechtlich unerfahrene Strafrichter dankbar für die Vorgaben der Experten der Finanzämter sowie der Finanzgerichte und übernimmt diese ohne strenge Kontrolle im Strafurteil. Dies mag auch der Hintergrund gewesen sein, weshalb der Gesetzgeber in § 396 AO die Möglichkeit geschaffen hat, das Strafverfahren bis zum rechtskräftigen Abschluss des Besteuerungsverfahrens auszusetzen[1]. Demnach blieben die Nachteile, die der Steuerpflichtige durch eine zu seinen Ungunsten vorgenommene Schätzung erfährt, nicht auf das Besteuerungsverfahren beschränkt. Sie haben vielmehr Auswirkung auf das Strafverfahren. Für den Beschuldigten, der von seinem strafprozessualen Recht, jegliche Mitwirkungshandlungen zu verweigern, Gebrauch macht, besteht deshalb wegen der Schätzungsmöglichkeit der Finanzverwaltung nicht nur die Gefahr, eine „Strafsteuer" zu bezahlen, sondern auch im Strafverfahren ein deutlich negativeres Urteil hinnehmen zu müssen. Eine völlige Aufhebung der Mitwirkungspflicht hinsichtlich der strafrechtlich betroffenen Zeiträume für die Dauer des Strafverfahrens würde insofern – de lege ferenda – einer eventuellen steuerlichen und somit auch strafrechtlich relevanten „Strafschätzung" des Finanzamts den Boden entziehen[2]. Die in § 393 Abs. 1 Nr. 2 AO für das Verhältnis von steuerlicher Mitwirkungspflicht und Strafverfahren getroffene Regelung verstößt demnach gegen das Nemo-tenetur-Prinzip[3] und ist somit **verfassungswidrig**[4]. 676

---

1 Die Norm spielt in der Praxis keine Rolle.

2 Ähnlich *Joecks* in Joecks/Jäger/Randt, Steuerstrafrecht, 8. Aufl. 2015, § 393 Rz. 6–8.

3 Ebenso *Kohlmann* in FS Tipke, 1995, 504 ff., der jedoch im Wege einer verfassungskonformen Auslegung ein strafrechtliches „Verwertungsverbot" solcher „Horrorschätzungen" annimmt und nur hierdurch die Verfassungsmäßigkeit der Vorschrift „rettet"; *Streck/Spatscheck*, wistra 1998, 334 (340).

4 BFH v. 19.9.2001 – XI B 6/01, BStBl. II 2002, 4; *Schuster* in Hübschmann/Hepp/Spitaler, AO/FGO, § 103 AO Rz. 10a f. (Aug. 2006); *Rüster*, Der Steuerpflichtige im Grenzbereich zwischen Besteuerungsverfahren und Strafverfahren, 1989, 45 ff., 53; *Reiß*, Besteuerungsverfahren und Strafverfahren, 1987, 264 ff.; kritisch *Hellmann* in Hübschmann/Hepp/Spitaler, AO/FGO, § 393 AO Rz. 41 ff. (Juni 2009); differenzierend *Rogall*, Der Beschuldigte als Beweismittel gegen sich selbst, 1977, 171 ff.; praxisfremd *Hellmann*, Das Neben-Strafverfahrensrecht der Abgabenordnung, 1995, 111 ff., der „Strafschätzungen" für ganz seltene Ausnahmen hält und deshalb von der Verfassungsmäßigkeit der Norm

g) Verwertungsverbote

677 Zu Verwertungsverboten bei Drohung mit Strafschätzungen oder bei Verletzung der Belehrungspflicht s. Rz. 1423 ff.

h) Aktuelle Erklärungspflichten

678 Neben der Behandlung der strafrechtlich relevanten Altjahre ist zu klären, welche Rechte und Pflichten dem Steuerpflichtigen in nicht vom Strafverfahren tangierten, neuen Veranlagungszeiträumen, für die **noch keine Erklärungen abgegeben** wurden, zustehen. Ist er von der Erklärungspflicht befreit? Darf er, ohne sich erneut strafbar zu machen, „falsche" Erklärungen abgeben?

679 An sich erlaubt § 393 Abs. 1 Satz 2 AO nicht, unrichtige Erklärungen für „neue" Veranlagungszeiträume abzugeben und somit verbotene Handlungen vorzunehmen bzw. neues Unrecht zu schaffen. Das hinter der Norm stehende Nemo-tenetur-Prinzip garantiert zunächst nur das **Recht zur Passivität**[1]. Würde man in der Argumentation an dieser Stelle Halt machen[2], käme man jedoch zu völlig unbefriedigenden Ergebnissen. Das bestehende Zwangsmittelverbot für die im Ermittlungsverfahren befindlichen Zeiträume würde leerlaufen, wenn der Steuerpflichtige gezwungen wäre, für Folgejahre z.B. plötzlich Zinseinkünfte i.H.v. mehreren hunderttausend Euro zu erklären. Die Rückrechnung auf die Altjahre stellte nur noch eine mathematische Aufgabe dar. Vor diesem Hintergrund werden verschiedene dogmatische Ansätze unternommen, das Problem in den Griff zu bekommen[3].

---

ausgeht. Er übersieht, dass allein die Drohung einer Strafschätzung für einen Verstoß gegen das Nemo-tenetur-Prinzip ausreicht.

1 *Rüster*, Der Steuerpflichtige im Grenzbereich zwischen Besteuerungsverfahren und Strafverfahren, 1989, 58 ff.; *Joecks* in Joecks/Jäger/Randt, Steuerstrafrecht, 8. Aufl. 2015, § 393 Rz. 46.

2 So aber früher der BGH, z.B. BGH v. 10.1.2002 – 5 StR 452/01, wistra 2002, 149, der nicht nur für den – seltenen – Fall, dass noch eine strafbefreiende Selbstanzeige abgegeben werden kann, an einer strafbewehrten Mitwirkungs- und Erklärungspflicht festhält. S. hierzu *Hilgers-Klautzsch* in Kohlmann, Steuerstrafrecht, § 393 Rz. 119 ff. (April 2013); *Salditt*, PStR 2001, 141; *Salditt*, PStR 2002, 142.

3 Z.B. *Böse*, wistra 2003, 48 ff. unter Anwendung der Grundsätze der „**omissio libera in causa**„ oder *Ulsenheimer*, GA 1972, 1 u.a. (vgl. Literaturzusammenstellung bei *Joecks* in Joecks/Jäger/Randt, Steuerstrafrecht, 8. Aufl. 2015, § 393 Rz. 50) mit **Zumutbarkeitserwägungen**. Demnach soll die Nichtabgabe oder Abgabe einer unzutreffenden Erklärung nur zulässig sein, wenn nicht durch eine wirksame Selbstanzeige, § 371 AO, ohne weitere Nachteile Straffreiheit erlangt werden kann.

Nach zutreffender Ansicht ergibt die erweiternde Auslegung des § 393 Abs. 1 Satz 3 AO, dass für die neuen Veranlagungszeiträume bereits **keine Erklärungspflicht** besteht. Die Frage einer möglichen Hinterziehungsstrafbarkeit stellt sich somit erst gar nicht. Während diese Ansicht zunächst nur in der Literatur[1] vertreten wurde, hatte mit dem OLG Hamburg[2] ein erstes Gericht entsprechend entschieden. In diesem Beschluss argumentiert das OLG Hamburg ausführlich: Vorliegend stehe nicht – wie im Normalfall des § 393 Abs. 1 Satz 2 und 3 AO – die Anwendung von Zwangsmitteln i.S.d. § 328 AO im Raum, sondern die Strafandrohung für den Fall, dass eine andauernde Erklärungspflicht nicht erfüllt werde. Durch die nachgeholte Angabe von Umsätzen, Einkünften etc. würde der Steuerpflichtige notwendigerweise selbst offenbaren, dass er zuvor Steuern verkürzt habe. Insofern sei die Regelung lückenhaft. Im Strafverfahren könne die eine Selbstbelastung beinhaltende Erklärung des Tatverdächtigen nicht erzwungen werden (§ 136 Abs. 1 Satz 1 StPO). Das Nemo-tenetur-Prinzip präge als übergeordneter Rechtsgrundsatz das gesamte Strafverfahren. Im Besteuerungsverfahren scheiden Zwangsmaßnahmen zur Herbeiführung der Erklärung gleichfalls aus (§ 393 Abs. 1 Sätze 2 und 3 AO). Nur die Androhung von Kriminalstrafe als im Vergleich zu den Zwangsmitteln des § 328 AO grundsätzlich schärferes Instrument zur faktischen Erzwingung einer steuerlichen Erklärung sei nicht ausdrücklich geregelt. Bei der Ausfüllung dieser Lücke sei zu beachten, dass das Schweigerecht des Beschuldigten als Schutz vor Selbstbezichtigungen, das aus Art. 1 Abs. 1, Art. 2 Abs. 1 GG herzuleiten sei und somit Verfassungsrang habe, nicht nur in strafrechtlichen, sondern auch in anderen Verfahren gelte und ein umfassendes Auskunftsverweigerungsrecht garantiere[3]. 680

Die **BGH-Rechtsprechung** hat die Zwangslage des Beschuldigten in den dem Ermittlungszeitraum nachfolgenden Jahren erkannt und versucht, dieser auf zweifache Weise gerecht zu werden: In einem Urteil vom 5.5.2004[4] nähert sich der 5. Strafsenat der hier vertretenen Ansicht an, indem er in den geschilderten Konfliktfällen eine **ungenauere Er-** 681

1 Z.B. *Streck*, Die Steuerfahndung, 3. Aufl. 1996, Rz. 1058; *Streck/Spatscheck*, wistra 1998, 334 (341 f.).

2 OLG Hamburg v. 7.5.1996 – 2 StO 1/96, wistra 1996, 239.

3 BVerfG v. 13.1.1981 – 1 BvR 116/77, BVerfGE 56, 37, 43 (49). Dieser vom OLG angeführten Entscheidung des BVerfG lag der Fall eines Gemeinschuldners zugrunde, dessen Erklärungspflicht im Konkursverfahren wegen einer möglichen Verwertung der Informationen im Strafverfahren eingeschränkt wurde.

4 BGH v. 5.5.2004 – 5 StR 139/03, wistra 2004, 427 mit Anm. *Odenthal*.

klärung, z.B. nur die Angabe eines Betrags ohne Verteilung auf Einkunftsquellen, zulässt. Der gleiche Senat geht in dem Beschluss vom 12.1.2005[1] davon aus, dass sich für die im Rahmen der steuerrechtlichen Offenbarungspflichten gemachten zutreffenden Angaben unmittelbar aus dem Verbot des Selbstbelastungszwangs ein **„strafrechtliches Verwendungsverbot"** ergibt.

i) Verfahren

682 Die **Auskunftsersuche** der **Steuerfahndung** ergehen **schriftlich** oder **mündlich**. Ein Anspruch auf Schriftlichkeit besteht nicht (§§ 93, 208 Abs. 1 AO). In der Praxis entspricht die Fahndung regelmäßig der Bitte, die Fragen schriftlich zu formulieren.

683 Die Auskünfte können **schriftlich, mündlich** oder **fernmündlich** erteilt werden (§ 93 Abs. 4 AO).

684 Die Steuerfahndung kann im Steuerverfahren anordnen, dass der Beschuldigte an **Amtsstelle erscheint** (§ 93 Abs. 5 AO). In diesem Fall ist der Beschuldigte zum Erscheinen verpflichtet. Ist das Strafverfahren eingeleitet, kann das Erscheinen nicht erzwungen werden (§ 393 Abs. 1 AO; s. auch Rz. 664 ff.).

685 Wendet sich die Fahndung abgabenrechtlich an den Beschuldigten, so muss sie den **Bevollmächtigten** des Beschuldigten benachrichtigen (§ 80 Abs. 3 AO). Das gilt auch, wenn die Steuerfahndung das persönliche Erscheinen anordnet.

686 Soweit die Fahndung als Fiskalbehörde tätig wird oder der Steuerbürger abgabenrechtlich mündlich Auskünfte erteilt, hat der **Berater** ein **Teilnahmerecht** (§ 80 Abs. 3, 4 AO)[2].

687 Bei einer Vernehmung nach den Regeln der AO hat der Betroffene Anspruch auf **Aushändigung** einer Abschrift des **Protokolls** (§ 93 Abs. 6 AO).

688 Zur Möglichkeit des „**Umschaltens**" vom **Strafverfahren** zum **Steuerverfahren** und umgekehrt s. Rz. 22 ff.

---

1 BGH v. 12.1.2005 – 5 StR 191/04, NJW 2005, 763.

2 *Rätke* in Klein, AO, 13. Aufl. 2016, § 93 Rz. 410. Auch wenn der Wortlaut des § 80 Abs. 3, 4 AO die Vernehmung nicht eindeutig umfasst, so würde der Ausschluss eines Teilnahmerechts „dem Geist" dieser Vorschriften „widersprechen" (*Seer* in Tipke/Kruse, AO/FGO, § 93 AO Rz. 9 und 27 [Mai 2013]).

3. Insbesondere: Betriebsprüfung und Steuerfahndung

Im Rahmen seiner steuerlichen Mitwirkungspflicht ist der Beschuldigte der Steuerfahndung gegenüber verpflichtet, eine **Prüfung** der **Buchführung,** Bücher und Unterlagen zu ermöglichen. Die in Rz. 664 ff. dargestellte Problematik gilt grundsätzlich auch hier. Die Steuerfahndung kann auch mit einer **Außenprüfung** iS der §§ 193 ff. AO beauftragt werden; in diesem Fall gelten für sie die Rechte und Pflichten der §§ 193 ff. AO (s. Rz. 12); dieser nicht häufige Fall wird nachfolgend, abgesehen von Rz. 694, nicht weiter behandelt. 689

Die Steuerfahndung **prüft** i.d.R. in der **eigenen Dienststelle**. Erstreckt sich die Prüfung auf die Buchführung, ist jedoch auch eine Prüfung im **Betrieb** möglich (vgl. §§ 208 Abs. 1 Satz 3, 200 Abs. 1 Sätze 1 und 2, Abs. 2 AO). Die Fahnder sind berechtigt, Grundstücke und Betriebsräume zu betreten und zu besichtigen (§§ 208 Abs. 1 Satz 3, 200 Abs. 3 AO). 690

Nach §§ 208 Abs. 1 Satz 3, 200 Abs. 2 AO findet die Prüfung, wird nicht in der Dienststelle geprüft, in den **Geschäftsräumen** oder, soweit ein zur Durchführung der Außenprüfung geeigneter Geschäftsraum nicht vorhanden ist, in den **Wohnräumen** oder an **Amtsstelle** statt; ein geeigneter **Arbeitsraum** ist zur Verfügung zu stellen[1]. 691

Die Prüfung in den **privaten Wohnräumen** bedarf auf jeden Fall im Hinblick auf Art. 13 GG der **Zustimmung** des Steuerpflichtigen; eine Verpflichtung, die Zustimmung zu erteilen, besteht nicht[2]. 692

Die **Prüfung** im **Betrieb,** das **Betreten** und die **Besichtigung** der **Betriebsräume** können steuerlich **nicht erzwungen** werden; § 208 Abs. 1 Satz 3 AO nennt bei der Verweisung auf § 200 AO ausdrücklich den Vorbehalt zugunsten von § 393 Abs. 1 AO. Folgt man der in Rz. 666 ff. wiedergegebenen Ansicht, wonach auch im Steuerverfahren nach § 393 Abs. 1 AO ein Mitwirkungsverweigerungsrecht besteht, so kann der Betroffene auch aus diesem Grund die Prüfung in den eigenen Räumen verweigern. 693

---

1 Nach § 6 BpO (v. 15.3.2000, BStBl. I 2000, 368 mit Ergänzung v. 11.12.2001, BStBl. I 2001, 984) findet die Betriebsprüfung grundsätzlich in den Geschäftsräumen statt. Nur ausnahmsweise sind andere Prüfungsorte zulässig.

2 FG Düsseldorf v. 4.12.1980 – II 31/80, EFG 1981, 382.

694 Die Finanzverwaltung lässt häufig **Steuerfahndung** und **Betriebsprüfung nebeneinander** prüfen[1]. Derartige Doppel- oder Kombi-Prüfungen sind eine verfahrensmäßige Unart[2], weil sie die ohnehin unklaren Kompetenzen der Steuerfahndung weiter verwischen. Dies gilt einmal rechtlich: Soweit die Betriebsprüfung prüft, wird ausdrücklich festgestellt oder stillschweigend unterstellt, dass ausschließlich die AO und keine strafprozessualen Schutzrechte gelten. Dies ist unrichtig. Die Schutzrechte folgen aus der Beschuldigtenstellung, nicht aus der Funktion des prüfenden Beamten. Dies gilt zum anderen personell: Die Vielzahl der Prüfer mit unterschiedlichen Funktionen führt zu einer unerträglichen Verwirrung des Geprüften. Für den Steuerbürger kann es hier nur einen Wegweiser geben: Soweit eine Fahndungsprüfung schwebt, erfolgt sie umfassend; in ihr gliedert sich die Außenprüfung ein. Für den Beschuldigten gibt es nur eine Steuerfahndungsprüfung[3] (zum Verhältnis des Straf- und Steuerrechts im Einzelnen in dieser Prüfung s. Rz. 22 ff.).

4. Hinweise zur Praxis

695 Wichtiger Gegenstand der Beratung im Fahndungsverfahren ist – unter Berücksichtigung der dargestellten rechtlichen Gegebenheiten – der **richtige Zeitpunkt** der **Einlassung.** Eine Aussage zu Beginn der Fahndung ist wenig ratsam[4]. Eine Einlassung sollte sich im Laufe des Verfahrens nicht ändern (Rz. 129). Widerruft der Betroffene oder ändert er seine Aussage, so wird dies stets gegen ihn sprechen. Eine Einlassung, die konstant bestätigt wird, gewinnt mit der Zeit an Glaubhaftigkeit (Rz. 128). Ein Verteidiger wird regelmäßig raten, sich allenfalls dann zu

---

1 Vgl. hierzu OFD Frankfurt, Stbg 1981, 168, mit organisatorischen Hinweisen, die allerdings nicht die Probleme des Betroffenen lösen und lösen wollen. *Klos/Weyand*, StBp 1989, 157 (161), sehen die Aufgabe der Steuerfahndung in dem „ersten strafrechtlichen Schlag", d.h. in der Durchsuchung, Beschlagnahme und einer ersten Sichtung der Beweismittel. Die mit der Auswertung verbundene Feinarbeit könne von der Betriebsprüfung wahrgenommen werden.

2 Auch wenn dies rechtlich unmittelbar nicht angreifbar sein mag (BFH v. 30.9.1987 – IV B 177/86, BFH/NV 1988, 415). Zur Problematik FG Bremen v. 24. .1992 – 292 075/K5, EFG 1993, 204. Eine Außenprüfung soll auch ausschließlich zur Feststellung der Höhe der hinterzogenen Beträge angeordnet werden dürfen (BFH v. 19.8.1998 – XI R 37/97, DB 1998, 2351).

3 *Streck* in Kohlmann (Hrsg.), DStJG 6 (1983), 247 ff.; zustimmend *Kohlmann* in FS Tipke, 487 (498).

4 Auch wenn dies von Nicht-Berater-Seite empfohlen wird (vgl. z.B. aus der Feder eines ehemaligen Fahnders, s. die Empfehlungen von *Pump*, Inf. 1986, 242, und StBp 1989, 209).

äußern, wenn er die Akten eingesehen hat. Da die Fahndung im Laufe der Ermittlungen die Einsicht i.d.R. verweigert, wird die Einlassung an das Ende der Fahndung oder in die nachfolgenden Phasen des Verfahrens rücken.

In der **Beratung** liegt allerdings das **Problem** darin, dass der **Steuerbürger selten Verständnis** für den Nutzen des Schweigerechts hat. Hierfür gibt es verschiedene Gründe. In jedem Krimi erfährt der Bürger, dass der Beschuldigte – nicht belehrt oder sogar getäuscht – aussagt[1]. Die Aussage ist geradezu das harmonische Ende, das auch ein harmonisches Ende des Strafverfahrens zu indizieren scheint. Außerdem hat sich der Hinterzieher – oft jahrelang – eine Erläuterungsgeschichte für bestimmte verdächtige Abläufe zurechtgelegt, die er gerne loswerden will. Die Geschichten sind nie durch kritische Partner erprobt. Allein im Wege der Selbstsuggestion glaubt der Beschuldigte an die Überzeugungskraft der Erklärung. Lässt man ihn aussagen, folgt die ernüchternde Erkenntnis, dass die Steuerfahndung allenfalls höflich lächelt, aber nichts glaubt. Und schließlich ist tief verwurzelt das Gefühl, werde man alles gestehen, sei alsbald alles wieder gut und die Steuerfahndung würde das Verfahren einstellen. Ein Gefühl, das seine Wurzeln in Kindheitserlebnissen hat. Der Junge zertrümmert beim Fußballspielen eine Scheibe und gesteht dies alsbald der Mutter. Sie streicht dem Bub über die Haare: Hauptsache, du warst ehrlich; so ist alles wieder gut. Die Steuerstrafverfolger sind keine Mütter, streichen nicht über die Haare und beenden insbesondere bei einem Geständnis nicht das Verfahren. Sie geben den Geständigen zur Bestrafung frei; denn das Geständnis ist und bleibt das beste Beweismittel gegen den Geständigen[2]. 696

Der Berater muss folglich **für das Schweigen** – zumindest zu Beginn des Verfahrens – mit guten Gründen **werben**. 697

---

1 S. *Haas*, Columbo – Lösegeld für eine Leiche oder: Columbo und das Nemo-tenetur-Prinzip, NJW 1996, 1120.

2 Es sei daran erinnert, dass in der Verfolgungswirklichkeit die **Geständnisbereitschaft** und die **Gefahr** einer **Bestrafung** in einem **proportionalen Verhältnis** stehen; je größer die Geständnisbereitschaft, umso wahrscheinlicher die Bestrafung. S. dazu *Blankenburg*, ZRP 1978, 263. Der Grund dieses Sachverhalts: Erst das Geständnis beseitigt die Beweisschwierigkeiten; s. auch *Seckel*, Die Steuerhinterziehung, 1978, 251 ff.; *Wannemacher* in StbJb. 1980/81, 445. Bitteres Bonmot: „Wer viel gestanden hat, wird lange sitzen". Hingegen: Das **Leugnen der Tat**, selbst das „hartnäckige Leugnen" bei „klarer Beweislage", ist kein zulässiger Strafverstärkungsgrund, *Fischer*, StGB, 63. Aufl. 2016, § 46 Rz. 50b; BGH v. 2.9.1998 – 2 StR 144/98, BGHR StPO § 261 Aussageverhalten 16; OLG Köln v. 24.11.1979 – 1 Ss 957/79, MDR 1980, 510.

698 **Gegen Schweigen** kann **nicht argumentiert** werden[1]. Dem Schweigen kann nicht mit Nachfragen begegnet werden. Dem Schweigen kann man nicht Unglauben entgegensetzen. Demgegenüber: Gegen eine Aussage kann argumentiert werden. Aussagen kann man mit Gegenfragen begegnen. Aussagen kann man einfach nicht glauben.

Beispiele: Beispiel 1: Haben Sie ein Konto in der Schweiz? Antwort: Schweigen. Vernehmung ist beendet. Beispiel 2: Haben Sie ein Konto in der Schweiz? Antwort: Ja, eines in Basel. Nachfrage: Warum laden Sie einen Bankangestellten in Zürich zum Essen ein? Antwort: Ich wollte eine weitere Bankverbindung eröffnen; daraus wurde nichts. Steuerfahndung: Glauben wir nicht. Sie haben mehr als ein Konto. Wir schätzen.

699 Schweigen darf von Rechts wegen nicht zulasten des Beschuldigten ausgelegt werden. Sagt der Beschuldigte allerdings aus, verweigert er aber auf **einzelne Fragen** die Antwort, so kann dies gewertet werden. Daraus folgt: Besser vollständiges Schweigen als Teilschweigen[2].

700 Zwar mag es richtig sein, dass Geständnisse **strafmildernd** wirken. Aber auch dies ist eine Erkenntnis voller Relativität. Ein Geständnis kann bewirken, dass der Verfolgte nicht zu drei Jahren ohne Bewährung, sondern zu zwei Jahren mit Bewährung verurteilt wird. Zu Beginn des Steuerfahndungsverfahrens ist jedoch noch völlig unklar, ob der Verfolgte überhaupt bestraft wird.

701 In vielen Fällen wird man zur **Einlassung** folglich erst vor den **Bußgeld- und Strafsachenstellen** raten. Die Frage der Einlassung kann hier Hand in Hand mit der Überlegung gehen, wie das Verfahren strafrechtlich abgewickelt wird. Die Bußgeld- und Strafsachenstellen sind oft an einem einvernehmlichen Procedere interessiert, in welches die Einlassung eingebettet werden kann.

702 Anders wird man allerdings entscheiden können, wenn durch ein **schnelles Geständnis** eine abgesprochene und **akzeptable Straffolge** erreicht werden kann. Dies ist jedoch nur dann sinnvoll, wenn die Straffolge **gesichert** ist. Steuerfahnder sind für die Strafzumessung nicht zuständig und können deshalb auch keine Zusage treffen. Allein die Hoffnung auf eine milde Sanktion ist kein hinreichender Grund.

703 Dem Steuerbürger steht die Möglichkeit offen, **strafprozessual** die **Aussage** vorerst zu **verweigern, abgabenrechtlich** im Steuerfahndungsver-

1 *Goethe*, West-östlicher Divan: „Wer schweigt, hat wenig zu sorgen; der Mensch bleibt unter der Zunge verborgen".

2 S. zum teilweisen „beredten Schweigen" *Meyer-Goßner* in Meyer-Goßner/Schmitt, StPO, 59. Aufl. 2016, § 261 Rz. 17; *Miebach*, NStZ 2000, 236 ff.

fahren jedoch bereits die erforderlichen **Auskünfte** zu **geben**. Dies hat den Vorteil, dass die strafrechtlich erheblichen subjektiven Tatsachen ausgeklammert bleiben. Die Auskünfte können sich insoweit ausschließlich auf die Besteuerungsgrundlagen konzentrieren.

Während des Fahndungsverfahrens sollte sich nur der **Verteidiger** bzw. 704
der **Berater** äußern. Auskünfte, Schreiben usw. des Beschuldigten sind Einlassungen, die faktisch unverrückbar feststehen.

In die Überlegung einzubeziehen ist: Jeder Vortrag, jede Erläuterung, 705
jede Klarstellung während der Ermittlungen wird im **Fahndungsbericht verarbeitet** werden. Dies ist richtig, wenn man sich einigt. Kommt es nicht zur Einigung, wird die Steuer- und Steuerstrafverfolgung fortgesetzt, ist es fraglich, ob es eine gute Verteidigerleistung ist, für fehlerfreie, überzeugende Steuerfahndungsberichte zu sorgen. In diesem Fall sind fehlerhafte Berichte gute Berichte, da sie durch den nachfolgenden Sachvortrag angegriffen werden können.

Hat man sich aus hinreichenden Verteidigungsüberlegungen gleich- 706
wohl zu einer **unmittelbaren Vernehmung** des Beschuldigten entschlossen, so sollte eine Vernehmung **allein** durch die Steuerfahndung oder die Bußgeld- und Strafsachenstelle (bzw. Staatsanwaltschaft), d.h. die Vernehmung **ohne Rechtsbeistand**, stets abgelehnt werden; die „einseitige Vernehmung durch eine Partei" birgt immer die Gefahr unbewusster Benachteiligung.

In der Praxis findet man selten die Vernehmung, die nach Maßgabe ei- 707
ner **Strategie** nicht dem Beschuldigten die eigene Einlassung ermöglicht, sondern ihn zu Auskünften führen will, die er eigentlich nicht geben will[1].

Für die **Technik** des **protokollarischen Festhaltens** einer **Aussage** gilt 708
als **Praxis**: Der Vernehmende formuliert und diktiert, was er als Antwort des Vernommenen gehört zu haben glaubt. Der anwesende Ver-

---

1 *Behrendt*, Harzburger Protokoll ,81, 57. **Zur „Anleitung"** für eine solche Vernehmung s. *Seckel*, Die Steuerhinterziehung, 1978, 251 ff. Zitat (S. 256): „Auch dürfte es bei besonders „widerspenstigen" Beschuldigten tunlich sein, die Fragestellung derart zu wechseln, dass diesen der Sinn der Befragung nicht mehr einsichtig ist und sie entsprechend Dinge aussagen, die sie für sich behalten wollten. Die mit aller Gründlichkeit zu betreibende Zermürbungsstrategie erscheint gerade bei schwierigen Sachverhaltsermittlungen unumgänglich." – Zur Technik einer belastenden Vernehmung in Steuersachen s. *Brenner*, StW 1981, 10; dagegen *Felix*, KÖSDI 1981, 4038, anlässlich einer Grundsatzkritik an den Brennerschen Literaturbeiträgen. Zu weiteren Unarten der Fahndung bei der Vernehmung *Wegemer*, NStZ 1981, 247.

teidiger muss Wort für Wort mit gespannter Aufmerksamkeit verfolgen und die Richtigkeit des Diktats kontrollieren. Der Vernommene ist der absolute Herr dessen, was seine Aussage sein soll; im Zweifel gilt seine Formulierung. Die Formulierungen des vernehmenden Beamten können bereits von einem bestimmten Zweck her geleitet sein, z.B. durch das vermutete Ergebnis oder den gesetzlichen Hinterziehungstatbestand. Gerade deshalb ist auch von einer Vernehmung ohne Rechtsbeistand abzuraten. Die Formulierung kann aber auch bereits durch ein positives Ergebnis bestimmt sein.

Beispiel: Eher bei Bußgeld- und Strafsachen- als bei Fahndungsstellen feststellbar: Die Formulierungen zielen – z.B. als Voraussetzung eines bereits abgesprochenen Abschlusses[1] – deutlich auf eine Beseitigung des Vorsatzes ab, weit klarer als durch den Vernommenen ausgedrückt.

Auch dies muss der Verteidiger feststellen; ein Eingreifen ist in diesem Fall selten sinnvoll.

709 An die Stelle der unmittelbaren Anhörung kann die **schriftliche Einlassung** oder Stellungnahme treten, s. Rz. 656, 683.

710 Es ist im Einzelfall zu prüfen, welcher Weg optimaler ist. Die **mündliche** Stellungnahme wirkt **unmittelbarer**; sie ist **überzeugender**; sie ist das „Wort des Beschuldigten". Die **schriftliche** Stellungnahme erlaubt die **größere Disziplin**; sie ist das „Wort des Anwalts". Kombinationen beider Wege sind möglich. Der Anwalt kann auch der schriftlichen Auskunft oder Einlassung des Beschuldigten selbst helfend zur Seite stehen.

711 Ähnliche Überlegungen, wie hier zur Aussage und Vernehmung ausgesprochen, gelten für **sonstige Mitwirkungshandlungen**.

712 Auch hier bedarf die Frage, **wann** und **in welcher Weise** mitgewirkt wird, sorgfältiger Überlegungen. Es ist nicht unsere Erfahrung, dass in Steuerfahndungsverfahren Mitwirkung honoriert wird, was zu bedauern ist.

713 **Wird mitgewirkt**,

- so wird diesen Informationen nicht geglaubt,
- so werden die Informationen als nicht ausreichend angesehen,
- so erzeugt eine Antwort die nächste Frage,
- so werden Informationen in erster Linie benutzt, um sie zu widerlegen.

---

1 Vgl. auch *Wannemacher* in StbJb. 1980/81, 446.

Um **spitz** zu formulieren: Die Mitwirkungspflicht wird von den Prüfern nicht geliebt, weil ihre Erfüllung zur Aufklärung führt, sondern weil man ihre **Nichterfüllung** und ihre Mängel **schätzt**, die sodann unter der Überschrift „Verletzung von Mitwirkungspflichten" erlauben, Besteuerungsgrundlagen frei zu schätzen oder sonstige belastende Steuerfolgen zu ziehen. 714

C. Ermittlungen bei Dritten

I. Die Rechte und Pflichten der Zeugen und Auskunftspersonen

1. Vernehmungen und Auskünfte

715 Die Fahndung kann **strafprozessual** und **abgabenrechtlich** Auskünfte bei **Dritten** einholen oder diese als Zeugen vernehmen[1] (h.M., s. hierzu im Einzelnen Rz. 1 ff., 22 ff.). Zu den Schranken eines Wechsels in der Verfahrensart s. Rz. 22 ff. und Rz. 724 ff.

716 Es besteht für die Zeugen **strafprozessual** keine **Pflicht**, bei der **Fahndung** zu **erscheinen** und auszusagen, auch dann nicht, wenn sie förmlich geladen werden[2].

717 Strafprozessual ist der Dritte (Zeuge) nur verpflichtet, einer **Ladung** der **Bußgeld-** und **Strafsachenstelle** (§ 399 Abs. 1 AO i.V.m. § 161a Abs. 2 StPO) oder der **Staatsanwaltschaft** (§ 161a Abs. 2 StPO; vgl. §§ 48 ff. StPO) Folge zu leisten.

718 Sind Steuerfahndung und Bußgeld- und Strafsachenstelle **Teil desselben Finanzamts** (vgl. Rz. 33 ff.), so muss die Ladung deutlich machen, ob die Steuerfahndung (keine Pflicht zu erscheinen) oder ob die Bußgeld- und Strafsachenstelle (Pflicht zu erscheinen) tätig wird; vgl. auch Rz. 725 f.

719 Von der Ermittlungstätigkeit **erfährt** der Beschuldigte **nicht notwendig** etwas. Der **Verteidiger** hat bei der Vernehmung eines Dritten, erfolgt sie durch die Steuerfahndung oder die Staatsanwaltschaft, **kein Anwesenheitsrecht**; über Termine wird er nicht benachrichtigt[3]. S. jedoch Rz. 732.

720 Die Staatsanwaltschaft oder die Straf- und Bußgeldsachenstelle nach §§ 386, 399 Abs. 1 AO, falls sie das Ermittlungsverfahren selbständig führt, kann auch die **richterliche Vernehmung** eines Zeugen beantragen (§ 162 StPO). Der Zeuge muss erscheinen. In diesem Fall ist auch dem Beschuldigten und dem Verteidiger die Anwesenheit gestattet (§ 168c Abs. 2 StPO). Beschuldigter und Verteidiger sind von dem Termin zu benachrichtigen (§ 168c Abs. 5 Satz 1 StPO). Die Benachrichti-

---

1 S. auch *Stahl*, KÖSDI 1990, 8074 (8076). Vgl. auch – durchaus kritisch – *Laule*, DStZ 1984, 599.

2 *Schmitt* in Meyer-Goßner/Schmitt, StPO, 59. Aufl. 2016, § 163 Rz. 37.

3 Vgl. die fehlenden Bestimmungen in § 161a StPO; *Schmitt* in Meyer-Goßner/Schmitt, StPO, 59. Aufl. 2016, § 161a Rz. 3 a.E.

gung unterbleibt, wenn sie den Untersuchungszweck gefährden würde (§ 168c Abs. 5 Satz 2 StPO). Auf die Verlegung eines Termins haben die zur Anwesenheit Berechtigten keinen Anspruch (§ 168c Abs. 5 Satz 3 StPO).

Rechtfertigt die Fahndung hingegen ihre **Aufforderung**, zur Verneh- 721
mung zu **erscheinen**, **abgabenrechtlich**, muss der Dritte der Aufforderung nachkommen (§§ 208, 93 Abs. 5 AO); er ist zur **Aussage verpflichtet**.

Ein **Anwesenheitsrecht** haben Verteidiger oder steuerlicher Vertreter 722
im steuerlichen Ermittlungsverfahren nicht, sondern erst im Rechtsbehelfsverfahren (§ 365 Abs. 3 AO); dieses Anwesenheitsrecht besteht auch, wenn die Steuerfahndung für die Zwecke des Einspruchsverfahrens ermittelt, wogegen in der **Praxis** häufig **verstoßen** wird.

Da eine strafprozessuale Pflicht, vor der Steuerfahndung auszusagen, 723
nicht besteht, gibt es keine besonderen **Formvorschriften** für die **Ladung**; die für die Staatsanwaltschaft geltenden Vorschriften wird man jedoch i.d.R. entsprechend anwenden können[1]. Die Pflicht, vor der Staatsanwaltschaft zu erscheinen und auszusagen, erfordert eine schriftliche oder mündliche Ladung[2]. Die Ladung muss die Tat, um die es geht, erkennbar machen und zum Ausdruck bringen, dass der Dritte als Zeuge vernommen wird[3]. Das Verfahren gerichtlicher Ladungen ist in §§ 48 ff. StPO geregelt.

Das **Ladungsverfahren** nach der **AO** regelt § 93 AO. In der Ladung ist 724
anzugeben, worüber Auskünfte erteilt werden sollen; auch hier muss klargestellt werden, dass der Dritte als Zeuge Auskünfte erteilen soll (§ 93 Abs. 5 Satz 2 und 3 AO).

Wegen der unterschiedlichen Erscheinungs- und Aussagepflicht, je 725
nachdem, ob die Steuerfahndung als Polizei- oder Fiskalbehörde tätig wird, muss die **Fahndung** in der **Ladung ausdrücklich angeben**, ob sie auf der abgabenrechtlichen **Präsenz-** und **Aussagepflicht besteht**. Andernfalls kann der Dritte davon ausgehen, dass die Fahndung als Polizeibehörde ermittelt und eine Erscheinens- und Aussagepflicht nicht bestehen. S. hierzu auch Rz. 29.

---

1 Vgl. *Schmitt* in Meyer-Goßner/Schmitt, StPO, 59. Aufl. 2016, Vor § 48 Rz. 24. Für die **Staatsanwaltschaft** gelten wiederum die **§§ 48 ff. StPO** entsprechend (§ 161a Abs. 1 Satz 2 StPO).
2 *Schmitt* in Meyer-Goßner/Schmitt, StPO, 59. Aufl. 2016, § 161a Rz. 3.
3 *Schmitt* in Meyer-Goßner/Schmitt, StPO, 59. Aufl. 2016, § 161a Rz. 3.

726 Hat die Fahndung auf einer Ebene des Verfahrens begonnen, muss sie die Eingriffsmittel und die Kompetenzen dieses Verfahrens einsetzen. Die Fahndung kann sich nicht in einer **Einzelaktion** eines **Verfahrensmittels** des **anderen Verfahrens bedienen**, weil ihr dies im Augenblick günstiger erscheint. Insofern ist es der Fahndung verwehrt, einen Zeugen, der im Strafverfahren nicht erscheinen will, durch eine plötzliche Umschaltung in der Verfahrensart zum Erscheinen nach § 93 AO zu zwingen[1]. Diese Einzelaktion wäre eine zweckwidrige Verfahrensausnutzung. Will die Fahndung wechseln, so muss dies aufgrund einer kontrollierbaren Ermessensausübung zur Verwirklichung des Zwecks des anderen Verfahrens geschehen (s. hierzu auch Rz. 25 ff.).

727 Wegen der fehlenden strafprozessualen Pflicht, vor der Fahndung auszusagen, und der Ladungsbedingungen im Übrigen besteht **keine Pflicht** eines Zeugen, bei dem plötzlichen oder zufälligen Zusammensein mit einer Ermittlungsperson **sofort auszusagen**[2]. Dies ist erheblich für den Fall der Durchsuchung. Die „zwanglose" Vernehmung anlässlich einer Durchsuchung, z.B. der Sekretärin, des Buchhalters oder anderer Mitarbeiter, unterliegt keinem Zwang. Der Dritte kann der Fahndung gegenüber die Aussage verweigern und auf das Erfordernis einer ordnungsgemäßen Ladung verweisen; dies sollte die Regel sein.

728 Ferner hat der Zeuge das Recht, sich vor der Aussage eines **Rechtsbeistands** zu versichern (Rz. 750 ff.); auch dies ermöglicht, eine tatsächliche Ladungsfrist zu erzwingen[3]. Unserer Erfahrung nach akzeptieren die Strafverfolger die **einstweilige Weigerung** der Aussage im Hinblick auf eine zeitgebende Ladung, sofern der Dritte eine selbstbewusste Eindeutigkeit zeigt.

729 Zeugen können strafprozessual[4] und abgabenrechtlich[5] auch **schriftlich** vernommen bzw. um Auskünfte ersucht werden. In der StPO ist dieses Verfahren die Ausnahme; in § 93 AO stellt es mit konkreten Erfordernissen den Regelfall dar. Abweichend von § 93 Abs. 2 Satz 2 AO kann der Zeuge allerdings nicht verlangen, dass das Auskunftsverlangen schriftlich ergeht (§ 208 Abs. 1 AO). Für die Frage der Auskunfts- und Zeugnispflicht gilt das in Rz. 715 ff. Gesagte entsprechend.

---

1 Zustimmend *Stahl*, KÖSDI 1990, 8076.

2 *Stahl*, KÖSDI 1990, 8076.

3 Einschränkend *Rengier*, NStZ 1981, 376, der dies nur für den tatverdächtigen Zeugen gelten lassen will.

4 § 251 Abs. 1 Nr. 1 StPO, bei Zustimmung durch Verteidigung und Staatsanwaltschaft.

5 § 93 AO.

Soweit Zeugen **protokollarisch** vernommen werden, Hinweis auf das in Rz. 708 Gesagte. Wort für Wort der Aussage ist wichtig. Die Aussage kann dem Zeugen z.B. in einer späteren strafrechtlichen Hauptverhandlung vorgehalten werden (§ 253 StPO). Widersprüche mindern sodann die Glaubwürdigkeit. 730

Der Zeuge hat keinen Anspruch auf eine **Abschrift**, Durchschrift oder Kopie der Aussage[1]; § 93 Abs. 6 AO spricht nur von dem Recht der Beteiligten auf eine Abschrift; der Zeuge ist nicht Beteiligter. Die StPO und AO verbieten die Überlassung einer Kopie jedoch nicht ausdrücklich. Die Praxis ist uneinheitlich. Es bleibt dem Zeugen und seinem Beistand unbenommen, selbst ein Protokoll zu fertigen, was ratsam ist. 731

Der Dritte kann dem Fahndungsbetroffenen über die **Ermittlungen berichten**; ebenso kann der Beschuldigte bei dem Dritten das Erscheinen der Steuerfahndung ankündigen. Gefahrenpunkte sind insoweit nur für den Dritten die §§ 257, 258 StGB (Begünstigung und Strafvereitelung) und die Verdunkelungsgefahr als Haftgrund für den Beschuldigten selbst. 732

2. Herausgabe; Durchsuchung und Beschlagnahme

Dritte – nicht der Beschuldigte (s. Rz. 445) – sind nach § 95 StPO zur **Herausgabe** von **Beweismitteln** verpflichtet; die Herausgabe kann erzwungen werden[2]; umstritten ist, wer das Herausgabeverlangen stellen kann[3]. Das Herausgabeverfahren, das seinen Grund in § 95 StPO hat, ist in der Praxis selten. 733

Auch bei **Dritten**, bei Zeugen und bei an einer mutmaßlichen Hinterziehung Unbeteiligten kann eine **Hausdurchsuchung** vorgenommen werden, um Beweismittel sicherzustellen. Voraussetzung ist, dass konkrete Umstände vorliegen, aus denen zu schließen ist, dass sich be- 734

---

1 Ablehnend, da es auf den jeweiligen Erinnerungszustand des Zeugen ankomme: *Schmitt* in Meyer-Goßner/Schmitt, StPO, 59. Aufl. 2016, § 163a Rz. 26.

2 Vgl. § 95 Abs. 2 StPO unter Hinweis auf die **Zwangsmittel** des **§ 70 StPO**; LG Arnsberg v. 16.4.1983 – 3 Rs 359/82, wistra 1985, 205.

3 Vgl. frühere Rechtsprechung: Herausgabe kann derjenige verlangen, der beschlagnahmen kann (LG Bonn v. 11.11.1982 – 37 Qs 116/82, WM 1982, 1371); **a.A.** und heute herrschende Rechtsprechung: Richter, Staatsanwalt, Steuerfahndung, Polizei können ohne weitere Voraussetzungen das Verlangen stellen (LG Gera v. 30.9.1999 – 2 Qs 412/99 und LG Halle v. 6.10.1999 – 22 Qs 28/99, NStZ 2001, 276; LG Koblenz v. 31.10.2001 – 4 Qs 167/01, wistra 2002, 359; *Schmitt* in Meyer-Goßner/Schmitt, StPO, 59. Aufl. 2016, § 95 Rz. 2; *Schäfer*, wistra 1983, 102).

stimmte Beweisgegenstände im Gewahrsam dieser Personen befinden (§ 103 StPO).

735 Die Beweismittel können sodann bei diesen Dritten **beschlagnahmt** werden (vgl. § 94 StPO). Praktische **Beispiele**: Durchsuchungs- und Beschlagnahmebeschluss bei Banken (s. Rz. 765 ff.); Durchsuchung von Beraterkanzleien (s. Rz. 887 ff.).

736 Soweit ein Aussageverweigerungsrecht besteht, gilt für bestimmte Gegenstände ein **Beschlagnahmeverbot**; s. hierzu Rz. 908 und Rz. 887 ff. betreffend das Beschlagnahmeverbot für Beraterunterlagen. Zur EDV-Beschlagnahme bei Berufsgeheimnisträgern vgl. Rz. 487 ff.

737 Für **amtliche Schriftstücke** und Akten anderer Behörden gilt § 96 StPO. Ist die Anforderung möglich, werden die Schriftstücke oder Akten gleichwohl nicht herausgegeben, bleibt auch gegenüber Behörden die Möglichkeit der Durchsuchung und Beschlagnahme[1].

738 Auch bei diesen Ermittlungshandlungen haben der Beschuldigte und sein Verteidiger **kein Teilnahmerecht**.

3. Weigerungsrechte

739 Der Dritte kann die **Vernehmung** bei der Steuerfahndung im **Strafverfahren verweigern**; s. Rz. 716, aber auch Rz. 721.

740 Die Zeugen haben außerdem – strafprozessual und abgabenrechtlich – in bestimmten Fällen **Zeugnisverweigerungsrechte**.

741 Zu ausländischen **Auskunftsverboten** und **Weigerungsrechten** s. Rz. 848 ff. Personen, die mit dem Beschuldigten **verlobt**, **verheiratet**, **verwandt** oder **verschwägert** sind, können nach § 52 StPO und § 101 AO die Aussage verweigern[2].

742 Aus **beruflichen Gründen** können bestimmte **Berufsangehörige** die Aussage verweigern (§§ 53, 53a StPO und § 102 AO). Zu dem im Fahndungsverfahren wichtigen Weigerungsrecht der Angehörigen der steuerberatenden Berufe s. Rz. 892 ff., zum nicht bestehenden Bankgeheimnis s. Rz. 779 ff. Das steuerliche Weigerungsrecht der **Presse** (§ 102 Abs. 1 Nr. 4 AO) bezieht sich nur auf den redaktionellen Teil; ein **Chiffregeheimnis** für Anzeigen gibt es nicht (s. Rz. 885 f.).

---

1 Vgl. BGH v. 18.3.1992 – 1 BGs 90/92/2 BIs 186/91/5, wistra 1992, 220.

2 Zur genauen Bestimmung des Verwandtschafts- und Schwägergrades Hinweis auf den Gesetzestext.

Das bei einem Notar errichtete öffentliche **Testament** (§ 2232 BGB) ist immer in die besondere **amtliche Verwahrung** zu bringen (§ 34 BeurkG). Nach § 2248 BGB kann ein eigenhändiges Testament auf Verlangen des Erblassers in besondere amtliche Verwahrung gebracht werden. Zur amtlichen Verwahrung s. § 2258a und § 2258b BGB. Es gibt **keinen Schutz** gegen Beschlagnahme des in öffentlicher Verwahrung befindlichen Testaments. 743

Schließlich kann jeder Zeuge die Auskunft verweigern, wenn die Beantwortung ihm selbst oder einem Angehörigen, der ein Aussageverweigerungsrecht hat, die **Gefahr** zuziehen würde, wegen einer **Straftat** oder einer **Ordnungswidrigkeit verfolgt** zu werden (§ 55 StPO und § 103 AO). Die Verfolgungsgefahr ist ausreichend; nicht erforderlich ist, dass der Zeuge tatsächlich eine Straftat oder Ordnungswidrigkeit begangen hat[1]. 744

Diese Auskunfts- und Zeugnisverweigerungsrechte stehen Dritten und Zeugen zu, **nicht** dem **Beschuldigten**; zu seinen Rechten s. Rz. 653 ff. 745

Auskunfts- und Zeugnisverweigerungsrechte sind geschaffen, um **ausgeübt** zu werden. Die verbreitete **Scheu**, die **Auskunft** in dem vermeintlichen Glauben zu **verweigern**, man **schade** dem Beschuldigten durch die Weigerung, ist nicht gerechtfertigt. Ggf. soll man die Beratung suchen, ob man von dem Weigerungsrecht Gebrauch macht oder nicht. 746

Unmittelbare Mitarbeiter des Beschuldigten oder seiner Tätigkeit **nahestehende Personen**, die die Hinterziehung möglicherweise kennen oder unterstützt haben, belässt die Steuerfahndung häufig im „Zeugenstand". Beispiel: persönliche Sekretärin des Beschuldigten, Buchhaltungsleiter, „rechte Hände" usw. Der Zeugenstand scheint der Fahndung die Aussagepflicht des Zeugen zu garantieren. Der „Zeuge" selbst steht vor der Alternative: Deckt er den Hinterzieher, steuert er auf eine strafbare Falschaussage oder einen Meineid zu, sagt er die Wahrheit, bekennt er sich zu seiner Beteiligung. In solchen Fällen muss i.d.R. der Zeuge im Wege der Beratung dahin geführt werden, von dem 747

---

1 Das Auskunftsverweigerungsrecht besteht schon, wenn die Bejahung oder Verneinung einer Frage den Zeugen oder seinen Angehörigen in die Gefahr der Verfolgung bringt. Es reicht aus, dass die Gefahr der Verfolgung droht (OLG Hamm v. 13.10.1997 – 1 Ws 346/97, 1 Ws 352/97, StraFo 1998, 119). § 55 StPO gilt auch, wenn der Zeuge über Tatsachen Auskunft geben müsste, die den Verdacht **mittelbar** begründen, z.B. ein Teilstück in einem **„mosaikartigen„** Beweisgebäude, das mit anderen Informationen zusammen für den Zeugen belastend sein kann (BVerfG v. 6.2.2002 – 2 BvR 1249/01, NJW 2002, 1411; BVerfG v. 30.4.2003 – 2 BvR 281/03, NJW 2003, 3045).

Aussageverweigerungsrecht der § 55 StPO, § 103 AO in vollem Umfang Gebrauch zu machen. Die Beratung hat mit der psychologischen Schwierigkeit zu kämpfen, dass der Dritte sich in der Rolle des Zeugen sicherer fühlt als in der Rolle desjenigen, der sich zu einem Aussageverweigerungsrecht bekennt[1]. Die deutliche Darstellung der Folgen der Aussage, sei sie wahr, sei sie falsch, überwindet dieses Problem jedoch in der Praxis. Die Fahndung akzeptiert regelmäßig die Aussageverweigerung und versucht nicht, mit rechtlichem oder tatsächlichem Druck eine Aussage zu erzwingen.

748 **Aussagen**, die **trotz** eines bestehenden **Auskunftsverweigerungsrechts** gemacht werden, können von den Finanzbehörden **frei** verwertet werden; sie unterliegen nicht dem Steuergeheimnis (§ 30 Abs. 4 Nr. 4b AO). Auf diese Weise erlangte Informationen können also auch an die Staatsanwaltschaft weitergegeben werden zur Verfolgung anderer als Steuerdelikte.

749 Soweit sich bestimmte Berufsgruppen auf Zeugnisverweigerungsrechte berufen können, steht ihnen im Strafverfahren nach § 97 StPO ein **Beschlagnahmeprivileg** zu. Das Aussageverweigerungsrecht kann nicht durch Beschlagnahmeaktionen unterlaufen werden. Den für das Fahndungsverfahren wichtigen Fall der Durchsuchung einer Beraterkanzlei wird in Rz. 887 ff. behandelt. In entsprechender Weise ist in § 104 AO das abgabenrechtliche Weigerungsrecht normiert, bestimmte Unterlagen herauszugeben; dazu auch Rz. 942.

4. Rechtsbeistand

750 Zeugen haben bei einer **strafprozessualen** Vernehmung das Recht, mit einem **Rechtsbeistand** zu erscheinen[2]. Nachdem zunächst nur die Rechtsprechung des BVerfG als Grundlage hierfür diente, hat der Gesetzgeber eine entsprechende Regelung in § 68b StPO aufgenommen. Demnach ist der „Zeugenbeistand" heute allgemein anerkannt und wird von den Ermittlungsbehörden und Gerichten auch akzeptiert,

---

1 Auf die Formulierung gegenüber der Ermittlungsbehörde ist zu achten. Falsch: Wenn ich aussage, werde ich bestraft werden. Richtig: Im Falle der Aussage besteht die Gefahr der Strafverfolgung. Noch besser: Der Zeuge macht von § 55 StPO Gebrauch.

2 BVerfG v. 8.10.1974 – 2 BvR 747-753/73, BVerfGE 38, 105; *Schmitt* in Meyer-Goßner/Schmitt, StPO, 59. Aufl. 2016, Vor § 48 Rz. 11, § 161a Rz. 10; *Thomas*, NStZ 1982, 489; *Wagner*, DRiZ 1983, 21; *Stahl*, KÖSDI 1990, 8080; *Adler*, StraFo 2002, 146.

Rechtsbeistand kann der **Rechtsanwalt**[1], in Steuerfahndungsverfahren auch der **Steuerberater** sein[2]; dies gilt zumindest, wenn der Berater den Zeugen in dem Verfahren notfalls als Verteidiger (s. Rz. 71 ff.) vertreten könnte. Ein **mittelloser Zeuge** hat keinen Anspruch auf die kostenfreie Beiordnung eines Rechtsbeistandes[3]. 751

Dieses Recht erstarkte in der Vergangenheit erst zu einem voll durchgreifenden Recht bei einer Vernehmung durch die **Bußgeld-** und **Strafsachenstelle**, die **Staatsanwaltschaft** und das **Gericht**. Bei der Fahndung wurde ein Anwesenheitsrecht des Beistands ebenso verneint[4] wie das Anwesenheitsrecht des Verteidigers bei der Vernehmung durch die Fahndung (s. Rz. 659, aber auch Rz. 661). Das Anwesenheitsrecht konnte jedoch faktisch erzwungen werden. Denn da der Zeuge bei der Steuerfahndung nicht zu erscheinen braucht (Rz. 659), kann er das Erscheinen von der Anwesenheit des Rechtsbeistands abhängig machen. In der Praxis gestattet die Fahndung i.d.R. die Anwesenheit. Inzwischen ist unstreitig, dass die Regelung des § 68b StPO für alle Bereiche, also auch die Vernehmung durch die Steuerfahndung gilt[5]. 752

Der Beistand hat **nicht mehr Rechte** als der **Zeuge**. Er hat kein eigenes Recht auf Akteneinsicht[6]. Der Zeuge selbst muss den Beistand über Termine usw. unterrichten; der Beistand wird von der Strafverfolgungsbehörde nicht informiert und geladen[7]. Ist der Beistand verhindert, so wird hierdurch eine bestehende Pflicht des Zeugen zum Erscheinen und zur Aussage nicht berührt[8]. Der Beistand hat die Aufgabe, den Zeugen bei der Formulierung seiner Aussage zu beraten. Er hat ein Rederecht[9]. Die „Rechte" des Beistands sind – insgesamt gesehen – recht gering[10]. 753

---

1 Vor Gericht trägt der Anwalt als Zeugenbeistand nach herrschender Übung keine Robe.

2 Der Rechtsbeistand muss nach der Entscheidung des BVerfG nicht notwendig Rechtsanwalt sein (BVerfG v. 8.10.1974 – 2 BvR 747-753/73, BVerfGE 38, 105; *Wagner*, DRiZ 1983, 23).

3 BVerfG v. 12.4.1983 – 2 BvR 307/83, NStZ 1983, 374; dazu *Haufe*, StV 1983, 489.

4 *Schmitt* in Meyer-Goßner/Schmitt, StPO, 59. Aufl. 2016, § 163 Rz. 15.

5 *Schmitt* in Meyer-Goßner/Schmitt, StPO, 59. Aufl. 2016, § 68b Rz. 3.

6 *Schmitt* in Meyer-Goßner/Schmitt, StPO, 59. Aufl. 2016, § 68b Rz. 4; **a.A.** *Wagner*, NStZ 2004, 101.

7 *Schmitt* in Meyer-Goßner/Schmitt, StPO, 59. Aufl. 2016, § 68b Rz. 4.

8 BGH v. 19.5.1989 – StB 19/89 - 1 BJs 72/87, NStZ 1989, 484, mit berechtigter Kritik durch die Anm. von *Krehl*, NStZ 1990, 192.

9 *Thomas*, NStZ 1982, 493.

10 Für eine vorsichtige **Ausdehnung**: *Hammerstein*, NStZ 1981, 125; *Thomas*, NStZ 1982, 489. Dagegen lese man die gebündelten Negativrechte bei

754 Angesichts dieser eingeschränkten Stellung des Beistands liegt kein Verstoß gegen **§ 146 StPO** vor, wenn der **Verteidiger** des **Beschuldigten** als **Beistand** eines **Zeugen** auftritt. Allenfalls ist zu fragen, ob es im Rahmen der Verteidigung klug ist, sich auf diese Weise mit einem Zeugen zu identifizieren oder ihm den Anschein der Parteilichkeit zu geben. Je nach der Entwicklung der Stellung des Zeugen zum Beschuldigten kann es zu einer Interessenkollision kommen, mit der Folge, dass der Zeugenbeistand und Verteidiger die Vertretung in beiden Verfahren niederlegen muss und auch der „ursprüngliche" Mandant in einer für ihn schwierigen Situation einen neuen Berater einarbeiten muss. Deshalb ist hiervon abzuraten.

755 Ebenfalls gilt **§ 146 StPO nicht** für den **Beistand**. Ein Anwalt kann folglich mehrere Zeugen als Beistand begleiten[1].

756 In der **Praxis** versuchen die Vernehmungsbeamten häufig zu ergründen, ob es eine Nähebeziehung oder Informationsaustausch zwischen dem Beschuldigten und seinen Beratern und dem Zeugenbeistand gibt. Gerade ungeübte Vernehmende sehen in dem Zeugenbeistand einen Störer des Verfahrens. Sie haben Angst, dass der ursprünglich zurechtgelegte „Vernehmungsplan" nicht umgesetzt werden kann, da der Beistand auf eine genaue Protokollierung und die Einhaltung der Verfahrensrechte des Zeugen drängt. So ist der Hintergrund für Fragen, wie sich der Zeuge und sein Beistand kennen gelernt haben oder von wem der Beistand sein Honorar erhält, nicht nur Neugierde. Insofern steht dem Zeugen bzgl. der Anbahnung des Beratungsverhältnisses und für jedes Beratungsgespräch ein **Auskunftsverweigerungsrecht** zu[2]. Der Berater unterliegt ohnehin der Berufsverschwiegenheit und hat deshalb ein Zeugnisverweigerungsrecht (vgl. Rz. 892). Von beidem sollte konsequent Gebrauch gemacht werden.

757 Das verfassungsmäßig garantierte Recht, mit einem Rechtsbeistand zur Vernehmung zu erscheinen, gilt auch **abgabenrechtlich**. Es gibt keinen sachlichen Grund, die Rechte des Zeugen nach der AO geringer zu normieren als nach der StPO.

5. Rechtsbehelfe

758 Zu den Rechtsbehelfen im Steuerfahndungsverfahren s. Rz. 1129 ff.

Schmitt in Meyer-Goßner/Schmitt, StPO, 59. Aufl. 2016, § 68b Rz. 4 bis 6. Man spürt hier förmlich die **Abneigung** der Justiz gegen Zeugenbeistände.

1 *Laufhütte* in Karlsruher Kommentar, StPO, 7. Aufl. 2013, § 146 Rz. 4.

2 OLG Düsseldorf v. 29.1.1991 – V 21/88, NStZ 1991, 504.

6. Entschädigung

Der Zeuge hat im Fahndungsverfahren, gleichgültig ob er strafprozessual (§§ 71 StPO, 404, 405 Satz 2 AO) oder abgabenrechtlich (§§ 107, 405 AO) gehört wird, Anspruch auf Entschädigung nach dem **Justizvergütungs- und Entschädigungsgesetz** (JVEG). 759

II. Kunden, Lieferanten, Arbeitgeber, Arbeitnehmer

Das so scheinbar problemlose Ermittlungsrecht bedeutet häufig einen 760 an die **Grenze** der **Existenzvernichtung** gehenden Eingriff. Die Fahndungsermittlungen beim **Arbeitgeber**, bei den eigenen **Arbeitnehmern** des Geprüften setzen die Arbeitsverhältnisse aufs Spiel. Wird ein Unternehmen geprüft und beginnt die Fahndung, bei **Kunden** und **Lieferanten** zu forschen, können Kundenverhältnisse zerstört und Lieferantenbeziehungen zerschnitten werden[1]. Diese Folgen kennt der qualifizierte Fahnder. In der Praxis werden diese Ermittlungsmöglichkeiten zum Teil mit großer Vorsicht gehandhabt; zum Teil kann der Fahnder der Versuchung nicht widerstehen, das Antasten dieses Lebensnervs als Druckmittel zu benutzen; zum Teil bewegen sich die Fahnder auf diesem Gebiet mit einer kaum zu überbietenden Tollpatschigkeit.

Sobald derartige Ermittlungen drohen, sollte der Berater oder Verteidi- 761 ger erwägen, der Fahndung die gewünschten **Informationen** zu **beschaffen**, die sie bei unmittelbaren Ermittlungen ohnehin erhalten würde. So kann die Umsatzüberprüfung beim Kunden oder Lieferanten häufig durch den Betroffenen selbst, z.B. durch Beschaffung entsprechender schriftlicher Kunden- oder Lieferantenbestätigungen, erfolgen. Auf jeden Fall sollten die potenziellen „Dritten“ über die Möglichkeit einer Anfrage durch die Steuerfahndung vorbereitet werden, um Schäden durch das unvorbereitete Erscheinen der Fahndungsprüfer zu verhindern oder so gering wie möglich zu halten.

Die geplante Vernehmung einiger oder aller **Arbeitnehmer** ist ein hin 762 und wieder anzutreffendes Druckmittel der Steuerfahndung (z.B. bei vermuteten Lohnsteuerverkürzungen). Druck erzeugt die Tatsache der Vernehmung, nicht ihr Ergebnis. Wo die Vernehmung der Arbeitnehmer als solche hingenommen werden kann, wo sie tatsächlich durchgeführt wird, wird sich zeigen, dass die Vernehmung einer Vielzahl

1 Vgl. den empörten „Aufschrei“ eines Beraters in Stbg 1979, 60.

von Zeugen ein schlechtes Beweismittel zugunsten der Steuerfahndung darstellt. Die Fahndung weicht in solchen Fällen auf die Vernehmung nur weniger Arbeitnehmer aus, deren Ergebnis sodann „hochgerechnet" wird. Je weniger Arbeitnehmer angehört werden, umso weniger Widersprüche zeigen sich. In solchen Fällen muss die Verteidigung überlegen, ob sie darauf besteht, dass alle Arbeitnehmer vernommen werden.

763 Im Übrigen ist in die Überlegung einzubeziehen: Je mehr die Fahndung spürt, dass bestimmte **Ermittlungen** vom **Betroffenen nicht gewünscht** werden, umso eher wird sie sich für die Ermittlung entscheiden, da sie nicht weiß, ob allein die Existenzgefährdung die Furcht vor der Ermittlung begründet. Oft verhindert daher gerade eine großzügige Einladung zu den Ermittlungen ein Tätigwerden der Steuerfahndung.

764 Steuerfahndungsermittlungen gehören im Übrigen zum Alltag. Die **Rufschädigung** ist i.d.R. **geringer**, als der Betroffene befürchtet. Der Berater wird oft zum **gelassenen** Durchstehen raten. S. auch Rz. 860 f.

III. Banken als „Dritte"

765 Nahezu ohne jede Rücksichtnahme gehen **Fahnder** gegen **Banken** vor. Als Dritte sind sie abgabenrechtlich zu **Auskünften** und **Herausgabe** von **Unterlagen** verpflichtet; strafprozessual können Bankangestellte als Zeugen vernommen werden; Banken können **durchsucht**, Bankunterlagen können **beschlagnahmt** werden. Unmittelbar Beteiligte wird die Bank, wenn gegen ihre Leiter und Mitarbeiter wegen des **Verdachts** der **Beteiligung** an der Steuerhinterziehung des Bankkunden ermittelt wird. Im Einzelnen:

1. Die inländischen Banken als „Dritte"

a) Auskunftspflichten und Zugriffsmöglichkeiten

766 Die inländische Bank ist „**Dritte**" in einem Steuerfahndungsverfahren, wenn sich dieses gegen den **Bankkunden** richtet und kein Mitarbeiter der Bank als Beschuldigter angesehen wird. Der Bankkunde steht im Mittelpunkt des Interesses der Steuerfahndung. Die Bank wird nur zur **Informationsbeschaffung** angegangen.

Abgabenrechtlich können sich Finanzamt (§ 93 AO) und Steuerfahndung (§§ 208, 93 AO) an die Bank wegen Auskünften wenden.[1] Eine eidliche Vernehmung ist nach § 94 AO möglich. Unterlagen und Urkunden, d.h. Bankbelege, sind nach § 97 AO vorzulegen. Die Pflichten können mit den Zwangsmitteln der AO (§§ 328 ff. AO) erzwungen werden. 767

Hinsichtlich der Informationspflichten der Banken und deren Quellensteuerabzugsverpflichtungen nach der **Zinsinformationsverordnung** bzw. dem **Finanzkonten-Informationsaustauschgesetz** s. Rz. 951 ff. und 964 ff. 768

Seit dem 1.4.2005 können sich die Finanzämter und die Steuerfahnder auch über das Bundeszentralamt für Steuern, die **Stammdaten aller in der Bundesrepublik geführten Konten** beschaffen (**§ 93 Abs. 7 und § 93b AO** und die Anweisungen im AO-Anwendungserlass). Die Steuerfahndung hatte diese Möglichkeit in Steuerstrafverfahren schon seit dem 1.4.2003 (§ 24c Abs. 3 KWG).[2] 769

Finanzamt und Steuerfahndung können die Bank auch zu sog. **Sammelauskünften** auffordern.[3] Allerdings sind Ermittlungen **ins Blaue** hinein unzulässig. Die Bank kann verpflichtet werden, für eine Vielzahl von Fällen Auskünfte zu erteilen und Unterlagen vorzulegen, wenn hierfür ein hinreichender Anlass gegeben ist. Aufgrund konkreter Anhaltspunkte und allgemeiner Erfahrungen muss das Auskunftsersuchen der Besteuerung dienen. Sammelauskünfte sind nicht dafür da, ohne hinreichenden Anlass im Wege einer Rasterfahndung bestimmte Gruppen von Bankkunden vollständig zu erfassen.[4] 770

---

1 Vgl. BFH v. 22.8.1989 – VIII 215/85, BFH/NV 1990, 210; BFH v. 23.10.1990 – VIII R 1/86, BStBl. II 1991, 277, betreffend ein ermessenswidriges Auskunftsverlangen.

2 § 24c Abs. 3 Satz 1 Nr. 2 KWG und § 93 Abs. 7 AO sind mit dem Grundgesetz vereinbar: BVerfG v. 13.6.2007 – 1 BvR 1550/03, BStBl. II 2007, 896.

3 Vgl. hierzu BFH v. 24.3.1987 – VII R 30/86, BStBl. II 1987, 484; BFH v. 24.10.1989 – VII R 1/87, BStBl. II 1990, 198; BFH v. 25.7.2000 – VII B 28/99, BStBl. II 2000, 643; BFH v. 21.3.2002 – VII B 152/01, BStBl. II 2002, 495; FG Baden-Württemberg v. 8.5.2007 – 4 K 209/04, EFG 2007, 1483; *Kusnik*, DB 2015, 697; *Roth* in Rolletschke/Kemper, Steuerstrafrecht, § 404 Rz. 258 ff. (Sept. 2014) und 289 ff. (Dez. 2013). Zur Unzulässigkeit von Sammelauskünften im Hinblick auf die **Verfassungswidrigkeit** der Besteuerung von **Spekulationsgewinnen** s. BFH v. 21.10.2003 – VII B 85/03, BStBl. II 2004, 36; FG Münster v. 25.6.2004 – 11 K 6956/02, 6949/02, 6945/02, EFG 2004, 1656; s. auch *von Wedelstaedt*, DB 2004, 948; *von Wedelstaedt*, AO-StB 2011, 19.

4 BFH v. 25.7.2000 – VII B 28/99, BStBl. II 2000, 643; BFH v. 16.1.2009 – VII R 25/08, wistra 2009, 284.

771 Im **Strafverfahren** können Bankangestellte als **Zeugen** vernommen werden. Die Bank kann nach § 103 StPO **durchsucht** und Unterlagen können **beschlagnahmt** werden. Auf diese Weise erhält die Steuerfahndung nicht nur Zugriff auf bestimmte Kundenkonten, sondern auch auf die CpD-Konten und sonstige Nebenkonten. Im **EU-Bereich** ist die Informationsbeschaffung dergestalt ausgedehnt, dass es in Strafverfahren innerhalb der EU praktisch **kein Bankgeheimnis** mehr gibt (s. Rz. 984).

772 Problematisch sind die **Beschaffung** von **Informationen** und Prüfungshandlungen von **Betriebsprüfern** innerhalb einer **Bank-Betriebsprüfung**, die mit den Besteuerungsverhältnissen der Bank nichts zu tun haben, sondern allein auf die Ermittlung von Besteuerungsgrundlagen der Bankkunden abzielen. Hier hat die Rechtsprechung deutliche Grenzen gezogen.[1]

773 Zum Verhältnis der abgaben- und strafprozessualen Rechtskreise zueinander s. Rz. 22 ff. Die **Steuerfahndung bevorzugt** das **strafrechtliche Verfahren**; daneben werden aber auch die Wege der AO genutzt. Die Steuerfahndung kann sich bei der Bank die Informationen abholen, die dort zu einem Bankkunden gespeichert sind. Es ist nicht übertrieben, festzustellen, dass inländische Banken von der Steuerfahndung wie eine zu ihren Gunsten eingerichtete Buchführung benutzt werden.

774 Diese Rechtslage ist den Banken geläufig. Die meisten Banken haben sich auch **organisationsmäßig** auf die Anfragen und etwaigen Durchsuchungs- und Beschlagnahmebeschlüsse **eingerichtet**.

b) Rechtsschutz

775 Geht die Steuerfahndung **strafrechtlich** gegen die Bank vor, bestimmt sich der Rechtsschutz nach den Normen der **StPO**.

---

1 Nach BFH v. 18.2.1997 – VIII R 33/95, BStBl. II 1997, 499, hindert § 30a AO nicht die Fertigung von Kontrollmitteilungen, wenn hierfür ein hinreichender Anlass besteht; deutlich einschränkend hingegen der VII. Senat: BFH v. 28.10.1997 – VII B 40/97, BFH/NV 1998, 424; BFH v. 6.2.2001 – VII B 277/00, BStBl. II 2001, 306; ausdehnend dann wiederum BFH v. 2.8.2001 – VII B 290/99, BStBl. II 2001, 665; BFH v. 29.6.2005 – II R 3/04, BFH/NV 2006, 1, betreffend Anlage in der Schweiz; FG Schleswig-Holstein v. 28.11.2000 – V 288/00, EFG 2001, 182; FG Baden-Württemberg v. 28.3.2003 – 3 K 72/99, EFG 2003, 1139; FG Baden-Württemberg v. 28.3.2003 – 3 K 240/98, EFG 2003, 1140; großzügiger zugunsten der Finanzverwaltung noch FG Baden-Württemberg v. 21.7.2000 – 3 K 59/98, EFG 2000, 1218; auch FG Köln v. 7.11.2000 – 9 K 8039/97, EFG 2002, 66.

Im Mittelpunkt steht die **Beschwerde** nach **§§ 304 ff. StPO**. Von praktischer Bedeutung in Bankenverfahren ist mithin die Anfechtung von Durchsuchungs- und Beschlagnahmebeschlüssen. Sie sind mit der Beschwerde anzugreifen. Wird die Bank als „Dritter“ angegangen, sind solche Anfechtungen – betreffen sie einzelne Kunden – allerdings selten, da die Erfolgsaussichten äußerst gering sind. 776

Wird die Steuerfahndung im Bereich der sog. **Vorfelduntersuchung** nach § 208 Abs. 1 Satz 1 Nr. 3 AO tätig (Rz. 9), fordert sie also Informationen und Unterlagen an, ohne dass sich das Verfahren gegen einen bestimmten Beschuldigten richtet, so können diese Maßnahmen mit dem **Einspruch** angefochten werden. Der Finanzrechtsweg steht offen.[1] 777

Problematisch ist der Rechtsschutz dann, wenn die Steuerfahndung in einem Verfahren gegen einen bestimmten Bankkunden als Strafverfolgungsorgan tätig wird und sich auf die **Ermittlungsmöglichkeiten** der **AO** stützt. Aus der doppelten Funktion der Steuerfahndung (§ 208 Abs. 1 Satz 1 Nr. 1 und 2 AO) sollte eigentlich folgen, dass, wenn die Steuerfahndung nach den Regeln und mit den Mitteln der AO tätig wird, das Rechtsschutzsystem der AO und der FGO zur Verfügung steht. Der BFH[2] entschied anders: Er schließt den Weg zu den Finanzgerichten aus. Allerdings ist der Weg zu den Finanzgerichten dann wieder offen, wenn sich die Ermittlungstätigkeit im Wesentlichen in Besteuerungsverhältnissen auswirkt (s. auch Rz. 22). Richtig ist, dass sich die Frage der Rechtmäßigkeit strafprozessualer Maßnahmen im Strafprozessverfahren nicht vor den Finanzgerichten entscheidet.[3] 778

c) Bankgeheimnis und Auskunfts-/Aussageverweigerungsrecht

Die **Abgabenordnung** und **Strafprozessordnung** gewähren den **Banken** und ihren **Angestellten kein Auskunfts-** und **Aussageverweigerungsrecht**.[4] 779

Die Bediensteten der **öffentlich-rechtlichen Kreditinstitute** (z.B. Sparkassen) müssen im Strafverfahren zuvor nach den öffentlich-recht- 780

1 BFH v. 29.10.1986 – VII R 82/85, BStBl. II 1988, 359.

2 So in dem Verfahren BFH v. 20.4.1983 – VII R 2/82, BStBl. II 1983, 482. Das BMF war dem Verfahren beigetreten.

3 BFH v. 29.1.2002 – VIII B 91/01, BFH/NV 2002, 749; BFH v. 26.2.2004 – VII B 341/03, BStBl. II 2004, 458.

4 **StPO**: s. *Schmitt* in Meyer-Goßner/Schmitt, StPO, 59. Aufl. 2016, § 53 Rz. 3; **AO**: *Rätke* in Klein, AO, 13. Aufl. 2016, § 102 Rz. 44.

lichen Vorschriften von der Verschwiegenheitspflicht entbunden werden (§ 54 StPO); dies räumt ihnen bezüglich des Bankgeheimnisses eine Sonderstellung allerdings nicht ein, da die Genehmigung i.d.R. erteilt werden muss.[1] Abgabenrechtlich sind die öffentlich-rechtlichen Kreditinstitute gegenüber den Steuerbehörden nach § 105 Abs. 1 AO von der Verschwiegenheitspflicht entbunden. Allerdings sind sie nicht zur Amtshilfe verpflichtet (§ 111 Abs. 3 AO).[2] Dies stellt sie jedoch nicht von der allgemeinen Auskunftspflicht frei. Die §§ 93 ff. AO finden auf die öffentlich-rechtlichen Institute wie auf privatrechtliche Banken Anwendung. Ebenso besteht für die Mitarbeiter eine Zeugnispflicht im finanzgerichtlichen Verfahren.[3]

781 In Steuersachen gibt es **kein Bankgeheimnis**. Auch wenn in anderem rechtlichen Zusammenhang ein Bankgeheimnis begründet wird,[4] so nimmt die Steuerfahndung hierauf keine Rücksicht. Strafrechtlich soll das Bankgeheimnis durch § 41 BDSG geschützt sein.[5] Der Datenschutz ist jedoch zugunsten der Steuerbehörden durch die Eingriffsmöglichkeiten der AO durchbrochen.[6] Der Beschuldigte muss davon ausgehen, dass ihn bei den Steuerfahndungsermittlungen kein Bankgeheimnis schützt. Auch die **Tendenz** im internationalen Bereich geht dahin, das Bankgeheimnis zugunsten des Fiskus **einzuschränken**. Für die **Bewertung** im **außereuropäischen Bereich** sollte man immer wieder über die Grundregeln nachdenken: Je sicherer das Bankgeheimnis, desto unsicherer die Möglichkeit, im Krisenfall über das Geld verfügen zu können.

782 Auch **§ 30a AO** normiert kein Bankgeheimnis.[7] Sein Inhalt:

783 Nach **Abs. 1** haben die Finanzbehörden auf das **Vertrauensverhältnis** zwischen den Banken und deren Kunden besondere Rücksicht zu nehmen. – Dies ist zumindest für das Fahndungsverfahren eine Leerformel.

---

1 *Lauer*, Inf. 1981, 198.

2 *Rätke* in Klein, AO, 13. Aufl. 2016, § 111 Rz. 15; *Bilsdorfer*, DStR 1984, 498 (502 f.); *Bilsdorfer*, DStZ 1984, 416.

3 BFH v. 21.12.1992 – XI B 55/92, BStBl. II 1993, 451.

4 Sicher ist, dass das Bankgeheimnis zumindest aus dem Bankvertrag abgeleitet werden kann.

5 *Ungnade*, WM 1984, 646.

6 BVerfG v. 27.6.1991 – 2 BvR 1493/89, BStBl. II 1991, 654 (668).

7 BFH v. 18.2.1997 – VIII R 33/95, BStBl. II 1997, 499; *Rüsken* in Klein, AO, 13. Aufl. 2016, § 30a Rz. 3; *Matthes* in Kohlmann, Steuerstrafrecht, § 404 Rz. 242 ff. (Aug. 2016).

Nach **Abs. 2** dürfen von den Banken **nicht kontinuierliche Informationen** verlangt werden. – Spielt für das Fahndungsverfahren keine Rolle. 784

Nach **Abs. 3** ist es dem **Bankprüfer untersagt**, von korrekt eingerichteten Konten Kontrollmitteilungen zu fertigen. – Ohne Bedeutung für das Fahndungsverfahren. Die Einschränkung betrifft nicht die Abwicklung von Kundenvorgängen über CpD-Konten oder andere Allgemeinkonten. 785

Nach **Abs. 4** soll in **Steuererklärungsformularen** nicht nach Konten gefragt werden. – Keine Bedeutung für das Fahndungsverfahren. 786

Nach **Abs. 5** gilt das **allgemeine Recht** für **Einzelermittlungen**. Dieser Absatz ist für Steuerfahndungsverfahren einschlägig. Einzelermittlungen sind zulässig. Außerhalb des Strafverfahrens soll „ein Kreditinstitut erst um Auskunft und Vorlage von Urkunden gebeten werden, wenn ein Auskunftsersuchen an den Steuerpflichtigen nicht zum Ziel führt oder keinen Erfolg verspricht" (§ 30a Abs. 5 Satz 2 AO). Da sich Finanzämter allgemein erst an Dritte wenden, wenn diese Bedingungen gegeben sind, kann dies kaum Ausdruck eines Bankgeheimnisses sein. 787

Der § 30a AO gilt folglich nach eigenem Selbstverständnis **nicht** für die **Steuerfahndung**, wenn steuerstrafrechtlich und steuerlich im Einzelfall ermittelt wird (was die Regel ist).[1] 788

d) Unterrichtung der Bankkunden

Holt die Steuerfahndung bei einer bestimmten Bank Auskünfte ein oder nimmt sie bezüglich bestimmter Konten Durchsuchungen oder Beschlagnahmehandlungen vor, ist die Bank nicht gehindert, den Kunden zu unterrichten[2]. Dies gilt selbst dann, wenn die Steuerfahndung um Stillschweigen gebeten hat.[3] Zwar ist an die Gefahr der Begünstigung (§ 257 StGB) und Strafvereitelung (§ 258 StGB) zu denken. Die Voraussetzungen dieser Delikte, ebenso Verdunkelungsgefahr (Haftgrund), dürften bei Banken jedoch nur in extremen Ausnahmefällen vorliegen.[4] 789

---

1 Vgl. BFH v. 15.6.2001 – VII B 11/00, BStBl. II 2001, 624; BFH v. 21.3.2002 – VII B 152/01, BStBl. II 2002, 495; dazu *Teubner/Wattenberg*, BB 2003, 444.

2 *Bilsdorfer*, DStR 1984, 500, DStZ 1984, 416, und Inf. 1995, 6 (11); *Ungnade*, WM 1984, 647; *Ransiek*, wistra 1999, 401; *Dörn*, Stbg 1999, 319.

3 *Ungnade/Kruck*, WM 1980, 258 (267); *Ungnade*, WM 1984, 647.

4 *Ungnade/Kruck*, WM 1980, 258 (267); *Ungnade*, WM 1984, 647.

790 Streitig ist, ob es neben der Unterrichtungsmöglichkeit eine **Informationspflicht** gibt. Dies wird zum Teil aus Bankenkreisen verneint, ist u.E. jedoch zu bejahen.[1] Eigentlich sollte es selbstverständlich sein, dass die Bank aus dem Bankvertrag mit dem Kunden heraus verpflichtet ist, diesen zu unterrichten, wenn sie an Dritte Daten, Informationen und Unterlagen des Kunden herausgibt. Dies muss nicht ausdrücklich vereinbart sein. Die Unterrichtung kann auch als aus dem Bankvertrag abzuleitende Nebenpflicht begründet werden.

791 Unterrichtet die Bank nicht, obwohl sie verpflichtet ist, kann dies **Schadensersatzansprüche** des Bankkunden auslösen. Schaden ist sicher nicht die infolge der Ermittlungen zu Recht festgesetzte Steuer. Trägt der Bankkunde jedoch vor, er hätte, wäre er unterrichtet worden, eine **Selbstanzeige** erstattet, so kann der Schadensersatz die angefallene Geldstrafe umfassen.

792 Eine separate Entscheidung ist, in welcher **Form** Bankkunden informiert werden sollen. Formblätter oder Rundschreiben können Strafverfolger provozieren. Sie können Anlass sein, die Frage der Informationsberechtigung zu problematisieren. Werden Kunden persönlich oder telefonisch unterrichtet, ist dagegen für den informierenden Bankmitarbeiter unter Umständen die Grenzziehung zwischen Information, steuerlicher Beratung und Beihilfe bzw. die Eingrenzung auf die Information schwierig. Gleichwohl raten wir dazu, die persönliche Unterrichtung der schriftlichen vorzuziehen.

793 Eine Unterrichtung liegt regelmäßig nicht durch das allgemeine „**Pressewissen**" vor. Wenn der Kunde der D-Bank liest, dass die Steuerfahndung bei der D-Bank ermittelt, so weiß er noch nicht konkret, dass die Bank auch seine Unterlagen und Daten herausgibt.

e) Kostenerstattung

794 Im Auskunftsfall kann die Bank Kostenerstattung begehren. Bei einem **abgabenrechtlichen Auskunftsverlangen** (§ 93 AO) findet § 107 AO und damit das Justizvergütungs- und Entschädigungsgesetz entsprechend Anwendung.[2] Dies gilt auch, wenn – was die Regel ist – ein Auskunfts- mit einem Vorlageverlangen kombiniert wird.[3]

---

1 *Ungnade/Kruck*, WM 1980, 258 (267); *Ungnade*, WM 1984, 647; zweifelnd *Bilsdorfer*, Inf. 1995, 6 (12).

2 BGH v. 23.12.1980 – VII R 91/79, BStBl. II 1981, 392; Nr. 147 AStBV (St) 2014 v. 1.11.2013.

3 BFH v. 24.3.1987 – VII R 113/84, BStBl. II 1988, 163.

Im **Strafverfahren** hat die Bank unmittelbar einen Anspruch nach dem Justizvergütungs- und Entschädigungsgesetz.[1] 795

Die Banken lassen sich hin und wieder auf den Kostenstreit mit der Steuerfahndung nicht ein, sondern **belasten** mit den Kosten das **Konto** des **Kunden**. Dies ist sicher dann rechtens, wenn der Kunde selbst die Bank gebeten hat, die Kopien zu fertigen, oder wenn er mit der Belastung einverstanden ist. Im Übrigen ist die Abbuchung u.E. rechtswidrig. Sie findet auch in den Allgemeinen Geschäftsbedingungen keine Rechtsgrundlage. Mit Auskünften gegenüber der Steuerfahndung kommt die Bank der eigenen Pflicht zur Zeugenschaft nach und erfüllt nicht die Pflichten oder Obliegenheiten des Kunden. Allerdings – auch das ist gesicherte Erfahrung – hat der Bankkunde im Steuerfahndungsverfahren – und zwar während des Verfahrens ebenso wie nach dessen Abschluss – regelmäßig kein Interesse daran, sich mit der Bank über die Kostenbelastung auseinanderzusetzen. 796

f) Empfänger- und Treugeberbenennung (§§ 160 und 159 AO)

Auch **§ 160 AO** ist ein Ermittlungsinstrument der Steuerfahndung im Bankenbereich. Wer Ausgaben steuerwirksam geltend machen will, muss den Empfänger benennen, anderenfalls ist der Abzug ausgeschlossen. Dazu allgemein Rz. 1333 ff. 797

Eine Bank zahlt bei der Abwicklung von Tafelgeschäften gegen Aushändigung der Zinsscheine **Zinsen.** Die Bank zahlt Zinsen auf Anleihen, deren Schuldner sie selbst ist. Muss sie in diesen Fällen jeweils sicherstellen, dass sich aus ihren Unterlagen der Geldempfänger ergibt? Steuerprüfern, die tagtäglich mit § 160 AO zu tun haben, fällt es schwer, einen Grund zu finden, warum § 160 AO keine Anwendung finden soll. Von Bankenseite wird dies abgelehnt.[2] § 160 AO wird teleologisch reduziert. Die Anwendung des § 160 AO sei ermessenswidrig. Welchen Weg die Auslegung hier gehen wird, ist noch offen. Der BFH hat entschieden, dass der **Emittent** von **Inhaberschuldverschreibungen** (**§§ 793 ff. BGB**) nicht verpflichtet ist, den Gläubiger der verbrieften Ansprüche nach § 160 AO zu benennen.[3] 798

---

1 Zu § 17a ZSEG – Vorgänger des Justizvergütungs- und Entschädigungsgesetzes – s. z.B. OLG Frankfurt v. 5.9.1990 – 2 Ws 186/90, WM 1991, 160.

2 Vgl. *Dahm/Hamacher*, DStZ 1992, 753.

3 BFH v. 25.2.2004 – I R 31/03, BStBl. II 2004, 582; BFH v. 25.2.2004 – I R 13/03, BFH/NV 2004, 1209.

799 Ähnliche Probleme stellen sich zu **§ 159 AO**. Hiernach muss derjenige, der behauptet, dass er Rechte oder Sachen nur als Treuhänder oder Vertreter für einen anderen innehat, diesen Dritten benennen. Zahlt ein Kundenbetreuer Gelder für einen Bankkunden auf ein Konto ein, ohne den Bankkunden zu benennen, so erwägt die Steuerfahndung, diese Gelder dem Kundenbetreuer als eigene Gelder zuzurechnen. Der Druck dieser Rechtsfolge kann ausreichen, den Kundenbetreuer zu veranlassen, den Bankkunden preiszugeben, und zwar selbst dann, wenn ihm selbst als Beschuldigtem ein Aussageverweigerungsrecht zur Seite steht. Oder: Die Bank transportiert Wertpapiere nach Luxemburg. Auf diesen Transport wendeten Steuerfahnder § 159 AO mit der Folge an, die Wertpapiere unmittelbar der Bank zuzurechnen, und zwar als Kapitalzugang mit nachfolgender Zinszurechnung.[1]

2. Bankmitarbeiter der inländischen Bank als „Beschuldigte"

a) Allgemeines

800 Stehen Bankangestellte – Vorstand oder Mitarbeiter – selbst im Verdacht, die Steuerhinterziehung des Bankkunden, sei es als Mittäter, Anstifter oder Gehilfe, zu unterstützen,[2] richtet sich die **Ermittlungsmaßnahme gegen die Bank**. Diese kann insgesamt betroffen sein; dies muss nicht so sein. Ist dem teilnahmeverdächtigen Mitarbeiter ein bestimmter Bereich, z.B. eine Zweigstelle, zuzuordnen, so können sich die Ermittlungen auch nur auf diesen Bereich erstrecken. In jedem Fall ist jetzt nicht mehr eine einzelne Kundenbeziehung, sondern der Verdacht, Bankchefs oder -angestellte hätten in einer Vielzahl von Fällen die Hinterziehung der Kunden gefördert, Gegenstand des Verfahrens.

b) Konfrontation oder Kooperation

801 Die Bank gerät in ein schwieriges **Spannungsverhältnis**. Da sich der strafrechtliche Verdacht am Anfang i.d.R. nicht gegen bestimmte Bankangestellte, sondern gegen Bankangestellte schlechthin richtet, könnte die Bank durch Ausübung der strafrechtlichen Verweigerungsrechte jegliche Mitwirkung ablehnen. Unterlagen werden nicht herausgesucht und herausgegeben. Computer werden nicht geöffnet und ent-

---

1 S. hierzu BFH v. 27.9.2006 – IV R 45/04, BStBl. II 2007, 39; *Leisner*, DB 2002, 2015.

2 Die Tatbestandsbedingungen einer solchen **Mittäterschaft**, **Anstiftung** oder **Beihilfe** werden hier nicht dargestellt. Zur Beihilfestrafbarkeit bei **berufstypischem Verhalten** s. Rz. 821 ff.

schlüsselt. Wird mit dieser Möglichkeit gespielt, setzt dem die Steuerfahndung entgegen: Dann müsse man eben alle Unterlagen beschlagnahmen und mitnehmen, notfalls die Bank, Filiale oder Zweigstelle schließen, um selbst die geforderten Unterlagen herauszusuchen. Die Bank steht in der Spannung zwischen Mitwirkung und erheblicher Beeinträchtigung ihrer Tagesarbeit.

Die Banken lösen dieses Spannungsverhältnis in unterschiedlicher 802
Weise. Die einen suchen die **Konfrontation**. Das Gegenstück ist die Entscheidung zur **falschen Kooperation**. Es wird einfach „blind" mitgewirkt. Ohne jegliche Kontrolle und Überlegung wird der Steuerfahndung alles gegeben, was sie verlangt.

Eine **Mitwirkung** kann besser laufen. Die Bank tritt der Steuerfahn- 803
dung gegenüber durch einen Mitarbeiter auf, der nicht belastet ist. Beginn der Kooperation heißt sodann nicht, dass die Bank einfach alles tun muss, was die Steuerfahndung verlangt. Die „Waffe" der Bank ist die Fülle der Informationen, über die sie allein verfügt und auf die die Steuerfahndung zugreifen will. Die „Ressource" Steuerfahndung ist beschränkt. Ihr ist es regelmäßig objektiv unmöglich, alle Bankkunden zu überprüfen. Wird vonseiten der Bank das Fahndungsinteresse und die Fahndungsberechtigung grundsätzlich anerkannt, wird sie ein offenes Ohr für Vorschläge der Banken haben, die Untersuchungen auf bestimmte Kontenverhältnisse zu beschränken. Der archimedische Punkt, mit dem sich ein Steuerfahndungsverfahren bewegen lässt, liegt in der Anerkennung der sich schneidenden Erkenntnisse: Nahezu alle **Rechte** liegen bei der **Steuerfahndung**; die Last ist groß, sie durchzusetzen. Die **Bank** verfügt über kaum Rechte, aber über die **Leichtigkeit**, die **Informationen** zu **verschaffen**.

c) Tag der Durchsuchung

Jede Bank sollte auf den Tag einer Durchsuchung **vorbereitet** sein. 804
„Planspiele" (s. Rz. 178) sind keine Strafvereitelung. Auch die Möglichkeit der **Selbstanzeige** ist zu erwägen.[1] Uns haben Fahnder über ihr Erstaunen berichtet, wie unsicher und laienhaft im Einzelfall Bankvorstände und -mitarbeiter bei einer Durchsuchung reagieren. Im Streit muss man wissen, wann der Tag des Gegners, wann die eigene Zeit ist.

---

1 Zur Diskussion der Frage, ob eine **Bank insgesamt Selbstanzeige** erstatten kann, insbesondere zum sog. **Monheimer Modell** s. *Vossmeyer/Venn*, Stbg 1998, 260; *Plewka*, BB 1998, 1337; *Ditges/Grass*, BB 1998, 1978; *Spatscheck*, DB 2000, 492.

Die **Durchsuchung** ist der **Tag** der **Strafverfolgung**. Sie muss durchgestanden werden.

805 Für den Tag der Durchsuchung muss eine **eindeutige Zuständigkeits-** und **Verantwortungszuweisung** bestehen. Es sollte einen Gesprächspartner für die Steuerfahndung geben, der die Durchsuchung managt und der auch hierauf vorbereitet ist. Weglauf-Syndrome sind ebenso verheerend wie ein Viel-Köche-Management von allen Vorstandsmitgliedern. Für Mitarbeiter und Steuerfahndung muss es eine klare und unumstößliche Verantwortungszentrierung geben.

806 Die Durchsuchung ist **nicht** die Gelegenheit von **Aussagen**. Aussagen an diesem Tag können i.d.R. nur Schaden anrichten. Bei der Steuerfahndung muss niemand aussagen (s. Rz. 659). Beschuldigte haben ein Aussageverweigerungsrecht. Zeugen sollten ihr Recht in Anspruch nehmen, zuerst einen Zeugenbeistand zu beauftragen (s. Rz. 728). Der Wille, dieses Recht in Anspruch zu nehmen, gibt den die Sachlichkeit fördernden Zeitaufschub.

807 Was beschlagnahmt werden soll, ist **aufzuzeichnen** (vgl. § 107 StPO). Die Frage, ob man zur **freiwilligen Herausgabe** bereit sei, ist zu **verneinen**; anderenfalls ist die Beschwerdemöglichkeit nicht mehr gegeben (s. Rz. 497).

808 Allerdings können an diesem Tag der Durchsuchung bereits erste Überlegungen und Gespräche zur **Alternative** begonnen werden, den Weg der **Kooperation** oder **Konfrontation** zu gehen (s. Rz. 801 ff.). Dem Plan der Steuerfahnder, eine große Zahl von Unterlagen (in Presseberichten werden daraus: „Wagenladungen“) mitzunehmen, kann durch die **Zurverfügungstellung** eines **Raums**, der zugunsten der Steuerfahndung versiegelt wird, begegnet werden. Auf diese Weise ist bereits durch die räumlichen Gegebenheiten die Kooperation vorgezeichnet.

d) Anfechtung von Durchsuchungs- und Beschlagnahmebeschlüssen

809 Wird im Bereich eines **Bankkunden** ermittelt und bezieht sich die Ermittlung der Steuerfahndung auf die Bankverbindungen dieses einen Kunden, wird die Bank regelmäßig **nicht** die **Rechtsmittelkontrolle** suchen.

810 Anders, wenn sich die Durchsuchungsaktion auf die Bank insgesamt bezieht. Zwar gilt auch hier, dass eine Beschwerde gegen Durchsuchungs- und Beschlagnahmebeschlüsse regelmäßig **wenig Aussicht auf Erfolg** hat. Dies gilt insbesondere für die Begründungsebene, es

fehle an einem hinreichenden Tatverdacht. Die Schwelle des Tatverdachts ist für Durchsuchungs- und Beschlagnahmebeschlüsse so gering, dass sie – geht man davon aus, dass die Steuerfahndung ohnehin nur mit einer gewissen Vorsicht den Generalangriff auf eine Bank unternimmt – regelmäßig zu überschreiten ist. Allerdings wird die Bank das **Beschwerdeverfahren durchführen,** um den „**guten Glauben**„ ihren **Bankkunden gegenüber** zu **dokumentieren**. Für die Bank ist es fatal, wenn sich dem Kunden der Eindruck aufdrängt, die Steuerfahndung brauche nur zu erscheinen, um alle Abwehrkräfte der Bank zum Erliegen zu bringen. Die Beschwerde muss durchgeführt werden. Bestätigt das Landgericht den Durchsuchungs- und Beschlagnahmebeschluss, so kann man dem Bankkunden belegen, man habe alles unternommen, um die Ermittlungen abzuwehren.

Gegen die landgerichtliche Entscheidung gibt es nur den **Weg** zum 811 **BVerfG** (s. Rz. 543). Es ist fraglich und bedarf sorgfältiger Beratung, ob eine Bank diesen Weg gehen soll. Im spektakulären Fall der Dresdner Bank in den 1990er-Jahren hat sich die Bank entschlossen, den 2. Senat des BVerfG anzurufen. Die Anrufung war nicht erfolgreich.[1] Es lässt sich in der Tat fragen, ob es sinnvoll ist, zum Schutz gegen die Steuerfahndung gerade den Senat des BVerfG anzurufen, der das Parlament verpflichtete, für eine gerechtere Besteuerung der Zinsen zu sorgen.

e) Presse

Die Steuerfahndung erscheint, soll die Presse, sollen die Medien **be-** 812 **nachrichtigt** werden? Muss etwaigen Presseinformationen der Ermittler gegengesteuert werden?

Jede Presse- und Medienveröffentlichung eines Steuerfahndungsein- 813 griffs in eine Bank **hindert** die möglichst **reibungslose Abwicklung** des Steuerfahndungsverfahrens. Die Ermittler haben durchweg kein Interesse an derartigen Veröffentlichungen, weil auch ihre Arbeit behindert

---

1 BVerfG v. 23.3.1994 – 2 BvR 396/94, StV 1994, 353 – Dresdner Bank I, Durchsuchung; BVerfG v. 13.12.1994 – 2 BvR 894/94, ZIP 1995, 101 – Dresdner Bank II, Beschlagnahme von 40 000 Einzahlungsbelegen und Scheckkopien. Zu den Vorentscheidungen des AG und LG Düsseldorf s. AG 1994, 119. Zu den Entscheidungen des BVerfG: *Streck*, StV 1994, 355; *Otto*, StV 1994, 409; *Carl/Klos*, wistra 1994, 211, und DStZ 1994, 391; *Leisner*, BB 1994, 1941, und BB 1995, 10. Zur Durchsuchung vor der Entscheidung des BVerfG: *Trzaskalik*, DB 1994, 550; *Arndt*, KÖSDI 1994, 9760. Das BVerfG wird seine Haltung nicht ändern, s. z.B. BVerfG v. 1.3.2002 – 2 BvR 972/00, wistra 2002, 298; BVerfG v. 20.4.2004 – 2 BvR 2043/03, 2 BvR 2104/03, wistra 2005, 21.

wird. Das gilt selbst dann, wenn staatsanwaltliche Pressestellen Informationen herausgeben. Fahndungsverfahren lassen sich fernab von allen Medien besser führen als in ihrem ständigen Spiegel. Selbst wenn – was oft nicht zu vermeiden ist – zu Beginn des Eingriffs in den Medien berichtet wird, sollten die Steuerfahndungsermittlungen auf die Dauer wieder in Vergessenheit der Öffentlichkeit gelangen. Banken und ihre Kunden profitieren davon. Dies muss auch den Bankvorständen und -mitarbeitern verdeutlicht werden.

814 Wird diese **Medienstille gesucht**, so kommt dem die **Dauer** von Steuerfahndungsverfahren und die Schnelllebigkeit der Nachrichten ebenso entgegen wie die Tatsache, dass das Steuerhinterziehungsdelikt und die Ermittlungstätigkeit der Fahndung – sieht man von der Startdurchsuchung ab – ziemlich uninteressant und langweilig sind. Mit Schlagzeilen wird über den ersten Zugriff berichtet. Eine kontinuierlich anhaltende Berichterstattung gibt es nicht. Von Zeit zu Zeit wird das Verfahren noch einmal aufgegriffen, ohne dass es nennenswert neue Informationen gibt. Über den Schlusspunkt wird nahezu nie berichtet.

f) „Kontenwahrheit" (§ 154 AO)

815 § 154 AO befasst sich mit der sog. „Kontenwahrheit". Nach Abs. 1 darf niemand auf einen falschen oder erdichteten Namen für sich oder einen Dritten ein Konto errichten oder Buchungen vornehmen lassen, Wertsachen (Geld, Wertpapiere, Kostbarkeiten) in Verwahrung geben oder verpfänden oder sich ein Schließfach geben lassen. Nach § 154 Abs. 2 AO hat derjenige, der ein Konto führt, Wertsachen verwahrt usw., sich zuvor Gewissheit über die Person und die Anschrift des Verfügungsberechtigten zu verschaffen und die entsprechenden Angaben in geeigneter Form festzuhalten. Er hat außerdem sicherzustellen, dass er jederzeit Auskunft darüber geben kann, über welche Konten und Schließfächer eine Person verfügungsberechtigt ist.

816 Diese nüchterne Gesetzesvorschrift, gegen die nichts einzuwenden ist, findet eine erste **ausdehnende Auslegung** im **Anwendungserlass zur AO** der Finanzverwaltung. Hier liest man – neben anderen Ausdehnungen – mit einem Mal das Verbot, Geschäftsvorfälle über **CpD-Konten** abzuwickeln, wenn der Name des Beteiligten bekannt ist oder unschwer ermittelt werden kann und für ihn bereits ein entsprechendes Konto geführt wird.[1] Was ein CpD-Konto ist, wird nicht erläutert. Weiter ist bestimmt, dass sich Kreditinstitute vor jeder Erledigung von Auf-

1 Tz. 3. Satz 3 AEAO zu § 154.

trägen, die über ein Konto abgewickelt werden sollen – also nicht nur bei Errichtung des Kontos, wie der Wortlaut des § 154 Abs. 2 AO verstanden werden kann –, Gewissheit über die Person und die Anschrift des Verfügungsberechtigten verschaffen müssen.[1] Legt man die Formulierung des Anwendungserlasses neben den Gesetzestext, so blickt man auf zwei unterschiedliche Normengefüge, die nur einen lockeren Zusammenhang haben; dass der Anwendungserlass § 154 AO auslegt, ist eher zu ahnen, als zu verstehen.

Jede Bank muss wissen, dass sich die **Finanzverwaltung** und die **Steuerfahndung** am **Anwendungserlass** (nicht am Gesetz) orientieren, auch wenn letztlich nur das Gesetz, nicht der Anwendungserlass maßgebend ist. 817

Der **Bundesgerichtshof** hat mit Macht gegengesteuert:[2] § 154 AO ist ausschließlich eine Vorschrift, die die sog. **formale Kontenwahrheit** gewährleisten soll. Ob der angegebene Inhaber das Konto für eigene oder fremde Rechnung führt (sog. materielle Kontenwahrheit), ist unerheblich. Der BGH lehnt jede extensive, den Tatbestand verlassende Auslegung des § 154 AO ab. Auch das Ziel, Steuerhinterzieher zu verfolgen, erlaube es nicht, den Wortlaut des Gesetzes zu verlassen. Wenn der Gesetzgeber eine extensive Anwendung gewollt habe, hätte er sie formulieren können. 818

Dass der **Gesetzgeber** ähnlich denkt, ist darüber hinaus belegbar. Erst das Geldwäschegesetz vom 25.10.1993 hat die Notwendigkeit der Identifikation einzahlender Personen eingeführt. Aus der Begründung des Entwurfs zu § 2 GwG:[3] 819

„Nach geltendem Recht gibt es keine Identifikationspflicht bei Bargeldeinzahlungen. § 154 Abs. 2 AO regelt lediglich ... die Sorgfaltspflichten, die bei der Eröffnung eines Kontos, bei der Verwahrung oder Pfandannahme von Wertsachen oder bei der Eröffnung eines Schließfachs zu beachten sind ... Eine Identifikation dessen, der auf ein Konto einzahlt, findet hingegen nach § 154 Abs. 2 AO nicht statt. Sie wird auch nach der EWG-Geldwäsche-Richtlinie nicht gefordert, ist jedoch kriminalpolitisch wünschenswert.“

Guthaben auf **Konten,** die auf **falschen** oder **erdichteten Namen** eingerichtet sind, dürfen nur mit Zustimmung des für die Einkommen- und Körperschaftsteuer des Verfügungsberechtigten zuständigen Finanzamts ausgezahlt werden (vgl. **§ 154 Abs. 3 AO**). Auf diese Weise 820

---

1 Tz. 4. AEAO zu § 154.

2 BGH v. 18.10.1994 – XI ZR 237/93, BB 1995, 62; bestätigt durch BFH v. 13.12.2011 – VII R 49/10, BStBl. II 2012, 398.

3 GwG v. 25.10.1993, BGBl. 1993 I, 1770; RegE, BT-Drucks. 12/2704.

werden Guthaben blockiert. Das zuständige Finanzamt wird allerdings seine Zustimmung dann erteilen, wenn die Beträge als Anzahlung auf die Steuerfahndungsmehrergebnisse erbracht werden. Fordert das Finanzamt Sicherheiten, können solche Konten auch dem Sicherheitszweck dienen. Wird gegen § 154 Abs. 3 AO verstoßen, so haften Bank und der handelnde Mitarbeiter nach § 72 AO.[1] Die Haftung erstreckt sich auf die Steueransprüche, die infolge der Verletzung des § 154 Abs. 3 AO nicht realisiert werden können. Wir können aus der Praxis bestätigen, dass es sich nicht um eine „tote" Haftungsnorm handelt, die nicht genutzt wird. Verstöße gegen § 154 Abs. 1 AO sind im Übrigen eine Ordnungswidrigkeit nach § 379 Abs. 2 Nr. 2 AO.

g) Beihilfestrafbarkeit von Bankmitarbeitern bei berufstypischem Verhalten

821 Nicht selten wird gegenüber Bankmitarbeitern der Tatvorwurf der **Beihilfe** zur Steuerhinterziehung des Kunden erhoben. Der Vorwurf besteht – wie zahlreiche Verfahren der jüngeren Vergangenheit gegen Mitarbeiter von Schweizer Banken zeigen – typischerweise darin, Kunden bei der Verschleierung von steuerpflichtigen Kapitalerträgen geholfen zu haben. Grundlegend in diesem Kontext ist eine Entscheidung des BGH vom 1.8.2000[2], die bis heute Gültigkeit hat. Im Einzelnen:

822 Als **Gehilfe** wird bestraft, wer vorsätzlich einem anderen zu dessen vorsätzlich begangener rechtswidriger Tat Hilfe geleistet hat (§ 27 StGB). Strafbarkeit der Beihilfe setzt somit eine rechtswidrige und vom Haupttäter vorsätzlich begangene Haupttat voraus. Liegt keine Haupttat vor bzw. wird diese nicht zur Überzeugung des Gerichts festgestellt, scheidet aufgrund der gesetzlich normierten **Akzessorietät** die Strafbarkeit einer unterstützenden Handlung eines Dritten von vornherein aus.

823 Als **objektive Hilfeleistung** i.S.d. § 27 StGB ist **grundsätzlich jede Handlung** anzusehen, welche die Herbeiführung des Taterfolgs des Haupttäters objektiv fördert, ohne dass sie für den Erfolg selbst ursächlich sein muss. **Gehilfenvorsatz** liegt vor, wenn der Gehilfe die Haupttat in ihren wesentlichen Merkmalen kennt und in dem Bewusstsein handelt, durch sein Verhalten das Vorhaben des Haupttäters zu fördern. Ob der Gehilfe den Erfolg der Haupttat wünscht oder ihn lieber

1 Vgl. BFH v. 17.2.1989 – III R 35/85, BStBl. II 1990, 263; BFH v. 13.12.2011 – VII R 49/10, BStBl. II 2012, 398.

2 BGH v. 1.8.2000 – 5 StR 624/99, wistra 2000, 340.

vermeiden würde, ist nicht entscheidend. Es genügt, wenn die Hilfe an sich geeignet ist, die fremde Haupttat zu fördern oder zu erleichtern und der Hilfeleistende dies weiß. Unter dieser Voraussetzung ist der Vorsatz selbst dann nicht infrage gestellt, wenn der Gehilfe dem Täter ausdrücklich erklärt, er missbillige die Haupttat.[1] Die Beihilfe muss nicht zur unmittelbaren Ausführung der Tat geleistet werden. Es genügt, wenn die Haupttat im Vorbereitungsstadium gefördert wird, solange die Teilnahmehandlung mit dem Willen und dem Bewusstsein geleistet wird, die Haupttat zu fördern.[2]

Die vorstehenden Grundsätze erfahren eine **Einschränkung im Bereich** 824 des sog. **berufstypischen Verhaltens**. Es stellt sich insoweit die Frage, ob „objektiv neutrale Handlungen“ strafbar sind.

Eine generelle Straflosigkeit von „neutralen“, „berufstypischen“ oder 825 „professionell adäquaten“ Handlungen besteht nicht.[3] Andererseits stellt nicht jede Mitwirkung eines Bankangestellten zugunsten von Bankkunden, die ihre Kapitalerträge gegenüber dem Finanzamt verheimlichen, eine strafbare Beihilfehandlung dar.

Die Abgrenzung erfolgt nach der Rechtsprechung des BGH anhand 826 des subjektiven Elements des Gehilfenvorsatzes. Berufstypische, an sich neutrale Handlungen verlieren nach Ansicht des BGH jedenfalls dann ihren **Alltagscharakter**, wenn das Handeln des Haupttäters auf die Begehung einer strafbaren Handlung abzielt und der Hilfeleistende dies positiv weiß. Weiß der Hilfeleistende dagegen nicht, wie der von ihm geleistete Beitrag vom Haupttäter verwendet wird, hält er es lediglich für möglich, dass sein Tun zur Begehung einer Straftat genutzt wird, so ist sein Handeln regelmäßig noch nicht als strafbare Beihilfehandlung zu beurteilen. **Eventualvorsatz als Vorsatzform des Bankmitarbeiters scheidet damit in jenen Fällen aus.**[4] Dies soll jedoch nicht gelten, wenn für den Hilfeleistenden die Ziele des Täters nicht eindeutig erkennbar sind, er aber die Haupttat für überaus wahrscheinlich hält und damit das von ihm erkannte Risiko strafbaren Verhaltens des von ihm Unterstützten derart hoch ist, dass er sich mit seiner Hilfeleis-

---

1 Vgl. BGH v. 1.8.2000 – 5 StR 624/99, wistra 2000, 340 (341); *Fischer*, StGB, 63. Aufl. 2016, § 27 Rz. 9 ff.

2 BGH v. 1.8.2000 – 5 StR 624/99, wistra 2000, 340 (341 und 343).

3 BGH v. 1.8.2000 – 5 StR 624/99, wistra 2000, 340 (342).

4 S. auch *Joecks* in Joecks/Jäger/Randt, Steuerstrafrecht, 8. Aufl. 2015, § 370 Rz. 519.

tung „**die Förderung eines erkennbar tatgeneigten Täters angelegen sein**" lässt.[1]

h) Haftung der Bankangestellten nach § 71 AO

827 Haben sich Bankangestellte als Mittäter, Anstifter oder Gehilfen an der Steuerhinterziehung eines Bankkunden beteiligt, haften sie nach § 71 AO für die hinterzogene Steuer[2] (s. auch Rz. 1526 ff.). Dies ist ein Risikobereich für Bankangestellte, der nicht unterschätzt werden darf.

828 Daran ändert selbst eine wirksame **Selbstanzeige** der **Bankangestellten** nichts: Es entfällt lediglich die Strafbarkeit, nicht **die Haftung**.

829 Im Kontext des **anonymen Kapitaltransfers in das Ausland** hat der BFH entschieden: Eine **Gefährdungshaftung** der Bankangestellten für Steuerschulden von im Einzelnen nicht identifizierbaren Kunden nach § 71 AO besteht nicht.[3] Ein auf Wahrscheinlichkeitsüberlegungen gestütztes reduziertes Beweismaß für den Erlass eines Haftungsbescheids ist insoweit unzulässig. Nach Ansicht des BFH gibt es auch keinen allgemeinen Erfahrungssatz, dass, wer Kapital anonym ins Ausland verbringt, auch in der Steuererklärung unrichtige Angaben hinsichtlich der daraus erzielten Erträge macht.[4] Der BFH hat dementsprechend eine Haftung von Bankmitarbeitern für (geschätzte) Steuerschulden der nicht enttarnten Kunden abgelehnt.[5]

i) Steuerstrafverfolgung und Zuverlässigkeit nach § 33 Abs. 1 Nr. 2 KWG

830 Richtet sich das Steuerstrafverfahren gegen einen **Bankvorstand**, so geht es nicht nur um eine steuerstrafrechtliche Sanktion, sondern zugleich um das Verdikt der Bundesanstalt für Finanzdienstleistungsaufsicht (BaFin), der Beschuldigte sei **nicht mehr „zuverlässig"**. Nach § 36

---

1 BGH v. 1.8.2000 – 5 StR 624/99, wistra 2000, 340 (342); kritisch *Samson/Schillhorn*, wistra 2001, 1; *Schmitz/Wulf* in Münchener Kommentar, StGB, Nebenstrafrecht II, 2. Aufl. 2015, § 370 AO Rz. 409 ff.

2 Vgl. *Bielefeld/Prinz*, DStR 2008, 1122; *Talaska*, RdF 2013, 237.

3 BFH v. 15.1.2013 – VIII R 22/10, BStBl. II 2013, 526.

4 BFH v. 20.6.2007 – II R 66/06, BFH/NV 2007, 2057; BFH v. 15.1.2013 – VIII R 22/10, BB 2013, 1188; a.A. FG Düsseldorf v. 10.2.2009 – 8 V 2461/08 A (H), juris; aufgehoben durch BFH v. 16.7.2009 – VIII B 65/09, juris.

5 Vgl. hierzu auch *Moritz*, BB 2013, 1562; *Werth*, DStZ 2013, 416 (420).

KWG i.V.m. § 35 Abs. 2 Nr. 3 KWG und § 33 Abs. 1 Nr. 2 KWG kann die BaFin die Abberufung von i.S.v. § 33 Abs. 1 Nr. 2 KWG unzuverlässigen Geschäftsleitern einer Bank verlangen.

Die **Beteiligung** an einer **Steuerhinterziehung** kann die **Unzuverlässigkeit indizieren**. Wird der leitende Bankangestellte bestraft, und sei es nur durch einen Strafbefehl, so gerät die Zuverlässigkeit in Gefahr. Problematisch ist schon die Sanktion des § 153a StPO. Hier gibt es Geldsanktionen, die die BaFin noch hinnimmt, andere, die die Zuverlässigkeit berühren. Maßgebend scheint in der Tat die Höhe des Geldbetrags zu sein, der zu zahlen ist. Bevor die Zustimmung zur Einstellung nach § 153a StPO in solchen Fällen erteilt wird, müssen die Folgen im Hinblick auf die Zuverlässigkeit nach Möglichkeit mit der BaFin abgestimmt werden. 831

j) Zeitablauf

Wird gegen eine Bank mit dem Verdacht ermittelt, Bankangestellte hätten den Bankkunden bei Steuerhinterziehungen geholfen, werden sich Bankangestellte auf ein **langes Verfahren** einrichten müssen. 832

Es gilt hier eine fast **zwingende zeitliche Abfolge**: Zuerst werden die Fälle der Bankkunden bearbeitet, und zwar zumeist bis zum steuerstrafrechtlichen Abschluss. Dann folgt die Bearbeitung der Akten der Bankangestellten. Da es sich bei den Bankkunden um eine beträchtliche Anzahl von Steuerstrafverfahren handelt, vergeht viel Zeit, bis die Fälle der Bankmitarbeiter zur Entscheidung anstehen. 833

Dies zehrt an den Nerven, muss jedoch **nicht immer nachteilig** sein. Einmal nähert man sich der Zeitgrenze der Verjährung, überschreitet diese vielleicht sogar. Zum anderen mindert sich mit der zeitlichen Entfernung zur Tat die Schwere der möglichen Sanktion. Schließlich gehört zu unserer Erfahrung, dass die Verfolgungsintensität zugunsten von Gehilfen und Anstiftern spürbar nachlässt, ist das Verfahren des Hauptbeteiligten, nämlich des Steuerpflichtigen selbst, erledigt. 834

3. Ausländische Banken

a) Allgemeines

Auch im **Ausland anfallende Kapitaleinkünfte** des im Inland unbeschränkt Steuerpflichtigen sind **steuerpflichtig**. Auf diese Selbstverständlichkeit müssen Steuerberater immer wieder hinweisen, auch wenn der muntere Ankauf von Steuer-CDs ausländischer Banken durch 835 die Finanzverwaltung in den vergangenen Jahren und die hierdurch entstandene Öffentlichkeitswirkung jeden Steuerpflichtigen erreicht haben müsste.

836 Auch bei der Nichtversteuerung ausländischer Zinserträge kann man mitwirken. Auch hier gibt es **Mittäter, Anstifter** und **Gehilfen**. Die verbale Entlastung, man suche die Kapitalanlage im Ausland, um der Zinsabschlagsteuer zu entgehen, wolle jedoch im Übrigen die Zinserträge ordnungsgemäß versteuern, ist wenig überzeugend. Allein der Kostenaufwand der Einschaltung ausländischer Banken ist größer als der hier angestrebte Zinseffekt.

b) Ermittlungen der Steuerfahndung im Ausland

837 Regelmäßig wurde das Ausland für Kapitalanlagen in der Erwartung gewählt, dass das Finanzamt solche Kapitalanlagen nicht entdecken könne. Man entscheidet sich für bestimmte ausländische Staaten, weil diese jede **Amts-** und **Rechtshilfe ablehnen**.

838 In der Tat setzt die Grenze zum Nachbarstaat dem Finanzamt auch die **Grenze** der **Ermittlungsmöglichkeit.** Jenseits der Grenze ist hoheitliches Handeln dem deutschen Finanzbeamten grundsätzlich völkerrechtlich untersagt. Diese direkte und verbotene Aktion wird ersetzt durch die Möglichkeit, mithilfe der **internationalen Amts- und Rechtshilfe** aufgrund von Doppelbesteuerungsabkommen, aufgrund von besonderen Abkommen oder aufgrund von strafrechtlichen Vereinbarungen Ermittlungen anstellen zu können. Zu den Einzelheiten s. Rz. 944 ff.

839 Das Netz der Ermittlungsmöglichkeiten der Steuerfahndung ist in den letzten Jahren aufgrund der Vielzahl der geschlossenen bi- und multilateralen Vereinbarungen (s. Rz. 950 ff.) immer engmaschiger geworden. Im Kontext ausländischer Geldanlagen (Konten, Depots, Stiftungen, Trusts, Versicherungen etc.) ist der „**gläserne Bürger**" mittlerweile Realität. Insbesondere der international installierte, sehr umfangreiche automatische Informationsaustausch von Kontenständen und Kapitalerträgen von Steuerpflichtigen (u.a. von natürlichen und juristischen Personen) inklusive Angaben zu persönlichen Daten umtreibt derzeit eine Vielzahl von Anlegern, die (noch) nicht den Weg in die Steuerehrlichkeit gesucht haben. Konkret handelt es sich um den im Jahr 2014 von der OECD veröffentlichten sog. „**Global Standard for Automatic Exchange of Financial Account Information**", der am 28.10.2014 durch

ein „**Multilateral Competent Authority Agreement**“[1] zwischen 51 Staaten vereinbart und in Deutschland am 21.12.2015 durch das Gesetz zum automatischen Austausch von Informationen über Finanzkonten in Steuersachen (sog. **Finanzkonten-Informationsaustauschgesetz**, FKAustG)[2] umgesetzt wurde. Aktuell haben mehr als 90 Staaten dieses Abkommen umgesetzt oder zugesagt, dieses umzusetzen. Zu den Einzelheiten s. Rz. 964 ff.

Unabhängig hiervon: Weiß das Finanzamt um eine bestimmte Kontenverbindung – z.B. weil ein einziger Kontoauszug gefunden wurde –, so benötigt das Finanzamt die internationale Amtshilfe i.d.R. nicht. Das Finanzamt wird den Steuerpflichtigen auffordern, die Kontounterlagen vorzulegen. Kommt der Steuerpflichtige dieser Mitwirkung nicht nach, **schätzt** das Finanzamt das Auslandsvermögen und die Auslandserträge. Die Schätzung wird i.d.R. so ausfallen, dass der Steuerpflichtige gezwungen ist, die Unterlagen zu beschaffen, will er einer Überbesteuerung entgehen. Allein mit dem Argument, die Schätzung sei überhöht und willkürlich, wird er nicht gehört werden. Die Entgegnung, diese Überhöhung sei nur dann glaubhaft, wenn sie belegmäßig dargetan ist, ist so wirksam, dass sich ihr auch ein Finanzrichter nicht entziehen wird. Dass dieses Vorgehen unter Umständen ein Verwertungsverbot im Strafverfahren (s. Rz. 1423 ff.) zur Folge haben könnte, wird von den fiskalisch geprägten Steuerfahndern durchaus in Kauf genommen. 840

Daraus folgt für die **Beratung** im Regelfall: Ist dem Finanzbeamten ein Auslandskonto bekannt, so wird dem Steuerpflichtigen nichts anderes übrig bleiben, als das **Konto offenzulegen**. 841

c) Über die Entdeckung ausländischer Konten

Offenbar gehört es zu dem **Vergnügen** einer Kapitalanlage im Ausland, sie als Auszug oder Anlagepapier gegenständlich betrachten zu können. Anders ist es nicht zu erklären, dass Betriebsprüfer und Steuerfahnder bei ihrer Tätigkeit in den privaten und betrieblichen Räumen der Steuerpflichtigen immer wieder auf **Belege** über **Auslandskonten** stoßen. 842

Steuerfahnder sollen außerdem – so wird berichtet – **privat** in Luxemburg **ermitteln**, welche deutschen Wagen vor welchen Banken parken. Sodann sollen sie dem Amtskollegen am Zoll einen Tipp geben, der ihn 843

1 Vgl. BGBl. II 2015, 1630.
2 BGBl. I 2015, 2531.

veranlasst – Europa hin, Europa her –, den Wagen im grenznahen Gebiet herauszuwinken und Unterlagen zu durchsuchen. Die Unterlagen werden kopiert und sofort zurückgegeben. Die Kopien gehen an die Finanzverwaltung zur weiteren Überprüfung. Sicher ist, dass solches Handeln von der Steuerfahndung bestritten wird. Dann ist es eben der Beamte „Zufall", der dazu führt, dass an der Grenze immer wieder Unterlagen über ausländische Konten entdeckt werden, die den Weg zum Wohnsitzfinanzamt finden.

Der Betroffene muss wissen: In diesen Fällen ist die **Selbstanzeige** – je nachdem, welche konkreten Einlassungen bei Aufgriff an der Grenze erfolgten – noch **möglich**. Zu den Einzelheiten s. Rz. 307.

844 Aus fiskalischer Sicht war und ist der **Ankauf von Daten-CDs** mit Kundendaten ausländischer Banken sicherlich ein Erfolgsmodell. Die Listen von aufgetauchten bzw. angekauften CDs scheinen unendlich.

Beispiele:

- Juni 2007: LGT Treuhand (Liechtenstein);
- August 2008: Liechtensteinische Landesbank (Liechtenstein);
- Februar 2010: Credit Suisse (Schweiz);
- März 2010: HSBC Private Bank (Schweiz);
- Oktober 2010: Bankhaus Julius Bär (Schweiz);
- Ende 2011: Privatbank Coutts Bank (Luxemburg);
- Juni 2012: Credit Suisse Life Bermuda Ltd. „Versicherungs-Mäntel";
- Juli 2012 Merrill Lynch;
- Dezember 2012: UBS (Schweiz);
- April 2013 Offshore-Leaks-Daten;
- April 2013 Credit Suisse, Clariden Leu, Neue Aargauer Kantonalbank (Schweiz).

Kaum ein Steuerpflichtiger, der über verschwiegenes Vermögen im Ausland verfügt oder in der Vergangenheit verfügte, kann ausschließen, dass er auf einer der CDs erfasst ist, die der Finanzverwaltung bereits vorliegen oder von derselben noch angekauft werden. Das Entdeckungsrisiko ist allgegenwärtig.

845 Bisher nicht abschließend geklärt ist die Frage, ob die auf den CDs befindlichen Daten steuerlich und steuerstrafrechtlich **verwertet** werden können:[1]

1 S. hierzu auch *Hilgers-Klautzsch* in Kohlmann, Steuerstrafrecht, § 385 Rz. 1207 ff. (Nov. 2015).

Als Ansatzpunkt für ein Verwertungsverbot kommt eine Strafbarkeit des Ankaufs der Daten durch das jeweilige Bundesland in Betracht. Der Informant könnte sich durch den Verkauf der CDs eines Verrats von Geschäfts- und Betriebsgeheimnissen gem. § 17 Abs. 2 Nr. 2 UWG schuldig gemacht und die Beamten des jeweiligen Landes hierzu durch Zahlung eines Geldbetrags Beihilfe geleistet haben.[1]

Das **LG Bochum**[2] und das **BVerfG**[3] verneinen in Entscheidungen aus 2009 und 2010 ein Verwertungsverbot bzw. Erhebungsverbot[4] im steuerstrafrechtlichen Ermittlungsverfahren. Zwar unterstellt das Bundesverfassungsgericht die Begehung einer Straftat seitens der Behörde. Aufgrund einer Interessenabwägung resultiere daraus jedoch kein Verwertungsverbot.

Das **FG Köln** hatte über einen Antrag auf Aussetzung der Vollziehung eines Einkommensteuerbescheids zu entscheiden; dort setzte das Finanzamt aufgrund von Konteninformationen, die aus einer Daten-CD stammten, im Wege der Schätzung zusätzliche Einkünfte aus Kapitalvermögen an.[5] Unter Verneinung eines steuerlichen Verwertungsverbots lehnte das Finanzgericht den Antrag auf Aussetzung der Vollziehung ab. Ebenso entschieden in der Sache weitere Finanzgerichte.[6]

Zwischenzeitlich hatte ein Urteil des **AG Nürnberg** vom 2.8.2012 erneut die Hoffnung aufkeimen lassen, die Verwendung der entwendeten CD-Daten könne gleichwohl steuerstrafrechtlich ein Verwertungsverbot auslösen:[7] Das AG Nürnberg sprach den Angeklagten von dem Vorwurf der Steuerhinterziehung frei. Allein der Umstand, dass sich einer angekauften Daten-CD ein bestimmter Kontostand zu einem bestimmten Zeitpunkt und die Berechtigung einer Person hieran entnehmen ließe, genüge für den Tatnachweis einer Steuerhinterziehung nicht. Kontostände zu bestimmten Stichtagen könnten nichts über den Verlauf der Geldanlagen aussagen. In diesem Zusammenhang lässt das Amtsgericht ausdrücklich offen, ob die Daten auf der CD prozessual verwertbar sind.

---

1 Vgl. hierzu *Wulf*, PStR 2012, 33; *Wulf*, Stbg 2016, 306; a.A. *Roth*, Stbg 2013, 29; *Roth*, Stbg 2016, 300.

2 LG Bochum v. 7.8.2009 – 2 Qs 2/09, NStZ 2010, 351.

3 BVerfG v. 9.11.2010 – 2 BvR 2101/09, wistra 2011, 61. Im Ergebnis ebenso LG Düsseldorf v. 17.9.2010 – 14 Qs 60/10, wistra 2011, 37.

4 Zur Abgrenzung vgl. *Beyer*, AO-StB 2014, 100.

5 FG Köln v. 15.12.2010 – 14 V 2484/10, DStRE 2011, 1076.

6 Z.B. FG Baden-Württemberg v. 27.1.2011 – 13 K 5726/08, PStR 2011, 300; FG Hamburg v. 12.10.2011 – 3 V 117/11, EFG 2012, 906.

7 AG Nürnberg v. 2.8.2012 – 46 Ds 513 Js 1382/1111, wistra 2014, 113 mit Anm. *Reichling*, wistra 2014, 246.

Der **Verfassungsgerichtshof Rheinland-Pfalz** hat in seinem Urteil vom 24.2.2014 die aufkommende Hoffnung erstickt.[1] Die zugrunde liegende Verfassungsbeschwerde richtete sich gegen einen Durchsuchungs- und Beschlagnahmebeschluss in einem steuerstrafrechtlichen Ermittlungsverfahren wegen Steuerhinterziehung. Dem Durchsuchungsbeschluss lagen Erkenntnisse aus einer angekauften Bank-CD zugrunde. Nach Ansicht des Verfassungsgerichtshofs bestünden keine verfassungsrechtlichen Bedenken an der Annahme einer Straffreiheit der den Datenkauf tätigenden Beamten. Positiv für den Steuerpflichtigen ist eine vom Gericht an die Behörde gerichtete Warnung. Auch ein systematisch bzw. absichtlich rechtswidriges Verhalten, welches für sich gesehen nicht die Willkürschwelle überschreitet, führe zu einem Erhebungsverbot. Im Ergebnis dürfen daher Ermittlungsbehörden nicht bewusst nach dem Motto verfahren, dass „bloß" rechtswidriges Handeln zu keinem Verwertungsverbot führe.[2]

846 In anderen Fällen konnten **Listen mit Kunden** ausländischer Banken bei der Durchsuchung von **Filialen inländischer Schwestergesellschaften** sichergestellt werden – Mitarbeiter der Banken hatten ungeschützt mit ihren Kollegen im Ausland per E-Mail konferiert und diesen E-Mails große Datenpakete angehängt, die von IT-Fahndern in den Speichern rekonstruiert werden konnten.

847 Nachdem die Schweizer Banken lange Zeit die Gefahr der Entdeckung nicht erklärter Kapitalanlagen den Kunden gegenüber herunterspielten, verfolgten sie verstärkt nach dem Scheitern des Steuerabkommens zwischen der Schweiz und Deutschland Ende 2012 die sog. **„Weißgeldstrategie"**: Kunden werden zur Abgabe von Selbstanzeigen gedrängt. Verbunden ist dieses Drängen mit der Erklärung, die Bankbeziehung werde einseitig beendet, wenn der Nachweis der Steuerehrlichkeit nicht gegenüber der Bank erbracht werde. Die Großbanken setzten hierzu Fristen bis Ende 2013 (Credit Suisse) bzw. 2014 (UBS). Die kleineren Banken gingen etwas großzügiger mit den Fristen um. Soweit ersichtlich, betrachten die Schweizer Banken diese Fälle als weitgehend abgeschlossen.

Die „Weißgeldstrategie" der Banken war motiviert durch die Sorge, sich der **Beihilfe** zur Steuerhinterziehung schuldig zu machen. In diesem Zusammenhang ist auch die Einigung bspw. der Schweizer UBS AG mit der Staatsanwaltschaft Bochum im Juli 2014 zu sehen. Die Eini-

---

1 VerfGH Rheinland-Pfalz v. 24.2.2014 – VGH B 26/13, wistra 2014, 240. Hierzu *Höring*, DStZ 2015, 34.

2 Vgl. hierzu *Beyer*, AO-StB 2014, 100.

gung sah eine Einstellung der gegen Mitarbeiter wegen Beihilfe zur Steuerhinterziehung eingeleiteten Steuerstrafverfahren gegen Zahlung von 300 Mio. Euro vor.[1]

d) Ausländische Auskunfts- und Aussageverweigerungsrechte

Bankangestellte ausländischer Banken **wohnen** nicht selten in **Deutschland**. Was liegt näher, als diese Bankangestellten zu vernehmen und zu befragen über das, was sich in der ausländischen Bank abspielt. Können diese Bankangestellten den deutschen Ermittlungsorganen ein ausländisches Bankgeheimnis, ein **ausländisches Auskunftsverweigerungsrecht** entgegensetzen? 848

Bankangestellte haben in Deutschland im Hinblick auf das „Bankgeheimnis" **kein Zeugnisverweigerungsrecht gem. § 53 StPO**.[2] Ferner erkennen weder das deutsche **Strafprozessrecht**[3] noch das deutsche **Steuerrecht**[4] **ausländische Auskunfts-** und **Aussageverweigerungsrechte an**. 849

Fraglich ist, ob § 55 StPO oder § 103 AO greifen, wonach die Aussage verweigert werden kann, wenn man sich einer Strafverfolgung aussetzt. Diskutiert wird, ob die Auskunftsverweigerungsrechte von § 55 StPO und § 103 AO voraussetzen, dass die Gefahr der Strafverfolgung bezüglich einer vorangegangenen Straftat besteht, oder ob es ausreicht, dass die Aussage an sich zu einer Strafverfolgung führen könnte.[5] Im Abgabenrecht scheint man einmütig der Ansicht zu sein, dass es sich um eine **der Aussage vorangehende** Straftat handeln muss.[6] 850

---

1 Vgl. Süddeutsche Zeitung v. 29.7.2014.

2 *Schmitt* in Meyer-Goßner/Schmitt, StPO, 59. Aufl. 2016, § 53 Rz. 3.

3 Vgl. *Ignor/Bertheau* in Löwe/Rosenberg, StPO, 26. Aufl. 2008, § 53 Rz. 5 f. mit Darstellung der – insbesondere europarechtlichen – Probleme.

4 Vgl. BFH v. 16.4.1980 – I R 75/78, BStBl. II 1981, 492; BFH v. 16.4.1986 – I R 32/84, BStBl. II 1986, 736, betreffend Art. 273 Schweizerisches Strafgesetzbuch; BFH v. 31.5.2006 – II R 66/04, BStBl. II 2007, 49. S. im Übrigen *Dressler*, StBp 1992, 149, zur Unbeachtlichkeit ausländischer Auskunftsverbote im deutschen Steuerrecht.

5 Abl. *Schmitt* in Meyer-Goßner/Schmitt, StPO, 59. Aufl. 2016, § 55 Rz. 4; LG Stuttgart v. 24.4.1992 – 11 ARs 1/92, NStZ 1992, 455, betreffend Art. 273 Schweizer StGB mit Kritik von *Odenthal*, NStZ 1993, 52; a.A. LG Freiburg v. 16.12.1985 – IV Qs 101/85, NJW 1986, 3036.

6 *Schuster* in Hübschmann/Hepp/Spitaler, AO/FGO, § 103 AO Rz. 15 (Aug. 2006); *Seer* in Tipke/Kruse, AO/FGO, § 103 AO Rz. 8 (Mai 2013); BFH v. 21.12.1992 – XI B 55/92, BStBl. II 1993, 451; BFH v. 16.4.1986 – I R 32/84, BStBl. II 1986, 736, streift das Problem durch die Bemerkung, es sei bezüglich einer Strafverfolgung nichts vorgetragen worden.

Hier gibt es also wenig Rechtsschutz für den im Inland wohnenden Angestellten der ausländischen Bank.

851 Diese Angestellten sollte man jedoch darauf aufmerksam machen, dass sie bei der **Steuerfahndung** überhaupt **nicht** aussagen müssen (s. Rz. 716). Möglicherweise handeln sie sich dann allerdings eine Vernehmung bei der Staatsanwaltschaft oder der Straf- und Bußgeldsachenstelle ein, wo sie verpflichtet sind, zu erscheinen und aussagen müssen. Außerdem sollten sie darüber belehrt werden, dass ihnen das strafprozessuale und abgabenrechtliche Auskunftsverweigerungsrecht des § 55 StPO und des § 103 AO deshalb zur Seite steht, weil sie sich möglicherweise der Strafverfolgung wegen Beteiligung an einer vorangegangenen Steuerhinterziehung des Bankkunden aussetzen.

4. Aspekte des Bankkunden

a) Mitwirkung – inländische Banken

852 Über die **Rechte** der **Steuerfahndung gegenüber** den Banken haben wir oben berichtet (Rz. 766 ff.).

Allerdings nutzt die Steuerfahndung nicht immer sofort die ihr zustehenden Rechte. Sie geht mit **unterschiedlicher Intensität** vor. Die „sanfte Modalität“ überlässt es den Geprüften, die Bankunterlagen zu beschaffen. Allerdings trägt hier der Betroffene die Kosten. In der nächsten Stufe lässt sich die Steuerfahndung eine Anweisung von den Betroffenen geben, die es der Bank erlaubt, die Auskünfte zu geben. Hier wird der Schein der Freiwilligkeit bejaht, obwohl man sich der Augenwischerei bewusst sein sollte. Auch hier trägt der Bankkunde i.d.R. die Kosten.[1] Die Steuerfahndung kann sich sodann mit einem rein steuerlichen Auskunftsersuchen unmittelbar an die Bank wenden. Im Übrigen entspricht es den Fahndungsgepflogenheiten, bei der Bank mit einem Durchsuchungsbeschluss zu erscheinen und zu ermitteln.

853 Leider ist es gesicherter Bestand unserer Erfahrung, dass die Steuerfahndung auch bei freiwilliger Herausgabe von Bankunterlagen oder Informationsbeschaffung durch den Betroffenen mit einem **Durchsuchungsbeschluss nachkontrolliert**. Hat man dies mehrfach erlebt, neigt man zu dem Rat, die Steuerfahndung möge sich die Unterlagen stets selbst beschaffen. Legt der Beschuldigte selbst Unterlagen vor, so heißt dies offensichtlich in den Augen der Steuerfahndung: Es gibt noch mehr Konten, von denen abgelenkt werden soll.

---

1 *Hakenbeck*, BB 1981, 1640.

Hinzu kommt: Die Unterlagen von 20 Konten zu fordern ist ein Leichtes. Selbst mit entsprechenden Bankbeschlüssen diese Unterlagen zu beschaffen, bereitet **Arbeit** und **Ärger**. Die **Mitarbeit** wird von der Steuerfahndung in solchen Fällen **kaum honoriert**. Gegen Ende des Steuerfahndungsverfahrens weiß keiner mehr, ob Kontenunterlagen beschafft oder vom Steuerpflichtigen vorgelegt wurden. Bittet der Beschuldigte die Steuerfahndung, sich die Unterlagen selbst zu beschaffen – schon um der Gerechtigkeit im höchsten Maße Genüge zu tun –, so verschafft er sich darüber hinaus die Chance, dass die Steuerfahndung angesichts der anstehenden Arbeit eben nicht mehr alle 20 Konten durchforstet. In einem Fall schien allerdings die Mitarbeit angebracht: Der Mandant hatte noch alle angeforderten Unterlagen der verschiedenen Kontenkreise. Leider lagen diese recht ungeordnet in mehreren Kartons. Die Kartons wurden der Steuerfahndung übergeben. Die Ordnung für die Steuerfahndung herzustellen, war sicher nicht mehr Aufgabe des Beschuldigten und seines Verteidigers. Wir erhielten nach Abschluss des Steuerfahndungsverfahrens diese Kartons unbesehen zurück. 854

b) Mitwirkung – ausländische Banken

Nach § 90 Abs. 2 Satz 3 AO kann das Finanzamt den Steuerpflichtigen **bei objektiv erkennbaren Anhaltspunkten** zum einen zu einer **eidesstattlichen Versicherung** hinsichtlich der Richtigkeit und Vollständigkeit seiner Angaben bei „**Geschäftsbeziehungen zu Finanzinstituten in Steueroasen**" auffordern. Zum anderen kann das Finanzamt vom Steuerpflichtigen eine **Vollmacht** für Kreditinstitute in Steueroasen verlangen, aufgrund derer das Finanzamt im Namen des Steuerpflichtigen Auskunftsansprüche gerichtlich und außergerichtlich geltend machen kann. Die Mitwirkung kann nicht erzwungen werden (§ 90 Abs. 2 Satz 3 Halbsatz 2 AO). Eine Verletzung eröffnet jedoch eine Schätzungsmöglichkeit der Finanzbehörde. Ob die **Steuerfahndung** bspw. im Rahmen von Vorfeldermittlungen (§ 208 Abs. 1 Satz 1 Nr. 3 AO) gleiche Befugnisse hat, ist zweifelhaft, da die Grenze zum strafrechtlichen Anfangsverdacht fließend ist. 855

In der Vergangenheit ist es vorgekommen, dass sich Steuerfahndungen und Staatsanwaltschaften im Zuge von **Ermittlungen gegen Mitarbeiter** ausländischer Banken mit einem **Fragebogen** oder sogar durch Ladung zu einem **Zeugenvernehmungstermin** an inländische Kunden der Bank gewandt haben, um die Umstände aufzuklären, unter denen die Geldanlagen bei der Bank zustande gekommen sind, und welche Aus- 856 gestaltung die laufende Kundenbetreuung hatte. Bei den angeschriebenen Kunden handelte es sich ausschließlich um Personen, die Kapitalerträge aus einem Depot bei der ausländischen Bank nachträglich gegenüber dem Finanzamt angezeigt haben. Jenen Selbstanzeigenerstattern ist Zurückhaltung bei der Beantwortung von Fragen zu empfehlen. Ihnen steht im Regelfall ein umfassendes **Auskunftsverweigerungsrecht** i.S.d. § 55 Abs. 1 StPO zu.[1]

c) Vollständigkeitserklärung und Negativbescheinigungen

857 Die Steuerfahndung fordert hin und wieder **Vollständigkeitserklärungen** oder **Negativbescheinigungen** von Banken. Im ersten Fall soll die Bank bestätigen, dass sie über alle Bankverbindungen eines Kunden Auskunft gegeben hat. Im zweiten Fall geht die Bescheinigung dahin, dass eine bestimmte Person keine Kontenbeziehungen zur Bank hat.

858 Die **Banken** sind **vorsichtig** mit derartigen Bescheinigungen. Zumeist enthalten sie relativierende Formulierungen, die die Erklärung auf das Wissen des zeichnenden Bankangestellten zurückführen. Beispiel: „Die Unterlagen und Auskünfte wurden nach bestem Wissen herausgesucht und übermittelt; bewusst wurden keine Unterlagen zurückbehalten". Derartige relativierende Erklärungen führen dazu, dass auch hier die Steuerfahndung misstrauisch ist und bei den Banken nachprüft.[2] Sollte mit der Erklärung erreicht werden, dass die Steuerfahndung nicht bei der Bank erscheint, ist der Zweck verfehlt.

859 Wir neigen zu dem Rat, die **Beschaffung** solcher Erklärungen **abzulehnen,** weil sich der mit ihr verfolgte Zweck nicht erreichen lässt.

d) Rufschädigung

860 Die **Angst des Bankkunden** vor einer Rufschädigung führt oft dazu, dass man willfährig bemüht ist, für die Bank Unterlagen zu beschaffen, um das Erscheinen der Steuerfahndung bei der Bank zu verhindern.

861 Die **Rufschädigung** ist weit **weniger gravierend**, als der Betroffene annimmt. Die Steuerfahndung geht inzwischen bei den Banken ein und aus. Ihre Sonderlichkeit wird nicht mehr dem Bankkunden angelastet. Die Bank interessiert nur, ob die Steuerfahndungsermittlungen die Kre-

---

1 *Wulf/Talaska*, PStR 2010, 242.

2 Allerdings kann durch eine Beschlagnahmeanordnung die Vollständigkeitserklärung nicht veranlasst werden: LG Bonn v. 2.6.1995 – 37 Qs 10/95, WM 1995, 1974.

ditverhältnisse berühren. Eben aus diesem Grund sollte der Bankkunde die Bank selbst über das Steuerfahndungsverfahren und die Möglichkeit eines Besuchs der Steuerfahndung unterrichten.

e) Selbstanzeige

862 Ist die Bank insgesamt Gegenstand eines Steuerfahndungsverfahrens, so muss jeder **Bankkunde** damit **rechnen**, dass auch seine **Bankbeziehungen überprüft** werden. Dies gilt auch für Geldbewegungen ins Ausland.

863 In diesem Stadium der Ermittlungen müssen Bankkunden überlegen, ob sie eine **Selbstanzeige** (§ 371 AO) erstatten. Die Sperren des § 371 Abs. 2 AO greifen regelmäßig nicht. Gegen den Bankkunden ist ein Steuerstrafverfahren zumeist noch nicht eingeleitet. Bei ihm findet auch keine Prüfung statt. Fraglich könnte allenfalls sein, ob seine Tat „entdeckt" ist (§ 371 Abs. 2 Satz 1 Nr. 2 AO). Stoßen die Ermittler bei einer Bank auf Auslandskonten des Bankkunden oder dessen Geldbewegungen ins Ausland, die möglicherweise den Schluss zulassen, dass Zahlungsvorgänge oder Auslandskonten verdeckt werden sollten, so ist i.S.d. Rechtsprechung die **Tat noch nicht entdeckt**. Die Tat kann erst dann entdeckt sein, wenn der Ermittler die persönlichen Steuerakten beizieht und sich anhand dieser Steuerakten ergibt, dass bestimmte Zinserträge oder Kapitalien nicht versteuert sind. Auch in diesem Fall liegt eine Entdeckung dann noch nicht vor, wenn zwar Kapitalerträge erklärt sind, sich aus der Erklärung aber nicht ergibt, dass gerade die festgestellten Erträge nicht deklariert sind. Zu den Einzelheiten der **Tatentdeckung** s. Rz. 303 ff.

864 Unabhängig davon: Die Abgabe einer **Selbstanzeige** kann **trotz Tatentdeckung** sinnvoll sein. Denn selbst wenn die Selbstanzeige verspätet erfolgt sein sollte, wird das Strafmaß positiv beeinflusst.[1] Außerdem ist es in einzelnen Fällen gelungen, durch die Selbstanzeige zumindest die Durchsuchung zu vermeiden.

f) Schwarzgeldkonto im Ausland und der Tod

865 Zu dem Thema „Schwarzgeldkonto im Ausland" gehört auch der Problembereich der Vorbereitung auf den Tod des Kontoinhabers.

---

1 S. z.B. LG München v. 13.3.2014 – W 5 KLs 68 Js 3284/13, wistra 2015, 77 („**Hoeneß-Urteil**"); *Jäger* in Klein, AO, 13. Aufl. 2016, § 370 Rz. 331.

866 Wer ein Schwarzgeldkonto im Ausland hat, geht zunächst einmal davon aus, dass er dieses noch lange wird genießen können. Eine **Vorsorge** für den **Tod** wird **nicht** getroffen. Stirbt der Inhaber plötzlich, so gibt es für den Erben oft nicht einmal Informationen über das Vorhandensein eines solchen Kontos. Wir möchten wohl wissen, wie viele herrenlose Konten – nach wie vor – auf diese Weise bei ausländischen Banken geführt werden.

867 Trifft der Inhaber eine Regelung, sollte er darüber nachdenken, was es heißt, dem **Nachfolger** ein **Hinterzieherkonto** zu überlassen.

868 Er geht wahrscheinlich davon aus, dass auch der Erbe dieses Konto verschweigt. Dies mag bei einem Erben, der die Sache mit sich selbst ausmachen kann, noch angehen. Hat der Kontoinhaber aber **mehrere Erben**, so zwingt er diese zu einer **Hinterziehergemeinschaft**.[1] Eine solche Gemeinschaft wird keinen Bestand haben. Ein Mitglied der rechtswidrigen Zwangsverbindung wird – aus Berufsgründen, aus Ängstlichkeit, des guten Schlafs, vielleicht auch der Steuermoral wegen – ausbrechen. Es reicht aber ein Ausbrecher, um das Konto für alle offenzulegen. Unabhängig von diesem Zwangsmechanismus folgt die Erklärungspflicht aus § 153 AO. Unterlässt man die Nacherklärung für den Erblasser, so ist auch dies Steuerhinterziehung durch Unterlassen.

869 **Erfolgt** die **Nacherklärung**, sei es nach § 153 AO, sei es als Selbstanzeige[2], und müssen die Erträge für zehn Jahre zurück nachversteuert werden, so geht – nimmt man Hinterziehungszinsen hinzu – ein beträchtlicher Teil des Kontos an das Finanzamt. War das Konto auch vom Kapital her „schwarz", so können die Erben glücklich sein, wenn der Stand des Schwarzgeldkontos ausreicht, um alle Verpflichtungen (Einkommensteuer, Umsatzsteuer, Gewerbesteuer, Vermögensteuer, Hinterziehungszinsen) abzudecken. Dies sollte für den Kontoinhaber Anlass sein, zu **Lebzeiten** zu **überlegen**, das Schwarzgeldkonto in ein **Weißgeldkonto umzuwandeln**. Im Übrigen gilt die klare Erkenntnis: Für die Erben sind 40 000 Euro weiß ein größerer Gewinn als 100 000 Euro schwarz.

g) Exkurs: Besteuerung intransparenter Investmentfonds

870 Regelmäßiger Streitpunkt mit dem Finanzamt bei Offenlegung von Kapitalanlagen im Ausland ist die Besteuerung der Inhaber von **aus-**

1 S. *Streck*, NJW 2010, 1326 f.

2 Zur „**Selbstanzeigefalle Erbfall**" s. *Heuel*, wistra 2015, 289 und 338.

ländischen Investmentfondsanteilen, deren Besteuerungsgrundlagen nicht den deutschen Vorschriften entsprechend im Bundesanzeiger veröffentlicht wurden. Die Häufigkeit der Streitfälle rechtfertigt es, an dieser Stelle einen kleinen Exkurs in das materielle Steuerrecht zur Besteuerung schwarzer bzw. intransparenter Investmentfonds zu unternehmen.

Bis zum Jahr 2003 galt für die Besteuerung sog. **„schwarzer Fonds"** **§ 18 Abs. 3 AuslInvmG**. Waren die Transparenzvorschriften des § 17 Abs. 3 AuslInvmG – im Wesentlichen bedeutete dies öffentlicher Vertrieb der Anteile, Bestellung eines inländischen Vertreters des Fonds und Veröffentlichung bestimmter Besteuerungsgrundlagen im Bundesanzeiger – nicht erfüllt, waren beim Empfänger die Ausschüttungen auf ausländische Investmentanteile sowie 90 % des Mehrbetrags anzusetzen, der sich zwischen dem ersten im Kalenderjahr festgesetzten Rücknahmepreis und dem letzten im Kalenderjahr festgesetzten Rücknahmepreis ergibt, mindestens jedoch 10 % des letzten im Kalenderjahr festgesetzten Rücknahmepreises (§ 18 Abs. 3 Satz 1 AuslInvmG). Im Fall der Rückgabe oder Veräußerung von ausländischen Investmentanteilen war ein pauschaler Zwischengewinn i.H.v. 20 % des Entgelts für die Rückgabe oder die Veräußerung anzusetzen (§ 18 Abs. 3 Satz 4 AuslInvmG). 871

Das Auslandsinvestmentgesetz wurde **mit Wirkung ab dem 1.1.2004** durch das Investmentsteuergesetz ersetzt. Die Transparenzvorschriften sind nunmehr in § 5 Abs. 1 InvStG normiert. Die Fondsgesellschaft muss in erster Linie die im Einzelnen normierten Besteuerungsgrundlagen des Fonds im Bundesanzeiger veröffentlichen und mit einer Bescheinigung eines Berufsträgers gem. § 3 StBerG, einer behördlich anerkannten Wirtschaftsprüfungsstelle oder einer vergleichbaren Stelle versehen. Sind die Voraussetzungen des § 5 Abs. 1 InvStG nicht erfüllt[1], sind beim Anleger seither gem. **§ 6 InvStG** die Ausschüttungen auf **„intransparente Investmentanteile"** – nicht nur die ausländischen –, der Zwischengewinn sowie 70 % des Mehrbetrags anzusetzen, der sich zwischen dem ersten im Kalenderjahr festgesetzten Rücknahmepreis und dem letzten im Kalenderjahr festgesetzten Rücknahmepreis eines Investmentanteils ergibt, mindestens jedoch 6 % des letzten im Kalenderjahr festgesetzten Rücknahmepreises. Der pauschale Zwischen- 872

1 Es genügt, wenn lediglich eine Pflichtangabe nicht ordnungsgemäß veröffentlicht wird; s. *Ebner/Meinert*, NWB 2015, 416 (418); *Jesch/Haug*, DStZ 2015, 130 (132).

gewinn wurde im Jahr 2004 zunächst vom Gesetzgeber vergessen und mit Wirkung ab dem 1.1.2005 in **§ 5 Abs. 3 InvStG** geregelt.

873 Nach zahlreichen Entscheidungen der Finanzgerichte, des BFH und des EuGH sowie diese Entscheidungen begleitenden Schreiben des BMF[1] stellt sich die **Rechtslage heute wie folgt** dar:

874 **§ 18 Abs. 3 AuslInvmG:** Nach der Rechtsprechung des VIII. Senats des BFH vom 18.11.2008[2] ist die Pauschalbesteuerung nach § 18 Abs. 3 AuslInvmG im Hinblick auf **EU- und EWR-Fonds europarechtswidrig**. Die Finanzverwaltung akzeptiert dies und lässt für die Veranlagungszeiträume bis einschließlich 2003 Schätzungen von 5 % bzw. 6 % auf der Basis der Jahresvermögensendstände der schwarzen Investmentfonds zu.[3]

Im Hinblick auf **Drittstaatenfonds** liegt nach der Entscheidung des EuGH in der Rechtssache „Wagner-Raith"[4] **keine Europarechtswidrigkeit** des § 18 Abs. 3 AuslInvmG vor. Eine **Verfassungswidrigkeit** der Norm ist nach der Entscheidung des VIII. Senats des **BFH** vom 28.7.2015[5] **nicht anzunehmen**. Hierüber hat nun das **BVerfG** zu entscheiden.[6] Derzeit bleibt es für die Veranlagungszeiträume bis einschließlich 2003 (verkürzt) bei der fiktiven Mindestbesteuerungsgrundlage von 10 % des Jahresvermögensendstands des schwarzen Fonds. Die Verfahren sollten jedoch mit Blick auf das anhängige Verfahren vor dem BVerfG offengehalten werden.

875 **§ 6 InvStG:** Für die Jahre ab 2004 kann der Steuerpflichtige nach den Entscheidungen des EuGH in der Rechtssache „van Caster"[7] sowie des VIII. Senats des BFH vom 17.11.2015[8] aufgrund der **Europarechtswidrigkeit** des § 6 InvStG für **sämtliche intransparente Fonds** theoretisch den **Nachweis der tatsächlich erzielten Erträge** erbringen. Die aus Sicht des BMF bestehenden Nachweiserfordernisse sind in den BMF-Schreiben vom 4.2.2015 und 28.7.2015 konkretisiert. Im Ergebnis verlangt die Finanzverwaltung Nachweise, die ursprünglich für die jewei-

1 S. im Einzelnen *Talaska*, AG 2016, 171.
2 BFH v. 18.11.2008 – VIII R 24/07, BStBl. II 2009, 518; BFH v. 18.11.2008 – VIII R 2/06, BFH/NV 2009, 731.
3 BMF v. 6.7.2009 – IV C 1 - S 1980-a/07/0001, BStBl. I 2009, 770.
4 EuGH v. 21.5.2015 – Rs. C-560/13, IStR 2015, 516.
5 BFH v. 28.7.2015 – VIII R 2/09, DStR 2015, 2824; BFH v. 28.7.2015 – VIII R 39/12, BStBl. II 2016, 464.
6 Az. des BVerfG: 2 BvR 59/16.
7 EuGH v. 9.10.2014 – Rs. C-326/12, IStR 2014, 808.
8 BFH v. 17.11.2015 – VIII R 27/12, BStBl. II 2016, 539.

ligen Besteuerungszeiträume bereits hätten beigebracht werden müssen, und deren nachträgliche Beschaffung – mit wenigen Ausnahmen – i.d.R. nicht mehr möglich ist.[1] Der BFH toleriert gleichwohl in seiner Entscheidung vom 17.11.2015[2] abstrakt die hohen Anforderungen der Finanzverwaltung. Konkrete Entscheidungen hierzu stehen noch aus. Ob der Pauschalsatz von 6 % i.S.d. § 6 InvStG **verfassungsgemäß** ist, ist ebenfalls noch nicht entschieden. Hier wird die anstehende Entscheidung des BVerfG zu § 18 Abs. 3 AuslInvmG sicherlich Signalwirkung haben. Sollte also ein Nachweis der tatsächlichen Erträge der Fonds nicht gelingen, ist eine Offenhaltung der Bescheide im Hinblick auf das Verfahren vor dem BVerfG anzuraten.

h) Exkurs: Cum/Ex-Geschäfte

Beim Erwerb girosammelverwahrter **Aktien** im Börsenhandel geht nach der Rechtsprechung das wirtschaftliche Eigentum bereits dann auf den Erwerber über, sobald ihm nach den einschlägigen Börsenusancen und den üblichen Abläufen die mit den Anteilen verbundenen Gewinnansprüche nicht mehr entzogen werden können. Hierzu genügen i.d.R. der Abschluss entsprechender schuldrechtlicher Verträge und die Einbuchung auf dem Depotkonto des Erwerbers. Die regelmäßig noch fehlende Besitzübertragung ist unschädlich.[3] Diese Grundsätze gelten auch für den außerbörslichen Handel (**OTC-Geschäfte**), soweit er durch Vereinbarung entsprechend gestaltet wird.[4] 876

Strittig ist, ob diese Grundsätze auch bei sog. **Cum/Ex-Geschäften**[5] gelten. In diesen Fällen geht es um außerbörsliche Aktiengeschäfte mit börsennotierten Aktien, die vor dem Tag der Hauptversammlung mittels eines sog. **Leerverkaufs „cum** Dividende" erworben und danach wieder „**ex** Dividende" veräußert werden mit dem Ziel, mittels der nach § 45a Abs. 3 EStG auszustellenden Kapitalertragsteuerbescheinigung entweder per Erstattung oder per Anrechnung auf die Einkom- 877

1 Schreiben BMF v. 4.2.2015 – IV C 1 - S 1980-1/11/10014:005, BStBl. I 2015, 135; BMF v. 28.7.2015 – IV C 1-S 1980-1/11/10014:005, BStBl. I 2015, 610.

2 BFH v. 17.11.2015 – VIII R 27/12, BStBl. II 2016, 539.

3 BFH v. 15.12.1999 – I R 29/97, BStBl. II 2000, 527; BFH v. 20.11.2007 – I R 85/05, BStBl. II 2013, 287.

4 *Ratschow* in Klein, AO, 13. Aufl. 2016, § 39 Rz. 51.

5 Zur Literatur s. *Desens*, DStR 2014, 2317; *Weidemann*, BB 2014, 2135; *Schmich*, GmbHR 2014, 1177; *Rau*, DStR 2015, 2048; *Pflaum*, StBp 2015, 185; *Schmid*, DStR 2015, 801; *Podewils*, wistra 2015, 257; *Spenger/Eisgruber*, DStR 2015, 785; *Klein*, BB 2015, 726; *Klein*, BB 2016, 2006; *Florstedt*, FR 2016, 641; *Amann*, DB 2016, 1463; *Kußmaul/Kloster*, DB 2016, 849; *Fiand*, NWB 2016, 344.

men- oder Körperschaftsteuer in den Genuss der von der Aktiengesellschaft einbehaltenen Kapitalertragsteuer zu gelangen.

878 Cum/Ex-Geschäfte sind aktuell Gegenstand von finanzgerichtlichen Rechtsstreitigkeiten, aber insbesondere auch von strafrechtlichen Ermittlungsverfahren.

879 Aktuelle Rechtsprechung hierzu:

880 In seinem Urteil vom 16.4.2014 hat der **BFH**[1] entschieden, dass Einkünfte aus Kapitalvermögen derjenige erziele, dem die Anteile an dem Kapitalvermögen im Zeitpunkt des Gewinnverteilungsbeschlusses nach § 39 Abs. 1 AO rechtlich oder – wenn ein anderer als der Eigentümer die tatsächliche Herrschaft über die Anteile hat – nach § 39 Abs. 2 Nr. 1 Satz 1 AO wirtschaftlich zuzurechnen sind. Wirtschaftliches Eigentum über die Anteile in diesem Sinne scheide bei sog. **Cum/Ex-Geschäften** mit Aktien aus, wenn der Erwerb der Aktien mit dem durch ein Kreditinstitut initiiertes und modellhaft aufgelegtes Gesamtvertragskonzept verbunden ist, nach welchem der Initiator den Anteilserwerb fremdfinanziert, der Erwerber die Aktien unmittelbar nach ihrem Erwerb dem Initiator im Wege einer sog. Wertpapierleihe (bis zum Rückverkauf) weiterreicht und der Erwerber das Marktpreisrisiko der Aktien im Rahmen eines sog. Total-Return-Swap-Geschäfts auf den Initiator überträgt.

881 In der Entscheidung des **OLG Köln** vom 11.12.2014[2] ging es um Schadensersatzansprüche vor dem Hintergrund einer bislang nicht erfolgten Bescheidung über einen Antrag des Klägers auf Erstattung von Kapitalertragsteuer in Zusammenhang mit **Cum/Ex-Geschäften**. Der Kläger vertritt als Trustee einen Trust nach amerikanischem Recht, der von den dortigen Behörden als Pensionsfonds anerkannt und von den US-Steuern befreit ist. Das OLG Köln entschied, dass jede Behörde die Amtspflicht habe, Anträge mit der gebotenen Beschleunigung zu bearbeiten und, sobald ihre Prüfung abgeschlossen ist, ungesäumt zu bescheiden. Wird eine behördliche Entscheidung durch unnötige oder unzulässige Ermittlungen im erheblichen Maße verzögert, so sei eine Amtspflichtverletzung zu bejahen. An diesen Voraussetzungen fehle es jedoch, wenn die Finanzbehörde berechtigt ist, i.V.m. einem begehrten Erstattungsanspruch (hier: Erstattung von Kapitalertragsteuer in Zusammenhang mit sog. **Cum/Ex-Geschäften**) umfangreiche Ermittlungen durchzuführen, weil die Entscheidung über den Antrag die Auf-

1 BFH v. 16.4.2014 – I R 2/12, BFHE 246, 15.
2 OLG Köln v. 11.12.2014 – I-7 U 23/14, juris.

klärung eines komplexen Sachverhalts nebst Auseinandersetzung mit mehreren, insbesondere höchstrichterlich nicht geklärten Rechtsfragen voraussetzt, die sich nur auf der Grundlage der genauen Umstände des Einzelfalls beantworten lassen.

In dem Beschwerdeverfahren, das dem **LG Köln** in seinem Beschluss 882 vom 16.7.2015[1] zugrunde lag, ermittelt die Staatsanwaltschaft Köln gegen eine Vielzahl von Beschuldigten wegen des Verdachts der Steuerhinterziehung in besonders schweren Fällen. Den Beschuldigten wird vorgeworfen – länderübergreifend organisiert –, im Anschluss an „**Cum/Ex**“-Aktienkäufe nicht gerechtfertigte Steuervorteile in einer Gesamthöhe von über 462 Mio. Euro erstrebt zu haben. Der Beschwerdeführer wandte sich gegen eine vom Ermittlungsrichter des AG Köln angeordnete Durchsuchung seiner Wohnung. Das Landgericht entschied, dass die Vornahme von **Cum/Ex-Geschäften** mit ungedeckten Leerverkäufen von Aktien, bei denen eine Abführung der Kapitalertragsteuer nicht erfolgt, bei einem entsprechenden Antrag auf Erstattung der Kapitalertragsteuer den Straftatbestand des § 370 Abs. 1 Nr. 1 AO erfülle und daher eine Hausdurchsuchung rechtmäßig sei.

Das **Hessische Finanzgericht** hat mit Urteil vom 10.2.2016[2] entschie- 883 den, dass wirtschaftliches Eigentum an den Aktien bei außerbörslichem Erwerb börsennotierter Aktien regelmäßig erst im Zeitpunkt der Lieferung der Aktien vom Aktienkäufer erworben wird und nicht bereits mit Abschluss der schuldrechtlichen Vereinbarung. Grundvoraussetzung für die Anrechnung von Abzugsteuern sei deren Erhebung durch den Verpflichteten, was die Einbehaltung der Steuer zwingend voraussetzt. Die Auszahlung der Nettodividende durch die Depotbank des Verkäufers sei dabei lediglich ein Indiz für das Einbehalten der Steuer. Auch liefere die von der Depotbank des Aktienkäufers ausgestellte Steuerbescheinigung lediglich einen Anscheinsbeweis für die Erhebung der Steuer, sodass bei atypischen Gestaltungen bzw. bei Fällen, in denen abweichend von den getroffenen Vereinbarungen verspätete Aktienlieferungen erfolgen, dem die Anrechnung begehrenden Aktienkäufer die Feststellungslast für die Einbehaltung der Steuer obliege. Die Unaufklärbarkeit des Aktienlieferanten bei anonymen Aktienkäufen über die Eurex als den zentralen Kontrahenten der Börse gehe dabei auch in diesen Fällen zulasten des Aktienkäufers.

---

1 LG Köln v. 16.7.2015 – 106 Qs 1/15, wistra 2015, 404.
2 FG Hessen v. 10.2.2016 – 4 K 1684/14, EFG 2016, 761.

884 Am 19.22016 beschloss der Deutsche Bundestag die Einsetzung eines „4. **Untersuchungsausschusses**" zu Cum/Ex-Geschäften. Aufgabe des Ausschusses ist, die Ursachen der Entstehung der Cum/Ex-Geschäfte und deren Entwicklung von 1999 bis 2012 zu untersuchen. Es soll u.a. auch die Frage geklärt werden, wie es dazu kommen konnte, dass die Cum/Ex-Geschäfte über zehn Jahre lang nicht unterbunden wurden. Der Ausschuss soll auch klären, wer ggf. die Verantwortung für die nicht erfolgte Unterbindung der Cum/Ex-Geschäfte trug.

IV. Presse

885 Presseangehörige haben abgabenrechtlich nach § 102 Abs. 1 Nr. 4 AO und strafprozessual nach § 53 Abs. 1 Nr. 5 StPO ein **Auskunfts-** und **Zeugnisverweigerungsrecht**, was den redaktionellen Teil der Zeitung anbetrifft.

886 Im Übrigen gibt es **kein „Chiffre-Geheimnis"**[1]. Das Finanzamt kann ebenso wie die Steuerfahndung nach § 93 Abs. 1 Satz 1 AO bzw. § 208 Abs. 1 Nr. 3 AO eine Zeitung um Auskünfte über die Namen von Zeitungsinserenten angehen, sofern für solche Steuerermittlungen Anlass besteht. Der BFH hat z.B. einen solchen Anlass bejaht, wenn ausländische Immobilien zum Verkauf angeboten werden[2].

V. Beratende Berufe

1. Allgemeines

887 Zu den Dritten, die als Auskunftspersonen oder Zeugen in Anspruch genommen werden können, gehören auch **Rechtsanwälte**, **Notare**, **Wirtschaftsprüfer**, **Steuerberater**, **Steuerbevollmächtigte** und **Rechtsbeistände**. Die nachfolgende Darstellung befasst sich schwerpunktmäßig mit dem Beratungsverhältnis zum steuerlichen Berater[3].

---

1 Vgl. BFH v. 29.10.1986 – VII R 82/85, BStBl. II 1988, 359; BFH v. 7.8.1990 – VII R 106/89, BStBl. II 1990, 1010; kein Verfassungsverstoß: BVerfG v. 6.4.1989 – 1 BvR 33/87, WM 1989, 1623.

2 Vgl. BFH v. 29.10.1986 – VII R 82/85, BStBl. II 1988, 359.

3 S. auch *Sdrenka*, StB 1990, 334. Besonderheiten bei **Wirtschaftsprüfern** s. LG Bonn v. 29.10.2001 – 37 Qs 59/01 mit Anm. *Wehnert*, StV 2002, 68, bei **Notaren** s. *Amelung*, DNotZ 1984, 195, bei **Syndikusanwälten**, für die das Beschlagnahmeprivileg grundsätzlich ebenfalls gilt, s. *Roxin*, NJW 1995, 17 ff.; *Braun* in Quedenfeld/Füllsack, Verteidigung in Steuerstrafsachen, 5. Aufl. 2016, Rz. 724; differenzierend: *Hassemer*, wistra 1986, 1; *Park*, Durchsuchung und Beschlagnahme, 3. Aufl. 2015, Rz. 542 f. Zu **Ärzten**, **Krankenunterlagen** und

Berater und Mandant verbindet ein enges **Vertrauensverhältnis**. Vertrauen fordert **Verschwiegenheit**. Die Rechtsordnung steht diesem Vertrauensverhältnis und seiner Verschwiegenheit nicht misstrauisch gegenüber[1], wohl aber hin und wieder die Steuerfahndung[2]. Aus dem Vertrauensverhältnis folgt die berufsrechtliche Verschwiegenheitspflicht, normiert in § 57 Abs. 1 StBerG. **Strafrechtlich** wird die Verschwiegenheitspflicht durch § 203 StGB geschützt. 888

In die Verschwiegenheitspflicht fügen sich das **Aussageverweigerungsrecht** des § 53 Abs. 1 Nr. 3 StPO – strafprozessual – und das gleichzeitig einschlägige Verweigerungsrecht des § 102 AO – abgabenrechtlich – nahtlos ein (s. Rz. 892 ff. und 938 ff.)[3]. 889

Aus dem Aussageverweigerungsrecht folgt sachlogisch das Verbot, die **Unterlagen** und Gegenstände zu **beschlagnahmen**, die von diesem Beratungsverhältnis umschlossen werden (§ 97 StPO; s. Rz. 908 ff.). Das Beschlagnahmeverbot ist eine akzessorische Ergänzung der Aussageverweigerung[4]. Zur Vervollständigung des Schutzes der Zeugnisverweigerungsberechtigten hat der Gesetzgeber in § 160a StPO[5] ein absolutes Erhebungsverbot und ein absolutes Verwendungsverbot (s. Abs. 1 890

Patientenkartei s. die Memmingen-Entscheidung des BGH v. 3.12.1991 – 1 StR 120/90, MDR 1992, 272; dazu *Lorenz*, MDR 1992, 313.

1 S. *Streck* in StbKongrRep. 1981, 163 ff., m.w.N. **Positiv** zum **Auskunftsverweigerungsrecht** des **Steuerberaters** OLG Schleswig-Holstein v. 7.4.1982 – 1 Ws 129/82, StB 1982, 163; LG Hannover v. 9.1.1984 – 44 StL 16/83, Stbg 1984, 275. S. auch *Felix/Streck/Korn*, Baden-Badener Verhaltensgrundsätze bei Zugriff von Steuerstrafverfolgern auf Informationen und Unterlagen des Steuerberatungsmandats, KÖSDI 1982, 4873; und die Grundsätze der Steuerberaterkammer Nordbaden, KÖSDI 1983, 5131. Zum **anwaltlichen Berufsgeheimnis** und seiner aktuellen Bedeutung und Tragweite s. *Henssler*, NJW 1994, 1817.

2 Wie gering dieses Vertrauensverhältnis im Einzelfall geachtet wird, belegen die Ausführungen von *Heine* (OFD München), der die Durchsuchung einer Steuerberaterkanzlei aufgrund von § 103 StPO (unten Rz. 938 ff.) als den Regel- und Normalfall in Steuerfahndungsverfahren ansieht (*Heine*, 17. Deutscher Steuerberatertag 1994, Protokoll, 1995, 139).

3 Zum **Schutzgegenstand** des § 53 Abs. 1 Nr. 3 StPO s. BVerfG v. 15.1.1975 – BvR 65/74, BVerfGE 38, 312 (323); BGH v. 12.1.1956 – 3 StR 195/55, BGHSt 9, 59 (61); und bezüglich des § 102 AO *Seer* in Tipke/Kruse, AO/FGO, Vor § 101 AO (Mai 2013).

4 Vgl. BVerfG v. 5.8.1966 – 1 BvR 586/62, 610/63, 512/64, NJW 1966, 1603 (1607); LG Aachen v. 1.10.1979 – 24 Qs 6/79, MDR 1981, 160 = KÖSDI 1981, 4077; *Schmitt* in Meyer-Goßner/Schmitt, StPO, 59. Aufl. 2016, § 97 Rz. 24; *Greven* in Karlsruher Kommentar, StPO, 7. Aufl. 2013, § 97 Rz. 5; *Bringewat*, NJW 1974, 1740; *Felix*, KÖSDI 1981, 4056 f.

5 Die Norm ist verfassungsmäßig, BVerfG v. 12.10.2011 – 2 BvR 236/08, 2 BvR 237/08, 2 BvR 422/08, NJW 2012, 833 ff.

Satz 2) für Geistliche, Verteidiger, Rechtsanwälte und Abgeordnete sowie ein relatives, einer besonderen Prüfung im Rahmen der Verhältnismäßigkeit unterworfenes Erhebungs- und Verwendungsverbot für weitere Berufsgeheimnisträger eingeführt. Er zeigt hiermit deutlich, wie wichtig ihm der Vertrauens- und Schutzbereich zwischen Berater und Beratenem ist, und versucht durch ein Verwendungsverbot jeglichem Missbrauch von Anfang an Einhalt zu gebieten.

891 Der **Rechtsbeistand** hat weder ein Aussageverweigerungsrecht noch kann er sich auf das Beschlagnahmeprivileg berufen[1]. Ist der Steuerberater gleichzeitig Rechtsbeistand, so stehen ihm Aussageverweigerungsrecht und Beschlagnahmeprivileg als Steuerberater zu; dieser Schutz kann nicht dadurch unterlaufen werden, dass man ihn nur als Rechtsbeistand ansieht[2].

2. Strafprozessuales Aussageverweigerungsrecht nach § 53 Abs. 1 Nr. 3 StPO

892 Die **Angehörigen** der **steuerberatenden** Berufe (Steuerberater, Steuerbevollmächtigte, Rechtsanwälte, Wirtschaftsprüfer, vereidigte Buchprüfer – nicht: Rechtsbeistände [s. Rz. 891]) sind nach § 53 Abs. 1 Nr. 3 StPO zur **Verweigerung** des **Zeugnisses** berechtigt[3]. Ein **Eidesverweigerungsrecht** besteht daneben nicht.

893 Auf das Verweigerungsrecht nach § 53 Abs. 1 Nr. 3 StPO können sich auch **Sozien** einer **Beratungspraxis** berufen, die nicht unmittelbar die Beratung durchgeführt haben und für die § 53a StPO (s. Rz. 894) nicht gilt[4]. Ebenso wie der zivilrechtliche Vertrag über die Beratung mit der Sozietät abgeschlossen ist, besteht das Vertrauensverhältnis, das § 53 StPO schützen will, unabhängig davon, wer sich nach außen hin für den Mandanten bevollmächtigt, zu allen Sozien[5]. Fraglich ist, ob die Gemeinschafter einer **Bürogemeinschaft** sich auf das Aussageverweigerungsrecht eines Mitgemeinschafters berufen dürfen: Die lose sachli-

---

1 *Schmitt* in Meyer-Goßner/Schmitt, StPO, 59. Aufl. 2016, § 53 Rz. 3.

2 LG Koblenz v. 30.10.1984 – 10 Qs 10, 23/84, Stbg 1985, 7.

3 Verteidiger, die keine Rechtsanwälte sind, werden gesondert in § 53 Abs. 1 Nr. 2 StPO genannt.

4 *Seer* in Tipke/Kruse, AO/FGO, § 102 AO Rz. 13 (Mai 2013), betr. das steuerliche Verweigerungsrecht.

5 *Simon/Wagner*, Steuerstrafrecht, 4. Aufl. 2015, 305.

che Zweckverbindung spricht dagegen. Die Organe einer **Steuerberatungsgesellschaft** hingegen können sich i.d.R. auf § 53 StPO berufen[1].

§ 53a StPO dehnt das Aussageverweigerungsrecht auf sog. **Berufshelfer** aus. Gehilfen und Auszubildenden der Angehörigen des steuerberatenden Berufs steht das Aussageverweigerungsrecht zu. Hierzu zählen alle Mitarbeiter, Angestellte und zur Ausbildung befindliche Personen der Beratungspraxis[2]. Berufshelfer sind nicht nur diejenigen, die berufsmäßig in das Beratungsverhältnis eingeschaltet sind, sondern auch sonstige Gehilfen. Auf das Aussageverweigerungsrecht kann sich die Ehefrau des Beraters berufen, die gelegentlich Telefongespräche entgegennimmt, ebenso die Kinder oder Eltern des Beraters, die kurzfristig an der Beratungstätigkeit durch Hilfsdienste teilnehmen[3]. Voraussetzung ist, dass ein Zusammenhang zwischen der Hilfstätigkeit und der Beratungstätigkeit besteht[4]. Ebenfalls können sich auf das Aussageverweigerungsrecht die Angestellten solcher Einrichtungen berufen, deren sich der Berater bei seiner Tätigkeit bedient, z.B. DATEV-Mitarbeiter[5]. 894

Der Gesetzgeber hat erkannt, dass Berater sich nicht nur in dem EDV-Bereich, sondern auch in anderen Hilfs- und Vorbereitungstätigkeiten seit einigen Jahren nicht nur von Angestellten, sondern auch von externen Dienstleistern unterstützen lassen. So ist es z.B. für einen Berater heute kaum mehr möglich, ohne einen Computer auszukommen. Ob 895

---

1 Sie sind Steuerberater, Rechtsanwälte usw. (vgl. § 50 StBerG), und ihnen steht in dieser Eigenschaft das Zeugnisverweigerungsrecht zu.

2 Vgl. *Ignor/Bertheau* in Löwe/Rosenberg, StPO, 26. Aufl. 2008, § 53a Rz. 2, 5.

3 *Schmitt* in Meyer-Goßner/Schmitt, StPO, 59. Aufl. 2016, § 53a Rz. 2; *Ignor/Bertheau* in Löwe/Rosenberg, StPO, 26. Aufl. 2008, § 53a Rz. 2.

4 *Ignor/Bertheau* in Löwe/Rosenberg, StPO, 26. Aufl. 2008, § 53a Rz. 2.

5 Für § 102 AO *Seer* in Tipke/Kruse, AO/FGO, § 102 AO Rz. 13 (Mai 2013); unklar *Schmitt* in Meyer-Goßner/Schmitt, StPO, 59. Aufl. 2016, § 53a Rz. 2, der jedenfalls für den Fall, dass selbstständige Gewerbetreibende aufgrund von **Einzelaufträgen** für den Berufsträger tätig werden, § 53a StPO – zu Recht – für nicht anwendbar hält. Hierunter ist z.B. der Detektiv zu fassen. Offen bleibt, ob derjenige, der aufgrund eines **Dauervertragsverhältnisses** bzw. für seinen DATEV-Genossen tätig wird, als Berufshelfer anzusehen ist. Da Organisationen wie z.B. die DATEV lediglich die – dauerhafte – Auslagerung von Abteilungen von Steuerberatungskanzleien darstellen, sind die dort Tätigen Berufshelfer der Berater i.S.v. § 53a StPO. Ferner zeigt die für Ärzte geltende Regelung in § 97 Abs. 2 Satz 2 StPO, nach der das Beschlagnahmeverbot auch für – der DATEV vergleichbare – ärztliche Abrechnungsstellen gilt, dass der Gesetzgeber das Outsourcing von Hilfstätigkeiten als eine die Beschlagnahmefreiheit nicht tangierende Gestaltungsmöglichkeit ansieht. Bezüglich **DATEV** s. auch unten Rz. 943.

beim elektronischen Anwaltspostfach oder einfach nur bei der Anwendung des Mahnverfahrens braucht der Berater eine EDV-Anlage, ohne sich hierfür einen eigenen Mitarbeiter einstellen zu können. Zum Schutz des Mandanten möchte der Gesetzgeber deshalb im „Gesetz zur Umsetzung der Berufsanerkennungsrichtlinie und zur Änderung weiterer Vorschriften im Bereich der rechtsberatenden Berufe"[1] all diejenigen in § 53a StPO aufnehmen, die auch über Dienstleistungsverträge dem Anwalt, Steuerberater oder Wirtschaftsprüfer seine Berufsausübung ermöglichen. Es ist ferner geplant, parallel § 203 StGB für einen weiteren Einsatz von Hilfspersonen beim Berater zu öffnen. Nach dieser Norm ist die Verletzung von Privatgeheimnissen, also auch von dem, was der Berater im Rahmen seines Mandats erfährt, unter Strafe gestellt. Inwiefern z.B. EDV-Betreuer auf der Basis eines Dienstleistungsvertrags eingesetzt werden dürfen, ist nach der aktuellen Gesetzesfassung umstritten[2].

896 Das Recht zur Aussageverweigerung **überdauert** die **aktive Berufstätigkeit**. Es bleibt bestehen, auch wenn der Berater die Praxis aufgibt oder den Beruf wechselt[3].

897 Das Aussageverweigerungsrecht der Berater **bezieht** sich auf das, „was ihnen in dieser Eigenschaft **anvertraut** worden oder **bekanntgeworden** ist" (§ 53 Abs. 1 Nr. 3 StPO). Es erstreckt sich auf alle Tatsachen des Beratungsverhältnisses, seien sie dem Berater vom Mandanten oder von Dritten bekanntgeworden. Alle Tatsachen in Bezug auf die Besteuerungsgrundlagen, die steuerliche Erklärung, alle Gestaltungen usw. werden von § 53 Abs. 1 Nr. 3 StPO erfasst[4]. Die Kenntnis einer vollendeten oder versuchten Steuerhinterziehung fällt unter das Aussageverweigerungsrecht; eine Anzeigepflicht ist mit dem Beratungsverhältnis unvereinbar. Ein anderes Problem, von dem Aussageverweigerungsrecht sorgfältig zu trennen, ist die Frage, ob und bei welchem Verhalten sich der Berater selbst einer strafbaren Handlung, z.B. einer

---

1 Referentenentwurf des BMJV eines Gesetzes zur Umsetzung der Berufsanerkennungsrichtlinie und zur Änderung weiterer Vorschriften im Bereich der rechtsberatenden Berufe v. 25.4.2016 – RB 1 zu 9520/66R3 – 50/2016.

2 *Spatscheck*, AnwBl 2013, 95 ff.

3 *Schmitt* in Meyer-Goßner/Schmitt, StPO, 59. Aufl. 2016, § 53 Rz. 10: § 54 Abs. 4 StPO wird entsprechend angewandt.

4 Für eine weite Grenzziehung des Gegenstandes der Aussageverweigerung OLG Schleswig-Holstein v. 7.4.1982 – 1 Ws 129/82, StB 1982, 163.

Steuerverkürzung, schuldig macht[1]. Da jedoch in diesem Fall das eigene Verweigerungsrecht nur noch verstärkt würde – niemand muss sich einer Straftat bezichtigen –, kann die Kenntnis von der Hinterziehung des Mandanten das Zeugnisverweigerungsrecht nicht einschränken.

Über die Ausübung des Zeugnisverweigerungsrechts **entscheidet** der 898 **Berater frei**, eigenständig und in eigener Verantwortung. Diese Entscheidungsfreiheit wird im Strafprozessrecht mit großem Nachdruck betont[2]. Die strafprozessuale Bewertung dieser Freiheit darf jedoch nicht darüber hinwegtäuschen, dass der Berater wegen § 57 Abs. 1 StBerG und der Strafsanktion des § 203 StGB grundsätzlich nicht frei ist. Er darf nicht aussagen[3]. Er muss von seinem Aussageverweigerungsrecht Gebrauch machen, es sei denn, die Aussage ist gesetzlich oder durch andere Rechtfertigungsgründe gerechtfertigt.

Die **gegen** den **Steuerberater** selbst gerichtete **Strafverfolgung**[4] gibt 899 ihm einen Rechtfertigungsgrund auszusagen[5].

Über die **Ausübung** des Aussageverweigerungsrechts des Berufshel- 900 fers (§ 53a StPO) **entscheidet** der Angehörige des steuerberatenden Berufs als der Praxisinhaber (§ 53a Abs. 1 Satz 2 StPO).

Es besteht **keine Pflicht**, den Berater über sein Aussageverweigerungs- 901 recht zu **belehren**[6]. Das Strafverfahrensrecht geht davon aus, dass die Berufsträger über die Schweigepflicht und die Aussageverweigerungsrechte unterrichtet sind[7].

Die **pflichtwidrige** Aussage führt nicht zu einem Verwertungsverbot[8]. 902

---

1 S. dazu *Felix/Streck*, Stbg 1981, 78; *Streck* in StbKongrRep. 1981, 163 ff.; *Streck*, BB 1984, 2205; *Blumers* in StbJb. 1983/84, 319; *Spatscheck* in Steuerberater Handbuch 2016, Teil 4, Steuerfahndung – Rolle des Steuerberaters, Rz. 1681 ff.

2 *Ignor/Bertheau* in Löwe/Rosenberg, StPO, 26. Aufl. 2008, § 53 Rz. 7, 13; die Freiheit wird selbst dann prozessual akzeptiert, wenn sich der Berater nach § 203 StGB strafbar machen könnte.

3 Vgl. *Rengier*, Die Zeugnisverweigerungsrechte im geltenden und künftigen Strafverfahren, 1979, 19.

4 Hierzu *Spatscheck* in Steuerberater Handbuch 2016, Teil 4, Steuerfahndung – Rolle des Steuerberaters, Rz. 1681 ff.

5 HL: *Lenckner/Eisele* in Schönke/Schröder, StGB, 29. Aufl. 2014, § 203 Rz. 33; *Schmitt* in Meyer-Goßner/Schmitt, StPO, 59. Aufl. 2016, § 53 Rz. 5. Zu § 57 StBerG s. *Koslowski*, StBerG, 7. Aufl. 2015, § 57 Rz. 69.

6 *Schmitt* in Meyer-Goßner/Schmitt, StPO, 59. Aufl. 2016, § 53 Rz. 44.

7 *Schmitt* in Meyer-Goßner/Schmitt, StPO, 59. Aufl. 2016, § 53 Rz. 44.

8 *Schmitt* in Meyer-Goßner/Schmitt, StPO, 59. Aufl. 2016, § 53 Rz. 6.

903 Der Berater, der sich auf sein Verweigerungsrecht beruft, **scheidet** als **Zeuge aus**[1]. Auch die Zeugnisverweigerung darf als solche nicht berücksichtigt werden[2].

904 **Entbindet** der Mandant den Berater von der **Verpflichtung** zur Verschwiegenheit, so **muss** der **Berater aussagen** (§ 53 Abs. 2 StPO). Die Entbindung kann auch nur hinsichtlich **bestimmter Sachverhaltskomplexe** erfolgen[3]. Die Entbindung kann **widerrufen** werden[4].

905 Die **Befreiung** vom Beratungsgeheimnis **erklärt** der **Mandant** als Träger des Geheimhaltungsinteresses; hat der Berater mehrere Mandanten zum gleichen Gegenstand, muss er von allen entbunden werden[5].

906 Umstritten ist, wem das Befreiungsrecht zusteht, wenn **neben** den **Mandanten** eine **Person** tritt, die ein ebenso großes **Interesse** an der **Geheimhaltung** hat und die sachnotwendig an dem Vertrauensverhältnis partizipiert. Problematisch ist dies z.B. für den Fall der in Insolvenz gefallenen GmbH oder GmbH & Co KG. Reicht die Befreiung durch den **Insolvenzverwalter** oder muss auch der Geschäftsführer befreien, der die Gesellschaft in dem Zeitraum leitete, der Gegenstand der Aussage sein soll? Nach zutreffender Ansicht ist die Befreiung durch den Geschäftsführer und den Insolvenzverwalter zu verlangen[6], sofern der Geschäftsführer sich als Organ der Körperschaft dem Berater anvertraut hat[7].

907 Bei einem **Wechsel in der Geschäftsführung** einer GmbH oder dem Vorstand einer AG ist nach umstrittener Einschätzung sowohl die Ent-

---

1 *Ignor/Bertheau* in Löwe/Rosenberg, StPO, 26. Aufl. 2008, § 53 Rz. 75.

2 *Ignor/Bertheaur* in Löwe/Rosenberg, StPO, 26. Aufl. 2008, § 53 Rz. 75.

3 *Ignor/Bertheau* in Löwe/Rosenberg, StPO, 26. Aufl. 2008, § 53 Rz. 77 ff.; *Schmitt* in Meyer-Goßner/Schmitt, StPO, 59. Aufl. 2016, § 53 Rz. 49.

4 *Ignor/Bertheau* in Löwe/Rosenberg, StPO, 26. Aufl. 2008, § 53 Rz. 77 ff.; *Schmitt* in Meyer-Goßner/Schmitt, StPO, 59. Aufl. 2016, § 53 Rz. 49.

5 *Ignor/Bertheau* in Löwe/Rosenberg, StPO, 26. Aufl. 2008, § 53 Rz. 78. Zur **Kollision**, wenn der Steuerberater bei mehreren Mandanten **teils entbunden, teils nicht entbunden** wird, vgl. *Kribs-Drees*, DStZ 1978, 51.

6 OLG Schleswig v. 27.5.1980 – 1 Ws 160, 161/80, NJW 1981, 194; LG Düsseldorf v. 18.3.1958 – IIIa Qs 107/58, NJW 1958, 1152; LG Saarbrücken v. 26.5.1995 – 8 Qs 73/95, wistra 1995, 239 (Entbindung durch ehem. GF zwingend erforderlich); *Ignor/Bertheau* in Löwe/Rosenberg, StPO, 26. Aufl. 2008, § 53 Rz. 77; *Gülzow*, NJW 1981, 267; **a.A.** LG Lübeck v. 7.6.1977 – 4 Qs 171/77, NJW 1978, 1014; OLG Oldenburg v. 28.5.2004 – 1 Ws 242/04, NJW 2004, 2176 (Entbindung nur durch Insolvenzverwalter); LG Hamburg v. 6.8.2001 – 616 Qs 41/0113, NStZ-RR 2002, 12, m.w.N.

7 So OLG Schleswig-Holstein v. 27.5.1980 – 1 Ws 160, 161/80, NJW 1981, 194; zutreffend präzisierend *Haas*, wistra 1983, 183.

bindungserklärung des gegenwärtigen als auch eines früheren Vertretungsberechtigten, der dem Zeugen Tatsachen anvertraut hat, erforderlich. Nach der h.M. reicht jedoch die Entbindung durch den neuen Geschäftsführer bzw. Vorstand aus[1].

3. Beschlagnahmeverbot

Gegenstände, die als Beweismittel in einem Strafverfahren von Bedeutung sein können, können **beschlagnahmt** werden (§ 94 StPO; s. Rz. 460 ff., 733 ff.). Um derartige Beweismittel zu finden, können Wohnräume und sonstige Räume **durchsucht** werden. Die Durchsuchung bei dem Tatverdächtigen erlaubt § 102 StPO (s. Rz. 421 ff.); die Durchsuchung bei dem Dritten rechtfertigt § 103 StPO (s. Rz. 733 ff.). 908

§ 97 Abs. 1 StPO formuliert für die beratenden Berufe ein **Beschlagnahmeverbot**: 909

„Der Beschlagnahme unterliegen nicht

1. schriftliche Mitteilungen zwischen dem Beschuldigten und den Personen, die nach § 52 oder § 53 Abs. 1 Nr. 1 bis 3b [StPO] das Zeugnis verweigern dürfen;
2. Aufzeichnungen, welche die in § 53 Abs. 1 Nr. 1 bis 3b [StPO] Genannten über die ihnen vom Beschuldigten anvertrauten Mitteilungen oder über andere Umstände gemacht haben, auf die sich das Zeugnisverweigerungsrecht erstreckt;
3. andere Gegenstände ..., auf die sich das Zeugnisverweigerungsrecht ... erstreckt."

Das Beschlagnahmeverbot gilt entsprechend bei den beruflichen **Hilfspersonen** i.S.v. § 53a StPO (§ 97 Abs. 4 StPO). 910

Das Beschlagnahmeverbot ist ein „**akzessorischer Umgehungsschutz**„ für ein gegebenes **Zeugnisverweigerungsrecht** (vgl. Rz. 890). Das Beschlagnahmeverbot knüpft an das Aussageverweigerungsrecht an. 911

Eine **freiwillige Herausgabe** von Mandantenunterlagen verletzt das Verschwiegenheitsgebot und stellt möglicherweise eine Verletzung von Privatgeheimnissen i.S.v. § 203 StGB dar. Die freiwillige Herausgabe ist folglich i.d.R. untersagt[2]; erfahrungsgemäß verkennen Steuerberater häufig diese Verpflichtung. Erfolgen Durchsuchung und Be- 912

1 Zum Streitstand *Schmitt* in Meyer-Goßner/Schmitt, StPO, 59. Aufl. 2016, § 53 Rz. 46a.
2 Vgl. z.B. für **Anwälte** Rechtsanwaltskammer Frankfurt, KÖSDI 1981, 4151 = StV 1981, 52; *Streck* in StbKongrRep. 1981, 163 ff.

schlagnahme, ist sorgfältig darauf zu achten, dass das Protokoll über die Beschlagnahme nicht von einer „freiwilligen Herausgabe" spricht[1].

913 Das Beschlagnahmeverbot setzt voraus, dass sich der Gegenstand im **Gewahrsam** der zur Verweigerung des Zeugnisses Berechtigten befindet (§ 97 Abs. 2 Satz 1 StPO). Gewahrsam heißt tatsächliche Verfügungsmacht, tatsächliches In-den-Händen-Halten durch den Berater[2]. Folglich sind die eigenen Aufzeichnungen des Mandanten sowie die Beraterpost, die sich nicht beim Berater, sondern beim Beschuldigten befindet, nicht beschlagnahmefrei[3].

914 Hiervon macht die Rechtsprechung zum **Schutz** des **Verteidigungsverhältnisses** eine Ausnahme: Alle Mitteilungen zwischen dem Beschuldigten und seinem Verteidiger sind auch beschlagnahmefrei, wenn sie sich bei dem Beschuldigten oder auf dem Weg zwischen ihm und dem Verteidiger befinden[4]. Hierzu zählen z.B. Bankunterlagen[5]. **Verteidigerpost** ist somit auch in der Hand des Mandanten beschlagnahmefrei. Gleiches gilt für Aufzeichnungen, die sich ein Beschuldigter zu Verteidigungszwecken gemacht hat, gleich auf welchem Medium sie sich befinden. So kann er z.B. einen Ring-Ordner mit der Aufschrift „Verteidigungsunterlagen" anlegen, in dem er alle beschlagnahmefreien Schriftstücke sammelt oder auf seinem Computer einen Ordner mit

1 Vgl. Steuerberaterkammer Köln, Mitteilungsblatt 10-12/1978, 47, Anm. 97.

2 *Schmitt* in Meyer-Goßner/Schmitt, StPO, 59. Aufl. 2016, § 97 Rz. 11.

3 A.A. *Kapp/Roth*, ZRP 2003, 404. Eine solche Ausweitung des Beschlagnahmeprivilegs ist bedenklich. Geht man davon aus, dass z.B. bei kartellrechtlicher Beratung oder bei Unternehmenskäufen nur in enger Abstimmung mit dem Berater agiert wird, läge letztlich nur dem Beschlagnahmeverbot unterliegender Schriftwechsel vor. Diese Situation würde die Gefahr, dass die Ermittlungsbehörden gleich ein Ermittlungsverfahren gegen den Berater wegen Beihilfe einleiten, erhöhen. Nur auf diese Weise hätten sie Gelegenheit, Kenntnis des relevanten Schriftwechsel zu erlangen.

4 Hergeleitet aus § 148 StPO, der den ungehinderten Verkehr zwischen dem Beschuldigten und seinem Verteidiger postuliert; BVerfG v. 30.1.2002 – 2 BvR 2248/00, NStZ 2002, 377; BFH v. 13.8.1973 – 1 B Js 6/71 - StB 34/73, NJW 1973, 2035; BFH v. 24.3.1982 – 3 StR 28/82, NJW 1982, 2508; BFH v. 4.5.1988 – StB 15/88, StV 1988, 468, mit Anm. *Schmidt*, StV 1989, 421; LG Mainz v. 23.5.1986 – 5 Qs 4/85, NStZ 1986, 473; AG Frankfurt v. 14.4.1988 – 91 Js 32948/86-931 Gs, StV 1988, 482, mit Anm. *Schmidt*, StV 1989, 421; *Schmitt* in Meyer-Goßner/Schmitt, StPO, 59. Aufl. 2016, § 97 Rz. 37 und § 148 Rz. 8; *Kohlmann*, Wpg 1982, 78; allerdings gilt auch § 97 Abs. 2 Satz 3 StPO: **Verteidigerpost** kann **beschlagnahmt** werden bei dem **Verdacht** der **Tatbeteiligung**; vgl. BGH v. 24.3.1982 – 3 StR 28/82, NJW 1982, 2508, und *Schmitt* in Meyer-Goßner/Schmitt, StPO, 59. Aufl. 2016, § 97 Rz. 38 und § 148 Rz. 8, m.w.N.

5 LG Fulda v. 12.10.1999 – 2 Qs 51/99, NJW 2000, 1508.

gleichem Namen erstellen, in dem alle Dateien, E-Mails etc. gespeichert werden[1].

Das **Beschlagnahmeverbot** ist bereits bei der **Anordnung** einer **Durchsuchung** zu **berücksichtigen**. Die Durchsuchung ist unzulässig, wenn sie sich auf Gegenstände erstreckt, die unter § 97 StPO fallen[2]. Was entgegen § 97 StPO beschlagnahmt wurde, unterliegt einem **Verwertungsverbot**[3]. 915

Ausnahme 1 von dem Beschlagnahmeverbot: Die **Entbindung** von der **Verschwiegenheitspflicht** hebt das Beschlagnahmeverbot auf[4]. Die geschützten Gegenstände werden beschlagnahmefähig[5], gleichgültig, ob der Befreiende weiß, welche Gegenstände der Aussageverweigerungsberechtigte in Händen hat[6]. 916

Damit ist große **Vorsicht** bei der Entbindung vom Beratergeheimnis geboten. Wer seinen Berater von der Verschwiegenheitspflicht befreit, gibt alle Unterlagen des Beratungsverhältnisses, die man möglicherweise im Einzelnen nicht kennt, dem Zugriff der Strafverfolgungsbehörden endgültig preis. 917

Die in der **Praxis** anzutreffende **bereitwillige Befreiung** vom **Beratungsgeheimnis** ist daher äußerst **bedenklich**. 918

Die Befreiung kann auch **teilweise**, z.B. **eingeschränkt** auf bestimmte Sachverhaltskomplexe, erfolgen. 919

Der Mandant kann auch nur ein **Einverständnis** mit der **Beschlagnahme**, eventuell eingeschränkt auf bestimmte Unterlagen, erklären, ohne den Berater von der Verschwiegenheitspflicht im Übrigen zu entbinden. In diesem Fall ist die Beschlagnahme möglich; der Berater behält das Aussageverweigerungsrecht. 920

---

1 BVerfG v. 30.1.2002 – 2 BvR 2248/00, NStZ 2002, 377; LG München v. 26.7.2000 – 5 Qs 80/00613, NStZ 2001, 612.

2 *Schmitt* in Meyer-Goßner/Schmitt, StPO, 59. Aufl. 2016, § 97 Rz. 1.

3 BVerfG v. 12.4.2005 – BvR 1027/02, StraFo 2005, 286; in den Einzelheiten str., vgl. *Schmitt* in Meyer-Goßner/Schmitt, StPO, 59. Aufl. 2016, § 97 Rz. 46 ff.; *Greven* in Karlsruher Kommentar, StPO, 7. Aufl. 2013, § 97 Rz. 9 f.

4 *Schmitt* in Meyer-Goßner/Schmitt, StPO, 59. Aufl. 2016, § 97 Rz. 24. Die Wechselwirkung zwischen Entbindung und Beschlagnahmeverbot ist im Einzelnen umstritten.

5 *Schmitt* in Meyer-Goßner/Schmitt, StPO, 59. Aufl. 2016, § 97 Rz. 24; OLG Nürnberg v. 17.8.1956 – Ws 267/56, NJW 1958, 272, mit krit. Anm. von *Kaufmann*.

6 *Schmitt* in Meyer-Goßner/Schmitt, StPO, 59. Aufl. 2016, § 97 Rz. 24.

921 Wird die **Befreiung widerrufen**, was möglich ist, so entsteht das Beschlagnahmeverbot nicht rückwirkend, sondern vom Zeitpunkt des Widerrufs an[1]. Was sich bis zu diesem Zeitpunkt bereits im Gewahrsam der Strafverfolgungsorgane befindet, bleibt weiter beschlagnahmefähig und kann verwertet werden.

922 **Ausnahme 2 von dem Beschlagnahmeverbot: Teilnahmeverdacht** und **Deliktsgegenstände**. „Die Beschränkungen der Beschlagnahme gelten nicht, wenn die zur Verweigerung des Zeugnisses Berechtigten einer Teilnahme oder eine Begünstigung, Strafvereitelung oder Hehlerei verdächtig sind oder wenn es sich um Gegenstände handelt, die durch eine Straftat hervorgebracht oder zur Begehung einer Straftat gebraucht oder bestimmt sind oder die aus einer Straftat herrühren" (§ 97 Abs. 2 Satz 3 StPO).

923 Neben der Beschlagnahmemöglichkeit wegen Verdachts der Teilnahme besteht die Beschlagnahmemöglichkeit bei dem Verdacht einer **eigenen vorsätzlichen Tat** des Beraters, z.B. der **eigenen Steuerhinterziehung**; in diesem Fall müssen die Mandantenunterlagen Beweismittel zu dieser Tat sein. Außerdem besteht die prinzipielle Beschlagnahmemöglichkeit wegen eines eigenen selbständigen Fahrlässigkeitsdelikts, z.B. einer leichtfertigen Steuerverkürzung zu eigenen Gunsten oder zugunsten des Mandanten. Wegen des Gebots der Verhältnismäßigkeit der Mittel scheidet jedoch eine Durchsuchung wegen einer Ordnungswidrigkeit in aller Regel aus[2].

924 Der Verdacht der Teilnahme des § 97 Abs. 2 Satz 3 StPO muss sich auf **konkrete Fakten** stützen[3]. Da es um die Einschränkung des Beschlagnahmeprivilegs geht, ist der Begriff der Teilnahme eng auszulegen[4]. Nach dem Grundsatz der Verhältnismäßigkeit muss er um so gewichtiger sein, je stärker – intensiver – der Eingriff ist. Diese Relation ist gerade bei dem Eingriff in Beraterpraxen zu berücksichtigen[5].

925 Die **Strafverfolgungsbehörden** begegnen im Hinblick auf die Steuerberaterpraxis dem Beschlagnahmeverbot mit Vorliebe dadurch, dass sie den **Verdacht** der **Steuerstraftat** auch auf den **Berater erstrecken**.

---

1 *Schmitt* in Meyer-Goßner/Schmitt, StPO, 59. Aufl. 2016, § 97 Rz. 25.

2 *Seitz* in Göhler, Ordnungswidrigkeitengesetz, 16. Aufl. 2012, Vor § 59 Rz. 108.

3 *Schmitt* in Meyer-Goßner/Schmitt, StPO, 59. Aufl. 2016, § 97 Rz. 20; *Krekeler*, NJW 1977, 1417 (1426).

4 *Schiller*, StV 1985, 172.

5 *Krekeler*, NJW 1977, 1417 (1427); *Streck* in StbKongrRep. 1981, 163 ff.; Deutscher Steuerberaterverband, Stbg 1981, 210.

Dieser Weg bietet sich geradezu an[1], zumal der spätere Wegfall des Verdachts nicht zu einem Verwertungsverbot führt[2]. Das Beschlagnahmeverbot droht jedoch auf diese Weise in Leerlauf zu geraten. Der Verdacht der Teilnahme muss vor der Beschlagnahme und nicht mithilfe der beschlagnahmten Gegenstände ausreichend konkret begründet werden[3]. Die Beraterfunktion und die Mitwirkung an der objektiv falschen Erklärung reichen nicht aus, um den Verdacht zu begründen[4]. Es müssen detaillierte Verdachtsmomente auch hinsichtlich der subjektiven Tatseite vorliegen, die anzeigen, dass der Berater vorsätzlich eine Hinterziehung unterstützt oder eine vollendete Hinterziehung begünstigen will[5].

Ausnahme 3 von dem Beschlagnahmeverbot: Beschlagnahmefrei sind 926
einmal „schriftliche Mitteilungen" zwischen Berater und Mandant und Aufzeichnungen des Beraters (§ 97 Abs. 1 Nr. 1 und 2 StPO). Hierzu zählen der gesamte Schriftverkehr, Briefe, Zettel, Vermerke, Notizen, kurz: die Handakten des Beraters[6]. Ferner gehören hierzu alle **Entwürfe**, die noch nicht zur Veröffentlichung oder Weitergabe bestimmt sind, wie z.B. Vertrags-, Bilanz- und Schriftsatzentwürfe[7]. Beschlagnahmefrei sind außerdem „andere Gegenstände", auf die sich das Zeugnisverweigerungsrecht erstreckt (§ 97 Abs. 1 Nr. 3 StPO). **Beschlagnahmefähig** sind folglich die Unterlagen, die diesen **Bedingungen nicht genügen**. Es gibt kein generelles „Asyl" für alle dem Berater übergebenen Schriftstücke. Umstritten ist dies besonders für **Buchführungsunterlagen** (Rz. 929 ff.).

Beschlagnahmefähig sind zudem **Unterlagen**, die dem Berater gerade 927
im Hinblick auf das Beschlagnahmeverbot übergeben wurden, die **keinen Bezug** zu dem **Beratungs-** und **Vertrauensverhältnis** haben und

---

1 Vgl. schon *Gehre*, DStR 1967, 328.
2 BGH v. 20.10.1982 – 2 StR 43/82, NJW 1983, 85.
3 LG Koblenz v. 30.10.1984 – 10 Qs 10, 23/84, Stbg 1985, 7; *Schmitt* in Meyer-Goßner/Schmitt, StPO, 59. Aufl. 2016, § 97 Rz. 20.
4 Vgl. hierzu LG Hamburg v. 9.11.1966 – 38 Qs 181/66, DStR 1967, 327 = KÖSDI 1981, 4078; *Gehre*, DStR 1967, 328, und NJW 1977, 710; *Felix*, KÖSDI 1981, 4059; *Streck* in StbKongrRep. 1981, 163 ff.; *Kohlmann*, Wpg 1982, 76.
5 Vgl. *Schiller*, StV 1985, 169.
6 Die für **DATEV** bestimmten Unterlagen sind auch bei der DATEV geschützt (§§ 97 Abs. 4, 53a StPO); zweifelhaft, s. oben Rz. 894 und unten 943. Zur **Retenturkunde** des Notars LG Köln v. 7.4.1981 – 117 (62) Qs 3/80, NJW 1981, 1746.
7 *Menges* in Löwe/Rosenberg, StPO, 26. Aufl. 2014, § 97 Rz. 111; *Park*, Durchsuchung und Beschlagnahme, 3. Aufl. 2015, Rz. 561.

letztlich vor den Strafverfolgungsorganen **versteckt** werden sollen[1]. Um hier nicht eine bequeme Eingangstür in das Beschlagnahmeverbot zu schaffen, darf der Gegenstand jedoch in keinem denkbaren Bezug zu dem Mandat stehen[2].

928 Uneinheitlich wird die Frage beurteilt, inwieweit von Dritten erstellte Unterlagen, auf denen der Berater **handschriftliche Vermerke**, Stellungnahmen etc. angebracht hat, beschlagnahmefähig sind. Wird z.B. dem Steuerberater das Gutachten eines Dritten mit der Bitte um steuerrechtliche Stellungnahme zugesandt, ist dieses Dokument keine Aufzeichnung i.S.v. § 97 Abs. 1 Nr. 2 StPO, die der Berater **im Rahmen des Mandats** selbst erstellt hat. Nach zutreffender Ansicht erstreckt sich das Beschlagnahmeverbot auch auf vom Beschuldigten oder von Dritten erstellte Unterlagen, die nicht erst aus dem geschützten Vertrauensverhältnis hervorgegangen sind, jedoch in enger Verbindung hiermit stehen[3]. In jedem Fall sind die handschriftlichen Anmerkungen des Beraters auf dem Dokument erst aus dem geschützten Mandatsverhältnis heraus entstanden. Sie sind untrennbar mit der Urkunde verbunden und führen insgesamt zu deren Beschlagnahmefreiheit[4].

4. Bilanz- und Buchführungsunterlagen

929 Problematischer Streitpunkt der Praxis ist die Frage, inwieweit die Buchführung und Buchführungsunterlagen des **Mandanten**, die sich bei dem Berater befinden, **beschlagnahmefrei** sind[5].

---

1 *Schmitt* in Meyer-Goßner/Schmitt, StPO, 59. Aufl. 2016, § 97 Rz. 39 (allerdings im Einzelnen zu weitgehend; so sollen „Überführungsstücke" generell beschlagnahmefähig sein); LG Fulda v. 12.10.1999 – 2 Qs 51/99, NJW 2000, 1508.

2 *Krämer*, BB 1975, 1225 (1228); *Gülzow*, NJW 1981, 266.

3 *Park*, Durchsuchung und Beschlagnahme, 3. Aufl. 2015, Rz. 567 ff.; *Greven* in Karlsruher Kommentar, StPO, 7. Aufl. 2013, § 97 Rz. 11; *Menges* in Löwe/Rosenberg, StPO, 26. Aufl. 2014, § 97 Rz. 48; *Simon/Wagner*, Steuerstrafrecht, 4. Aufl. 2015, 301; **a.A.** LG Darmstadt v. 18.3.1988 – 9 Qs 1188/87, NStZ 1988, 286, m.w.N.

4 Es handelt sich um Aufzeichnungen i.S.d. Nr. 2 (*Schmitt* in Meyer-Goßner/Schmitt, StPO, 59. Aufl. 2016, § 97 Rz. 29). Diskutiert werden kann noch darüber, ob nur die Seiten, auf denen sich tatsächlich handschriftliche Anmerkungen finden, auszutrennen und beschlagnahmefrei sind. Dies lässt jedoch unberücksichtigt, dass allein schon der Umstand, wo, d.h. auf welchen Seiten, Anmerkungen gemacht wurden, beweisrelevant ist.

5 Argumentationsübersicht bei *Menges* in Löwe/Rosenberg, StPO, 26. Aufl. 2014, § 97 Rz. 111–117.

In breiter Vielfalt werden hier **einschränkende Ansichten** vertreten. 930
Buchführungsunterlagen und Belege sind hiernach grundsätzlich **beschlagnahmefähig**[1]. Die Finanzverwaltung folgt dem in Nr. 58 Abs. 1 a.E. AStBV (St) 2014[2]. Ähnlich eng auch das Hanseatische OLG Hamburg[3]: Bilanz- und Buchführungsunterlagen seien instrumentae sceleris, also Tatwerkzeuge, i.S.v. § 97 Abs. 2 Satz 3 StPO (Rz. 922). Das LG Berlin[4] will das Zeugnisverweigerungsrecht und das Beschlagnahmeverbot auf die Steuerberatung konzentrieren und hier die Buchführung nur einschließen, solange Bilanzen noch nicht gefertigt sind; nach Erstellung der Abschlüsse sollen die Unterlagen dem Beschlagnahmeschutz entzogen sein. Das LG Saarbrücken[5] nimmt die zur Kontierung übergebenen Unterlagen aus dem Beschlagnahmeprivileg heraus, weil das Kontieren – irrig – keine Steuerberatung sei. Letztlich liegt diesen Entscheidungen die heute überwiegend vertretene Überlegung zugrunde, dass alle nicht im Mandatsverhältnis entstandenen, sondern dem Berater nur übergebenen Unterlagen jedenfalls nicht dem Beschlagnahmeverbot unterliegen, wenn er damit nicht oder nicht mehr „arbeitet". Es gibt **„kein Asyl" für Buchhaltungsunterlagen** beim Berater.

Allein schon weil es in der Praxis nur schwer möglich ist, ohne Kennt- 931
nisnahme vom Inhalt der Unterlagen, diese zu trennen, besteht nach richtiger Ansicht allgemein für die bei dem Berater befindlichen Buch-

---

1 LG Braunschweig v. 23.6.1978 – 37 Qs 67/78, NJW 1978, 2108 = KÖSDI 1981, 4079; folgend *Birmanns*, MDR 1981, 102; LG Stuttgart v. 5.8.1983 – 10 Qs 96/83, wistra 1985, 41; LG München v. 3.8.1984 – 27 Qs 8/84, StB 1984, 13, mit Anm. *Birner*, StB, a.a.O., und wistra 1985, 42; LG Hannover v. 28.12.1983 – 6 Js 7884/83, StB 1985, 52; LG München I v. 22.4.1988 – 19 Qs 3/88, wistra 1988, 326; LG Hildesheim v. 21.4.1988 – 22 Qs 1/88, wistra 1988, 327; *Mossburger*, wistra 1989, 252. Nach *Brenner*, BB 1984, 137, sind die Buchführungsunterlagen beschlagnahmefähig, bei Nichtherausgabe soll die Beteiligung an einer strafbaren Urkundenunterdrückung (§ 274 StGB) vorliegen; dagegen *Pestke*, Stbg 1986, 39.

2 AStBV (St) 2014, BStBl. I 2013, 1394 ff., wo in Nr. 58 Abs. 1 a.E. ausdrücklich auf die uneinheitliche Rechtsprechung hingewiesen wird. Gl.A. *Heine* (OFD München), 17. Deutscher Steuerberatertag 1994, Protokoll, 1995, 141 ff.

3 OLG Hamburg v. 8.1.1981 – 1 Ws 7/81, 1 Ws 13/81, MDR 1981, 603; folgend LG Aachen v. 16.3.1981 – 15 Qs 9/81, MDR 1981, 603; ähnlich auch *Freund*, NJW 1976, 2002; *Schäfer*, wistra 1985, 12; *Klos*, Inf. 1985, 553.

4 LG Berlin v. 10.11.1976 – 514a/514 Qs 73/76, NJW 1977, 725; in diesem Sinn wohl auch *Schmitt* in Meyer-Goßner/Schmitt, StPO, 59. Aufl. 2016, § 97 Rz. 40.

5 LG Saarbrücken v. 6.4.1984 – 5 Qs 49/83, wistra 1984, 200.

führungsunterlagen ein **Beschlagnahmeverbot**[1]. Bei einer unbefangenen Anwendung des Gesetzes wird man keine Schwierigkeiten haben, die dem Berater übergebenen Buchführungsunterlagen unter § 97 Abs. 1 Nr. 3 StPO zu subsumieren. Es sind „andere Gegenstände", auf die sich das Zeugnisverweigerungsrecht erstreckt[2]. Immerhin erwähnt § 33 StBerG die Fertigung der Steuerbilanz ausdrücklich als unmittelbare Aufgabe des steuerberatenden Berufs. Dass die Buchführungstätigkeit nicht ausschließlich in der Hand der steuerberatenden Berufe liegt[3], heißt nicht, dass sie nicht gleichwohl zu ihrem Berufsbild zu rechnen ist[4]. Die Unterlagen und Belege befinden sich auch in der tatsächlichen Herrschaftsmacht des Beraters und damit in seinem Gewahrsam[5]. Vom Berater erstellte Buchführungsunterlagen fallen im Übrigen bereits unter § 97 Abs. 1 Nr. 2 StPO[6]. Das Finanzamt kann auf § 104 Abs. 2 AO zurückgreifen (s. Rz. 938).

932 Die **Begründungen** für die **Beschlagnahmefähigkeit überzeugen nicht**. Buchführungsunterlagen sind keine instrumentae sceleris, soweit es sich nicht um gefälschte Belege handelt[7]. Das entscheidende Gegenargument muss aus der spezifischen Natur des Steuerberatungsverhältnisses hergeleitet werden[8]. Ein wesentlicher Teil der schriftlichen Unterlagen des Beratungsverhältnisses, des Schriftverkehrs, der Aktenvermerke beschäftigt sich mit Steuererklärungen. Sie sind qualitativ nicht anders zu beurteilen als die Buchführungsunterlagen. Sind die Buchführungsunterlagen, die die Steuererklärung vorbereiten, allein deshalb beschlagnahmefähig, weil sich die Steuererklärung später als nicht richtig herausstellt, so ist das Beratungsverhältnis dem Zugriff

---

1 Ebenso: OLG Köln v. 7.5.1991 – 2 Ws 149/91, NStZ 1991, 452 (für WP-Prüfungsbericht); *Park*, Durchsuchung und Beschlagnahme, 3. Aufl. 2015, Rz. 67; *Simon/Wagner*, Steuerstrafrecht, 4. Aufl. 2015, 304; *Schumann*, wistra 1995, 50 (51 f.).

2 *Pestke*, Stbg 1986, 39 (40).

3 BVerfG v. 18.6.1980 – 1 BvR 697/72, NJW 1981, 33; BVerfG v. 27.1.1982 – 1 BvR 807/80, NJW 1982, 1687.

4 Gegen LG Stuttgart v. 5.8.1983 – 10 Qs 96/83, wistra 1985, 41. Wie hier *Volk*, DStR 1989, 338 (341).

5 Gegen LG Aachen v. 11.10.1984 – 86 Qs 74/84, MDR 1985, 163, und *Birmanns*, MDR 1981, 102 (103); wie hier *Schmitt* in Meyer-Goßner/Schmitt, StPO, 59. Aufl. 2016, § 97 Rz. 40; *Simon/Wagner*, Steuerstrafrecht, 4. Aufl. 2015, 302; *Felix*, KÖSDI 1981, 4058; *Kohlmann*, Wpg 1982, 76; *Pestke*, Stbg 1986, 39 (40); *Volk*, DStR 1989, 338 (340).

6 *Heilmaier*, DStR 1980, 519.

7 Gl.A. *Kohlmann*, Wpg 1982, 77. A.A. allerdings insoweit *Volk*, DStR 1989, 338 (343); *Streck* in StbKongrRep. 1981, 163 ff.

8 Vgl. hierzu auch *Volk*, DStR 1989, 338.

der Strafverfolgungsorgane weitestgehend geöffnet. Um überhaupt dem Beschlagnahmeverbot einen das Vertrauensverhältnis schützenden Raum zu geben, müssen alle die Steuererklärung vorbereitenden Schriftstücke einschließlich der Buchführungsunterlagen grundsätzlich unter dem Beschlagnahmeprivileg stehen. Der Umfang der Beschlagnahme steht schließlich – wie jede Maßnahme der Strafverfolgung – unter dem Gebot der Verhältnismäßigkeit der Mittel. Der Eingriff in die Beratungspraxis ist abzuwägen gegenüber dem Rechtsgut eines funktionierenden Beratungsverhältnisses. Die Strafverfolgung in Steuersachen dient dem Steueraufkommen. Es kann keinem Zweifel unterliegen, dass das Steuerberatungsverhältnis mit weit größerer Wirksamkeit zum richtigen Steueraufkommen beiträgt als die Strafvorschriften der AO zur Steuerhinterziehung. Folglich ist im Zweifel die Beschlagnahmevorschrift nicht anzuwenden und das Beschlagnahmeverbot zu bejahen. Wichtiger ist es, das Beratungsverhältnis allgemein nicht zu gefährden, als im Einzelfall gewaltsam die Mandantenunterlagen bei dem Berater zu ergreifen und die Beratungssphäre generell dem Misstrauen auszusetzen.

Das grundsätzliche Beschlagnahmeverbot entspricht einer **älteren Judikatur**[1] und der **Lehre**[2]. 933

---

1 LG Köln v. 27.5.1960 – 33 Qs 8/60, NJW 1960, 1874; LG Aachen v. 1.10.1979 – 24 Qs 6/79, MDR 1981, 160; LG Koblenz v. 21.1.1969 – Qs 170/68-286/68 (2), DStR 1969, 350; LG Kassel, ohne Az. und Datum, StB-Kammer Köln, Mitteilungsblatt 4/1979 = KÖSDI 1981, 4078; LG Koblenz v. 30.10.1984 – 10 Qs 10, 23/84, Stbg 1985, 7; LG Stade v. 27.10.1983 – 12 Qs 5/83, wistra 1986, 41; LG Stade v. 24.3.1986 – 13 Qs 4/85, NStZ 1987, 38 mit krit. Anm. *Birmanns*; OLG Köln v. 7.5.1991 – 2 Ws 149/91, NStZ 1991, 452 betr. WP-Berichte.

2 Vgl. hierzu *Gehre*, NJW 1977, 710; *Scheurmann-Kettner* in Koch/Scholtz, AO, 5. Aufl. 1996, § 399 Rz. 32; *Heilmaier*, DStR 1980, 519; *Gülzow*, NJW 1981, 265; *Felix*, KÖSDI 1981, 4056 ff.; *Streck* in StbKongrRep. 1981, 163 ff.; *Mittelsteiner*, DStR 1976, 340 (342); StB-Kammer Köln, Mitteilungsblatt 4-6/1977, 6, Anm. 21; *Behrendt*, Harzburger Protokoll, 81, 92; *Kohlmann*, Wpg 1982, 70 (74); *Höser*, MDR 1982, 535; *Bauwens*, wistra 1985, 179; *Behrendt*, Harzburger Protokoll, 85, 163, 201 ff.; *Pestke*, Stbg 1986, 39; *Späth*, Stbg 1988, 393; *Sdrenka*, Stbg 1988, 164; *Gilgan*, Stbg 1988, 167; *Schreiber*, Die Beschlagnahme von Unterlagen beim Steuerberater, 1993, 99 ff., 130 ff.; *Volk*, DStR 1989, 338, allerdings insoweit relativierend, als er zur Annahme von „Deliktsgegenständen" (Rz. 922) neigt. Der Deutsche Steuerberaterverband fordert im Anschluss an *Felix*, KÖSDI 1981, 4056 ff. eine „Bannmeile" um Beraterkanzleien, Stbg 1981, 210; *Park*, Durchsuchung und Beschlagnahme, 3. Aufl. 2015, Rz. 67; *Simon/Wagner*, Steuerstrafrecht, 4. Aufl. 2015, 304; *Braun* in Quedenfeld/Füllsack, Verteidigung in Steuerstrafsachen, 5. Aufl. 2016, Rz. 727.

5. Anderkonten

934 Das strafrechtliche **Zeugnis-** und das abgabenrechtliche **Auskunftsverweigerungsrecht** (dazu nachfolgend Rz. 892 ff.) beziehen sich auch auf Anderkonten. Das Gleiche gilt hinsichtlich des **Beschlagnahmeprivilegs** bzgl. der Unterlagen, die das Anderkonto betreffen, soweit sie sich im Gewahrsam des Beraters befinden. Die das Anderkonto führende Bank hat allerdings kein Aussageverweigerungsrecht. Die Informationen und die Unterlagen, über welche die Bank verfügt, stehen der Steuerfahndung zur Verfügung[1]. Im Übrigen muss glaubhaft sein, dass es sich um echte Anderkonten handelt[2]. Werden über diese Konten auch Eigenmittel des Anwalts, z.B. Honorarzahlungen, abgewickelt, entfallen die Verweigerungsrechte und Privilegien.

6. Rechtsmittel bei Durchsuchung und Beschlagnahme

935 Angesichts der **Unklarheiten** der **rechtlichen Grenzen** des **Beschlagnahmeprivilegs** sollte sie jeder Berater **zugunsten** des **Beratungsverhältnisses** auslegen. Der Berater sollte gegen Durchsuchungen und Beschlagnahmehandlungen, die die Beratungsunterlagen betreffen, i.d.R. Beschwerde (§ 304 StPO; dazu Rz. 496 ff.) einlegen. Nur die überprüfte, richterliche Entscheidung kann in das Mandat eingreifen. Ebenso wie es Pflicht des Beraters ist, i.d.R. die Aussage zu verweigern (s. Rz. 892), ist es Pflicht des Beraters, dem Verschwiegenheitsgebot durch eine sorgfältige Beachtung des Beschlagnahmeverbots zu entsprechen. Hieraus folgt nach zutreffender Ansicht die Pflicht, rechtskräftig über den Eingriff entscheiden zu lassen[3].

936 Soweit der Berater gegen die Durchsuchung (zur Zulässigkeit s. auch Rz. 497 ff.) und die Beschlagnahme Beschwerde einlegt, haben diese **keine aufschiebende Wirkung** (§ 307 Abs. 1 StPO). Allerdings können das anordnende oder das Beschwerdegericht (i.d.R. Amtsgericht oder

---

1 Vgl. BVerfG v. 9.10.1989 – 2 BvR 1558/89, wistra 1990, 97; LG Aachen v. 16.10.1998 – 86 Qs 63/98 und 86 Qs 99/98, NJW 1999, 2381; OLG Frankfurt v. 22.8.2001 – 2 AuslS 10/01, NJW 2002, 1135; LG Würzburg v. 20.9.1989 – Qs 323/89, wistra 1990, 118; kritisch *Stahl*, wistra 1990, 94.

2 Vgl. BFH v. 7.3.1989 – VIII R 355/82, BFH/NV 1989, 753.

3 Gleicher Auffassung *Felix*, KÖSDI 1981, 4059; *Streck* in StbKongrRep. 1981, 163 ff.; Baden-Badener Verhaltensgrundsätze, KÖSDI 1982, 4873; StB-Kammer Nordbaden, KÖSDI 1983, 5131. Ähnlich auch *Gilgan*, Stbg 1989, 321. Das gilt selbst dann, wenn auch hier kaum über nennenswerte Erfolgsaussichten berichtet werden kann; vgl. *Winkelbauer*, DStR 1978, 693. Im Übrigen wird geraten, die Kammer zu unterrichten, vgl. StB-Kammer Köln, Mitteilungsblatt 4-6/1977; *Gilgan*, Stbg 1989, 321.

Landgericht) die Vollziehung aussetzen (§ 307 Abs. 2 StPO); s. dazu Rz. 510 f., die auch hier gelten.

Da die Steuerfahndung jedoch selbst die Unterlagen durchsehen kann (s. Rz. 443), erfolgen **Rechtsbehelfe** oft **nicht rechtzeitig**. Es gibt keinen zwingenden Schutz vor der Durchsicht der Mandantenunterlagen durch die Fahndung vor einer rechtskräftigen Überprüfung; angesichts der Schwere des Eingriffs und der nichtkontrollierbaren Auswirkungen eines rechtswidrig erlangten Wissens – mögen die Unterlagen selbst auch als Beweismittel nicht verwertbar sein – ist diese Rechtslage äußerst bedenklich. In der Praxis zeigt die Steuerfahndung die Bereitschaft, auf die Durchsicht der Unterlagen vorläufig zu verzichten, wenn die Durchsuchung und Beschlagnahme angegriffen werden sollen. Die Unterlagen werden bis zur rechtskräftigen Entscheidung oder zur Entscheidung nach § 307 Abs. 2 StPO **versiegelt**. Die Regelung des § 110 Abs. 2 StPO wird entsprechend angewandt. Der Berater hat auf diese Verfahrensweise einen Rechtsanspruch, da auch die Art und Weise der Durchsuchung und Beschlagnahme unter dem Vorbehalt des Verhältnismäßigkeitsgrundsatzes steht (Rz. 490). 937

7. Das abgabenrechtliche Auskunftsverweigerungsrecht nach § 102 AO

Die **AO** regelt das Aussageverweigerungsrecht der Angehörigen der steuerberatenden Berufe in **§ 102 Abs. 1 Nr. 3b AO**. Es entspricht im Wesentlichen dem Weigerungsrecht nach § 53 StPO. Die § 53a StPO entsprechende Regelung für die Berufshelfer findet sich in § 102 Abs. 2 AO. Der Helferbegriff geht hier ebenso weit wie in § 53a StPO[1] (s. Rz. 892, 894). 938

Eine **Belehrungspflicht** besteht auch nach der AO nicht[2] (s. auch Rz. 901). 939

Was die Verwaltung unter **Verstoß** gegen § 102 AO erfährt, darf sie **nicht verwerten**[3]. 940

§ 102 Abs. 3 AO bestimmt, dass das **Aussageverweigerungsrecht** für den Berater und den Berufshelfer **entfällt**, wenn eine **Befreiung** von der Verschwiegenheitspflicht ausgesprochen wird (vgl. Rz. 916 ff.). 941

---

1 Vgl. auch *Rätke* in Klein, AO, 13. Aufl. 2016, § 102 Rz. 35.
2 *Seer* in Tipke/Kruse, AO/FGO, § 102 Rz. 28 (Mai 2013).
3 *Seer* in Tipke/Kruse, AO/FGO, Vor § 101 Rz. 5 a.E., § 102 AO Rz. 14 (Mai 2013).

8. Die abgabenrechtliche Verweigerung der Herausgabe von Unterlagen nach § 104 AO

942 Dem Beschlagnahmeverbot des Strafverfahrensrechts entspricht das **Weigerungsrecht** der beratenden Berufe, **Urkunden** des **Mandatsverhältnisses** herauszugeben (§ 104 Abs. 1 AO). § 104 Abs. 2 AO **schränkt** jedoch **ein**: Herauszugeben sind die Unterlagen, die für einen Beteiligten des Besteuerungsverhältnisses aufbewahrt werden, hierzu zählen auch die Geschäftsbücher und Aufzeichnungen des Beteiligten[1]. Die AO gibt insoweit einen Herausgabeanspruch, jedoch kein Durchsuchungs- und Herausnahmerecht.

943 Wird die **DATEV** von einem Finanzamt unter Hinweis auf § 104 AO zur Vorlage von Kontenausdrucken aufgefordert, liegt – erklärt nicht der Steuerpflichtige selbst die Freigabe – die Entscheidung darüber, ob die DATEV dieser Aufforderung nachkommt, in der Hand des Steuerberaters. Verweigert der Berater der DATEV gegenüber die Freigabe, ist der nachfolgende Streit um die Herausgabepflicht mit dem Berater zu führen[2].

1 Vgl. *Moosburger*, wistra 1989, 252.

2 Vgl. hierzu *Streck/Mack*, Stbg 1988, 82; dazu sodann *Sebiger*, Stbg 1988, 164. S. zur DATEV auch Rz. 894.

D. Ermittlungen im Ausland und für das Ausland – Auskünfte aus dem Ausland und für das Ausland

I. Überblick

Aufgrund seiner Gebietshoheit ist ein Staat grundsätzlich berechtigt, 944
auch außerhalb seines Staatsgebiets verwirklichte Sachverhalte der Besteuerung zu unterwerfen (sog. Universalitätsprinzip).[1] Die Finanz- und Strafverfolgungsbehörden haben den Auslandssachverhalt von Amts wegen zu ermitteln. Die Informationsbeschaffung im Ausland darf jedoch nur unter Wahrung des Prinzips der formellen Territorialität erfolgen. Die **deutsche Finanzverwaltung** darf im **Ausland nicht ermitteln**. Die **ausländische** Finanzverwaltung darf im **Inland nicht ermitteln**. Die Hoheitsmacht endet an der Staatsgrenze.[2] Ein Übergreifen der Strafverfolgungstätigkeit des einen Staats in das Gebiet des anderen ist unzulässig.[3]

Die **Ermittlungsgrenze** gilt **allgemein**, z.B. für 945

- Auskunfts- und Vorlageersuchen,
- tatsächliche Beweiserhebungen,
- Augenscheineinnahmen,
- Zustellungen,
- Vollstreckungen.

Die Ermittlungsgrenzen gelten auch für die **Steuerfahndung**. 946

Die Unzulässigkeit wird nicht durch die **Zustimmung** des Betroffenen 947
oder durch die **Mitwirkungswilligkeit** eines Zeugen beseitigt. Das Territorialitätsprinzip steht nicht zur Disposition des Einzelnen. Nur der

---

1 Vgl. FG Hessen v. 3.6.2015 – 7 K 6321/12, juris; *Seer* in Tipke/Kruse, AO/FGO, § 117 AO Rz. 1 (Juli 2015); *Haase*, Internationales und Europäisches Steuerrecht, 4. Aufl. 2014, Rz. 18 ff.

2 Vgl. BVerfG v. 22.3.1983 – 2 BvR 475/78, RIW/AWD 1983, 703 (705); *Matthes* in Kohlmann, Steuerstrafrecht, § 399 Rz. 160 (April 2016); *Seer* in Tipke/Kruse, AO/FGO, § 117 AO Rz. 2 (Juli 2015); *Meyer-Goßner* in Meyer-Goßner/Schmitt, StPO, 59. Aufl. 2016, Einl. Rz. 210.

3 Ausführlich: *Matthes* in Kohlmann, Steuerstrafrecht, § 399 Rz. 160 ff. (Nov. 2014/April 2016); *Peters* in Schaumburg/Peters, Internationales Steuerstrafrecht, 2015, Rz. 7.1 ff.; *Seer/Gabert*, StuW 2010, 3; *Czakert*, IStR 2013, 596; *Czakert*, ISR 2013, 177; *Maequardt/Betzinger*, BB 2014, 3033; *Dölker*, EWS 2015, 23; *Grotherr*, ISR 2015, 193; im Verhältnis zu Drittstaaten *Lampert/Meickmann*, ISR 2014, 305.

ausländische Staat kann die Unzulässigkeit aufheben.[1] Will die Steuerfahndung dennoch Informationen im Zusammenhang mit dem fremden Staat einholen, ist sie auf die Instrumentarien der Rechts- und Amtshilfe angewiesen.

948 Amts- und Rechtshilfeverfahren sind voneinander zu trennen. **Amts**hilfe ist die Hilfe, die eine Behörde der anderen in Verwaltungssachen gewährt; **Rechts**hilfe die Unterstützung in strafrechtlichen Angelegenheiten. Für die Finanzbehörde gilt die Faustregel: Im Steuerstrafverfahren gelangen Regeln über die zwischenstaatliche Rechtshilfe, im Besteuerungsverfahren über die zwischenstaatliche Amtshilfe zur Anwendung.

Praxishinweis: Ermittlungsmaßnahmen ohne eindeutige Rechtsgrundlage sind sowohl im Besteuerungsverfahren anzufechten als auch im Strafverfahren als fehlerhafte Beweiserhebung zu rügen.

949 Der **internationale Informationsaustausch in Steuersachen** meint generell den grenzüberschreitenden Auskunftsaustausch über potenziell steuerlich erhebliche Tatsachen zwischen zwei oder mehreren Staaten (sog. zwischenstaatlicher Auskunftsverkehr).[2] Es werden Informationen über konkrete tatsächliche und/oder rechtliche Verhältnisse von natürlichen Personen sowie juristischen Personen und anderen Gebilden bzw. Strukturen mit jedenfalls potenzieller steuerlicher Relevanz ausgetauscht. Es ist nach Art des Informationsaustausches zu differenzieren:

- Der spontane Informationsaustausch (**Spontanauskünfte**) ist eine ersuchensunabhängige Auskunft der mitteilenden Behörde an eine andere Behörde auf Initiative der mitteilenden Behörde. Spontanauskünfte erfolgen i.d.R. über Kontrollmitteilungen.[3]
- Beim **Informationsaustausch auf Ersuchen** erfolgen im Wege der Amts- und/oder Rechtshilfe von der ersuchenden Stelle konkrete Anfragen an die ersuchte Stelle zur Auskunftserteilung für Zwecke des Besteuerungs-, Steuerordnungswidrigkeits- oder Steuerstrafverfahrens.[4]

---

1 BVerfG v. 22.3.1983 – 2 BvR 475/78, RIW/AWD 1983, 703 (705).

2 Vgl. BMF-Schreiben v. 23.11.2015 – IV B 6-S 1320/07/10004:007, BStBl. I 2015, 928, Rz. 1.1.

3 Vgl. BMF-Schreiben v. 23.11.2015 – IV B 6-S 1320/07/10004:007, BStBl. I 2015, 928, Rz. 6.1.1; *Matthes* in Kohlmann, Steuerstrafrecht, § 399 Rz. 189 (April 2016), m.w.N.

4 Vgl. BMF-Schreiben v. 23.11.2015 – IV B 6-S 1320/07/10004:007, BStBl. I 2015, 928, Rz. 1.4., 4. und 5.

- Der **automatische Informationsaustausch (AIA)** ist die systematische Übermittlung von Informationen über bestimmte Sachverhalte zu in anderen Staaten ansässigen Personen an den entsprechenden Ansässigkeitsstaat ohne vorheriges Ersuchen des Ansässigkeitsstaats, und zwar in regelmäßigen, im Voraus bestimmten Zeitabständen auf Basis von im Voraus abstrakt-generell definierten Fallgruppen.[1]

II. Rechtsgrundlagen

1. Internationale Amtshilfe in Steuersachen

Für den internationalen Informationsaustausch im Besteuerungsverfahren besteht eine **Vielzahl von Rechtsgrundlagen** in einem schwer überschaubaren Geflecht aus nationalen, völkerrechtlichen und europarechtlichen Bestimmungen. Hieraus ergeben sich zahlreiche, teils ungeklärte Konkurrenzfragen, insbesondere hinsichtlich des Anwendungsvorrangs.[2] Folgende maßgeblichen Rechtsgrundlagen stehen der Finanzverwaltung im Besteuerungsverfahren zur Verfügung: 950

a) EU-Zinsrichtlinie/Zinsinformationsverordnung

Ein eingeschränkter automatischer Informationsaustausch für Besteuerungszwecke erfolgte bis vor Kurzem auf Grundlage der sog. **EU-Zinsrichtlinie (EU-ZinsRL)**[3]. Die EU-ZinsRL wurde durch § 45e EStG und die **Zinsinformationsverordnung (ZIV)** vom 26.1.2004[4] in deutsches Recht umgesetzt. Nach der EU-ZinsRL/ZIV wurden für Kalenderjahre seit dem 1.7.2005 bis zum 31.12.2015 bestimmte Zinseinkünfte innerhalb der EU und mit assoziierten Drittstaaten automatisch ausgetauscht oder für den Fall, dass kein Informationsaustausch erfolgte, anonym eine Quellensteuer erhoben, die nur bei Offenbarung der Erträge durch den Steuerpflichtigen selbst im Inland zur Anrechnung kam. Die 951

---

1 Vgl. BMF-Schreiben v. 23.11.2015 – IV B 6-S 1320/07/10004:007, BStBl. I 2015, 928, Rz. 1.4; *Seer*, IWB 2015, 870 (872) m.w.N.

2 Zu den Einzelheiten vgl. *Seer* in Tipke/Kruse, AO/FGO, § 117 AO Rz. 21 f. (Juli 2016); *Hendricks* in Beermann/Gosch, AO/FGO, § 117 AO Rz. 38 (Febr. 2015); *Seer/Gabert*, StuW 2010, 3 (11 f.); *Hendricks*, Internationale Informationshilfe im Steuerverfahren, Diss., 2004, 310 ff.; BMF-Schreiben v. 23.11.2015 – IV B 6-S 1320/07/10004:007, BStBl. I 2015, 928, Rz. 1.3.1.

3 Richtlinie 2003/48/EG des Rates v. 3.6.2003 im Bereich der Besteuerung von Zinserträgen, ABl. EU 2003 Nr. L 157, 38.

4 BGBl. I 2004, 128, zuletzt geändert durch die Zweite Verordnung zur Änderung der Zinsinformationsverordnung v. 5.11.2007, BGBl. I 2007, 2562.

Verschärfungen durch die Richtlinie 2014/48/EU vom 24.3.2014[1] (**EU-ZinsRL-neu**) wurden letztlich nicht umgesetzt. Aufgrund des neu eingeführten **automatischen Informationsaustausch über Finanzkonten** (s. Rz. 964) wurden die EU-ZinsRL/EU-ZinsRL-neu mit Wirkung ab dem 1.1.2016 grundsätzlich aufgehoben.[2] Die Aufhebung der ZIV in Deutschland wird mit Wirkung zum 1.1.2016 im Laufe des Jahres 2016 erwartet.[3]

b) EU-Amtshilferichtlinie/EU-Amtshilfegesetz

952 Ausführliche Regelungen zur Amtshilfe unter den EU-Mitgliedstaaten für das Besteuerungsverfahren finden sich in der **EU-Amtshilferichtlinie** 2011/16/EU[4] (**EU-AmtshilfeRL**). Sie wurde bereits mehrfach geändert bzw. ergänzt.[5] Sie erfasst alle Steuerarten mit Ausnahme der Umsatzsteuer, der besonderen Verbrauchsteuern, der Zölle und der Pflichtbeiträge zu öffentlich-rechtlichen Sozialversicherungseinrichtungen (Art. 2 EU-AmtshilfeRL).

953 Die EU-AmtshilfeRL wurde in Deutschland durch das **EU-Amtshilfegesetz** vom 26.6.2013 (**EUAHiG**)[6] in nationales Recht umgesetzt. Das EUAHiG wurde seither mehrfach geändert bzw. ergänzt.[7]

954 Die Informationen, die im Rahmen des EUAHiG/EU-AmtshilfeRL an Deutschland übermittelt werden, können für das **Besteuerungsverfahren sowie für ein Steuerstraf- oder Bußgeldverfahren verwendet** werden (vgl. § 19 Abs. 2 EUAHiG).

---

1 ABl. EU 2014 Nr. L 111, 50.

2 Richtlinie (EU) 2015/2060 des Rates v. 10.11.2015 zur Aufhebung der Richtlinie 2003/48/EG im Bereich der Besteuerung von Zinserträgen, ABl. Nr. L 301 v. 18.11.2015, 1–4.

3 Vgl. *Lappas/Ruckes*, IStR 2016, 364 (365).

4 Richtlinie 2011/16/EU des Rates v. 15.2.2011 über die Zusammenarbeit der Verwaltungsbehörden im Bereich der Besteuerung und zur Aufhebung der Richtlinie 77/799/EWG, ABl. EU 2011 Nr. L 64, 1. Mit dieser Richtlinie wurde die alte Amtshilferichtlinie (EG-RL 77/779/EWG v. 19.12.1977, ABl. EG Nr. L 336, 15) ersetzt. S. auch *Gabert*, FR 2013, 986.

5 Zuletzt durch die Richtlinie (EU) 2016/881 des Rates v. 25.5.2016, ABl. EU Nr. L 146 v. 3.6.2016, 8–21.

6 Einen Überblick über die Änderungen, die das EU-Amtshilfegesetz im Internationalen Steuerrecht bewirkt hat, bietet *Eisgruber*, ISR 2013, 229 ff.; zur zwischenstaatlichen Amtshilfe bei der Steuererhebung (Beitreibung) s. BMF-Schreiben v. 23.1.2014 – IV B 6-S 1320/07/10011:011, BStBl. I 2014, 188.

7 Zuletzt geändert durch das Gesetz zum automatischen Informationsaustausch über Finanzkonten in Steuersachen und zur Änderung weiterer Gesetze v. 21.12.2015, BGBl. I 2015, 2531.

Bei **Vermutung einer Steuerverkürzung**, bei gewährten Steuerermäßigungen/-befreiungen im Inland, bei Geschäftsbeziehungen im Drei- oder Mehrstaatenverhältnis mit der Möglichkeit einer Steuerersparnis, bei Vermutung einer Steuerersparnis durch künstliche Gewinnverlagerungen zwischen verbundenen Unternehmen und bei Auskunftserteilung eines EU-Mitgliedstaats mit möglicher Erheblichkeit für die Steuerfestsetzung in einem weiteren EU-Mitgliedstaat kommen gem. § 8 EUAHiG **Spontanauskünfte** an EU-Mitgliedstaaten in Betracht.[1] Umgekehrt können die EU-Mitgliedstaaten auf Basis ihrer nationalen Umsetzungsakte entsprechend Art. 9 f. EU-AmtshilfeRL Spontanauskünfte an Deutschland erteilen. Spontanauskünfte erfolgen stets über das **Bundeszentralamt für Steuern (BZSt)**. 955

§§ 4, 6 EUAHiG setzen Art. 5 ff. EU-AmtshilfeRL zum **Informationsaustausch auf Ersuchen der deutschen Finanzverwaltung** um. Danach ist die deutsche Finanzbehörde befugt, ein Ersuchen zu stellen, welches das BZSt als zentrales Verbindungsbüro (§ 3 Abs. 2 Satz 1 EUAHiG) dem anderen EU-Mitgliedstaat nach den Vorschriften des EUAHiG weiterleitet (§ 6 Abs. 1 EUAHiG). Darin kann um sachdienliche behördliche Ermittlungen ersucht werden. Originaldokumente können erbeten werden, soweit sie für das weitere Verfahren notwendig sind. Die Erteilung von **Auskünften** deutscher Finanzbehörden **auf Ersuchen von EU-Mitgliedstaaten** richtet sich nach § 4 EUAHiG. 956

§ 7 EUAHiG ist die nationale Rechtsgrundlage für die **automatische Übermittlung von Informationen** an andere EU-Mitgliedstaaten durch die deutsche Finanzverwaltung zwecks Erfüllung der entsprechenden Verpflichtungen aus Art. 8 ff. EU-AmtshilfeRL. Für Besteuerungszeiträume seit dem **1.1.2014** übermittelt das BZSt jährlich an andere EU-Mitgliedstaaten automatisch auf elektronischem Wege folgende verfügbare Informationen über in anderen EU-Mitgliedstaaten ansässige Personen (vgl. §§ 7 Abs. 1, 20 Satz 1 EUAHiG): Vergütung aus unselbstständiger Tätigkeit, Aufsichtsrats- oder Verwaltungsratsvergütungen, bestimmte Lebensversicherungsprodukte, Ruhegehälter und Eigentum an unbeweglichem Vermögen und Einkünften daraus. Für Besteuerungszeiträume ab dem **1.1.2016** wird das BZSt ab dem 30.9.2017 an andere EU-Mitgliedstaaten automatisch auf elektronischem Wege die **Informationen über Finanzkonten** gem. § 2 des **Gesetzes zum automatischen Informationsaustausch über Finanzkonten in Steuersachen** 957

1 Zu Einzelheiten mit Nachweisen zur Rechtsprechung vgl. *Seer* in Tipke/Kruse, AO/FGO, § 117 AO Rz. 108 (Juli 2016).

vom 21.12.2015[1] übermitteln (vgl. §§ 7 Abs. 2, 20 Satz 2 EUAHiG). Im Gegenzug erhält Deutschland von anderen Mitgliedstaaten entsprechende Informationen auf Basis der nationalen Umsetzungsakte der Mitgliedstaaten über die EU-AmtshilfeRL. D.h., (fast) alle EU-Mitgliedstaaten melden an Deutschland für die Besteuerungszeiträume ab dem 1.1.2014 die Informationen über die Tatbestände analog § 7 Abs. 1 EUAHiG und für Besteuerungszeiträume ab dem 1.1.2016 die Informationen über Finanzkonten analog § 7 Abs. 2 EUAHiG. S. ergänzend Rz. 964 ff.

958 Zu den **Grenzen der Amtshilfe** s. Rz. 1009 ff.

c) Auskunftsklauseln in Doppelbesteuerungsabkommen

959 Die von Deutschland mit anderen Staaten abgeschlossenen **Abkommen zur Vermeidung einer Doppelbesteuerung auf dem Gebiet von Steuern (DBA)** ermöglichen ebenfalls einen Informationsaustausch. Alle bestehenden DBA werden im jährlich aktualisierten BMF-Schreiben zum „Stand der DBA und anderer Abkommen im Steuerbereich sowie der Abkommensverhandlungen" veröffentlicht.[2] Die DBA enthalten i.d.R. sog. Auskunftsklauseln nach dem Vorbild des Art. 26 OECD-MA.[3] Zu unterscheiden ist zwischen sog. kleinen und großen Auskunftsklauseln.[4]

960 **Kleine Auskunftsklauseln** sind insbesondere in älteren DBA und mit den meisten Entwicklungsländern vereinbart worden. Nach diesen sind lediglich Auskünfte zulässig, die der Durchführung des Abkommens selbst dienen, d.h. die Verteilungsnormen des DBA bzw. die Frage betreffen, ob ein Vertragsstaat bestimmte Einkünfte besteuern darf oder sie freistellen muss.[5]

961 **Große Auskunftsklauseln** beziehen sich auf Informationen, die entweder zur Durchführung des DBA oder zur Verwaltung oder Anwendung der das innerstaatliche Recht betreffenden Steuern jeder Art und Beziehung „**voraussichtlich erheblich**" sind. Allerdings darf die Auskunft

---

1 BGBl. I 2015, 2531.

2 Vgl. zuletzt das entsprechende BMF-Schreiben v. 19.1.2016, BStBl. I 2016, 76, mit Stand 1.1.2016.

3 *Seer* in Tipke/Kruse, AO/FGO, § 117 AO Rz. 11 (Juli 2016).

4 Vgl. hierzu auch die Staatenliste in der Anlage 1 zum Schreiben des BMF v. 23.11.2015 – IV B 6-S 1320/07/10004:007, BStBl. I 2015, 928.

5 Vgl. *Weigell* in Festgabe für Wassermeyer, Doppelbesteuerung, 2015, Kapitel 71 Rz. 8; BMF-Schreiben v. 23.11.2015 – IV B 6-S 1320/07/10004:007, BStBl. I 2015, 928, Rz. 2.2.

nur dann erteilt werden, wenn im konkreten Fall die ernstliche Möglichkeit besteht, dass der ersuchende Staat ein Besteuerungsrecht innehat, und zugleich ausgeschlossen ist, dass der ersuchende Staat ohne die begehrte Auskunft keine Möglichkeit hat, sein Besteuerungsrecht zu prüfen. Hingegen ist ein lediglich auf Ausforschung gerichtetes Auskunftsersuchen ohne tatsächliche Anhaltspunkte ins Blaue hinein (sog. **fishing expeditions**) unzulässig.[1] Es bedarf der Individualisierung des Steuerpflichtigen, d.h. anhand von Name und Adresse des Steuerpflichtigen oder durch eine Steuernummer.[2] Große Auskunftsklauseln nach den DBA ermöglichen i.d.R. **Spontanauskünfte** und **Auskünfte auf Ersuchen**, insbesondere in bedeutsamen Fällen oder wenn Gründe bestehen, die eine **Steuerverkürzung** im ausländischen Staat vermuten lassen.[3]

Eine Unterart der großen Auskunftsklauseln stellt die sog. **Gruppenanfrage** dar.[4] Die Zulässigkeit dieser besonderen Form der großen Auskunftsklausel besteht erst seit 2012. Die „Zulässigkeit" der Gruppenanfragen beruht auf einer Neukommentierung zu Art. 26 OECD-MA ohne eine Änderung des Abkommensmustertexts, sodass die Neukommentierung „nur" eine Auslegungshilfe darstellt.[5] Die Gruppenanfrage ermöglicht es, Auskünfte zu bestimmten Gruppen von Personen zu erteilen, ohne dass diese jedoch namentlich benannt werden müssen.[6] Gleichwohl sind auch insoweit „fishing expeditions" unzulässig, sodass u.a. eine Eingrenzung der Gruppe erforderlich ist.[7] 962

d) § 117c AO i.V.m. völkerrechtlichen Vereinbarungen

§ 117c AO ist die nationale Rechtsgrundlage für die systematische Erhebung und Übermittlung von steuerlich relevanten Daten, um die Ver- 963

---

1 *Bach*, PStR 2013, 72 ff.

2 *Weigell* in Festgabe für Wassermeyer, Doppelbesteuerung, 2015, Kapitel 71 Rz. 13; *Roth*, Sammelauskunftsersuchen und internationale Gruppenanfragen, 2014, Abschn. 27.1 und 2.

3 Vgl. BFH v. 29.4.1992 – I B 12/92, BStBl. II 1992, 645; BFH v. 13.1.2006 – I B 35/05, BFH/NV 2006, 922; BFH v. 29.4.2008 – I R 79/07, BFH/NV 2008, 1807; BMF-Schreiben v. 23.11.2015 – IV B 6-S 1320/07/10004:007, BStBl. I 2015, 928, Rz. 6.1.1.

4 Vgl. im Einzelnen auch BMF-Schreiben v. 23.11.2015 – IV B 6-S 1320/07/10004:007, BStBl. I 2015, 928, Rz. 4.1.3.

5 Vgl. *Matthes* in Kohlmann, Steuerstrafrecht, § 399 Rz. 197 (April 2016).

6 *Perkans*, wistra 2015, 456, Rz. 2.3.

7 BMF-Schreiben v. 23.11.2015 – IV B 6-S 1320/07/10004:007, BStBl. I 2015, 928, Rz. 4.1.3; *Matthes* in Kohlmann, Steuerstrafrecht, § 399 Rz. 199 (April 2016); *Seer* in Tipke/Kruse, AO/FGO, § 117 AO Rz. 27 (Juli 2016).

pflichtungen aus innerstaatlich anwendbaren völkerrechtlichen Vereinbarungen zum internationalen automatischen Auskunftsaustausch zu erfüllen. Durch das sog. **AIFM-StAnpG** vom 18.12.2013[1] wurde mit Wirkung zum 24.12.2013 der § 117c AO neu eingefügt. Bspw. tauschen die deutschen Finanzbehörden auf Grundlage des § 117c AO i.V.m. dem am 11.12.2013 in Kraft getreten **FATCA-Abkommen** vom 31.5.2013[2] und der **FATCA-USA-Umsetzungsverordnung** vom 23.7.2014[3] mit den US-amerikanischen Steuerbehörden Kontodaten von Kunden bestimmter Finanzinstitute für die Kalenderjahre 2014 ff. aus.[4]

e) Finanzkonten-Informationsaustauschgesetz/Common Reporting Standard

964 Das **Gesetz zum automatischen Austausch von Informationen über Finanzkonten in Steuersachen** vom 21.12.2015 (sog. Finanzkonten-Informationsaustauschgesetz, FKAustG)[5] ist die deutsche Rechtsgrundlage für den automatischen Informationsaustausch (AIA) über Finanzkonten in Steuersachen mit EU-Mitgliedstaaten und Drittstaaten (vgl. § 1 Abs. 1 FKAustG). Zum einen setzt das FKAustG die EU-AmtshilfeRL (s. Rz. 952) i.d.F. der Richtlinie 2014/107/EU[6] zum Informationsaustausch über Finanzkonten mit EU-Mitgliedstaaten um. Zum anderen setzt das

1 Vgl. Art. 13 des Gesetzes zur Anpassung des InvStG und anderer Gesetze an das AIFM-Umsetzungsgesetz v. 18.12.2013, BGBl. I 2013, 4318.

2 Gesetz zu dem Abkommen v. 31.5.2013 zwischen der Bundesrepublik Deutschland und den Vereinigten Staaten von Amerika zur Förderung der Steuerehrlichkeit bei internationalen Sachverhalten und hinsichtlich der als Gesetz über die Steuerehrlichkeit bezüglich Auslandskonten bekannten US-amerikanischen Informations- und Meldebestimmungen, BGBl. II 2013, 1362.

3 Verordnung zur Umsetzung der Verpflichtungen aus dem Abkommen zwischen der Bundesrepublik Deutschland und den Vereinigten Staaten von Amerika zur Förderung der Steuerehrlichkeit bei internationalen Sachverhalten und hinsichtlich der als Gesetz über die Steuerehrlichkeit bezüglich Auslandskonten bekannten US-amerikanischen Informations- und Meldebestimmungen (FATCA-USA-UmsV), BGBl. I 2014, 1222.

4 Vgl. BMF v. 3.11.2015 – IV B 6-S 1316/11/10052:133//2015/0950269, Automatischer Informationsaustausch mit den Vereinigten Staaten von Amerika, BStBl. I 2015, 897; BMF-Schreiben v. 16.12.2015 – IV B 6-S 1316/11/10052:040, 2015/1045591, Abschluss einer nach Art. 3 Abs. 6 des zwischen der Bundesrepublik Deutschland und den Vereinigten Staaten von Amerika abgeschlossenen FATCA-Abkommens v. 31.5.2013 getroffenen Abmachung, BStBl. I 2015, 1047; *Höring*, DStZ 2016, 101 ff.; *Höring*, DStZ 2012, 469 ff.; *Czakert*, ISR 2013, 409 ff.

5 BGBl. I 2015, 2531.

6 ABl. EU Nr. L 359 v. 16.12.2014, 1.

FKAustG den Informationsaustausch über Finanzkonten mit Drittstaaten nach dem Gesetz zu der Mehrseitigen Vereinbarung vom 29.10.2014 zwischen den zuständigen Behörden über den automatischen Austausch von Informationen über Finanzkonten vom 21.12.2015[1] und dem Gesetz vom 16.7.2015 über das sog. Amtshilfeübereinkommen[2] um.

Mit dem FKAustG wird der im Jahr 2014 von der OECD veröffentlichte sog. „**Global Standard for Automatic Exchange of Financial Account Information**" (AEOI) umgesetzt, der einen sehr umfangreichen AIA von Kontenständen und Kapitalerträgen von Steuerpflichtigen (u.a. von natürlichen und juristischen Personen) inklusive Angaben zu persönlichen Daten ermöglicht. Der AEOI besteht aus zwei Elementen: einer zwischenstaatlichen Mustervereinbarung (sog. „**Model Competent Authority Agreement**" – CAA) und einem gemeinsamen Melde- und Sorgfaltsstandard für den Austausch von Informationen über Finanzkonten (sog. „**Common Reporting Standard**" – **CRS**). Das CAA war Grundlage des multilateralen Abkommens (sog. „Multilateral Competent Authority Agreement" – MCAA) vom 28.10.2014 zwischen 51 Staaten.[3] Aktuell haben mehr als 90 Staaten dieses Abkommen umgesetzt (sog. CRS-Partnerstaaten) oder zugesagt, dieses umzusetzen.[4] Die Umsetzung in nationales Recht erfolgt i.d.R. dergestalt, dass der CRS in nationales Recht überführt wird, sodass alle beteiligten Staaten grundsätzlich nach identischen Regeln in Form des CRS die Informationen austauschen.[5] 965

Deutschland, alle übrigen EU-Mitgliedstaaten sowie zahlreiche Drittstaaten (z.B. British Virgin Islands, Cayman Islands, Guernsey, Jersey, Isle of Man) melden jeweils an den Ansässigkeitsstaat des Kontoinhabers bzw. des wirtschaftlich Berechtigten eines Kontos die Informationen über dessen Finanzkonten. Dieser **AIA über Finanzkonten beginnt** grundsätzlich im **September 2017** für das **Besteuerungsjahr 2016**. 966

1 BGBl. II 2015, 1630.

2 Gesetz v. 16.7.2015 zu dem Übereinkommen v. 25.1.1988 über die gegenseitige Amtshilfe in Steuersachen und zu dem Protokoll v. 27.5.2010 zur Änderung des Übereinkommens über die gegenseitige Amtshilfe in Steuersachen, BGBl. II 2015, 966.

3 Vgl. BGBl. II 2015, 1630.

4 Vgl. zu den teilnehmenden Staaten die Liste auf der Homepage der OECD: sowie Liste der Unterzeichner-Staaten im BGBl. II 2015, 1645 f.

5 Vgl. *Lappas/Ruckes*, IStR 2016, 364 (366); *Tomson/Chwalek*, ISR 2016, 26 (26 f.); *De Wolf*, DStZ 2016, 410 ff.

967 Folgendes **Verfahren** ist vorgesehen:

- Die meldenden Finanzinstitute (Banken oder bankähnliche Institute[1]) sind verpflichtet, seit Beginn des Jahres 2016 für jedes (meldepflichtige) Konto oder Depot von im ausländischen CRS-Partnerstaat ansässigen natürlichen Personen[2] und Rechtsträgern[3] – hierzu zählen insbesondere Kapitalgesellschaften, Personengesellschaften, Trusts und Stiftungen – die **meldepflichtigen Daten** beginnend für das Jahr 2016 zu erheben und diese Daten des Meldejahrs 2016 im Jahr 2017 an die jeweils zuständige nationale Steuerverwaltungsstelle elektronisch zu übermitteln bis zum 31.7.2017.[4] Die jeweils zuständige nationale Steuerverwaltungsstelle – in Deutschland das **BZSt** – leitet sodann diese Daten automatisch spätestens bis zum 30.9.2017 an den jeweiligen ausländischen CRS-Partnerstaat des gemeldeten Kontoinhabers oder des wirtschaftlich Berechtigten des Kontos weiter.[5]
- Für die **Erstmeldung**, d.h. das Meldejahr 2016, können die meldenden Finanzinstitute folgende fakultative Erleichterungen vornehmen, abhängig vom Zeitpunkt der Identifizierung von Konten als meldepflichtig: Zum 31.12.2015 bestehende Konten von natürlichen Personen mit geringem Wert (d.h. von einem Gesamtwert i.H.v. 1 Mio. USD) und zum 31.12.2015 bestehende Konten von Rechtsträgern ab einem Wert von 250.000 USD können erst ein Jahr später, d.h. im Jahr 2018 für das Meldejahr 2017, erstmalig gemeldet werden.[6]
- Das vorgenannten Verfahren der Meldung und des automatischen Informationsaustausches wiederholt sich sodann jährlich für die Folgejahre.[7]
- Staaten, die erst ein Jahr später mit dem Austausch beginnen (z.B. Österreich und die Schweiz; s. Rz. 1050 und 1076), melden entsprechend für das Meldejahr 2017 erstmals bis zum 30.9.2018 an den jeweiligen Ansässigkeitsstaat.

---

1 Vgl. §§ 2, 3, 6, 8 Abs. 1 FKAustG i.V.m. Begriffsbestimmungen in § 19 Nr. 1 bis 8 FKAustG.
2 Vgl. §§ 2 Nr. 1, 8 Abs. 1 Nr. 1 FKAustG i.V.m. § 19 Nr. 35–37 FKAustG und § 20 Nr. 1 FKAustG.
3 Vgl. § 20 Nr. 3 FKAustG.
4 Vgl. §§ 5 Abs. 3, 6 Abs. 3, 27 Abs. 2 FKAustG.
5 Vgl. §§ 5 Abs. 2, 27 Abs. 1 FKAustG.
6 Vgl. §§ 11 Abs. 4, 19 Nr. 31 FKAustG und § 15 Abs. 1 FKAustG.
7 Vgl. § 27 FKAustG.

- Die von CRS-Partnerstaaten an Deutschland über das hierfür zuständige BZSt übermittelten Daten von in Deutschland ansässigen Personen werden vom BZSt an die zuständigen Landesfinanzbehörden zur Durchführung des Besteuerungsverfahrens weitergeleitet.[1]

Es werden jährlich zum Stichtag 31.12. die zur persönlichen **Identifizierung des Kontoinhabers oder des wirtschaftlich Berechtigten** notwendigen Angaben sowie wesentliche Konto-/Depotinformationen wie Konto-/Depotstände sowie **Erträge** daraus gemeldet und automatisch ausgetauscht.[2] Im Einzelnen handelt es sich um folgende **meldepflichtige Daten**: 968

- Name, Anschrift und Steueridentifikationsnummer(n) oder Steuernummer;
- Geburtsdatum und Geburtsort;
- Steuerlicher Wohnsitz;
- Kontonummer oder funktionale Entsprechung, wenn keine Kontonummer vorhanden ist;
- Name und Identifikationsnummer des meldenden Finanzinstituts;
- Kontosaldo oder Kontowert einschließlich des Barwerts oder Rückkaufswerts bei rückkaufsfähigen Versicherungs- oder Rentenversicherungsverträgen zum Ende des betreffenden Kalenderjahres, oder – bei Auflösung eines Kontos im Laufe des Kalenderjahres – zum Zeitpunkt der Kontoauflösung;
- Gesamtbruttoertrag der Zinsen, der Dividenden und anderer Einkünfte, die mittels der Vermögenswerte dieses Kontos erzielt und diesem gutgeschrieben wurden, sowie die Gesamtbruttoerlöse aus der Veräußerung oder dem Rückkauf von Vermögensgegenständen, die auf das Konto eingezahlt oder diesem gutgeschrieben wurden und für die das Finanzinstitut als Verwahrstelle, Makler, Bevollmächtigter oder anderweitig als Vertreter für den Kontoinhaber tätig war.

Für Konten von Rechtsträgern existiert eine **Bagatellgrenze**: Danach sind Konten mit einem Wert von bis zu 250.000 USD nicht zu melden.[3] 969

Praxishinweis: Die aufgrund des FKAustG vom BZSt als zuständige Behörde erhobenen und gespeicherten Daten dürfen grundsätzlich im **Steuerverfahren und im Steuerstrafverfahren verwendet** werden. 970

1 Vgl. § 5 Abs. 3 FKAustG.
2 Vgl. § 2 FKAustG.
3 Vgl. §§ 14 Abs. 2 und 3, 15 Abs. 1 FKAustG.

f) „Kulanzauskünfte" gem. § 117 Abs. 1 und 3 AO

971 Die deutschen Finanzbehörden können über die vorgenannten Fälle hinaus **nach pflichtgemäßem Ermessen** zwischenstaatliche Amtshilfe leisten, wenn die Gegenseitigkeit verbürgt ist und weitere Voraussetzungen erfüllt sind (§ 117 Abs. 3 Satz 1 Nr. 1 bis 4 AO). Ferner können deutsche Finanzbehörden nach Maßgabe des § 117 Abs. 1 AO ohne weitere Rechtsgrundlage ausländische Behörden um Informationen ersuchen. In beiden Fällen besteht keine völkerrechtliche Verpflichtung zum Informationsaustausch. Eine solche Aufnahme eines Informationsaustauschs mit Staaten/Gebieten ist beschränkt auf Fälle mit besonderer Bedeutung.[1] Einer ausländischen Finanzbehörde können ferner Informationen zur Entlastung einer Person auf deren Antrag übermittelt werden.[2]

g) Sonstiges

972 Für den Bereich der **Umsatzsteuer** von hoher praktischer Relevanz ist zusätzlich die **EU-Zusammenarbeitsverordnung**[3]. Sie überwacht die Umsatzbesteuerung der grenzüberschreitenden Geschäfte und sieht u.a. einen umfassenden EDV-Informationsaustausch vor.

973 Ergänzt werden die Bestimmungen durch Regelungen zur Kooperation bei der Beitreibung von Steuerforderungen, sog. **EU-Beitreibungsrichtlinie**.[4]

974 Für den Bereich der **Zollsachen** greift die „**Zoll-Amtshilfe-VO**"[5], mit der insbesondere ein umfangreiches Zollinformationssystem eingeführt wurde.

---

1 BMF-Schreiben v. 23.11.2015 – IV B 6-S 1320/07/10004:007, BStBl. I 2015, 928, Rz. 1.3.5, allerdings ohne Definition der Fälle mit besonderer Bedeutung.

2 BMF-Schreiben v. 23.11.2015 – IV B 6-S 1320/07/10004:007, BStBl. I 2015, 928, Rz. 1.3.5.

3 Verordnung (EU) Nr. 94/2010 v. 7.10.2010, ABl. EU 2010 Nr. L 268, 1; s. auch *Hendricks* in Beermann/Gosch, AO/FGO, § 117 AO Rz. 35 f. (Febr. 2015).

4 Richtlinie 2010/24/EU v. 16.3.2010, ABl. EU 2010 Nr. L 84/1; ausführlich BMF-Schreiben v. 23.1.2014 – IV B 6-S 1320/07/10011:011, BStBl. I 2014, 188. Zum wesentlichen Inhalt der Richtlinie und zu den Prinzipien der Vollstreckungsamtshilfe s. *Seer*, IWB 2011, 144.

5 Verordnung (EG) Nr. 515/97 v. 13.3.1997, ABl. EG 1997 Nr. L 82, 1.

2. Internationale Rechtshilfe in Steuerstrafsachen

a) Allgemeines

Rechtshilfe ist jede Unterstützung, die für ein **Verfahren in einer strafrechtlichen Angelegenheit** in einem anderen Staat gewährt wird, unabhängig davon, ob das Verfahren von einem Gericht oder einer anderen Behörde betrieben wird und ob die Rechtshilfe von einem Gericht oder von einer anderen Behörde zu leisten ist. Strafrechtliche Angelegenheiten sind auch Verfahren wegen einer Tat, die nach deutschem Recht als Ordnungswidrigkeit mit Geldbuße oder die nach ausländischem Recht mit einer vergleichbaren Sanktion bedroht ist, sofern über deren Festsetzung ein auch für Strafsachen zuständiges Gericht entscheiden kann.[1] Rechtshilfe kann auch in Anspruch genommen oder geleistet werden für Straftaten oder Zuwiderhandlungen, für die im ersuchenden Staat eine juristische Person verantwortlich gemacht werden kann. 975

Die Rechtsgrundlagen der zwischenstaatlichen Rechtshilfe in Steuerstrafsachen ergeben sich aus multi- und bilateralen Verträgen sowie – ergänzend, für die dort nicht geregelten Fragen – aus dem **„Gesetz über die internationale Rechtshilfe in Strafsachen" (IRG)**[2] und den **„Richtlinien für den Verkehr mit dem Ausland in strafrechtlichen Angelegenheiten" (RiVAST)**[3]. Das entsprechende Normengeflecht ist unübersichtlich und uneinheitlich.[4] 976

Rechtshilfeverkehr ist auch bei **vertragslosem Zustand** möglich. In diesem Fall richtet er sich ausschließlich nach nationalem Recht, insbesondere dem IRG. 977

Die Befugnisse der **Steuerfahndung** ergeben sich in diesem Kontext aus den §§ 208 und 404 AO i.V.m. § 399 AO. 978

Eine **Pflicht zur Rechtshilfe** besteht nur, soweit sie durch eine völkerrechtliche Übereinkunft oder aufgrund eines Rahmenbeschlusses der Europäischen Union übernommen ist. Besteht keine Pflicht zur Rechtshilfe, ergibt sich aus dem Recht des ersuchten Staats, ob und inwieweit sie geleistet werden darf. 979

---

1 S. § 1 Abs. 2 IRG.
2 BGBl. I 1982, 2071.
3 BMJ v. 5.12.2012 – III1 - 9350 - B1 - 300/2010, BAnz 2012, AT 19.12.2012 B2.
4 *Peters* in Schaumburg/Peters, Internationales Steuerstrafrecht, 2015, Rz. 9.4.

980 Klassischerweise unterscheidet man drei Bereiche der Rechtshilfe: Auslieferung, Vollstreckungshilfe und sonstige Rechtshilfe.[1]

- Unter **Auslieferung** versteht man die zwangsweise Überstellung eines Verdächtigen zwecks Strafverfolgung oder -vollstreckung von der Strafgewalt eines Staats in die eines anderen. Zur Auslieferung s. auch Rz. 586 ff.
- Die **Vollstreckungshilfe** bezeichnet die Unterstützung durch Vollstreckung einer „Erkenntnis" der ersuchenden Strafgewalt durch die ersuchte (z.B. Verfall, Einziehung, Arrest).
- **Sonstige Rechtshilfe** bezeichnet alle weiteren Formen der Rechtshilfe, insbesondere Maßnahmen der Sachverhaltsaufklärung, wie z.B. **Durchsuchung** von Personen und Räumen, **Beschlagnahme** und **Herausgabe** von Beweismitteln, **Vernehmung** von Beschuldigten, Zeugen und Sachverständigen, Einnahme richterlichen **Augenscheins** und **Zustellung** von Verfahrensurkunden.

981 Wesentliche Rechtsgrundlagen für den **sonstigen Rechtshilfeverkehr in Steuerstrafsachen** auf europäischer Ebene sind:

b) EuRhÜbk vom 20.4.1959

982 Basiskonvention für die Rechtshilfe ist das **Europäische Übereinkommen über die Rechtshilfe in Strafsachen (EuRhÜbk)** vom 20.4.1959, in Kraft seit dem 1.1.1977.[2] Das EuRhÜbk begründete als multinationales Abkommen die Verpflichtung, einander soweit wie möglich Rechtshilfe zu leisten. Es wird ergänzt durch das 1. Zusatzprotokoll vom 17.3.1978[3] sowie durch bilaterale Verträge. Vertragspartner sind fast alle Mitglieder des Europarats sowie Israel, die sich gegenseitig zur möglichst umfassenden Rechtshilfe verpflichten.[4] Von Bedeutung für das **Steuerstrafverfahren** war zunächst insbesondere Art. 2 Buchst. a EuRhÜbk. Hiernach konnte die **Rechtshilfe vom ersuchten Staat verweigert** werden, wenn sich das Ersuchen auf eine sog. **Fiskalstraftat**, d.h. u.a. auch auf Steuerhinterziehung bezieht (sog. **Fiskalvorbehalt**). Allerdings hatten sich schon damals zahlreiche Vertragsstaaten – u.a. auch Deutschland – im Zusatzprotokoll zum EuRhÜbk vom 17.3.1978 verpflichtet, von dieser Verweigerungsmöglichkeit keinen Gebrauch zu machen.

---

1 *Ambos/Poschadel* in Ambos/König/Rackow, Rechtshilferecht in Strafsachen, 2015, Hauptteil 1 Rz. 24.

2 BGBl. II 1964, 1369; BGBl. II 1976, 1799.

3 BGBl. II 1990, 124; BGBl. II 1991, 909.

4 Vgl. die Übersicht bei *Lagodny* in Schomburg/Lagodny/Gleß/Hackner, Internationale Rechtshilfe in Strafsachen, 5. Aufl. 2012, II B, vor Art. 1.

c) Schengener Durchführungsübereinkommen

Weitere Erleichterungen im Rechtshilfeverkehr zwischen den Benelux-Staaten, Frankreich, Spanien, Portugal und Deutschland finden sich in Art. 50 des **Schengener Durchführungsübereinkommens** (SDÜ) vom 19.6.1990[1] für den **Bereich der Verbrauch- und Mehrwertsteuern sowie des Zolls**.[2] Das Schengener Durchführungsübereinkommen wurde als Teil des Schengen-Besitzstands durch den Vertrag von Amsterdam, der mit Wirkung zum 1.5.1999 in Kraft trat, in den Rechtsrahmen der Europäischen Union überführt.[3] In den übrigen „Schengen-Staaten" trat das SDÜ jeweils durch Ratifizierung oder den Beitritt zur EU in Kraft. 983

d) EU-RhÜbk vom 29.5.2000

Am 29.5.2000 wurde sodann das **Übereinkommen über die Rechtshilfe in Strafsachen zwischen den Mitgliedstaaten der Europäischen Union** (EU-RhÜbk)[4] geschlossen. Zweck des EU-RhÜbk ist es, im Verhältnis zwischen den Mitgliedstaaten der EU die Anwendung des EuRhÜbk vom 20.4.1959 und dessen 1. Zusatzprotokoll zu erleichtern und bestimmte Regelungen des SDÜ zu ersetzen.[5] Insbesondere wurde mit dem 1. Zusatzprotokoll vom 16.10.2001 zum EU-RhÜbk der o.g. **Fiskalvorbehalt** aufgegeben.[6] Die Mitgliedstaaten verpflichten sich seither, im Rahmen der Rechtshilfe in Strafsachen Auskünfte über Bankkonten auch dann zu leisten, wenn das innerstaatliche Recht ein strafbares Bankgeheimnis vorsieht. 984

e) Europäische Ermittlungsanordnung

Die grenzüberschreitende Beweiserhebung innerhalb der Europäischen Union ist bislang noch maßgeblich durch die bereits genannten Regeln der klassischen Rechtshilfe geprägt. Darüber hinaus existierten in der Vergangenheit Rechtsinstrumente der Europäischen Union, die 985

1 BGBl. II 1993, 1010, BGBl. II 1994, 631.
2 Hierzu *Gleß* in Schomburg/Lagodny/Gleß/Hackner, Internationale Rechtshilfe in Strafsachen, 5. Aufl. 2012, III E 1, § 50 SDÜ, Anm. 1 ff. Ausführlich: *Plöckinger/Leidenmühler*, wistra 2003, 81.
3 Protokoll zur Einbeziehung des Schengen-Besitzstands in den Rahmen der Europäischen Union samt Anhang, Ziff. 1, ABl. EU Nr. C 340 v. 10.11.1997, 173.
4 ABl. EG Nr. C 197 v. 12.7.2000, 1; BGBl. I 2005, 2189; BGBl. II 2006, 1379.
5 S. *Trautmann/Schomburg* in Schomburg/Lagodny/Gleß/Hackner, Internationale Rechtshilfe in Strafsachen, 5. Aufl. 2012, III B Rz. 13.
6 ABl. EG Nr. C 326 v. 21.11.2001, 2.

auf dem **Grundsatz der gegenseitigen Anerkennung** beruhen und Regelungen zur grenzüberschreitenden Beweiserhebung vorsehen. Der Grundsatz der gegenseitigen Anerkennung von justiziellen Entscheidungen in Strafsachen innerhalb der Europäischen Union geht wiederum auf die Sondertagung des Europäischen Rats vom Oktober 1999 im finnischen Tampere zurück und wurde seitdem stetig ausgebaut. Mit Art. 82 AEUV wurde der Grundsatz der gegenseitigen Anerkennung ausdrücklich im Primärrecht der Union verankert. Es fehlte jedoch an einem einheitlichen und umfassenden System. Die Europäische Kommission begann daher auf der Grundlage von Art. 82 AEUV die Vorarbeiten für ein neues Rechtsinstrument mit dem „Grünbuch zur Erlangung verwertbarer Beweise in Strafsachen aus einem anderen Mitgliedstaat" vom November 2009[1]. Sodann kündigte die Europäische Kommission in ihrem „Aktionsplan zur Umsetzung des Stockholmer Programms" vom April 2010 ein neues und umfassendes System für die Beweisgewinnung und Beweisverwertung in grenzüberschreitenden Strafsachen an. Entsprechende Regelungsvorschläge wurden für das Jahr 2011 in Aussicht gestellt.[2] Dem kam das Königreich Belgien zuvor, indem es vor Beginn der belgischen Ratspräsidentschaft, die im zweiten Halbjahr 2010 stattfand, den Entwurf für die **Richtlinie über die Europäische Ermittlungsanordnung in Strafsachen (RL EEA)** vorlegte.[3] Nach langen Verhandlungen über den Richtlinientext haben das Europäische Parlament und der Europäische Rat am 3.4.2014 die RL EEA[4] angenommen.[5]

986 Die Mitgliedstaaten haben bis zum 22.5.2017 Zeit, die Richtlinie in innerstaatliches Recht umzusetzen (Art. 36 EEA). Zum Redaktionsschluss lag ein entsprechender Gesetzesentwurf der Bundesregierung vom 20.7.2016[6] vor, der der Umsetzung dieser unionsrechtlichen Vorgaben dienen soll.

987 Im Wesentlichen soll die europäische Ermittlungsanordnung der Strafverfolgungsbehörde eines EU-Mitgliedstaats („Anordnungsstaat") ermöglichen, grenzüberschreitend einen anderen Mitgliedstaat („Voll-

1 Ratsdokument 17691/09 COPEN 249.

2 S. Ratsdokument 8895/10 JAI 335 v. 22.4.2010, 5 und 19.

3 Vorstellung der Initiative im ABl. EU Nr. C 165 v. 24.6.2010, 22.

4 Richtlinie EEA 2014/41/EU, ABl. EU Nr. L 130 v. 1.5.2014, 1.

5 Eingehend *Peters* in Kohlmann, Steuerstrafrecht, § 399 Rz. 301 ff. (Aug. 2014).

6 Abrufbar unter http://www.bmjv.de/SharedDocs/Gesetzgebungsverfahren/Dokumente/RegE_EU_Ermittlungsanordnung.pdf.

streckungsstaat") in Strafverfahren **zur Durchführung von Ermittlungsmaßnahmen in Strafverfahren oder Überlassung von Beweismitteln zu ersuchen.**[1] Dabei soll im Bereich der grenzüberschreitenden Beweiserhebung das bisherige **Nebeneinander verschiedener Rechtsinstrumente abgebaut** werden. Vom Anwendungsbereich erfasst werden grundsätzlich alle Arten von grenzüberschreitenden Ermittlungsmaßnahmen. Ausnahmen bilden die sog. Gemeinsamen Ermittlungsgruppen, die grenzüberschreitenden Observationen und telefonische Beschuldigtenvernehmungen. Im Rechtshilfeverkehr zwischen den Mitgliedstaaten, die die RL EEA anwenden – dies sind alle Mitgliedstaaten mit Ausnahme von Irland und Dänemark – werden die korrespondierenden Vorschriften des **EU-RhÜbk** nebst Zusatzprotokoll ersetzt. Gleiches gilt für den **Rahmenbeschluss Europäische Beweisanordnung**[2]. Darüber hinaus zielt die RL EEA auf eine **Vereinfachung und Beschleunigung** der grenzüberschreitenden Beweiserhebung innerhalb der Europäischen Union ab. Vorgesehen ist ein einheitliches Verfahren unter Vorgabe von Fristen und unter Verwendung von Formularen. Besondere Bedeutung kommt einer verstärkten Kommunikation zwischen den zuständigen Behörden des Anordnungsstaats und des Vollstreckungsstaats zu. Dies soll nicht nur die Arbeit der nationalen Strafverfolgungsbehörden und Gerichte erleichtern.

Die RL EEA erhebt ferner den Anspruch, auch **zugunsten von Beschuldigten** zu wirken. Art. 1 Abs. 3 der RL EEA sieht insoweit ausdrücklich vor, dass die Initiative für eine Europäische Ermittlungsanordnung auch von Beschuldigten oder ihren Verteidigern ausgehen kann, wenn dies im nationalen Recht vorgesehen ist. Die StPO sieht entsprechende Möglichkeiten vor. Im Ermittlungs- und Zwischenverfahren können Beschuldigte oder ihr Beistand die grenzüberschreitende Erhebung bestimmter Beweise anregen, §§ 136 Abs. 1 Satz 3, 166 StPO. Im Strafprozess können entsprechende Beweisanträge gestellt werden, § 244 Abs. 3 bis 6 StPO. 988

Das **Verfahren** nach der RL EEA stellt sich grundsätzlich wie folgt dar: 989

- Im Rahmen des Anwendungsbereichs erlässt die zuständige (Justiz-)Behörde des Anordnungsstaats unter Beachtung der erforderli-

1 Vgl. *Beyer*, AO-StB 2014, 252 (252).

2 Rahmenbeschluss 2008/978/JI des Rates v. 18.12.2008 über die Europäische Beweisanordnung zur Erlangung von Sachen, Schriftstücken und Daten zur Verwendung in Strafsachen, ABl. EU Nr. L 350 v. 30.12.2008, 72.

chen Voraussetzungen sowie unter Verwendung des vorgesehenen Formblatts eine EEA.

Praxishinweis: Die Anordnung kann in Deutschland konkret nur von einem Staatsanwalt oder einem Richter erlassen bzw. bestätigt werden.[1] Als Ermittlungsmaßnahmen können nur die Maßnahmen angeordnet werden, die auch nach nationalem Recht ergriffen werden könnten, soweit sie notwendig und verhältnismäßig sind.[2]

- Die zuständigen Behörden im Vollstreckungsstaat sind grundsätzlich **verpflichtet**, die EEA innerhalb von bestimmten Fristen[3] – spätestens nach 30 Tagen – und unter Beachtung der von der Anordnungsbehörde erbetenen Verfahrens- und Formvorschriften anzuerkennen und zu vollstrecken, sofern die RL EEA keine **Zurückweisung**[4] ermöglicht. Andere Zurückweisungsmöglichkeiten als die, die in der RL EEA ausdrücklich zugelassen sind, darf der Vollstreckungsstaat nicht geltend machen.
- Die Ermittlungsmaßnahme muss von der Behörde bis spätestens 90 Tage nach Entscheidung über die Ermittlungsmaßnahme durchgeführt werden.[5] Die **Vollstreckung** erfolgt in derselben Weise und nach demselben Verfahren, als wenn die in der EEA bezeichnete Ermittlungsmaßnahme von einer Behörde des Vollstreckungsstaats angeordnet worden wäre. Belehrungen über Zeugnisverweigerungsrechte, ggf. erforderliche richterliche Entscheidungen etc. sind im Vollstreckungsstaat herbeizuführen, sofern dies nach dessen nationalem Recht vorgesehen ist. Ist die Bundesrepublik Deutschland Vollstreckungsstaat, verbleibt es also bei den nationalen **Richtervorbehalten**, die in dem deutschen Verfahrensrecht für bestimmte Ermittlungsmaßnahmen vorgesehen sind. So soll die **Verwertbarkeit** des Beweismittels in dem das Strafverfahren führenden Staat sichergestellt werden.[6]
- Greift ein Zurückweisungsgrund, kann der Vollstreckungsstaat die Anerkennung oder die Vollstreckung einer EEA versagen. Darüber hinaus kann der Vollstreckungsstaat unter bestimmten Umständen auf eine andere als die in der EEA angegebene Ermittlungshand-

---

1 Vgl. *Peters* in Kohlmann, Steuerstrafrecht, § 399 Rz. 305 (April 2016).
2 *Böse*, ZIS 4/2014, 152 (153).
3 Art. 12 RL EEA.
4 Vgl. zu den Zurückweisungsgründen: *Peters* in Kohlmann, Steuerstrafrecht, § 399 Rz. 323 ff. (April 2016); *Böse*, ZIS 4/2014, 152 (154, 158 f.); *Brodowski*, ZIS 1/2015, 79 (95).
5 Vgl. *Peters* in Kohlmann, Steuerstrafrecht, § 399 Rz. 311 (April 2016).
6 *Böse*, ZIS 4/2014, 152 (153 f.).

lung zurückgreifen oder die Anerkennung und Vollstreckung aufschieben. Die Möglichkeit, die Rechtshilfe mit Bedingungen zu versehen, wird durch die RL EEA nicht grundsätzlich ausgeschlossen.

- Wird die EEA anerkannt und vollstreckt, sind erlangte Beweismittel vom Vollstreckungsstaat grundsätzlich **unverzüglich** an den Anordnungsstaat zu übermitteln. Ist im Vollstreckungsstaat ein Rechtsbehelf anhängig, kann bzw. muss je nach Einzelfall die Übermittlung der Beweismittel an den Anordnungsstaat aufgeschoben werden.

Bei grenzüberschreitender Ermittlung von Beweismitteln sind Anord- 990
nungs- und Vollstreckungsstaat gemeinsam für die **Wahrung der Grund- und Verfahrensrechte des Beschuldigten bzw. des betroffenen Dritten** nach dem sog. Trennungsmodell verantwortlich.[1] **Die Sachgründe für den Erlass der Europäischen Ermittlungsanordnung können nur im Anordnungsstaat angefochten werden, Rechtsschutz gegen deren Anerkennung und Vollstreckung wird im Vollstreckungsstaat gewährt.**[2] Die Anfechtung der Ermittlungsanordnung und der darauf gestützten Maßnahmen erfolgt mit den gleichen Rechtsbehelfen, die gegen entsprechende innerstaatliche Maßnahmen zur Verfügung stehen.[3] Somit muss bei einer vollumfänglichen Anfechtung der Ermittlungsanordnung sowohl im Anordnungs- als auch im Vollstreckungsstaat nach dem jeweils dort geltenden Recht der statthafte Rechtsbehelf eingelegt werden, was aufgrund der räumlichen Distanz, ggf. fehlender Sprachkenntnisse und mangelnder Vertrautheit mit der Rechtsordnung des anderen Staats schwierig sein kann.[4]

Praxishinweis: Zur Prüfung der Rechtmäßigkeit europäischer Ermittlungsmaßnahmen wird wegen des gespaltenen Rechtswegs die Zusammenarbeit mit einem Rechtsanwalt aus dem jeweils anderen Staat empfohlen.

Stellt sich die **Rechtswidrigkeit einer Maßnahme** im Rahmen einer eu- 991
ropäischen Ermittlungsanordnung nachträglich heraus, bestimmt sich die **Verwertbarkeit** nach dem Recht des Staats, in dem das Strafverfahren geführt wird.[5] Das Gericht ist jedoch im Falle der erfolgreichen Anfechtung im Vollstreckungsstaat an die Feststellungen hinsichtlich Art

---

1 Vgl. *Peters* in Kohlmann, Steuerstrafrecht, § 399 Rz. 326 (April 2016); *Böse*, ZIS 4/2014, 152 (153, 159).
2 Zum Rechtsschutz im Detail *Böse*, ZIS 4/2014, 152 (159 ff.).
3 *Peters* in Kohlmann, Steuerstrafrecht, § 399 Rz. 327 (April 2016).
4 Vgl. *Böse*, ZIS 4/2014, 152 (160).
5 *Peters* in Kohlmann, Steuerstrafrecht, § 399 Rz. 328 (April 2016); *Böse*, ZIS 4/2014, 152 (161).

und Umfang des Rechtsverstoßes gebunden und hat nur noch die Folgen der Rechtswidrigkeit zu prüfen.[1]

III. Auslandsermittlungen der Steuerfahndung im Grenzbereich zwischen Amts- und Rechtshilfe

1. Allgemeines

992 Die Finanzbehörde und insbesondere die Steuerfahndung kann sowohl im Besteuerungsverfahren als auch im Steuerstrafverfahren tätig werden, §§ 393 Abs. 1, 208 AO. Daraus folgert die Rechtsprechung, dass der Steuerfahndung bei ihren Ermittlungen grundsätzlich sowohl die Rechts- als auch Amtshilfeinstrumentarien zur Verfügung stehen.[2] Dem Betroffenen ist **offenzulegen**, für welchen Weg sich die Behörde entschieden hat.

993 Die Steuerfahndung scheut sich häufig, der Forderung nach einer Benennung der Ermittlungsgrundlage nachzukommen.[3] Berater und Verteidiger sollten hier hartnäckig bleiben: Im Besteuerungsverfahren haben sie die Möglichkeit, die Ablehnung der Mitteilung mit dem **Einspruch** anzufechten und die Mitteilung der Besteuerungsgrundlagen nach § 364 AO zu beantragen, im Strafverfahren können die fehlerhafte Beweiserhebung und der Verstoß gegen den Anspruch auf **rechtliches Gehör** gerügt werden.

994 Bei Steuerfahndungsermittlungen besteht allerdings – unabhängig von der förmlichen Einleitung eines Ermittlungsverfahrens – die **Regelvermutung**, dass ihre Handlungen eine strafrechtliche Grundlage haben.[4]

2. Schwedische Initiative

995 Eine besondere Ausprägung der Ermittlungen der Steuerfahndungsstellen im Grenzbereich zwischen Amts- und Rechtshilfe ist die sog. **Schwedische Initiative**.[5] Diese befasst sich mit der **Vereinfachung des Austauschs von Informationen und Erkenntnissen** zwischen den Strafverfolgungsbehörden der EU-Mitgliedstaaten und der sog. Schengen-

---

1 *Böse*, ZIS 4/2014, 152 (161).

2 BFH v. 29.10.1986 – I B 28/86, BStBl. II 1987, 440 (441); s. auch BMF-Schreiben v. 25.5.2012 – IV B 6-S 1320/07/10004:006, BStBl. I 2012, 599.

3 S. auch *Bilsdorfer*, StraFo 1999, 145 (148).

4 *Bilsdorfer*, StraFo 1999, 145 (148).

5 Eingehend *Peters* in Kohlmann, Steuerstrafrecht, § 399 Rz. 268 ff. (Aug. 2014).

assoziierten Staaten. Ausgangspunkt der Schwedischen Initiative war ein Vorschlag des Königreichs Schweden im Jahr 2006, der auf der Überzeugung beruhte, dass in einem Europa, das die Kontrollen an den Binnengrenzen weitestgehend abgeschafft hatte, der bisherige polizeiliche Informationsaustausch noch durch zu viele förmliche Verfahren, Verwaltungsstrukturen und rechtliche Hindernisse beeinträchtigt sei. Seinen Niederschlag fand die Initiative im Rahmenbeschluss 2006/960/JI des EU-Rats vom 18.12.2006[1].

Rahmenbeschlüsse haben die Besonderheit, dass sie nicht unmittelbar geltendes Recht sind, sondern von den Mitgliedstaaten erst in nationales Recht umgesetzt werden müssen. Der Rahmenbeschluss sah eine Umsetzungsfrist bis zum 18.12.2008 vor. Erst mit Wirkung zum 26.7.2012[2] durch Einführung der §§ 117a, 117b AO und §§ 92 ff. IRG erfolgte eine Umsetzung in deutsches Recht. 996

Die Regelungen ermöglichen den Strafverfolgungsbehörden[3] – für Steuerstrafsachen in Deutschland damit nur den **Steuerfahndungsstellen** – für Zwecke der Verhütung (präventiv) und der Verfolgung (repressiv) von Straftaten einen Informationsaustausch. Darüber sollen Ersuchen auch dann in Betracht kommen, wenn das Stadium von strafrechtlichen Ermittlungen noch nicht erreicht ist (Vorermittlungen).[4] Ein Datenaustausch allein für Besteuerungszwecke ist u.E. unzulässig. Der Rahmenbeschluss findet ferner keine Anwendung auf Taten, die nach dem Recht des ersuchenden Staats lediglich Ordnungswidrigkeiten darstellen. 997

Der Anwendungsbereich beschränkt sich im Wesentlichen auf den Austausch von Informationen, auf die die ersuchte Strafverfolgungsbehörde unmittelbar selbst oder mittelbar über Dritte ein Zugriffsrecht 998

---

1 Rahmenbeschlusses 2006/960/JI des Rates der EU v. 18.12.2006 über die Vereinfachung des Austauschs von Informationen und Erkenntnissen zwischen den Strafverfolgungsbehörden der Mitgliedstaaten der EU, ABl. EU Nr. L 386 v. 29.12.2006, 89 und ABl. EU Nr. L 75 v. 15.3.2007, 26.

2 Durch das Gesetz v. 21.7.2012 über die Vereinfachung des Austauschs von Informationen und Erkenntnissen zwischen den Strafverfolgungsbehörden der Mitgliedstaaten der EU, BGBl. I 2012, 1566.

3 Vgl. § 92 Abs. 5 IRG i.V.m. Art. 2a und 6 des Rahmenbeschlusses 2006/960/JI.

4 Zur Anwendung vgl. gleichlautende Erlasse der obersten Finanzbehörden der Länder zur Umsetzung des „Rahmenbeschlusses 2006/960/JI des Rates der EU v. 18.12.2006 über die Vereinfachung des Austauschs von Informationen und Erkenntnissen zwischen den Strafverfolgungsbehörden der Mitgliedstaaten der EU" (sog. Schwedische Initiative) im Bereich der Steuerfahndung v. 28.1.2014, BStBl. I 2014, 538; *Beyer*, AO-StB 2013, 351.

hat (z.B. **Akten und Datenbanken**). Zur Vornahme von Ermittlungen ist die ersuchte Behörde nicht verpflichtet. Sie kann dies aber freiwillig tun, etwa bei Ersuchen um eine Ortsbesichtigung.

999 Grundsätzlich ausgenommen sind alle Maßnahmen, welche die Anwendung unmittelbaren Zwangs erfordern würden, wie z.B. Durchsuchungen und Beschlagnahmen. **Denkbare Anwendungsfälle** sind: Ermittlung einer Zustellanschrift von Personen, Registerauskünfte, Auskünfte von Steuerbehörden über die tatsächliche Existenz von natürlichen oder juristischen Personen sowie Überprüfung ausländischer Firmen- oder Privatadressen.

1000 Im **ausgehenden Ersuchen** muss zwingend angegeben werden, zu welchem Zweck die Informationen oder Erkenntnisse erbeten werden. Auf dieser Grundlage prüft zum einen die ersuchte Behörde, ob die erbetenen Informationen erteilt werden können. Zum anderen bilden die Angaben zum beabsichtigten Verwendungszweck den Rahmen, innerhalb dessen die ersuchende Behörde die übermittelten Informationen verwenden und ggf. auch direkt als Beweismittel verwerten darf.

1001 Die Steuerfahndung kann Informationen und Erkenntnisse auch ohne Ersuchen (**Spontanauskunft**) an eine ausländische Strafverfolgungsbehörde übermitteln. Dies kann sowohl zum Zweck der Strafverfolgung (§§ 92c, 61a Abs. 2 bis 4 IRG) als auch zur Verhütung von Straftaten (§ 117a Abs. 3 AO) erfolgen. Voraussetzung ist in beiden Fällen, dass eine entsprechende Mitteilung im Rahmen des § 30 AO auch an eine inländische Strafverfolgungsbehörde möglich wäre (sog. Inlandsstandard).

1002 Die Entscheidung, ob die von einer ausländischen Strafverfolgungsbehörde erbetenen Informationen oder Erkenntnisse übermittelt werden können (**eingehende Ersuchen**), ist in einem mehrstufigen Verfahren zu treffen. Neben der Zuständigkeit ist zu prüfen, ob das Ersuchen die inhaltsgleich in § 92a IRG und § 117a Abs. 2 AO genannten Pflichtangaben enthält. Unter Beachtung von § 30 AO ist des Weiteren zu prüfen, ob die Informationen in einem vergleichbaren deutschen Verfahren grundsätzlich einer anderen deutschen Strafverfolgungsbehörde übermittelt werden könnten. Die Übermittlung hat gem. § 92a Abs. 3 IRG bzw. § 117a Abs. 5 AO **zwingend zu unterbleiben**, wenn hierdurch wesentliche Sicherheitsinteressen des Bundes oder der Länder beeinträchtigt würden, die Übermittlung der Daten zu den in Art. 6 des Vertrags über die Europäische Union enthaltenen Grundsätzen in Widerspruch stünde (**Ordre-Public-Vorbehalt**), die zu übermittelnden Daten bei der ersuchten Behörde nicht vorhanden sind und nur durch das Ergreifen von Zwangsmaßnahmen erlangt werden könnten oder die Übermittlung der Daten unverhältnismäßig wäre oder die Daten für die Zwecke, für die sie übermittelt werden sollen, erkennbar nicht erforderlich sind. Eine Datenübermittlung **kann** darüber hinaus nach § 92 Abs. 4 IRG oder § 117a Abs. 6 AO unterbleiben, wenn die zu übermittelnden Daten bei den mit der Steuerfahndung betrauten Dienststellen nicht vorhanden sind, jedoch ohne das Ergreifen von Zwangsmaßnahmen erlangt werden könnten, hierdurch der Erfolg laufender Ermittlungen oder Leib, Leben oder Freiheit einer Person gefährdet würde oder die Tat, zu deren Verfolgung oder Verhütung die Daten übermittelt werden sollen, nach deutschem Recht mit einer Freiheitsstrafe von im Höchstmaß einem Jahr oder weniger bedroht ist.

Die Verpflichtung zur Übermittlung von Informationen oder Erkenntnissen bezieht sich ausschließlich auf die Daten, die unmittelbar bei der ersuchten Dienststelle **vorhanden** sind oder auf die sie direkten Zugriff hat. „Vorhanden" sind damit alle Daten aus dem örtlichen Zuständigkeitsbereich der ersuchten Dienststelle, die sich aus dort vorliegenden Papierakten oder elektronischen Datenbeständen im Onlinezugriff (direkter Zugriff) ergeben. Die Steuerfahndung ist nicht verpflichtet, Daten zu beschaffen, die sich in Akten oder elektronischen Datenbeständen anderer Behörden oder Dritter befinden. Sie ist ebenfalls nicht verpflichtet, Ermittlungshandlungen durchzuführen (z.B. Ortsbesichtigungen oder Zeugenbefragungen). Sie kann dies jedoch freiwillig tun, soweit dafür keine Zwangsmaßnahmen erforderlich sind (§ 117a Abs. 6 Nr. 1 AO, § 92 Abs. 4 Nr. 1 IRG). 1003

Der Rahmenbeschluss sieht für die Übermittlung von Informationen und Erkenntnissen in Steuerstrafverfahren unterschiedlich lange Fristen vor, die sich nach der Dringlichkeit und der Verfügbarkeit der erbetenen Informationen bestimmen: **acht Stunden** (notfalls drei Tage) bei dringenden Ersuchen, bei denen die Informationen unmittelbar verfügbar sind; **eine Woche** bei nicht dringenden Ersuchen, bei denen die Informationen unmittelbar verfügbar sind; **zwei Wochen** in allen übrigen Fällen. 1004

Für die Steuerfahndung kommen als Anlaufstellen das **Zollkriminalamt** und – über die Landeskriminalämter – das Bundeskriminalamt in Betracht. Entscheidend für die Wahl des Übermittlungswegs sind die Umstände des Einzelfalls. Nach Möglichkeit soll die Datenübermittlung über das Zollkriminalamt erfolgen. Die Datenübermittlung erfolgt unmittelbar zwischen den Anlaufstellen und den zuständigen Steuerfahndungsstellen. 1005

1006 **Praxishinweis:** Eine Verpflichtung, den vom Auskunftsaustausch im Rahmen der Schwedischen Initiative Betroffenen über die Datenübermittlung zu unterrichten, besteht nur in den Fällen, in denen dies auch für einen gleichgelagerten Fall eines innerstaatlichen Datenaustausches rechtlich vorgeschrieben wäre[1], z.B. beim Kontenabruf unter den Voraussetzungen der § 93 Abs. 7 bis 10 AO. In der Praxis erfährt der Betroffene daher i.d.R. erst im Nachhinein von dem Informationsaustausch. Aus diesem Grund ist es zwingend, dass ihm vor dem Hintergrund der Rechtsschutzgarantie des Art. 19 Abs. 4 GG bei fehlerhafter Beweisgewinnung sowohl im Besteuerungsverfahren als auch im Strafverfahren ein **Verwertungsverbot** zugutekommt.

3. Tax Information Exchange Agreements (TIEAs)

1007 Die sog. Tax Information Exchange Agreements (TIEAs)[2] stellen besondere bilaterale Vereinbarungen zwischen Deutschland und einzelnen Staaten dar und ermöglichen **auf Ersuchen** einen zwischenstaatlichen Informationsaustausch im Einzelfall **für Zwecke des Besteuerungs-, Bußgeld- oder Steuerstrafverfahrens**. Es regelt somit zwischenstaatliche Amts- und Rechtshilfe zwischen den Vertragsstaaten. Darüber hinaus ermöglichen die TIEAs auch die **Anwesenheit von deutschen Finanzbeamten im ausländischen Vertragsstaat und umgekehrt bei Ermittlungsmaßnahmen**.

1008 Die Unterscheidung nach dem Zweck des Informationsaustausches ist u.a. für die Bestimmung der Zeiträume, für die Auskunftsersuchen gestellt werden können, relevant. Für das **Besteuerungsverfahren** dürfen nur Auskunftsersuchen für Zeiträume nach dem Inkrafttreten des jeweiligen TIEA gestellt werden. Im Zusammenhang mit **Steuerstraftaten** darf grundsätzlich auch rückwirkend für vorherige Zeiträume ein Informationsaustausch erfolgen.

---

1 S. gleichlautende Erlasse der obersten Finanzbehörden der Länder zur Umsetzung des „Rahmenbeschlusses 2006/960/JI des Rates der EU v. 18.12.2006 über die Vereinfachung des Austauschs von Informationen und Erkenntnissen zwischen den Strafverfolgungsbehörden der Mitgliedstaaten der EU" (sog. Schwedische Initiative) im Bereich der Steuerfahndung v. 28.1.2014, BStBl. I 2014, 538, Rz. 5.4.

2 Vgl. BMF-Schreiben v. 10.11.2015 – IV B 6-S 1301/11/10002, 2015/0811184 „Anwendung der Abkommen über den steuerlichen Informationsaustausch (TIEA)", BStBl. I 2016, 138; s. auch BMF-Schreiben v. 19.1.2016 – IV B 2-S 1301/07/10017-07, BStBl. I 2016, 76, zum Stand bestehender Abkommen am 1.1.2016; *Kelterborn*, AO-StB 2015, 341 ff.

IV. Grenzen der Amts- und Rechtshilfe

Zu den Grenzen der vergleichsweise neuen Instrumente der Europäischen Ermittlungsanordnung und der Schwedischen Initiative s. Rz. 989 ff. und 1002 ff. Im Übrigen lassen sich folgende allgemeine Grundsätze zusammenfassen: 1009

1. Grenzen des steuerlichen Informationsaustauschs

a) Auskunftsersuchen der deutschen Finanzverwaltung

Für **Amtshilfeersuchen deutscher Finanzbehörden** bestimmt § 117 Abs. 1 AO, dass deutsche Finanzbehörden zwischenstaatliche Amtshilfe nach Maßgabe des deutschen Rechts in Anspruch nehmen können. Danach richtet sich die Inanspruchnahme von internationaler (ausländischer) Amtshilfe nach den Voraussetzungen der nationalen Amtshilfe (§§ 111 ff. AO).[1] Dabei ist, wie auch bei inländischen Ermittlungen, der **Grundsatz der Verhältnismäßigkeit** zu beachten. Die begehrten Auskünfte müssen zur Durchführung der deutschen Besteuerung „**erforderlich**" sein (§ 111 Abs. 1 Satz 1 AO). Erforderlich sind Auskünfte dann, wenn diese für die Besteuerung rechtlich erheblich sind und für die deutschen Finanzbehörden auch nach Ausschöpfung eigener Auskunftsquellen nicht erreichbar sind.[2] Der **Grundsatz der Subsidiarität** folgt auch aus § 93 Abs. 1 Satz 3 AO.[3] Die Gefahr, dass dem inländischen Beteiligten ein mit dem Zweck der Amtshilfe nicht zu vereinbarender Schaden entstehen kann, ist zu berücksichtigen (§ 117 Abs. 3 Nr. 4 AO analog). 1010

Ob eine ausländische Finanzbehörde um Auskunft oder Übersendung von Unterlagen ersucht wird, ist nach **pflichtgemäßem Ermessen** zu entscheiden (§§ 88, 92, 112 Abs. 1 AO). Im Rahmen eines Ersuchens können Informationen erbeten werden, die für die Besteuerung **voraussichtlich erheblich** sind (s. § 6 Abs. 1 Satz 1 i.V.m. § 1 Abs. 1 Satz 1 EUAHiG; Art. 26 OECD-MA sowie Art. 1 des TIEA Musterabkommens). Als „voraussichtlich erheblich" sind Informationen anzusehen, die der Ermittlung von steuerlichen Sachverhalten eines oder mehrerer 1011

---

1 Vgl. FG Köln v. 7.9.2015 – 2 V 1375/15, EFG 2015, 1769; *Rätke* in Klein, AO, 13. Aufl. 2016, § 117 Rz. 22.

2 Vgl. FG Köln v. 7.9.2015 – 2 V 1375/15, EFG 2015, 1769; BMF-Schreiben v. 23.11.2015 – IV B 6-S 1320/07/10004:007, BStBl. I 2015, 928, Rz. 4.1.1 und 4.1.2; *Rätke* in Klein, AO, 13. Aufl. 2016, § 117 Rz. 22; *Seer* in Tipke/Kruse, AO/FGO, § 117 AO Rz. 23 f. (Juli 2016).

3 Vgl. *Matthes* in Kohlmann, Steuerstrafrecht, § 399 Rz. 217 ff. (April 2016).

Steuerpflichtiger dienen, die entweder namentlich benannt oder anderweitig konkret identifiziert werden können. Maßgeblich ist, dass zum Zeitpunkt des Ersuchens eine realistische Möglichkeit besteht, dass die erbetenen Informationen für die Besteuerung erheblich sein werden. Ob die erteilten Informationen dann tatsächlich steuerlich erheblich sind, ist nicht von Bedeutung.

1012 **Nicht zulässig** sind Ersuchen zur bloßen Beweisausforschung (sog. „**fishing expeditions**"), d.h. Ersuchen ohne eine offensichtliche Verbindung zu einer Sachverhaltsermittlung in Steuerangelegenheiten eines bestimmten Steuerpflichtigen oder einer konkreten Gruppe von Steuerpflichtigen. Ein ersuchter Staat kann die Erteilung von Informationen jedoch nicht nur deshalb ablehnen, weil sich diese bei einer Bank, einem sonstigen Finanzinstitut, einem Bevollmächtigten, Vertreter oder Treuhänder befinden oder sich auf Eigentumsanteile an einer juristischen Person beziehen.[1] Ein ersuchter Staat kann ferner die Ermittlung von Informationen nicht deshalb ablehnen, weil er diese nicht für die eigene Besteuerung benötigt.[2]

b) Auskunftserteilung der deutschen Finanzverwaltung

1013 Für die Auskunftserteilung deutscher Finanzbehörden gilt grundsätzlich Folgendes: Die Informationen, die der andere Staat benötigt, werden **in derselben Weise** beschafft, **als wäre die deutsche Besteuerung betroffen** (§ 117 Abs. 4 Satz 1 und 2 AO), d.h., die deutsche Finanzbehörde kann eigene Erkenntnisquellen nutzen oder nach den Vorschriften der AO ermitteln (§§ 88, 92 bis 100, 208 Abs. 1 AO). Für die Erledigung eines ausländischen Ersuchens ist es jedoch grundsätzlich unzulässig, einen Kontenabruf nach § 93 Abs. 7 AO oder eine Außenprüfung (§§ 193, 194 AO) ausschließlich zum Zwecke des Informationsaustausches durchzuführen.[3]

1014 Informationen, die nach deutschem Recht nicht beschafft werden können oder deren Beschaffung der deutschen Verwaltungspraxis widerspricht, dürfen nicht übermittelt werden.[4] Danach sind insbesondere die Auskunfts- und Vorlageverweigerungsrechte nach §§ 101 bis 106

---

1 Entsprechend Art. 26 Abs. 5 OECD-MA, Art. 5 Abs. 4 TIEA Musterabkommen sowie Art. 18 Abs. 2 der EUAHiRL.

2 Vgl. u.a. Art. 18 Abs. 1 EUAHiRL.

3 Vgl. BMF-Schreiben v. 23.11.2015 – IV B 6-S 1320/07/10004:007, BStBl. I 2015, 928, Rz. 5.2.1 und 5.2.3; FG Baden-Württemberg v. 25.6.2015 – 3 K 2419/14, EFG 2016, 695 (Revision anhängig, Az. BFH: I R 97/15).

4 Z.B. § 4 Abs. 4 Nr. 1 EUAHiG.

AO zu beachten. Mitteilungen von Daten über einen Vergleichsbetrieb sind nur zulässig, wenn sie keine Rückschlüsse auf die Identität des Betroffenen zulassen, es sei denn, der Betroffene stimmt zu. **Zwangsmittel** sind unzulässig, wenn der Betroffene dadurch gezwungen würde, sich wegen einer von ihm begangenen Steuerstraftat oder Steuerordnungswidrigkeit zu belasten (§ 393 Abs. 1 Satz 2, § 410 Abs. 1 Nr. 4 AO).

Informationen dürfen nicht übermittelt werden, wenn dies zu einer Besteuerung führen würde, die gegen völkerrechtliche Vereinbarungen, insbesondere DBA, verstößt.[1] Daher sind keine Informationen zu übermitteln, die erkennbar auf eine **abkommenswidrige Besteuerung** durch den anderen Vertragsstaat abzielen. Die bloße Möglichkeit einer Doppelbesteuerung, z.B. in Folge unterschiedlicher Einkünftequalifikationen durch die Vertragsstaaten, ist jedoch kein rechtliches Hindernis für die Informationsübermittlung.[2] 1015

Erstreckt sich das ausländische Ersuchen auf ein Handels-, Industrie-, Gewerbe- oder Berufsgeheimnis oder ein Geschäftsverfahren (**Geschäfts- oder Betriebsgeheimnis**), so darf eine Auskunft nicht erteilt werden, wenn die Gefahr besteht, dass dem inländischen Beteiligten dadurch ein mit dem Zweck der Auskunft nicht zu vereinbarender Schaden entstehen kann.[3] Ein Geschäfts- oder Betriebsgeheimnis liegt vor, wenn es sich um Tatsachen und Umstände handelt, die von erheblicher wirtschaftlicher Bedeutung und praktisch nutzbar sind und deren unbefugte Nutzung zu beträchtlichen Schäden führen kann.[4] 1016

Informationen sind nicht zu übermitteln, wenn der ersuchende Staat die üblichen **Ermittlungsquellen**, die ihm zur Erlangung der erbetenen Informationen zur Verfügung stehen, ohne dabei die Erreichung des Ziels zu gefährden, **nicht ausgeschöpft** hat.[5] 1017

Informationen sind nicht zu übermitteln, wenn hierdurch die **öffentliche Ordnung** verletzt werden würde.[6] 1018

Die **Übermittlung der Information kann verweigert werden**, wenn der andere Mitgliedstaat seinerseits aus rechtlichen Gründen nicht zur Übermittlung entsprechender Informationen in der Lage ist (§ 4 Abs. 4 EUAHiG), d.h., wenn das Recht des ausländischen Staats die Ermitt- 1019

---

1 S. z.B. Art. 26 Abs. 1 Satz 1 OECD-MA.
2 BFH v. 10.5.2005 – I B 218/04, BFH/NV 2005, 1503.
3 Vgl. z.B. § 4 Abs. 3 Nr. 3 EUAHiG.
4 BFH v. 20.2.1979 – VII R 16/78, BStBl. II 1979, 268.
5 S. § 4 Abs. 3 Nr. 2 EUAHiG.
6 S. § 4 Abs. 3 Nr. 4 EUAHiG.

lungsmaßnahme zur Informationsbeschaffung nicht vorsieht[1]. Nach § 4 Abs. 6 Satz 1 und 2 EUAHiG gilt: Ein Ersuchen kann nicht aus dem Grund abgelehnt werden, dass die zu übermittelnden Informationen nach deutschem Recht nicht für steuerliche Zwecke benötigt werden.

1020 Der steuerliche Informationsaustausch stellt ferner einen Eingriff in das aus Art. 2 Abs. 1 i.V.m. Art. 1 Abs. 1 GG abgeleitete Grundrecht des betroffenen Steuerpflichtigen auf **informationelle Selbstbestimmung** dar. Dieser Eingriff ist gem. der Rechtsprechung des BVerfG nur auf der Grundlage einer gesetzlichen Regelung zulässig, die dem Gebot der Normenklarheit entspricht sowie präzise und bereichsspezifische Bestimmungen über den Anlass, den Zweck und die Grenzen der Informationsverarbeitung enthält.[2] Des Weiteren können weitere Freiheitsrechte aus Art. 12 Abs. 1, Art. 14 Abs. 1 und Art. 2 Abs. 1 GG, insbesondere der Schutz von Betriebs- und Geschäftsgeheimnissen, betroffen sein.[3]

2. Grenzen der Rechtshilfe

1021 Der Begriff der Rechtshilfe beschränkt diese bereits auf Verfahren in strafrechtlichen Angelegenheiten (s. § 59 Abs. 2 IRG). Gem. § 59 Abs. 3 IRG darf Rechtshilfe ferner nur geleistet werden, wenn die Voraussetzungen vorliegen, unter denen deutsche Gerichte oder Behörden einander in entsprechenden Fällen Rechtshilfe leisten können. Es sind die entsprechenden Regelungen in den genannten Abkommen maßgeblich.[4]

1022 Generell wird Rechtshilfe nicht geleistet, wenn die Erledigung des Ersuchens nach der Ansicht der Bundesregierung geeignet ist, die **Souveränität**, die **Sicherheit**, die **öffentliche Ordnung (ordre public)** oder **andere wesentliche Interessen der Bundesrepublik Deutschland** zu beeinträchtigen.[5] S. hierzu auch Rz. 1002.

---

1 Vgl. BMF-Schreiben v. 23.11.2015 – IV B 6-S 1320/07/10004:007, BStBl. I 2015, 928, Rz. 5.3.2.1.

2 Vgl. BVerfG v. 13.6.2007 – 1 BvR 1550/03, 1 BvR 2357/04, 1 BvR 603/05, BStBl. II 2007, 896; *Hendricks* in Beermann/Gosch, AO/FGO, § 117 AO Rz. 23 (Febr. 2015); *Schwörer*, wistra 2009, 452; jeweils m.w.N.

3 Vgl. *Hendricks* in Beermann/Gosch, AO/FGO, § 117 AO Rz. 23 (Febr. 2015); *Seer* in Tipke/Kruse, AO/FGO, § 117 AO Rz. 7 (Juli 2016).

4 Weiterführend *Lagodny* in Schomburg/Lagodny/Gleß/Hackner, Internationale Rechtshilfe in Strafsachen, 5. Aufl. 2012, § 59 IRG Rz. 10 und 16 ff.

5 BGH v. 23.6.1977 – 4 Ars 7/77, BGHSt 27, 222.

Rechtshilfe darf ferner nicht geleistet werden, wenn die Ermittlungsergebnisse im Ausland zum Zweck der Verhängung und Vollstreckung der **Todesstrafe** verwertet werden (Art. 102 i.V.m. Art. 2 Abs. 1 GG).[1] 1023

Werden von der Rechtshilfe **Geschäfts-, Berufs- oder sonstige Geheimnisse** eines in Deutschland von der Rechtshilfe Betroffenen verletzt und könnte hierdurch ein mit dem Zweck der Rechtshilfe nicht vereinbarer Schaden entstehen, kommt eine Verweigerung der Rechtshilfe in Betracht.[2] 1024

Dagegen steht Art. 16 GG der Rechtshilfe nicht entgegen, wenn im Ausland ein Strafverfahren gegen einen deutschen Staatsangehörigen geführt wird. 1025

3. Steuergeheimnis

Der im Rahmen der **Amtshilfe** vom Auskunftsverkehr Betroffene hat Anspruch auf Wahrung des Steuergeheimnisses i.S.d. §§ 30 bis 31b AO. Das Steuergeheimnis gilt auch gegenüber ausländischen Behörden. Umgekehrt unterliegen alle Angaben, die den deutschen Finanzbehörden in Zusammenhang mit einem Rechtshilfeersuchen zugehen, dem (internationalen) Steuergeheimnis. 1026

Auskunftsersuchen der deutschen Finanzverwaltung an das Ausland sind gem. §§ 30 Abs. 4 Nr. 1 i.V.m. Abs. 2 Nr. 1a AO nur zulässig, wenn die Informationen der Durchführung eines inländischen Besteuerungsverfahrens dienen. 1027

Eine **Auskunftserteilung deutscher Finanzbehörden an das Ausland** sind nur zulässig, wenn und soweit sie durch Gesetz ausdrücklich zugelassen ist (§ 30 Abs. 4 Nr. 2 AO). Insoweit sind somit die jeweiligen Rechtsgrundlagen des Auskunftsverkehrs einschlägig (s. Rz. 950 ff.).[3] 1028

Grundsätzlich dürfen Informationen nur Personen und Behörden zugänglich gemacht werden, die mit dem Steuerverfahren, in dem die Auskunftserteilung erfolgt, befasst sind.[4] Die Informationen dürfen auch **nur für steuerliche Zwecke** verwendet werden.

---

1 Der Presseberichterstattung ist gelegentlich zu entnehmen, dass China auch in Fällen von Steuerhinterziehung die Todesstrafe verhängt.
2 BGH v. 23.6.1977 – 4 Ars 7/77, BGHSt 27, 222.
3 Z.B. § 117 Abs. 2 AO, Art. 26 Abs. 1 OECD-MA, § 4 Abs. 1 Satz 1 EUAHiG.
4 *Matthes* in Kohlmann, Steuerstrafrecht, § 399 Rz. 222 (Nov. 2014).

1029 Aufgrund der Regelung des § 30 Abs. 4 Nr. 1 i.V.m. Abs. 2 Nr. 1b AO steht das Steuergeheimnis grundsätzlich dem **Rechtshilfeverkehr** nicht entgegen, soweit die mit einem deutschen Rechtshilfeersuchen verbundene Offenbarung steuerlicher Verhältnisse zur Durchführung eines Steuerstraf- oder Ordnungswidrigkeitenverfahrens erfolgt.

V. Rechtsschutz

1. Anhörung

1030 Zwischenstaatliche **Amtshilfe** durch Informationsaustausch, auch im Rahmen einer gleichzeitigen Prüfung bzw. einer gemeinsamen Prüfungstätigkeit mehrerer Steuerverwaltungen, kann einen Eingriff in die Rechte des betroffenen inländischen Beteiligten darstellen. Um seine Rechte als Verfahrensbeteiligter wahren zu können, muss der Beteiligte grundsätzlich **rechtzeitig darüber informiert** werden, dass und in welchem Umfang Informationen an eine ausländische Steuerverwaltung übermittelt werden sollen. Dem Beteiligten soll durch die Gewährung rechtlichen Gehörs in Form der **Anhörung** – unabhängig davon, ob die Informationen/Unterlagen aus den Steuerakten oder aus besonderen Ermittlungen stammen – die Gelegenheit gegeben werden, sich zu äußern und ggf. begründete Einwände vorzubringen. Ist es notwendig, dass auch Daten Dritter übermittelt werden, die als inländische Beteiligte anzusehen sind, sind diese ebenfalls anzuhören.[1]

1031 Bei **Übermittlung von Auskünften und Unterlagen an das Ausland** sind inländische Beteiligte gem. § 117 Abs. 4 Satz 3 AO nach pflichtgemäßem Ermessen der Finanzbehörde anzuhören, es sei denn, es findet ein Informationsaustausch aufgrund des EUAHiG statt oder es liegt eine Ausnahme nach § 91 Abs. 2 oder 3 AO vor, z.B. bei Gefahr im Verzug oder wenn der Anhörung ein zwingendes öffentliches Interesse entgegensteht. Darüber hinaus kann nach Auffassung der Finanzverwaltung auf eine Anhörung verzichtet werden, wenn Informationen übermittelt werden, die auf eigenen Angaben des Steuerpflichtigen basieren, die dieser zu Besteuerungszwecken erteilt hat, oder bei Anschriftenübermittlungen.[2]

Eine Anhörung hat grundsätzlich zu erfolgen, wenn die Gefahr besteht, dass dem Beteiligten bei Übermittlung von Informationen und Unterla-

1 BMF-Schreiben v. 23.11.2015 – IV B 6-S 1320/07/10004:007, BStBl. I 2015, 928, Rz. 3.1.1.

2 BMF-Schreiben v. 23.11.2015 – IV B 6-S 1320/07/10004:007, BStBl. I 2015, 928, Rz. 3.1.2.

gen im Rahmen des Informationsaustausches ein mit dem Informationsaustausch nicht zu vereinbarender **Schaden** drohen könnte.

Bei **deutschen Amtshilfeersuchen an das Ausland** gilt § 117 Abs. 4 Satz 3 AO nicht. In diesen Fällen leitet sich das Anhörungsrecht unmittelbar aus § 91 AO ab.[1] Eine Anhörungspflicht besteht entsprechend nicht in den Fällen des § 91 Abs. 2 und 3 AO oder wenn durch die Anhörung der Zweck des Ersuchens vereitelt wird.[2] 1032

Hat die Finanzbehörde bei Außenprüfungen oder bei sonstigen Überprüfungen, die sich auf Auslandsbeziehungen erstrecken, bereits einen Hinweis erteilt, dass sie sich die Nachprüfung der Angaben des Steuerpflichtigen und die weitere Aufklärung des Sachverhalts durch ein Ersuchen im Rahmen der zwischenstaatlichen Amtshilfe vorbehält, kann aus Sicht der Finanzverwaltung auf eine Anhörung verzichtet werden.[3]

Für sämtliche Ersuchen gilt: In Zweifelsfällen ist anzuhören.[4] 1033

Im Rahmen des **automatischen Auskunftsaustauschs** findet – anders als bei Auskunftsersuchen und Spontanauskünften (§ 117 Abs. 4 Satz 3 AO) – **keine Anhörung** der Beteiligten statt.[5] Der in § 30a Abs. 2 und 3 AO bestimmte Schutz für Bankkunden gilt nicht.[6] Die so erfassten Daten dürfen nur zum AIA verwendet werden. Ein Verwendung der Daten im deutschen Besteuerungsverfahren ist nach § 117c Abs. 4 AO unzulässig (sog. Zweckbindung). 1034

Für die **Rechthilfe** gilt Folgendes: § 28 IRG sieht im Rahmen eines Auslieferungsverfahrens eine vorherige Vernehmung des Betroffenen vor. Im Übrigen verweist § 77 IRG auf die allgemeinen Verteidigungsrechte der StPO. Der Betroffene hat somit einen Anspruch auf rechtliches Gehör, er kann einen **Rechtsbeistand** hinzuziehen, der wiederum die Möglichkeit hat, **Akteneinsicht** in die Rechtshilfeakten zu nehmen.[7] Eine vorherige **Anhörung** des Betroffenen ist grundsätzlich nicht vorgesehen. 1035

---

1 *Rätke* in Klein, AO, 13. Aufl. 2016, § 117 Rz. 24.
2 Vgl. *Seer* in Tipke/Kruse, AO/FGO, § 117 AO Rz. 60, 138 (Juli 2016), m.w.N.
3 BMF-Schreiben v. 23.11.2015 – IV B 6-S 1320/07/10004:007, BStBl. I 2015, 928, Rz. 3.1.2.
4 BMF-Schreiben v. 23.11.2015 – IV B 6-S 1320/07/10004:007, BStBl. I 2015, 928, Rz. 3.1.2.a.
5 § 117c Abs. 2 Satz 1 AO bzw. § 7 Abs. 3 EUAHiG.
6 § 117c Abs. 2 Satz 2 AO.
7 *Rackow* in Ambos/König/Rackow, Rechtshilfe in Strafsachen, 2014, Teil 1 Rz. 112.

2. Rechtsmittel

1036 Die von deutschen Finanzbehörden im **Rahmen der Amtshilfe** erteilten Spontanauskünfte, die Beantwortung und Inanspruchnahme von Auskunftsersuchen durch deutsche Finanzbehörden sind **keine Verwaltungsakte**. Zulässige Rechtsbehelfe[1] sind daher im **vorläufigen Rechtsschutz** der gerichtliche Antrag auf Erlass einer **einstweiligen Anordnung** (§ 114 FGO) sowie in der **Hauptsache** die **vorbeugende Unterlassungsklage beim Finanzgericht**, mit der die Erteilung der Auskunft (vorläufig) untersagt werden kann.[2] Für Amtshilfeverfahren, in die das Bundeszentralamt für Steuern eingebunden ist, ist das FG Köln zentral zuständig; in den übrigen Fällen ist die Klage beim jeweils örtlich zuständigen Finanzgericht einzulegen.[3]

1037 **Praxishinweis:** Bei Amtshilfeersuchen von deutschen Finanzbehörden an ausländische Behörden ist es regelmäßig angebracht, zusätzlich Rechtsschutzmaßnahmen im ausländischen Staat gegen die Auskunftserteilung zu ergreifen.

1038 Im praktisch sehr bedeutsamen Bereich der **sonstigen Rechtshilfe** (s. Rz. 980) kann grundsätzlich – sowohl bei eingehenden als auch bei ausgehenden Ersuchen – lediglich **inzident Rechtsschutz** dadurch erlangt werden, dass sich der Betroffene mit den insoweit gegebenen Rechtsbehelfen der StPO gegen die Maßnahme wendet.[4] Allein in § 61 Abs. 1 Satz 2 IRG ist speziell geregelt, dass der von der **Herausgabe eines Gegenstands** Betroffene Antrag auf gerichtliche Entscheidung über die Leistung der Rechtshilfe beim Oberlandesgericht stellen kann.

VI. Strafrechtliche Verwertbarkeit im Ausland gewonnener Erkenntnisse

1039 Der BGH hat in mehreren Entscheidungen das **Vorliegen eines Verfahrenshindernisses** bei völkerrechtlichen Verstößen im Ermittlungsverfahren mit der Begründung **verneint**, dass die völkerrechtlichen Be-

---

1 Zu den Argumenten im Rechtsbehelfsverfahren instruktiv *Grotherr*, ISR 2015, 297 ff.

2 Vgl. *Matthes* in Kohlmann, Steuerstrafrecht, § 399 Rz. 238 ff. (April 2016); BMF-Schreiben v. 23.11.2015 – IV B 6-S 1320/07/10004:007, BStBl. I 2015, 928, Rz. 3.2.2.

3 Zu den Zuständigkeiten des BZSt oder anderer Behörden vgl. BMF-Schreiben v. 23.11.2015 – IV B 6-S 1320/07/10004:007, BStBl. I 2015, 928, Rz. 1.5.1.1. ff.

4 Vertiefend *Rackow* in Ambos/König/Rackow, Rechtshilfe in Strafsachen, 2014, Teil 1 Rz. 113, 117, 131 ff.

stimmungen nur zwischenstaatliche Beziehungen beträfen und sich hieraus keine Rechte des Einzelnen ableiten ließen.[1]

Erweisen sich **Steuerfahndungsermittlungen** vor dem Hintergrund der Amts- und Rechtshilfebestimmungen als unzulässig, wird der Verteidiger daher ihre Nichtverwertbarkeit im Strafverfahren geltend machen.

Zu den Grundsätzen der **Beweisverwertungs- und -verwendungsverbote** s. Rz. 1423 ff. 1040

Die Verwertbarkeit mittels Rechtshilfe eines ausländischen Staats gewonnener Beweise richtet sich nach der Rechtsordnung des um diese Rechtshilfe ersuchenden Staats.[2] Welche Gründe zu einer Unverwertbarkeit derart gewonnener Beweise im inländischen Strafverfahren führen können, ist nicht in allen Einzelheiten geklärt. Es besteht jedoch weitgehend Einigkeit darüber, dass sich **Beweisverwertungsverbote** im Zusammenhang mit Beweisrechtshilfe entweder **aus der inländischen Rechtsordnung** des ersuchenden Staates **oder aus völkerrechtlichen Grundsätzen** ergeben können.[3] 1041

Der BGH hat im Kontext der Beweisrechtshilfe ein aus der Verletzung des Völkerrechts abgeleitetes inländisches Verwertungsverbot bislang bei unzulässigen **Eingriffen in das Souveränitätsrecht** eines anderen Staats angenommen.[4] Protokolle einer im Ausland erfolgten Zeugenvernehmung, die die deutschen Strafverfolgungsbehörden von einer ausländischen Behörde unter Umgehung des Rechtshilfewegs unmittelbar erhalten haben, sind dementsprechend für unverwertbar gehalten worden, wenn die zuständige ausländische Behörde der Verwertung widersprochen hat.[5] 1042

Eine Unverwertbarkeit von im Rahmen der Rechtshilfe gewonnenen Beweisen kann sich im Grundsatz zudem **aus der Verletzung rechtshilferechtlicher Bestimmungen selbst** ergeben. So hat der BGH die Verletzung von multilateralen rechtshilferechtlichen Bestimmungen durch den ersuchten ausländischen Staat als Grund für die Unverwertbarkeit eines Beweises herangezogen.[6]

---

1 BGH v. 30.4.1990 – 3 StB 8/90, BGHSt 37, 30 ff.; BGH v. 9.4.1986 – 3 StR 551/85, BGHSt 30, 347 (349); BGH v. 30.5.1985 – 4 StR 187/85, NStZ 1985, 464; BGH v. 2.8.1984 – 4 StR 120/83, NStZ 1984, 563.

2 BGH v. 21.11.2012 – 1 StR 310/12, wistra 2013, 282, m.w.N. zur Literatur.

3 BGH v. 21.11.2012 – 1 StR 310/12, wistra 2013, 282.

4 BGH v. 8.4.1987 – 3 StR 11/87, BGHSt 34, 334 (343).

5 BGH v. 8.4.1987 – 3 StR 11/87, BGHSt 34, 334 (343 ff.).

6 BGH v. 15.3.2007 – 5 StR 53/07, NStZ 2007, 417, bzgl. Art. 4 Abs. 1 EU-RhÜbk.

Ferner ist der BGH der Auffassung, dass ein aus der **Nichteinhaltung rechtshilferechtlicher Bestimmungen** abgeleitetes Verwertungsverbot dann in Betracht zu ziehen ist, wenn den entsprechenden Regelungen (auch) ein individualschützender Charakter – wenigstens im Sinne eines Schutzreflexes – zukommt.[1]

1043 Ist die **Rechtshilfe durch einen Mitgliedstaat der Europäischen Union** geleistet worden, darf bei der Beurteilung der Beweisverwertung im Inland nur in eingeschränktem Umfang geprüft werden, ob die Beweise nach dem innerstaatlichen Recht des ersuchten Mitgliedstaats rechtmäßig gewonnen wurden. Das gilt jedenfalls dann, wenn die dortige Beweiserhebung nicht auf einem inländischen Rechtshilfeersuchen beruht.[2]

1044 **Weitere Einzelfälle**:[3]

Beweisverwertungsverbote bestehen bei

- bewusster Umgehung der Rechtshilfe;
- bewusster Missachtung der inhaltlichen Reichweite eines Ersuchens;
- eigenmächtigen grenzüberschreitenden Handlungen;
- bei Verstoß gegen unverzichtbare allgemeine rechtsstaatliche Grundsätze;
- Verstoß gegen inländische Beweiserhebungsregeln.

1045 Zu den Besonderheiten des Ankaufs einer „**Steuer-CD**“:

Nach der Rechtsprechung der Finanzgerichte besteht **kein steuerliches Verwertungsverbot**, da der Ankauf einer solchen Steuer-CD keinen schwerwiegenden, bewussten oder willkürlichen Verfahrensverstoß darstelle, bei dem grundrechtliche Sicherungen planmäßig und systematisch außer Acht gelassen wurden.[4]

In **strafrechtlicher** Hinsicht geht das BVerfG[5] davon aus, dass der für eine Hausdurchsuchung erforderliche Anfangsverdacht ohne Verfassungsverstoß auf Daten gestützt werden könne, die ein Informant auf

1 BGH v. 8.4.1987 – 3 StR 11/87, BGHSt 34, 334 (344); BGH v. 4.4.1990 – 3 StB 5/90, JZ 1990, 1031; BGH v. 30.4.1990 – 3 StB 8/90, JZ 1990, 1033 (1034), mit Anm. *Schröder*; BGH v. 21.11.2012 – 1 StR 310/12, wistra 2013, 282; *Gleß*, NStZ 2000, 57 (58).

2 BGH v. 21.11.2012 – 1 StR 310/12, wistra 2013, 282.

3 Nach *Peters* in Kohlmann, Steuerstrafrecht, § 399 Rz. 417 ff. (April 2016), jeweils m.w.N.

4 FG Köln v. 15.12.2010 – 14 V 2484/10, EFG 2011, 1215; FG Münster v. 30.1.2014 – 2 K 3074/12 F, EFG 2014, 885.

5 BVerfG v. 9.11.2010 – 2 BvR 2101/09, DStR 2010, 2512.

einem Datenträger in die Bundesrepublik Deutschland verkauft hat. Selbst für den Fall, dass Amtsträger bei der Beschaffung der Daten nach innerstaatlichem Recht rechtswidrig oder gar strafbar gehandelt oder gegen völkerrechtliche Übereinkommen verstoßen haben, bestehe **kein Beweisverwertungsverbot**. Die Strafgerichte teilen diese Auffassung.[1]

Praxishinweis: Letztlich ist die Frage nach der strafprozessualen und der steuerlichen Verwertbarkeit der Daten untrennbar mit der Frage der Strafbarkeit des behördlichen Verhaltens bei „Erwerb" der Daten verknüpft. Es liegt u.E. sowohl ein steuerrechtliches als auch ein strafrechtliches Verwertungsverbot vor, wenn die Daten durch ein strafbares Verhalten der Ermittlungs- und/oder Finanzbehörden erlangt wurden.[2]

VII. Überblick Schweiz, Liechtenstein, Luxemburg und Österreich

1. Schweiz

a) Amtshilfe

Der steuerliche Informationsaustausch zwischen Deutschland und der Schweiz erfolgt im Wesentlichen auf der Grundlage des Zinsbesteuerungsabkommens zwischen der EU und der Schweiz, des Doppelbesteuerungsabkommens zwischen Deutschland und der Schweiz und dem Abkommen zwischen der EU und der Schweiz über den AIA über Finanzkonten. 1046

Das **Zinsbesteuerungsabkommen**[3] enthält Regelungen, die im Wesentlichen der EU-ZinsRL 2003 entsprechen. Es findet lediglich auf **Zinsen** Anwendung, die von den schweizerischen Zahlstellen (meistens Banken) an natürliche Personen gezahlt werden, die in einem EU-Mitgliedstaat ansässig sind. Durch dieses Abkommen soll vermieden werden, dass die EU-ZinsRL umgangen wird, indem (Kapital-)Vermögen in der Schweiz anstatt in einem EU-Mitgliedstaat angelegt wird. Das Zinsbesteuerungsabkommen regelt zudem das Recht auf die **Einbehaltung von Steuerrückbehalten** i.H.v. 35 %, wobei ein Teil des Ertrags (75 %) 1047

1 LG Bochum v. 22.4.2008 – 2 Qs 2/09, HRRS 2009, Nr. 1111; LG Düsseldorf v. 17.9.2010 – 14 Qs 60/10, wistra 2011, 37; zurückhaltender VerfGH Rheinland-Pfalz v. 24.2.2014 – VGH B 26/13, NJW 2014, 1434.

2 Zu den möglichen Straftatbeständen, insbesondere § 17 UWG s. *Wulf*, PStR 2012, 33. Einen Überblick zum aktuellen Meinungsstand gibt *Roth*, Stbg 2016, 300.

3 ABl. EU 2004 Nr. L 385, 30.

von der Schweiz an den Ansässigkeitsstaat des Anlegers erstattet wird. Den restlichen Teil behält sie als Entschädigung für ihren Aufwand. Dadurch bleibt das Steuergeheimnis gewahrt, denn aufgrund des Steuerrückbehalts hat der Anleger seine Bankbeziehungen nicht mehr offenzulegen. Statt des Steuerrückbehalts hat der Anleger die Möglichkeit, die Bank zu ermächtigen, die Zinszahlung an die Eidgenössische Steuerverwaltung zu melden, damit die Zahlung an das BZSt weitergeleitet werden kann (**freiwillige Offenlegung**). Die im Laufe dieses Verfahrens erlangten Informationen können von den deutschen Finanzbehörden auch im Rahmen des **steuerlichen Straf- und Bußgeldverfahrens** verwertet werden, weil sie letztlich auf der Einwilligung des Anlegers beruhen.[1]

1048 Durch die Revision des **Doppelbesteuerungsabkommens** zwischen Deutschland und der Schweiz vom 27.10.2010[2] enthält das DBA in Art. 27 Abs. 1 eine „**große Auskunftsklausel**“. Es wird somit auch bei Verdacht der **einfachen Steuerhinterziehung** auf begründete Anfrage Amtshilfe geleistet; auf das Vorliegen eines Abgabenbetrugs kommt es – anders als bei der Rechtshilfe, s. Rz. 1054 – nicht mehr an.[3]

1049 Zum **gescheiterten Steuerabkommen**[4]: Die Finanzminister der Bundesrepublik Deutschland und der Schweizerischen Eidgenossenschaft unterzeichneten am 21.9.2011 in Berlin das Abkommen über die Zusammenarbeit in den Bereichen Steuern und Finanzmarkt (Steuerabkommen). Dieses Abkommen regelte u.a. die Nachversteuerung in der Schweiz erzielter, bisher unversteuerter Kapitalerträge von deutschen Steuerpflichtigen durch eine Einmalzahlung oder eine freiwillige Meldung. Im Falle einer Einmalzahlung sollte der Steuerpflichtige für die Steuerhinterziehungen aus der Vergangenheit Straffreiheit erlangen, ohne dem deutschen Fiskus bekannt zu werden. Darüber hinaus hatte das Steuerabkommen die abgeltende Quellensteuer für künftige Steueransprüche und den erleichterten Marktzugang für die Schweizer Banken in Deutschland zum Gegenstand.

---

1 Vgl. *Schaumburg* in Schaumburg/Peters, Internationales Steuerstrafrecht, 2015, Rz. 8.66.

2 Gesetz zu dem Protokoll v. 27.10.2010 zur Änderung des DBA-Schweiz v. 2.11.2011, BGBl. II 2011, 1090.

3 S. auch *Tippelhofer/Schwartz*, IstR 2011, 249; *Götzenberger*, BB 2011, 1954; *Holenstein*, PStR 2013, 269.

4 Ausführlich: *Wulf*, Stbg 2012, 71; *Tippelhofer*, IStR 2011, 945; *Kubaile/Probst*, IWB 2011, 753.

Nach damaliger Planung der Bundesregierung sollte das Steuerabkommen im Jahr 2012 ratifiziert werden und zum 1.1.2013 in Kraft treten.[1] Jedoch ist das Steuerabkommen **im Vermittlungsausschuss** von Bundestag und Bundesrat letztlich **gescheitert**.[2]

Am 27.5.2015 hat die EU mit der Schweiz am 27.5.2015 ein **Abkommen** 1050
über den AIA über Finanzkonten abgeschlossen,[3] wonach die Schweiz erstmalig im September 2018 für Besteuerungszeiträume ab dem 1.1.2017 entsprechende Informationen austauschen wird.[4] Die Schweiz nimmt somit am automatischen Auskunftsaustausch im Rahmen des **Common Reporting Standard** teil. Bis dahin gelten weiterhin die Regelungen der EU-ZinsRL aufgrund des Zinsbesteuerungsabkommens.

b) Rechtshilfe

Der **Auslieferungsverkehr** findet nach dem Europäischen Ausliefe- 1051
rungsübereinkommen vom 13.12.1957[5] i.V.m. dem Zweiten Zusatzprotokoll vom 17.3.1978 sowie i.V.m. den Art. 59 und 61 bis 66 SDÜ statt. Eine Auslieferung konkret wegen **fiskalischer Straftaten** findet nach Maßgabe des Art. 63 i.V.m. Art. 50 Abs. 1 SDÜ statt.

Ein **Europäischer Haftbefehl** ist eine gültige Grundlage für ein Er- 1052
suchen um vorläufige Inhaftnahme.

Der **Vollstreckungshilfeverkehr** findet nach dem Übereinkommen vom 1053
21.3.1983 über die Überstellung verurteilter Personen[6] i.V.m. dem Zusatzprotokoll vom 18.12.1997 zu dem vorbezeichneten Übereinkommen[7] sowie i.V.m. den Art. 67 bis 69 SDÜ statt.

Der **sonstige Rechtshilfeverkehr** findet nach dem EuRhÜbk i.V.m. den 1054
Art. 40 und 48 bis 53 SDÜ statt. Danach leistet die Schweiz keine Rechtshilfe in reinen Fiskalstrafsachen, sondern nur bei Vorliegen eines **Abgabenbetrugs**. Dieser ist anzunehmen, wenn der Täter die Steuer-

---

1 S. BT-Drucks. 17/9078, 1.

2 BT-Drucks. 17 /12282.

3 Änderungsprotokoll v. 27.5.2015 zu dem Abkommen zwischen der Europäischen Gemeinschaft und der Schweizerischen Eidgenossenschaft über Regelungen, die den in der Richtlinie 2003/48/EG des Rates im Bereich der Besteuerung von Zinserträgen festgelegten Regelungen gleichwertig sind, ABl. EU Nr. L 333 v. 19.12.2015, 12.

4 Vgl. zum Stand der nationalen Gesetzgebung in der Schweiz *De Wolf*, DStZ 2016, 410 (411 ff.).

5 BGBl. II 1964, 1369, 1371; BGBl. II 1976, 1778.

6 BGBl. II 1991, 1006, 1007; BGBl. II 1992, 98; BGBl. II 1998, 1623.

7 BGBl. II 2002, 2866; BGBl. II 2008, 45.

behörden nicht nur durch falsche Angaben, sondern mit zusätzlichen Mitteln täuscht und durch vorsätzliches, arglistiges Verhalten bewirkt, dass dem Gemeinwesen unrechtmäßig und in einem erheblichen Betrag eine Abgabe vorenthalten wird.[1]

1055 In Verfahren wegen der **Hinterziehung indirekter Steuern** findet sonstige Rechtshilfe statt nach Maßgabe des Art. 2 Abs. 1 des Abkommens über die Zusammenarbeit zwischen der Europäischen Gemeinschaft und ihren Mitgliedstaaten einerseits und der Schweizerischen Eidgenossenschaft andererseits zur Bekämpfung von Betrug und sonstigen rechtswidrigen Handlungen, die ihre finanziellen Interessen beeinträchtigen (**Betrugsbekämpfungsabkommen**)[2].

1056 Die Schweiz ist Mitglied der „Schwedischen Initiative".[3]

2. Liechtenstein

a) Amtshilfe

1057 Der Informationsaustausch zwischen Liechtenstein und Deutschland erfolgt auf der Grundlage des Zinsbesteuerungsabkommens zwischen Liechtenstein und der EU, dem Doppelbesteuerungsabkommen zwischen Liechtenstein und Deutschland, dem TIEA zwischen Liechtenstein und Deutschland und dem Abkommen über den AIA über Finanzkonten nach dem Common Reporting Standard zwischen Liechtenstein und der EU.[4]

1058 Hinsichtlich des **Zinsbesteuerungsabkommens**[5] gelten die Ausführungen zur Schweiz entsprechend (s. Rz. 1047).

1059 Am 2.9.2009 schlossen die Bundesrepublik Deutschland und die Regierung des Fürstentums Liechtenstein ein Abkommen über die Zusammenarbeit und den Informationsaustausch in Steuersachen (**TIEA Deutschland Liechtenstein**)[6]. Das Abkommen ist am 28.10.2010 in Kraft

1 *Peters* in Kohlmann, Steuerstrafrecht, § 399 Rz. 382 (Aug. 2014).

2 Abkommen v. 26.10.2004, BGBl. II 2008, 182.

3 Ausführlich zur Rechtshilfe in der Schweiz: *Peters* in Kohlmann, Steuerstrafrecht, § 399 Rz. 376 ff. (Aug. 2014); *Joecks* in Joecks/Jäger/Randt, Steuerstrafrecht, 8. Aufl. 2015, § 399 Rz. 140 ff.

4 S. auch *Schaumburg* in Schaumburg/Peters, Internationales Steuerstrafrecht, 2015, Rz. 8.76 ff.

5 Zinsbesteuerungsabkommen v. 30.6.2010, LGBl. 2010, 353.

6 Abkommen v. 2.9.2009 zwischen der Regierung der Bundesrepublik Deutschland und der Regierung des Fürstentums Liechtenstein über die Zusammenarbeit und den Informationsaustausch in Steuersachen, BGBl. II 2010, 950

getreten und gilt für alle Veranlagungszeiträume ab 2010. Das Abkommen verpflichtet jede Vertragspartei, der anderen Vertragspartei auf Ersuchen alle Informationen – einschließlich Bankinformationen – zu erteilen, die **für die Durchführung eines Besteuerungsverfahrens oder eines Steuerstrafverfahrens** im ersuchenden Staat voraussichtlich erheblich sind.

Seit dem 17.11.2011 besteht zwischen Deutschland und dem Fürstentum Liechtenstein ein **Doppelbesteuerungsabkommen**[1]. Das DBA enthält in Art. 26 eine **große Auskunftsklausel**. Gem. Art. 26 Abs. 5 Satz 1 DBA-Liechtenstein kann die Auskunftserteilung nicht allein aus dem Grund verweigert werden, dass sich die Informationen bei einer Bank, einem sonstigen Finanzinstitut oder ähnlichen Instituten befindet. Jedoch steht die liechtensteinische Auskunftserteilung unter einem **„ordre-public"**-Vorbehalt. Liechtenstein kann danach das deutsche Auskunftsersuchen zurückweisen, wenn sie auf Informationen zurückzuführen sind, die nach dem Recht von Liechtenstein unrechtmäßig erlangt worden sind.[2] Das Ersuchen für rein **steuerstrafrechtliche Verfahren** ist unzulässig,[3] es sei denn die Auskunft dient zugleich auch steuerlichen Zwecken.[4] Das ist in der Praxis fast immer der Fall. 1060

Am 28.10.2015 schloss die EU mit dem Fürstentum Liechtenstein ein Abkommen über den AIA über Finanzkonten nach dem **Common Reporting Standard** ab.[5] In Liechtenstein wurden die nationalen Rechtsgrundlagen durch das AIA-Gesetz vom 5.11.2015 geschaffen, das am 1.1.2016 in Kraft trat.[6] Liechtenstein nimmt somit ab September 2017 für Besteuerungszeiträume ab dem 1.1.2016 am automatischen Informationsaustausch über Finanzkonten mit Deutschland und anderen EU-Mitgliedstaaten teil. 1061

---

(951); BGBl. II 2011, 326. Ausführlich zum TIEA s. *Wulf/Mack*, Stbg 2009, 459; *Hosp/Moosbrugger*, IWB 2009, 991; *Schwörer*, DStZ 2010, 236.

1 BGBl. II 2012, 1462.

2 *Schaumburg* in Schaumburg/Peters, Internationales Steuerstrafrecht, 2015, Rz. 8.82.

3 BMF-Schreiben v. 25.5.2012 - IV B 6-S 1320/07/10004:006, Rz. 1.2, BStBl. I 2012, 599; *Hendricks* in Wassermeyer, DBA, Art. 26 MA Rz. 28 (Jan. 2015).

4 Art. 7 Abs. 2 Buchst. e SteAHG (Liechtensteiner Steueramtshilfegesetz).

5 Änderungsprotokoll v. 28.10.2015 zu dem Abkommen zwischen der Europäischen Gemeinschaft und dem Fürstentum Liechtenstein über Regelungen, die den in der Richtlinie 2003/48/EG des Rates im Bereich der Besteuerung von Zinserträgen festgelegten Regelungen gleichwertig sind, ABl. EU Nr. L 338 v. 24.12.2015, 3.

6 Gesetz v. 5.11.2015 über den internationalen automatischen Informationsaustausch in Steuersachen (AIA-Gesetz), LGBl. 2015, Nr. 355, 354.

b) Rechtshilfe

1062 Der **Auslieferungsverkehr** findet nach dem Europäischen Auslieferungsübereinkommen vom 13.12.1957[1] statt. Allerdings erfolgt **keine Auslieferung wegen fiskalischer Straftaten**.

1063 Der **Vollstreckungshilfeverkehr** findet nach dem Übereinkommen vom 21.3.1983 über die Überstellung verurteilter Personen[2] i.V.m. dem Zusatzprotokoll vom 18.12.1997 zu dem vorbezeichneten Übereinkommen[3] statt.

1064 Der **sonstige Rechtshilfeverkehr** findet nach dem EuRhÜbk i.V.m. der Vereinbarung zwischen der Regierung der Bundesrepublik Deutschland und der Regierung des Fürstentums Liechtenstein vom 17.2./29.5.1958 über den unmittelbaren Geschäftsverkehr in Zivil- und Strafsachen zwischen den Justizbehörden der Bundesrepublik Deutschland und des Fürstentums Liechtenstein[4] statt. Mit dem **Beitritt zum Schengenverbund** am 19.12.2011 verpflichtete sich Liechtenstein ferner zur Leistung von Rechtshilfe gem. den Art. 48 ff. SDÜ. Im Ergebnis leistet Liechtenstein im Bereich der indirekten Steuern in demselben Umfang Rechtshilfe wie die Schweiz.[5]

1065 Rechtshilfe wird bilateral geleistet bei der Verfolgung von **Steuerstrafsachen** auf der Grundlage des TIEA-Abkommens vom 2.9.2009 für Besteuerungszeiträume ab dem 1.1.2010.

1066 Liechtenstein ist Mitglied der „Schwedischen Initiative".[6]

3. Luxemburg

a) Amtshilfe

1067 Als EU-Mitgliedstaat ist Luxemburg in das EU-weite System des Informationsaustauschs (insbesondere EuAHilfeRL, ZinsRL und CRS) eingebunden.[7]

---

1 BGBl. II 1964, 1369 (1371); BGBl. II 1976, 1778.

2 BGBl. II 1991, 1006 (1007); BGBl. II 1992, 98; BGBl. II 1998, 1623.

3 BGBl. II 2002, 2866; BGBl. II 2008, 45.

4 BAnz. Nr. 73 v. 17.4.1959.

5 *Joecks* in Joecks/Jäger/Randt, Steuerstrafrecht, 8. Aufl. 2015, § 399 AO Rz. 149.

6 Ausführlich zur Rechtshilfe in Liechtenstein: *Peters* in Kohlmann, Steuerstrafrecht, § 399 Rz. 387 ff. (Aug. 2014).

7 Zur Amtshilfe in Luxemburg: s. auch *Schaumburg* in Schaumburg/Peters, Internationales Steuerstrafrecht, 2015, Rz. 8.91 ff.

Besonderheiten bestanden für Luxemburg im Rahmen der **EU-ZinsRL**. Bis 2014 war Luxemburg dem automatischen Auskunftsaustausch nicht direkt beigetreten. Stattdessen nahm Luxemburg die mit Liechtenstein und der Schweiz vereinbarten Besonderheiten des **Steuerrückbehalts** bzw. der **freiwilligen Offenlegung** in Anspruch (s. Rz. 951). Ebenfalls im Jahr 2014 wurden die verbleibenden Bestimmungen der EU-AHiRL ins nationale Recht Luxemburgs umgesetzt.[1] Seit dem 1.1.2015 nimmt nunmehr auch Luxemburg am automatischen Informationsaustausch teil. 1068

Ferner hat Deutschland mit Luxemburg am 23.4.2012 ein neues **Doppelbesteuerungsabkommen**[2] abgeschlossen, welches seinen Vorgänger vom 23.8.1958 abgelöst hat. Art. 25 DBA-Luxemburg sieht den Informationsaustausch zwischen beiden Staaten nach der **großen Auskunftsklausel** vor. Der ersuchende Staat hat die übermittelten Informationen **geheim** zu halten. Diese Informationen dürfen nur den Personen oder Behörden (einschließlich Gerichte und Verwaltungsbehörden) zugänglich gemacht werden, die mit der Veranlagung und Erhebung, der Vollstreckung oder Strafverfolgung befasst sind, Art. 25 Abs. 2 DBA-Luxemburg. Daher ist die Verwendung dieser Informationen durch deutsche **Steuerfahndung**, Straf- und Bußgeldsachenstellen oder Staatsanwaltschaft zulässig. Eine ausschließliche Verwendung für diese Zwecke ist jedoch unzulässig; ebenso ein Ersuchen für rein strafrechtliche Zwecke. Will ein Vertragsstaat die erhaltenen Informationen für andere als im Abkommen niedergelegte Zwecke benutzen, muss er zunächst die Zustimmung des anderen Vertragsstaats einholen. Die Verwendung für andere Zwecke muss des Weiteren nach dem Recht beider Staaten rechtmäßig sein, Art. 25 Abs. 2 Satz 4 DBA-Luxemburg. 1069

b) Rechtshilfe

Der **Auslieferungsverkehr** findet für ab dem 7.8.2002 begangene strafbare Handlungen nach der Regelung im nationalen Recht statt, durch die der Rahmenbeschluss 2002/584/JI des Rates vom 13.6.2002 über den Europäischen Haftbefehl und die Übergabeverfahren zwischen den Mitgliedstaaten[3] umgesetzt wurde. 1070

Eine **Auslieferung wegen fiskalischer Straftaten** ist **möglich**. Die Auslieferung eigener Staatsangehöriger ist möglich.

---

1 *Olliges*, RIW 2015, 137.
2 BGBl. II 2012, 1402.
3 ABl. EU Nr. L 190 v. 18.7.2002, 1.

1071 Der **Vollstreckungshilfeverkehr** findet nach dem Übereinkommen vom 21.3.1983 über die Überstellung verurteilter Personen[1] i.V.m. dem Zusatzprotokoll vom 18.12.1997 zu dem vorbezeichneten Übereinkommen[2] sowie i.V.m. den Art. 67 bis 69 SDÜ statt.

1072 Der **sonstige Rechtshilfeverkehr** findet nach dem EuRhÜbk i.V.m. Art. 40, 48, 49b bis f, 50 und 51 SDÜ und dem EU-RhÜbk statt. Luxemburg leistet in Steuersachen allerdings nur Rechtshilfe, wenn die Hinterziehung eines nicht unerheblichen Steuerbetrags entweder i.H.v. 125000 Euro oder in relativer Höhe von mehr als 25 % der Jahressteuer und eine Täuschung der Finanzbehörde durch systematische betrügerische Handlungen vorliegt (§ 396 Abs. 5 der luxemburgischen Abgabenordnung). Hinsichtlich der **Umsatzsteuer** wird Rechtshilfe auch in **Strafsachen** sowie in Verfahren wegen **Ordnungswidrigkeiten** nach Maßgabe des Art. 50 Abs. 5 SDÜ geleistet. Die Rechtshilfe kann in diesen Fällen verweigert werden, wenn der verkürzte oder erschlichene Betrag 25000 Euro oder der Wert der unerlaubt ein- oder ausgeführten Waren 100000 Euro voraussichtlich nicht übersteigt, es sei denn, die Tat wird wegen ihrer Art oder wegen der Person des Täters von der ersuchenden Vertragspartei als sehr schwerwiegend betrachtet.

1073 Luxemburg ist Mitglied der „Schwedischen Initiative".

4. Österreich

a) Amtshilfe

1074 Als EU-Mitgliedstaat ist Österreich in das EU-weite System des Informationsaustauschs (insbesondere EuAHilfeRL, ZinsRL und CRS) eingebunden.[3]

1075 Hinsichtlich der **EU-ZinsRL** besteht die Besonderheit, dass Österreich ebenfalls – wie die Schweiz, Liechtenstein und Luxemburg – nicht am automatischen Auskunftsverfahren teilnimmt und stattdessen einen Quellensteuerabzug oder eine freiwillige Meldung vornimmt (s. Rz. 951).

1076 Österreich wird an dem **AIA über Finanzkonten** nach dem **Common Reporting Standard** über die Richtlinie zur Änderung der EU-AmtshilfeRL erst ab dem 1.1.2017 teilnehmen. Österreich meldet somit auch an

1 BGBl. II 1991, 1006, 1007; BGBl. II 1992, 98.
2 BGBl. II 2002, 2866; BGBl. II 2008, 45.
3 Zur Amtshilfe in Österreich: s. auch *Schaumburg* in Schaumburg/Peters, Internationales Steuerstrafrecht, 2015, Rz. 8.97 ff.

Deutschland erstmalig im September 2018 für das Besteuerungsjahr 2017.[1] Solange gilt für Österreich die EU-ZinsRL ohne die Verschärfungen aus 2014 bis zum 31.12.2016 fort.

Das **Doppelbesteuerungsabkommen** mit Österreich vom 24.8.2000[2] ist 1077
am 18.8.2002 in Kraft getreten und wurde durch Protokoll vom 29.10.2010[3] im Hinblick auf den Informationsaustausch grundlegend geändert. Art. 26 DBA-Österreich regelt seither den Informationsaustausch zwischen beiden Staaten im Wege der **großen Auskunftsklausel**.[4]

Besondere bilaterale Vereinbarungen bestehen u.a. mit Österreich, wo- 1078
nach unter bestimmten Voraussetzungen ein unmittelbarer Verkehr zwischen den örtlich zuständigen Finanzbehörden Deutschlands und Österreichs möglich ist.[5]

b) Rechtshilfe

Der **Auslieferungsverkehr** findet für ab dem 7.8.2002 begangene straf- 1079
bare Handlungen nach der Regelung im nationalen Recht statt, durch die der Rahmenbeschluss 2002/584/JI des Rates vom 13.6.2002 über den Europäischen Haftbefehl und die Übergabeverfahren zwischen den Mitgliedstaaten[6] umgesetzt wurde. Eine **Auslieferung wegen fiskalischer Straftaten** ist **möglich**. Die Auslieferung eigener Staatsangehöriger ist möglich.

Der **Vollstreckungshilfeverkehr** findet nach dem Übereinkommen vom 1080
21.3.1983 über die Überstellung verurteilter Personen[7] i.V.m. dem Zusatzprotokoll vom 18.12.1997 zu dem vorbezeichneten Übereinkommen[8] sowie i.V.m. den Art. 67 bis 69 SDÜ statt.

Der **sonstige Rechtshilfeverkehr** findet nach dem EuRhÜbk, nach 1081
Art. 40, 48, 49b bis f, 50 und 51 SDÜ und dem EU-RhÜbk statt.

---

1 Vgl. Art. 2 Abs. 2 der Richtlinie 2014/107/EU des Rates v. 9.12.2014, ABl. EU Nr. L 359 v. 16.12.2014, 1.
2 BGBl. II 2002, 734.
3 BGBl. II 2011, 1210.
4 Weitergehend *Geuenich/Lang*, IWB 2011, 210.
5 Vgl. im Einzelnen BMF-Schreiben v. 23.11.2015 – IV B 6-S 1320/07/10004:007, BStBl. I 2015, 928, Rz. 1.5.1.3.
6 ABl. EU Nr. L 190 v. 18.7.2002, 1.
7 BGBl. II 1991, 1006 (1007); BGBl. II 1992, 98.
8 BGBl. II 2002, 2866; BGBl. II 2008, 45.

1082 Im Bereich der **Umsatzsteuer** wird Rechtshilfe auch in fiskalischen Strafsachen sowie in Verfahren wegen fiskalischer Ordnungswidrigkeiten nach Maßgabe des Art. 50 Abs. 5 SDÜ geleistet.

1083 Österreich ist Mitglied der „Schwedischen Initiative".

VIII. Ergänzende Beratungsüberlegungen

1084 Bei grenzüberschreitenden Sachverhalten muss berücksichtigt werden: Es gibt kein Land, das mit absoluter Sicherheit keine Amts- oder Rechtshilfe leistet. Jeder ausländische Staat kann auch außerhalb der bestehenden, zunehmend engmaschigen Abkommen **freiwillig Hilfe leisten**. Diese wird bei Steuerdelikten zwar i.d.R. nur zurückhaltend gewährt. Sicherer Schutz vor Ermittlungen und/oder Auslieferung besteht jedoch in keinem Fall. Mandanten haben oft vom Hörensagen oder durch Medienberichte die Vorstellung, die Geschäftstätigkeit im und/oder der Geldtransfer ins (ferne) Ausland seien ausreichend, um sich den Finanzbehörden zu entziehen. Das Gegenteil ist oft der Fall: Der Steuerinländer mit Geschäftstätigkeit, Geld- oder Sachvermögen im Ausland kann sich des besonderen Augenmerks der Finanzbehörden gewiss sein.

1085 Erhält der Steuerpflichtige oder sein Berater von Amts- oder Rechtshilfeermittlungen mit strafrechtlichem Hintergrund Kenntnis und ist ihm die förmliche Einleitung des Ermittlungsverfahrens noch nicht bekannt gegeben, ist stets die Möglichkeit der **Selbstanzeige** (s. Rz. 179 ff.) zu prüfen. Dies gilt erst recht, wenn ausländische Behörden aufgrund eigener Ermittlungen Informationen oder Beweismittel erlangen, die der deutschen Finanzbehörde noch unbekannt sind und für die Besteuerung im Inland von Bedeutung sein können. Zwar kann nach Auffassung des BGH[1] eine Tatentdeckung i.S.d. § 371 Abs. 2 Nr. 2 AO bereits mit Kenntniserlangung durch die ausländische Behörde gegeben sein und somit eine Selbstanzeige sperren. Dies hängt jedoch zum einen von der Wahrscheinlichkeit der Rechtshilfegewährung, vor allem aber von der Frage ab, ob die ausländische Behörde nach ihrem Kenntnisstand eine Steuerhinterziehung zumindest für überwiegend wahrscheinlich halten muss. Da der hierfür erforderliche Abgleich mit den inländischen Besteuerungsunterlagen in aller Regel nicht möglich ist, kommt eine Tatentdeckung nur in Ausnahmefällen in Betracht.

1 BGH v. 12.8.1987 – 3 StR 10/87, BGHSt 35, 36 (38); BGH v. 13.5.1987 – 3 StR 37/87, wistra 1987, 293.

Das Standardargument des Finanzamts bei Auslandssachverhalten im Besteuerungsverfahren ist der Verweis auf die **erhöhte Mitwirkungspflicht** bei Auslandssachverhalten nach § 90 Abs. 2 AO. Weiß das Finanzamt z.B. um eine bestimmte Kontenverbindung – ein Kontoauszug genügt –, benötigt es die Amtshilfe nicht. Es wird den Steuerpflichtigen auffordern, die Kontounterlagen vorzulegen. Kommt er der Aufforderung nicht nach, wird das Finanzamt schätzen. Diese Schätzung fällt i.d.R. so aus, dass der Steuerpflichtige faktisch zur Offenlegung gezwungen wird. Noch weitergehende Mitwirkungspflichten normieren §§ 16, 17 AStG. Außerhalb von „Bankenfällen" ist bei fehlender Mitwirkung des Steuerpflichtigen die Schätzungsbefugnis des Finanzamts allerdings nicht ohne Weiteres erfüllt. Zwar können aus der Verletzung der Mitwirkungspflicht nach § 90 Abs. 2 AO negative Schlüsse gezogen werden. Es kommt jedoch nicht zur automatischen Umkehr der Beweislast.[1] Das Finanzamt hat auch weiterhin alle zumutbaren Ermittlungsmöglichkeiten auszuschöpfen. 1086

Ein weiterer „Dauerbrenner" in Auslandsfällen ist § 160 AO.[2] Das Finanzamt kann den **Betriebsausgabenabzug versagen**, wenn der Steuerpflichtige auf Verlangen der Finanzbehörde den Gläubiger oder Empfänger der Zahlung nicht benennt. Die Vorschrift wird von der Finanzverwaltung bei ausländischen Zahlungsempfängern i.d.R. unnachgiebig angewandt, eröffnet dem Steuerpflichtigen und seinem Berater jedoch auch Argumentationsspielraum. Ist eine plausible Sachverhaltsdarstellung möglich, hat der Streit um den Betriebsausgabenabzug Aussichten auf Erfolg. Eine **Strafbarkeit** kommt im Anwendungsbereich der Vorschrift nur bei Teilnahme an fremder Steuerhinterziehung in Betracht.[3] 1087

1 Vgl. BFH v. 9.9.1991 – III R 129/85, BStBl. II 1992, 55 (56); *Bilsdorfer*, StraFo 1999, 145 (147).

2 Ausführlich *Spatscheck/Alvermann*, DStR 1999, 1427 ff.

3 S. BGH v. 22.11.1985 – 2 StR 64/85, BGHSt 33, 385 ff.; OLG Karlsruhe v. 6.3.1958 – 3 Ws 80/84, wistra 1985, 163 ff.; *Spatscheck/Alvermann*, DStR 1999, 1430.

E. Beendigung des Ermittlungsverfahrens

I. Die abschließende Besprechung

1088 Das Fahndungsverfahren kennt **keine formalisierte Schlussbesprechung** wie in der Betriebsprüfung/Außenprüfung, § 201 AO. Gleichwohl kommt es regelmäßig zu einer sog. **abschließenden Besprechung**.

1089 Soweit die Steuerfahndung eine **Außenprüfung** i.S.v. §§ 193 ff. AO durchführt, ist sie zur Schlussbesprechung verpflichtet (§ 201 AO). Das FG Hamburg nimmt ebenfalls die Pflicht zur Schlussbesprechung an, wenn die Steuerfahndung im Rahmen eines Rechtsbehelfsverfahrens eine betriebsprüfungsähnliche Prüfung durchführt[1].

1090 Diese „**abschließende Besprechung**" des Fahndungsverfahrens ist eine tatsächliche Gegebenheit im Steuerfahndungsverfahren[2]. Sie kann auch die Funktion haben, dem Beschuldigten das in Rz. 993 erwähnte rechtliche Gehör zu geben. Tatsächliche und rechtliche Funktionen können unterschiedlich wahrgenommen werden. Es ist sehr wohl möglich, den Fall bis zur Einigung zu erörtern und in der Vernehmung nach § 163a StPO das Aussageverweigerungsrecht auszuüben.

1091 Spätestens zu diesem Zeitpunkt haben Mandant und Verteidiger eine der beiden **Alternativen** ausgewählt, die sich als Grundmuster des Abschlusses eines Fahndungsverfahrens anbieten.

II. Einigung oder streitige Beendigung

1092 **Entweder** bleibt der Sachverhalt **vollständig** oder **weitgehend streitig**; die finanzgerichtliche Auseinandersetzung bahnt sich an. Dies verlängert das Verfahren um Jahre; 2-20 Jahre sind ein möglicher Rahmen. Ein Schlussstrich ist nicht möglich; die psychologische Belastung bleibt; der Ausgangspunkt für ein Strafverfahren kann positiv sein.

1093 **Oder** man sucht die **Einigung** mit der Steuerfahndung. Diese ist häufig einigungswillig; sie ist auch kompromissbereit und entschlossen, den ihr zur Verfügung stehenden Ermessens- und Beurteilungsspielraum

1 FG Hamburg v. 21.11.1980 – VI 109/80, EFG 1981, 325. Wird hiergegen verstoßen, besteht kein Verwertungsverbot hinsichtlich der Prüfungsfeststellungen (FG Hamburg v. 3.1.2003 – III 133/01, DStRE 2003, 1038).

2 *Matthes* in Kohlmann, Steuerstrafrecht, § 404 Rz. 184 (Aug. 2016). Sie kann im Finanzrechtsweg nicht erzwungen werden; BFH v. 4.9.1989 – V B 54/89, BFH/NV 1990, 151.

bis an die zulässigen Grenzen auszunutzen. Die Steuerbelastung für den Betroffenen wird geringer. Die Fixierung für das Strafverfahren ist nicht optimal. Das Verfahren wird beträchtlich verkürzt. Ein „Schlussstrich" rückt in greifbare Nähe.

Der im Verhandlungsweg erreichten **Einigung** mit der Fahndung haftet 1094
das Merkmal des Handels, des **„Deals"** an, den es in dem Recht und Gesetz verpflichteten Steuer- und Strafrecht eigentlich nicht geben darf. Die Praxis des Arrangements scheint hier das Recht zu überspielen; es wird von einem „obskuren Phänomen" gesprochen[1]. Die **Praxis** kann auf die **Einigung nicht verzichten**. Sie ist als Möglichkeit aus der Natur der Sache zwingend erforderlich. Die überlastete deutsche Verwaltung und Justiz wäre ohne Einigungen nur schwer in der Lage, die Vielzahl der Verfahren zu erledigen[2]. So wurde es auch von der Rechtsprechung immer als sachgerecht angesehen, durch Absprachen einer zügigeren und somit gerechteren Bearbeitung aller Verfahren zu dienen[3]. Soweit ein rechtlich schlechtes Gewissen bleibt, richtet sich dies nicht in erster Linie gegen die Praxis, sondern offenbart eine fehlende wissenschaftliche Durchdringung der Einigungspraxis, eine fehlende wissenschaftliche Erhellung des Dämmerlichts[4]. So war es nur folgerichtig, dass der Gesetzgeber in 2009 nun auch eine gesetzliche Regelung der Verständigung im Strafverfahren getroffen hat (s. Rz. 1121 ff.). Als Berater hat man keine Wahl. Dem Mandanten geht es nicht um „puristische Rechtsfindung im klassischen Sinne", er hat nichts davon[5]. Lässt sich das von ihm erstrebte Ergebnis im Wege des Deals schnell und geräuschlos erreichen, sind dem Berater trotz der theoretischen Klärungsmöglichkeit noch so interessanter Rechtsfragen die Hände gebunden.

---

1 *Krause* in Wabnitz/Janovsky, Handbuch des Wirtschafts- und Steuerstrafrechts, 4. Aufl. 2014, Kapitel 26 Rz. 131.

2 *Braun*, AnwBl. 2000, 222.

3 BGH v. 19.2.2004 – 4 StR 371/03, NJW 2004, 1396 (1397).

4 Vgl. hierzu auch *Schick*, Vergleiche und sonstige Vereinbarungen zwischen Staat und Bürger im Steuerrecht, 1967; *Streck*, Erfahrungen mit der Rechtsanwendungspraxis der Finanzämter (einschließlich Außenprüfungsstellen) bei der Abgrenzung der Betriebsausgaben/Werbungskosten von den Privatausgaben, in *Söhn*, Die Abgrenzung der Betriebs- oder Berufssphäre von der Privatsphäre im Einkommensteuerrecht, 1980, 273, 289 ff., zum Thema: „Besteuerungswirklichkeit und Normauslegung"; *Jenetzky*, Die Misere der Steuerverwaltung, StuW 1982, 273; *Stolterfoht*, Vereinfachender Gesetzesvollzug durch die Verwaltung – Die Verständigungsvereinbarung als Methodenproblem, in DStJG 21 (1998), 233.

5 *Wehnert*, StV 2002, 219 (220).

1. Steuerliche Verständigung

1095 Die **Einigung** mit der Steuerbehörde **gibt es**, seitdem es **Finanzämter gibt**. Der Steuerbürger akzeptiert eine bestimmte Steuerlast in Übereinstimmung mit dem Finanzamt. Die Einigung drückt Akzeptanz der Steuerlast aus. Für den Bürger hat eine solche Einigung – subjektiv gesehen – eine **größere Legitimationskraft** als jedes Steuergesetz. Ein Steuergesetz, das sich nur mit Steuerbescheid und Zwangsvollstreckung Anerkennung verschaffen kann, ist dem Bürger stets ein „Weniger" als die Steuerzahlung aufgrund einer Einigung. Die steuerliche Einigung hat daher durchaus auch einen staatstragenden Wert[1].

1096 Bis zur „tatsächlichen Verständigung" (Rz. 1097 ff.) gab es die Einigung als **Instrument** des **„Fair play"** zwischen Steuerbürger und Finanzverwaltung. Man einigte sich auf einen Sachverhalt oder eine Steuerfolge. Die Einigung war ohne Bindungskraft. Sie realisierte sich erst durch bestandskräftige Steuerbescheide. Bis zu diesem Zeitpunkt musste das „Fair play" durchgehalten werden. Für die Bindung standen als Alternative die Zusage der Behörde und die Bindung aufgrund von Treu und Glauben zur Verfügung. Im Verhältnis zu dem tatsächlich geübten Einvernehmen spielten allerdings diese Instrumente eine sehr untergeordnete Rolle. Die Rechtsprechung hatte die Bedingungen für eine bindende Zusage oder eine Bindung aufgrund von Treu und Glauben so hoch geschraubt, dass ihnen selten entsprochen wurde.

1097 Der qualitative Durchbruch kam mit der **tatsächlichen Verständigung**. Diese beruht letztlich auf der Erkenntnis, dass § 88 Abs. 1 Satz 2 AO es in das pflichtgemäße Ermessen der Finanzbehörde legt, Art und Umfang der Ermittlungen zu bestimmen. Hierbei soll sie sich nach pflichtgemäßem Ermessen der Beweismittel bedienen, die sie für erforderlich hält, § 92 Satz 1 AO. Im Bereich der Sachverhaltsaufklärung steht der Finanzbehörde somit ein **Ermittlungsspielraum** zu, den sie im Konsens mit dem Steuerpflichtigen ausfüllen kann[2]. Es fehlt allein an gesetzlichen Vorschriften, die einen Rahmen vorgeben.

1098 Der BFH hat beginnend mit seinem Urteil vom 11.12.1984[3] senatsübergreifend das Rechtsinstitut der tatsächlichen Verständigung als **richterliches Gewohnheitsrecht** eingeführt und seitdem konsequent fortent-

---

1 *Streck*, StuW 1993, 366.

2 *Seer* in Tipke/Kruse, AO/FGO, § 85 AO Rz. 7 (Mai 2013) und Vor § 118 Rz. 13 f., 20 (Okt. 2015).

3 BFH v. 11.12.1984 – VIII R 131/76, BStBl. II 1985, 354.

wickelt[1]. Rechtsdogmatisch wird die tatsächliche Verständigung von der Rechtsprechung unmittelbar aus dem Grundsatz von Treu und Glauben hergeleitet[2].

Folgende **Voraussetzungen** müssen vorliegen[3]: 1099

- Die Verständigung darf **keine Rechtsfragen**, sondern nur Fälle **erschwerter Sachverhaltsermittlung** zum Gegenstand haben, insbesondere Schätzungsfälle.
- Die **zuständige Behörde**, also regelmäßig das Veranlagungsfinanzamt, muss durch einen Amtsträger, der zur Entscheidung über die Steuerfestsetzung befugt ist, mitwirken.
- Die Verständigung darf zu **keinem offensichtlich unzutreffenden Ergebnis** führen.

Von dem Grundsatz, dass eine Verständigung über Rechtsfragen un- 1100
zulässig ist, macht der BFH nur eine Ausnahme, wenn die Rechtsfragen in einem so **engen Zusammenhang mit Tatsachen** stehen, dass eine sachgerechte Trennung nicht möglich ist[4], wie z.B. bei der tatsächlichen Verständigung über die „Angemessenheit" einer Geschäftsführer-Gesamtvergütung als Grenze zur vGA i.S.v. § 8 Abs. 3 Satz 2 KStG[5]. Ob die Bindungswirkung bei **Dauersachverhalten** über die Streitjahre hinaus auch für zukünftige Veranlagungszeiträume Geltung hat[6], ist noch nicht abschließend geklärt.

Während der BFH eine **formlose**, mündliche tatsächliche Verständi- 1101
gung grundsätzlich anerkennt[7], ist aus Beweisgründen dringend zur **Schriftform** zu raten. Üblicherweise wird dies in einer Urkunde bei Anwesenheit aller Beteiligten oder im Umlaufverfahren umgesetzt. Es reicht jedoch aus, dass der Vertragsschluss durch einen konkreten

---

1 BFH v. 5.10.1991 – III R 19/88, BStBl. II 1991, 45; BFH v. 8.9.1994 – V R 70/91, BStBl. II 1995, 32; BFH v. 28.7.1993 – XI R 68/92, BFH/NV 1994, 290; BFH v. 13.8.1997 – I R 12/97, BFH/NV 1998, 498; BFH v. 12.8.1999 – XI R 27/98, BFH/NV 2000, 537; BFH v. 28.6.2001 – IV R 40/00, BFH/NV 2001, 1491.

2 BFH v. 12.8.1999 – XI R 27/98, BFH/NV 2000, 537 (538). Kritisch hierzu die Lehre, die einen **öffentlich-rechtlichen Vertrag** annimmt (*Offerhaus*, DStR 2001, 2093 [2097] m.w.N).

3 *Seer* in Tipke/Kruse, AO/FGO, Vor § 118 AO Rz. 23 ff. (Okt. 2015).

4 *Seer* in Tipke/Kruse, AO/FGO, Vor § 118 AO Rz. 11 (Okt. 2015).

5 BFH v. 13.8.1997 – I R 12/97, BFH/NV 1998, 498 (499).

6 *Krüger*, DStZ 2015, 478 (480); FG Saarland v. 4.2.1998 – 1 K 184/95, EFG 1998, 686.

7 BFH v. 21.6.2000 – IV B 138/99, BFH/NV 2001, 2: Das Fehlen der Schriftlichkeit stelle ein Indiz gegen den **Rechtsbindungswillen** dar.

Briefwechsel oder ein an Amtsstelle aufgenommenes Protokoll nachweisbar ist[1].

1102 Für die Finanzbehörde muss ein **innerbehördlich** zur Entscheidung über die Steuerfestsetzung **zuständiger Amtsträger** beteiligt sein. Das sind regelmäßig der Vorsteher, dessen ständiger Vertreter, der jeweilige Veranlagungssachgebietsleiter und in Rechtsbehelfssachen der Leiter der Rechtsbehelfsstelle[2]. Hierzu gehören nicht: Betriebsprüfer, Steuerfahnder oder Vollstreckungsbeamter. Wurde das Veranlagungsfinanzamt nicht beteiligt, ist die tatsächliche Verständigung „schwebend unwirksam". Die Heilung tritt durch die Umsetzung der Verständigung durch Auswertungsbescheide des Veranlagungsfinanzamts ein[3]. Sind von der Verständigung z.B. der Steuerpflichtige, dessen GmbH oder die Personengesellschaft, an der er beteiligt ist, betroffen, müssen mehrere tatsächliche Verständigungen mit den jeweils neu zu ermittelnden Beteiligten gefertigt werden.

1103 Soweit der Gegenstand der tatsächlichen Verständigung reicht, führt dessen Tatbestandswirkung zu einem **materiellen Einwendungsausschluss** des Steuerpflichtigen[4].

1104 Die Grenze der Bindungswirkung stellt die **Nichtigkeit** der tatsächlichen Verständigung dar. Sie wird z.B. angenommen, wenn der Verständigungsinhalt zu einer offensichtlich unzutreffenden Besteuerung führt[5] oder gegen das Koppelungsverbot verstoßen wird[6]. Umstritten

---

1 *Seer* in Tipke/Kruse, AO/FGO, vor § 118 AO Rz. 27 (Okt 2015).

2 Organschaftliche Vertretungsmacht nach außen haben i.d.R. nur die Sachgebietsleiter.

3 FG Hamburg v. 4.12.1991 – II 125/89, EFG 1992, 379; FG Baden-Württemberg v. 26.3.1992 – 3 K 132/86, EFG 1992, 706; FG Saarland v. 30.9.1992 – 1 K 8/92, EFG 1993, 279; *Streck*, StuW 1993, 367.

4 *Seer* in Tipke/Kruse, AO/FGO, vor § 118 AO Rz. 28 (Okt. 2015).

5 FG Baden-Württemberg v. 9.6.1999 – 2 K 292/97, EFG 1999, 932. Die bewusste Herbeiführung einer offensichtlich unzutreffenden tatsächlichen Verständigung kann selbst als Steuerhinterziehung oder Beihilfe hierzu strafbar sein (BGH v. 26.10.1999 – 5 StR 746/97, wistra 1999, 103 [106]; *Spatscheck/Mantas*, PStR 1999, 198).

6 Akzeptiert der Steuerpflichtige z.B. eine Hinzuschätzung im Gegenzug zu der Zusage, kein Ermittlungsverfahren einzuleiten, werden Besteuerung und Strafverfolgung dysfunktional auf sachfremde Weise miteinander verkoppelt (FG München v. 22.5.2009 – 15 V 182/009, EFG 2009, 1807; FG Münster v. 29.1.1996 – 8 V 5581/95 E u.a., EFG 1996, 464).

ist, ob eine Anfechtung nach §§ 119 ff. BGB analog zulässig ist. Sie wird von der Rechtsprechung bejaht[1].

In der **Praxis** der Besteuerung, auch der Steuerfahndung, kann von einem „**Siegeszug**„ der tatsächlichen Verständigung gesprochen werden. Es ist regelmäßig eher die Finanzverwaltung, die auf eine Verständigung drängt, als der Steuerpflichtige. 1105

Soweit die tatsächliche Verständigung auf **rechtliche Kritik** stößt, teilen wir sie nicht[2]. Es gehört zu unserem sicheren Erfahrungsbestand, dass die Steuerrechtsanwendung im Massenverfahren nicht so möglich ist, wie es der Student lernt, nämlich nach Maßgabe einer Sachverhaltsermittlung mit anschließender Subsumtion unter eine Rechtsnorm. Die Einigung und damit das Überspielen des Rechts sind sachnotwendig; daran wird kein steuerrechtlicher Legalist und Purist etwas ändern können. 1106

Es bestehen eher **Bedenken**, ob die tatsächliche Verständigung in allen Fällen das Ziel erreichen wird, das sie anstrebt, nämlich die **Befriedung** eines **Steuerrechtsstreits** durch die Einigung. Einigungen ohne Bindungen setzen voraus, dass das „Fair play" bis zur Bestandskraft von Bescheiden durchgehalten wird. Nicht geregelte Nebenpunkte, Missverständnisse können i.d.R. problemlos nach den Regeln des fairen Umgangs „nachgeregelt" werden[3]. Gibt es eine bindende tatsächliche Verständigung, schiebt sich zwischen die Partner eine neue normative Ebene. Es geht nicht darum, eine Einigung zu vervollständigen und durchzuhalten, sondern einen Vergleich auszulegen. Die Vernünftigkeit des Miteinander-Umgehens tritt hinter den Auslegungsstreit, die Frage „Wie einigen wir uns?" tritt hinter die Frage „Wie haben wir uns geeinigt?" zurück. Das Streitpotenzial wird erhöht[4]. Hinzu kommt das noch unentwickelte „Recht" der Nichtigkeit, Unwirksamkeit und Anfechtbarkeit der Verständigungen, das eher den Streit als das Einvernehmen nach sich zieht. 1107

Soweit die **Steuerfahndung** die Einigung anstrebt, um Steuerpflichtigen und Berater zu binden, tappt sie häufig selbst in die **Bindungsfalle**. Nach langjähriger Erfahrung will sich eher die Finanzverwaltung aus einer Verständigung lösen als der Steuerpflichtige.[5] 1108

---

1 BFH v. 1.9.2009 – VIII R 78/06, BFH/NV 2010, 593 (595); FG Köln v. 20.10.2011 – 15 K 3692/08, EFG 2012, 574 (575); *Eich*, AO-StB 2001, 236, m.w.N.
2 S. *Streck*, StuW 1993, 368.
3 So auch *Mack*, DStR 1991, 272.
4 Vgl. in diesem Sinn auch *Große*, StBp 1986, 58.
5 Hierzu *Streck*, StuW 1993, 368.

1109 In **Steuerfahndungs-** und **Steuerstrafsachen** führte die tatsächliche Verständigung zuerst zu der Befürchtung, Steuerstrafrichter würden – fast kritiklos – tatsächliche Verständigungen als **Geständnisse** übernehmen, weil sie ihnen mühevolle Sachverhaltsermittlung in einer Hauptverhandlung ersparen[1]. Diese Befürchtung hat sich zwischenzeitlich nicht bewahrheitet. Die Steuerstrafrichter haben deutlich erkannt, dass die tatsächliche Verständigung nicht einer Bestrafung zugrunde gelegt werden kann. So dürfen sich die Strafgerichte nicht auf die Feststellungen der Finanzverwaltung verlassen, sondern sind stets verpflichtet, eine eigene Beweiserhebung durchzuführen und selbst die hinterzogenen Steuern zu berechnen[2]. Die tatsächliche Verständigung ist deshalb kein Geständnis[3]. Denn durch den Vergleich der Verständigung soll gerade ein nicht aufklärbarer Sachverhalt erfasst werden. Ein steuerstrafrechtliches Geständnis kann sich nur auf die gesetzlich geschuldete Steuer beziehen. Wer „vergleichsweise" bereit ist, Steuern nachzuzahlen, gesteht nicht im steuerstrafrechtlichen Sinne, Steuern verkürzt zu haben. Gleichwohl ist nicht zu übersehen, dass das Streitlosstellen des Finanzamts immer noch Auswirkungen auf den Strafrichter haben kann.

1110 Ist eine tatsächliche Verständigung gefunden, formuliert und unterschrieben worden, kann der **Steuerstrafverteidiger** die **Rechtfertigung** dieser **Verständigung** nutzen. Die Überlegungen zu Rz. 1109 kehren sich um. Denn nunmehr ist dokumentiert, dass ein schwieriger, im Einzelnen nicht aufklärbarer Sachverhalt vorliegt. Im Steuerstrafverfahren muss dieser Sachverhalt aber aufgeklärt werden, will man nicht vor den Unklarheiten kapitulieren. Hiervon ausgehend, wird inzwischen das Instrument der tatsächlichen Verständigung in Einzelfällen virtuos genutzt, **strafrechtlich** relevante **Sachverhalte** von strafrechtlich irrelevanten Sachverhalten zu **trennen**. Letztere werden Gegenstand einer tatsächlichen Verständigung; die ersteren sind für eine solche Verständigung tabu.

1111 Im Rahmen der Verteidigung ist die tatsächliche Verständigung mithin **ambivalent**. Sie ist mit Vorsicht einzusetzen, soweit sie wie ein **Ge-**

---

1 Vgl. *Streck/Schwedhelm*, DStR 1986, 713; *Bilsdorfer*, Inf. 1991, 195; *Mack*, DStR 1991, 272.

2 Zur Darlegungspflicht in strafgerichtlichen Urteilen BGH v. 15.3.2005 – 5 StR 469/04, wistra 2005, 307 m.w.N.

3 *Randt* in Joecks/Jäger/Randt, Steuerstrafrecht, 8. Aufl. 2015, § 404 Rz. 153; *Eich*, Die tatsächliche Verständigung im Steuerverfahren und Steuerstrafverfahren, 1992, 66 ff.; *Streck*, StuW 1993, 369.

ständnis wirken kann; sie ist zu **nutzen**, weil sie die **Beweisbarkeit** der Hinterziehung kräftig **infrage stellt** (Rz. 1110)[1].

Zur **praktischen Durchführung** der tatsächlichen Verständigung: 1112

Die tatsächliche Verständigung erfüllt nur dann ihren Zweck, wenn sie schlicht, **inhaltlich klar** und **eindeutig** ist. Allein schon deshalb ist eine schriftliche **Protokollierung** empfehlenswert (s. Rz. 1097 ff.) und in der Praxis die Regel.

Ebenfalls ist in der Praxis das Problem der **eindeutigen Formulierung** 1113
von nicht zu unterschätzender Bedeutung. Denn regelmäßig erfolgt die Formulierung nach langen und ermüdenden Verhandlungen einer Schlussbesprechung. Soll jetzt noch eine klare, widerspruchsfreie und erschöpfende Vereinbarung in Worte gefasst werden, so grenzt das häufig ans menschlich Unmögliche (dazu auch Rz. 1116). Je einfacher und schnörkelloser der Verständigungstext ist, desto weniger ist er später angreifbar. Begründungen, warum ein bestimmter Ansatz gewählt wurde, gehören ebenso wenig in eine tatsächliche Verständigung, wie Absichtserklärungen.

Selbst **Finanzrichter** haben **Schwierigkeiten**, in der Ruhe des Aufsatz- 1114
schreibens **klare Vereinbarungen** zu formulieren. Eine tatsächliche Verständigung darf nämlich nicht so aussehen, wie *Pump*[2] sie vorgeschlagen hat:

„Über die Feststellungen in der Betriebsprüfung ist Einigung im Sinne einer tatsächlichen Verständigung erzielt worden. Danach ist im Einzelnen von folgenden Besteuerungsgrundlagen auszugehen:

1. Im Jahr 1990 erfolgte insgesamt eine Hinzuschätzung von ... DM.
2. Es wird von einem durchschnittlichen Mehrwertsteuersatz von ... v.H. ausgegangen.
3. Vorsteuern werden i.H.v. ... DM berücksichtigt.
4. Auch über die übrigen Feststellungen der Betriebsprüfung, wie sie sich aus der Anlage ergeben, ist Einvernehmen im Sinne der tatsächlichen Verständigung erzielt worden."

Offen bleibt in diesem Verständigungsvorschlag, wozu eine Hinzuschätzung erfolgt. Eine Einigung über einen durchschnittlichen Mehrwertsteuersatz ist ausgeschlossen, da es sich um eine Einigung in einer Rechtsfrage handelt. Die Schätzung bezüglich der Vorsteuern lässt offen, ob hier eine Einigung über einen Sachverhalt oder eine

---

1 Zur Gefahr einer Steuerhinterziehung durch eine tatsächliche Verständigung s. *Streck*, StuW 1993, 369 und *Spatscheck/Mantas*, PStR 1999, 198.

2 *Pump*, Inf. 1990, 485.

Rechtsfrage stattfindet. Dass auch die übrigen Feststellungen der Betriebsprüfung in die tatsächliche Verständigung übernommen werden, ist insofern zweifelhaft, als die übrigen Feststellungen i.d.R. unstreitig sind und sich somit einer tatsächlichen Verständigung entziehen.

1115 Höchst problematisch ist das **Bielefelder Formular** der tatsächlichen Verständigung[1]. Innerhalb Nordrhein-Westfalens übernahm hier die Steuerfahndung Bielefeld eine Vorreiterrolle. Sie entwickelte das erste Formular, das – was nicht vorwerfbar ist – typische Fehler eines ersten Formulars enthielt und das – was bürokratiegemäß ist – sodann auch trotz dieser Fehler nicht mehr geändert wurde. Es beginnt mit einer Verständigung über Besteuerungsgrundlagen. Es bezieht sich auf die Rechtsprechung des BFH. Die Gesprächsteilnehmer stimmen darin überein, dass die Ermittlung des Sachverhalts erschwert ist. Zum Zweck der Verfahrensbeschleunigung und Herstellung des Rechtsfriedens wird daraufhin eine tatsächliche Verständigung dergestalt getroffen, dass Umsätze und Gewinne im bestimmten Umfang geschätzt werden. Sodann wendet sich das Formular dem „Strafverfahren" zu. Es belehrt den Betroffenen darüber, dass hier eine Bindung nicht möglich ist. Es heißt dann wörtlich: „Der Beschuldigte erklärt: Ich räume ein, die sich aus der tatsächlichen Verständigung ergebenden Mehrsteuern vorsätzlich verkürzt zu haben." Mit einem Federstrich wird der tatsächlichen Verständigung die Basis entzogen. Denn was gestanden ist, ist nicht unklar. Was nicht unklar ist, bedarf keiner tatsächlichen Verständigung. Hinzu kommt, dass der Betroffene mit einem solchen Geständnis der Gnade des Strafrichters ausgeliefert wird. Mit dem Geständnis verfügt er über das sicherste Beweismittel. Verteidigungsmittel gibt es kaum. Nach zutreffender Einschätzung führt dieses Formular unmittelbar in den Geltungsbereich des § 136a StPO. Derartige Geständnisse sind unverwertbar.

1116 Die BFH-Rechtsprechung zur tatsächlichen Verständigung erlaubt die Einigung über den Sachverhalt, **nicht** aber die **Einigung** über das **Recht** (Rz. 1097 ff.). Diese Differenzierung ist schon theoretisch zweifelhaft. Denn letztlich „sind alle Fragen, die für eine rechtliche Entscheidung von Bedeutung sind, Rechtsfragen"[2]. Für die Praxis stellt sie kein Problem dar. Jeder qualifizierte Finanzbeamte oder Berater ist in der Lage, jeden **Einigungsgehalt** in den **Sachverhalt** zu **verlagern**, auch

1 Ebenso *Matthes* in Kohlmann, Steuerstrafrecht, § 404 Rz. 183 (Aug. 2016).

2 *Schick*, Vergleiche und sonstige Vereinbarungen zwischen Staat und Bürger, 1967, 33; vgl. ablehnend auch *Seer*, StuW 1995, 213 (222).

wenn es im Grunde um rechtliche Streitigkeiten geht. Der BFH verbietet eine Verständigung über die (rechtliche) Steuerfreiheit von Einnahmen[1]. Also vereinbart man, dass solche Einnahmen nicht anfallen oder ihnen in gleicher Höhe Betriebsausgaben gegenüberstehen.

Wenn nicht in einer Schlussverhandlung ein eindeutiger Text formu- 1117
liert werden kann, dem die Beteiligten zustimmen können, so **empfiehlt** sich, zuerst **Entwürfe** auszutauschen und sodann die Verständigung in einem abschließenden Treffen oder im **Umlaufverfahren** zu zeichnen.

Das für die Besteuerung **zuständige Finanzamt** sollte auf jeden Fall die 1118
Verständigung **mitunterzeichnen** (vgl. Rz. 1099).

Zur **Praxis** der **Einigung ohne Rechtsbindung**: 1119

Die Einigung ohne Rechtsbindung wird erst durch **Steuerbescheide** in **Rechtswirkungen** umgesetzt. Obwohl diese Einigung den Bürger und seinen Berater nicht verpflichtet, bringt es zumeist keine Vorteile, sich einseitig von ihr zu lösen. Für den Berater ist es gefährlich, wenn sein Wort nicht mehr gilt. Schnell hängt ihm der Ruf nach, „wortbrüchig" geworden zu sein. Dies gilt auch für die beteiligten Finanzbeamten. Nur überzeugende neue Umstände rechtfertigen – für beide Seiten – das Lösen von dem Einvernehmen. Hiervon zu trennen ist das gerade bei der nicht bindenden Einigung mögliche Nachbessern und Vervollständigen (s. Rz. 1113).

Es gibt mithin **zwei Weisen** der **Einigung**, die sorgfältig zu trennen 1120
sind. Einmal die bindende Einigung über den Sachverhalt; zum anderen die rechtlich nicht bindende Einigung, die als Absprache über ein gleichförmiges und bestimmtes Verhalten, auch über die Rechtsanwendung, bewusst jedoch ohne rechtliche Bindung, zu werten ist. In jeder abschließenden Besprechung, in jeder abschließenden Verhandlung sollte ausdrücklich klargestellt werden, welche Einigung gewollt ist.

2. Verständigung im Steuerstrafprozess nach „Verständigungsgesetz" und BVerfG-Rechtsprechung

Mit dem **Gesetz zur Regelung der Verständigung im Strafverfahren** 1121
(VerstStVfÄndG) vom 3.8.2009[2] hat der Gesetzgeber die Voraussetzungen des strafrechtlichen „Deals" geregelt, der in der Praxis in Vergangenheit und Zukunft nicht wegzudenken ist. Teilweise wurde die bis

1 BFH v. 11.12.1984 – VIII R 131/76, BStBl. II 1985, 354.
2 BGBl. I 2009, 2352.

dahin geltende Rechtsprechung des Bundesgerichtshofs[1] übernommen, teilweise wurden weitere Aufklärungs- und Transparenzerfordernisse aufgenommen. Die Anwendung der Deal-Regelung durch die Instanzgerichte brachte verschiedene Rechtsfragen auf, die in drei parallel ergangenen Entscheidungen vom BVerfG sehr instruktiv geklärt wurden.

1122 Dem **BVerfG** lagen drei Verfassungsbeschwerden zur Entscheidung vor,[2] in denen jeweils die Anwendung der Normen über die Verfahrensverständigung im Strafprozess (§ 257c StPO) sowie deren Verfassungsmäßigkeit zu prüfen waren[3]. In einer sehr ausführlichen Entscheidung hat das BVerfG trotz erheblicher Anwendungsdefizite die Verfassungsmäßigkeit des Verständigungsgesetzes bestätigt und gleichzeitig Ausführungen zur allgemeinen Anwendung gemacht.

1123 Kern der Regelung ist **§ 257c StPO**. Dieser erklärt eine Verfahrensverständigung grundsätzlich für zulässig, wenn auch die Gerichte parallel von ihrer Verpflichtung, Beweis zu erheben, nicht generell entbunden werden. **Gegenstand einer Verständigung** dürfen nur die Rechtsfolgen sein, die Inhalt des Urteils und der dazugehörigen Beschlüsse sein können, sowie sonstige verfahrensbezogene Maßnahmen in dem zugrunde liegenden Erkenntnisverfahren sowie das Prozessverhalten der Verfahrensbeteiligten. Das Gericht gibt im Verständigungsfall eine Ober- und Untergrenze der Strafe bekannt, die bei Zustimmung von Angeklagten und Staatsanwaltschaft verbindlich wird. Die **Bindung des Gerichts entfällt** jedoch, wenn es feststellt, dass es sich geirrt hat. Insofern reicht nicht jede Fehleinschätzung, sondern es können nur rechtliche oder tatsächlich bedeutsame Umstände als Argument herangezogen werden. In diesem Fall informiert das Gericht unverzüglich alle Betroffenen und darf ein bereits abgegebenes Geständnis nicht verwerten. Flankiert wird diese Regelung durch § 273 StPO, nach dem der Inhalt der Verständigung ebenso wie der Umstand, dass keine Verständigung stattgefunden hat, in dem **Protokoll** der Hauptverhandlung festzuhalten sind. § 302 StPO schließt den **Rechtsmittelverzicht** aus, wenn dem Urteil eine Verständigung vorausgegangen ist. Nach § 35a StPO muss der Betroffene über Letzteres informiert werden.

1124 Das BVerfG hat durch ein Sachverständigengutachten erheben lassen, wie sich der aktuelle **Umgang der Praxis mit dem Verständigungsgesetz** darstellt. Hierbei kamen für das Gericht erstaunliche, für Straf-

---

1 Grundsatzurteil: BGH v. 28.8.1997 – 4 StR 240/97, BGHSt 43, 195 ff.; BGH v. 3.3.2005 – GSSt 1/04, NJW 2005, 1440 = BGHSt 50, 40 ff.

2 BVerfG v. 19.3.2013 – 2 BvR 2628/10, 2 BvR 2883/10, 2 BvR 2155/11.

3 Aus *Spatscheck*, Stbg 2013, 263 f.

verteidiger hingegen nicht unerwartete Erkenntnisse zu Tage: So gaben 58,9 % der befragten Richter an, mehr als die Hälfte ihrer Absprachen informell, also ohne Anwendung des § 257c StPO durchzuführen. 26,7 % gaben an, immer so zu handeln, während 33 % die außerhalb der Hauptverhandlung geführten Absprachen in der Hauptverhandlung nicht offenlegen. 54,4 % der Richter ignorierten gar das sog. „negative Testat" im Protokoll, nach dem angegeben werden muss, wenn keine Verständigung stattgefunden hatte.

Trotz dieser Mängel in der praktischen Anwendung hält das BVerfG 1125
das Verständigungsgesetz für **verfassungsgemäß**. Es beruhe auf dem Rechtsstaatsprinzip und dem Schuldgrundsatz. Demnach sei vor dem Hintergrund einer effizienten und funktionstüchtigen Strafrechtspflege auf das Verständigungsgesetz nicht zu verzichten. Denn: Eine Strafrechtspflege, die wegen Überlastung kollabiert, entspreche ebenso wenig dem Rechtsstaatsprinzip. Den Regeln über die Verfahrensverständigung komme insbesondere zu, für die erforderliche Transparenz und Dokumentation zu sorgen. Die übrigen Verfahrensgrundsätze blieben erhalten. Im Einzelnen werden die nachfolgenden **Grundsätze** herausgearbeitet:

- Die **Aufklärungspflicht** des Gerichts nach § 244 Abs. 2 StPO bleibt auch im Verständigungsfall aufrechterhalten. Demnach darf sich das erkennende Gericht in keinem Fall nur mit dem Geständnis des Angeklagten als Grundlage einer Verständigung zufriedengeben. Vielmehr hat es selbst Beweis zu erheben. Bei dieser Beweiserhebung stehen dem Gericht alle Möglichkeiten offen, die es auch in einem normalen, streitigen Verfahren hat. Hierzu gehört bspw. das Selbstleseverfahren nach § 249 Abs. 2 StPO.
- Ein **Geständnis**, das lediglich darin besteht, dass der Verteidiger vorträgt, der Anklage nicht entgegentreten zu wollen, ist nicht ausreichend. Vielmehr ist eine offene Darstellung durch den Angeklagten selbst erforderlich.
- **Strafrahmenverschiebungen** dürfen nicht Gegenstand einer Verständigung sein. Das gelte auch für die besonders schweren oder minderschweren Fälle im Vergleich zum Regelstrafrahmen, die nach der Beurteilung der Richter letztlich den Charakter von Strafrahmenverschiebungen haben.
- Die Vorschriften des **Verständigungsgesetzes** sind **abschließend**. Das bedeutet, dass es außerhalb der Vorschriften des § 257c StPO keine Verständigung geben dürfe. Würde trotz Negativtestats (§ 273 Abs. 1a Satz 3 StPO) dennoch eine „informelle Verständigung" ab-

geschlossen, stünden alle Verfahrensbeteiligten im Verdacht einer Falschbeurkundung im Amt (§ 358 StGB).

- **Gesamtverständigungen**, bei denen sich die Absprache auch über Verfahren erstreckt, die nicht Gegenstand der unmittelbaren Anklage sind, sind unzulässig.
- Eine Verständigung muss im **Protokoll** nicht nur hinsichtlich ihres Ergebnisses, sondern auch im Hinblick auf den wesentlichen Ablauf skizziert werden. Also: Wer hat wann welchen Vorschlag gemacht und wie haben die anderen Beteiligten darauf reagiert?
- Verstößt das Gericht gegen die Verpflichtung zur **qualifizierten Belehrung** über den Ausschluss des Rechtsmittelverzichts nach einer Verständigung (§ 302 Abs. 1 Satz 2 StPO), so ist regelmäßig ein Beruhen des Urteils auf diesem Gesetzesverstoß anzunehmen, weshalb eine Revision erfolgreich ist. Gleiches ist anzunehmen, wenn eine Verständigung nicht zustande kommt und es an der gebotenen Negativmitteilung bzw. dem Negativtestat im Protokoll fehlt (§ 273 Abs. 1a Satz 3 StPO). Schließlich soll dieser Grundsatz auf die Belehrungspflicht des Gerichts auf § 257c Abs. 5 StPO anzuwenden sein, nach dem das Gericht den Angeklagten über Voraussetzungen und Folgen einer Abweichung von der Verständigung belehren muss.

1126 Im Ergebnis stellt das BVerfG deutlich fest, dass eine Verfahrensverständigung nicht an die Stelle der normalen Vorschriften über den Strafprozess tritt, sondern Letztere immer und in jedem Fall Bestand haben. Eine Verfahrensverständigung kann nur zu deren „Ausgestaltung" dienen, wobei insbesondere Dokumentation und Belehrung von erheblicher Bedeutung sind, um überhaupt eine Überprüfung der Einhaltung des Verständigungsgesetzes durch die Rechtsmittelgerichte zu ermöglichen und den Verdacht der „Mauschelei" zu beseitigen. Hierbei werden die Verpflichtungen für alle Verfahrensbeteiligten so weit ausgedehnt, dass es in der Praxis schwierig sein wird, den Anforderungen zu genügen, und es teilweise einfacher sein kann, eine „normale" Hauptverhandlung durchzuführen. Es bleibt abzuwarten, ob durch diese einengende Formalisierung der Verfahrensverständigung nun möglicherweise doch ein – vom BVerfG als rechtsstaatswidrig beschriebener – Zustand eintritt, bei dem die Strafrechtspflege aufgrund zu schwacher Personalstruktur und einer Vielzahl von Verfahren, die alle im ordnungsgemäßen „Geschäftsgang" abgearbeitet werden müssen, zu kollabieren droht. Für das Steuerstrafverfahren besonders misslich ist die Vorgabe, dass „Gesamtlösungen" nicht mehr Gegenstand einer Verständigung sein dürfen. Diese haben in der Vergangenheit häufig zu einer Gesamtbefriedung eines seit vielen Jahren geführten Streits beitragen können. In Zukunft wird sich eine „Gesamtlösung" aus einem den Anforderungen des Verständigungsverfahrens folgenden gerichtlichen Teil und einer unmittelbaren Verständigung bspw. zwischen Steuerpflichtigem und Finanzamt bzw. Steuerpflichtigem und Staatsanwaltschaft aufteilen müssen. Problematisch für alle Beteiligten ist hierbei die mangelnde Rechtssicherheit, die sich aus dem Auseinanderfallen der Verfahren ergibt. Anders als früher wird nicht mehr alles an einem Termin für alle Parteien bindend und abschließend geregelt werden können.

III. Der Fahndungsbericht

Die Fahndungsprüfung endet mit einem Fahndungsbericht. Dies ist kein gesetzliches „Muss", aber die Regel. Der Bericht dient dem Finanzamt und den Strafverfolgungsorganen als Basis für ihre Tätigkeit. Die Steuerfahndung kann auch – was heute die Regel ist – für das Finanzamt und die Strafverfolgungsbehörden **getrennte Berichte** schreiben[1]. 1127

Der Fahndungsbericht ist kein Verwaltungsakt. Er kann **nicht** mit dem **Einspruch** angegriffen werden. Zu dem Fahndungsbericht kann man Stellung nehmen. Ob dies zweckmäßig ist, entscheidet sich nach der Verfahrensart, nämlich nach den Zweckmäßigkeitsüberlegungen der Vertretung im Steuerverfahren und im Strafverfahren. Die Entscheidung kann unterschiedlich ausfallen. Sobald der Fahndungsbericht vorliegt, gabelt sich das Verfahren. Steuer- und Strafverfahren trennen sich (s. Rz. 1226 ff.). 1128

---

1 Vgl. Nr. 125 Abs. 3, 127 AStBV (St) 2014 v. 1.11.2013, BStBl. I 2013, 1394.

F. Rechte und Rechtsschutz im Steuerfahndungsverfahren

I. Verteidigung

1129 Wesentliches Mittel des Rechtsschutzes in Steuerfahndungsverfahren ist die **Möglichkeit** der **Verteidigung**. Dazu s. Rz. 62 ff., außerdem die vielfältigen Hinweise im laufenden Text; darüber hinaus behandeln wir hier besondere Rechte des Betroffenen und seines Verteidigers.

II. Eigene Ermittlungen des Verteidigers

1130 Der Verteidiger hat das Recht, **eigenständig Ermittlungstätigkeiten** durchzuführen[1]. Er kann Zeugen befragen, Sachverständige hören und Ortsbesichtigungen durchführen.

1131 Allerdings hat der Verteidiger **nicht** die Möglichkeit, Zeugen mit der Maßgabe zu **laden**, dass sie zum Erscheinen verpflichtet sind. Auch ist kein Zeuge verpflichtet, dem Verteidiger eine Auskunft zu geben.

1132 Erteilt der Zeuge Auskünfte, so sollten diese **wahr** sein. Unwahre Aussagen bringen den Zeugen in die Gefahr der Strafverfolgung wegen Strafvereitelung oder Begünstigung.

1133 Staatsanwaltschaft und Steuerfahndung begegnen derartigen eigenen Ermittlungstätigkeiten mit **Misstrauen**. Der Verteidiger muss dies tatsächlich in Rechnung stellen und sich – mehr als rechtlich geboten – bemühen, den Anschein von Beeinflussung und Begünstigung zu vermeiden.

1134 Der Verteidiger sollte dem **Beschuldigten** i.d.R. **untersagen**, **selbst** zu **ermitteln**, da sich bei ihm sehr schnell die Ermittlungstätigkeit zur Verdunklungsgefahr verdichtet. Hält der Beschuldigte Ermittlungen für erforderlich, sollte er diese Notwendigkeit seinem Verteidiger vortragen.

---

1 Vgl. *Dahs*, Handbuch des Strafverteidigers, 8. Aufl. 2015, Rz. 313 ff.; *Gillmeister* in Brüssow/Gatzweiler/Krekeler/Mehle, Strafverteidigung in der Praxis, 4. Aufl. 2007, 184 ff.; *Richter* in FS Peters, 1984, 235 (245 ff.).

III. Akteneinsicht

1. Strafprozessuales Recht auf Akteneinsicht

Recht auf Akteneinsicht hat im Strafverfahren der **Verteidiger**, nicht der Betroffene selbst (§ 147 Abs. 1 StPO). 1135

Solange die Ermittlungen nicht abgeschlossen sind – d.h. also im laufenden Fahndungsverfahren –, steht die Gewährung der Akteneinsicht im **Ermessen** der Ermittlungsbehörde (§ 147 Abs. 2 StPO). Regelmäßig wird die Akteneinsicht nicht gewährt, solange das Fahndungsverfahren andauert[1]. Der Antrag auf Akteneinsicht kann beschränkt werden auf **einzelne Schriftstücke**. Nicht selten wird insoweit die Fahndung Akteneinsicht gewähren, wenn dies für eine Mitwirkungshandlung des Betroffenen erforderlich ist. 1136

Der Verteidiger hat jederzeit **Anspruch** auf Einsicht in die **Einlassungen** des **Beschuldigten** und in **Sachverständigengutachten** (§ 147 Abs. 3 StPO). Dieses Recht ist z.B. dann von Bedeutung, wenn sich der Betroffene erst nach einer Einlassung für einen Verteidiger entscheidet oder wenn er dem Verteidiger „aus den Zügeln läuft" und sich zu einer Einlassung ohne Beistand entschließt. 1137

Zweifelhaft ist der **Gegenstand** der Akteneinsicht. Nach § 147 StPO gehören hierzu die **Akten** und die amtlich verwahrten **Beweisstücke**; auch auf beschlagnahmte Gegenstände erstreckt sich folglich das Recht auf Akteneinsicht; zum Einsichtsrecht anlässlich der Beschlagnahme s. Rz. 450. 1138

Wenn nach Abschluss der Fahndung die Bußgeld- und Strafsachenstelle (oder die Staatsanwaltschaft) die prozessuale Regie übernimmt, beginnt ihre Akte regelmäßig mit dem Fahndungsbericht als einem „Extrakt" des bisherigen Verfahrens. Fraglich ist, ob sich der Anspruch auf Akteneinsicht auch auf die **Fahndungsakte** erstreckt. Inzwischen wird von den Ermittlungsbehörden – sei es Bußgeld- und Strafsachenstelle oder Staatsanwaltschaft – stets die komplette Ermittlungsakte ohne Beweismittel übersandt. Häufig geschieht das ersatzweise durch die Überlassung einer Daten-DVD, auf der sich die gescannten Aktenbestandteile befinden. Das entspricht dem **Gebot** der **Aktenvollständigkeit**, wonach zu den Ermittlungsakten alle Schriftstücke vom Zeit- 1139

1 Es ist auch verfassungsmäßig nicht zu beanstanden, wenn die Staatsanwaltschaft keine Auskünfte über den **Grund** der **Einleitung** und die **Verdachtsmomente** gibt, BVerfG v. 8.11.1983 – 2 BvR 1138/83, NStZ 1984, 228.

punkt des ersten Zugriffs durch die Polizei an rechnen[1]. Getreu diesem Prinzip so ist folgerichtig, dass sich das Recht auf Akteneinsicht auch auf die Fahndungsakte bezieht[2]. Der Verteidiger sollte stets auf Vorlage der Fahndungsakte bestehen, wenn er vermutet, dass er nur einen „Steuerfahndungsextrakt" erhalten hat, der die positiven Feststellungen nicht in der Weise herausstellt, wie dies nach dem Sachverhalt und den Ermittlungen geboten wäre. Bestehen Bedenken, sollte in jedem Fall auf einer Einsichtnahme in die komplette Papier-Ermittlungsakte und nicht nur in die „EDV-Akte" bestanden werden. Die Einsichtnahme in Beweismittel wird häufig nur vor Ort gewährt, sollte aber jedenfalls durchgeführt werden, wenn Sachverhaltsunklarheiten bestehen.

1140 **Verfahrensmäßig** wird über das Recht auf Akteneinsicht häufig unmittelbar durch die Fahndung entschieden. Korrekt ist dieser Ablauf nicht. Zur Entscheidung befugt ist die Bußgeld- und Strafsachenstelle, sofern sie noch die Befugnisse der Staatsanwaltschaft ausübt. Gegen ihre Ablehnung ist die Beschwerde an die OFD gegeben[3]. Als Alternative kann der Weg zur Staatsanwaltschaft gewählt werden. Diese wird gebeten, den Fall zu übernehmen und Akteneinsicht zu gewähren.

1141 Gegen die **Ablehnung** der Akteneinsicht ist nur in den in § 147 Abs. 5 StPO aufgeführten Fällen ein Rechtsmittel gegeben. Diese gesetzliche Regel schließt Rechtsmittel in anderen Fällen aus[4] (zum Rechtsweg nach Abschluss der Ermittlungen s. Rz. 1150).

1142 Akteneinsicht erfolgt grundsätzlich in den **Räumen** der **Staatsanwaltschaft** oder des Finanzamts.

---

1 *Schmitt* in Meyer-Goßner/Schmitt, StPO, 59. Aufl. 2016, § 147 Rz. 14 ff.; BVerfG v. 12.1.1983 – 2 BvR 864/81, StV 1983, 177 = NJW 1983, 1043, mit sehr **eindeutigen Formulierungen zugunsten** des **Akteneinsichtsrechts**. Vgl. NJW 1983, 1043 (1044): „Das Recht auf Akteneinsicht umschließt die vollständigen Akten, die dem Gericht vorliegen oder im Fall der Erhebung der Anklage nach § 199 Abs. 2 S. 2 StPO von der Staatsanwaltschaft vorzulegen wären (vgl. BVerfG, NJW 1983, 131 = ... Akten in diesem Sinne umfassen ... sämtliche vom ersten Zugriff der Polizei [§ 163 StPO] an gesammelten be- und entlastenden Vorgänge, die im Rahmen der Ermittlungen gegen den Beschuldigten entstanden sind, sowie herangezogene Beiakten."). Vgl. in ähnlichem Sinne auch OLG Koblenz v. 12.3.1981 – 1 Ws 64 und 162/81, NJW 1981, 1570.

2 *Randt* in Joecks/Jäger/Randt, Steuerstrafrecht, 8. Aufl. 2015, § 392 Rz. 84. Ebenfalls zählt *Schäfer*, NStZ 1984, 204, die Akten der Hilfsbeamten zu den Akten des § 147 StPO.

3 Es handelt sich nicht um eine Beschwerde nach der AO, sondern um eine nicht förmliche **Sachaufsichtsbeschwerde** im Strafverfahren, vgl. *Meyer-Goßner* in Meyer-Goßner/Schmitt, StPO, 59. Aufl. 2016, Vor § 296 Rz. 22.

4 *Schmitt* in Meyer-Goßner/Schmitt, StPO, 59. Aufl. 2016, § 147 Rz. 39 f.

Es besteht kein Recht auf die Herstellung von **Kopien** oder **Abschriften** durch die Einsicht gewährende Behörde. 1143

Auf Antrag werden die Akten – nicht die Beweisstücke – dem **Verteidiger** in seine **Kanzleiräume überlassen** (§ 147 Abs. 4 StPO); es besteht keine Pflicht zur Überlassung; sie ist jedoch allgemein üblich; nach Nr. 187 Abs. 2 RiStBV sollen die Akten überlassen werden, „soweit nicht wichtige Gründe entgegenstehen". Wird sie dennoch verwehrt, ist die Anfechtung der Ablehnung nicht möglich (§ 147 Abs. 4 Satz 2 StPO). 1144

Zweifelhaft könnte sein, ob die **Steuerakten** zu den Akten zählen, die in die Praxis überlassen werden, oder zu den Beweisstücken, für die dies nicht gilt. In der Praxis werden die Steuerakten ganz überwiegend mitversandt. Dies ist auch rechtens[1]. Akten als solche sind keine Beweismittel; erst durch die Benennung einzelner Schriftstücke werden die Einzelstücke zu Beweismitteln. Zu dieser „Benennung" kommt es aber i.d.R. nicht; erfolgt sie, können die Beweismittel der Steuerakte entnommen werden; diese selbst kann mit den Akten versandt werden. Der Zustimmung des Finanzamts zur Einsicht in die Steuerakten bedarf es nicht. Soweit mit den Steuerakten, die beigezogen werden, Verhältnisse bekannt werden, die grundsätzlich dem Steuergeheimnis unterliegen, greift § 30 AO nicht, wenn die Information für das Steuerstrafverfahren verwertet werden soll (§ 30 Abs. 4 Nr. 1 AO; Rz. 1165)[2]. Findet keiner der Ausnahmetatbestände des § 30 Abs. 4 AO (Rz. 1165 ff.) Anwendung, handelt es sich um unverwertbare Beiakten oder unverwertbare Teile der Beiakten[3]. 1145

In dem Akteneinsichtsrecht und der Überlassung der Akten spiegelt sich das **Vertrauen wider, das der Verteidiger** als **Organ** der **Rechtspflege** genießt. Dem Recht entsprechen **Sorgfaltspflichten**. Die Akten sind sorgfältig aufzubewahren. Sie sind alsbald durchzusehen und ohne Verzögerung zurückzugeben. Der Verteidiger ist berechtigt, Ab- 1146

---

1 Gl.A. *Wannemacher* in StbJb. 1980/81, 444; *Hilgers-Klautzsch* in Kohlmann, Steuerstrafrecht, § 392 Rz. 255 (Juli 2012); *Randt* in Joecks/Jäger/Randt, Steuerstrafrecht, 8. Aufl. 2015, § 392 Rz. 84; *Schmitt* in Meyer-Goßner/Schmitt, StPO, 59. Aufl. 2016, § 147 Rz. 16. Die Ansicht von *Schäfer*, NStZ 1984, 206, Beiakten anderer Behörden – auch Steuerakten – könnten nur wie Beweismittel bei den Strafverfolgern eingesehen werden, ist abzulehnen.

2 *Randt* in Joecks/Jäger/Randt, Steuerstrafrecht, 8. Aufl. 2015, § 392 Rz. 86.

3 *Schäfer*, NStZ 1984, 208.

schriften oder Kopien zu fertigen; er darf auch die Akten insgesamt ablichten[1].

1147 Das Recht auf Akteneinsicht steht dem Verteidiger zu. Folglich ist es dem Verteidiger i.d.R. untersagt, dem **Beschuldigten** die Originalakte auszuhändigen. Allerdings ist es zulässig, den Beschuldigten zur Akteneinsicht hinzuzuziehen[2].

1148 Der Verteidiger ist berechtigt, den **Mandanten** zu **unterrichten**. Er darf ihm auch Kopien der Akte oder eines Auszugs aus den Akten überlassen[3]. Dies ist nur dann unzulässig, wenn der Mandant die Kopien für sachfremde Zwecke verwenden will[4]. Es ist ratsam, den Mandanten schriftlich zu belehren, überlassene Ablichtungen nur zur eigenen Information und zur Verteidigung zu benutzen sowie sie Dritten nicht zugänglich zu machen.

1149 Das Recht auf Akteneinsicht einschließlich der Möglichkeit der Überlassung der Akten in die Büroräume steht auch dem **Steuerberater** zu, falls er Verteidiger ist. Ebenso gelten für ihn die in Rz. 1146 ff. erwähnten Pflichten und Einschränkungen.

1150 Nach **Abschluss** des **Ermittlungsverfahrens** ist die Gewährung der Akteneinsicht ausschließlich Sache der Justizverwaltung, insbesondere der aktenverwahrenden Behörde, der Staatsanwaltschaft. Zu ablehnenden Entscheidungen s. die Rechtsbehelfsmöglichkeit des § 147 Abs. 5 StPO. Folgerichtig muss dies auch gelten, wenn die Steuerstraf- oder Steuerfahndungsakten nach Abschluss des Verfahrens von der Finanzverwaltung verwahrt werden. Der BFH hat jedoch gegen die Entscheidung, die Einsicht in eine solche Akte zu verwehren, den Finanzrechtsweg eröffnet[5].

---

1 *Schmitt* in Meyer-Goßner/Schmitt, StPO, 59. Aufl. 2016, § 147 Rz. 6 f. Daraus folgt nicht die Pflicht, der **Staatsanwaltschaft Akteneinsicht** zu geben, wenn die Originalakte verschwunden oder zerstört ist, *Waldowski*, NStZ 1984, 448, gegen *Rösmann*, NStZ 1983, 446.

2 *Schmitt* in Meyer-Goßner/Schmitt, StPO, 59. Aufl. 2016, § 147 Rz. 9.

3 *Schmitt* in Meyer-Goßner/Schmitt, StPO, 59. Aufl. 2016, § 147 Rz. 20; *Gatzweiler*, StV 1985, 251.

4 *Schmitt* in Meyer-Goßner/Schmitt, StPO, 59. Aufl. 2016, § 147 Rz. 21.

5 BFH v. 2.12.1976 – IV R 2/76, BStBl. II 1977, 318; bei **berechtigtem Interesse** ist die **Einsicht** in eine Steuerfahndungsakte **zu gewähren** (FG Niedersachsen v. 8.12.1992 – I 368/89, EFG 1993, 531, einen **Steuerberater** betreffend).

2. Abgabenrechtliches Recht auf Akteneinsicht

Nicht zu vergessen sind neben diesem strafprozessualen Akteneinsichtsrecht die **abgabenrechtlichen Rechte**. 1151

Grundsätzlich hat der Steuerpflichtige **kein Recht** auf **Einsicht** in die vom Finanzamt verwahrten **Steuerakten**[1]. Zur Einsicht im Hinblick auf das Einsichtsrecht bei Gericht s. Rz. 1158. 1152

Geht das Steuerverfahren in ein **Rechtsbehelfsverfahren** über, so hat der Einspruchs- oder Beschwerdeführer Anspruch auf **Mitteilung** der **Besteuerungsunterlagen (§ 364 AO)**. Diese Möglichkeit wird anstelle eines Akteneinsichtsrechts gewährt. Der Begriff der Besteuerungsunterlage ist weit auszulegen. Er bezieht sich auf alle Berechnungsgrundlagen, Gutachten, Beweismittel, Beweiserhebungen, Zeugenaussagen, Vermerke über Beweiserhebungen, Rechtshilfeersuchen, Schätzungsunterlagen und -methoden usw.[2]. 1153

Die **Praxis** zeigt, dass die Finanzämter gerade bei **Steuerfahndungsverfahren** mit ihrer **Informationspflicht** in **Schwierigkeiten** geraten. Bei der Auswertung des Steuerfahndungsberichts übernimmt man dessen Ergebnisse, ohne die Besteuerungsunterlagen, die § 364 AO anspricht, im Einzelnen zu kennen. Diese befinden sich bei der Fahndung, in den Fahndungs- oder in den Strafakten. Wird das Finanzamt aufgefordert, seiner Pflicht nach § 364 AO nachzukommen, reagiert es häufig hilflos. Es wird auf das strafprozessuale Einsichtsrecht verwiesen (das möglicherweise noch nicht zu einem Recht erstarkt ist, Rz. 1136), auf die eigene Unmöglichkeit, weil die Unterlagen, z.B. Zeugenaussagen, nicht greifbar seien, auf die eigene Unkenntnis – man möge sich doch wegen der Schätzungsmethode an die Fahndung wenden –, oder das Informationsrecht wird einfach bestritten. 1154

Diese Schwierigkeiten der Finanzämter dürfen aber auf **keinen** Fall zu einer **Rechtsverkürzung** führen. Der Verstoß gegen § 364 AO ist ein Verstoß gegen das Gebot rechtlichen Gehörs[3] und damit ein schwerer Verfahrensfehler[4]. 1155

---

1 Das **Finanzamt kann** allerdings im Wege des pflichtgemäßen Ermessens **Akteneinsicht gewähren**; vgl. AEAO zu § 364 AO.

2 Vgl. die übereinstimmende Kommentierung zu § 364 AO.

3 *Seer* in Tipke/Kruse, AO/FGO, § 364 AO Rz. 1 (Mai 2015).

4 So bereits RFH v. 22.6.1921 – IVa A 70/21, Mrozek-Kartei, AO § 240 R. 1; *Seer* in Tipke/Kruse, AO/FGO, § 364 AO Rz. 1 (Mai 2015).

1156 Solange das Finanzamt seiner Informationspflicht nicht nachkommen kann, müssen die **Steuerbescheide** in ihrer **Vollziehung ausgesetzt** werden[1].

1157 Im **finanzgerichtlichen Verfahren** setzt sich die Pflicht des § 364 AO fort (**§ 75 FGO**).

1158 Außerdem besteht im finanzgerichtlichen Verfahren schließlich der **uneingeschränkte Anspruch** auf Einsicht in die den Streitfall betreffenden Akten (§§ 78, 71 Abs. 2 FGO); auch die dem Gericht vorgelegten **Steuerakten** können eingesehen werden. Hier ist das Recht nicht auf den Verteidiger oder Prozessvertreter beschränkt; auch der **Kläger** selbst, auch wenn er im Strafverfahren Beschuldigter ist, kann die Akten einsehen.

1159 Fraglich ist auch hier, ob die **Fahndungsakten** zu den den **Streitfall betreffenden Akten** gehören. Die Fahndungsakten sind als Ermittlungsakten auch im Steuerstreit von wesentlicher Bedeutung. Es bestehen kein Anlass und keine Rechtfertigung, § 71 Abs. 2 FGO insoweit einzuschränken. In der Praxis ist die Einsicht in die Fahndungsakten im finanzgerichtlichen Verfahren kein Problem.

IV. Steuergeheimnis

1160 Das Steuergeheimnis hat zwar keinen Verfassungsrang[2], erhält seine **zentrale Bedeutung** jedoch durch die **umfassende Pflicht** der Steuerbürger, sich dem Finanzamt zu **offenbaren**[3].

1161 Dem Steuergeheimnis unterliegen sowohl **Informationen**, die im **Steuerverfahren**, als auch solche, die im **Steuerstrafverfahren** bekannt geworden sind (§ 30 Abs. 2 Nr. 1a und b AO).

1162 Die **Steuerfahndung** hat nach § 30 Abs. 1 AO das Steuergeheimnis zu wahren.

---

1 Dies folgt unmittelbar aus BFH v. 4.4.1978 – VII R 71/77, BStBl. II 1978, 402; ähnlich auch BFH v. 14.2.1984 – VIII B 112/83, BStBl. II 1984, 443; BFH v. 14.2.1984 – VIII B 112/83, HFR 1984, 286, mit Anm.: „Die Entscheidung ist eine Warnung an die Finanzverwaltung, die sich um die Frucht mühevoller Ermittlungsarbeit bringt, wenn nicht wenigstens eine ihrer Behörden ... die Ermittlungsergebnisse zusammenhängend darstellt, in Zahlen fasst und rechtlich einordnet ...".

2 BVerfG v. 17.7.1984 – 2 BvE 11, 15/83, BStBl. II 1984, 634.

3 Vgl. *Drüen* in Tipke/Kruse, AO/FGO, § 30 AO Rz. 4 (Aug. 2013), Rz. 5 (Aug. 2013/Jan. 2012), 5a ff. (Jan. 2012); zum Stellenwert des Steuergeheimnisses *Benda*, DStR 1984, 351, und DStZ 1984, 159.

An das Steuergeheimnis sind im Steuerstrafverfahren auch die **Staatsanwaltschaft** und die **Strafgerichte** gebunden[1]. Über Steuerstrafverfahren dürfen folglich keine Mitteilungen an die Presse gegeben werden[2]. Allerdings wird dieses Verbot in der Praxis häufig umgangen oder verletzt. „So richtig" fühlt sich die Justiz an das Steuergeheimnis nicht gebunden. 1163

Verhältnisse, die in **öffentlichen Gerichtsverhandlungen** erörtert werden, sind bekannt und können nicht mehr offenbart werden[3]. 1164

Die **Offenbarung** – d.h. die Verletzung des Steuergeheimnisses – ist **zulässig**, wenn sie der **Durchführung** eines **Steuerverfahrens** oder eines **Steuerstrafverfahrens** dient (§ 30 Abs. 4 Nr. 1 AO). 1165

Dieser Ausnahmetatbestand ist die Rechtfertigung für die das Steuergeheimnis durchbrechende **Kontrollmitteilung**[4]. 1166

Die Offenbarung ist weiterhin zulässig, wenn sie an anderer Stelle **im Gesetz zugelassen** ist (§ 30 Abs. 4 Nr. 2 AO)[5]. Beispiel: § 31 Abs. 2 AO erlaubt die Weitergabe von Informationen an die Träger der **Sozialversicherung**, § 31a AO lässt in bestimmtem Umfang Mitteilungen zur Bekämpfung der **illegalen Beschäftigung**, § 31b AO zur Bekämpfung der Geldwäsche, zu. 1167

Die Information **ausländischer Behörden** ist nach § 117 AO möglich; außerdem regeln **zwischenstaatliche Abkommen** den Auskunftsverkehr (Rz. 944 ff.). 1168

---

1 Vgl. *Drüen* in Tipke/Kruse, AO/FGO, § 30 AO Rz. 34 (Jan. 2012). Hierzu auch OLG Hamburg v. 24.8.1995 – 2 VAs 7/95, StV 1996, 307; *Blesinger*, wistra 1991, 239 (294). Zu § 30 AO und den Rechten des **parlamentarischen Untersuchungsausschusses** s. BVerfG v. 17.7.1984 – 2 BvE 11, 15/83, BStBl. II 1984, 634; VG Mainz v. 19.9.1985 – 1 L 48/85, 1 L 49/85, BB 1985, 2159; FG Hamburg v. 11.7.1985 – III 127/85, EFG 1985, 539.

2 Vgl. im Einzelnen zu diesem presserechtlichen Problem OLG Hamm v. 14.7.1980 – 1 VAs 7/80, NJW 1981, 356; *Felix*, NJW 1978, 2134; *Drüen* in Tipke/Kruse, AO/FGO, § 30 AO Rz. 34 (Jan. 2012); dagegen *Schomberg*, NJW 1979, 526; vgl. weiter *Kürschner*, DRiZ 1981, 401.

3 Zum **Ausschluss** der **Öffentlichkeit** in **Gerichtsverhandlungen** zum Schutz des Steuergeheimnisses s. § 172 Nr. 2 GVG und *Rüping/Arloth*, DB 1984, 1795.

4 Hierzu und die im Einzelnen notwendige Abwägung OLG Hamburg v. 24.8.1995 – 2 VAs 7/95, StV 1996, 307.

5 S. hierzu die Zusammenstellung bei *Drüen* in Tipke/Kruse, AO/FGO, § 30 AO Rz. 74 ff. (Aug. 2013), die einen zögern lässt, überhaupt noch von einem Steuergeheimnis zu sprechen.

1169 Der Verdacht einer **Berufspflichtverletzung** eines Steuerberaters kann nach § 10 StBerG der Berufskammer mitgeteilt werden.

1170 Die Offenbarung ist zulässig, wenn der Betroffene **zustimmt** (§ 30 Abs. 4 Nr. 3 AO).

1171 Die Offenbarung ist zur Durchführung eines Strafverfahrens wegen einer Tat, die keine Steuerstraftat darstellt, zulässig, wenn die **Information** in einem **Steuerstrafverfahren erlangt** ist. Das gilt nicht für Tatsachen, die der Steuerpflichtige in **Unkenntnis** der **Einleitung** eines **Steuerstrafverfahrens** oder bereits **vor** der **Einleitung** eines Steuerstrafverfahrens im Besteuerungsverfahren dem Finanzamt mitgeteilt hat (§ 30 Abs. 4 Nr. 4a AO).

1172 Weiterhin können Informationen zur Durchführung von Strafverfahren wegen Straftaten, die keine Steuerstraftaten sind, verwertet werden, sofern die Informationen dem Finanzamt **ohne steuerliche Verpflichtung** oder unter **Verzicht** auf ein **Aussageverweigerungsrecht** mitgeteilt werden (§ 30 Abs. 4 Nr. 4b AO). Hier zeigt sich, wie problematisch es sein kann, in einem Steuerstrafverfahren auf ein Aussageverweigerungsrecht zu verzichten. Die Aussage ist in diesem Fall uneingeschränkt auch für andere Straftaten verwertbar[1].

1173 Soweit man annimmt, dass **§ 393 Abs. 1 AO** die steuerlichen Pflichten im Steuerstrafverfahren dahin gehend modifiziert, dass sie hinter die strafprozessualen Rechte zurücktreten (vgl. Rz. 664 ff.), werden Mitwirkungsinformationen gleichwohl nicht „freiwillig" i.S.v. § 30 Abs. 4 Nr. 4b AO erbracht[2].

1174 Schließlich ist die Verletzung des Steuergeheimnisses möglich, wenn „für sie ein **zwingendes öffentliches Interesse** besteht; ein zwingendes öffentliches Interesse ist namentlich gegeben, wenn (a) Verbrechen und vorsätzliche schwere Vergehen gegen Leib und Leben oder gegen den Staat und seine Einrichtungen verfolgt werden oder verfolgt werden sollen, (b) Wirtschaftsstraftaten verfolgt werden oder verfolgt werden sollen, die nach ihrer Begehungsweise oder wegen des Umfangs des durch sie verursachten Schadens geeignet sind, die wirtschaftliche Ordnung erheblich zu stören oder das Vertrauen der Allgemeinheit auf die Redlichkeit des geschäftlichen Verkehrs oder auf die ordnungsgemäße Arbeit der Behörden und der öffentlichen Einrichtungen erheblich zu erschüttern, oder (c) die Offenbarung erforderlich ist, zur

1 AEAO zu § 30 Abs. 4 Nr. 4 AO.
2 *Streck* in Kohlmann (Hrsg.), DStJG 6 (1983), 243.

Richtigstellung in der Öffentlichkeit verbreiteter unwahrer Tatsachen, die geeignet sind, das Vertrauen in die Verwaltung erheblich zu erschüttern; die Entscheidung trifft die zuständige oberste Finanzbehörde im Einvernehmen mit dem Bundesminister der Finanzen; vor der Richtigstellung soll der Steuerpflichtige gehört werden" (§ 30 Abs. 4 Nr. 5 AO).

Wegen der wenig scharf umrissenen Ausnahmetatbestände handelt es sich um die **problematischste** Vorschrift innerhalb des § 30 AO[1].

Die **Aufzählung** der Fälle, in denen das öffentliche Interesse die Offenbarung gebietet, ist **nicht abschließend**. Zu den Fällen, in denen das öffentliche Interesse **bejaht** wird, wird auf die Kommentierung verwiesen. 1175

Greift § 30 Abs. 4 Nr. 5 AO ein, kann auch die **Presse** unterrichtet werden[2]. 1176

Schließlich bestimmt § 30 Abs. 5 AO allgemein, dass **vorsätzlich falsche Angaben** des Betroffenen den Strafverfolgungsbehörden gegenüber offenbart werden dürfen. 1177

Beispiel: Der Steuerpflichtige erschleicht sich mit einer falschen Steuerbilanz einen Kredit; dies kann der Staatsanwaltschaft angezeigt werden.

Zum **Schutz** des **Anzeigenden** nach § 30 AO s. Rz. 170. 1178

Die Verletzung des Steuergeheimnisses ist **strafbar** nach § 355 StGB. 1179

Außerdem kann die Verletzung **disziplinarrechtlich** geahndet werden. 1180

Schließlich kann die unbefugte Verletzung des Steuergeheimnisses den **Amtshaftungsanspruch** nach § 839 BGB i.V.m. Art. 34 GG auslösen. 1181

V. Rechtsmittel und Rechtsbehelfe

1. Allgemeines

Rechtsbehelfe gegen Maßnahmen der Steuerfahndung spielen in der Praxis **keine große Rolle.** Das formalisierte Recht gewährt nur geringen Rechtsschutz. Aus Überlegungen der Verteidigung unterlässt man häu- 1182

1 Vgl. *Drüen* in Tipke/Kruse, AO/FGO, § 30 AO Rz. 119 (Jan. 2012): „Achillesferse des Steuergeheimnisses".

2 Vgl. im Einzelnen OLG Hamm v. 14.7.1980 – 1 VAs 7/80, NJW 1981, 356.

fig, die verbleibenden Mittel einzusetzen. Mit der Fahndung streitet man durch tatsächliches Verhalten, durch Agieren und Reagieren.

1183 Größere Bedeutung haben Rechtsbehelfe und Rechtsmittel für in Anspruch genommene **Dritte**.

1184 Das Recht der **Rechtsbehelfe** ist **unübersichtlich, tatsächlich** und **rechtlich unklar**. Dies liegt zum einen an der unbefriedigenden Regelung der Rechtsbehelfe der Strafprozessordnung im Ermittlungsverfahren. Dies liegt zum anderen an der Doppelfunktion der Fahndung, die es ihr tatsächlich ermöglicht, im Unklaren zu lassen, aufgrund welcher Rechtsgrundlage sie ermittelt und welcher Rechtsbehelf zur Anwendung kommt. Die Fahndung muss diese letztgenannte Unklarheit beseitigen. Sie muss aussprechen und festlegen, welche Rechtsgrundlage sie für eine bestimmte Maßnahme heranzieht. Sie muss durch die Klarheit ihres Verfahrens die Wahl des richtigen Rechtsbehelfs ermöglichen. S. Rz. 22 ff.

1185 Die „**Anweisungen**" behandeln – als Erlass der Ermittlungsbehörden – Rechtsmittel und Rechtsbehelfe unbefriedigend und dürftig (AStBV [St] 2014 v. 1.11.2013, Nr. 88 und 95 und verstreut).

1186 Über die nachfolgende Darstellung hinaus werden im jeweiligen Sachzusammenhang die Mittel des Rechtsschutzes behandelt, u.a. zur **Hausdurchsuchung** und zur **Beschlagnahme** in Rz. 460 ff., zur **Verhaftung** in Rz. 575 ff., allgemein zu Ermittlungen bei **Dritten** in Rz. 758, zu Maßnahmen gegen **Banken** Rz. 775 ff., 809 ff., zur **Beschlagnahme** bei **Beratern** in Rz. 812 ff., zur **Akteneinsicht** in Rz. 1140 f., zum **Fahndungsbericht** in Rz. 1128, zu **§ 160 AO** in Rz. 1384 ff. und im **Zollverfahren** Rz. 1541 ff.

2. Strafprozessuale Rechtsmittel

1187 Die Ermittlungsmaßnahmen können strafprozessual nur angefochten werden, wenn dies die StPO ausdrücklich vorsieht[1].

1188 Maßnahmen strafprozessualer Art, die durch den **Richter** angeordnet sind – z.B. Durchsuchung, Beschlagnahme –, werden mit der **Beschwerde** der StPO angefochten (§ 304 StPO).

1189 Strafprozessuale Maßnahmen, die die **Verfolgungsorgane** selbst einleiten – z.B. Beschlagnahme bei Gefahr im Verzug durch den Fahnder –,

1 Verfassungsrechtlich unbedenklich, s. BVerfG v. 19.12.1983 – 2 BvR 1731/82, NStZ 1984, 228.

unterliegen der in der StPO im Einzelnen geregelten Rechtskontrolle durch die Gerichte (s. z.B. betreffend Beschlagnahme und betreffend Hausdurchsuchung Rz. 496 ff.).

Wird die **Durchführung** eines **richterlichen Beschlusses** im Rahmen des Strafprozessrechts gerügt, sind die Oberlandesgerichte nach §§ 23 ff. EGGVG zur Kontrolle aufgerufen. 1190

Beispiel: Die Steuerfahndung verbietet anlässlich einer gerichtlich angeordneten Durchsuchung das Telefonieren; dies kann vor dem zuständigen OLG nach §§ 23 ff. EGGVG gerügt werden.

Folgt man dem **BFH** (s. Rz. 1204; dort auch zur Bedenklichkeit dieser Rechtsprechung), so wird der **Rechtsweg** nach **§§ 23 ff. EGGVG** zum **Regel-Rechtsbehelf** im Fahndungsverfahren[1]. Maßnahmen der Steuerfahndung sind nach der Ansicht des BFH regelmäßig **Justizverwaltungsakte**, die auf diesem Anfechtungsweg anzugreifen sind. Dazu zählen z.B. Auskunftsersuchen und Herausgabebegehren der Steuerfahndung. 1191

Da der Rechtsweg nach §§ 23 ff. EGGVG für Strafverfahren im Einzelnen umstritten und im Steuerfahndungsverfahren **nicht eingeübt** ist, kann von einer sicheren Rechtsbehelfsmöglichkeit im Fahndungsverfahren noch keine Rede sein. 1192

Anzurufen sind nach § 23 EGGVG die ordentlichen Gerichte, und zwar nach § 25 Abs. 1 EGGVG das **OLG**. Die Anrufung des OLG macht das Kontrollverfahren schwerfällig; auch besteht sicher eine tatsächliche Scheu, ein OLG anzurufen. 1193

Soweit **Steuerberater** verteidigen können, können sie ihre Mandanten auch vor dem OLG vertreten. 1194

Nach § 24 Abs. 2 EGGVG kann das OLG erst angerufen werden, wenn ein vorgesehenes vorangehendes **Rechtsbehelfsverfahren** durchgeführt worden ist. Zweifelhaft ist, ob auf diesem Weg entgegen der BFH-Rechtsprechung (Rz. 1204) doch bei der abgabenrechtlich begründeten Tätigkeit der Steuerfahndung der steuerrechtliche **Einspruch** vorrangig einzulegen ist. 1195

Der Antrag auf gerichtliche Entscheidung muss **innerhalb eines Monats** nach Zustellung oder schriftlicher Bekanntgabe des Bescheids oder, soweit ein Rechtsbehelfsverfahren vorausgegangen ist, nach Zu- 1196

1 Vgl. auch *Seer* in Tipke/Kruse, AO/FGO, § 208 AO Rz. 121, 138 (Mai 2011) u. § 33 FGO Rz. 63 ff. (Okt. 2014).

stellung dieses Bescheids schriftlich oder zur Niederschrift der Geschäftsstelle des OLG oder eines AG gestellt werden (§ 26 EGGVG). Der Antrag kann also nur beim zuständigen OLG oder bei jedem beliebigen AG eingereicht werden[1]. Eine mündliche Bekanntgabe des Bescheids, der angefochten werden soll, setzt eine Frist nicht in Lauf[2]. Im Hinblick auf diese Frist ist die Unklarheit, ob bei steuerlichen Maßnahmen **zuerst** das **steuerliche Einspruchsverfahren** zu durchlaufen ist (Rz. 1195), besonders problematisch, weil der Betroffene mit der unzulässigen Beschwerde die Frist des § 26 EGGVG versäumt; andererseits kann die fehlende Beschwerde die Unzulässigkeit des Antrags nach § 23 EGGVG (wegen § 24 Abs. 2 EGGVG) begründen.

1197 In der **Praxis** ist im Hinblick auf diese Unklarheit zu empfehlen, sowohl Einspruch einzulegen als auch sofort den Antrag nach § 23 EGGVG zu stellen.

1198 Das Verfahren nach § 23 EGGVG ist **kostenpflichtig** (§ 30 EGGVG).

1199 In der Praxis spielt die Anfechtung von Maßnahmen der Steuerfahndung für den Beschuldigten eine geringe Rolle. Von Bedeutung ist sie jedoch für **Dritte**, die von der Steuerfahndung in Anspruch genommen werden[3]. Allerdings hat hier die Rechtsprechung des BFH inzwischen die Anrufungsmöglichkeit der Finanzgerichte wieder erweitert (Rz. 1212).

3. Steuerliche Rechtsbehelfe

1200 Soweit die Fahndung als Steuerbehörde bei ihren Ermittlungen die **Mittel** des **Steuerverfahrens** einsetzt – z.B. Auskunftsersuchen nach der AO (vgl. Rz. 16) –, können diese Maßnahmen mit dem **Einspruch** (§ 347 AO) angegriffen werden, und zwar von jedem, der durch diese Maßnahme beschwert ist. Über den Einspruch entscheidet das Finanzamt. Gegen die Einspruchsentscheidung ist die Klagemöglichkeit vor dem Finanzgericht gegeben.

---

1 Vgl. *Schmitt* in Meyer-Goßner/Schmitt, StPO, 59. Aufl. 2016, § 26 EGGVG Rz. 1.

2 *Schmitt* in Meyer-Goßner/Schmitt, StPO, 59. Aufl. 2016, Rz. 4.

3 Im Verfahren BFH v. 20.4.1983 – VII R 2/82, BStBl. II 1983, 482, hatte sich eine **Bank** gegen ein Auskunftsersuchen gewehrt. In dem Verfahren OLG Hamm v. 4.6.1985 – 1 VAs 133/84, WM 1985, 996, war das Verfahren einer Bank an das OLG verwiesen worden. Nachdem zwischenzeitlich das Steuerstrafverfahren erledigt war, begehrte die Bank, die Rechtswidrigkeit des Ersuchens festzustellen. Da die Steuerfahndung jedoch mit keiner Zwangsmaßnahme gedroht hatte, fehlte nach OLG Hamm das Feststellungsinteresse.

Voraussetzung für diese formalisierten Rechtsbehelfe ist jeweils ein **angreifbarer Verwaltungsakt**. Das tatsächliche Verhalten der Steuerfahndung ist, sofern es sich nicht als derartiger Rechtsakt darstellt, allenfalls mit der Dienstaufsichtsbeschwerde angreifbar[1]. 1201

Nach der herrschenden Ansicht[2] (Rz. 1 ff., 22 ff.) ist mithin ein **doppelter Rechtsweg** möglich: Rechtfertigt die Steuerfahndung alle Maßnahmen strafprozessual, gelten die strafrechtlichen Rechtsmittel (Rz. 1187 ff.), rechtfertigt sie die Maßnahmen steuerrechtlich, gelten die abgabenrechtlichen Rechtsbehelfe. 1202

Dies gilt auch nach der Rechtsprechung des BFH bei **Vorfelduntersuchungen (§ 208 Abs. 1 Nr. 3 AO**; Rz. 9 f.). Sie ordnet die Rechtsprechung den steuerlichen Ermittlungen zu. Der Finanzrechtsweg ist gegeben[3]. 1203

Im Übrigen entschied der **BFH anders** zu den Ermittlungen nach **§ 208 Abs. 1 Nr. 2 AO** (Rz. 7)[4]. Er schließt mittels § 33 Abs. 3 FGO (die Vorschriften über die Zulässigkeit des Finanzrechtswegs „finden auf das Straf- und Bußgeldverfahren keine Anwendung") den Weg zu den Finanzgerichten aus. Die Ermittlung der Besteuerungsgrundlagen rechnet er zur Verfolgung der Steuerhinterziehung; sie sei untrennbar mit dieser verbunden und damit Teil des Strafrechts. Ermittelt die Steuerfahndung erkennbar im Strafverfahren oder wird ein Strafverfahren eröffnet, so ist der Finanzrechtsweg auch dann ausgeschlossen, wenn sich die Steuerfahndung auf Eingriffsnormen der Abgabenordnung stützt. Erst wenn es um die Frage der Rechtmäßigkeit von Auswertungsbescheiden nach steuerstrafrechtlichen Ermittlungsverfahren geht, ist der Finanzrechtsweg wieder eröffnet. 1204

---

1 Vgl. FG Hessen v. 18.7.1961 – VI 246/59, EFG 1962, 170.

2 S. *Seer* in Tipke/Kruse, AO/FGO, § 33 FGO Rz. 63 ff. (Okt. 2014) So auch der BdF in der in Rz. 1204 wiedergegebenen BFH-Rechtsprechung.

3 BFH v. 12.5.2016 – II R 17/14, BFH NV 2016, 1329; BFH v. 29.10.1986 – VII R 82/85, BStBl. II 1988, 359.

4 BFH v. 12.12.2007 – X R 31/06, BStBl. II 2008, 344; BFH v. 20.4.1983 – VII R 2/82, BStBl. II 1983, 482 (ähnlich Vorinstanz FG Schleswig-Holstein v. 3.11.1981 – III 247/79, EFG 1982, 284); FG Schleswig-Holstein v. 25.6.1991 – VII B 136, 137/90, BFH/NV 1992, 254; FG München v. 9.10.1984 – XII 269/83, EFG 1985, 569; *Zeller*, DStZ 1984, 330; *Laule*, DStZ 1984, 599 (604). Nicht ganz folgerichtig eröffnet BFH v. 29.10.1986 – I B 28/86, BStBl. II 1987, 440, den Finanzrechtsweg dann, wenn es um Auskunftsersuchen im europäischen Ausland geht. BFH v. 23.12.1980 – VII R 92/79, BStBl. II 1981, 349, und BFH v. 21.8.1990 – V B 46/90, BFH/NV 1991, 142, sind nicht einschlägig, da sich der Antragsteller nur gegen strafverfahrensrechtliche Maßnahmen wandte.

1205 Ohne Zweifel bewirkt die Rechtsprechung des BFH eine geradezu geniale **Säuberung** der **Finanzgerichtsbarkeit** von unangenehmen Steuerfahndungsfällen. Dieser in den Augen der Richter möglicherweise sympathische Zweck muss deshalb nicht rechtens sein. Es ist schwer verständlich, dass ein bestimmtes Recht (hier: die Abgabenordnung) Eingriffe rechtfertigt, dass aber der Rechtschutz dieses Rechts nicht greifen soll. Dies zieht notwendig bis heute nicht geklärte Fragen nach sich. **Unklar** ist, ob die Rechtsprechung auch für die **Vorverfahren** gilt. Ist der Einspruch zulässig? Oder sind bereits diese Rechtsbehelfe ausgeschlossen? Wie sollen die Rechtsbehelfsbelehrungen lauten? Wie sollen abgabenrechtliche Verwaltungsakte vollstreckt werden? Nach den Regeln der Abgabenordnung oder nach den Eingriffsmöglichkeiten der Strafprozessordnung? Wonach richtet sich der Rechtsschutz gegen Vollstreckungsmaßnahmen?

1206 Der BFH hält in diesen Fällen, d.h. auch für Eingriffe auf der Grundlage der Abgabenordnung (!), den **Rechtsweg nach §§ 23 ff. EGGVG** (Rz. 928 ff.) für gegeben. Fraglich ist, ob die Oberlandesgerichte diese steuerrechtliche Rechtsprechung akzeptieren.

1207 Aus der **Praxis** können wir berichten, dass die Rechtsprechung des BFH dazu geführt hat, dass es **praktisch keinen Rechtsschutz** gibt. Die Finanzgerichte verschließen sich. Der Weg zum OLG ist ungebräuchlich und nicht praktikabel.

1208 Die grundsätzliche **Kritik** ist dem Umstand geschuldet, dass der BFH in der schon lange zurückliegenden Grundsatzentscheidung vom 20.4.1983 die steuerlichen Ermittlungen der Steuerfahndung auch deshalb unzertrennlich mit den strafrechtlichen Ermittlungen verknüpft, weil es in § 208 Abs. 1 Nr. 2 AO laute, dass die Steuerfahndung die **Besteuerungsgrundlagen** nur **„in den in Nr. 1 bezeichneten Fällen“** zu ermitteln habe[1]. Also – so der BFH – lasse sich aus dem Gesetz folgern, dass die Steuerfahndung über eine eigenständige steuerliche Ermittlungskompetenz nicht verfüge; diese sei an die strafrechtliche Ermittlungskompetenz gebunden und nur mit dieser wirksam.

1209 Was die **Ermittlungszeiträume** anbelangt, gab es für die Steuerfahndung angesichts dieser Rechtsprechung keine Schwierigkeiten, solange der „Fortsetzungszusammenhang“ noch galt (s. Rz. 1469). Die steuerlichen Ermittlungen richteten sich nach dem Zehnjahreszeitraum des

1 BFH v. 20.4.1983 – VII R 2/82, BStBl. II 1983, 482 (483), linke Spalte.

§ 169 Abs. 2 Satz 2 AO. Strafrechtlich konnte die fünfjährige Verjährung nach § 78 Abs. 3 Nr. 4 StGB durch den sog. Fortsetzungszusammenhang übersprungen werden. Steuerliche und strafrechtliche Ermittlungen konnten sich im Wesentlichen auf gleiche Zeiträume erstrecken. Der Große Senat des BGH hat jedoch durch einen Beschluss vom 3.5.1994[1] das Institut des Fortsetzungszusammenhangs aufgegeben. Damit galt für einen Übergangszeitraum im Steuerstrafrecht zwingend die fünfjährige Verjährungsfrist. Über diesen Verjährungszeitraum konnte nicht mehr hinausgegangen werden. Inzwischen ist durch die Verlängerung der strafrechtlichen Verjährungsfrist auf zehn Jahre in den Fällen des § 370 Abs. 3 AO (s. Rz. 1472) eine weitere Fallgruppe hinzugekommen. Insofern gibt es zwar einen Gleichklang der Verjährungsfrist mit der steuerlichen Festsetzungsverjährung von ebenfalls zehn Jahren. Da beide Fristen jedoch im Hinblick auf Beginn und Ende an völlig andere Umstände anknüpfen (s. Rz. 1473), kann es Fälle geben, in denen die steuerliche Festsetzungsfrist deutlich länger läuft als die strafrechtliche Verfolgungsverjährungsfrist (s. Rz. 1460). Für die strafrechtlichen Ermittlungen gibt es dennoch eine deutliche Zäsur. Da der Zehnjahreszeitraum des § 169 Abs. 2 Satz 2 AO im Steuerrecht eine eigenständige gesetzliche Grundlage hat, gibt es, wenn entweder kein besonders schwerer Fall der Steuerhinterziehung und somit kein Fall der zehnjährigen Verfolgungsverjährung gegeben ist oder wegen der Fristenberechnung eine kürzere Festsetzungsverjährung Anwendung findet, **jenseits** der **strafrechtlichen fünf bzw. zehn Jahre** einen **Zeitraum**, in welchem Hinterziehungssachverhalte **nur steuerlich**, nicht aber strafrechtlich relevant werden können.

1210 Wenn aber die steuerlichen Ermittlungen der Steuerfahndung – wie oben dargestellt – zwingend an die strafrechtlichen Ermittlungen gekoppelt sind, so muss die **Frage** gestellt werden, **ob** die **Steuerfahndung jenseits** der **strafrechtlichen Verjährungsfrist** überhaupt **ermitteln darf?**[2] Die Frage kann auch auf Sonderprobleme bezogen werden: Darf die Steuerfahndung die Besteuerungsverhältnisse Verstorbener, die strafrechtlich nicht mehr belangt werden können, ermitteln? Nimmt man die Rechtsprechung des BFH beim Wort, so ist insoweit eine Steuerfahndungstätigkeit ausgeschlossen. Weil jedoch nicht sein kann, was nicht sein darf, wird man dieser Möglichkeit kaum nachträumen dürfen, sondern sicher erwarten müssen, dass die Steuerfahndung ermit-

1 BFH v. 3.5.1994 – GS St 2 und 3/93, NJW 1994, 1663.
2 Verneinend wohl *Ditges/Grass*, DStR 1992, 1001.

teln wird wie bisher[1]. Und dass dies schließlich der **BFH zulässt**[2]. Damit stellen sich jedoch die **Fragen** des **Rechtswegs neu**.

1211 **Angenommen**, die Steuerfahndung ermittelt die Besteuerungsgrundlagen der Jahre **2004 bis 2015** und fordert, gestützt auf § 93 AO, von einer Bank die Vorlage von Kontoauszügen. Bezüglich des Jahrs **2012** laufen die **strafrechtlichen** und die **steuerlichen Ermittlungen parallel**. Hier ist, bleibt es bei der BFH-Rechtsprechung, der Rechtsweg zu den Finanzgerichten nicht gegeben. Bezüglich des Jahrs **2008** ist unter der in Rz. 1473 ff. dargestellten Prämisse strafrechtliche Verjährung eingetreten; die Verknüpfung mit dem Steuerstrafrecht entfällt mithin. Kann jetzt insoweit das Finanzgericht angerufen werden? **Teilt** sich bei einer solchen einheitlichen Anforderung der **Rechtsweg** nach Maßgabe der strafrechtlichen Verjährung? Muss also die Einspruchsentscheidung eine eventuell höchst differenzierende Rechtsbehelfsbelehrung ausweisen, die zuvor die strafrechtliche Verjährung prüft und berücksichtigt? Wir haben erhebliche Zweifel, dass es so kommen wird. Die Steuerfahndung wird ermitteln wie bisher. Der **BFH** wird darüber **nachdenken müssen**, ob er bei seiner **Rechtsprechung** zum **Rechtsweg bleibt**. Unserer Ansicht nach sollte der Rechtsweg in Abgabensachen wieder eröffnet werden, eine Rechtsfolge, die eigentlich selbstverständlich ist.

1212 Demgegenüber hat der BFH den **Finanzrechtsweg** partiell in den Fällen des § 208 Abs. 1 Nr. 2 AO **geöffnet**: Immer dann, wenn die Steuerfahndungsermittlungen unmittelbaren Einfluss auf die **Besteuerung Dritter** oder die **abgabenrechtlichen Pflichten Dritter** haben, ist für die Dritten der Finanzrechtsweg gegeben[3].

1213 In der Rechtswegdiskussion im Fahndungsverfahren ist Rechtssicherheit noch nicht eingekehrt.

1214 Die Rechtsprechung des BFH und ihre Problematik hat keine Auswirkung auf die **Anfechtung** der einer Steuerfahndung folgenden **Steuerbescheide**; hier bleibt es bei dem Rechtsweg zu den Finanzgerichten.

---

1 So auch die aktuelle **Praxiserfahrung**. Kann sie **nur** im **Steuerverfahren** ermitteln, stehen ihr die **Rechte** der **StPO** natürlich **nicht** zu (*Tormöhlen*, wistra 1993, 174).

2 BFH v. 16.12.1997 – VII B 45/97, BStBl. II 1998, 231.

3 Vgl. zu dieser Rechtsprechungsentwicklung *Seer* in Tipke/Kruse, AO/FGO, § 33 FGO Rz. 63 ff. (Okt. 2014); BFH v. 28.10.1997 – VII B 40/97, BFH/NV 1998, 424; BFH v. 6.2.2001 – VII B 277/00, BStBl. II 2001, 306.

VI. Dienstaufsichtsbeschwerde

Gegen Maßnahmen der Steuerfahndung kann mit der Dienstaufsichtsbeschwerde angegangen werden. Durch sie wird ein **persönliches Verhalten** der Fahndungsbeamten gerügt. Es entscheidet die Dienstaufsichtsbehörde. Die Gerichte können i.d.R. nicht angerufen werden, da es sich um eine bloße innerdienstliche Kontrolle handelt. 1215

Die Dienstaufsichtsbeschwerde ist ein **Kampfmittel**, das in der Hand eines Beraters sehr schnell **wirkungslos** wird[1]. Wer häufig Dienstaufsichtsbeschwerden einlegt, nimmt diesen Beschwerden zunehmend das Gewicht (also völlig anders als z.B. bei Einsprüchen, d.h. bei formalisierten Rechtsbehelfen). 1216

Regel: Ist die Dienstaufsichtsbeschwerde angebracht, sollte sie der **Betroffene** selbst einlegen. Die Wirkung ist – als „unmittelbarer Bürgerzorn" – spürbar intensiver.

VII. Befangenheit

Die strafprozessuale Möglichkeit der §§ 24 ff. StPO, Richter wegen Befangenheit abzulehnen, gilt nicht für die Staatsanwaltschaft und ihre Ermittlungspersonen[2], also auch nicht für die Steuerfahndung. 1217

Dies ist **problematisch** und die Problematik ist auch **erkannt**[3]. Nachdem auch die AO 1977 die Möglichkeit einführte, Finanzbeamte wegen Befangenheit abzulehnen (s. Rz. 1219), sollten auch die strafprozessualen Bedenken überwunden werden, die Strafverfolgungsbeamten wegen der Besorgnis der Befangenheit abzulehnen. In vielen Dienstaufsichtsbeschwerden geht es – zweckentfremdend – um den Anschein unsachgemäßer Behandlung. Der Befangenheitsantrag ist funktional richtiger. 1218

Abgabenrechtlich eröffnet § 83 AO die Möglichkeit, einen Beamten wegen Besorgnis der Befangenheit abzulehnen. Diese Möglichkeit gilt 1219

---

1 Nach einem bekannten Juristenwort ist die Dienstaufsichtsbeschwerde **formlos, fristlos, folgenlos**.

2 *Schmitt* in Meyer-Goßner/Schmitt, StPO, 59. Aufl. 2016, Vor § 22 Rz. 3.

3 Vgl. *Joos*, NJW 1981, 100, anknüpfend an BGH v. 25.9.1979 – 1 StR 702/78, NJW 1980, 845, wo der BGH erstmals von möglichen Ausschließungsgründen spricht; *Fisch*, Ausschließung und Ablehnung des Staatsanwalts, in FS Bruns, 1978, 385 ff.; *Schairer*, Der befangene Staatsanwalt, 1983; *Schedel*, Ausschließung und Ablehnung des befangenen oder befangen erscheinenden Staatsanwalts, Diss. Würzburg, 1984; *Schmitt* in Meyer-Goßner/Schmitt, StPO, 59. Aufl. 2016, Vor § 22 Rz. 3.

auch in Bezug auf Fahndungsbeamte[1]. Die Ablehnung bezieht sich in diesem Fall auf die Funktion des Steuerermittlers.

1220 Über den Befangenheitsantrag **entscheidet** der Leiter der Behörde, betrifft ihn selbst das Verfahren, die Aufsichtsbehörde (§ 83 Abs. 1 AO). Die Entscheidung ist u.E. – entgegen BFH und der h.L.[2] – mit der Beschwerde anfechtbar.

1221 Da Fahndungsbeamte mit **doppelter Funktion** – als Steuer- und Polizeibeamte – tätig werden, ist es grundsätzlich denkbar und nicht systemwidrig, dass sie in einer der beiden Funktionen wegen Besorgnis der Befangenheit nicht tätig werden können (nach § 83 AO), während sie als reines Strafverfolgungsorgan weiter ermitteln können[3]. Allerdings dürfte es in diesem Fall zweckmäßig sein, diesen Beamten auch strafprozessual nicht mehr mit dem Fall zu befassen, da eine „hinkende" Tätigkeit den Aufgaben der Fahndung nicht gerecht wird.

VIII. Schadensersatz

1222 Die schuldhafte **Amtspflichtverletzung** durch die Steuerfahndung verpflichtet das Land zum Schadensersatz nach den Regeln der Amtshaftungspflicht (§ 839 BGB, Art. 34 GG)[4].

Beispiel: Die grund- und anlasslose Einleitung eines Steuerfahndungsverfahrens führte nach einem Urteil des LG Mainz zum Schadensersatzanspruch[5].

1223 Zur Ersatzpflicht bei **Durchsuchungen** und **Beschlagnahmen** s. Rz. 546 f.

1224 Zum **Gesetz** über die **Entschädigung** für **Strafverfolgungsmaßnahmen** s. Rz. 545; im Fahndungsverfahren ist hier nur eine Entschädigung bei Durchsuchung und Beschlagnahme sowie Untersuchungshaft von Bedeutung.

1225 Zum Schadensersatz bei der Verletzung des **Steuergeheimnisses** s. Rz. 1181.

---

1 *Seer* in Tipke/Kruse, AO/FGO, § 208 AO Rz. 13 (Mai 2011).

2 BFH v. 7.5.1981 – IV B 60/80, BStBl. II 1981, 634; FG Niedersachsen v. 1.9.1980 – VI 244/80, EFG 1981, 3; *Brandis* in Tipke/Kruse, AO/FGO, § 83 AO Rz. 8 (Okt. 2015).

3 Natürlich nicht denkbar, soweit man die Steuerfahndung als reine Strafbehörde begreift, oben Rz. 14.

4 *Seer* in Tipke/Kruse, AO/FGO, § 208 AO Rz. 13 (Mai 2011).

5 LG Mainz v. 3.7.1980 – 4 O 320/79, Stbg 1980, 203, und – ausführlicher – StB 1981, 149, mit Anm. *von Stein*.

G. Überblick über den Fortgang des Verfahrens

I. Strafverfahren

Im Strafverfahren warten die Bußgeld- und Strafsachenstellen häufig die **Rechtskraft** der **auswertenden Steuerbescheide** ab, um erst anschließend tätig zu werden. Rechtlich notwendig ist dies nicht; aus Verteidigersicht auch **nicht** zu **empfehlen** (Rz. 1092 ff.). 1226

In Gesprächen und Verhandlungen mit der BuStra-Stelle kann viel erreicht werden. Vorrangiges Ziel ist die **Vermeidung** der **Anklageerhebung**. Hierzu muss man das **Erledigungsinstrumentarium** kennen, mit dessen Hilfe das Strafverfahren beendet werden kann. 1227

Die **Einstellung nach § 170 Abs. 2 StPO** ist dem **Freispruch** vergleichbar. Die **Zustimmung** des **Gerichts** ist **nicht** erforderlich. Die BuStra-Stellen **scheuen** die Einstellung nach § 170 Abs. 2 StPO. Die Sachbearbeiter sind Finanzbeamte. Wenn sie einstellen, wollen sie regelmäßig eine Gegenleistung. Daher die Tendenz zu § 153a StPO (s. Rz. 1121 ff.). Die Einstellung nach § 170 Abs. 2 StPO beinhaltet **keinen „Strafklageverbrauch"**. Das Verfahren kann jederzeit wieder aufgenommen werden. Aus diesem Grund kann es für den Verteidiger oft ratsam sein, die freisprechende Einstellung zu verhindern und eine Einstellung nach § 153a StPO vorzuziehen. 1228

Einstellung nach **§ 398 AO**: Es handelt sich um eine steuerstrafspezifische Einstellungsmöglichkeit wegen **Geringfügigkeit**. Die **Zustimmung** des **Gerichts** ist **nicht** erforderlich. In der **Praxis** spielt diese Einstellung eine geringe Rolle. **Kein Strafklageverbrauch**. 1229

Einstellung nach **§ 153 Abs. 1 StPO**: Die BuStra-Stelle kann von der Verfolgung der Tat absehen, „wenn die Schuld des Täters als **gering** anzusehen wäre und kein öffentliches Interesse an der Verfolgung besteht" (§ 153 Abs. 1 StPO). § 153 Abs. 1 StPO führt **nicht** zum **Strafklageverbrauch**. Da das Finanzamt die Voraussetzungen der Steuerhinterziehung selbstständig prüfen kann, kann es, bejaht es diese Tatbestandsbedingungen, **Hinterziehungszinsen** festsetzen. Allerdings liegt sodann die gesamte Darlegungs- und Beweislast auf den Schultern des Finanzamts. Zur Unschuldsvermutung s. Rz. 1518. Die Einstellung nach § 153 StPO ist **nicht häufig** bei den BuStra-Stellen. 1230

Einstellung nach § 153a StPO gegen Auflagen: Nach § 153a StPO können Steuerstrafverfahren eingestellt werden, wenn die Auflagen geeig- 1231 net sind, das öffentliche Interesse an der Strafverfolgung zu beseitigen, und die **Schwere** der **Schuld nicht entgegensteht**.

1232 Die **Auflage** besteht regelmäßig in einer **Geldzahlung** an eine gemeinnützige Einrichtung oder an die Staatskasse. Sie wird gemeinhin als „Geldbuße" bezeichnet. Tatsächlich ist die Auflage weder Buße noch Strafe, sondern überhaupt **keine strafrechtliche Sanktion**. Die Einstellung nach § 153a StPO ist das **Zaubermittel** zur Beendigung von Steuerstrafsachen. Da diese Einstellungsmöglichkeit schon im Wortlaut nicht auf Fälle geringer Steuerverkürzung beschränkt ist – die Auswirkung der Tat wird nicht erwähnt –, können auch Großverfahren nach § 153a StPO eingestellt werden. Zwar stoßen die Berater immer wieder auf die Behauptung, bei dieser oder jener BuStra-Stelle würden nur Kleinfälle nach § 153a StPO erledigt; dies sei die Gepflogenheit vor Ort. Man lasse sich hierdurch nicht in dem Bemühen beeinflussen, die Anwendung dieser Vorschrift zu erreichen. Letztlich wenden BuStra-Stellen und andere Steuerstrafverfolger diese Vorschrift immer dann an, wenn es ihnen zweckmäßig erscheint. Es gibt kein „in-einem-solchen-Fall-nie".

1233 Die Einstellung bedarf der **Zustimmung** des **Gerichts**, der **BuStra-Stelle** und des **Beschuldigten**.

1234 Die **Frist** für die Erfüllung der Auflagen, z.B. einer Zahlung, wird von der einstellenden Behörde festgesetzt. Die gesetzliche Höchstgrenze der Zahlungsfrist beträgt sechs Monate. Sie kann nachträglich noch einmal um drei Monate verlängert werden.

1235 **Zinsen** auf die Auflagen fallen nicht an.

1236 Die Strafsachenstellen gehen zunehmend dazu über, den **Staat** als **Geldempfänger** zu bezeichnen. Soll die Auflage an **gemeinnützige Institutionen** gehen, so kann der Beschuldigte hierauf Einfluss nehmen. Seine Wünsche werden mal berücksichtigt, mal bewusst übergangen. Benennt er eine ihm nahestehende gemeinnützige Organisation, so muss er bedenken, dass dieser Empfänger auch den Grund der Zahlung erfährt (nämlich Einstellung nach § 153a StPO). Dies kann verhindert werden, indem der Berater den Betrag ausschließlich unter Angabe des Aktenzeichens überweist.

1237 Zweifelhaft ist, ob dem Beschuldigten **auferlegt** werden kann, **steuerliche Einsprüche** oder **Klagen** zurückzunehmen. In der Praxis ist feststellbar, dass die Auflagen tatsächlich teilweise solche Auflagen enthalten. Andere BuStra-Stellen erwarten, dass Einsprüche oder Klagen zurückgenommen werden, bevor sie den Weg der Einstellung beschreiten. Waren die Rechtsbehelfe und Klagen nur eingelegt worden, um zu einem vernünftigen Ergebnis mit der BuStra-Stelle zu gelangen, so gehen diese Auflagen, seien sie offiziell oder nicht offiziell, jedenfalls aus der Sicht des Beschuldigten in Ordnung. Will die BuStra-Stelle Rechtsstreitigkeiten beseitigen, die eigentlich nichts mit dem Steuerstrafverfahren zu tun haben, sollte man hierauf nicht eingehen.

Die Auflagen nach § 153a StPO sind, werden sie nun an den Staat oder 1238
an eine gemeinnützige Einrichtung erbracht, **nicht abzugsfähig** (§ 12 Nr. 4 EStG). Allerdings sind Auflagen denkbar, die der Sache nach zur Abzugsfähigkeit führen.

Beispiel: Dem Beschuldigten wird auferlegt, Zahlungen auf betriebliche Steuern, z.B. Lohnsteuer, Umsatzsteuer, Gewerbesteuer zu erbringen.

Die Einstellung nach § 153a StPO führt **zum Strafklageverbrauch** (vgl. 1239
§ 153a Abs. 1 Satz 4 StPO).

Die Einstellung wird in **kein Register** eingetragen, vgl. Rz. 1550 ff. 1240

Die Einstellung nach § 153a StPO lässt **steuerliche Nebenfolgen** wie 1241
Hinterziehungszinsen, Haftung etc. unberührt. Die Finanzämter setzen regelmäßig nach einer Einstellung des Verfahrens nach § 153a StPO **Hinterziehungszinsen** fest. Ihre Argumentation: Der Steuerpflichtige habe zugestimmt. Voraussetzung des § 153a StPO sei eine geringe Schuld. Bereits diese geringe Schuld löse den Tatbestand der Hinterziehungszinsen aus. Regelmäßig stimmt der Beschuldigte einer Einstellung nach § 153a StPO nur aus pragmatischen Gründen zu, nicht um eine Tat zu gestehen. Man will die Sache vom Tisch haben, bereinigen. In diesem Stadium kann sich der Beschuldigte noch auf die Unschuldsvermutung des Strafverfolgten berufen (s. Rz. 1518). Das **Steuerstreitverfahren** um die Hinterziehungszinsen kann also unbelastet durch ein „Geständnis" geführt werden.

Die Einigung über eine Einstellung nach § 153a StPO ist **nie unmög-** 1242
lich. Schien der Weg zu dieser Einstellung zuerst verschlossen, hat man sich auf einen Strafbefehl (dazu Rz. 1244) verständigt, so kann – ist dem Mandant die Nichtbestrafung dies wert – noch einmal versucht werden, mit dem doppelten Betrag des Strafbefehls die Einstellung nach § 153a StPO zu erreichen. Manchmal gelingt's.

Einstellung nach **§§ 154, 154a StPO**: Hierbei handelt es sich um Ein- 1243
stellungsinstrumente, mit deren Hilfe eine oft erhebliche Reduzierung der strafbefangenen Beträge erreicht werden kann. In der Verhandlung

mit der BuStra-Stelle spielt diese Einstellungsmöglichkeit eine geringe Rolle. Wenn eine Einigung mit der BuStra-Stelle vorliegt, wird allerdings der Sachbearbeiter diese Vorschriften anwenden, um die steuerstrafbefangenen Beträge auf das Maß zu reduzieren, das die bereits erzielte Einigung ermöglicht.

1244 **Strafbefehl**: Der Strafbefehl (§§ 407 ff. StPO) **bestraft**. Er wirkt wie ein Strafurteil. Es liegt folglich eine richtige Strafe vor. Ausgesprochen werden kann u.a. eine Geldstrafe, eine Verwarnung mit Strafvorbehalt und eine Freiheitsstrafe bis zu einem Jahr, soweit sie zur Bewährung ausgesetzt wird.

1245 Die Bestrafung erfolgt in einem **schriftlichen Verfahren**. Es kommt **nicht** zu einer **öffentlichen Hauptverhandlung**. Das Verfahren wird, obwohl es mit Strafe endet, stillschweigend erledigt. Gerade die **stillschweigende Erledigung** ist für viele Beschuldigte besonders **attraktiv**.

1246 Es gilt aber auch: Der Strafbefehl ist häufig **teurer** als eine Geldstrafe oder eine zur Bewährung ausgesetzte Freiheitsstrafe, wenn diese durch ein Strafurteil nach einer Hauptverhandlung festgelegt werden. Steht der Beschuldigte finanziell schlecht da oder kümmert ihn die Öffentlichkeit einer Hauptverhandlung nicht, so kann die Anklageerhebung auch den günstigeren Weg darstellen.

1247 Der Strafbefehl kann von der **BuStra-Stelle** (oder der Staatsanwaltschaft) **beantragt** werden. Der Antrag bedarf **keiner Zustimmung** durch den Beschuldigten oder den Verteidiger. Gleichwohl sind **abgestimmte Strafbefehle** die Regel.

1248 Mit einem **nicht abgestimmten Strafbefehl** kann die BuStra-Stelle ein Strafverfahren vor das Gericht bringen, ohne dass sich die Staatsanwaltschaft mit dem Fall befasst. Wer dies nicht will, sondern die **Abgabe** an die **Staatsanwaltschaft**, sollte mit einem Schriftsatz deutlich zum Ausdruck bringen, dass ein Strafbefehl nicht akzeptiert werden wird. Dies wird auch die Strafsachenstelle veranlassen, die Sache an die Staatsanwaltschaft abzugeben. In Fällen eines nicht abgestimmten Strafbefehls hofft die BuStra-Stelle darüber hinaus, der Beschuldigte werde die schriftliche Bestrafung schon **akzeptieren**. Oft haben Gespräche stattgefunden, wurden Beschuldigtenvernehmungen durchgeführt. Die BuStra-Stelle hat höchst unverbindlich Lösungen vorgeschlagen, die den Beschuldigten und seinen Verteidiger in Optimismus wiegen. Man erwartet ein Bußgeld oder eine Einstellung nach § 153a StPO. Was kommt, ist der Strafbefehl.

Bestraft wird in **Tagessätzen**. Der Gesamtbetrag ergibt sich aus zwei Komponenten: Anzahl der Tagessätze x Höhe des einzelnen Tagessatzes in Euro. Mit der **Höhe** des **Tagessatzes** soll ein verfügbares Tages-Nettoeinkommen abgeschöpft werden. Hier sind Strafsachenstellen flexibel. Maßgebend ist das aktuelle Einkommen. Die BuStra-Stellen begnügen sich oft mit vorsichtigen Schätzungen durch den Steuerberater. Die **Höhe** des **Tagessatzes** beträgt mindestens 1 Euro, höchstens 30.000 Euro (§ 40 Abs. 2 Satz 3 StGB). 1249

Für die **Anzahl** der **Tagessätze** verfügen die BuStra-Stellen über **Tabellen**. Tabellen sind für den Regelfall nicht oder schlecht verteidigter Beschuldigter. Jeder Verteidiger sollte zu erreichen suchen, dass sein Fall individuell beurteilt wird, weil er eben mit keinem anderen Fall vergleichbar ist und sich jeder Tabelle entzieht. In der **Praxis** wird auch vom **Produkt** auf die **Faktoren rückgeschlossen**. Man peilt eine bestimmte Summe an, die sodann in Tagessatz und Anzahl der Tagessätze zerlegt wird. Die Anzahl der Tagessätze beträgt **mindestens fünf, höchstens 360** volle Tagessätze (§ 40 StGB). Die Praxis hat, dem Gesetz folgend, den Rahmen gesprengt. Liegen mehrere Steuerhinterziehungen in sog. Tatmehrheit vor, so können bis zu **720 Tagessätze** dem Strafbefehl zugrunde gelegt werden (§ 54 Abs. 2 StGB). Um ein bestimmtes Ergebnis zu erreichen, kann dies dazu führen, dass eine inhaltlich zusammenhängende Steuerhinterziehung künstlich in zwei Hinterziehungstaten zerlegt wird. 1250

Aus dem Vorgesagten ergibt sich, dass ein **Strafbefehl** über **mehr als 20 Mio. Euro** verfügt werden kann. Solche Strafbefehle gibt es tatsächlich. 1251

Jede Bestrafung durch Strafbefehl wird im **Zentralregister** eingetragen, vgl. Rz. 1550 ff. 1252

Eine besondere Rolle spielt die **Grenze der 90 Tagessätze**. Verurteilungen eines noch nicht Vorbestraften bis zu 90 Tagessätzen sind nicht in ein Führungszeugnis aufzunehmen. Der Betroffene darf sich – trotz der eingetragenen Strafe – als nicht vorbestraft bezeichnen. Vgl. §§ 53, 32 Abs. 2 Nr. 5 BZRG und Rz. 1555. Allerdings können auch in den Fällen bis zu 90 Tagessätzen Gerichte, Staatsanwaltschaften, Finanzbehörden, Ausländerbehörden etc. Einblick in das Bundeszentralregister nehmen. Gleichwohl findet der Strafbefehl bis zu 90 Tagessätzen eine **hohe Akzeptanz**. Das Führungszeugnis bleibt sauber. Von ganz besonderem psychologischem Wert ist die gesetzliche Möglichkeit, sich als nicht vorbestraft zu bezeichnen. 1253

1254 Legt das Finanzamt die im Strafbefehl als hinterzogen festgelegten Beträge den **Hinterziehungszinsen** zugrunde, so kann hiergegen nur im Ausnahmefall angegangen werden. Zwar gilt auch hier, dass das Finanzamt eigenständig die Hinterziehung prüfen und bejahen muss. Der Strafbefehl mit seiner Begründung stellt jedoch ein gutes Begründungselement für das Finanzamt dar. Der Berater muss schon überzeugend plausibel machen, dass bei einem einvernehmlichen Strafbefehl sich die Verständigung nur auf das Ergebnis, nicht auf die Begründung bezog. Oft greifen die Finanzämter mit den Hinterziehungszinsen über den Strafbefehl hinaus. Dies sollte man nicht hinnehmen. Hier lohnt der Streit.

1255 Der Strafbefehl führt zum **Strafklageverbrauch**.

1256 **Bußgeldverfahren**: Die Überleitung eines Strafverfahrens in ein Bußgeldverfahren ist jederzeit möglich. Ob dies geschieht, hängt hauptsächlich von der **Entscheidung** der BuStra-Stelle ab. Niemand kann rational die Grenze zwischen § 370 AO und § 378 AO ziehen. Wenn die BuStra-Stelle die Erledigung in einem Bußgeldbescheid will, ist es möglich, wenn nicht, ist es schwierig zu erreichen.

1257 In Steuerfahndungsverfahren spielt das Bußgeldverfahren **kaum eine Rolle**. Findet man mit der Strafverfolgungsbehörde **nicht** zu einer **einvernehmlichen Erledigung**, so wird **Anklage** erhoben oder gegen den – nicht abgesprochenen – Strafbefehl Einspruch eingelegt; die Sache kommt vor das Strafgericht.

1258 Hat die **Staatsanwaltschaft** den Fall an sich gezogen (s. Rz. 39), tritt sie an die Stelle der in Rz. 1256 beschriebenen Bußgeld- und Strafsachenstelle.

II. Steuerverfahren

1259 Liegt der Fahndungsbericht vor, wird zuerst das Finanzamt tätig. Das Finanzamt **übersendet** i.d.R. den **Bericht**, sofern dies noch nicht durch die Steuerfahndung geschehen ist. Der Steuerpflichtige kann hierzu **Stellung nehmen**.

1260 Es folgen die **Auswertungsbescheide**. Die Ergebnisse der Fahndung werden in Steuerbescheiden festgelegt. Im Einzelfall werden Fahndungsberichte und Auswertungsbescheide zusammen versandt.

Gegen die Steuerbescheide können **Einsprüche** eingelegt werden. Hierüber entscheidet das Finanzamt durch die Einspruchsentscheidung. 1261

Sodann kann **Klage** vor den Finanzgerichten (Finanzgericht, sodann, soweit zulässig, Revision zum BFH) erhoben werden. 1262

Zuständig ist in diesem Verfahrensablauf, soweit noch nicht die Gerichte angerufen sind, das **Finanzamt**. Allerdings wird das Finanzamt die Stellungnahme, die Einspruchsbegründung, oft auch die Klagebegründung, intern an die Steuerfahndung weiterleiten, um deren Stellungnahme oder Meinungsäußerung einzuholen. Dies ist sicher sachlich berechtigt. Ärgerlich ist jedoch, wenn sich das Finanzamt praktisch durch dieses Weiterreichen aus der Verantwortung stiehlt und auf eine Briefträgerfunktion beschränkt, die Schriftsätze abschreibt und weitergibt. Letztlich muss das Veranlagungsfinanzamt die Bescheide verantworten, nicht die Steuerfahndung. 1263

Dritter Teil
Einzelthemen im Zusammenhang

A. Normale, gewerbsmäßige, besonders schwere und leichtfertige Steuerverkürzung

I. Steuerhinterziehung, § 370 AO

Unter den in § 369 Abs. 1 AO allgemein umschriebenen **Steuerstraftaten** stellt in der Praxis der Grundtatbestand der vollendeten Steuerhinterziehung gem. § 370 Abs. 1 AO den häufigsten Anwendungsfall dar. 1264

Nach dem in § 370 Abs. 1 AO beschriebenen Grundtatbestand wird mit Freiheitsstrafe bis zu fünf Jahren oder mit Geldstrafe bestraft, wer 1265

1. den Finanzbehörden oder anderen Behörden über steuerlich erhebliche Tatsachen unrichtige oder unvollständige Angaben macht,
2. die Finanzbehörden pflichtwidrig über steuerlich erhebliche Tatsachen in Unkenntnis lässt oder
3. pflichtwidrig die Verwendung von Steuerzeichen oder Steuerstemplern unterlässt

und dadurch Steuern verkürzt oder für sich oder einen anderen nicht gerechtfertigte Steuervorteile erlangt.

Täter einer Steuerhinterziehung **durch Handeln**, § 370 Abs. 1 Nr. 1 AO, kann jeder sein, der gegenüber den Finanzbehörden unzutreffende Angaben über **steuerlich erhebliche Tatsachen** macht. Neben der Abgabe von Steuererklärungen kommt jedes sonstige Auftreten,[1] z.B. in Betriebsprüfungen oder im Vollstreckungsverfahren in Betracht. Das gilt auch für den steuerlichen Berater.[2] Ferner war längere Zeit umstritten, wie unrichtige Erklärungen zusammenveranlagter Ehegatten zu behandeln sind. Der BGH hat insofern klargestellt, dass es keine steuerliche und somit auch keine strafrechtliche Verantwortlichkeit des nur mit unterzeichnenden Ehegatten für die Erklärung des „Hinterziehers" gibt, soweit sich die Tätigkeit auf die bloße Mitunterzeichnung beschränkt.[3] 1266

---

1 *Schmitz/Wulf* in Münchener Kommentar, StGB, Nebenstrafrecht II, 2. Aufl. 2015, § 370 Rz. 215–216.
2 *Schmitz/Wulf* in Münchener Kommentar, StGB, Nebenstrafrecht II, 2. Aufl. 2015, § 370 Rz. 219.
3 BGH v. 17.4.2008 –5 StR 547/07, wistra 2008, 310.

1267 Wann eine **„unzutreffende Angabe"** vorliegt, kann im Einzelfall kompliziert sein. Häufig ist in Steuererklärungen die eigentliche „Angabe" auf die Eintragung einer Zahl in ein Kästchen reduziert. Der Steuerpflichtige oder dessen Berater muss also vorher selbst eine Subsumtion des Lebenssachverhalts, d.h. der eigentlichen Tatsachen, unter die Steuergesetze vornehmen, bevor die Tatsacheninformation an das Finanzamt eingetragen werden kann. Nach einer starken, in der Literatur vertretenen Ansicht kann bei dieser Subsumtion jede sinnvoll vertretbare Rechtsansicht (also nicht nur „interessante Mindermeinungen") zugrunde gelegt werden.[1] Der BGH hat in seiner Grundsatzentscheidung vom 10.11.1999[2] die Ansicht vertreten, der Steuerpflichtige müsse in der Erklärung kennzeichnen, wenn er von der Rechtsprechung, den Richtlinien der Finanzverwaltung oder der gängigen Veranlagungspraxis abweiche – ansonsten mache er sich wegen Steuerhinterziehung strafbar.[3] Der Finanzbeamte, als Empfänger der Erklärung, gehe immer davon aus, dass diese so, d.h. auf der Basis der Richtlinien und der Rechtsprechung, erstellt würde. Praktisch ist neben der bloßen Information über die Subsumtions-Abweichung noch die prüffähige Darstellung des Lebenssachverhalts erforderlich, damit das Finanzamt eine selbstständige steuerliche Einordnung treffen kann.

1268 Bei der Variante der Steuerhinterziehung durch **Unterlassen**, § 370 Abs. 1 Nr. 2 AO, kommt nur der als Täter in Betracht, den eine **Erklärungs- oder Meldepflicht** trifft. Hinsichtlich der Frage, ob die Finanzbehörde Kenntnis hatte, ist nach der strafrechtlichen Rechtsprechung[4] auf den jeweils zuständigen Finanzbeamten abzustellen. Etwas weiter sieht der BFH[5] den Bereich der Kenntniszuordnung. In einer Entscheidung zur Frage, ob neue Tatsachen i.S.d. § 173 AO vorliegen, wird auf die gesamten aus den Akten hervorgehenden Erkenntnisse abgestellt.

---

1 *Ransiek* in Kohlmann, Steuerstrafrecht, § 370 Rz. 237 ff. (März 2010); *Kürzinger* in Wannemacher, Steuerstrafrecht, 6. Aufl. 2013, § 370 Rz. 86; *Seer* in Tipke/Kruse, AO/FGO, § 150 AO Rz. 17; *Joecks* in Joecks/Jäger/Randt, Steuerstrafrecht, 8. Aufl. 2015, § 370 Rz. 179 ff.

2 BGH v. 10.11.1999 – 5 StR 221/99, wistra 2000, 137 (140).

3 Die Rechtsprechung verstößt gegen das Bestimmtheitsgebot des Art. 103 Abs. 2 GG, soweit von der Finanzverwaltung selbst geschaffene, bloße Verwaltungsrichtlinien als maßgebliche Subsumtionsvorgaben akzeptiert werden (ebenso *Schmitz/Wulf* in Münchener Kommentar, StGB, Nebenstrafrecht II, 2. Aufl. 2015, § 370 Rz. 234, 235).

4 Str., vgl. BayObLG v. 14.3.2002 – 4St RR 8/2002, 4St RR 8/02, wistra 2002, 393.

5 BFH v. 13.6.2012 – VI R 85/10, DStRE 2013, 50.

Der tatbestandsmäßige **Erfolg** tritt erst ein, wenn entweder eine Steuerverkürzung eingetreten ist oder ein nicht gerechtfertigter Steuervorteil erlangt wurde. Ansonsten kommt nur eine **versuchte Steuerhinterziehung** in Betracht, die nach § 370 Abs. 2 AO strafbar ist. 1269

Gegenstand der Verkürzung können neben den **klassischen deutschen Steuern (nach Bundesrecht)** auch **Zölle** und Abschöpfungen sowie **EU-Abgaben** i.S.v. § 370 Abs. 6 Satz 1 AO sowie EU-Umsatzsteuer i.S.v. § 370 Abs. 6 Satz 2 AO sein. Die **Kirchensteuer** zählt als Landessteuer grundsätzlich nicht zu den tatbestandsmäßigen Steuern, es sei denn, Verweisungen in den Landesgesetzen nehmen auf die Strafbarkeitsvorschriften der Abgabenordnung Bezug.[1] Theoretisch problematisch ist, dass nach umstrittener Ansicht eine subsidiäre Strafbarkeit wegen Betrugs nach § 263 StGB in Betracht kommen kann, je nachdem, ob man die Regelung der Steuerhinterziehung in § 370 AO als abschließend ansieht.[2] In der Praxis orientiert sich die Finanzverwaltung an dem offensichtlich erkennbaren Willen der Landesgesetzgeber, nach dem die Kirchensteuerhinterziehung nicht strafbar sein soll.[3] 1270

Der Eintritt des **Verkürzungserfolgs** ist in Einzelfällen umstritten[4]. Für den praktisch am häufigsten vorkommenden Fall der Steuerfestsetzung findet sich eine Legaldefinition in § 370 Abs. 4 Satz 1 AO: Steuern sind namentlich dann verkürzt, wenn sie nicht, nicht in voller Höhe oder nicht rechtzeitig festgesetzt werden; dies gilt auch dann, wenn die Steuer vorläufig oder unter Vorbehalt der Nachprüfung festgesetzt wird oder eine Steueranmeldung einer Steuerfestsetzung unter Vorbehalt der Nachprüfung gleichsteht. 1271

Mit dem Erlass eines **unzutreffenden Festsetzungsbescheids**, der selbst als Grundlagenbescheid i.S.v. § 182 AO für die Steuerfestsetzung bindend ist, ist noch kein Verkürzungserfolg eingetreten.[5] Nach inzwischen gefestigter Rechtsprechung liegt darin aber ein „ungerechtfertigter Steuervorteil" i.S.v. § 370 Abs. 1 a.E. AO,[6] der bereits bei einer 1272

1 So z.B. § 12 Abs. 1 **sächsisches KiStG; unklar** § 21 Satz 2 KiStG Mecklenburg-Vorpommern.

2 *Randt* in Joecks/Jäger/Randt, Steuerstrafrecht, 8. Aufl. 2015, § 386 Rz. 31; offenlassend BGH v. 17.4.2008 – 5 StR 547/07, wistra 2008, 310.

3 *Kemper* in Rolletschke/Kemper, Steuerstrafrecht, § 386 Rz. 42 f. (Juni 2010).

4 Vgl. *Joecks* in Joecks/Jäger/Randt, Steuerstrafrecht, 8. Aufl. 2015, § 370 Rz. 51 ff.

5 BGH v. 10.12.2008 – 1 StR 322/08, wistra 2009, 114 (116).

6 BGH v. 10.12.2008 – 1 StR 322/08, wistra 2009, 114 (116).

unberechtigt hohen Verlustfeststellung gegeben sein soll, selbst wenn sich diese noch gar nicht ausgewirkt hat.[1]

1273 Im Falle einer **zu niedrigen Veranlagung** durch das Finanzamt ist somit durch Ergehen des Bescheids der Verkürzungserfolg eingetreten. Auf eine eventuelle Zahlung der Steuerschuld kommt es nicht mehr an.

1274 Wird im **Unterlassungsfall** keine Steuererklärung abgegeben und erfolgt demnach nicht nur keine rechtzeitige, sondern gar keine Steuerfestsetzung, nimmt die Rechtsprechung den Zeitpunkt des Eintritts des Verkürzungserfolgs grundsätzlich an, wenn die **Veranlagungsarbeiten** für den betreffenden Veranlagungszeitraum **abgeschlossen** sind und sicher ist, dass keine Veranlagung mehr ergehen wird.[2] In einer jüngeren Entscheidung weicht der BGH diese Rechtsprechung etwas auf, indem er im Sinne einer Standardisierung ausführt, bei einfach gelagerten Sachverhalten von einer Bearbeitungszeit von maximal einem Jahr auszugehen.[3] Vor dem Hintergrund des Grundsatzes „in dubio pro reo", nach dem bei Sachverhaltsunsicherheiten immer von der für den Täter günstigeren Variante auszugehen ist, ist eine solche Standardisierung problematisch.[4]

1275 Die **Höhe der Steuerverkürzung** ist maßgeblich für das Verschulden und hat somit unmittelbar Einfluss auf die Strafzumessung. Mit Urteil vom 2.2.2008[5] hat der 1. Strafsenat des BGH erstmals standardisierend in den Bereich der **Strafzumessung** eingegriffen und festgelegt, dass ab einem Gesamtschaden (alle strafrechtlich noch offenen Jahre zusammen) von mehr als 1 Mio. Euro nur noch in besonders gelagerten Ausnahmefällen eine bewährungsfähige Freiheitsstrafe in Betracht komme, eine Geldstrafe solle bei einem Gesamthinterziehungsvolumen von 100.000 Euro ausscheiden. Von einem „besonders schweren Fall" i.S.v. § 370 Abs. 3 Satz 2 Nr. 1 AO ist nach der BGH-Rechtsprechung auszugehen, wenn im Einzelfall, d.h. pro Tat, 50.000 Euro überschritten werden.[6] Für die Instanzgerichte gelten diese Grundsätze seitdem jedenfalls als grobe Richtschnur.

1 BGH v. 22.11.2012 – 1 StR 537/12, wistra 2013, 199.
2 BGH v. 7.11.2001 – 5 StR 395/01, BGHSt 47, 138; *Wulf*, wistra 2003, 89.
3 BGH v. 19.11.2011 – 1 StR 640/10, wistra 2012, 484 (485); *Spatscheck/Bertrand*, DStR 2015, 2420 ff.
4 *Schmitz/Wulf* in Münchener Kommentar, StGB, Nebenstrafrecht II, 2. Aufl. 2015, § 370 AO Rz. 99.
5 BGH v. 2.2.2008 – 1 StR 416/08, wistra 2009, 107 ff.
6 BGH v. 27.10.2015 1 – StR 373/15, wistra 2016, 157 ff.

Der Steuerschaden selbst ergibt sich im Wege einer **Differenzberechnung** der tatsächlich festgesetzten Steuerschuld im Vergleich zu der gesetzlich geschuldeten Steuer, die bei inhaltlich zutreffender, rechtzeitiger Erklärungsabgabe festgesetzt worden wäre[1]. Hierzu hat der Tatrichter nach der Rechtsprechung des BGH[2] eindeutige **Feststellungen im Urteil** zu treffen: Bei der Verurteilung wegen Steuerhinterziehung reicht es regelmäßig nicht aus, dass die das Blankett ausfüllende steuerrechtliche Norm bezeichnet und die Summe der verkürzten Steuern in den Urteilsgründen mitgeteilt wird. Vielmehr muss der Tatrichter für jede Steuerart und jeden Besteuerungszeitraum unter Schuldgesichtspunkten so klare Feststellungen treffen, dass sowohl die dem Schuldspruch zugrunde liegenden steuerrechtlichen Gesichtspunkte als auch die Berechnung der verkürzten Steuern der Höhe nach erkennbar und für das Revisionsgericht nachvollziehbar werden. Es reicht demnach nicht aus, nur die Ergebnisse des Steuerfahndungsberichts in das Urteil zu übernehmen. 1276

Wie der strafrechtlich relevante Verkürzungserfolg im Falle einer **vGA** zu bestimmen ist, hat der BGH[3] in einer Entscheidung zu dem bis 31.12.2000 geltenden Anrechnungsverfahren klargestellt: Verurteilt der Tatrichter einen Angeklagten wegen einer als geschäftsführender Gesellschafter einer GmbH begangenen Körperschaftsteuerhinterziehung, so muss der Geschäftsführer bei der Ausurteilung der korrespondierenden Einkommensteuerhinterziehung wegen der gebotenen Gesamtbetrachtung der begangenen Steuerhinterziehungen strafzumessungsrechtlich so behandelt werden, als ob für die Gesellschaft steuerehrlich gehandelt wurde[4]. Wird dem Gesellschafter-Geschäftsführer zusätzlich Einkommensteuerhinterziehung vorgeworfen, ist der strafrechtlich relevante Hinterziehungsbetrag in zwei Schritten zu berechnen: Zuerst ist bei den Einkünften aus Kapitalvermögen die „Brutto-vGA" unter Einschluss der bei der Gesellschaft anfallenden Körperschaftsteuer in Ansatz zu bringen. In einem zweiten Schritt ist fiktiv der bei steuerehrlichem Verhalten der Gesellschaft beim Gesellschafter abzuziehende Körperschaftsteuerbetrag anzurechnen. Andernfalls würde es zu einer steuerstrafrechtlich nicht hinzunehmenden Doppelbelastung des Angeklagten führen. Liegt hingegen die nach § 44 KStG a.F. zur Körperschaftsteueranrechnung notwendige Bescheinigung nicht vor oder ist 1277

1 *Joecks* in Joecks/Jäger/Randt, Steuerstrafrecht, 8. Aufl. 2015, § 370 Rz. 91.

2 BGH v. 15.3.2005 – 5 StR 469/04, wistra 2005, 307 f., m.w.N.; BGH v. 12.7.2006 – 5 StR 165/06, wistra 2006, 467 ff.

3 BGH v. 12.1.2005 – 5 StR 301/04, wistra 2005, 144.

4 Ebenso BGH v. 7.11.2006 – 5 StR 435/06, wistra 2007, 68.

die Körperschaftsteuerzahlung bei der GmbH nicht gedeckt, § 36a Abs. 1 EStG a.F., darf nur die Netto-Dividende (= vGA) ohne Berücksichtigung der auf die Gewinnausschüttung entfallenen Körperschaftsteuer als Einkünfte aus Kapitalvermögen bei der **Berechnung des Gesellschaftergeschäftsführers** angesetzt werden. Alles andere würde zu einer unzulässigen Doppelbelastung des Gesellschaftergeschäftsführers führen.

1278 Seit der Geltung des **Halbeinkünfteverfahrens** ab 1.1.2001 erfolgt im Falle einer vGA zunächst auf Ebene der Gesellschaft eine Besteuerung des Mehrgewinns, parallel hierzu unterliegt der zugewandte Betrag hälftig der persönlichen Einkommensteuer des Gesellschafters, § 3 Nr. 40 EStG. Mit Inkrafttreten der **Abgeltungsbesteuerung** am 1.1.2009 erfolgt nur noch eine pauschalierte Besteuerung der auf Ebene des Gesellschafters als Einkünfte aus Kapitalvermögen zu erfassenden Gewinnausschüttungen.

1279 Zur Möglichkeit von **Schätzungen** vgl. Rz. 745.

1280 § 370 Abs. 4 Satz 3 AO enthält als Ausnahme von der reinen Differenzbetrachtung ein Ausgleichs- bzw. **Kompensationsverbot**, nach dem eine Steuerverkürzung auch dann vorliegt, *wenn die Steuer, auf die sich die Tat bezieht, aus anderen Gründen hätte ermäßigt oder der Steuervorteil aus anderen Gründen hätte beansprucht werden können*. Die Auslegung dieser Vorschrift bereitet Probleme.[1] Für die Praxis kann aus der Kasuistik der nicht einheitlichen Rechtsprechung[2] folgende Anwendungs-Richtlinie gegeben werden: Zu berücksichtigen sind die steuermindernden Faktoren, die mit den verschwiegenen steuererhöhenden Umständen in einem unmittelbaren wirtschaftlichen Zusammenhang stehen, „sodass die Steuerermäßigung nicht ‚aus anderen Gründen' zu erfolgen hat"[3]. Das führt zu folgender Systematik:[4]

---

1 Zum Streitstand vgl. *Joecks* in Joecks/Jäger/Randt, Steuerstrafrecht, 8. Aufl. 2015, § 370 Rz. 92 ff.; *Schindhelm*, Das Kompensationsverbot im Delikt der Steuerhinterziehung, 2004, 34 f.

2 Der Grundgedanke der Rechtsprechung geht dahin, dem Strafrichter nicht zuzumuten, sich mit völlig fallfremden Steuerminderungsargumenten beschäftigen zu müssen. Nur wenn ein **unmittelbarer Zusammenhang** besteht, der Richter sich hiermit also ohnehin befassen muss und das Minderungsargument ohne weitere Behördenentscheidung selbst umsetzen kann, soll **kein** Kompensationsverbot vorliegen (vgl. BGH v. 5.2.2004 – 5 StR 420/03, wistra 2004, 147, mit Anm. *Buse*, wistra 2004, 267).

3 BGH v. 6.9.2011 – 1 StR 633/10, wistra 2012, 29 ff.

4 *Quedenfeld* in Quedenfeld/Füllsack, 5. Aufl. 2016, Rz. 319.

(1) Soweit eine Steuerminderung **von Amts** wegen zu berücksichtigen ist, entfällt das Kompensationsverbot, z.B. Anrechnung des Körperschaftsteuerguthabens bei der Einkommensteuerhinterziehung im Fall einer vGA.[1]

(2) Soweit ein **Antrag** des Steuerpflichtigen zur Erlangung einer Steuerminderung erforderlich ist und dieser erst nachträglich gestellt wird, greift das Kompensationsverbot ein.

(3) Soweit die Steuerminderung von einem **eigenen Verwaltungs- bzw. Prüfungsverfahren** abhängt, das erst nach der Tat durchgeführt wird, geht die Rechtsprechung von einem Kompensationsverbot aus[2]. Diese Rechtsprechung dürfte auch Auswirkung auf das Verhältnis von Grundlagenbescheid zu Folgebescheid haben. Für Verlustvor- und Rückträge nach § 10d EStG bedeutet das: Liegt der 10d-Bescheid bereits zum Tatzeitpunkt vor, ist der Verlust zu berücksichtigen. Ist der Bescheid bis zur Entscheidung des Strafgerichts noch nicht ergangen, soll der Steuervorteil, selbst wenn er für das Gericht klar erkennbar ist, unter das Kompensationsverbot fallen. Bei engem Verständnis der zitierten Rechtsprechung würde auch ein im Zeitraum von Tatende bis zur Entscheidung des Strafgerichts tatsächlich, abschließend durchgeführtes 10d-Feststellungsverfahren nach dem Kompensationsverbot zu Unrecht nicht berücksichtigt werden. Eine solch strenge Betrachtungsweise ist jedenfalls mit der Arbeitsökonomie des Gerichts nicht zu rechtfertigen. Sie lässt unberücksichtigt, dass die Berücksichtigung des Verlusts nicht im Belieben des Gerichts steht, sondern von Amts wegen erfolgen muss.

(4) Das Kompensationsverbot gilt ebenfalls, soweit eine **Ermessensentscheidung** des Finanzamts für die Steuerminderung erforderlich ist, die jedoch erst nachträglich geltend gemacht wird. Hierunter fällt z.B. die Anerkennung von Betriebsausgaben im Zusammenhang mit der Empfängerbenennung nach § 160 AO.

(5) Selbst wenn kein das Kompensationsverbot entfallen lassender, unmittelbarer Zusammenhang zwischen der Verkürzung und der Steuerminderung vorliegt, ist der Umstand, dass der Beschuldigte von einer „unter dem Strich" deutlich geringeren Gesamtsteuer-

---

1 BGH v. 12.1.2005 – 5 StR 301/04, wistra 2005, 144. Das gilt nur für den Fall, dass die GmbH die geschuldete Körperschaftsteuer tatsächlich bezahlt oder parallel eine Verurteilung wegen Körperschaftsteuerhinterziehung zugunsten der GmbH erfolgt, da es ansonsten zur Doppelbelastung käme.

2 BGH v. 5.2.2004 – 5 StR 420/03, wistra 2004, 147.

schuld ausging, jedenfalls für die Frage des Vorsatzes und somit für die **Strafzumessung** von Bedeutung.[1] Hiervon sind z.B. die Fälle der Umsatzsteuerverkürzung betroffen, in denen die Rechtsprechung dazu neigt, den nach Entdeckung der Tat erstmalig geltend gemachten – allgemeinen – Vorsteuerabzug dem Kompensationsverbot zu unterwerfen.[2]

1281 Das Kompensationsverbot gilt nach h.M. nicht für die Fälle des Unterlassens,[3] da in diesem Fall gar keine Angaben gemacht werden und es somit keine „anderen Gründe" geben kann, die weggelassen werden.

1282 Bei einer **Steuerverkürzung auf Zeit** ist der objektive Tatbestand des § 370 AO entsprechend der Definition *„nicht oder nicht rechtzeitig"* in Abs. 4 Satz 1 AO erfüllt. Die Differenzierung zwischen endgültiger und zeitiger Hinterziehung erfolgt im subjektiven Tatbestand, d.h. entsprechend dem Vorsatz: Hat der Steuerpflichtige z.B. aus Liquiditätsgründen die zutreffende Steuerfestsetzung nur verzögert, ist die Höhe des Hinterziehungsschadens allein vom Tatvorsatz umfasst, also nicht die Steuerschuld als solche, sondern nur der Zinsschaden, der dadurch entsteht, dass dem Staat die Steuerzahlung verspätet zufließt.[4] Bei der Bemessung der Höhe des Verkürzungsschadens greift man auf den gesetzlichen Zinssatz von 6 v.H. in §§ 235, 238 AO zurück. Der Zinslauf beginnt mit dem Zeitpunkt, an dem die ursprüngliche, zu niedrige Steuerfestsetzung erfolgte oder erfolgt wäre, nicht bereits mit dem Entstehungszeitpunkt der Steuer.[5] Er endet mit der zutreffenden Festsetzung der Steuerschuld.

1283 Bei der strafrechtlichen Behandlung eines **Irrtums** des Steuerpflichtigen über rein **steuerliche Fragen** kennt das Steuerstrafrecht Besonderheiten. § 370 AO, der ein vorsätzliches Handeln des Täters voraussetzt, stellt eine **Blankettnorm** dar. Das bedeutet: In der Norm selbst ist nur

1 Angelegt in BGH v. 5.2.2004 – 5 StR 420/03, wistra 2004, 147.
2 BGH v. 24.10.1990 –3 StR 16/90, wistra 1991, 107.
3 *Schmitz/Wulf* in Münchener Kommentar, StGB, Nebenstrafrecht II, 2. Aufl. 2015, § 370 AO Rz. 159.
4 *Joecks* in Joecks/Jäger/Randt, Steuerstrafrecht, 8. Aufl. 2015, § 370 Rz. 110 ff.
5 Zu dem frühen Entstehungszeitpunkt z.B. der Einkommensteuer mit Ablauf des Veranlagungszeitraums wäre auch regulär keine Steuerzahlung erfolgt, sondern erst nach Abgabe der Erklärung innerhalb der hierfür vorgesehenen Frist und einer sich anschließenden Veranlagung, also i.d.R. mindestens ein halbes Jahr später. Diese zeitliche Verzögerung stellt keine Hinterziehung dar, sondern ist dem Erklärungs- und Veranlagungssystem immanent. Sie kann deshalb nicht Teil des tatbestandlichen Verkürzungserfolgs sein.

das Verbot, Steuern zu verkürzen, festgehalten.[1] Ob überhaupt eine Steuerschuld besteht, ist in der AO nicht geregelt, sondern muss den einzelnen Steuergesetzen, wie z.B. dem Einkommensteuergesetz, Umsatzsteuergesetz etc. entnommen werden. Diese gehören somit als Ausfüllung des Tatbestandsmerkmals „Steuern verkürzt" zum objektiven Tatbestand des § 370 AO. Weiß z.B. der Erklärende gar nicht, dass er konkrete – an sich steuerpflichtige – Einkünfte hat (Tatsachen) oder irrt der Steuerpflichtige darüber, dass insofern überhaupt eine Steuer- oder Erklärungspflicht besteht und geht er z.B. davon aus, bestimmte Einnahmen seien nicht oder nicht in voller Höhe einkommensteuerpflichtig, befindet er sich im **Tatbestandsirrtum** i.S.v. § 16 Abs. 1 Satz 1 StGB.[2] Die Strafbarkeit wegen § 370 AO scheidet mangels Vorsatz aus. Es kommt nach § 16 Abs. 1 Satz 2 StGB nur die Bestrafung wegen fahrlässiger Begehungsweise in Betracht. S. hierzu Erläuterungen zu § 378 AO in Rz. 1288.

II. Gewerbs- oder bandenmäßige Steuerhinterziehung, § 370a AO

Mit dem „Steuerverkürzungsbekämpfungsgesetz" vom 27.12.2001[3] 1284
hatte der Gesetzgeber den **Verbrechenstatbestand** der „Gewerbsmäßigen Steuerhinterziehung" (§ 370a AO) eingeführt,[4] der kurz nach seiner Einführung nachgebessert und per 1.1.2008 aufgehoben wurde.[5]

Der BGH hatte zuvor – in einer als außergewöhnlich zu bezeichnenden Rechtsprechung, weil die Frage nicht entscheidungserheblich war – festgestellt, dass diese Vorschrift wegen ihrer **Unklarheit und Unbestimmtheit** den verfassungsmäßigen Anforderungen nicht entspricht.[6] In der Praxis spielte die Norm nie eine Rolle.

1 Wer hierüber irrt, also meint, Steuern dürften hinterzogen werden, befindet sich im **Verbotsirrtum** nach § 17 StGB. Ist er nicht vermeidbar, kommt nur eine Strafmilderung in Betracht.

2 *Ransiek* in Kohlmann, Steuerstrafrecht, § 370 Rz. 656 ff. (April 2016); a.A. wohl *Joecks* in Joecks/Jäger/Randt, Steuerstrafrecht, 8. Aufl. 2015, § 369 Rz. 100 ff., 105, 107 und § 370 Rz. 501 f.; offenlassend BGH v. 8.9.2011 – 1 StR 38/11, wistra 2011, 465 (467).

3 BGBl. I 2001, 3922.

4 Ausführlich und kritisch: *Spatscheck/Wulf*, DB 2001, 2572; *Spatscheck/Wulf*, DB 2002, 392; *Spatscheck/Wulf*, NJW 2002, 2983.

5 Gesetz v. 21.12.2007, BGBl. I 2007, 3198.

6 BGH v. 22.7.2004 – 5 StR 85/04, NJW 2004, 2990; ebenso *Harms* in FS Kohlmann, 2003, 413 ff.

III. Besonders schwerer Fall der Steuerhinterziehung

1285 In § 370 Abs. 3 AO sieht der Gesetzgeber eine Strafrahmenerhöhung auf Freiheitsstrafe von sechs Monaten bis zu zehn Jahren vor. Er bedient sich hierbei der sog. **Regelbeispieltechnik**. Es handelt sich nicht um fest fixierte Tatbestandsqualifikationen, bei deren Erfüllung immer zwingend die vorgegebene Strafrahmenerhöhung eintritt. Vielmehr bedeutet die Erfüllung eines Regelbeispiels nur ein – sicher starkes – Indiz für eine Strafrahmenverschärfung.[1] Insofern ist jedoch nicht ausgeschlossen, dass im Rahmen einer Gesamtwürdigung dennoch keine Strafschärfung eintritt, weil aufgrund besonderer Umstände die Schuld gemindert ist. Andererseits kann die Strafschärfung auch eintreten, wenn kein Regelbeispiel verwirklicht ist, was in der Praxis jedoch selten vorkommt.

1286 Die Norm hat seit dem 1.1.2008 folgenden Wortlaut:[2]

„(3) [1]In besonders schweren Fällen ist die Strafe Freiheitsstrafe von sechs Monaten bis zu zehn Jahren. [2]Ein besonders schwerer Fall liegt i.d.R. vor, wenn der Täter

1. in großem Ausmaß Steuern verkürzt oder nicht gerechtfertigte Steuervorteile erlangt,
2. seine Befugnisse oder seine Stellung als Amtsträger oder Europäischer Amtsträger (§ 11 Absatz 1 Nummer 2a des Strafgesetzbuchs) missbraucht,
3. die Mithilfe eines Amtsträgers oder Europäischen Amtsträgers (§ 11 Absatz 1 Nummer 2a des Strafgesetzbuchs) ausnutzt, der seine Befugnisse oder seine Stellung missbraucht,
4. unter Verwendung nachgemachter oder verfälschter Belege fortgesetzt Steuern verkürzt oder nicht gerechtfertigte Steuervorteile erlangt, oder
5. als Mitglied einer Bande, die sich zur fortgesetzten Begehung von Taten nach Absatz 1 verbunden hat, Umsatz- oder Verbrauchssteuern verkürzt oder nicht gerechtfertigte Umsatz- oder Verbrauchssteuervorteile erlangt."

Von besonderer praktischer Bedeutung ist Nr. 1 „Steuerverkürzung in großem Ausmaß". Nach einer Irrfahrt der Rechtsprechung, die zunächst fallspezifisch zwischen einer Grenze von 50.000 Euro und 100.000 Euro differenzierte, hat der BGH jetzt für alle Fälle eine Betragsgrenze von 50.000 Euro festgelegt.[3] Das bedeutet, dass „i.d.R." ab einem Hinterziehungsbetrag i.H.v. 50.001 Euro pro Tat (also nicht ins-

---

1 Zur Systematik und Prüfungsreihenfolge s. BGH v. 2.12.2008 – 1 StR 416/08, wistra 2009, 107 ff.

2 Gesetz zur Neuregelung der Telekommunikationsüberwachung und anderer verdeckter Ermittlungsmaßnahmen sowie zur Umsetzung der Richtlinie 2006/24/EG, BGBl. I 2007, 3198.

3 BGH v. 27.10.2015 – 1 StR 373/15, wistra 2016, 157 ff.

gesamt, d.h. nicht alle strafrechtlich noch nicht verjährten Zeiträume zusammengerechnet) von einem besonders schweren Fall auszugehen ist.

Die Regelbeispiele des § 370 Abs. 3 AO haben neben der Strafzumessung noch für die Verlängerung der Festsetzungsverjährung, § 376 AO, Bedeutung. S. Rz. 1472. 1287

IV. Leichtfertige Steuerverkürzung, § 378 AO

Es handelt sich um eine **Ordnungswidrigkeit**, die mit einer Geldbuße von bis zu 50.000 Euro geahndet werden kann. Täter kann der Steuerpflichtige selbst oder derjenige sein, der *„bei der Wahrnehmung der Angelegenheiten eines Steuerpflichtigen"* mitwirkt. Letzteres trifft vor allem auf Steuerberater, Wirtschaftsprüfer und Rechtsanwälte[1] zu, soweit sie z.B. an der Erklärungserstellung beteiligt sind.[2] Nach der Rechtsprechung ist es nicht erforderlich, dass durch den Berater eigene Angaben gegenüber dem Finanzamt gemacht werden.[3] Aber auch leitende Angestellte, die nicht als Organe schon für die Erfüllung steuerlicher Pflichten verantwortlich sind, fallen in den Täterkreis.[4] 1288

Leichtfertigkeit als eine besondere Form der Fahrlässigkeit wird angenommen, wenn der Täter aus besonderem Leichtsinn oder besonderer Gleichgültigkeit fahrlässig handelt, d.h. ihm hätte sich die Gefahr der Tatbestandsverwirklichung aufdrängen müssen.[5] 1289

V. Scheingeschäft und Gestaltungsmissbrauch als Hinterziehungstatbestand?

1. Abgrenzung

Wortlaut: 1290

§ 41 AO Unwirksame Rechtsgeschäfte

(1) [1]Ist ein Rechtsgeschäft unwirksam oder wird es unwirksam, so ist dies für die Besteuerung unerheblich, soweit und solange die Beteiligten das wirtschaftliche

1 *Joecks* in Joecks/Jäger/Randt, Steuerstrafrecht, 8. Aufl. 2015, § 378 Rz. 52 ff.
2 *Spatscheck* in Steuerberater Handbuch 2016, 1315 ff.
3 Str. vgl. BFH v. 19.12.2002 – IV R 37/01, wistra 2003, 312 (314); a.A. *Rolletschke*, wistra 2004, 49. Unstreitig kommt eine Tatbestandserfüllung wegen Unterlassen nicht in Betracht, da den Berater keine eigene Erklärungspflicht trifft.
4 *Joecks* in Joecks/Jäger/Randt, Steuerstrafrecht, 8. Aufl. 2015, § 378 Rz. 15–21.
5 *Schauf* in Kohlmann, Steuerstrafrecht, § 378 Rz. 61 f. (Okt. 2009); *Heuel* in Kohlmann, Steuerstrafrecht, § 378 Rz. 61 f. (April 2016).

Ergebnis dieses Rechtsgeschäfts gleichwohl eintreten und bestehen lassen. [2]Dies gilt nicht, soweit sich aus den Steuergesetzen etwas anderes ergibt.

(2) [1]Scheingeschäfte und Scheinhandlungen sind für die Besteuerung unerheblich. [2]Wird durch ein Scheingeschäft ein anderes Rechtsgeschäft verdeckt, so ist das verdeckte Rechtsgeschäft für die Besteuerung maßgebend.

§ 42 AO Missbrauch von rechtlichen Gestaltungsmöglichkeiten[1]

(1) [1]Durch Missbrauch von Gestaltungsmöglichkeiten des Rechts kann das Steuergesetz nicht umgangen werden. [2]Ist der Tatbestand einer Regelung in einem Einzelsteuergesetz erfüllt, die der Verhinderung von Steuerumgehungen dient, so bestimmen sich die Rechtsfolgen nach jener Vorschrift. [3]Anderenfalls entsteht der Steueranspruch beim Vorliegen eines Missbrauchs im Sinne des Absatzes 2 so, wie er bei einer den wirtschaftlichen Vorgängen angemessenen rechtlichen Gestaltung entsteht.

(2) [1]Ein Missbrauch liegt vor, wenn eine unangemessene rechtliche Gestaltung gewählt wird, die beim Steuerpflichtigen oder einem Dritten im Vergleich zu einer angemessenen Gestaltung zu einem gesetzlich nicht vorgesehenen Steuervorteil führt. [2]Dies gilt nicht, wenn der Steuerpflichtige für die gewählte Gestaltung außersteuerliche Gründe nachweist, die nach dem Gesamtbild der Verhältnisse beachtlich sind.

1291 Der Regelungsinhalt des **§ 41 AO** erfasst alle **zivilrechtlich unwirksamen** Rechtsgeschäfte, während **§ 42 AO** zunächst eine **zivilrechtlich wirksame, aber missbräuchliche** Gestaltung voraussetzt. Die Vorschriften können daher nicht nebeneinander angewandt werden.[2]

2. Scheingeschäft, § 41 Abs. 2 AO

1292 Das Steuerrecht folgt dem Grundgedanken der **wirtschaftlichen Betrachtungsweise**. Es knüpft deshalb für die Besteuerung ausschließlich an tatsächliche und nicht an „vorgetäuschte Gegebenheiten" an.[3] **Scheingeschäfte** und Scheinhandlungen sind nach § 41 Abs. 2 AO für die Besteuerung **unerheblich**.

1293 Ein Scheingeschäft liegt vor, wenn sich die Beteiligten darüber einig sind, dass das Erklärte in Wirklichkeit **zivilrechtlich nicht gewollt** ist, was automatisch bedeutet, dass es auch steuerrechtlich nicht gewollt sein kann.[4] Nach der Rechtsprechung liegt ein Scheingeschäft i.S.v. § 41 Abs. 2 AO vor, „wenn die Parteien einverständlich den äußeren

---

1 § 42 AO neu gefasst durch Gesetz v. 20.12.2007, BGBl. I 2007, 3150 – Anwendung seit 1.1.2008.

2 *Drüen* in Tipke/Kruse, AO/FGO, § 41 AO Rz. 74 (Jan. 2014); *Joecks* in Joecks/Jäger/Randt, Steuerstrafrecht, 8. Aufl. 2015, § 370 AO Rz. 193 und 196.

3 *Drüen* in Tipke/Kruse, AO/FGO, § 41 AO Rz. 64 f. (Jan. 2014); BFH v. 8.12.1972 – III R 36/72, BStBl. II 1973, 357.

4 BGH v. 20.3.2002 – 5 StR 448/02, wistra 2002, 221.

Schein als Rechtsgeschäft hervorrufen, dagegen die mit dem betreffenden Rechtsgeschäft verbundenen Rechtswirkungen nicht eintreten lassen wollen"[1]. Diese Grenze hat der BGH in der Entscheidung vom 6.9.2012 ausgedehnt, in der er dem Angeklagten sogar Gewinnanteile zurechnete, die aus Geschäftsanteilen resultierten, deren Treuhandstellung formunwirksam war.[2]

Praktisch kann der Abschluss eines Scheingeschäfts, das ausschließlich 1294 vom Willen der Beteiligten abhängt, nur im Wege des Rückschlusses aus äußeren Tatsachen festgestellt werden.[3] Werden nur einzelne Teile der Vereinbarung wirklich vollzogen, so lässt sich daraus schließen, dass die Beteiligten nur dieses Geschäft gewollt haben und im Übrigen ein Scheingeschäft vorliegt.[4] **Kein Scheingeschäft** liegt vor, wenn der Abschluss gerade dieses Geschäfts nach der Vorstellung der Beteiligten notwendig ist, um den hiermit bezweckten Erfolg eintreten zu lassen.[5]

Steuerstrafrechtlich besteht kein Unterschied zwischen Scheingeschäf- 1295 ten und sonstigen Handlungen, die dem Finanzamt einen Sachverhalt vortäuschen, der hinsichtlich seiner steuererheblichen Merkmale mit der Wirklichkeit nicht übereinstimmt.[6] Kommt durch den Vortrag des Scheingeschäfts eine Steuerverkürzung zustande, ist der objektive Tatbestand der Steuerhinterziehung erfüllt.

3. Missbrauch von Gestaltungsmöglichkeiten, § 42 AO

Umgehungsgeschäfte können begrifflich keine Scheingeschäfte sein. 1296 Die Absicht der Steuerumgehung ist nur zu verwirklichen, wenn das **Umgehungsgeschäft wirklich gewollt** ist. Hierzu muss die bürgerlichrechtliche Vereinbarung wirksam sein – sie wird lediglich steuerlich nach § 42 Abs. 1 Satz 1 AO nicht anerkannt, weil sie eine missbräuchliche Gestaltung zum Zweck der Erlangung von Steuervorteilen darstellt.

Die Schwierigkeit, in einer Gesetzesformulierung abstrakt zu beschrei- 1297 ben, was sich Finanzverwaltung und Gesetzgeber unter den vielen, denkbaren Ausprägungen des Gestaltungsmissbrauchs vorstellen, war

1 BGH v. 22.10.1981 – III ZR 149/80, NJW 1982, 569.
2 BGH v. 6.9.2012 – 1 StR 140/12, BGHSt 58, 1 = wistra 2013, 21.
3 BGH v. 12.2.2003 – 5 StR 165/02, wistra 2003, 262.
4 *Drüen* in Tipke/Kruse, AO/FGO, § 41 AO Rz. 66 (Jan. 2014).
5 BGH v. 20.3.2002 – V StR 484/01, wistra 2002, 221.
6 *Joecks* in Joecks/Jäger/Randt, Steuerstrafrecht, 8. Aufl. 2015, § 370 Rz. 193 f.

in der Vergangenheit Gegenstand fachlicher Diskussionen.[1] Umstritten war vor allem das Verhältnis von spezialgesetzlichen Regelungen zur Generalklausel des Missbrauchsverbots in § 42 AO. Materieller Kern der heutigen gesetzlichen Regelung[2] ist weiterhin[3]: Durch den Missbrauch von Formen und Gestaltungsmöglichkeiten des Rechts darf die Steuerpflicht nicht umgangen oder gemindert werden. Eine Umgehung in diesem Sinne liegt vor, wenn eine Gestaltung gewählt wird, die **gemessen an dem erstrebten Ziel unangemessen** ist, der Steuerminderung dienen soll und durch die wirtschaftlichen oder sonst beachtlichen, nicht steuerlichen Gründe nicht zu rechtfertigen ist. Unangemessen ist eine rechtliche Gestaltung, die sachverständige Beteiligte in Anbetracht des wirtschaftlichen Sachverhalts, insbesondere des erstrebten wirtschaftlichen Ziels, nicht wählen würden. Entsprechend der aktuellen Gesetzessystematik gilt folgende **Prüfungsreihenfolge**:[4]

Schritt 1: Existiert eine **einzelsteuergesetzliche Umgehungsvorschrift** und ist ihr Tatbestand erfüllt (§ 42 Abs. 1 Satz 2 AO)? – Falls Antwort **ja**: Fall **positiver Spezialität**, sodass sich **Rechtsfolgen** allein aus dem **Einzelsteuergesetz** ergeben. Ob ein Missbrauch i.S.d. § 42 Abs. 2 AO vorliegt, ist rechtsfolgenlos. Darum Ende der Prüfung.

Schritt 2: Nur falls **Frage 1 negativ** zu beantworten ist, gilt § 42 Abs. 1 Satz 3 AO:

a) Ist der Tatbestand eines Missbrauchs i.S.d. § 42 Abs. 2 AO gegeben?

b) Falls Antwort **ja**: Rechtsfolge ergibt sich (allein) aus § 42 Abs. 1 Satz 3 AO.

1 Z.B. Referentenentwurf v. 14.6.2007; *Crezelius*, DB 2007, 1430; Kabinettsbeschluss v. 8.8.2007 (BT-Drucks. 16/6290, 24 f. mit Begründung 80 f.); *Fischer*, FR 2007, 857; *Köhler/Tippelhöfer*, IStR 2007, 681; *Loritz*, ZSteu 2007, 416; *Schnitger*, IStR 2007, 733; *Geerling/Gorbauch*, DStR 2007, 1703; *Lenz/Gerhard*, BB 2007, 2429; *Wendt* in DStJG 33 (2010), 121.

2 Gesetz v. 20.12.2007, BGBl. I 2007, 3150 – Anwendung seit 1.1.2008.

3 In Abs. 1 Satz 1. So bereits inhaltlich BFH v. 8.5.2003 – IV R 54/01, DStRE 2003, 132, m.w.N.; Fallbeispiele, z.B. Basisgesellschaften, Anteilsrotation, Familienangehörige etc., bei *Meyer*, PStR 2005, 239 ff.

4 *Drüen* in Tipke/Kruse, AO/FGO, Vor § 42 AO Rz. 10 (Okt. 2010).

Der Missbrauch von Gestaltungsmöglichkeiten ist **nicht** per se als Steuerhinterziehung **strafbar**[1]. Grundsätzlich handelt es sich um eine steuerliche Norm, die strafrechtlich neutral einzuschätzen ist. Ausnahmsweise kann jedoch ein Gestaltungsmissbrauch zur Strafbarkeit führen, wenn der Steuerpflichtige oder ein Dritter das Finanzamt über Tatsachen, die ihn zur Wahl einer ungewöhnlichen Gestaltung bewogen haben oder über einzelne Merkmale der Gestaltung oder die dadurch geregelten Verhältnisse getäuscht oder bewusst im Unklaren gelassen und dadurch dem Finanzamt die Möglichkeit der Prüfung versperrt oder erschwert hat.[2] Soweit in der seit 1.1.2008 geltenden Gesetzesfassung in § 42 Abs. 2 Satz 2 AO eine „Vermutungsregel" enthalten ist, liegt faktisch eine Umkehr der Beweislast vor,[3] nach der vom Steuerpflichtigen die außersteuerlichen Gründe, die ihn zur konkreten Gestaltung bewogen haben, nachgewiesen werden müssen. Nach dem Grundsatz „in dubio pro reo" ist diese „Vermutungsregel" nicht anwendbar.[4] Es kommt allein auf die Einschätzung des Sachverhalts durch den Tatrichter an. 1298

Das LG Frankfurt[5] hat die Grenzen einer Strafbarkeit des Missbrauchs von Gestaltungsmöglichkeiten enger gezogen: Nach dem LG scheidet eine Verurteilung wegen Steuerhinterziehung auf der Grundlage der allgemeinen Grundsätze zu § 42 AO wegen **Verstoßes gegen das Bestimmtheitsgebot** nach Art. 103 Abs. 2 GG aus[6]. Die Unbestimmtheit der Tatbestandsmerkmale des § 42 AO und die „leerformelhafte" abstrakte Auslegung der Steuerrechtsprechung ermögliche keine verlässliche Orientierung über die Grenzen zwischen nicht zu beanstandenden Steuerersparnismaßnahmen und unerlaubter Steuerumgehung[7]. 1299

1 *Joecks* in Joecks/Jäger/Randt, Steuerstrafrecht, 8. Aufl. 2015, § 370 Rz. 198; *Ransiek* in Kohlmann, Steuerstrafrecht, § 370 Rz. 26 ff. (Nov. 2012); BFH v. 14.12.2000 – II B 123/99, BFH/NV 2001, 738.

2 *Ransiek* in Kohlmann, Steuerstrafrecht, § 370 Rz. 26.1 (Nov. 2012); BGH v. 30.5.1990 – 3 StR 55/90, wistra 1990, 307.

3 *Mack/Wollweber*, DStR 2008, 182 (185).

4 *Joecks* in Joecks/Jäger/Randt, Steuerstrafrecht, 8. Aufl. 2015, § 370 Rz. 200.

5 LG Frankfurt v. 28.3.1996 – 5/13 KLs 94 Js 36385/88 (M 3/96), wistra 1997, 152 ff., rkr.

6 LG Frankfurt v. 28.3.1996 – 5/13 KLs 94 Js 36385/88 (M 3/96), wistra 1997, 152, 153.

7 So auch *Ulsenheimer*, wistra 1983, 12 (15 ff.); a.A. *Joecks* in Joecks/Jäger/Randt, Steuerstrafrecht, 8. Aufl. 2015, § 370 Rz. 199.

Eine „Hintertür" lässt das LG Frankfurt vom 28.3.1996[1] im Anschluss an BGH vom 27.1.1982[2], allerdings für **„festumschriebene Fallgruppen"** des § 42 AO offen: Insbesondere die Gewinnverlagerung in das niedrig besteuerte Ausland durch Einschaltung von Basisgesellschaften sei aufgrund der in der Rechtsprechung des BGH herausgearbeiteten Grundsätze ausreichend bestimmt.

4. Sittenwidrige Geschäfte

1300 Für die Besteuerung ist es nach § 40 AO ohne Bedeutung, ob ein Verhalten, das den Tatbestand eines Steuergesetzes ganz oder zum Teil erfüllt, gegen die guten Sitten verstößt. Sittenwidrigkeit und Nichtigkeit sind somit **für die Besteuerung unerheblich**, weshalb auch deliktische Einkünfte besteuert werden. Werden sie nicht deklariert, kommt eine Strafbarkeit wegen Steuerhinterziehung in Betracht.

VI. Besonderheiten des Subventionsbetrugs

1301 Neben dem „klassischen Steuerstrafrecht" spielen häufig Probleme des Subventionsbetrugs i.S.d. § 264 StGB – etwa i.V.m. dem Investitionszulagengesetz – in Ermittlungsverfahren eine Rolle.[3] Die Tatbestandsvoraussetzungen sind für den Beschuldigten **deutlich schärfer** als bei der Steuerhinterziehung. So reicht bspw. die Angabe einer objektiv unzutreffenden, subventionserheblichen Tatsache selbst dann zur objektiven Tatbestandserfüllung aus, wenn die Subvention auch unabhängig hiervon gewährt worden wäre. Obwohl z.B. die Förderung nach dem Investitionszulagengesetz nach den Verfahrensvorschriften der Abgabenordnung vorgenommen wird, gibt es im Falle von Falschangaben beim Subventionsbetrug **keine Selbstanzeigemöglichkeit** i.S.d. § 371 AO.

---

1 LG Frankfurt v. 28.3.1996 – 5/13 KLs 94 Js 36385/88 (M 3/96), wistra 1997, 152.

2 BGH v. 27.1.1982 – 3 Str 217/81, wistra 1982, 108 (109).

3 *Streck/Spatscheck*, DStR Beihefter zu Heft 34/1997.

B. Schätzungen

I. Schätzungen im Steuerverfahren

Das Finanzamt ist berechtigt und verpflichtet, die Besteuerungsgrundlagen zu schätzen, soweit sie nicht abschließend zu ermitteln sind (§ 162 Abs. 1 AO). Gleiches gilt auch für das Finanzgericht (§ 96 Abs. 1 FGO). Die Schätzung ist, wie es in der Gesetzesbegründung heißt, 1302

> „das äußerste Mittel der Finanzbehörde, um die Besteuerungsgrundlagen mit Hilfe von Wahrscheinlichkeitserwägungen – dem Grunde und der Höhe nach – möglichst zutreffend festzustellen. Geschätzt wird, wenn eine sichere Feststellung trotz aller entsprechenden Bemühungen nicht möglich ist".

Die Schätzung ist damit der „Modellfall" der gesetzlich geregelten **Reduzierung des Beweismaßes.**[1]

Das Finanzamt hat insbesondere dann zu schätzen, wenn der Steuerpflichtige seine gesetzlichen Mitwirkungspflichten verletzt (§ 162 Abs. 2 Satz 1 AO). Pointiert und etwas überspitzt lässt sich sagen: Die Finanzämter lieben die in der Abgabenordnung geregelten Mitwirkungspflichten. Sie lieben sie aber nicht deshalb, weil sie sich die Erfüllung dieser Pflichten wünschen, sondern sie wünschen sich gerade umgekehrt die Nichterfüllung, da dies die Möglichkeit zur Schätzung eröffnet. 1303

§ 162 Abs. 2 AO beinhaltet den Grundgedanken der „sphärenorientierten Beweisrisikoverteilung". Je schwerwiegender die **Verletzung der Mitwirkungspflichten** durch den Steuerpflichtigen ist, umso weitgehender darf die bestehende Schätzungsbandbreite zulasten des Steuerpflichtigen ausgeschöpft werden. Im Rahmen eines solchen weiten Schätzungsrahmens sind auch Unsicherheitszuschläge zum Nachteil des Steuerpflichtigen denkbar.[2] 1304

Die Grenze des rechtlich Zulässigen verläuft dort, wo die Schätzung willkürlich wird oder den Charakter einer „Strafschätzung" erhält. Ziel der Schätzung bleibt – auch wenn eine Mitwirkungspflichtverletzung besteht – die Feststellung der Besteuerungsgrundlagen, für welche die **größtmögliche Wahrscheinlichkeit** besteht. Wird der durch diese Vorgabe gespannte Rahmen verlassen, so ist die Schätzung rechtswidrig. 1305

---

1 *Seer* in Tipke/Kruse, AO/FGO, § 162 AO Rz. 2 (Mai 2014).

2 Vgl. nur *Seer* in Tipke/Kruse, AO/FGO, § 162 AO Rz. 32 (Mai 2014); und *Kürzinger* in Wannemacher, Steuerstrafrecht, 6. Aufl. 2013, Rz. 253 ff., m.w.N.

Die Grenzen solcher unzulässigen „Mondschätzungen" sind aber jeweils nur im Einzelfall zu bestimmen.[1]

1306 Das Finanzamt kann prinzipiell frei entscheiden, welche **Methode der Schätzung** es verwendet.[2] Die wichtigsten Schätzmethoden sind der Vorjahresvergleich, der innere Betriebsvergleich verbunden mit einer Nachkalkulation, mathematisch-statistische Prüfungsmethoden (verteilungsbasierte Schätzungen,[3] Zeitreihenvergleich, Chi-Quadrat-Test, Benfordsches Gesetz), der äußere Betriebsvergleich („Richtsatzschätzung") sowie die Vermögenszuwachs- und Geldverkehrsrechnung.[4]

1307 Strittig sind in der Praxis gegenwärtig vor allem die Fälle, in denen die Finanzverwaltung versucht, die Beweiskraft der Buchführung (§ 158 AO) allein auf der Basis eines **Zeitreihenvergleichs** zu erschüttern, um so die Möglichkeit einer steuerlichen Schätzung zu begründen. In Extremfällen werden solche Zeitreihenvergleiche parallel mit der Eröffnung des Steuerstrafverfahrens vorgenommen, um dann den Steuerpflichtigen unmittelbar – unter Androhung weitergehender steuerstrafrechtlicher Schritte – dazu zu nötigen, eine pauschale (Hinzu-)Schätzung zu akzeptieren. Die Rechtsprechung hat sich diesem Problem angenommen und zwischenzeitlich eine Grundsatzentscheidung gefällt. Nach der Entscheidung des X. Senats des BFH vom 25.3.2015[5] gelten folgende Maßstäbe:

„Bei einer Buchführung, die formell ordnungsgemäß ist oder nur geringfügige formelle Mängel aufweist, kann der Nachweis der materiellen Unrichtigkeit grundsätzlich nicht allein aufgrund der Ergebnisse eines Zeitreihenvergleichs geführt werden. Ist die Buchführung formell nicht ordnungsgemäß, sind aber materielle Unrichtigkeiten der Einnahmenerfassung nicht konkret nachgewiesen, können die Ergebnisse eines Zeitreihenvergleichs nur dann einen Anhaltspunkt für die Höhe der erforderlichen Hinzuschätzung bilden, wenn andere Schätzungsmethoden, die auf betriebsinternen Daten aufbauen oder in anderer Weise die individuellen Verhältnisse des jeweiligen Steuerpflichtigen berücksichtigen, nicht sinnvoll einsetzbar sind. Bei verbleibenden Zweifeln können Abschläge in einem Umfang geboten sein, der über eine bloße Abrundung hinausgeht. Steht bereits aus anderen Gründen fest, dass die Buchführung sowohl formell als auch materiell unrichtig ist und übersteigt die nachgewiesene materielle Unrichtigkeit eine von den Umständen des Einzelfalls abhängige Bagatellschwelle, können die Ergebnisse eines technisch korrekt durchgeführten Zeitrei-

1 *Seer* in Tipke/Kruse, AO/FGO, § 162 AO Rz. 44 f. (Mai 2014), m.w.N.
2 BFH v. 25.3.2015 – X R 20/15, BStBl. II 2015, 743 (750).
3 Zu diesem jüngeren Phänomen s. *Wähnert*, StBp 2015, 92.
4 Zu Einzelheiten und zur strafrechtlichen Bedeutung vgl. *Kürzinger* in Wannemacher, Steuerstrafrecht, 6. Aufl. 2013, Rz. 278 ff., m.w.N.; *Tormöhlen*, AO-StB 2013, 256 ff.; *Brinkmann*, StBp 2013, 250 ff.; 291 ff.; 321 ff.
5 BFH v. 25.3.2015 – X R 20/15, BStBl. II 2015, 743.

henvergleichs auch für die Ermittlung der erforderlichen Hinzuschätzung der Höhe nach herangezogen werden, sofern sich im Einzelfall keine andere Schätzungsmethode aufdrängt, die tendenziell zu genaueren Ergebnissen führt und mit vertretbarem Aufwand einsetzbar ist."

Da der Zeitreihenvergleich insbesondere in Fällen der **elektronischen** 1308
Kassenführung seine Anwendung findet und der BFH in derselben Entscheidung vom 25.3.2015 klargestellt hat, dass bei einem programmierbaren Kassensystem bereits das Fehlen der aufbewahrungspflichtigen Betriebsanleitung sowie der Protokolle nachträglicher Programmänderungen einen formellen Mangel darstellt, dessen Bedeutung dem Fehlen von Tagesendsummenbons bei einer Registrierkasse oder dem Fehlen von Kassenberichten bei einer offenen Ladenkasse gleichsteht und der daher grundsätzlich schon für sich genommen zu einer Hinzuschätzung berechtigt,[1] stürzen sich die Betriebsprüfungen in der Praxis neuerdings geradezu auf die Organisationsunterlagen und die Verfahrensdokumentation der Kassen.

Höchstrichterlich nicht abschließend geklärt ist, ob steuerbegründende 1309
Sachverhalte auch „dem Grunde nach" geschätzt werden können, oder ob sich eine **Schätzung** nicht immer **nur auf das quantitative Ausmaß** eines dem Grunde nach feststehenden Sachverhalts beziehen kann. Der I. Senat des BFH hatte in einem Fall betreffend das DBA Deutschland-Schweiz entschieden, dass eine solche **Schätzung „dem Grunde nach" nicht zulässig** sei:

„Soweit das Finanzgericht eine Schätzung von Besteuerungsgrundlagen gemäß § 162 Abs. 1 AO – im Streitfall: als Schätzung der Zahl der Nichtrückkehrtage – für möglich hält, da es den steuererheblichen Sachverhalt (d.h. die Anzahl dieser Nichtrückkehrtage) nicht mit letzter Sicherheit ermitteln könnte, ist ihm nicht beizupflichten. Denn nach der Rechtsprechung des BFH erlaubt § 162 Abs. 1 AO nur die Schätzung quantitativer Größen, nicht aber die Schätzung rein qualitativer Besteuerungsmerkmale im Sinne der tatbestandsmäßigen Voraussetzungen für die Besteuerung."[2]

Hinsichtlich der weiteren Einzelheiten zu den Rahmenbedingungen 1310
steuerlicher Schätzungen wird auf die dahin gehenden Ausführungen in *Streck/Kamps*, Die Außenprüfung[3], verwiesen.

---

1 BFH v. 25.3.2015 – X R 20/15, BStBl. II 2015, 743, 746. Lesenswert hierzu *Kulosa*, DB 2015, 1797, und *Nöcker*, NWB 2015, 3548.

2 BFH v. 3.11.2010 – I R 4/10, BFH/NV 2011, 800; ähnlich zuvor auch BFH v. 10.6.1999 – V R 82/98, DStR 1999, 1265. Zur sphärenorientierten Beweismaßverteilung auch für **steuerbegründende** Tatsachen *Seer* in Tipke/Kruse, AO/FGO, § 162 AO Rz. 5 (Mai 2014).

3 *Streck/Kamps*, Die Außenprüfung, 3. Aufl. 2016.

II. Schätzungen im Steuerstrafverfahren

1311 Nach ständiger Rechtsprechung sind „Schätzungen" auch im Steuerstrafverfahren zulässig.[1] Allerdings sollte man sich über die **Terminologie** im Klaren sein. Wenn man davon ausgeht, dass eine „Schätzung" die Feststellung eines Sachverhalts mit einem verminderten Beweismaß, d.h. mit einem verminderten Maß an Überzeugungsbildung aufseiten des Richters beschreibt, dann kann es sich bei der strafrechtlichen Feststellung der entsprechenden Besteuerungsgrundlagen nicht um eine „Schätzung" im engeren Sinne handeln.

1312 Der Begriff der „Schätzung" wird somit für das Steuerstrafverfahren in einem etwas anderen Sinn verwendet. Er beschreibt lediglich die Vorgehensweise. Unstreitig ist, dass der Strafrichter **jenseits eines vernünftigen Zweifels** allein aufgrund des Grundsatzes „in dubio pro reo" von dem Vorliegen (und der Höhe) der Besteuerungsgrundlagen **überzeugt sein** muss, die er seinem Strafurteil zugrunde legt.[2] Es gilt § 261 StPO. Im Steuerstrafverfahren gelten somit wesentlich strengere Beweisanforderungen an die Richtigkeit der Schätzung als im Besteuerungsverfahren. Eine Feststellung von Tatsachen auf der Basis eines verminderten Beweismaßes ist unzulässig. Der Strafrichter darf seine Überzeugung daher nicht auf Vermutungen oder allein auf Statistiken stützen. Der 1. Strafsenat hat die von der Rechtsprechung anerkannten Schätzungsmöglichkeiten in seiner Entscheidung vom 29.1.2014[3] wie folgt zusammengefasst:

> „Eine Schätzung der Besteuerungsgrundlagen ist zulässig, wenn **feststeht**, dass der Steuerpflichtige einen Besteuerungstatbestand erfüllt hat, das Ausmaß der verwirklichten Besteuerungsgrundlagen aber ungewiss ist. Zur Durchführung der Schätzung kommen die auch im Besteuerungsverfahren anerkannten Schätzungsmethoden zur Anwendung. Erweist sich eine konkrete Ermittlung oder Schätzung der tatsächlichen Umsätze von vornherein oder nach entsprechenden Berechnungsversuchen als nicht möglich, kann pauschal geschätzt werden, auch unter Heranziehung der Richtwerte für Rohgewinnaufschlagsätze aus der Richtsatzsammlung des Bundesministeriums der Finanzen."

1313 Die jüngere Rechtsprechung hat sich mehrfach mit Fehlern der Tatgerichte bei der Schätzung von Besteuerungsgrundlagen für das Strafverfahren beschäftigt:

---

1 BGH v. 4.2.1992 – 5 StR 655/91, wistra 1992, 147; BGH v. 24.5.2007 – 5 StR 58/07, wistra 2007, 345; BGH v. 28.7.2010 – 1 StR 643/09, NStZ 2011, 233; BGH v. 29.1.2014 – 1 StR 561/13, wistra 2014, 276; BGH v. 6.4.2016 – 1 StR 523/15, juris.

2 Vgl. nur *Schmitz/Wulf* in Münchener Kommentar, StGB, Nebenstrafrecht II, 2. Aufl. 2015, § 370 AO Rz. 181 ff., m.w.N.

3 BGH v. 29.1.2014 – 1 StR 561/13, wistra 2014, 276.

So müssen die einzelnen **Komponenten einer Schätzung** von dem Tatrichter selbst überprüft werden und dürfen sich bspw. hinsichtlich des Zollwerts von Zigaretten nicht allein auf die Mitteilung (ausländischer) Zollbehörden stützen.[1]

Weist die Buchhaltung des Betroffenen zahlreiche Mängel auf, darf das Gericht seine Überzeugung zwar aufgrund eigener Schätzung bilden und zur Durchführung der Schätzung auch auf die im Besteuerungsverfahren anerkannten Schätzungsmethoden zurückgreifen. Hierbei kann es auch die Richtwerte für Rohgewinnaufschlagsätze aus der Richtsatzsammlung des BMF heranziehen. In solchen Fällen muss das Tatgericht in den Urteilsgründen jedoch für das Revisionsgericht nachvollziehbar darlegen, wie es zu den Schätzungsergebnissen gelangt ist. Dies erfordert eine für das Revisionsgericht nachprüfbare Darstellung der Schätzungsgrundlagen in den Urteilsgründen.[2]

Bei der Festsetzung des Rohgewinnaufschlagsatzes muss sich das Gericht nicht zugunsten eines Angeklagten an den unteren Werten der in der Richtsatzsammlung genannten Spannen orientieren, wenn sich Anhaltspunkte für eine positivere Ertragslage ergeben.[3]

Gleichwohl muss der Richter sich davon überzeugen, dass die auf diesem Weg festgestellten Beträge jenseits eines vernünftigen Zweifels zutreffend sind. Behauptet der als Zeuge vernommene Steuerfahnder, ihm seien aus der Prüfung von Vergleichsbetrieben (im Beispielsfall: China-Restaurants) deutlich höhere Rohgewinnaufschläge bekannt, als in der amtlichen Richtsatzsammlung dargestellt, so ist dies allein keine ausreichende Grundlage, um von den statistisch feststellbaren Untergrenzen abzuweichen.[4]

Die vorstehend genannte Rechtsprechung erweitert letztlich den **Spielraum der Instanzgerichte**, Schätzungen nach den amtlichen Richtsätzen vorzunehmen und dabei über die dort genannten Untergrenzen hinauszugehen. 1314

Eine ähnliche Tendenz ist bei der Schätzung von Steuerverkürzungen im Bereich der **Lohnsteuerhinterziehung** zu erkennen. Nach der Rechtsprechung des BGH dürfen die Tatgerichte hier mit „branchenüblichen Nettolohnquoten" operieren, wobei im Bereich des lohnintensiven Baugewerbes bei illegalen Beschäftigungsverhältnissen eine Lohnquote 1315

1 BGH v. 19.4.2007 – 5 StR 549/06, wistra 2007, 346.
2 BGH v. 6.10.2014 – 1 StR 214/14, wistra 2015, 63.
3 BGH v. 29.1.2014 – 1 StR 561/13, wistra 2014, 276.
4 BGH v. 24.5.2007 – 5 StR 58/07, wistra 2007, 345, m.w.N.

von rund 2/3 des Nettoumsatzes nicht beanstandet wird.[1] Darüber hinausgehend soll für den Schaden auch auf die Lohnsteuer (berechnet nach Lohnsteuerklasse VI) abgestellt werden dürfen, ohne dass die persönlichen Besteuerungsgrundlagen der Arbeitnehmer und damit deren Einkommensteuerverpflichtungen festgestellt werden müssten.[2]

1316 Nach der Rechtsprechung des BGH darf sich der Strafrichter für seine Feststellungen auch nicht auf **bestandskräftige Steuerbescheide** stützen, ohne diese inhaltlich zu überprüfen.[3] Gleichwohl ist es äußerst gefährlich für die Verteidigung, wenn Steuerbescheide – gerade bei Schätzungen – bestandskräftig werden, bevor das Steuerstrafverfahren abgeschlossen ist. Denn Richter in den unteren Instanzen, d.h. beim Amtsgericht, sehen sich danach häufig einer weiteren Überprüfung der Besteuerungsgrundlagen entledigt.

1317 Auch wenn der Steuerpflichtige im Übrigen selbst die Feststellung seiner Kosten vereitelt hat, indem er *„seine gesamten Unterlagen auf die Müllkippe"* gebracht hat, bleibt der Strafrichter verpflichtet, die entstandenen Kosten des Betriebs zu überprüfen. Im konkreten Beispiel hat der 1. Strafsenat des BGH die pauschale **Schätzung des Betriebskostenanteils** mit höchstens 30 % als unzureichend beurteilt. Die einzelnen Kostenpositionen des Angeklagten seien durch das Landgericht nicht weitergehend untersucht und im Urteil dargestellt worden. Dies wäre aber erforderlich gewesen, um die pauschale Schätzung des Landgerichts im Revisionsverfahren überprüfen zu können. Auch die aus einer vorangegangenen Umsatzsteuer-Sonderprüfung resultierenden Zahlen hätten nicht ungeprüft zur Grundlage des Urteils gemacht werden dürfen. Im Ergebnis wurde die Verurteilung des Angeklagten aufgehoben.[4] Wie in diesem Fall münden Fehler bei der Schätzung häufig in einem Darlegungsmangel des erstinstanzlichen Urteils.

1318 Welche Bedeutung die **Verletzung der steuerlichen Mitwirkungspflichten** für die Schätzung im Strafverfahren haben kann, ist nicht abschließend geklärt. Unstreitig ist, dass Ergebnisse von Schätzungen des Finanzamts wegen Verletzung der steuerlichen Mitwirkungspflichten nicht ohne Weiteres vom Besteuerungsverfahren in das Steuerstraf-

1 BGH v. 10.11.2009 – 1 StR 283/09, wistra 2010, 148; hierzu auch *Tormöhlen*, AO-StB 2013, 256 (259), m.w.N.

2 BGH v. 8.2.2011 – 1 StR 651/10, wistra 2011, 267; kritisch hierzu u.a. *Wulf*, Stbg 2012, 266, m.w.N.

3 In diesem Sinne etwa BGH v. 13.7.2011 – 1 StR 154/11, BFH/NV 2011, 1823.

4 BGH v. 19.7.2007 – 5 StR 251/07, wistra 2007, 470.

verfahren übernommen werden dürfen.[1] Andererseits befreit die fehlende Mitwirkung bspw. in Form einer fehlenden Buchhaltung nicht von der strafrechtlichen Verantwortung.[2] In zwei Entscheidungen, in denen eine erhöhte Mitwirkungspflicht der Steuerpflichtigen nach **§ 90 Abs. 2 Satz 1 AO** bestand, hat sich der 5. Strafsenat des BGH etwas missverständlich geäußert:

„Sollte sich bestätigen, dass der Angeklagte eine Betriebstätte in der Schweiz unterhalten hat, wird anhand der vorhandenen Aufzeichnungen und Geschäftsunterlagen sowie der vom Angeklagten selbst eingeräumten zeitlichen Abläufe eine Aufteilung nach der wirtschaftlichen Verursachung vorzunehmen sein. Dabei ist zu bedenken, dass die im Besteuerungsverfahren geltende erweiterte Sachaufklärungs- und Mitwirkungspflicht der Beteiligten bei Auslandsbeziehungen nach § 90 Abs. 2 AO, die eine Beweiserleichterung für die Finanzverwaltung darstellt, durch die die Regeln der objektiven Beweislast weitgehend zurückgedrängt werden, im Strafverfahren keine Anwendung finden kann; demnach dürfen nicht schon aus der Verletzung der Beweisvorsorge- und Beweisbeschaffungspflicht als solche negative Schlüsse für den Angeklagten gezogen werden. Sind allerdings anhand der vorhandenen Geschäftsunterlagen keine sicheren Feststellungen zur wirtschaftlichen Zuordnung möglich, wird eine Aufteilung im Schätzungswege nach § 162 AO zu erfolgen haben. Im Rahmen der Schätzung muss der Angeklagte sodann allerdings Unsicherheiten zu seinem Nachteil im Rahmen des Schätzungsspielraums gegen sich gelten lassen, die gerade aus der Verletzung der Mitwirkungspflichten nach § 90 Abs. 2 AO erwachsen."[3]

Bleibt man den allgemeinen Grundregeln treu, dann muss der Beschuldigte nur das gegen sich gelten lassen, was der Tatrichter im Rahmen der Beweiswürdigung jenseits eines vernünftigen Zweifels festzustellen vermag. Kommt es zu einem „Fehlurteil", weil der Richter zu einer Überzeugung gelangt, die der Beschuldigte durch Vorlage von Beweisen hätte entkräften können, so kann der Beschuldigte sich nicht beklagen. Für eine darüber hinausgehende Beweismaßreduzierung zum Nachteil des Angeklagten fehlt aber jede Rechtsgrundlage.

III. Praxishinweise für das Steuerfahndungsverfahren

Wohl nirgends in der Besteuerungspraxis wird **mehr geschätzt** als im Steuerfahndungsverfahren. Die Steuerfahndung schätzt, wenn Besteuerungsgrundlagen **objektiv nicht feststellbar** sind, wenn sie bei einer **Mitwirkungsverweigerung** aufseiten des Steuerpflichtigen nicht 1319

1 Vgl. Nr. 127 Abs. 2 Satz 2 AStBV (St) 2014 v. 1.11.2013; *Tormöhlen*, AO-StB 2013, 256.

2 BGH v. 28.7.2010 – 1 StR 643/09, wistra 2011, 28.

3 BGH v. 13.10.1994 – 5 StR 134/94, wistra 1995, 67 (69), zur Betriebstätten-Gewinnabgrenzung im Steuerstrafverfahren; ähnlich BGH v. 26.10.1998 – 5 StR 746/97, wistra 1999, 103 (106).

feststellbar sind oder wenn die Fahndung den Angaben des Steuerpflichtigen keinen Glauben schenkt.

1320 **Diskussion** und **Streit** um Schätzungen sind ein wesentlicher Beratungsteil der Vertretung im Fahndungsverfahren. Die Verteidigung findet daher in solchen Fällen im Wesentlichen im Besteuerungsverfahren statt.

1321 Droht die Steuerfahndung eine „**Mondschätzung**" an, um eine Mitwirkung im Besteuerungsverfahren zu erzwingen, kommt wegen des Verstoßes gegen den Grundsatz der **Selbstbelastungsfreiheit** ein strafrechtliches Verwertungsverbot in analoger Anwendung des § 393 Abs. 1 Satz 2 und 3 AO in Betracht. Dieser Unsicherheit wollen sich Fahnder i.d.R. nicht aussetzen. Es ist vor diesem Hintergrund gelegentlich angebracht, diesen rechtlichen Aspekt anzuführen.

1322 Die zwangsläufige Unsicherheit, die jeder Schätzung anhaftet, geht im Fahndungsverfahren einher mit dem Bemühen, einen Rechtsstreit um Schätzungsbeträge zu vermeiden und eine **Einigung zu erreichen**. Durch die Einigung wird die Schätzung sicher. Dieser Ausschluss der Unsicherheit rechtfertigt, dass die einvernehmliche Schätzung für den Steuerpflichtigen positiver ausfällt als die streitige.

1323 Die **Rechtsprechung** ist äußerst zurückhaltend, bei streitigen Schätzungen zwingende Schätzungsmethoden zuzulassen. Dem Berater wird hier für das Streit- und Verhandlungsgespräch eine Vielzahl von **Argumenten** geliefert. Es ist gerade seine Aufgabe, die Besonderheiten des Einzelfalls herauszuarbeiten und somit pauschalen Schätzungen anhand von angeblichen Vergleichsfällen entgegenzutreten. Es lohnt sich immer, den nachweisbaren Lebenssachverhalt und die im Rahmen einer Schätzung hinzugedachten weiteren Besteuerungsgrundlagen im Einzelnen auf Plausibilität und Schlüssigkeit zu untersuchen. Ferner ist zu überprüfen, ob wirklich alle vorhandenen Informationen ausgewertet wurden. Auch muss nicht jede Berechnung eines Computers richtig sein. Die einzelnen Rechenschritte und Eingaben sind zu erläutern.[1]

1324 Im **Steuerstrafrecht** werden an den **Nachweis verkürzter Steuern** höhere Anforderungen gestellt als bei der steuerlichen Schätzung der Besteuerungsgrundlagen (s. oben.). Eventuelle Zweifel sind zugunsten des Steuerpflichtigen zu berücksichtigen. Dies eröffnet Spielräume für

1 Sehr anschaulich zu den Hebelwirkungen eines technisch fehlerhaft durchgeführten Zeitreihenvergleichs s. BFH v. 25.3.2015 – X R 20/15, BStBl. II 2015, 743 (752 ff.).

eine Einigung zwischen den Beteiligten, bei der die Steuerfahndung ihr gewünschtes steuerliches Mehrergebnis erreicht und der Steuerpflichtige andererseits vor einer (aus seiner Sicht) unangemessenen strafrechtlichen Sanktion verschont bleibt.

Während die Finanzverwaltung in Schätzungsfällen zu Sicherheits- 1325
zuschlägen neigt, berücksichtigen die Strafverfolgungsbehörden und Strafgerichte oft **Sicherheitsabschläge**, um die Umkehr der Beweislast im Steuerstrafverfahren zu berücksichtigen. Solche Abschläge sprechen jedoch gerade für die Unsicherheit der Schätzungen; sie belegen den Mangel im Hinblick auf die erforderliche strafrechtliche Feststellung der hinterzogenen Steuern.

In geeigneten Fällen kann die bestehende Unsicherheit auch dadurch 1326
dokumentiert werden, dass man für den steuerlichen Abschluss bewusst die **Form der tatsächlichen Verständigung** wählt. Denn eine solche Verständigung ist tatbestandlich nur möglich, wenn der Sachverhalt unaufklärbar ist – unaufklärbare Sachverhalte aber sind keine geeignete Grundlage für eine strafrechtliche Sanktion.

Gleichwohl ist zu beachten, dass eine Sachverhaltsschätzung häufig 1327
strafrechtlichen Anforderungen standhält, was Mandanten nicht bedenken, wenn sie bspw. meinen, sich trotz der nachweisbaren Existenz eines unbekannten Auslandskontos im Jahr 2013 mit Aussicht auf Erfolg gegen den Vorwurf der Steuerverkürzung in den vorhergehenden Jahren verteidigen zu können.

Im Übrigen gilt für die Fahndungspraxis: Je **pauschaler** die Schätzun- 1328
gen oder Schätzungseinigungen sind, umso **günstiger** ist dies für den Betroffenen im Steuerstrafverfahren.

C. Treuhandschaft

1329 Wer behauptet, er besitze eine Sache, einen Geldbetrag oder ein Konto nur als **Treuhänder**, muss auf Verlangen nachweisen, wem diese Gegenstände gehören. Es muss zweifelsfrei erkennbar sein, dass der Treuhänder in dieser Eigenschaft – und nicht für eigene Rechnung – tätig geworden ist.[1] Anderenfalls sind sie ihm steuerlich zuzurechnen (§ 159 AO). Ein wesentliches und im Grundsatz unverzichtbares Merkmal einer Treuhandschaft ist die Weisungsbefugnis des Treugebers und somit die Weisungsgebundenheit des Treuhänders. Darüber hinaus muss der Treugeber berechtigt sein, die Rückgabe des Treuguts jederzeit zu verlangen.[2]

1330 Es sind zwei Ermessensentscheidungen der Finanzverwaltung erforderlich, um zu einer steuerlichen Zurechnung zu gelangen:

- Im Hinblick auf das **Nachweisverlangen** des § 159 Abs. 1 Satz 1 Halbsatz 1 AO besteht Ermessen. Nach zutreffender Ansicht handelt es sich hierbei um einen selbstständigen Verwaltungsakt, der gesondert angefochten werden kann.[3]
- Die eigentliche **Zurechnungsentscheidung** nach Prüfung des Ergebnisses des Nachweisverlangens steht ebenfalls im Ermessen der Behörde. Es handelt sich um eine unselbstständige Entscheidung, die nur im Rahmen der Steuerfestsetzung angefochten werden kann.[4]

1331 Die Rechtsfolge des § 159 AO gilt nicht bei Trägern von **Berufsgeheimnissen**; nach § 159 Abs. 2 AO bleibt § 102 AO – Aussageverweigerungsrecht (s. Rz. 739 ff.) – unberührt. Verwalten Anwälte oder Steuerberater Fremdgelder, muss der Eigentümer nicht bekannt gegeben werden. Dies gilt insbesondere für **Anderkonten**. Voraussetzung ist allerdings, dass es sich um im Mandat anvertraute (vgl. § 102 Abs. 1 Nr. 3 Buchst. b AO) Gelder handelt; dies muss glaubhaft gemacht werden.[5]

---

1 BFH v. 28.2.2011- I R 12/00, BFHE 194, 320; FG Münster v. 3.11.2014 – 10 K 1512/10 E, EFG 2015, 697.

2 BFH v. 24.11.2009 – I R 12/09, BStBl. II 2010, 590; BFH v. 26.2.2014 – I R 12/14, BFH/NV 2014, 1544.

3 Str., s. *Seer* in Tipke/Kruse, AO/FGO, § 159 AO Rz. 18 (Mai 2014), m.w.N.

4 *Seer* in Tipke/Kruse, AO/FGO, § 159 AO Rz. 19 (Mai 2014).

5 Vgl. BFH v. 16.10.1986 – II R 220/83, BFH/NV 1988, 429; BFH v. 16.10.1986 – II R 234/82, BFH/NV 1988, 426; BFH v. 7.3.1989 – VIII R 355/82, BFH/NV 1989, 753; BFH v. 21.4.1995 – VIII B 133/94, BFH/NV 1995, 954; FG München v. 2.12.2002 – 1 V 2055/02 und 1 V 2091/02, EFG 2003, 438; *Seer* in Tipke/Kruse, AO/FGO, § 159 AO Rz. 14 (Mai 2014).

Behauptet ein Rechtsanwalt oder Steuerberater, dass er Konten und Wertpapiergutschriftendepots in der Schweiz lediglich treuhänderisch verwalte, kann er sich daher auf sein Auskunftsverweigerungsrecht i.S.d. § 159 Abs. 2 i.V.m. § 102 Abs. 1 Nr. 3 Buchst. b AO nur berufen, wenn feststeht, dass es sich um fremde Gelder handelt.[1] Wurde der Berufsträger von seiner Verschwiegenheitspflicht entbunden oder liegt ein Fall des § 104 Abs. 2 AO vor,[2] findet § 159 Abs. 1 AO hingegen Anwendung.

Steuerstrafrechtlich ist § 159 AO unbeachtlich, da es sich um eine bloße Beweisvorschrift des steuerlichen Verfahrensrechts handelt.[3] 1332

1 FG Baden-Württemberg v. 5.4.2011 – 6 K 475/98, juris; FG München v. 2.12.2002 – 1 V 2055/02, 1 V 2091/02, EFG 2003, 438.
2 Insbesondere die Buchhaltung des Mandanten.
3 *Seer* in Tipke/Kruse, AO/FGO, § 159 AO Rz. 6 a.E. (Mai 2014); *Krause*, DStR 1998, 553, 555; FG München v. 26.11.1997 – 1 K 805/92, EFG 1998, 524 f.

D. Empfänger- und Gläubigerbenennung (§ 160 AO)

I. Zweck und Fahndungserheblichkeit

1333 Wer **Ausgaben** steuerlich absetzen will, muss auf Befragung den **Empfänger** der **Zahlung** benennen (§ 160 AO).[1] Der Zahlungsempfänger bzw. Gläubiger muss richtig bezeichnet sein. Bei der Anwendung des § 160 AO muss das Finanzamt auf zwei Stufen **Ermessen** ausüben.[2] Auf der ersten Stufe ist zu entscheiden, ob überhaupt ein Benennungsverlangen durchgeführt wird (hierzu Rz. 1461). Auf der zweiten Stufe kann das Finanzamt aufgrund des Ergebnisses des Benennungsverlangens die Ausgaben entweder ganz, teilweise oder überhaupt nicht anerkennen (hierzu Rz. 1384).

1334 **Zweck des § 160 AO:** Das Finanzamt soll in die Lage versetzt werden, jederzeit auf der Seite des Zahlungsempfängers die Steuerpflicht zu prüfen,[3] um dort mögliche **Steuerausfälle** zu **verhindern**, die im Zusammenhang mit der Zahlung und der Anerkennung als Betriebsausgabe bzw. Werbungskosten stehen.[4] Insoweit handelt es sich bei § 160 AO um gesetzlich sanktionierte, systemgerechte „Denunziation".[5] Außerdem sollte § 160 AO „verwerflichem Geschäftsgebaren", z.B. Schmiergeldzahlungen (hierzu Rz. 1408), vorbeugen.[6]

1335 Der Zahlende **haftet** für die **Richtigkeit** der Benennung. Er trägt das Risiko, dass ihm von dem Zahlungsempfänger der richtige Name genannt wird. Ohne Belang ist, ob der Zahlende den Empfänger mit oder

---

1 BFH v. 17.12.1980 – I R 148/76, BStBl. II 1981, 333; BFH v. 30.3.1983 – I R 228/78, BStBl. II 1983, 654. Voraussetzung ist, dass dem Grunde nach Werbungskosten oder Betriebsausgaben vorliegen, was zuerst zu prüfen ist (BFH v. 14.6.2005 – VIII R 37/03, DStRE 2006, 117; BFH v. 5.8.2010 – IX B 30/10, BFH/NV 2010, 2104).

2 *Spatscheck/Alvermann*, DStR 1999, 1427; *Rüsken* in Klein, AO, 13. Aufl. 2016, § 160 Rz. 2.

3 Zu dem Thema auch *Stahl*, KÖSDI 1993, 9286; *List*, BB 1994, 1535; *Meyer*, DStR 1995, 1369.

4 BFH v. 10.3.1999 – XI R 10/89, DStRE 1999, 528 (530 f.).

5 Was BFH v. 17.12.1980 – I R 148/76, BStBl. II 1981, 333, bestreitet, da der Steuerbürger die Benennung verweigern könne.

6 Str., BFH v. 17.12.1980 – I R 148/76, BStBl. II 1981, 333, m.w.N.; nach *Jüptner*, FR 1985, 12, hat § 160 AO nur einen Zweck, nämlich dem Staat Einnahmen zu verschaffen.

ohne Verschulden nicht benennen kann.[1] § 160 AO stellt eine Art **„Gefährdungshaftung„** dar.[2]

Die Frage der Empfängerbenennung spielt eine **erhebliche Rolle** in Fahndungsverfahren. 1336

Beispiele: Löhne werden mit falscher Empfängerbenennung verbucht oder werden als Einkäufe oder sonstige Leistungen kaschiert. **Subunternehmerverhältnisse** werden fingiert oder zur Verdeckung unerlaubter Arbeitnehmerüberlassung benutzt. **Ausländischen Beratern** werden Honorare im Zusammenhang mit einem Projekt des Unternehmens bezahlt. Im **Schrotthandel** wird Schrott sowohl von Firmen als auch von Arbeitern und Angestellten von Firmen gekauft, bei denen Schrott anfällt; der Einkäufer arbeitet mit fingierten Firmen oder benennt wahrheitswidrig echte Firmen.[3] Ähnliche Probleme gibt es im **Antiquitäten- und Kunsthandel.**[4]

II. Tatbestand

1. Empfängerbenennung

Der Steuerpflichtige muss bei für die **Besteuerung erheblichen Ausgaben,**[5] z.B. Betriebsausgaben, den **Empfänger benennen.** 1337

Empfänger ist derjenige, „dem der in der Betriebsausgabe enthaltene wirtschaftliche Wert übertragen" wird.[6] 1338

Wird die Zahlung von einer **Hilfsperson** an den Empfänger weitergeleitet, ist nicht die Hilfsperson, sondern der Endempfänger zu benennen (s. weiter Rz. 1345, 1347 ff.).[7] 1339

Erforderlich ist, dass **Name** und **Anschrift** zum Zahlungszeitpunkt genannt werden.[8] Eine Geschäftsadresse reicht, die Anschrift des Arbeit- 1340

---

1 Vgl. hierzu im Einzelnen *Seer* in Tipke/Kruse, AO/FGO, § 160 AO Rz. 1 a.E., Rz. 4 (beide Jan. 2014).

2 *Spatscheck/Alvermann*, DStR 1999, 1427 (1429).

3 Zum Schrotthandel s. FG Hessen v. 3.12.1980 – X 369/76, EFG 1981, 323.

4 Zum Antiquitätenhandel vgl. FG Hamburg v. 11.10.1977 – I 53/76, EFG 1978, 107.

5 Erfasst werden soll jede Art von steuerlich erheblicher Belastung oder Aufwendung, *Seer* in Tipke/Kruse, AO/FGO, § 160 AO Rz. 7 ff. (Jan. 2014).

6 Grundlegend BFH v. 20.4.2005 – X R 40/04, BFH/NV 2005, 1739; fortgeführt in BFH v. 17.11.2010 – I B 143/10, BFH/NV 2011, 198; FG München v. 26.10.2015 – 7 K 3069/13, juris.

7 Vgl. BFH v. 20.4.2005 – X R 40/04, BFH/NV 2005, 1739.

8 Der Empfänger und dessen Finanzamt müssen ohne eigene Ermittlungen der Finanzbehörde des Zahlenden festgestellt werden können. Ggf. muss sich der Steuerpflichtige durch die Vorlage von Personalausweis, Pass etc. über die Identität vergewissern. Sind Name und Adresse nur **fingiert**, ist dem Zah-

gebers soll nicht reichen.[1] Unzureichend sind ebenfalls die Angabe des Namens einer Person und die Benennung des Gasthofs, wo man sie getroffen hat.[2] Der Zahlende muss Anschriftenänderungen nicht verfolgen. Hat er zuerst Name und Anschrift nicht benannt, kann er den Empfänger später noch – eventuell aufspüren und – benennen.

1341 Es gibt Sachverhalte, in welchen **nicht jede einzelne Person**, die Gelder erhalten hat, benannt werden muss. In einer BFH-Entscheidung lag der Sachverhalt so, dass die „Belegschaft" von metallverarbeitenden Betrieben Schrott verkaufte.[3] Hier sah es der BFH nicht als erforderlich an, dass jedes einzelne Belegschaftsmitglied benannt wird. Es reiche aus, wenn der Anlieferer und die Firma der Belegschaft benannt werden. Die Finanzverwaltung könne sodann die steuerpflichtigen Vorgänge ermitteln.

1342 § 160 AO gilt auch bei **Schätzungen**, d.h. die Steuerfahndung kann bei einer Schätzung die Betriebsausgabenseite vernachlässigen, sofern die Empfänger nicht benannt werden.[4] Gleichwohl darf im Rahmen einer Schätzung § 160 AO nur dann angewandt werden, wenn Anhaltspunkte vorliegen, dass die Empfänger der im Rahmen der Schätzung zu berücksichtigenden Betriebsausgaben diese nicht versteuerten;[5] anderenfalls wäre die Anwendung des § 160 AO ermessensfehlerhaft (Rz. 1385).

1343 § 160 AO ist regelmäßig in Betriebsprüfungen ein Thema, wenn Zahlungen an **Gesellschaften** im **Ausland**, zumeist in **Niedrigsteuerländern**, erbracht werden und der Verdacht besteht, dass diese als Empfänger benannt werden, im Übrigen jedoch nur die Gelder weiterleiten (sog. **Domizilgesellschaften**).[6]

1344 **Fallbeispiel:** Ein deutsches Unternehmen erhält Aufträge eines inländischen Unternehmens nur, wenn es Provisionszahlungen an eine Gesellschaft in einem Niedrigsteuerland (Liechtenstein, Kanal-Inseln, Gibraltar) zahlt. Der Zahlungsverkehr mit der ausländischen Gesellschaft wird offen abgewickelt. Als Empfän-

---

lenden die Gelegenheit zu „**Nachermittlungen**„ zu geben (*Seer* in Tipke/Kruse, AO/FGO, § 160 AO Rz. 24 [Jan. 2014], m.w.N.).

1 So betreffend einen im Dienstverhältnis beschäftigten Arzt: Wohnanschrift erforderlich (BFH v. 15.3.1995 – I R 46/94, BB 1995, 2256).

2 BFH v. 9.4.1987 – IV R 142/85, BFH/NV 1987, 689.

3 BFH v. 25.11.1986 – VIII R 350/82, BStBl. II 1987, 286, mit HFR-Anm. 1987, 230; dazu auch *Offerhaus*, StBp 1987, 70 (138).

4 BFH v. 23.3.1966 – IV 248/63, BStBl. III 1966, 360; BFH v. 5.5.1966 – IV 37/64, BStBl. III 1966, 518.

5 BFH v. 15.1.1960 – VI 147/59 U, BStBl. III 1960, 167.

6 Vgl. hierzu *Seer* in Tipke/Kruse, AO/FGO, § 160 AO Rz. 22 (Jan. 2014); *Goertzen*, FR 1994, 770.

ger wird die ausländische Gesellschaft genannt. Die Gesellschafter der ausländischen Gesellschaft sind unbekannt.

Ausgehend von der Rechtsprechung zur **Hilfsperson** (Rz. 1339) hat der BFH erstmals in der Entscheidung vom 25.8.1986, die der Finanzverwaltung so wichtig war, dass sie alles unternahm, um diese, welche zuerst an anderer Stelle veröffentlicht worden war, auch im Bundessteuerblatt abzudrucken, ausdrücklich zu **Domizilgesellschaften** Stellung bezogen.[1] Der Leitsatz lautet: „Als Empfänger von Ausgaben i.S. des § 160 (Abs. 1) Satz 1 AO 1977 kann anstelle der im Ausland ansässigen Domizilgesellschaft die hinter ihr stehende Person oder Personenmehrheit anzusehen sein." 1345

Inzwischen existiert eine gefestigte Rechtsprechung zu **Domizilgesellschaften**, die so zusammengefasst werden kann:[2] Erbringt ein Steuerpflichtiger an eine – i.d.R. keine eigene wirtschaftliche Tätigkeit ausübende – Domizilgesellschaft Zahlungen für Leistungen, die diese mangels fach- und branchenkundigen Personals nicht erbringen kann, so ist Zahlungsempfänger nicht die Domizilgesellschaft, sondern diejenigen, an die die Gelder wirtschaftlich weitergeleitet worden sind.[3] Als solche kommen die Anteilseigner[4], aber auch – zur Überprüfung eventueller Rückflüsse – die Auftragnehmer[5] der Domizilgesellschaft in Betracht, vor allem wenn diese letztlich allein in der Lage waren, die vergütete Leistung zu erbringen.[6] 1346

Hieraus wurde inzwischen die **Standardvermutung** der Finanzverwaltung in entsprechenden Auslandsfällen: Immer dann, wenn Geldzahlungen an ausländische Gesellschaften erfolgten, fordert man, der tatsächliche Empfänger „hinter der Gesellschaft" möge benannt werden. Hierbei lehrt die Praxis, dass die Finanzverwaltung i.d.R. diesen Emp- 1347

---

1 BFH v. 25.8.1986 – IV B 76/86, BStBl. II 1987, 481, zuvor BFH/NV 1987, 13; Vorinstanz FG München v. 9.4.1986 – XII 284/85, EFG 1986, 506. Folgend FG Hessen v. 11.12.1990 – 12 K 76/87, EFG 1991, 441.

2 Vgl. *Seer* in Tipke/Kruse, AO/FGO, § 160 AO Rz. 22 (Jan. 2014), m.w.N.

3 BFH v. 20.4.2005 – X 40/04, BFH/NV 2005, 1739.

4 *Seer* in Tipke/Kruse, AO/FGO, § 160 AO Rz. 22 (Jan. 2014); BFH v. 20.4.2005 – X 40/04, BFH/NV 2005, 1739.

5 So BFH v. 10.11.1998 – I R 108/97, BStBl. II 1999, 121; a.A. *Spatscheck/Alvermann*, DStR 1999, 1427 (1428): Es ist für den Steuerpflichtigen unzumutbar, wenn nicht unmöglich, Informationen außerhalb seiner eigenen Geschäftsbeziehung zu der Gesellschaft vorzulegen. Regelmäßig wird es sich bei den Auftragsverhältnissen zu Dritten um geschützte Geschäftsgeheimnisse handeln.

6 Ziff. 3 AEAO zu § 160 (Stand 31.1.2014) mit Hinweis auf BFH v. 11.7.2013 – IV R 27/09, BStBl. II 2013, 989.

fänger tatsächlich gar nicht benannt haben will. Der Prüfer will als Rechtsfolge die Kürzung der Betriebsausgaben (Rz. 1384 ff.). Nennt man nämlich weitere Empfänger „hinter der Gesellschaft", so folgt sehr schnell der Gegenzug der Fahndung, dies sei gerade nicht der Empfänger, oder: Man möge beweisen, dass dies der tatsächliche Empfänger sei. In der Entscheidung des BFH vom 25.8.1986[1] waren Honorarzahlungen für **Architektenleistungen** an eine Gesellschaft in Liechtenstein geflossen. Unstreitig gab es keinen Architekten in dieser Gesellschaft. Unstreitig hat die Liechtensteiner Gesellschaft nur von Zeit zu Zeit freie Mitarbeiter für Architektenleistungen in Anspruch genommen (so der Vortrag). Hier verlangt der BFH, dass diese „freien Mitarbeiter" benannt werden. In der Tat kann man es nicht als unbillig ansehen, dass die Benennung der Gesellschaft bei diesem Sachverhalt nicht ausreicht. Diese Entscheidung kann aber nicht als Beleg herangezogen werden, um grundsätzlich zu verlangen, die „Hintermänner" ausländischer Gesellschaften zu bezeichnen, und zwar auch dann, wenn die Gesellschaft sehr wohl die Leistung erbringen kann, die mit der Geldzahlung verbunden ist.

1348 Dass der **BFH nicht so weit gehen will**, wie die Finanzverwaltung es gerne sieht, zeigt schon seine frühe Entscheidung vom 24.3.1987[2]. Es ging um ein **Darlehensverhältnis** einer Liechtensteiner Gesellschaft. Der BFH verlangte die Angabe, wer Gesellschafter der Liechtensteiner Gesellschaft ist. Da die Gesellschaft in der Lage war, die Darlehen zu geben, ist er bereits bei dieser Anforderung nicht so streng wie in der in Rz. 1345 behandelten Entscheidung. Es ging um die Aussetzung der Vollziehung. Der BFH gab dem Aussetzungsantrag statt. Bezüglich der hinter der Liechtensteiner Gesellschaft stehenden Gesellschafter führt der BFH aus:

> „Die Antragsteller haben eidesstattliche Versicherungen angeboten, wonach sie weder mittelbar noch unmittelbar an der X-AG (dies ist die Liechtensteiner Gesellschaft) beteiligt seien. Darüber hinaus haben sie Bescheinigungen der Y-AG und der schweizerischen Rechtsanwältin über die tatsächlichen Beteiligungsverhältnisse vorgelegt. Nach diesen Erklärungen werden Y-AG und X-AG von einem in der Schweiz ansässigen belgischen Staatsangehörigen beherrscht."

Dies reichte dem BFH. Weiß man, wie zurückhaltend ansonsten die Finanzverwaltung ist, irgendwelche Bestätigungen aus dem Ausland zu akzeptieren, so erkennt man die gegenüber dem Steuerpflichtigen positive Tendenz, welche inzwischen in den AEAO eingeflossen ist.[3]

1 BFH v. 25.8.1986 – B 76/86, BStBl. II 1987, 481.
2 BFH v. 24.3.1987 – I B 156/86, BFH/NV 1988, 208.
3 Ziff. 4 AEAO zu § 160 (Stand 31.1.2014).

Demnach kann auf den Empfängernachweis verzichtet werden, wenn feststeht, dass die Zahlung im Rahmen eines üblichen Handelsgeschäfts erfolgte, der Geldbetrag ins Ausland abgeflossen ist und der Empfänger nicht der deutschen Steuerpflicht unterliegt. Allerdings liest man auch in der oben zitierten Entscheidung:

„Der Senat verkennt jedoch nicht, dass nach den Gesamtumständen des Streitfalls erhebliche Zweifel am Fremdkapitalcharakter der Darlehensbeträge bestehen bleiben. Es erscheint denkbar, dass aufgrund bisher nicht bekannter Tatumstände eine Zurechnung von Darlehenszuflüssen und Zinsen auf der Grundlage anderer gesetzlicher Vorschriften erfolgen muss."

Dieser Satz erscheint wie eine Denksportaufgabe für die Finanzverwaltung; denn die „anderen gesetzlichen Vorschriften" werden nicht genannt. Wie man in Rz. 1390 nachlesen kann, handelt es sich um § 162 AO.

Allerdings muss man für die Fahndungspraxis davon ausgehen, dass 1349
der BFH bei **unklaren Auslandsbeziehungen** grundsätzlich das **Benennungsverlangen** für **gerechtfertigt** hält,[1] da gerade bei Auslandsbeziehungen nach § 90 Abs. 2 AO eine erhöhte Mitwirkungspflicht und somit eine erhöhte Verpflichtung zur Beweisvorsorge besteht.

Der BFH vergisst jedoch nicht, immer wieder auf **Relativierungen** und 1350
Differenzierungen hinzuweisen. Bei **„handelsüblichen Liefergeschäften"** muss nicht nach weiteren Hintermännern gesucht werden.[2] Der **Hintermann hinter** dem **Hintermann** muss nicht benannt werden.[3]

Geht es um **Provisionszahlungen** an ausländische Gesellschaften, so 1351
sollte man die möglichen **Sachverhaltsalternativen** sorgfältig auseinanderhalten.

Die ausländische Gesellschaft ist im wirtschaftlichen Sinn **Handelsver-** 1352
treter. Sie ist als solcher tätig. Die Betriebsausgaben sind anzuerkennen. Dem Gebot des § 160 AO – Empfängerbenennung – ist Genüge getan.

Die ausländische Gesellschaft verwendet die Provision, um im Rahmen 1353
einer eigenständigen Entscheidung die **Auftraggeber**, und zwar deren

---

1 BFH v. 20.4.2005 – X 40/04, BFH/NV 2005, 1739; BFH v. 5.11.1992 – I R 8/91, BFH/NV 1994, 357; BFH v. 3.12.1993 – I B 145/93, BFH/NV 1994, 688; BFH v. 19.1.1994 – I R 40/92, BFH/NV 1995, 181; BFH v. 1.6.1994 – X R 73/91, BFH/NV 1995, 2; BFH v. 30.8.1995 – I R 126/94, BFH/NV 1996, 267. Vgl. auch FG Saarland v. 25.10.1995 – 1 K 240/94, EFG 1996, 44.

2 BFH v. 19.1.1994 – I R 40/92, BFH/NV 1995, 181.

3 BFH v. 1.6.1994 – X R 73/91, BFH/NV 1995, 2; inzwischen in Ziff. 4 AEAO zu § 160 (Stand 31.1.2014).

Angestellte, zu **schmieren.**[1] Bei der ausländischen Gesellschaft bleibt nur ein Differenzbetrag hängen, nämlich das Entgelt für den Initiator. Das Unternehmen wird planvoll eingesetzt und gesteuert von einer **Person**, die mit dem **deutschen Zahlenden nichts zu tun hat**. Auch in diesem Fall ist der Betriebsausgabenabzug anzuerkennen. Das ausländische Unternehmen ist keine Hilfsperson, da es eine eigenständige Maklerfunktion ausübt. Die Steuerfahndung wird dies anders sehen.

1354 Theoretisch unproblematisch ist die Situation, wenn es um ein internationales Geschäft geht und sich hinter der Gesellschaft im Niedrigsteuerland **nicht** im **Inland steuerpflichtige Personen** verbergen. Da es ermessenswidrig ist, die Benennung dieser Personen zu verlangen (s. Rz. 1362 ff.), reicht i.d.R. die Benennung der ausländischen Gesellschaft. Allerdings ist dies nur theoretisch unproblematisch, weil es oft äußerst schwierig ist, glaubhaft zu machen, dass hinter der Gesellschaft nicht im Inland steuerpflichtige Personen stehen.

1355 Eine wesentliche Ergänzung zu § 160 AO enthält **§ 16 AStG**: Wird der Abzug von Betriebsausgaben begehrt, die an eine Person im Ausland gezahlt werden, „die mit ihren Einkünften ... nicht oder nur unwesentlich besteuert wird", so ist der Empfänger i.S.v. § 16 AStG erst dann genau bezeichnet, „wenn der Steuerpflichtige alle Beziehungen offenlegt, die unmittelbar oder mittelbar zwischen ihm und der Gesellschaft, Person oder Personengesellschaft bestehen oder bestanden haben". Die Richtigkeit der Bezeichnung und der Angaben ist ggf. durch eine eidesstattliche Versicherung zu bestätigen (§ 16 Abs. 2 AStG).

1356 So belastend § 16 AStG ist, erlaubt die Vorschrift jedoch einen positiven **Umkehrschluss**: Die über die Empfängerbenennung hinausgehende Darstellung der in § 16 Abs. 1 AStG geforderten Umstände ist gerade bei § 160 AO nicht erforderlich.[2]

1357 Die Erfüllung der vom Finanzamt verlangten Empfängerbenennung ist noch während der **Rechtsbehelfsverfahren** (Einspruch, Klage) möglich.

---

1 Zur Behandlung von Schmiergeldzahlungen und der Versagung des Betriebsausgabenabzugs aus anderem Grund vgl. Rz. 1408 ff.

2 Obwohl dies in der Praxis häufig gefordert wird, vgl. Rz. 1345 ff. Ebenso: *Gosch*, StBp 1999, 81 (82); *Schmitz*, IStR 1997, 193 (197); *Spatscheck/Alvermann*, DStR 1999, 1427 (1428); BFH v. 1.6.1994 – X R 73/91, BFH/NV 1995, 2 (3 f.).

Der **letzte Zeitpunkt** ist die mündliche Verhandlung vor dem Finanzgericht.[1]

Wird der Empfänger nach Bestandskraft des Bescheids doch noch ermittelt, liegt eine **neue Tatsache** i.S.v. § 173 Abs. 1 Nr. 2 AO vor, die bei Erfüllung der weiteren Tatbestandsvoraussetzungen[2] eine Änderung des Bescheids ermöglicht.[3] 1358

Es ist also denkbar, die Benennung zeitlich zu verzögern, um dem Zahlungsempfänger die Möglichkeit der **Selbstanzeige** (s. Rz. 179) zu geben. 1359

2. Benennungsverlangen

Der Empfänger muss erst **auf Verlangen** des Finanzamts bezeichnet werden. 1360

Der BFH verlangt ein **klares Verlangen** der Empfängerbenennung. Schwankt das Finanzamt mit der Anforderung, den Empfänger zu benennen, so kann die Folge des § 160 AO nicht gezogen werden.[4] 1361

Das Verlangen setzt eine **Ermessensentscheidung** voraus, die den Zweck des § 160 AO berücksichtigt.[5] 1362

§ 160 AO steht unter dem Gebot, dass das Verlangen, den Empfänger zu benennen, **zumutbar** sein muss.[6] Die Grenze wird jedoch außerordentlich weit gezogen. Drohende Geschäftsschädigung, Vertragsverletzungen, Vertrauensbrüche usw. reichen nicht aus, um die Benennung zu hindern.[7] Die **Grenze** ist erst erreicht, wenn die für den Steuerpflichti-

---

1 *Rüsken* in Klein, AO, 13. Aufl. 2016, § 160 Rz. 16, 18, 31; *Padberg*, FR 1977, 560 (570). Das Finanzgericht wird jedoch die **Verfahrenskosten** bis zur korrekten Empfängerbenennung dem Steuerpflichtigen/Kläger auferlegen.

2 Zu denken ist hier vor allem daran, dass kein „grobes Verschulden" des Steuerpflichtigen vorliegen darf.

3 Str., *Seer* in Tipke/Kruse, AO/FGO, § 160 AO Rz. 33 (Jan. 2014); *Baum* in Koch/Scholtz, AO, 5. Aufl. 1996, § 160 Rz. 15.

4 Vgl. BFH v. 25.11.1986 – VIII R 350/82, BStBl. II 1987, 286.

5 *Seer* in Tipke/Kruse, AO/FGO, § 160 AO Rz. 14 (Jan. 2014).

6 BFH v. 23.2.1951 – IV 81/50, BStBl. III 1951, 77; BFH v. 5.6.1956 – I 106/56 U, BStBl. III 1956, 206; BFH v. 17.12.1980 – I R 148/76, BStBl. II 1981, BFH v. 20.4.2005 – 333; X R 40/04, BFH/NV 2005, 1739, m.w.N.

7 *Seer* in Tipke/Kruse, AO/FGO, § 160 AO Rz. 18 (Jan. 2014). Unzumutbar kann das Verlangen sein, wenn es in einem Einzelfall keinen Anlass gab, an einer angegebenen Anschrift zu zweifeln (FG Niedersachsen v. 8.6.1989 – VI 320/88, EFG 1990, 48; enger FG Bremen v. 21.4.1989 –I 81/84, EFG 1990, 49). Unzumutbar kann das Benennungsverlangen sein, das sich an Erben desjenigen

gen zu befürchtenden Nachteile, wie z.B. wirtschaftliche Existenzgefährdung, außer Verhältnis zum beabsichtigten Aufklärungserfolg, z.B. geringfügige Steuernachholung bei den Empfängern, stehen.[1]

1363 Wie weit im Falle einer Zahlung an **Domizilgesellschaften** die **Zumutbarkeit** der Empfängerbenennung geht, ist fein zu differenzieren: Grundsätzlich ist der wirkliche „wirtschaftliche" Empfänger, also die Person oder Personengruppe, an die die Gelder letztlich gelangt sind, zu benennen (s. Rz. 1346).[2] Bei einer Gesellschaft sind das in einem ersten Schritt die Gesellschafter mit Name und Anschrift. Bestehen jedoch konkrete Anhaltspunkte dafür, dass die Anteile an einer ausländischen Basisgesellschaft treuhänderisch für Dritte gehalten werden, kann das Finanzamt deren Benennung verlangen.[3] Nur der Umstand, dass es sich um eine Gesellschaft mit Sitz im europäischen Ausland, z.B. in Großbritannien, handelt, begründet noch nicht die Annahme einer Domizilgesellschaft. Hat der Steuerpflichtige im Vorfeld Erkundigungen über die ausländische Gesellschaft angestellt, die alle positiv ausfielen, und die Zahlungen ausschließlich unbar abgewickelt, hat er alles getan, was ihm zumutbar ist.[4] Es wäre ermessensfehlerhaft, von ihm im Rahmen der Empfängerbenennung etwas Unzumutbares zu verlangen. Gleiches gilt für die Frage eventueller Rückflüsse durch Vertragsbeziehungen der ausländischen Gesellschaft mit inländischen Steuerpflichtigen (vgl. Rz. 1346).

1364 Der maßgebende **Zeitpunkt** für die Frage der Zumutbarkeit ist der Zeitpunkt der Abwicklung des Geschäfts.[5]

1365 Aus dem Zweck des § 160 AO folgt, dass das Verlangen der Empfängerbenennung auch dann nicht rechtsmissbräuchlich ist, wenn die **Verausgabung** als **Betriebsausgabe** feststeht;[6] denn damit ist die Besteuerung beim Empfänger noch nicht gesichert.

1366 Wenn gesichert ist, dass die **Zahlung** bei dem Empfänger **nicht** der **deutschen Besteuerung** unterliegt, ist es ermessensfehlerhaft, die Emp-

---

richtet, der die Zahlung geleistet hat (BFH v 22.10.1991 – VIII R 64/86, BFH/NV 1992, 449).

1 BFH v. 25.8.1986 – IV B 76/86, BStBl. II 1987, 481.

2 BFH v. 20.4.2005 – X R 40/04, BFH/NV 2005, 1739.

3 BFH v. 1.4.2003 – I R 28/02, BFH/NV 2003, 1241.

4 BFH v. 17.10.2001 – I R 19/01, BFH/NV 2002, 609.

5 BFH v. 20.4.2005 – X R 40/04, BFH/NV 2005, 1739.

6 BFH v. 9.8.1989 – I R 66/86, BStBl. II 1989, 995.

fängerbenennung zu verlangen. Ziff. 4 AEAO zu § 160[1] formuliert insofern etwas missverständlich:

„Bei Zahlungen an ausländische Empfänger soll das Finanzamt – soweit keine Anhaltspunkte für eine straf- oder bußgeldbewehrte Vorteilszuwendung vorliegen – auf den Empfängernachweis nach § 160 AO verzichten, wenn feststeht, dass die Zahlung im Rahmen eines üblichen Handelsgeschäfts erfolgte, der Geldbetrag ins Ausland abgeflossen ist und der Empfänger nicht der deutschen Steuerpflicht unterliegt. [2]Hierzu ist der Empfänger in dem Umfang zu bezeichnen, dass dessen Steuerpflicht im Inland mit hinreichender Sicherheit ausgeschlossen werden kann. [3]Die bloße Möglichkeit einer im Inland nicht bestehenden Steuerpflicht reicht nicht aus (BFH, Urt. v. 13.3.1985 – I R 7/81, BStBl. II 1986, 318). [4]In geeigneten Fällen ist eine Erklärung der mit dem Geschäft betrauten Personen sowie des verantwortlichen Organs des Unternehmens zu verlangen, dass ihnen keine Umstände bekannt sind, die für einen Rückfluss der Zuwendung an einen inländischen Empfänger sprechen."

Einerseits soll auf den Empfängernachweis verzichtet werden (Satz 1), andererseits wird eine konkret vorgegebene Empfängerbezeichnung erwartet, die – so vermutlich die Idee des BMF – außerhalb des formalen Empfängerbenennungsprozesses des § 160 AO erfolgen soll (Sätze 2–4).

Beispiel 1: Schrotteinkauf von **Privaten.**[2] 1367

Beispiel 2: Zahlungen, z.B. Honorare, an Personen oder Firmen, die mit den 1368
empfangenen Geldern im **Ausland** steuerpflichtig sind.[3]

Vorsicht: Die Finanzverwaltung erwähnt im AEAO ausdrücklich die Möglichkeit von **Kontrollmitteilungen** in das Ausland.[4]

Allein die **Möglichkeit** einer im Inland für den Empfänger nicht beste- 1369
henden Steuerpflicht reicht nicht aus, um von der Rechtsfolge des § 160 AO abzusehen.[5] Daraus folgt die Beraterempfehlung an den Mandanten, die Belegführung im Hinblick darauf, dass Zahlungen an einen Ausländer gegangen sind, ernst zu nehmen und bereits im Vorfeld mit der Dokumentation zu beginnen. Im Nachhinein, z.B. anlässlich einer Jahre später stattfindenden Betriebsprüfung in Deutschland, dürfte es

1 Stand: 31.1.2014.

2 BFH v. 18.9.1952 – IV 120/52 U, BStBl. III 1952, 275.

3 Vgl. hierzu Ziff. 4 AEAO zu § 160 AO (Stand 31.1.2014); FG Hessen v. 24.11.1977 – II 210/74, EFG 1978, 160; *Kaligin*, RIW 1988, 634. Die Rechtslage ist für die Zukunft nicht gesichert: Dass ausländische Empfänger nicht benannt werden müssen, wird in Zweifel gezogen, vgl. *Höppner* in JbFfSt. 1982/83, 119, unter Berufung auf die gemeinsamen Interessen der Steuerfisci; dagegen *Rönitz*, *Becker*; positiv *Pelka*; alle in JbFfSt. 1982/83, 120.

4 Ziff. 4 Satz 5 AEAO zu § 160 (Stand 31.1.2014).

5 BFH v. 13.3.1985 – I R 7/81, BStBl. II 1986, 318.

schwer, wenn nicht sogar unmöglich sein, vom ausländischen Geschäftspartner noch Informationen zu erhalten.

1370 **Beispiel 3:** Beauftragung eines holländischen Subunternehmers, der im Inland über keine Betriebstätte verfügt.[1]

1371 In derartigen Fällen müssen aber auf jeden Fall die **Verausgabung** und der **betriebliche Anlass** glaubhaft gemacht werden, d.h. die allgemeinen Bedingungen für die Betriebsausgaben (dazu Rz. 1384, 1408 ff.).

1372 **Kennt** die Steuerfahndung aufgrund eigener Ermittlungen oder sonstiger Umstände den **Empfänger** des Gelds, ist das Verlangen nach § 160 AO ebenfalls missbräuchlich.[2]

1373 Die Tatsache, dass in **früheren Betriebsprüfungen** ein Empfängernachweis nicht verlangt wurde, bindet das Finanzamt nicht.[3]

1374 Die Steuerfahndung verlangt hin und wieder über die reine Empfängerbenennung hinaus die Darstellung **weiterer Einzelheiten** des **Zahlungsvorgangs**. Dies ist rechtsmissbräuchlich. § 160 AO ist kein gesetzlich zugelassenes Druckmittel, um Beschuldigten- oder Zeugenaussagen zu erlangen (s. auch Rz. 1386),[4] wobei nicht verkannt werden darf, dass je konkreter und nachvollziehbarer die Darstellung des Lebenssachverhalts durch den Steuerpflichtigen ist, desto eher wird das Finanzamt geneigt sein, auf eine förmliche Empfängerbenennung zu verzichten bzw. den Betriebsausgabenabzug anzuerkennen.

3. Abgrenzung zu Entnahmen und Geschenken

1375 Das Finanzamt kann dem Problem des § 160 AO dadurch ausweichen, dass es bereits in Zweifel zieht, **ob** die **Zahlung** eine **Betriebsausgabe** darstellt.[5] Liegt keine Betriebsausgabe vor, kann bereits aus diesem Grund die Streichung der Ausgabe erfolgen.

1376 Diese Abgrenzung ist ein **zentrales Problem** der Fahndungsprüfungen. Es geht um die Frage: Liegen überhaupt Betriebsausgaben vor? Oder handelt es sich bei den angeblichen Zahlungen an unbekannte Empfänger um **verdeckte Entnahmen** oder **Gewinnausschüttungen**?

1 Vgl. *Streck/Rainer*, KÖSDI 1981, 4130.
2 *Seer* in Tipke/Kruse, AO/FGO, § 160 AO Rz. 17 (Jan. 2014); *Streck/Rainer*, KÖSDI 1981, 4130; *von Wallis*, DStZ 1981, 69.
3 FG Baden-Württemberg v. 28.9.1978 – III 86/77, EFG 1979, 110.
4 *Streck/Rainer*, KÖSDI 1981, 4130.
5 Vgl. schon BFH v. 9.7.1986 – I B 36/86, BStBl. II 1987, 487.

Die Frage muss nicht nur in dieser Alternative gestellt werden. Nicht selten unterliegen die Zahlenden der Versuchung, einer eindeutigen Betriebsausgabe, deren Empfänger man nicht benennen will, im „**Huckepack**" eine **verdeckte Entnahme aufzuladen.** 1377

Beispiel: Die Honorarzahlung an den Geldempfänger in der Schweiz beträgt 70 000 Euro; die Bücher des Steuerpflichtigen weisen 110 000 Euro aus. In der Schweiz erfolgt die Aufteilung: 70 000 Euro gehen an den tatsächlich Leistenden, 40 000 Euro auf ein verschwiegenes Konto. Der Finanzverwaltung wird der Betrag von 110 000 Euro als Honorarzahlung präsentiert.

Zu den **Nachweisproblemen** in diesem Zusammenhang s. Rz. 1374). 1378

Die Zahlung, auf die § 160 AO anzuwenden ist, ist außerdem von dem **Geschenk** abzugrenzen. Denn auch für Geldzahlungen gilt grundsätzlich **§ 4 Abs. 5 Nr. 1 EStG**. Ein Geschenk liegt nur bei **Unentgeltlichkeit** vor. Das Geschenk des § 4 Abs. 5 Nr. 1 EStG ist folglich von der Zuwendung abzugrenzen, die als Gegenleistung gedacht ist.[1] 1379

Die **Unterscheidung** zwischen Geschenk und Gegenleistung ist von großer Tragweite. **Geschenk:** § 4 Abs. 5 Nr. 1 EStG ist anzuwenden. Die Aufzeichnungspflicht des § 4 Abs. 7 EStG greift ein. Zur Aufzeichnungspflicht gehört originär die Empfängerbenennung.[2] **Gegenleistung:** Hier gilt nur § 160 AO. Der Empfänger ist nur auf Anforderung zu nennen. 1380

Ein **Geschenk** liegt nach BFH vom 18.2.1982[3] vor, 1381

- wenn nur das Wohlwollen errungen werden soll;
- wenn es um die Herstellung, Erhaltung oder Verbesserung persönlicher Kontakte geht;
- wenn Geschäftsbeziehungen anzuknüpfen, zu sichern oder zu verbessern sind.

Eine Zuwendung als **Gegenleistung** ist gegeben,[4] 1382

- wenn die Zuwendung mit einer erwarteten oder bereits erbrachten Gegenleistung in Zusammenhang steht;
- wenn die Gegenleistung hinreichend konkret ist;

---

1 Vgl. BFH v. 18.2.1982 – IV R 46/78, BStBl. II 1982, 394.
2 Vgl. Abschn. R 4.11 EStR 2012.
3 BFH v. 18.2.1982 – IV R 46/78, BStBl. II 1982, 394; zu dieser Entscheidung s. *Lang* in JbFfSt. 1983/84, 195 ff.; *Streck*, KÖSDI 1983, 4976; *Streck*, StRK-Anm. EStG (bis 1974) § 4 BetrAusg. R. 227; *Apitz*, FR 1983, 261.
4 Vgl. BFH v. 18.2.1982 – IV R 46/78, BStBl. II 1982, 394.

- wenn die Zuwendung im Hinblick auf eine bestimmte Handlung des Empfängers erbracht wird;
- wenn es sich um die Gegenleistung für die Herbeiführung eines bestimmten Geschäftsabschlusses handelt;
- wenn die Gegenleistung als echte Provision gedacht ist.

1383 Um in der Praxis nicht in Schwierigkeiten mit den gesteigerten Rechtsbedingungen für Geschenke zu geraten, ist folglich ein hinreichend **konkreter Bezug** zwischen **Zahlung** und **Geschäft** herzustellen.

III. Rechtsfolgen

1384 Wenn der geforderte Gläubiger oder Empfänger nicht benannt wird, sind „Schulden und andere Lasten, **Betriebsausgaben**, Werbungskosten und andere Ausgaben ... steuerlich regelmäßig **nicht** zu **berücksichtigen**" (§ 160 AO).

1385 Die Rechtsfolge ist nicht zwingend, auch hier hat das Finanzamt pflichtgemäß **Ermessen** auszuüben.[1]

1386 Hingegen kann das Finanzamt nicht anstelle der Streichung der Ausgaben usw. die Empfängerbenennung mit den **Zwangsmitteln** der AO erzwingen.[2]

1387 Nach dem Zweck des § 160 AO soll beim Steuerpflichtigen **nur** das erfasst werden, was beim Zahlungsempfänger an Steuerzahlung durch dessen Nichtbenennung verloren geht. Bei den Rechtsfolgen sind zur Vermeidung einer Doppelbelastung die **Steuerbedingungen des Empfängers**, soweit wie möglich, zu berücksichtigen.[3] Ist die Steuerbelastung des Empfängers niedriger als die des Zahlenden, kommt nur eine Teil-Nichtberücksichtigung in Betracht,[4] alles andere wäre ein „übermäßiger Eingriff". Insbesondere können Betriebsausgaben des Empfängers angesetzt werden,[5] sofern sie nicht bereits bei diesem vermutlich abgezogen sind.[6] Sind bei dem Zahlungsempfänger keine steu-

---

1 *Seer* in Tipke/Kruse, AO/FGO, § 160 AO Rz. 30 (Jan. 2014).
2 *Seer* in Tipke/Kruse, AO/FGO, § 160 AO Rz. 36 (Jan. 2014); *Padberg*, FR 1977, 560 (568).
3 *Seer* in Tipke/Kruse, AO/FGO, § 160 AO Rz. 31 (Jan. 2014); BFH v. 10.3.1999 – XI R 10/98, BStBl. II 1999, 434 (437).
4 BFH v. 9.8.1989 – I R 66/86, BStBl. II 1989, 995.
5 *Streck/Rainer*, KÖSDI 1981, 4131.
6 BFH v. 5.5.1966 – IV 37/64, BStBl. III 1966, 518.

erlichen Erträge wahrscheinlich, entfällt folglich eine Streichung.[1] S. auch Rz. 1366.

Richtig ist auch, die Rechtsfolge des § 160 AO auf die Einkommensteuer zu beschränken, wenn feststeht, dass der Empfänger nicht der **Gewerbesteuer** unterliegt.[2] 1388

Aus dem gleichen Grund schließt die **Lohnversteuerung** die Anwendung des § 160 AO aus, da die Steuerpflicht des Zahlungsempfängers erfüllt ist.[3] 1389

Diese unterschiedlichen **Steuerbedingungen** des **Empfängers** und die damit gegebenen Unsicherheiten können auch in einer **Schätzung** Ausdruck finden. So können z.B. nur 30 v.H. der fraglichen Zahlungen als Betriebsausgabe gestrichen werden, um hierdurch alle Umstände der Steuerminderung aufseiten der Zahlungsempfänger auszudrücken.[4] Finanzamt und Finanzgericht können auch an die Stelle der Streichung der Betriebsausgaben eine Schätzung von Betriebsausgaben setzen.[5] 1390

Stellt sich in einem Prozess heraus, dass das Verlangen, den Empfänger zu benennen, rechtswidrig oder unklar (vgl. Rz. 1361) war, so hat das Finanzamt **nicht** in jedem Fall die Möglichkeit, durch ein klares Verlangen der Empfängerbenennung **nachzubessern**. Wenn nämlich mit an Sicherheit grenzender Wahrscheinlichkeit anzunehmen ist, dass etwaige steuerpflichtige Vorgänge bei den Geldempfängern verjährt sind, hat § 160 AO seinen Sinn verloren. § 160 AO ist nicht mehr anzuwenden.[6] 1391

Zur Anwendung des § 160 AO bei **Schätzungen** s. Rz. 1390. 1392

Der Steuerpflichtige kann durch die Nichtbenennung des Zahlungsempfängers rechtlich nicht zwingend verhindern, dass der **Geldemp-** 1393

1 BFH v. 18.9.1952 – IV 120/52 U, BStBl. III 1952, 275.

2 BFH v. 20.7.1992 – XI B 85/92, BFH/NV 1994, 241; FG Berlin v. 22.1.1987 – I 381/85, EFG 1987, 389; FG Düsseldorf v. 18.4.1995 – GK 4068/92, EFG 1995, 962. A.A. *Seer* in Tipke/Kruse, AO/FGO, § 160 AO Rz. 32 (Jan. 2014); BFH v. 15.3.1995 – I R 46/94, BB 1995, 2256, mit dem förmlichen Argument, das Gewerbesteuergesetz knüpfe an den nach dem EStG ermittelten Gewinn an.

3 *Streck/Rainer*, KÖSDI 1981, 4131.

4 So z.B. FG Hamburg v. 11.10.1977 – I 53/76, EFG 1978, 107, betreffend einen Antiquitätenhändler. Vgl. auch *Seer* in Tipke/Kruse, AO/FGO, § 160 AO Rz. 31 (Jan. 2014).

5 FG Köln v. 8.11.1995 – II K 2169/93, EFG 1996, 318.

6 BFH v. 25.11.1986 – VIII R 189/85, BFH/NV 1987, 486.

fänger gleichwohl **gesucht** wird (so § 160 Satz 2 AO). Allerdings besteht in der Fahndungspraxis eine hohe Wahrscheinlichkeit, dass sich in diesem Fall die Fahndung mit der Streichung des Betriebsausgabenabzugs begnügt und im Übrigen den Empfänger nicht weiter ermittelt.

1394 Konzentriert sich die Rechtsanwendung auf § 160 AO, darf nicht übersehen werden, dass **ähnliche Rechtsfolgen** nach **anderen Vorschriften** gezogen werden können. In einer Entscheidung[1] gab der BFH zu, dass es nach dem Sachverhalt nicht möglich sei, den Betriebsausgabenabzug nach § 160 AO zu kürzen. Gleichwohl erfolgte die Kürzung, nämlich nach **§ 162 AO**. Der BFH billigte sie deshalb, weil nach dem Gesamteindruck aller Umstände Betriebsausgaben nicht glaubhaft seien. Für Betriebsausgaben trage der Steuerpflichtige die Beweislast. Die im gegebenen Sachverhalt vorliegende Unklarheit gehe zu seinen Lasten. S. auch Rz. 1335.

1395 Diesen **Fallstrick** muss der Berater kennen. Auch das Finanzamt kann, wenn es mit § 160 AO nicht weiterkommt, auf § 162 AO ausweichen und behaupten, es sei nicht glaubhaft, dass Betriebsausgaben vorliegen.

1396 § 160 AO erlaubt nur, steuerwirksame Ausgaben zu streichen. Die Vorschrift **ermöglicht nicht**, aus der Nichtanerkennung sonstiger Rechtsverhältnisse auf **steuerpflichtige Einnahmen** zu schließen. In einer Entscheidung des BFH vom 16.3.1988[2] hatte das Finanzamt Darlehensverhältnisse zu einer Liechtensteiner Gesellschaft nicht anerkannt. Das Finanzamt hatte nach § 160 AO den Zinsabzug verwehrt und die Darlehenssumme selbst dem Gewinn hinzugerechnet. Zwar lässt der BFH die Kürzung des Zinsabzugs durchgehen, hält es jedoch – zutreffend – mit § 160 AO für unvereinbar, dass der Kapitalbetrag selbst dem Gewinn zugerechnet wird. § 160 AO kann nur den steuerwirksamen Abzug versagen, nicht aber einen ohnehin nicht wirksamen Abzug zu Gewinn umqualifizieren. Allerdings stellte sich auch hier dem BFH die Frage, ob nicht von § 160 AO auf § 162 AO ausgewichen werden kann (Rz. 1394). Dazu die Entscheidung: „Die Anwendung des § 162 AO 1977 scheidet aus, weil zur Überzeugung des FG keine verdeckten Betriebseinnahmen angenommen werden können." Die Gefahr war gegeben; sie wurde gebannt, da es keine Indizien für nicht versteuerte Einnahmen gab.

---

1 BFH v. 25.11.1986 – VIII R 189/85, BFH/NV 1987, 486.

2 BFH v. 16.3.1988 – I R 151/85, BStBl. II 1988, 759; dazu *Halaczinsky*, NWB F 2, 5135 (Okt. 1988).

Der Steuerpflichtige muss den Empfänger nur benennen. Er steht nicht dafür ein, dass das Finanzamt die **Steuern** vom **Zahlungsempfänger** auch tatsächlich **erhält.**[1] Wird ein Subunternehmer als Geldempfänger benannt und geht das Finanzamt wegen dessen Illiquidität leer aus, können gleichwohl die Rechtsfolgen des § 160 AO nicht angewandt werden. 1397

§ 160 AO löst keine Rechtsfolgen bei der **Umsatzbesteuerung** aus.[2] Allerdings wird hier eine ähnliche Fiskalfolge dadurch erreicht, dass den Unternehmer, der einen Vorsteuerabzug anstrebt, die objektive Beweislast trifft, dass der ausgewiesene Unternehmer der Rechnungsaussteller, d.h. der Leistende ist.[3] 1398

IV. Verfahrensfragen

Das **Verlangen**, den Empfänger zu benennen, ist **kein eigenständiger Verwaltungsakt**, sondern eine nicht selbstständig anfechtbare Vorbereitungshandlung zur gesonderten Feststellung von Besteuerungsgrundlagen oder zur Steuerfestsetzung.[4] Über die Rechtmäßigkeit der Anwendung des § 160 AO wird mithin im **Einspruchs-** und **Klageverfahren** bezüglich der **Steuerbescheide** gestritten, mit denen die nachteiligen Steuerfolgen des § 160 AO gezogen werden. 1399

Die **objektive Darstellungs- und Beweislast** trägt der Steuerpflichtige insofern, als es darum geht, ob fingierte oder tatsächlich verausgabte Zahlungen vorliegen.[5] Liegen Betriebsausgaben vor, so trägt das Finanzamt die objektive Darstellungs- und Beweislast, dass der benannte Empfänger falsch ist.[6] 1400

Gerade bei der Frage, ob **Zahlungen z.B. als Zinszahlungen** an **Ausländer** anzuerkennen sind (s. auch Rz. 1343 ff.), konzentriert sich die Diskussion auf die Problematik des Nachweises und der Beweislast. 1401

---

1 So *Padberg*, FR 1977, 560 (571).

2 *Padberg*, FR 1977, 560 (568).

3 *Spatscheck/Steinert*, DStR 2016, 1070; *Spatscheck/Stenert*, DStR 2015, 104.

4 BFH v. 12.9.1985 – VIII R 371/83, BStBl. II 1986, 537, mit HFR-Anm. 1986, 452; BFH v. 20.4.1988 – I R 67/84, BStBl. II 1988, 927, mit HFR-Anm. 1989, 64; **a.A.** *Seer* in Tipke/Kruse, AO/FGO, § 160 AO Rz. 12 und 13 (Jan. 2014).

5 *Padberg*, FR 1977, 560 (571).

6 *Padberg*, FR 1977, 560 (571). Str. **a.A.**, das Risiko von Unsicherheiten hinsichtlich der korrekten Empfängerbenennung dem Steuerpflichtigen anlastend: Ziff. 3 Satz 5 AEAO zu § 160 AO (Stand 31.1.2014).

1402 Die OFD Hamburg[1] hat verfügt, dass der **Nachweis** durch **Eigenbelege** erfolgen kann; sie müssen neben der Unterschrift des Betriebsinhabers oder Geschäftsführers die Unterschrift einer weiteren Person – möglichst des Auszahlenden – tragen, wobei Familienangehörige ausgeschlossen sind. Man kann den Erlass wegen seines Ausschlusses der Familienmitglieder kritisieren, muss ihm jedoch eher Positives abgewinnen, als er vonseiten der Finanzverwaltung ein handhabbares Mittel der Glaubhaftmachung schafft. Ähnlich auch der AEAO:[2]

„In geeigneten Fällen ist eine Erklärung der mit dem Geschäft betrauten Personen sowie des verantwortlichen Organs des Unternehmens zu verlangen, dass ihnen keine Umstände bekannt sind, die für einen Rückfluss der Zuwendung an einen inländischen Empfänger sprechen."

1403 Im weiteren Verfahren ist es ungeschickt, wenn der **Steuerberater** die Geldzahlung in die Hand nimmt und er bezeugen soll, dass das Geld nicht an den Steuerpflichtigen (Unternehmer), sondern an einen Ausländer gelangt ist. Der Steuerberater wird auf diese Weise so in den betrieblichen Geschehensablauf eingebunden, dass seine eigenverantwortliche Beratung in einem Steuerstreitverfahren, in einer Steuerfahndungs- oder Betriebsprüfung tangiert ist.

1404 Ist es erforderlich, nicht den formalen Geldempfänger, sondern den **wirtschaftlichen Empfänger**, die hinter vorgeschalteten Gesellschaften stehende Person zu benennen, so hängt der Erfolg einer solchen Benennung von der **Plausibilität** des **Sachverhaltsvortrags** ab. Die punktuelle Bezeichnung einer Person ist i.d.R. wenig überzeugend. Geschäfte, Abwicklung der Geschäfte und benannte Person müssen einen stimmigen Sachverhalt ergeben.

1405 Der BFH betont in einer Entscheidung,[3] dass auch bei Leistungen ins Ausland den Steuerpflichtigen eine **erhöhte Mitwirkungspflicht** treffe. Die Entscheidung geht noch einen Schritt weiter: Aus der Nachweispflicht folge, dass auch der Name des Empfängers genannt werden müsse. Der BFH leitet dies aus den allgemeinen Grundsätzen der Buchführung ab. Dies steht im direkten Gegensatz zu § 160 AO, der sinnlos wäre, wenn sich die Empfängerbenennung bereits aus Buchführungsregeln ergäbe.[4]

---

1 OFD Hamburg v. 24.1.1983, heute abgelöst durch Ziff. 4 Satz 4 AEAO zu § 160 AO (Stand 31.1.2014).

2 Ziff. 4 Satz 4 AEAO zu § 160 AO (Stand 31.1.2014).

3 BFH v. 18.2.1982 – IV R 46/78, BStBl. II 1982, 394.

4 Vgl. auch *Streck*, StRK-Anm. EStG (bis 1974) § 4 BetrAusg. R. 227; unzutreffend insoweit auch *Busch*, StBp 1985, 228.

Nach unserer **Erfahrung** hat die Tatsache, dass Auslandszahlungen inzwischen landauf, landab bekannt sind, dazu geführt, dass die Steuerfahndung und die Finanzämter **nicht kleinlich** mit der Anerkennung sind. Voraussetzung ist allerdings, damit steht und fällt die Anerkennung, dass das Finanzamt nicht zur Vermutung gelangt, ein Teil der Zahlungen sei in die eigene Tasche geflossen. 1406

Hat das Finanzamt nach der Benennung des Empfängers die Veranlagung endgültig durchgeführt, so ist die spätere **Berichtigung** zuungunsten nach § 173 Abs. 1 Nr. 1 AO wegen neuer Tatsachen ausgeschlossen[1] (zur späteren Berichtigung zugunsten des Steuerpflichtigen vgl. Rz. 1492 ff.). Ebenfalls scheidet eine Berichtigung nach § 174 AO aus. 1407

V. § 160 AO und Schmiergelder

Die strafrechtliche und ertragsteuerliche Behandlung von Bestechungsgeldern, Schmiergeldzahlungen und ähnlichen „nützlichen Aufwendungen" wurde in den letzten Jahren mehrfach geändert.[2] Im Wesentlichen handelt es sich um **zwei Änderungen**: 1408

Mit dem Jahressteuergesetz 1996 vom 11.10.1995[3] wurde mit § 4 Abs. 5 Satz 1 Nr. 10 EStG erstmals der zuvor bestehende Betriebsausgabenabzug **eingeschränkt**. Die Regelung gilt seit dem **Veranlagungszeitraum 1996**. Inhaltlich war die Abzugsmöglichkeit nur bei Vorliegen einer **rechtskräftigen Verurteilung** des Zuwendenden oder des Empfängers oder im Falle einer **Verfahrenseinstellung** nach §§ 153 ff. StPO zu versagen. 1409

Eine weitere deutliche Einschränkung erfuhr § 4 Abs. 5 Satz 1 Nr. 10 EStG im Steuerentlastungsgesetz 1999/2000/2002 vom 24.3.1999[4]. Demnach greift das Abzugsverbot bereits ein, wenn die Zuwendung von Vorteilen eine **rechtswidrige Tat darstellt**, die den Tatbestand eines Strafgesetzes oder eines Gesetzes verwirklicht, das die Ahndung mit einer Geldbuße „zulässt". Folglich ist ein schuldhaftes Verhalten des Zuwendenden, dessen Verurteilung oder eine Einstellung des gegen ihn gerichteten Verfahrens nicht mehr erforderlich. Ferner kommt es auf die Verfolgbarkeit nicht mehr an. § 4 Abs. 5 Satz 1 Nr. 10 EStG gilt unmittelbar für die Gewinneinkunftsarten und nach § 9 Abs. 5 EStG sinngemäß für die Überschusseinkunftsarten. 1410

---

1 FG Düsseldorf v. 26.10.1977 – VII 174/75 E, EFG 1978, 108.
2 BMF-Schreiben v. 10.10.2002 – IV A 6 - S 2145-35/02, BStBl. I 2002, 1031.
3 BGBl. I 1995, 1250.
4 BGBl. I 1999, 402.

1411 Bei der **Prüfung**, ob Abzugsfähigkeit vorliegt, ist so vorzugehen:

1. Es darf **keine private Mitveranlassung** gegeben sein, sonst fallen die Ausgaben insgesamt unter das Aufteilungs- und Abzugsverbot nach § 12 EStG.[1]

1412 2. Die Versagung des Betriebsausgabenabzugs ist nur möglich, wenn eine **Aufwendung** vorliegt. Das ist nicht der Fall, wenn lediglich entgangene Einnahmen i.S.v. unentgeltlich erbrachten Dienstleistungen, der Hingabe verbilligter oder zinsloser Darlehen oder der Gewährung von Rabatten vorliegen.[2]

1413 3. Nur wenn die Zuwendung der Vorteile eine **rechtswidrige Handlung** darstellt, die den Tatbestand eines **deutschen Strafgesetzes** erfüllt, kommt eine Einschränkung des Betriebsausgabenabzugs in Betracht. Abzustellen ist insofern auf das Handeln des Betriebsinhabers bzw. der vertretungsberechtigten Organe.

1414 4. Problematisch ist, wenn die Tat oder Teile der Tat im **Ausland begangen** werden. Das Abzugsverbot greift nur ein, wenn die konkrete Tat vom Schutzbereich des deutschen Straftatbestands erfasst wird, was sich durch eine Auslegung der jeweils einschlägigen Tatbestände ermitteln lässt. So ist bspw. die Strafbarkeit nach § 108b StGB („Wählerbestechung") sowie von Ordnungswidrigkeiten, wie z.B. § 119 Abs. 1 Nr. 1 BetrVG („Wahlbehinderung") oder § 81 Abs. 1 Nr. 1 GWB auf den Schutz inländischer Güter beschränkt, wohingegen § 299 Abs. 3 StGB[3] auch den Schutz des ausländischen Wettbewerbs bezweckt. In einem weiteren Schritt ist zu prüfen, ob die im Ausland begangene Tat auch im Inland verfolgbar wäre.

---

1 *Joecks* in Joecks/Jäger/Randt, Steuerstrafrecht, 8. Aufl. 2015, § 370 Rz. 209, überlegt, ob Bestechungsgelder nicht insgesamt als „Ausgaben der privaten Lebensführung" anzusehen sind und deshalb von Natur aus keine Betriebsausgaben darstellen.

2 Nach Rz. 8 des BMF-Schreibens v. 10.10.2002 – IV A 6-S 2145-35/02, BStBl. I 2002, 1031, sollen auch alle Nebenkosten im Zusammenhang mit den einschlägigen Straftaten und Ordnungswidrigkeiten zu diesen nicht abzugsfähigen Aufwendungen gehören. Hierzu werden insbesondere Beratungs-, Verteidigungs- und Gerichtskosten gezählt.

3 Durch Gesetz v. 22.8.2002, BGBl. I 2002, 3387.

5. Die Finanzbehörde trifft die **Feststellungslast** für das Vorliegen der Voraussetzungen des § 4 Abs. 5 Satz 1 Nr. 10 EStG.[1] Folglich muss das Finanzamt eine überaus komplizierte strafrechtliche Subsumtion der Entscheidung über die Gewährung des Betriebsausgabenabzugs voranstellen. Liegt lediglich ein Verdacht vor, kann die Gewährung des Betriebsausgabenabzugs auch nur vorläufig erfolgen.[2] 1415

6. Die Finanzbehörde trifft bei der Aufforderung an den Steuerpflichtigen zur Mitwirkung bei einer Sachverhaltsaufklärung eine **Belehrungspflicht.**[3] So ist bspw. über die Möglichkeit der straf- bzw. bußgeldrechtlichen Selbstbelastung, das Zwangsmittelverbot etc. zu belehren. Wird gegen die Belehrungspflicht verstoßen, dürfen die erlangten Kenntnisse grundsätzlich **nicht strafrechtlich verwertet** werden; eine Verwendung im Besteuerungsverfahren soll hingegen zulässig sein.[4] 1416

7. Kommt die Nichtabziehbarkeit von Betriebsausgaben sowohl nach § 4 Abs. 5 Satz 1 EStG als auch wegen Nichterfüllung des Benennungsverlangens nach § 160 AO in Betracht, gilt für das **Verhältnismehrerer Abzugsverbote untereinander**: 1417

Die Finanzverwaltung[5] will ausschließlich auf die Verfahrensökonomie abstellen. Daraus ergeben sich zwei **mögliche Konstellationen**.

Hat die Finanzverwaltung lediglich einen unsicheren **Verdacht**, dass eine strafbare Bestechungshandlung vorliegen könnte, wird sie den Steuerpflichtigen – ggf. nach Durchführung der Belehrung – zur Benennung des Zahlungsempfängers nach § 160 AO auffordern. Wird der Empfänger nicht ausreichend benannt, wird der Betriebsausgabenabzug versagt. In eine strafjuristische Argumentation wird das Finanzamt nicht eintreten. 1418

---

1 *Spatscheck*, NJW 2006, 641, m.w.N. Der Steuerpflichtige hat allerdings zuvor nachzuweisen, dass es sich dem Grunde nach um eine Betriebsausgabe handelt.

2 Rz. 29 des BMF-Schreibens v. 10.10.2002 – IV A 6-S 2145-35/02, BStBl. I 2002, 1031.

3 Rz. 30 des BMF-Schreibens v. 10.10.2002 – IV A 6-S 2145-35/02, BStBl. I 2002, 1031.

4 Rz. 30 des BMF-Schreibens v. 10.10.2002 – IV A 6-S 2145-35/02, BStBl. I 2002, 1031.

5 Rz. 35 des BMF-Schreibens v. 10.10.2002 – IV A 6-S 2145-35/02, BStBl. I 2002, 1031.

1419 Sind hingegen die Voraussetzungen für die Anwendung des **Abzugsverbots** nach § 4 Abs. 5 Satz 1 Nr. 10 EStG ggf. durch vorangegangene Ermittlungen der Staatsanwaltschaft **eindeutig belegt**, erfolgt die Versagung des Betriebsausgabenabzugs nach dieser Norm. § 160 AO spielt dann keine Rolle mehr. Soweit die Staatsanwaltschaft noch nicht mit dem Verfahren betraut ist, muss sie zwingend informiert werden (§ 4 Abs. 5 Nr. 10 Satz 3 EStG).

VI. § 160 AO und Steuerhinterziehung

1420 Die unterlassene Aufzeichnung der Zahlungsempfänger ist **keine Steuerhinterziehung**. Das Unterlassen der Aufzeichnung bewirkt für sich keinen Verkürzungserfolg i.S.d. § 370 Abs. 4 AO.[1] Die bloße Nichtbeachtung des § 160 AO ist folglich nicht strafbar.[2] Nicht der Steuerpflichtige, sondern die Zahlungsempfänger verkürzen Steuern, wenn sie die Zahlungen dem Finanzamt verschweigen.

1421 Selbst wenn der Steuerpflichtige bei der Abgabe der Steuererklärung von der Verpflichtung zur Empfängerbenennung weiß und er dieser Pflicht nicht nachkommen will, ist der Tatbestand der Steuerhinterziehung nicht erfüllt. § 160 AO normiert eine **steuerliche Gefährdungshaftung** für die Steuerschuld Dritter und keine eigenständige Steuerpflicht. Der Betriebsausgabenabzug beim Zahlenden wird lediglich als Kompensation für den möglichen Steuerausfall beim Zahlungsempfänger versagt. Bei Anwendung des § 160 AO wird der Steuerpflichtige somit nicht für eine eigene, sondern eine potenzielle, fremde Steuerverkürzung in Anspruch genommen. Auch die wissentliche Nichtbeachtung des § 160 AO kann daher allenfalls Teilnahme an der Steuerhinterziehung Dritter sein. Das gilt entgegen der im Urteil vom 26.1.1990[3] vertretenen Auffassung des BGH sogar dann, wenn die Betriebsausgaben gar nicht in der Buchführung erfasst waren und aus nichterklärten Einkünften bestritten wurden. Werden Schwarzeinkünfte durch entsprechende „schwarze" Betriebsausgaben kompensiert, liegt eine

---

1 BGH v. 22.11.1985 – 2 StR 64/85, BGHSt 33, 383 (385 ff.); FG Düsseldorf v. 5.12.1996 – 14 K 4740/92, EFG 1997, 588 (590); *Bublitz*, BB 1997, 167.

2 *Spatscheck/Alvermann*, DStR 1999, 1427 (1430), m.w.N.; *Dannecker*, wistra 2001, 244; *Joecks* in Joecks/Jäger/Randt, Steuerstrafrecht, 8. Aufl. 2015, § 370 Rz. 208.

3 BGH v. 26.1.1990 – 3 StR 472/98, wistra 1990, 232. Zu denken ist hier lediglich an eine Umsatzsteuerverkürzung, wenn die Zahlung mit unzutreffenden Belegen abgedeckt und hieraus ein Vorsteuerabzug geltend gemacht wurde.

Steuerverkürzung nur bei den Empfängern der Betriebsausgaben vor, wenn sie diese Einkünfte nicht erklären.[1]

Darüber hinaus steht einer Steuerhinterziehung im Rahmen von § 160 AO entgegen, dass die Vorschrift eine **Ermessensentscheidung** der Finanzbehörde voraussetzt.[2] Wie dieses Ermessen ausgeübt, ob das Benennungsverlangen gestellt wird, ist für den Steuerpflichtigen nicht vorhersehbar, sodass auch der subjektive Hinterziehungstatbestand entfällt.[3] Unterstützt der Zahlende aber die Hinterziehung des Empfängers, kann Mittäterschaft oder Beihilfe zu dessen Straftat vorliegen. 1422

1 Nach BGH v. 26.1.1990 – 3 StR 472/98, wistra 1990, 232, soll **kein** Fall des **Kompensationsverbots** (vgl. Rz. 1280) vorliegen.

2 FG Düsseldorf v. 5.12.1996 – 14 K 4740/92, EFG 1997, 588 (590).

3 *Spatscheck/Alvermann*, DStR 1999, 1427 (1430) m.w.N.; *Müller*, AO-StB 2005, 249 (252).

E. Verwertungsverbote

I. Verwertbarkeit rechtswidriger Sachverhaltsfeststellungen im Strafverfahren

1423 Das Problem der Verwertbarkeit rechtswidrig erlangter Sachverhaltsfeststellungen und Beweiserhebungen im Strafverfahren – und damit das Problem der strafrechtlichen Verwertungsverbote – ist eines der zentralen Themen des Strafverfahrensrechts; insoweit sei auf die Literatur und Judikatur zum Strafverfahren hingewiesen.[1] In den nachfolgenden Ausführungen beschäftigen wir uns mit spezifischen Besonderheiten des Steuerstrafverfahrens.

1424 Zur Rechtsgültigkeit einer **Beschlagnahme** bei **rechtswidriger Durchsuchung** s. Rz. 472 f.; zur Nichtverwertbarkeit rechtswidrig beschlagnahmter Gegenstände s. Rz. 474; zur umstrittenen Frage der Verwertbarkeit von Bankunterlagen, die in Verfahren gegen Bankmitarbeiter beschlagnahmt wurden, in den Verfahren gegen Bankkunden s. BFH vom 25.7.2000,[2] vom 6.2.2001[3] und vom 19.1.2006[4]; zu Daten-CDs s. Rz. 844 ff.

II. Verwertbarkeit rechtswidriger Sachverhaltsfeststellungen im Steuerverfahren

1425 Problematisch ist, ob rechtswidrig ermittelte Sachverhalte Steuerveranlagungen und anderen Steuerverwaltungsakten zugrunde gelegt werden können oder ob dem ein Verwertungsverbot entgegensteht.[5] Die Frage der Verwertbarkeit festgestellter Tatsachen stellt sich zum einen in der allgemeinen Form, zum anderen im Besonderen bei der Anwendung einzelner Normen, die Rechtsfolgen an die Feststellung

1 Vgl. einführend *Meyer-Goßner* in Meyer-Goßner/Schmitt, StPO, 59. Aufl. 2016, Einl. Rz. 50 ff. (insbes. Rz. 55); *Gössel* in Löwe/Rosenberg, StPO, 27. Aufl. 2016, Einl. Abschn. L; gegen ein allg. Beweisverwertungsverbot: BVerfG v. 28.7.2008 – 2 BvR 784/08, NJW 2008, 3053; BVerfG v. 2.7.2009 – 2 BvR 2225/08, NJW 2009, 3225; BVerfG v. 20.5.2011 – 2 BvR 2072/10, NJW 2011, 2783.

2 BFH v. 25.7.2000 – VII B 28/99, BStBl. II 2000, 643.

3 BFH v. 6.2.2001 – VII B 277/00, DStR 2001, 350.

4 BFH v. 19.1.2006 – VIII B 114/05, BFH/NV 2006, 709.

5 Hierzu grundsätzlich, auch zum Meinungsstand, *Söhn* in Hübschmann/Hepp/Spitaler, AO/FGO, § 88 AO Rz. 276 ff. (März 2010); *Seer* in Tipke/Kruse, § 88 Rz. 15 ff., 17 (Juli 2016).

bestimmter Tatsachen knüpfen, z.B. bei § 173 AO, d.h. der Bestandskraftdurchbrechung bei neuen Tatsachen (s. dazu auch Rz. 1492 ff.).

III. Verwertung im Steuerverfahren ermittelter Sachverhalte im Strafverfahren

§ 393 Abs. 1 AO normiert die fortbestehende **Parallelwirkung** zwischen 1426 **Abgabenrecht** und **Strafverfahrensrecht**, wenn beide Verfahrensrechte sich in einem Sachverhalt berühren. Prinzipiell schränken sich beide Rechtskreise nicht ein. Die AO erlaubt eine minimale Konzession: Mitwirkungspflichten können nicht mehr erzwungen werden. Entsprechend dieser Regelung fordert das Steuerrecht auch noch im Steuerstrafverfahren und im Fahndungsverfahren dem Grunde nach volle Information; die Selbstbezichtigung wird in Kauf genommen; zur im Einzelnen umstrittenen Rechtslage s. Rz. 664 ff.

Der im Steuerverfahren ermittelte Sachverhalt kann im Strafverfahren 1427 wegen Steuerdelikten **verwertet** werden.[1] § 393 Abs. 2 AO kennt ein Verwertungsverbot nur für Nicht-Steuerdelikte (s. Rz. 1429).

Einen Anstoß zur **Änderung** der **Auslegung** des **§ 393 Abs. 1 AO** hätte 1428 der Beschluss des **BVerfG** vom 13.1.1981[2] zu §§ 75, 100, 101 KO bringen können: Der Gemeinschuldner ist im Konkursverfahren nach § 100 KO zur Aussage verpflichtet, auch wenn er sich selbst einer Straftat bezichtigt. Diese Aussagen dürfen nach der Erkenntnis des BVerfG jedoch nicht im Strafverfahren verwendet werden, um das aus der Menschenwürde ableitbare Recht, sich nicht selbst einer Straftat zu bezichtigen, nicht zu verletzen.[3] Diese Erkenntnis vermag auch die Konfliktsituation des § 393 Abs. 1 AO richtig und angemessen zu lösen. Oben in Rz. 666 ist dargelegt, dass aus dem Konflikt zumindest ein Weigerungsrecht herzuleiten ist.

---

1 Vgl. BVerfG v. 21.4.1988 – 2 BvR 330/88, wistra 1988, 302.

2 BVerfG v. 13.1.1981 – 1 BvR 116/77, NJW 1981, 1431; dazu *Stürner*, NJW 1981, 1757; *Streck*, StV 1981, 362; *Rengier*, BB 1985, 720.

3 Das BVerfG v. 13.1.1981 – 1 BvR 116/77, NJW 1981, 1431, betont in bemerkenswerter Klarheit und Eindeutigkeit dieses Recht; vgl. *Streck*, StV 1981, 362; *Streck/Spatscheck*, wistra 1998, 334.

Als **Rechtsalternative** bietet sich jedoch auch Folgendes an: Soweit die Finanzverwaltung für die Besteuerung Auskünfte fordert, bleibt es bei den Pflichten der AO. Umfassen diese Auskünfte eine Selbstbezichtigung, sind sie steuerstrafrechtlich mit einem Verwertungsverbot belegt.[1] In diese Richtung tendierte lange Zeit die Rechtsprechung des BGH.[2] Die Steuerfahndung muss offenlegen, ob sie ihre Anforderungen abgabenrechtlich rechtfertigt oder ob sie strafprozessual tätig wird. Antworten aufgrund der AO führen, soweit ihr Inhalt den Steuerbürger belastet, zu Verwertungsverboten in strafrechtlicher Hinsicht. Nur durch ein solches Verwertungsverbot wird vermieden, „dass die staatlichen Strafverfolgungsbehörden weitergehende Möglichkeiten erlangen als in anderen Fällen der Strafverfolgung".[3] Es wird sichergestellt, dass der Steuerbürger zum einen als Hinterzieher nicht über mehr Vorteile verfügt als der ehrliche Steuerbürger, zum anderen ist garantiert, dass der Hinterzieher nicht schlechter behandelt wird als sonstige Strafverfolgte (s. Rz. 669). Methodisch ist das Verwertungsverbot Ergebnis einer verfassungskonformen Auslegung des § 393 AO. Die Bindungen von Tradition und Rechtsbeharrung werden dieser klaren Trennung von Abgaben- und Strafverfahrensrecht mit Ablehnung gegenüberstehen. Es sei auch eingeräumt, dass sich die Steuerfahndungspraxis erheblich ändern müsste. Die heute anzutreffende Von-Fall-zu-Fall-Wahl des jeweils stärksten Verfahrensmittels würde von einer rational überprüfbaren und in den Rechtsfolgen unterscheidbaren Wahl der Mittel abgelöst werden. Die Rechtsstaatlichkeit des Steuerfahndungsverfahrens könnte nur gewinnen. Ganz so neu wäre diese Trennung, gesichert durch ein Verwertungsverbot, im Übrigen nicht. Bei zeitlich aufeinanderfolgenden Steuer- und Strafverfahren wird die Frage der richtigen Abgrenzung in breitem Rahmen diskutiert; Verwertungsverbote werden zugunsten der zeitlich vorangehenden Steuersphäre und zum Nachteil des nachrangigen Strafverfahrens akzeptiert. Von der Beurteilung bei zeitlicher Abtrennung bis zu derjenigen der sachlichen Abtrennung bei zeitlicher Gleichläufigkeit ist es kein qualitativ neuer Schritt, sondern nur eine folgerichtige Weiterentwicklung. Die aktuelle Rechtslage sieht jedoch eine abweichende Regelung vor.

---

1 So bereits *Reiß*, NJW 1977, 1436; ausführlicher *Streck*, StV 1981, 362; zustimmend *Kohlmann* in FS Tipke, 1995, 487 (506); a.A. *Stürner*, NJW 1981, 1757. Ähnlich die Alternativlösung (zeitliche Versetzung) von *Rengier*, BB 1985, 720. A.A. allerdings BVerfG v. 21.4.1988 – 2 BvR 330/88, wistra 1988, 302, in einer Entscheidung eines Vorprüfungsausschusses.

2 BGH v. 12.1.2005 – 5 StR 191/04, wistra 2005, 148.

3 BVerfG v. 21.4.1988 – 2 BvR 330/88, wistra 1988, 302.

§ 393 Abs. 2 AO kennt nur für einen bestimmten Fall ein ausdrückliches Verwertungsverbot: Soweit die Staatsanwaltschaft oder das Gericht in einem Strafverfahren aus den Steuerakten Tatsachen oder Beweismittel erfährt, die der Steuerpflichtige in Erfüllung steuerlicher Pflichten in Unkenntnis eines Steuerstrafverfahrens dem Finanzamt mitgeteilt hat, dürfen diese Tatsachen oder Beweismittel **nicht** zur Verfolgung von Taten verwandt werden, die **keine Steuerstraftaten** sind.[1] 1429

Nach § 393 Abs. 2 Satz 2 AO gilt als **Ausnahme**, wenn ein **zwingendes öffentliches Interesse** i.S.v. § 30 Abs. 4 Nr. 5 AO vorliegt.[2] Wegen der Durchbrechung des Grundsatzes, wonach sich niemand selbst einer Straftat bezichtigen muss, kann diese Ausnahme nur für Fälle schwerer Kriminalität gelten.[3] Es ist sogar zu bezweifeln, ob diese Einschränkung verfassungsgemäß ist.[4] 1430

Nur der **Steuerpflichtige** ist **geschützt**, nicht Dritte; gegen sie darf mit den „verbotenen" Tatsachen und Beweismitteln vorgegangen werden.[5] Dies ist im Hinblick auf das Steuergeheimnis bedenklich. 1431

Für **Informationen**, die von **dritter Seite** oder durch den Steuerpflichtigen **freiwillig**, ohne steuerliche Verpflichtung in die Steuerakten gelangt sind, gilt das Verwertungsverbot nach derzeit noch herrschender, aber umstrittener Ansicht nicht.[6] 1432

Vorsätzlich falsche Angaben sind nicht durch das Steuergeheimnis geschützt (§ 30 Abs. 5 AO; Rz. 1177). Daraus wird hergeleitet, dass auch der Schutz des § 393 Abs. 2 AO in diesem Fall nicht greife.[7] 1433

---

1 Details sind umstritten. Vgl. zu § 393 Abs. 2 AO – neben der Kommentarliteratur – *Spatscheck/Alvermann*, AO-StB 2001, 165, m.w.N.; *Meine*, wistra 1985, 186; *Müller*, DStR 1986, 699; für ein weites Verwertungsverbot: BayObLG v. 6.8.1996 – 4 St RR 104/96, NJW 1997, 600; BayObLG v. 18.11.1997 – 3 St RR 227/97, wistra 1998, 117; BayObLG v. 18.2.1998 – 4 St RR 2/98, wistra 1998, 197. Enger BGH v. 14.6.1999 – 5 StR 159/99, wistra 1999, 341.

2 Beispielsfall BGH v. 12.2.1981 – III ZR 123/79, WM 1981, 554.

3 OLG Stuttgart v. 16.4.1986 – 2 Ss 772/86, wistra 1986, 191.

4 So OLG Stuttgart v. 16.4.1986 – 2 Ss 772/86, wistra, 1986, 191, und BVerfG v. 21.4.1988 – 2 BvR 330/88, wistra 1988, 302. Für die Verfassungsmäßigkeit *Rüster*, wistra 1988, 49, mit einer auch im Übrigen einschränkenden Auslegung des Verwertungsverbots aus § 393 Abs. 2 AO.

5 *Jäger* in Klein, AO, 13. Aufl. 2016, § 393 Rz. 55 f.

6 *Scheurmann-Kettner* in Koch/Scholtz, 5. Aufl. 1996, § 393 Rz. 22; *Jäger* in Klein, AO, 13. Aufl. 2016, § 393 Rz. 53; kritisch *Seer* in Tipke/Kruse, AO/FGO, § 88 AO Rz. 18 a.E. (Juli 2016).

7 *Scheurmann-Kettner* in Koch/Scholtz, 5. Aufl. 1996, § 393 Rz. 24.

1434 **Steuerliche Verwertungsverbote** wirken dann auch im Strafverfahren, wenn der sie tragende Grund allgemein gilt und nicht nur auf das Steuerverfahren bezogen ist, wenn es sich um sog. übergreifende Verwertungsverbote handelt (s. auch Rz. 677 ff.).[1]

IV. Verwertung im Strafverfahren ermittelter Sachverhalte im Steuerverfahren

1435 Der im Steuerstrafverfahren ermittelte Sachverhalt **kann steuerlich verwertet** werden. Auch die Erkenntnisse, die Durchsuchung und Beschlagnahme erbringen, dürfen den Steuerveranlagungen zugrunde gelegt werden. Dies ist der weitgehend streitlose Rechtszustand.[2]

1436 Aus einem **strafrechtlichen Verwertungsverbot** folgt ein **steuerliches Verwertungsverbot**, sofern die zugrunde liegende Entscheidung **allgemein** gilt;[3] hier kann man von übergreifenden Verwertungsverboten sprechen.[4]

1437 Ein **„allgemeines Beweisverwertungsverbot" existiert im Besteuerungsverfahren nicht.**[5] **Doch greifen** Verwertungsverbote aufgrund von **Grundrechtsverletzungen** vom strafrechtlichen Verfahren grundsätzlich als „qualifizierte materielle Verwertungsverbote" auf das Steuerverfahren über.[6]

1438 So kann das Steuerrecht die Konkretisierung des Gebots, die **Menschenwürde** zu **achten** (Art. 1 Abs. 1 GG), in § 136a StPO nicht überge-

---

1 *Streck/Spatscheck*, wistra 1998, 334 (337); *Randt* in Joecks/Jäger/Randt, Steuerstrafrecht, 8. Aufl. 2015, § 404 Rz. 123.

2 Vgl. hierzu *Streck/Spatscheck*, wistra 1998, 334 (338), m.w.N.; *Seer*, StuW 1991, 165.

3 *Rüping*, Beweisverbote als Schranken der Aufklärung im Steuerrecht, 1981, 33; *Endriss*, DB 1976, 2087; *Finken/Heilmaier* in StbKongrRep. 1979, 186; *Seer* in Tipke/Kruse, AO/FGO, § 88 AO Rz. 17 (Juli 2016), betr. § 136a StPO; *Söhn* in Hübschmann/Hepp/Spitaler, AO/FGO, § 88 AO Rz. 293 f. (Mai 2016); *Streck* in Kohlmann (Hrsg.), DStJG 6 (1983), 229 ff.; *Joecks* in Joecks/Jäger/Randt, Steuerstrafrecht, 8. Aufl. 2015, § 393 Rz. 66; *Hellmann*, 384 ff.

4 *Streck* in Kohlmann (Hrsg.), DStJG 6 (1983), 229 ff.

5 BFH v. 30.5.2008 – V B 76/07, BFH/NV 2008, 1441; BFH v. 25.3.2009 – VIII B 210/08, BFH/NV 2009, 1396; BFH v. 26.2.2010 – VIII B 239/09, BFH/NV 2010, 1084.

6 *Seer* in Tipke/Kruse, AO/FGO, § 88 AO Rz. 17 (Juli 2016); *Rüping*, Beweisverbote als Schranken der Aufklärung im Steuerrecht, 1981, 39; *Kohlmann* in FS Tipke, 1995, 487 (497). Demgegenüber gibt *Hildebrandt*, DStR 1982, 24, dem Recht der Allgemeinheit auf Steuereinnahmen den Vorrang vor dem individuellen Grundrechtsschutz.

hen.[1] Das BVerfG[2] hat entschieden, dass **heimliche Tonbandaufnahmen** in einem Steuerstrafverfahren wegen Verstoßes gegen Art. 1, 2 GG nicht verwertet werden dürfen. Das Verwertungsverbot ist im Steuerverfahren wirksam; die heimliche Aufnahme und die infolge der rechtswidrigen Abhörung in der Strafakte befindlichen Informationen dürfen im Steuerverfahren nicht ausgewertet werden. Beschafft sich die Fahndung unter Verletzung von Art. 13 GG eigenmächtig Beweismaterial in der **Privatwohnung** des Steuerpflichtigen, so ist dieses Material nicht im Steuerverfahren,[3] aber auch nicht im Steuerstrafverfahren zu verwerten. Das Gleiche gilt in Ausnahmefällen für rechtswidrige Durchsuchungen, deren Ergebnisse auch steuerlich nicht verwertet werden dürfen (s. auch Rz. 472).[4] Eine **Ausnahme** stellt die **Telefonüberwachung** dar: Die AO enthält keine dem § 100a StPO vergleichbare Vorschrift, weshalb das Ergebnis einer Telefonüberwachung im Besteuerungsverfahren grundsätzlich nicht verwertbar ist.[5]

Aber auch bei Verletzung von **Werten unterhalb** der **Ranghöhe** der **Grundrechte** kann ein Verwertungsverbot in das Steuerverfahren übergreifen. Unterbleibt die **Belehrung** eines **Angehörigen** im Strafverfahren nach § 52 Abs. 3 StPO, so kann diese Aussage im Strafverfahren nicht verwertet werden.[6] Das Gleiche muss für das Steuerverfahren gelten; denn die Gründe für das Aussageverweigerungsrecht des § 52 StPO und des § 101 AO sind identisch.[7] Allerdings hatte der BFH[8] früher im Falle der Verletzung der Belehrungspflicht nach § 393 Abs. 1 Satz 4 AO kein Verwertungsverbot angenommen. Diese Ansicht hat er 1439

1 *Söhn* in Hübschmann/Hepp/Spitaler, AO/FGO, § 88 AO Rz. 309a f. (März 2010); *Seer* in Tipke/Kruse, AO/FGO, § 88 AO Rz. 17 (Juli 2016); *Kohlmann* in FS Tipke 1995, 487 (495); FG Saarland v. 25.10.1985 – I 9/85, EFG 1986, 58; FG Berlin v. 3.11.1987 – VII 24/86, EFG 1988, 343; *Urban*, NWB, F 17, 1037 (1041) (Nov. 1989).

2 BVerfG v. 31.1.1973 – 2 BvR 454/71, BVerfGE 34, 238 (248).

3 Vgl. *Söhn* in Hübschmann/Hepp/Spitaler, AO/FGO, § 88 AO Rz. 309 ff. (März 2010).

4 Das vom LG Bonn v. 1.7.1980 – 37 Qs 57/80, NJW 1981, 292, ausgesprochene Verwertungsverbot nach einer rechtswidrigen Durchsuchung gilt mithin auch für das Steuerverfahren; vgl. *Streck*, StB 1980, 261; *Söhn* in Hübschmann/Hepp/Spitaler, AO/FGO, § 88 AO Rz. 306 (März 2010).

5 BFH v. 26.2.2001 – VII B 265/00, BStBl. II 2001, 464.

6 *Schmitt* in Meyer-Goßner/Schmitt, StPO, 59. Aufl. 2016, § 52 Rz. 32.

7 Vgl. hierzu FG Rheinland-Pfalz v. 25.10.1984 – 3 K 145/83, EFG 1985, 266; *Söhn* in Hübschmann/Hepp/Spitaler, AO/FGO, § 88 AO Rz. 315 (März 2010).

8 BFH v. 23.1.2002 – XI R 10, 11/01, BStBl. II 2002, 328; str., **a.A.** *Hellmann* in Hübschmann/Hepp/Spitaler, AO/FGO, § 393 AO Rz. 121 (Juni 2009), m.w.N.

inzwischen aufgegeben.[1] Jetzt löst der Verstoß gegen die Pflicht zur Belehrung des Beschuldigten über seine Aussagefreiheit grundsätzlich ein Verwertungsverbot hinsichtlich der daraufhin gemachten Angaben aus mit der Ausnahme, wenn der Beschuldigte bei Beginn der Vernehmung auch ohne Belehrung sein Schweigerecht gekannt und trotzdem ausgesagt hat sowie bei Unkenntnis vom Schweigerecht, wenn der anwaltlich vertretene Beschuldigte später einer Verwertung nicht widerspricht.[2]

1440 Das Verwertungsverbot greift nur insoweit, als das Ermittlungsergebnis auf der rechtswidrigen Ermittlung **beruht.**[3] Ausreichend ist jedoch die Möglichkeit des Beruhens.

1441 Folgt aus dem Verwertungsverbot im Strafverfahren ein Verwertungsverbot im Steuerverfahren, so bedarf es keiner **gerichtlichen Feststellung** des Verwertungsverbots in dem ersten Verfahren, um dem Verwertungsverbot übergreifende Wirkung zu geben.[4] Gerichtsentscheidungen stellen die Rechtswidrigkeit und ein etwaiges Verwertungsverbot fest, begründen dieses jedoch nicht originär. Gerichtsentscheidungen sind regelmäßig auch nicht bindend für das jeweils andere Verfahren, anders als etwa die Entscheidung des BVerfG nach § 31 BVerfGG.

1442 Allerdings leitet der **BFH** teilweise unmittelbar aus dem in der ordentlichen Gerichtsbarkeit im Rahmen des Strafverfahrens festgestellten Verwertungsverbot ein steuerliches Verwertungsverbot her.[5] Dieser Entscheidung ist nicht zu entnehmen, dass der BFH grundsätzlich eine entsprechende gerichtliche Entscheidung des jeweils anderen Verfahrens fordert.[6] Soweit der BFH dem im Strafverfahren festgestellten Verwertungsverbot nur deshalb einen Durchgriff auf das Steuerverfahren gestattet, weil die Rechtswidrigkeit von Tatsachenfeststellungen gerichtlich festgestellt sei, geht er zu weit. Zu prüfen ist, ob der Grund,

---

1 BGH v. 27.2.1992 – 5 StR 190/91, BGHSt 38, 214.

2 *Jäger* in Klein, AO, 13. Aufl. 2016, § 393 Rz. 41; BGH v. 16.6.2005 – 5 StR 118/05, NJW 2005, 2723; BGH v. 22.3.1995 – 5 StR 680/94, wistra 1995, 271.

3 Vgl. hierzu *Seer* in Tipke/Kruse, AO/FGO, § 88 AO Rz. 21 (Juli 2016).

4 *Rüping*, Beweisverbote als Schranken der Aufklärung im Steuerrecht, 1981, 50 f. Anders bei rechtswidrigen Ermittlungen innerhalb des Steuerrechts; hier verlangt die – umstrittene – steuerrechtliche Rechtsprechung die Anfechtung der Einzelmaßnahme.

5 BFH v. 11.7.1979 – I B 10/79, BStBl. II 1979, 704, mit HFR-Anm. 1979, 477. Gl.A. FG Rheinland-Pfalz v. 23.10.1989 – 5 K 122/88, EFG 1990, 91, betr. Verwertungsverbot aus § 108 StPO.

6 *Streck*, BB 1980, 1541.

der das Strafgericht zum Verwertungsverbot führt, auch für das Steuerverfahren zu einem Verwertungsverbot führen muss.

V. Verzögerte Einleitung eines Strafverfahrens

In einer besonderen Problematik stellt sich die Frage der Rechtsfolgen 1443
bei der **nicht rechtzeitigen Einleitung** eines Steuerstrafverfahrens vor oder innerhalb einer Prüfung.

Im Steuerstrafverfahren werden die allgemeinen strafprozessualen Be- 1444
lehrungspflichten durch § 393 Abs. 1 Satz 4 AO ergänzt und erweitert (vgl. Rz. 666 ff.). Folglich ist der Steuerpflichtige nach § 393 Abs. 1 AO darüber zu belehren, dass im Besteuerungsverfahren die Anwendung von Zwangsmitteln gegen ihn unzulässig ist, wenn er dadurch gezwungen wäre, sich selbst wegen einer Steuerstraftat oder Steuerordnungswidrigkeit zu belasten. Die Einleitung eines Steuerstrafverfahrens ist dem Beschuldigten nach § 397 Abs. 3 AO spätestens mitzuteilen, wenn er dazu aufgefordert wird, Tatsachen darzulegen oder Unterlagen vorzulegen, die im Zusammenhang mit der Straftat stehen, derer er verdächtig ist. Von besonderer Bedeutung ist in diesem Zusammenhang § 10 BpO. Nach dieser Vorschrift dürfen die **Prüfungshandlungen** hinsichtlich eines Sachverhalts, auf den sich der Verdacht einer Straftat bezieht, **erst fortgesetzt** werden, wenn dem Steuerpflichtigen die **Einleitung** des Steuerstrafverfahrens **mitgeteilt** worden ist.[1] Folglich kann der Steuerpflichtige im laufenden Betriebsprüfungsverfahren darauf vertrauen, dass kein Anfangsverdacht gegen ihn im Zusammenhang mit dem Prüfungsgegenstand besteht, solange die Betriebsprüfung noch andauert.

Bei vereinzelten Betriebsprüfern mag es mangelnde Erfahrung im Um- 1445
gang mit Strafverfahren oder einfach nur die Erkenntnis sein, dass ein Betriebsprüfungsverfahren nach Bekanntgabe der Einleitung eines Ermittlungsverfahrens erst einmal ruht, die sie dazu veranlassen, den Steuerpflichtigen bei objektiv gegebenem Anfangsverdacht zur Mitwirkung anzuhalten und die beigebrachten Informationen zu verwenden.[2] Der BGH hat in dem Beschluss vom 16.6.2005[3] nochmals das Prinzip der Rechtsprechung unterstrichen, dass der **Verstoß gegen Belehrungspflichten** über die Aussagefreiheit des Beschuldigten im Strafprozess zu einem **Verwertungsverbot** der unmittelbar hierdurch erlangten

1 *Weyand*, INF 2005, 717, m.w.N.
2 *Streck*, BB 1980, 1538.
3 BGH v. 16.6.2005 – 5 StR 118/05, wistra 2005, 381 = INF 2005, 609.

Informationen führt.[1] Diese Ansicht beruht im Wesentlichen auf dem Rechtsgedanken des § 136a StPO, nach dem ein Verwertungsverbot besteht, wenn der Beschuldigte über seine Mitwirkungsverpflichtung **getäuscht** wurde.[2] Ausnahmen gelten lediglich für den Fall, dass der Beschuldigte auch ohne Belehrung sein Recht kannte oder nach Bestellung eines sachkundigen Verteidigers der Verwertung nicht widerspricht.

VI. Problem der Fernwirkung

1446 Verwertungsverbot heißt, dass eine bestimmte Aussage oder eine bestimmte Auskunft nicht verwertet werden darf. Das Verwertungsverbot ist folglich kein Mittel, um **Ermittlungsergebnisse insgesamt** oder einen Fahndungs- oder Betriebsprüfungsbericht insgesamt als nicht verwertbar zu qualifizieren.

1447 Nach der überwiegenden, aber streitigen Ansicht im Strafprozessrecht[3] hindert das Verwertungsverbot nicht **weitere Ermittlungen** aufgrund und unter Benutzung des nicht verwertbaren Beweismittels. Nur dieses selbst ist nicht verwertbar; die Strafverfolgungsbehörden dürfen aber durchaus versuchen, die durch die z.B. nicht verwertbare Aussage erzielten Erkenntnisse auf anderem Weg zu beweisen. Das **Verwertungsverbot** hat **keine** – so der Fachausdruck – **Fernwirkung**. Oder: Die „Früchte des vergifteten Baums" dürfen genossen werden[4].

1448 **Wirksam** kann das **Verwertungsverbot** also nur werden, wenn die nicht verwertbare Aussage des Steuerpflichtigen die einzige Erkenntnisquelle ist.

Beispiel: Bekennt der Steuerpflichtige, in der Schweiz über ein Wertpapierdepot zu verfügen, und ist diese Information nicht verwertbar, so fehlt der Finanzverwaltung die Möglichkeit, die Information auf andere Weise zu beschaffen. Hier funktioniert das Verwertungsverbot zugunsten des Steuerpflichtigen.

---

1 Grundlegend: BGH v. 27.2.1992 – 5 StR 190/91, wistra 1992, 187; *Hellmann* in Hübschmann/Hepp/Spitaler, AO/FGO, § 393 AO Rz. 121 (Juni 2009).

2 Z.B. durch Verstoß gegen die Mitteilungspflichten der §§ 136, 163a StPO. Vgl. *Joecks* in Joecks/Jäger/Randt, Steuerstrafrecht, 8. Aufl. 2015, § 393 Rz. 61; *Schmitt* in Meyer-Goßner/Schmitt, StPO, 59. Aufl. 2016, § 136a Rz. 14.

3 Vgl. zu diesem Thema BGH v. 18.4.1980 – 2 StR 731/79, NJW 1980, 1700; BGH v. 28.4.1987 – 5 StR 666/86, StV 1987, 283, mit Anm. *Grünwald*, StV 1987, 470; *Meyer-Goßner* in Meyer-Goßner/Schmitt, StPO, 59. Aufl. 2016, Einl. Rz. 57; *Schmitt* in Meyer-Goßner/Schmitt, StPO, 59. Aufl. 2016, § 136a Rz. 31.

4 Anders die „fruit of the poisonous tree doctrine" des amerikanischen Rechts, vgl. *Roxin/Schünemann*, Strafverfahrensrecht, 28. Aufl. 2014, 156.

In der sog. Traube-Entscheidung[1] hat der BGH eine **partielle Fernwirkung** eines Beweisverwertungsverbots erstmals zugelassen, wenn dies aufgrund einer Abwägung der Rechtswerte des staatlichen Verfolgungsinteresses und des Grundrechtsschutzes ausnahmsweise geboten erscheint. Das Verwertungsverbot des § 136a StPO hat seinen Grund in Art. 1 GG; es ist die Konkretisierung des Gebots, die Menschenwürde zu achten. Es ist durchaus zutreffend, wenn in eindeutigen Sachverhalten auch im Rahmen des § 136a StPO die Fernwirkung des Verwertungsverbots rechtliche Anerkennung findet.[2] 1449

Auch im **Steuerrecht** stellt sich die Frage der **Fernwirkung**. Das Steuerrecht kennt den im Strafrecht geläufigen Strengbeweis nicht. Würde der Ausschluss der Fernwirkung aus dem Strafprozessrecht übernommen, würde das Verwertungsverbot in vielen Fällen leerlaufen. Entfiele die Auskunft des Steuerpflichtigen, so erlaubt die Aussage regelmäßig, die steuerlich ausreichenden Mittel der Glaubhaftmachung verfahrensrechtlich einwandfrei zu besorgen. Auch wird es schwierig sein zu hindern, dass Auskünfte, die dem Verwertungsverbot unterliegen, in Schätzungen einfließen. Das Finanzamt könnte sogar unmittelbar an den Beschuldigten die Frage noch einmal stellen, deren nicht verwertbare Antwort man bereits kennt, um sodann, der herrschenden Ansicht zu § 393 Abs. 1 AO folgend (Rz. 664 ff., 1426), die Nichtbeantwortung als Pflichtwidrigkeit zu werten und hieraus nachteilige Schätzungen abzuleiten.[3] Fraglich ist weiterhin, ob das Finanzamt die Aussage für andere Veranlagungszeiträume verwerten darf. 1450

Fall: Geprüft werden die Jahre 2012-2014. Der Steuerpflichtige gibt Zinsen eines Sparbuchs an. Die Auskunft fällt unter ein Verwertungsverbot. Ist dem Finanzamt untersagt, für das Jahr 2015 die Zinsen dieses Sparbuchs zu erfragen? 1451

Aus der Entscheidung des **BFH** vom 11.7.1979[4] kann eine radikale Nichtverwertbarkeit mit Fernwirkung gefolgert werden. Das rechtswidrig erfahrene Wissen darf in keiner Weise verwendet werden. Hierfür sprechen Eindeutigkeit, Klarheit, Einfachheit und praktische Durchführbarkeit. Die Behörde hat so zu handeln, als habe sie das verbotene Wissen nicht erhalten.[5]

---

1 BGH v. 18.4.1980 – 2 StR 731/79, NJW 1980, 1700.

2 *Streck*, BB 1980, 1541; *Joecks* in Joecks/Jäger/Randt, Steuerstrafrecht, 8. Aufl. 2015, § 393, Rz. 64.

3 *Streck*, BB 1980, 1541.

4 BFH v. 11.7.1979 – I B 10/79, BStBl. II 1979, 704.

5 Für Fernwirkung auch im Steuerrecht *Rüping*, Beweisverbote als Schranken der Aufklärung im Steuerrecht, 1981, 36 f.; *Rüping*, Steuerfahndungsergebnisse und ihre Verwertbarkeit, 1981, 44; *Rüping* in Kohlmann (Hrsg.), DStJG 6

1452 **§ 393 Abs. 2 AO** (s. Rz. 1429) entfaltet Fernwirkung im Hinblick auf Nicht-Steuertaten; die verbotenen Tatsachen und Beweismittel dürfen nicht benutzt werden, um andere Beweismittel zu beschaffen.[1] Dies stellt das verfahrensrechtliche Pendant zu der Mitwirkungspflicht im Besteuerungsverfahren dar. Nur so ist ein adäquater Schutz möglich. Die Situation ist somit nur bedingt mit der bei § 136a StPO zu vergleichen, bei der schon keine Mitwirkungsverpflichtung gegeben ist.

1453 Auch bei **übergreifenden Verwertungsverboten** (s. Rz. 1436) stellt sich das Problem der Fernwirkung. In einem ersten Schritt ist zu prüfen, ob das Verwertungsverbot aus dem einen Verfahren (Strafverfahren/Steuerverfahren) in das andere Verfahren (Steuerverfahren/Strafverfahren) übergreift. Sodann entscheidet sich nach den Gesetzmäßigkeiten und Rechtswertungen des jeweiligen Verfahrens, ob und in welchem Umfang das Verwertungsverbot Fernwirkung entfaltet. Es ist durchaus denkbar, dass ein Verwertungsverbot im Strafverfahren keine Fernwirkung hat, im Steuerverfahren aber diese Qualifikation erlangt.

(1983), 282; *Söhn* in Hübschmann/Hepp/Spitaler, AO/FGO, § 88 AO Rz. 334 (März 2010); *Mittelbach*, StBp 1974, 203; gegen Fernwirkung ist wohl die Vfg. OFD Bremen v. 12.7.1978 – S 0072 - St 242 (S 0403), StEK AO 1977, § 196 Nr. 2; FG Düsseldorf v. 29.10.1976 – II 502/76 A, EFG 1977, 191.

1 Str., Gl.A. *Joecks* in Joecks/Jäger/Randt, Steuerstrafrecht, 8. Aufl. 2015, § 393 Rz. 90; *Jäger* in Klein, AO, 13. Aufl. 2016, § 393 Rz. 51.

F. Fragen der Verjährung

I. Festsetzungsfrist und Ablaufhemmung

Die AO nennt die **Verjährung**, so wie sie der allgemeine Sprachgebrauch kennt, **Festsetzungsfrist** (§ 169 AO). Die Steuerfestsetzung ist nicht mehr zulässig, wenn die Festsetzungsfrist abgelaufen ist. 1454

Die **Festsetzungsfrist** beträgt für Einkommen-, Gewerbe-, Umsatz- und Körperschaftsteuer, d.h. für alle praxisrelevanten Steuern **vier Jahre** (§ 169 Abs. 2 Satz 1 Nr. 2 AO). Nur bei Zöllen und Verbrauchsteuern beträgt die Verjährungsfrist ein Jahr (§ 169 Abs. 2 Satz 1 Nr. 1 AO). 1455

Die Festsetzungsfrist beträgt **fünf Jahre**, soweit Steuern **leichtfertig verkürzt** wurden (§ 169 Abs. 2 Satz 2 Alt. 2 AO). 1456

Die Festsetzungsfrist beträgt **zehn Jahre**, soweit Steuern **hinterzogen** wurden (§ 169 Abs. 2 Satz 2 Alt. 1 AO), dazu Rz. 1468. 1457

Die **RAO** kannte i.d.R. nur zwei Verjährungszeiträume: fünf Jahre als Normalverjährungsfrist und zehn Jahre für Hinterziehungsfälle (§ 144 RAO). Die RAO galt noch hinsichtlich der Verjährung für alle Steueransprüche, die bis zum 31.12.1976 entstanden waren (Art. 97 § 10 EGAO). Die Regel dürfte heute nur noch für Revisionsverfahren von Bedeutung sein. 1458

Die Festsetzungsfrist (Verjährung) **beginnt** mit Ablauf des Kalenderjahres, in dem die Steuer entstanden ist (§ 170 Abs. 1 AO). § 170 Abs. 2-6 AO enthalten Sonderregelungen. Die wichtigste betrifft die Einkommen-, Lohn-, Körperschaft-, Gewerbe- sowie die Umsatzsteuer, d.h. Steuern, für die Erklärungen oder Anmeldungen abzugeben sind. Nach § 170 Abs. 2 Nr. 1 AO beginnt die Festsetzungsfrist mit Ablauf des Kalenderjahres, in dem die Steuererklärung oder Steueranmeldung eingereicht wird, spätestens mit Ablauf des dritten Kalenderjahres, das auf das Kalenderjahr folgt, in dem die Steuer entstanden ist. 1459

Beispiel: Wenn in 2016 die Erklärung 2015 abgegeben wird, beginnt die Festsetzungsfrist für die Einkommensteuer 2015 mit dem Ablauf des Jahres 2016, spätestens jedoch mit dem Ablauf des Jahres 2018.

In § 171 AO sind die Voraussetzungen genannt, die den Ablauf der Verjährung hemmen (sog. **Ablaufhemmung**). 1460

1461 Für das **Fahndungsverfahren** bedeutsam ist § 171 Abs. 5 AO:

„Beginnen ... die mit der Steuerfahndung betrauten Dienststellen der Landesfinanzbehörden vor Ablauf der Festsetzungsfrist beim Steuerpflichtigen mit Ermittlungen der Besteuerungsgrundlagen, so läuft die Festsetzungsfrist insoweit nicht ab, bevor die auf Grund der Ermittlungen zu erlassenden Steuerbescheide unanfechtbar geworden sind ... Das Gleiche gilt, wenn dem Steuerpflichtigen vor Ablauf der Festsetzungsfrist die Einleitung des Steuerstrafverfahrens oder des Bußgeldverfahrens ... bekannt gegeben worden ist ..."

1462 Die Ablaufhemmung tritt bei **allen Steuerfahndungsprüfungen** ein. Abweichend zur Regelung der alten RAO[1] gilt diese Ablaufhemmung auch für Einzelprüfungen der Steuerfahndung; eine Vollprüfung ist nicht Voraussetzung.[2]

1463 Die Ermittlungen müssen sich **gegen den Steuerpflichtigen** selbst richten. Auskunftsersuchen an Dritte, Prüfungen bei Kunden und Lieferanten führen noch nicht zur Ablaufhemmung.[3] Der Steuerpflichtige muss erkennen können, dass gegen ihn ermittelt wird; amtsinterne Maßnahmen scheiden aus.[4]

1464 Die Ablaufhemmung bezieht sich auf die **Steuern**, die aus den **Ermittlungen resultieren**. Zwischen Ablaufhemmung und Ermittlungen besteht ein sachlicher Zusammenhang; der Steueranspruch wird nicht allgemein in seinem Ablauf gehemmt.[5] Maßgebend sind die tatsächlichen Ermittlungen; auf einen Prüfungsauftrag kommt es nicht an. Ist zweifelhaft, wie weit die tatsächlichen Ermittlungen gehen, so kann jedoch zur Bestimmung des erkennbaren Umfangs auf einen eventuell verfügten Prüfungsauftrag oder auf den Inhalt der Einleitung des Strafverfahrens zurückgegriffen werden.

Beispiel: Wird das Strafverfahren wegen des Verdachts der Steuerverkürzung im Hinblick auf die Veranlagungszeiträume ab 2012 eingeleitet und stellt sich bei der Zusendung des Fahndungsberichts für den Steuerpflichtigen erstmals erkennbar heraus, dass auch die Jahre 2006–2011 geprüft wurden, so tritt die Ablaufhemmung für die Jahre 2006–2011 erst mit der Zusendung des Fahndungsberichts ein.[6]

---

1 Vgl. BFH v. 3.6.1975 –VII R 46/72, BStBl. II 1975, 786.
2 *Kruse* in Tipke/Kruse, AO/FGO, § 171 AO Rz. 68 (Jan. 2012).
3 Vgl. *Kruse* in Tipke/Kruse, AO/FGO, § 171 AO Rz. 68a (Jan. 2012).
4 *Kruse* in Tipke/Kruse, AO/FGO, § 171 AO Rz. 71 f., 68a (Jan. 2012).
5 *Kruse* in Tipke/Kruse, AO/FGO, § 171 AO Rz. 71 (Jan. 2012).
6 Str., im Ergebnis wie hier *Kruse* in Tipke/Kruse, AO/FGO, § 171 AO Rz. 68a (Jan. 2012).

Wird die Fahndungsprüfung unmittelbar nach ihrem Beginn für die 1465
Dauer von mehr als **sechs Monaten** aus Gründen **unterbrochen**, die die Finanzverwaltung zu vertreten hat, tritt keine Ablaufhemmung ein (§ 171 Abs. 5, 4 AO).

Die Ablaufhemmung **endet** mit der Unanfechtbarkeit der aufgrund der 1466
Ermittlungen zu erlassenden Steuerbescheide; dies ist in Fahndungsverfahren der Regelfall. Ebenfalls führt jedoch auch die Mitteilung, dass keine Änderung erfolgt oder dass ein Straf- oder Ordnungswidrigkeitsverfahren ohne Änderung von Steuerbescheiden eingestellt wird, zur Beendigung der Ablaufhemmung.[1]

Von der Festsetzungsverjährung ist die **Zahlungsverjährung** (§ 228 1467
AO) zu unterscheiden. Sie beträgt einheitlich fünf Jahre.

II. Festsetzungsfrist und Strafverfolgungsverjährung

§ 171 Abs. 7 AO kennt eine besondere Ablaufhemmung: Die Festset- 1468
zungsfrist **endet nicht**, **bevor** die **Verfolgung** der **Steuerhinterziehung** oder der Steuerordnungswidrigkeit **verjährt** ist. Solange und soweit eine Bestrafung möglich ist, soll die Festsetzung der Steuer, die hinterzogen oder verkürzt ist, noch möglich sein.

Durch die Strafverfolgungsverjährung, verbunden mit der Annahme ei- 1469
nes sog. **Fortsetzungszusammenhangs**, dehnte in der Vergangenheit die Fahndungspraxis in vielen Fällen die Wiederaufrollung bis zur Maßlosigkeit aus. Fortsetzungszusammenhang heißt, dass der Steuerbürger den **Gesamtvorsatz** hatte, Jahr für Jahr Steuern zu hinterziehen; er muss eine Gesamthinterziehung wollen, die sich in Teilakten vollzieht.[2] Verjährungsbeginn und Verjährungsende waren nicht an den einzelnen Hinterziehungsakten, d.h. der Abgabe einer unzutreffenden Steuererklärung und der darauffolgenden Festsetzung einer zu niedrigen Steuerschuld orientiert, sondern an Beginn und Ende des Gesamtzeitraums, was zur Uferlosigkeit führte.

---

1 Wie hier *Baum* in Koch/Scholtz, AO, 5. Aufl. 1996, § 171 Rz. 29, 33; a.A. *Kruse* in Tipke/Kruse, AO/FGO, § 171 AO Rz. 72 (Jan. 2012), der jedoch zum gleichen Ergebnis kommt, indem er von einer Verwirkung des Rechts auf Änderung oder Aufhebung ausgeht.

2 *Dreher/Tröndle*, StGB, in der damaligen 47. Aufl. 1995, Vor § 52 Anm. 25 ff.

1470 Der **Große Senat** des **BGH** hat am 3.5.1994 das strafrechtliche Institut des sog. **„Fortsetzungszusammenhangs" aufgegeben.**[1] Der 5. Strafsenat hat den Beschluss des Großen Senats für das Delikt der Steuerhinterziehung grundsätzlich übernommen[2] und bis heute uneingeschränkt fortgeführt.

1471 § 171 Abs. 7 AO war das Einfallstor, um mittels des Fortsetzungszusammenhangs Steuern über den steuerrechtlichen Zehnjahreszeitraum (Rz. 1457) hinaus nachzuerheben. Wurde fortgesetzt 20 Jahre lang Einkommensteuer hinterzogen, begann die strafrechtliche Verjährung erst mit dem letzten Teilakt. Folglich konnten die Steuern für diese 20 Jahre nacherhoben werden. Mit dem Wegfall des Fortsetzungszusammenhangs **lief § 171 Abs. 7 AO lange Zeit leer,**[3] da die steuerlich relevante **Zehnjahresgrenze** vor dem Hintergrund einer zeitweise geltenden, deutlich kürzeren strafrechtlichen Verjährungsfrist **nicht mehr überschritten** wurde (zur heute geltenden strafrechtlichen Verfolgungsverjährungsfrist s. Rz. 1472).

1472 Die **strafrechtliche** Verjährung bezieht sich heute auf **jede abgegebene** oder **nicht abgegebene Jahres-** bzw. **Monatserklärung.** Sie beträgt im Normalfall **fünf** Jahre (§ 78 Abs. 3 Nr. 4 StGB). Mit dem Jahressteuergesetz 2009[4] wurde in § 376 Abs. 1 AO die Regelung eingeführt, dass in den Fällen des § 370 Abs. 3 Sätze 1-5 AO, d.h. in den besonders schweren Fällen der Steuerhinterziehung (s. Rz. 1285 ff.) die strafrechtliche Verfolgungsverjährung auf zehn Jahre ausgedehnt wurde. Diese Verschärfung gilt zeitlich für alle Hinterziehungstaten, die bis zum 25.12.2008 nicht bereits verjährt sind.[5]

1473 Die **strafrechtliche Verjährung beginnt** mit der Bekanntgabe des aufgrund der abgegebenen Erklärung falschen Steuererstbescheids,[6] bei

1 BGH v. 3.5.1994 – GS St 2/93 und 3/93, NJW 1994, 1663.

2 BGH v. 20.6.1994 – 5 StR 595/93, NJW 1994, 2368; vgl. auch *Blesinger*, DStR 1994, 1371; *Dörn*, Stbg 1994, 398; *Kaufmann*, Stbg 1995, 65; *Bittmann/Dreier*, NStZ 1995, 105.

3 *Blesinger*, DStR 1994, 1371 (1372), mutmaßt, dass die Steuerrechtsprechung möglicherweise gerade deshalb dem BGH nicht folgen werde, weil der „Gesetzesplan" zu § 171 Abs. 7 AO „gestört" werde. Der BFH wird jedoch auf dem Gebiet des Strafrechts nicht strafrechtlicher sein als der BGH.

4 BGBl. I 2008, 2794.

5 § 23 EGAO i.V.m. Art. 10 Nr. 13, Art. 39 Abs. 1 JStG 2009, BGBl. I 2008, 2794.

6 Die Tat ist damit beendet i.S.v. § 78a StGB i.V.m. § 369 Abs. 2 AO. Spätere Änderungsbescheide sind ebenso unerheblich wie Vorläufigkeits- oder Nachprüfungsvorbehalte. *Schauf* in Kohlmann, Steuerstrafrecht, § 376 Rz. 67 (Juni 2009).

Erklärungen, die Bescheide ersetzen (z.B. Umsatzsteuer- und Lohnsteuervoranmeldungen), mit der Abgabe der Anmeldung.[1] Im Unterlassensfall beginnt bei Veranlagungsteuern die strafrechtliche Verjährung zu dem Zeitpunkt, zu dem die Veranlagungsarbeiten weitgehend abgeschlossen sind,[2] bei Steuererklärungen, die Veranlagungen ersetzen, mit dem Verstreichen der gesetzlichen Frist. Seit der Entscheidung des BGH vom 10.12.2008[3] nimmt die Rechtsprechung bereits bei unzutreffenden Feststellungsbescheiden einen strafbaren, ungerechtfertigten Steuervorteil i.S.v. § 370 Abs. 1 AO an. Die auf der Grundlage dieses Feststellungsbescheids ergehende eigentliche Steuerveranlagung bleibt weiterhin tatbestandsmäßig, sodass sich im Hinblick auf die Frage, welcher späteste Zeitpunkt für den Verjährungsbeginn maßgeblich sein kann, kein Unterschied zum Normalfall ergibt, in dem auch auf das Ergehen des Steuerbescheids abgestellt wird.

Eine **Tat im natürlichen Sinne** ist bspw. anzunehmen, wenn der Täter 1474
einen noch nicht fehlgeschlagenen Steuerhinterziehungsversuch durch wahrheitswidrige Angaben im Betriebsprüfungs- bzw. Rechtsmittelverfahren zu stützen versucht.[4] Berater können sich in diesem Stadium noch wegen Beihilfe strafbar machen.

Die strafrechtliche Verjährung wird durch die unter § 78c Abs. 1 1475
Nr. 1–12 StGB im Einzelnen aufgezählten Handlungen **unterbrochen**. Das bedeutet, dass nach jeder Unterbrechung die Verjährung **von Neuem beginnt** (§ 78c Abs. 3 Satz 1 StGB).

Die Unterbrechung wirkt nur gegenüber demjenigen, auf den sich die 1476
Handlung **bezieht** (§ 78c Abs. 4 StGB).

Für eine **Durchsuchungsanordnung** soll zur Verjährungsunterbrechung 1477
ausreichend sein, wenn der Tatverdächtige anhand bestimmter Informationen bestimmbar ist.[5] Das ist nicht der Fall bei einer Durchsuchungsanordnung, die sich z.B. „gegen die Verantwortlichen" eines größeren Unternehmens richtet.[6]

Bei mehreren selbstständigen Straftaten ist auf den **Verfolgungswillen** 1478
der Strafverfolgungsorgane abzustellen.[7]

1 *Schauf* in Kohlmann, Steuerstrafrecht, § 376 Rz. 82 ff. (Juni 2009).
2 *Schauf* in Kohlmann, Steuerstrafrecht, § 376 Rz. 90–97 (Juni 2009).
3 BGH v. 10.12.2008 – 1 StR 322/08, wistra 2009, 114.
4 BGH v. 17.7.1991 – 5 StR 225/91, NJW 1991, 3227.
5 BGH v. 12.3.1991 – 1 StR 38/91, wistra 1991, 217.
6 LG Dortmund v. 7.11.1990 – 14 (III) K 5/88, wistra 1991, 186.
7 BGH v. 23.5.1990 – 3 StR 163/89, wistra 1990, 304.

1479 Von ständiger Praxisrelevanz ist der folgende

Fall: A hat Kapitalerträge nicht erklärt und Einkünfte aus Gewerbebetrieb zu niedrig angegeben. Das Ermittlungsverfahren wird **ausschließlich** und ausdrücklich für einen bestimmten Veranlagungszeitraum wegen der Hinterziehung von **Kapitalerträgen** eingeleitet. Nach zutreffender, aber umstrittener Ansicht hat dies für die Einkünfte aus Gewerbebetrieb keine verjährungsunterbrechende Wirkung.[1]

1480 Die Einleitung des Steuerstrafverfahrens bzw. die Durchsuchungs- und Beschlagnahmebeschlüsse unterbrechen nur dann die Verjährung, wenn sie **bestimmt genug** sind. Gegenstand und Umfang des Verdachts müssen möglichst konkret wiedergegeben werden.[2]

1481 Durch die Erhebung einer Anklage, die nicht den **Voraussetzungen des § 200 StPO** entspricht, wird die Verjährung nach § 78c Abs. 1 Nr. 6 StGB nicht unterbrochen.[3]

III. Nachweis der Voraussetzungen der Hinterziehung im Besteuerungsverfahren

1482 Die **objektive Beweislast** bzw. **Feststellungslast** für die Hinterziehung im Rahmen der steuerlichen Verjährung liegt beim Finanzamt.[4] Reichen die Anhaltspunkte nicht, um eine Hinterziehung anzunehmen, kann die reguläre Verjährung nicht ausgedehnt werden. Der strafprozessuale Grundsatz „in dubio pro reo" ist hier auch im Steuerverfahren zu beachten.[5]

1483 Voraussetzung ist, dass **objektiv** und **subjektiv** eine **Hinterziehung** bzw. – für die fünfjährige Frist, s. Rz. 1456 – objektiv und subjektiv eine leichtfertige Verkürzung vorliegt.[6] Eine Bestrafung ist nicht erforderlich; das Finanzamt prüft die Hinterziehungsvoraussetzungen selbstständig[7] (zur Einstellung nach § 153a StPO s. Rz. 1231 f.). Straf-

1 *Volk*, wistra 1998, 281.
2 *Volk*, wistra 1998, 281.
3 OLG Bremen v. 24.7.1989 – Ws 104/89, StV 1990, 25.
4 Vgl. BFH v. 5.3.1979 – GrS 5/77, BStBl. II 1979, 570 (573) m.w.N.
5 BFH v. 24.7.2014 – V R 44/13, BB 2015, 103; BFH v. 14.8.1991 – X R 86/88, BStBl. II 1992, 128.
6 BFH v. 17.4.1986 – IV R 160/85, BFH/NV 1987, 767; BFH v. 17.4.1986 – IV R 349/84, BFH/NV 1987, 766.
7 H.A.: *Kruse* in Tipke/Kruse, AO/FGO, § 169 AO Rz. 15, 25 f. (Febr. 2011).

ausschließungs- und Strafaufhebungsgründe wie Selbstanzeige oder strafrechtliche Verjährung sind steuerrechtlich unbeachtlich.[1] Durch die Selbstanzeige kann also die Verjährungsfrist nicht verkürzt werden.

Zweifelhaft ist, ob eine Hinterziehung noch **nach dem Tod** festgestellt 1484
werden kann. Obwohl dies gegen fundamentale Rechtsgrundsätze verstößt,[2] entscheidet die h.A.[3] anders.

Die zehnjährige (Rz. 1457) bzw. fünfjährige (Rz. 1456) Festsetzungsfrist 1485
gilt auch dann, wenn die **Steuerhinterziehung** oder leichtfertige Steuerverkürzung **nicht durch den Steuerschuldner** oder eine Person begangen worden ist, deren er sich zur Erfüllung seiner steuerlichen Pflichten bedient, es sei denn, der Steuerschuldner weist nach, dass er durch die Tat keinen Vermögensvorteil erlangt hat und dass sie auch nicht darauf beruht, dass er die im Verkehr erforderlichen Vorkehrungen zur Verhinderung von Steuerverkürzungen unterlassen hat (§ 169 Abs. 2 Satz 3 AO).

Die Verjährungsfolgen bei einer Hinterziehung gehen nur **so weit, wie** 1486
die **Hinterziehung reicht**. Über die Ausdehnung der Festsetzungsfrist bei Vorliegen einer Hinterziehung kann nicht eine allgemeine Ausdehnung auch für solche Feststellungen erreicht werden, die keine Hinterziehung zum Inhalt haben.[4]

Diese **Eingrenzung** wird in der **Praxis** häufig **übersehen**. Die Hinter- 1487
ziehung im Einzelfall wird als Rechtfertigung für eine Gesamtaufrollung genommen. Oft, zumal wenn eine strafrechtliche Verurteilung nicht erfolgt ist (falls das Strafverfahren noch nicht oder z.B. nach § 153a StPO erledigt ist), wird die Voraussetzung der Hinterziehung von dem Finanzamt mehr hoheitlich behauptet, als substanziiert dargestellt und nachgewiesen. Gleichermaßen wird aus einer Hinterziehung dem Grunde nach gefolgert, dass die nachzuzahlende Steuer insgesamt vorsätzlich verkürzt wurde; die vorstehend angesprochene

1 *Kruse* in Tipke/Kruse, AO/FGO, § 169 AO Rz. 13 (Febr. 2011).
2 Vgl. *Streck/Rainer*, StuW 1979, 267.
3 BFH v. 28.3.2012 – II R 39/10, FR 2013, 90; BFH v. 2.12.1977 – III 117/75, BStBl. II 1978, 359 a.E.; BFH v. 27.8.1991 – VIII 84/89, BStBl. II 1992, 9, mit HFR-Anm. 1992, 107; FG München v. 22.2.1988 – XIII 30/86, EFG 1988, 545; Zweifel bezüglich des subjektiven Tatbestands gehen allerdings zulasten des Finanzamts: FG Köln v. 7.6.1990 – 2 K 2513/88, EFG 1991, 107.
4 Vgl. *Kruse* in Tipke/Kruse, AO/FGO, § 169 AO Rz. 14 (Febr. 2011).

„soweit"-Prüfung unterbleibt. Es ist leider oft Beerateraufgabe, hier nachdrücklich dem Finanzamt die materielle und formelle Rechtslage in das Bewusstsein zu rücken.[1]

1488 Die **Diskussion** mit der **Steuerfahndung** über die Hinterziehung als Voraussetzung der Verjährung (s. Rz. 1457) ist i.d.R. zu meiden.

1 **Beispiel** für die Schwierigkeit, die das Finanzamt hier – insb. im subjektiven Schuldbereich – zu bewältigen hat: FG Baden-Württemberg v. 25.2.1982 – I 90, 94/78, EFG 1982, 499.

G. Berichtigung von Steuerbescheiden

I. Allgemeines

Die Steuerfahndung erstreckt sich i.d.R. auf Zeiträume, die **bereits veranlagt** sind. Hier stellt sich die Frage der möglichen **Korrektur** der Veranlagung. 1489

Soweit die Veranlagungen unter dem **Vorbehalt der Nachprüfung** stehen (§ 164 AO), ist eine Berichtigung jederzeit und problemlos möglich. Der Vorbehalt der Nachprüfung entfällt jedoch automatisch, wenn die Regelfestsetzungsfrist abgelaufen ist (§ 164 Abs. 4 Satz 1 AO). Eine Verlängerung des Vorbehalts der Nachprüfung aufgrund verlängerter Festsetzungsverjährungsfrist i.S.d. § 169 Abs. 2 Satz 2 AO kommt nicht in Betracht (§ 164 Abs. 4 Satz 2 AO). 1490

Fahndungsberichte schweigen i.d.R. zu den Berichtigungsmöglichkeiten bei bestandskräftigen Bescheiden. Dies ist auch nicht unbedingt ein günstiger Streitstoff für die Gespräche mit der Fahndung, da sie berufsspezifisch dazu neigt, die Bedingungen des § 173 AO stets zu bejahen. 1491

II. Berichtigung wegen neuer Tatsachen (§ 173 Abs. 1 AO)

Sind die Veranlagungen bestandskräftig, können die Bescheide nur geändert werden, „soweit **Tatsachen** oder Beweismittel nachträglich **bekannt werden**, die zu einer höheren Steuer führen" (§ 173 Abs. 1 Nr. 1 AO).[1] In der Vielzahl der Fahndungsverfahren werden neue Tatsachen oder Beweismittel festgestellt. 1492

Problematisch ist die Frage nach neuen Tatsachen, wenn ein **Sachverhaltskomplex bereits geprüft** worden ist. 1493

Beispiel: Bereits erfolgte Prüfung im Veranlagungsverfahren oder im Einspruchsverfahren; Steuerfahndungsprüfung nach Betriebsprüfung, die den Sachverhaltskomplex bereits prüfte.

Bei solchen „Prüfungen nach Prüfungen" muss die Finanzverwaltung den **gesteigerten Bestandsschutz** nach **§ 173 Abs. 2 AO** durchbrechen. Danach können Steuerbescheide, soweit sie aufgrund einer Außenprü-

1 Zusammenfassend zur finanzgerichtlichen Rechtsprechung *Günther*, AO-StB 2016, 41.

fung ergangen sind, nur aufgehoben oder geändert werden, wenn eine Steuerhinterziehung oder eine leichtfertige Steuerverkürzung vorliegt.

1494 Bei **Steuerfahndungsprüfungen nach Steuerfahndungsprüfungen** ist die Durchbrechung des gesteigerten Bestandsschutzes hingegen nicht erforderlich, da die Steuerfahndungsprüfung nach h.M. keine Außenprüfung i.S.d. § 173 Abs. 2 AO darstellt.[1]

1495 Im Übrigen ist **sorgfältig** zu **analysieren:** Grundsätzlich besteht auch hier die Möglichkeit einer Berichtigung, wenn neue Tatsachen und Beweismittel festgestellt werden. Die Berichtigung verstößt jedoch **gegen Treu und Glauben**, wenn dem Finanzamt Ermittlungsfehler vorzuwerfen sind oder wenn das Finanzamt bei der ersten Prüfung zu erkennen gegeben hat, mit der Sach- und Rechtsbehandlung sei der Komplex endgültig erledigt, insbesondere, wenn auf weitere Ermittlungen und Prüfungen verzichtet wurde.[2]

1496 Ein die spätere Berichtigung ausschließender Verzicht liegt auch dann vor, wenn ein **Sachverhalt schätzungsweise** erfasst wird und damit gerade auch die Unsicherheit und die Unwägbarkeit erfasst werden sollten, die in der späteren Prüfung konkret festgestellt wurden,[3] obwohl man noch weitere Feststellungen hätte treffen können. Wird z.B. in einem solchen Fall ein Reingewinnsatz von 15 v.H. oder ein Sicherheitszuschlag von 20 000 Euro pro Jahr geschätzt, kann i.d.R. durch eine spätere Veranlagung der Bescheid nicht dahin gehend geändert werden, dass nunmehr ein Reingewinn von 18 v.H. oder ein Sicherheitszuschlag von 25 000 Euro angenommen wird, wenn die neuen Erkennt-

---

1 S. nur BFH v. 16.6.2004 – X R 56/01, BFH/NV 2004, 1502, mit umfangreichen w.N. zur Rechtsprechung und Literatur.

2 Vgl. im Einzelnen BFH v. 10.7.1953 – III 139/52 S, BStBl. III 1953, 240; BFH v. 23.5.1958 – III 383/57 U, BStBl. III 1958, 326; BFH v. 10.7.1958 – IV 143/56 U, BStBl. III 1958, 365; BFH v. 5.10.1966 – VI 328/65, BStBl. III 1967, 231; BFH v. 28.1.1970 – I R 123/67, BStBl. II 1970, 296; BFH v. 15.11.1974 – VI R 58/72, BStBl. II 1975, 369; BFH v. 13.11.1985 – II R 208/82, BStBl. II 1986, 241; BFH v. 25.3.1986 – IX R 45/82, BFH/NV 1986, 713; BFH v. 14.11.1986 – III R 161/82, BFH/NV 1987, 414; FG Baden-Württemberg v. 30.6.1983 – III 245/79, EFG 1984, 101; FG Baden-Württemberg v. 30.6.1983 – III 332/80, EFG 1984, 102; FG Niedersachsen v. 6.8.1987 – III 141/84, EFG 1988, 153; FG Niedersachsen v. 6.8.1987 – VI 537/85, EFG 1988, 96; FG Düsseldorf v. 24.2.1989 – 1 K 99/84, EFG 1989, 554; *Loose* in Tipke/Kruse, AO/FGO, § 173 AO Rz. 62 ff. (Aug. 2014). Allgemein zum Grundsatz von „Treu und Glauben contra Änderungsrecht" s. *Müller*, AO-StB 2013, 114.

3 Vgl. BFH v. 10.7.1958 – IV 143/56 U, BStBl. III 1958, 365; BFH v. 20.9.1973 – IV R 236/69, BStBl. II 1974, 74; RFH v. 15.5.1934 – I A 313/32, RStBl. 1934, 677; *Becker*, StuW 1935, 1321.

nisse damals schon durch eine weitere Prüfung hätten gewonnen werden können; das Finanzamt hat damals verzichtet; hieran ist es gebunden.

In solchen Fällen beruft sich das Finanzamt auf die Rechtsprechung, 1497
wonach ein Steuerpflichtiger sich dann nicht auf den Ausschluss der Berichtigungsmöglichkeit stützen könne, wenn er selbst seinen **steuerlichen Verpflichtungen nicht nachgekommen** sei.[1] In den hier angesprochenen Fällen kennt das Finanzamt allerdings die Pflichtwidrigkeit; gerade um sie aufzufangen, wird in der ersten Prüfung eine Schätzung durchgeführt. Die „Unredlichkeit" ist damit berücksichtigt; sie gibt dem Finanzamt nicht die Möglichkeit, sich mit künftigen Berichtigungen hiervon zu lösen.

Die vorstehend dargestellte Rechtslage verhindert i.d.R. insbesondere 1498
Berichtigungen aufgrund von Fahndungsfeststellungen für Zeiträume, die bereits einer **Fahndungsprüfung unterlegen** haben (s. Rz. 1494). Endet eine Fahndungsprüfung mit bestandskräftigen Bescheiden, so sind i.d.R. alle Ermittlungsmöglichkeiten ausgeschöpft oder es wurde auf weitere Ermittlungen im Hinblick auf eine Einigung verzichtet. Die Einigung umfasst alle Unsicherheiten und noch offenen Möglichkeiten. Eine neue Berichtigung würde i.d.R. gegen Treu und Glauben verstoßen.

Soweit Tatsachen aufgrund eines **Verwertungsverbots** nicht verwertet 1499
werden dürfen, können sie auch nicht eine Berichtigung nach § 173 Abs. 1 Nr. 1 AO rechtfertigen (s. im Einzelnen Rz. 1425 ff.).[2]

Die Berichtigung ist nur möglich, **soweit** die neuen Tatsachen zu einer 1500
Änderung der Besteuerung führen (**punktuelle Korrektur**). Eine **Wiederaufrollung** des gesamten Steueranfalls ist unzulässig.[3]

---

1 Vgl. BFH v. 11.11.1987 – I R 108/85, BStBl. II 1988, 115; BFH v. 20.12.1988 – VIII R 121/83, BStBl. II 1989, 585; BFH v. 16.6.2004 – X R 56/01, BFH/NV 2004, 1502: Ausschluss der Änderungsmöglichkeit bei beidseitigen Verstößen nur, wenn Pflichtverletzungen des Finanzamts deutlich überwiegen.

2 *von Groll* in Hübschmann/Hepp/Spitaler, AO/FGO, § 173 AO Rz. 202 und 232 (Sept. 2013); *Loose* in Tipke/Kruse, AO/FGO, § 173 AO Rz. 41 (Aug. 2014).

3 BFH v. 2.3.1982 – VIII R 225/80, BStBl. II 1984, 504 (508); BFH v. 7.7.2004 – XI R 10/03, BStBl. II 2004, 911.

III. Berichtigung von Veranlagungen, die bereits einer Außenprüfung unterlagen (§ 173 Abs. 2 AO)

1501 Erstreckt sich die Steuerfahndung auf Zeiträume, die bereits einer **Außenprüfung unterlegen** haben und anschließend **bestandskräftig veranlagt** wurden, so können diese Bescheide nur geändert werden, „wenn eine Steuerhinterziehung oder leichtfertige Steuerverkürzung vorliegt" (§ 173 Abs. 2 AO).

1502 Die **zusätzliche Bestandssicherung** nach § 173 Abs. 2 AO tritt neben die Bedingungen des § 173 Abs. 1 Nr. 1 AO. Außer der Hinterziehung oder leichtfertigen Steuerverkürzung müssen neue Tatsachen oder Beweismittel i.S.d. § 173 Abs. 1 Nr. 1 AO vorliegen.

1503 Die Sperre des § 173 Abs. 2 AO gilt auch **zugunsten** des Steuerpflichtigen.[1]

1504 Der Begriff der Außenprüfung entspricht jenem in den §§ 193 ff. AO.[2] Die Steuerfahndungsprüfung ist keine Außenprüfung in diesem Sinne (s. auch Rz. 689 ff.).

1505 Der Umfang der vorangegangenen Außenprüfung wird durch die **Prüfungsanordnung** umschrieben.

1506 Die **objektive Feststellungslast** für die Bedingungen des § 173 Abs. 2 AO trägt die Finanzverwaltung. Hängt die Rechtmäßigkeit von Steuerbescheiden davon ab, dass der Steuerpflichtige eine Steuerhinterziehung oder leichtfertige Steuerverkürzung begangen hat, um die Durchbrechung der Bestandskraft zur Anwendung bringen zu können, so müssen zur Bejahung der Rechtmäßigkeit dieser Steuerbescheide die objektiven und subjektiven Tatbestandsmerkmale einer Steuerhinterziehung oder leichtfertigen Steuerverkürzung vorliegen. Dabei kommt im Besteuerungsverfahren auch der strafrechtliche Grundsatz „**in dubio pro reo**" in der Weise zur Anwendung, dass die Finanzbehörde die objektive Feststellungslast für das Vorliegen dieser Tatbestandsmerkmale trifft.[3] Das grundsätzliche Vorliegen der objektiven und subjektiven Tatbestandsmerkmale einer Steuerhinterziehung oder leichtfertigen Steuerverkürzung darf weder unterstellt noch auf bloße Wahrscheinlichkeitsüberlegungen gestützt werden. Vielmehr hat das Finanzamt die

---

1 Vgl. BFH v. 29.1.1987 – IV R 96/85, BStBl. II 1987, 410.

2 *Loose* in Tipke/Kruse, AO/FGO, § 173 AO Rz. 91 (Aug. 2014).

3 BFH v. 5.3.1979 – GrS 5/77, BStBl. II 1979, 570; BFH v. 21.10.1988 – III R 194/84, BStBl. II 1989, 216; BFH v. 19.3.1998 – V R 54/97, BStBl. II 1998, 466; *Loose* in Tipke/Kruse, AO/FGO, § 173 AO Rz. 96 (Aug. 2014).

Tatbestandsverwirklichung von Amts wegen zu ermitteln und nachzuweisen. Geht es um die Feststellung einer Steuerhinterziehung dem Grunde nach, dürfen Beweismaßerleichterungen im Besteuerungs- und Finanzgerichtsverfahren nicht genutzt werden. Bei nicht behebbaren Zweifeln ist die Feststellung einer Steuerhinterziehung mittels **reduzierten Beweismaßes nicht zulässig**.[1]

Hat der Steuerpflichtige eine Steuerhinterziehung begangen, kann er sich nicht auf einen Änderungsausschluss nach **Treu und Glauben** aufgrund von Ermittlungsfehlern des Finanzamts in einer vorangegangenen Außenprüfung berufen.[2] Denn wenn die Änderungssperre des § 173 Abs. 2 AO wegen Steuerhinterziehung durchbrochen wird, ist eine mögliche Verletzung der Ermittlungspflichten der Finanzbehörden unbeachtlich. § 173 Abs. 2 AO wägt die Ermittlungspflicht der Finanzbehörde und die Mitwirkungspflicht des Steuerpflichtigen in den Fällen, in denen eine Außenprüfung stattgefunden hat, abschließend zugunsten der Finanzbehörde ab.[3] 1507

Für § 173 Abs. 2 AO gilt – ebenso wie für § 173 Abs. 1 Nr. 1 AO –, dass eine Änderung nur soweit möglich ist, wie die Feststellungen reichen (**punktuelle Korrektur**). Die Verwaltung kann nicht die Fahndung zum Anlass nehmen, sonstige, anderweitig erkannte Fehler zu korrigieren. Eine Gesamtwiederaufrollung ist nicht möglich.[4] 1508

Für § 173 Abs. 2 AO gilt die weitere Einschränkung, dass die Änderungsmöglichkeit nur **so weit** geht, wie die **Hinterziehung** oder die **leichtfertige Verkürzung** reicht.[5] Die Fahndung kann z.B. nicht Bilanzen korrigieren, wenn der Fehler in keiner Weise vorwerfbar ist, oder Einkünfte nachversteuern, die völlig entschuldbar vergessen wurden. 1509

1 BFH v. 7.11.2006 – VIII R 81/04, BStBl. II 2007, 364; BFH v. 20.6.2007 – II R 66/06, BFH/NV 2007, 2057; BFH v. 2.4.2009 – VIII B 176/08, juris.
2 FG Berlin-Brandenburg v. 26.11.2015 – 13 K 13223/13, EFG 2016, 348.
3 *Loose* in Tipke/Kruse, AO/FGO, § 173 AO Rz. 98 (Aug. 2014).
4 Vgl. *Loose* in Tipke/Kruse, AO/FGO, § 173 AO Rz. 99 (Aug. 2014).
5 *Loose* in Tipke/Kruse, AO/FGO, § 173 AO Rz. 98 (Aug. 2014).

H. Hinterziehungszinsen

1510 Hinterziehungszinsen dürfen von Steuerpflichtigen und deren Beratern im Steuerfahndungsverfahren auf **keinen Fall übersehen** werden.[1] Im Einigungsfall muss die Liquidität hierfür im Voraus eingeplant werden.

1511 Hinterzogene Steuern sind gem. § 235 Abs. 1 Satz 1 AO zu verzinsen. Voraussetzung der Verzinsung sind das Vorliegen eines nachträglich realisierten Steueranspruchs sowie das Bestehen einer hierauf bezogenen vollendeten Steuerhinterziehung.

1512 **Rechtfertigungs- und Schuldausschließungsgründe** hindern die Entstehung des Zinsanspruchs,[2] persönliche Strafausschließungsgründe wie bspw. die **Selbstanzeige**[3] hingegen nicht.

1513 Hinterzogene Steuern sind mit **0,5 v.H. pro Monat** (= 6 v.H. p.a.) zu verzinsen (§§ 235, 238 AO). Die Zinspflicht **beginnt** mit dem Eintritt der Verkürzung bzw. dem späteren Fälligkeitszeitpunkt und endet grundsätzlich mit der Zahlung der hinterzogenen Steuern (vgl. § 235 Abs. 2 und 3 AO).[4] Zinsen nach § 233a AO, die für denselben Zeitraum festgesetzt wurden, sind anzurechnen (§ 235 Abs. 4 AO).

1514 Die **leichtfertige Steuerverkürzung** löst keine Zinspflicht aus.[5]

1515 Hinterziehungszinsen stellen **keine Strafmaßnahme** dar.[6] Durch Hinterziehungszinsen soll lediglich der **Zinsvorteil** aufgrund verspäteter Zahlung abgeschöpft werden. Angesichts der Höhe der aktuellen marktüblichen Zinsen erscheint ein Zinssatz von 6 v.H. p.a. als Verstoß gegen das **Übermaßverbot**.[7]

---

1 Vgl. zu diesem Thema *Streck/Mack*, DStR 1989, 123; *Streck*, DStR 1991, 369 (370); *Bublitz*, DStR 1990, 438.

2 BFH v. 27.8.1991 – VIII R 84/89, BStBl. II 1992, 9; BFH v. 30.1.2002 – II R 52/99, BFH/NV 2002, 917.

3 FG Niedersachsen v. 18.12.2006 – 10 K 316/00, EFG 2007, 1840; *Rüsken* in Klein, AO, 13. Aufl. 2016, § 235 Rz. 5.

4 Ausführlich zu Zinsbeginn und Zinsende s. Tz. 4 AEAO zu § 235.

5 BFH v. 24.7.2014 – V R 44/13, BStBl. II 2014, 955.

6 BFH v. 1.8.2001 – II R 48/00, BFH/NV 2002, 155.

7 Zur Verfassungsmäßigkeit der Zinshöhe bis zum Veranlagungsjahr 2006: BVerfG v. 3.9.2009 – 1 BvR 2539/07, BFH/NV 2009, 2115; bis zum Veranlagungsjahr 2011: BFH v. 1.7.2014 – IX R 31/13, BStBl. II 2014, 925; BFH v. 14.4.2015 – IX R 5/14, BFH/NV 2015, 1329; bis zum Veranlagungsjahr 2012: BFH v. 21.10.2015 – V B 36/15, BFH/NV 2016, 223.

1516 Zur **Feststellung** der **Hinterziehung**[1] wird auf Rz. 1506 Bezug genommen. Muss die hinterzogene Steuer i.S.d. § 235 AO im Wege der **Schätzung** von Besteuerungsgrundlagen errechnet werden, hat die Schätzung so zu erfolgen, dass der Betrag der auf jeden Fall hinterzogenen Steuer mit der Gewissheit strafrechtlicher Überzeugung feststeht, auch wenn der Steuerschuldner nicht in dem für das Besteuerungsverfahren zu fordernden Umfang bei der Sachverhaltsaufklärung mitwirkt.[2]

1517 Eine strafrechtliche Verurteilung des Steuerhinterziehers ist nicht erforderlich. Auch wenn **Strafverfolgungsverjährung** eingetreten ist oder der Hinterzieher **verstorben** ist, können Hinterziehungszinsen festgesetzt werden.

1518 Die Einstellung nach **§ 153a StPO** hindert grundsätzlich nicht die Erhebung von Hinterziehungszinsen.[3] Auf der anderen Seite bedeutet die Zustimmung zu einer Einstellung nach § 153a StPO nicht, dass der Betroffene eine Steuerhinterziehung gesteht.[4] Die Zustimmung erfolgt oft aus pragmatischen Überlegungen, um eine Hauptverhandlung zu vermeiden. Erfolgt die Einstellung, bevor es zu einer vollständigen Aufklärung des Sachverhalts kommt, so erhält auch das BVerfG die **strafprozessuale Unschuldsvermutung** aufrecht.[5]

1519 Geht es um die **Beurteilung** einer **Einigungsmöglichkeit** im Steuerfahndungsverfahren, müssen die Hinterziehungszinsen bedacht werden. Mag auch der Zinssatz auf den ersten Blick – je nach allgemeinem Zinsniveau – niedrig sein, so addieren sie sich wegen der Erfassung weit zurückliegender Jahre oft auf 30 bis 80 v.H. der Hauptsumme der Steuern.

1520 Die Hinterziehungszinsen laufen auch **nach** dem **Beginn** eines **Steuerfahndungsverfahrens** weiter. Hier ist die lange Dauer der Fahndungsverfahren nachteilig. Der Berater muss überlegen, ob der Steuerpflichtige nicht aus diesem Grund **Akontozahlungen** auf die mutmaßliche Steuerschuld erbringt. Oder er erklärt seine Bereitschaft, vorläufige

---

1 Gehen Hinterziehungszinsen auf **Besteuerungsgrundlagen** zurück, die **gesondert festzustellen** sind, so sind auch die Grundlagen der Hinterziehungszinsen gesondert festzustellen (BFH v. 19.4.1989 – X R 3/86, BStBl. II 1989, 596; BFH v. 19.4.1989 – X R 19/88, BFH/NV 1990, 73; FG Hamburg v. 28.8.1990 – I 87/90, EFG 1991, 6; BMF v. 18.1.1990 – IV A 5-S 0062-1/90, BStBl. I 1990, 50).

2 S. auch FG München v. 8.10.2009 – 15 K 1779/06, DStRE 2011, 518, rkr.

3 *Loose* in Tipke/Kruse, AO/FGO, § 235 AO Rz. 5 (Jan. 2016).

4 Vgl. auch *Bublitz*, DStR 1990, 438 (442); *Streck*, DStR 1991, 369 (370).

5 BVerfG v. 26.3.1987 – 2 BvR 589/79, NJW 1987, 2427; BVerfG v. 16.1.1991 – 1 BvR 1326/90, MDR 1991, 891; s. auch *Streck/Schwedhelm*, Stbg 1996, 166.

Steuerbescheide zu akzeptieren. Werden diese sodann in der Vollziehung ausgesetzt, so werden nicht abzugsfähige Hinterziehungszinsen durch abzugsfähige Aussetzungszinsen ersetzt.

1521 Auch **Einkommensteuervorauszahlungen** sind nach h.M. Steuern i.S.v. § 370 Abs. 1 AO und können damit „hinterzogene Steuern" i.S.d. § 235 AO sein.[1]

1522 Eine besondere Problematik ergibt sich, wenn das Steuerfahndungsverfahren durch eine **Selbstanzeige** (Rz. 179 ff.) ausländischer Kapitalerträge ausgelöst wurde. Hier ist in jüngerer Zeit insbesondere in Nordrhein-Westfalen zu beobachten, dass zunehmend Hinterziehungszinsen auf in der Vergangenheit zu niedrig oder unzutreffend nicht veranlagte **Einkommensteuervorauszahlungen** festgesetzt werden, wodurch letztlich der Zinszeitraum der Hinterziehungszinsen verlängert und somit der Zinsbetrag erhöht wird. Hintergrund dieser Praxis dürfte das Schreiben des Finanzministeriums des Landes Nordrhein-Westfalen vom 6.10.2014 sein, mit dem die Regelungen im AEAO zu § 235 ergänzt wurden.[2] Nach Auffassung des Finanzministeriums des Landes Nordrhein-Westfalen seien insbesondere in den Fällen von lang andauernden Steuerverkürzungen bei ausländischen Kapitalerträgen auch die verkürzten Einkommensteuervorauszahlungen nach § 235 AO zu verzinsen. Richtig ist dies nur, soweit objektiv und subjektiv der Tatbestand der Steuerhinterziehung bezogen auf die Vorauszahlungen vorliegt. Die Feststellungslast trifft das Finanzamt.[3] Höchstrichterliche Entscheidungen zu der genannten Fallkonstellation gibt es nicht. Das FG Münster hat am 20.4.2016 eine höchst zweifelhafte klageabweisende Entscheidung getroffen, jedoch die Revision zugelassen.[4] Bedauerlicherweise wurde das Revisionsverfahren nicht geführt. Hier bleibt die weitere Rechtsprechungsentwicklung abzuwarten.[5]

1523 Für Einigungsverhandlungen ist die Frage wichtig, ob die Finanzämter auf Hinterziehungszinsen aus **Billigkeitsgründen verzichten** können. Eine besondere Billigkeitsvorschrift – entsprechend der Vorschrift für Aussetzungs- und Stundungszinsen (§§ 234 Abs. 2 bzw. 237 Abs. 4 AO) – gibt es nicht. Steuerfahndung und Finanzämter sind selten geneigt, den Billigkeitserlass nach der allgemeinen Vorschrift des § 227 AO auf

---

1 BFH v. 15.4.1997 – VII R 74/96, BStBl. II 1997, 600; AEAO zu § 235 Nr. 2.1.; *Rüsken* in Klein, AO, 13. Aufl. 2016, § 235 Rz. 18.

2 FinMin. NRW v. 6.10.2014 – 2014-10-06 S 0462, n.v. (juris).

3 S. auch *Talaska*, Stbg 2016, 23.

4 FG Münster v. 20.4.2016 – 7 K 2354/13 E, EFG 2016, 965.

5 Ausführlich hierzu *Wollweber/Talaska*, Stbg 2016, 354.

Hinterziehungszinsen anzuwenden. Hinterziehungszinsen müssen erhoben werden; der Verwaltung steht kein Ermessen zu.[1] Gleichwohl sind auch die Bedingungen der Hinterziehungszinsen **flexibel**, wenn man weiß, wo die Hebel anzusetzen sind und die Einigung von beiden Seiten gewollt ist. Die Bemessungsgrundlage der Hinterziehungszinsen kann Gegenstand von Verhandlungen sein. Jedes abgestimmte Ergebnis über die Höhe der anfallenden Zinsen kann errechnet werden, wenn man bei einer 6 %igen Verzinsung die Bemessungsgrundlage, d.h. die hinterzogenen Steuern, variiert. Da in vielen Fällen die hinterzogenen Steuern schwer zu ermitteln sind, hat auch das Finanzamt Interesse an einer solchen Einigung.

In Fahndungsprüfungen, die sich mit **Lohnsteuersachverhalten** befassen, kann es hinsichtlich der Zinsen entscheidend sein, ob der Arbeitgeber in Haftung genommen wird oder ob die Lohnsteuer nach § 40 EStG dem Arbeitgeber als Steuerschuld auferlegt wird. § 40 EStG setzt die Zustimmung des Arbeitgebers voraus. Dem Prüfer ist es oft gleichgültig, welcher Weg beschritten wird. Die Steuerschuld nach § 40 EStG **entsteht** erst durch das **Einvernehmen** zwischen Unternehmer und Finanzverwaltung.[2] Wird die Steuerschuld fristgemäß bezahlt, kann sie nicht hinterzogen sein. Insoweit können auch keine Hinterziehungszinsen anfallen.[3] Offen ist, ob gleichwohl Hinterziehungszinsen für die Haftungsschuld berechnet werden können. Dies würde voraussetzen, dass Hinterziehungszinsen für Steuern berechnet werden, die nie gezahlt wurden. Auf keinen Fall kann das Finanzamt die Bemessungsgrundlage nach § 40 EStG mit der Haftungsschuld ziffernmäßig gleichstellen. 1524

Schließlich eine **Besonderheit** des **Verjährungsrechts**, die dem Steuerpflichtigen geradezu als „Zuckerstück" geschenkt sein kann: Bei Hinterziehungszinsen beginnt die einjährige Festsetzungsfrist nach § 239 Abs. 1 Nr. 3 AO mit Ablauf des Kalenderjahres zu laufen, in dem die Festsetzung der hinterzogenen Steuern unanfechtbar geworden ist, jedoch nicht vor Ablauf des Kalenderjahres, in dem ein eingeleitetes Strafverfahren rechtskräftig abgeschlossen wurde. Also: Beides muss vorliegen. Die hinterzogenen Steuern müssen unanfechtbar festgestellt sein. Das Strafverfahren muss rechtskräftig abgeschlossen sein. Es gibt 1525

1 BFH v. 15.11.1988 – II R 205/84, BFH/NV 1989, 416.

2 A.A. *Krüger* in Schmidt, EStG, 35. Aufl. 2016, § 40 Rz. 10, der vom Entstehen der pauschalen Lohnsteuer im Zuflusszeitpunkt beim Arbeitnehmer ausgeht.

3 BFH v. 5.11.1993 – VI R 16/93, BStBl. II 1994, 557.

nun Fälle, in denen ein Arrangement mit der Bußgeld- und Strafsachenstelle oder mit der Staatsanwaltschaft getroffen wird, obwohl über die Steuer noch nicht rechtskräftig entschieden ist. Beispiel: Der Steuerpflichtige akzeptiert unter Zugrundelegung der unstreitig hinterzogenen Steuern während der Dauer eines Finanzgerichtsprozesses einen Strafbefehl. Jetzt beginnt die Festsetzungsfrist mit dem Ablauf des Kalenderjahres zu laufen, in dem das Finanzgerichtsurteil rechtskräftig wird. Lässt der Steuerpflichtige das Finanzgerichtsurteil rechtskräftig werden, legt er verspätet Revision ein, führt dies nicht selten dazu, dass die Finanzämter den Ausgang des – unzulässigen – Revisionsverfahrens abwarten, bevor sie die Hinterziehungszinsen festsetzen. Da der BFH beträchtliche Zeit auch dann benötigt, wenn unzulässige Revisionen zurückzuweisen sind, läuft hier nicht selten die Festsetzungsfrist ab. Der Sachverhalt ist auch denkbar bei einer rechtskräftigen Einspruchsentscheidung, gegen die Klage vor dem Finanzgericht erhoben wird. Natürlich ist auch denkbar, dass die Steuer bereits rechtskräftig festgesetzt wird und ein rechtskräftiges Strafurteil mit einer unzulässigen Revision angegriffen wird.

I. Hinweise zur Haftung für Steuerschulden Dritter

Können Steuerschulden bei dem Steuerschuldner nicht realisiert werden, stellt sich auch im Steuerfahndungsverfahren die Frage der **Haftung Dritter** für die noch zu erhebenden Steuern. Die Haftungsmöglichkeit muss die Verteidigung im Auge behalten. Nachfolgend die für die Praxis des Fahndungsverfahrens wesentlichen Haftungsvorschriften. 1526

Die **gesetzlichen Vertreter** natürlicher und juristischer Personen und die **Geschäftsführer** von nicht rechtsfähigen Personenvereinigungen und Vermögensmassen haften, soweit infolge vorsätzlicher oder grob fahrlässiger Verletzung steuerlicher Pflichten Steuern nicht oder nicht rechtzeitig festgesetzt oder gezahlt werden **(§§ 34, 35, 69 AO)**. Damit sind z.B. die **Geschäftsführer** der **GmbH** und die **Vorstände** der **Vereine** angesprochen. Fahndungsverfahren, die sich gegen eine GmbH richten, erfassen auf diesem Weg i.d.R auch die Steuerhaftung der Geschäftsführer.[1] 1527

Nach **§ 71 AO haften** der **Steuerhinterzieher** und der **Teilnehmer** einer Steuerhinterziehung für die hinterzogenen Steuern. Entsprechendes gilt für die Steuerhehlerei. Zwar bestimmen Hinterziehung und Teilnahme an einer Hinterziehung den Kreis der Haftenden (so das Gesetz); der Kreis derjenigen, gegen die sich Haftungsbescheide richten, bestimmt sich jedoch nach dem Verdacht einer Hinterziehung oder Teilnahme (so die Praxis). Auch wenn dies nicht rechtens ist – s. nachfolgend –, verschafft sich die Finanzverwaltung in derartigen Fällen allein durch den Verdacht vollstreckbare Haftungstitel. 1528

Auch für diesen Haftungstatbestand gilt: Das Finanzamt entscheidet **eigenständig** und unabhängig von den Strafgerichten, ob eine **Hinterziehung vorliegt**. Ob eine Steuerhinterziehung vorliegt, bestimmt sich mangels einer steuerlichen Definition nach § 370 AO.[2] Die **Feststellungslast** für das Vorliegen des objektiven und subjektiven Tatbestands einer Steuerhinterziehung bzw. einer Teilnahme hieran liegt beim Finanzamt.[3] Strafausschließungsgründe wie strafrechtliche Verjährung 1529

1 Vertiefend *Talaska*, BB 2012, 1995 (1996 ff.).
2 BFH v. 29.10.2013 – VIII R 27/10, BStBl. II 2014, 295; BFH v. 12.1.2016 – IX R 20/15, DStRE 2016, 501.
3 *Loose* in Tipke/Kruse, AO/FGO, § 71 AO Rz. 8 ff. (Mai 2015).

und Selbstanzeige hindern **nicht** die Haftung. Insgesamt gilt das zu Rz. 1506 Gesagte entsprechend.

1530 Die Haftung nach § 71 AO geht nur **so weit, wie die Hinterziehung reicht**. Über § 71 AO können nicht hinterzogene Beträge dem Haftenden nicht angelastet werden. Auch die **versuchte Steuerhinterziehung** führt nicht zu einer steuerlichen Haftung.[1] Zur Haftung von Bankmitarbeitern s. Rz. 827 ff.

1531 § 154 AO verbietet die Errichtung von **Konten** auf **falsche** und erdachte **Namen**; es gilt das Gebot der sogenannten Kontenwahrheit. Wer dieses Gebot verletzt, darf Guthaben und Wertsachen nur mit Zustimmung des für den Verfügungsberechtigten zuständigen Finanzamts herausgeben (§ 154 Abs. 3 AO). Wer gegen dieses Verbot der Herausgabe verstößt, haftet, soweit dadurch Steueransprüche beeinträchtigt werden **(§ 72 AO)**; eine Haftung, die sich vorrangig an Banken wendet (s. auch Rz. 820).

1532 Wer nach dem **allgemeinen Zivilrecht** verpflichtet ist, die Vollstreckung in einen Gegenstand zu dulden, kann hierzu auch durch **Duldungsbescheid** des Finanzamts verpflichtet werden. Auf diesem Weg kann das Finanzamt unmittelbar alle Rechte nach dem **Anfechtungsgesetz** durch Duldungsbescheid realisieren (§ 191 Abs. 1 AO). Das Finanzamt muss sich nicht an die Zivilgerichte wenden.

1 *Schauf* in Kohlmann, Steuerstrafrecht, § 370 Rz. 1135 (Aug. 2014).

J. Besonderheiten der Zollverwaltung

I. Gemeinschaftsmaterie

Durch den **Zollkodex**[1] – **ZK** – und die dazugehörige Durchführungsverordnung – ZK-DVO[2] – wurde mit Beginn des Jahres 1994 die vormalige unübersichtliche Gemengelage zwischen mitgliedstaatlichem und Gemeinschaftsrecht abgelöst.[3] Dieser Gewinn an Transparenz stellt die entscheidende Kodifikationsleistung des ZK dar.[4] Fortentwickelt wird der erreichte Rechtszustand im **Unionszollkodex**[5] – **UZK** –, der seit 1.5.2016 wirksam ist.[6] Bis dahin galten die Regelungen des ZK fort (Art. 288 Abs. 2 UZK). Soweit der ZK Regelungsvorbehalte und explizite Öffnungen enthält, bleibt ein **nationaler Restbestand** an Normen anwendbar, der für die BRD durch das Zollverwaltungsgesetz (ZollVG) und – lückenfüllend, soweit dadurch ein höheres einzelstaatliches Schutzniveau gewährleistet ist – durch die AO als Mantelgesetz repräsentiert wird.[7] 1533

II. Sanktionskompetenz

Das Unionsrecht kann zwar Verwaltungssanktionen aussprechen, jedoch besitzt die EU **keine strafrechtliche Sanktionskompetenz**.[8] Wohl ergibt sich aus dem Grundsatz der Unionstreue (Art. 4 Abs. 3 AEUV) wie auch aus Art. 325 AEUV die Verpflichtung der Mitgliedstaaten, die Erfüllung (auch) der Zollverpflichtungen mit wirksamen Sanktionen zu 1534

---

1 EG-VO v. 12.10.1992, 2193/92, ABl. EG 1992, Nr. L 302, 1.

2 EG-VO v. 2.7.1993, 2454/93, ABl. EG 1993, Nr. L 252, 1.

3 Hierzu ausführlich *Olgemöller* in Streck/Mack/Schwedhelm, Tax Compliance, 2. Aufl. 2016, Rz. 5.1. ff.

4 Zur Bewertung des ZK werden gerne pathetische Bezeichnungen wie *„Jahrhundertwerk"* (*Witte/Wöhner* in *Birk/Ehlers*, Rechtsfragen des europäischen Steuer-Außenwirtschafts- und Zollrechts, 1995, 120 [141]), *„historisches Datum der Zollrechtsgeschichte in Europa"* (*Witte* in Witte, ZK, 6. Aufl. 2013, Einf. Rz. 1) etc. verwandt.

5 EU-VO 952/2013 v. 9.10.2013, ABl. EU 2013, Nr. L 269, zur bemerkenswerten Genese *Klötzer-Assion*, wistra 2014, 92; *Zeilinger*, ZfZ 2013, 141: *„Der Unionszollkodex – des Kaisers neue Kleider?"*

6 Zu den Neuregelungen des UZK: *Witte*, AW-Prax 2013, 373; *Lux*, ZfZ 2014, 178; ZfZ 2014, 243; ZfZ 2014, 270; ZfZ 2014, 314; *Hülskramer*, AW-Prax 2015; 2; *von Bernstorff*, RJW 2016, 777.

7 Monographisch *Gellert*, Zollkodex und Abgabenordnung, 2003.

8 *Möller/Retemeyer*, AW-Prax 2014, 99; AW-Prax 2014, 174; *Weerth*, ZfZ 2012, 173; *Prieß/Niestedt*, AW-Prax 2004, 346.

flankieren.[1] Diesen Zweck erfüllen die allgemeinen Strafvorschriften der §§ 369 ff. AO, insbesondere der Steuerhinterziehung, § 370 AO und der gewerbsmäßigen Steuerhinterziehung, § 373 AO. Darüber hinaus schaffen § 370 Abs. 6 und 7 AO eine Rechtsgrundlage für die Strafverfolgung exterritorial begangener Zollstraftaten (Rz. 1270). Seit 1999 unterstützt **OLAF**,[2] die zum Schutz der finanziellen Interessen der EU ins Leben gerufene Betrugsbekämpfungseinheit der Kommission, u.a. durch die Arbeit der nationalen Zollverwaltungen durch Weitergabe von Daten und Erkenntnissen.

III. Bausteine des Zollkodexes

1. Zollschuldrecht

1535 Der ZK spiegelt die **Doppelnatur** des Zollrechts wider: Einerseits gibt er (die klassischen) Antworten auf abgabenrechtliche Fragestellungen, andererseits kleidet er Institute der Handelspolitik in ein Rechtsgewand. Klassische Gegenstände des Abgabenrechts sind das Zollschuld-, Zolltarif- und Zollwertrecht, während mit der Regelung der einzelnen (besonderen) Zollverfahren[3] Instrumente der Handelspolitik der Gemeinschaft konturiert und mit abgabenrechtlichen Belangen abgestimmt werden. Die wichtigsten Einzelkomponenten im Überblick: Das Zollschuldrecht – geregelt im VII. Titel des ZK (Art. 201-242 ZK) – normiert das **Entstehen** und **Erlöschen** der **Zollschuld**, die Modalitäten ihrer Erhebung und legt den Zollschuldner fest.

– Das Zollschuldrecht ist geprägt durch den **Dualismus**[4] zwischen (formell) vorschriftsgemäßen einerseits und vorschriftswidrigen Einfuhren *(„Verfehlungen")* andererseits. Im ersteren Fall – der für die überwiegende Mehrheit der Einfuhren zutrifft – entsteht die Zollschuld (gem. Art. 201 ZK), wenn eine abgabenpflichtige **Nichtgemeinschaftsware** – nach Gestellung und Anmeldung – in den zollrechtlichen freien Verkehr überführt wird (Art. 79 ZK: „Statuswechsel"). Im letzteren Fall (Art. 202–204 ZK) entsteht die Zollschuld als – oftmals vorsätzliche – Folge der Zuwiderhandlung gegen zollrechtliche

1 EuGH v. 16.12.1992 – Rs. C-210/91, Slg. 1992, I-6735; zur Umsetzung *Weerth*, ZfZ 2012, 173.

2 **O**ffice Europeen de **L**utte **A**nti-**F**raude; dazu *Dannecker/Bülte* in Wabnitz/Janovsky, Handbuch des Wirtschafts- und Steuerstrafrechts, 4. Aufl. 2014, 2. Kap. Rz. 324 ff.; *Hetzer*, ZfZ 2005, 185.

3 Zu den „Besonderen Zollverfahren" nach dem UZK *Witte*, AW-Prax 2015, 77.

4 *Schmidt* in Grabitz/von Bogdandy/Nettesheim, Europäisches Außenwirtschaftsrecht, 1994, S. 137; *Kareseit*, ZfZ 1988, 130 (136).

Vorschriften, indem Pflichten nicht erfüllt oder Waren unter Verstoß gegen die Gestellungs- und Anmeldepflicht verbracht oder der zollamtlichen Überwachung entzogen wurden. Es sieht einen weiten, abschließend[1] definierten Kreis von Verpflichteten vor.

- Im weiteren Sinne sind die Vorschriften über Sicherheitsleistung (Art. 189–200 ZK) und über die Erstattung oder den Erlass von Abgaben gleichfalls dem Zollschuldrecht zuzuweisen. Von erheblicher Bedeutung[2] sind die Erstattungs- bzw. Erlassregelungen der Art. 235 ff. ZK und hier insbesondere die **Billigkeits-Generalklausel** des Art. 239 ZK, wonach Zollschulden erlassen werden müssen, wenn *„besondere Umstände"* vorliegen.[3]

2. Zolltarifrecht

Die Grundlagen der Erhebung von Einfuhrabgaben regelt der III. Titel des ZK. Art. 20 Abs. 1 ZK bestimmt: „Die bei Entstehen einer Zollschuld gesetzlich geschuldeten Abgaben stützen sich auf den Zolltarif der Europäischen Gemeinschaften." Die Höhe der Zollschuld ist abhängig zum einen vom Zollwert der Einfuhrware und zum anderen vom Zollsatz – seit jeher als „Zolltarif" bezeichnet –, der sich aus der Einreihung der Ware in ein **Warenverzeichnis** ergibt, soweit keine Sonderregeln greifen. 1536

Die **Einreihung** der Ware in das Warenverzeichnis – Zolltarifschema – bildet den Ausgangspunkt für sämtliche sich an die Wareneinfuhr anschließenden Maßnahmen (Erstellung von Handelsstatistiken, Einfuhr- und Exportbeschränkungen, Ausfuhrerstattungen oder Produktionsbeihilfen, Bestimmung der Umsatz- oder Verbrauchsteuerpflicht, Festlegung von Ursprungsregeln). Maßgebliches Zolltarifschema ist der **Gemeinschaftszolltarif** (GZT), der seinerseits auf dem internationalen System der kombinierten Nomenklatur (KN) beruht. Eine einheitliche Interpretation und Anwendung der Zollnomenklaturen bildet eine Schlüsselrolle im internationalen Handel. 1537

Die Ermittlung des Zollsatzes setzt zunächst die Einordnung in ein Zolltarifschema voraus. Das Zolltarifschema weist jeder Ware einen Zoll- 1538

1 Streitig ist der Rückgriff auf nationales Haftungsrecht, dazu *Olgemöller*, ZfZ 2006, 74.

2 Nach *Glashoff/Reimer*, Beilage 39 zu DStR 1997, 1 (4) *„dürfte) die Zahl (der) Erstattungsanträge kaum geringer sein als die der formellen Einsprüche"*.

3 *Wiener*, AW-Prax 2010, 60, m.w.N. zur Erstattung nach dem UZK *Gellert*, AW-Prax 2014, 72.

satz zu.[1] Die Zollsätze des GZT sind heutzutage überwiegend Wertzollsätze.[2] Ein Wertzollsatz gibt an, wie viel Prozent von der Bezugsgröße Zollwert zu erheben sind. Aus seiner Zielrichtung als **Instrument der Wirtschaftspolitik** heraus weist das Zolltarifrecht eine Vielzahl optionaler und flexibler Elemente auf, die für ein klassisches, d.h. primär einem verstetigten Finanzaufkommen verpflichtetes Abgabenrecht untypisch sind. Die Steuerung der Warenströme durch tarifäre Maßnahmen ist Kerninstrument der Außenhandelspolitik.[3]

1539 Zu unterscheiden sind:

- **Regelzollsätze** (Art. 20 Abs. 3 Buchst. c ZK) sind die Zollsätze, die die Gemeinschaft allgemein und unbefristet gegenüber Drittstaaten anwendet. Die Regelzollsätze beruhen zumeist auf vertraglichen Vereinbarungen[4] und steigen i.d.R. mit dem Verarbeitungsgrad[5] der eingeführten Ware. Sie können jedoch nach Bedarf zeitlich – *Zollaussetzung* – und/oder mengenmäßig – *Kontingentierung*[6] – beschränkt werden.[7]
- **Präferenzzollsätze** stellen eine Vorzugsbehandlung dar, die ein Zollregime privilegierten Handelspartnern, z.B. Freihandelszonen oder Entwicklungsländern, einräumt. Zollpräferenzmaßnahmen sollen dazu beitragen, Handelsschranken abzubauen und internationalen Handel zu fördern. Entscheidendes Kriterium für die Inanspruchnahme von Präferenzen ist der *Warenursprung*. Angesichts der internationalen Arbeitsteilung und der unterschiedlichen Zwecke hat sich ein kompliziertes, abgestuftes System von Ursprungsregeln etabliert.[8] Ein wichtiges Abgrenzungsmerkmal ist der sog. *Tarifsprung*.[9]

---

1 Dies ist entweder der Regelzollsatz (Drittlandszollsatz) oder ein besonderer Zollsatz.

2 Daneben kommen gelegentlich noch spezifische Zölle (z.B. Gewicht, Volumen, Alkoholgehalt) und Mischzölle (Kombination aus Wert- und spezifischem Zoll) vor.

3 Zu den Motiven im Einzelnen s. *Lux* in DStJG 11 (1988), 153 ff.

4 Im Rahmen des GATT.

5 Sog. *Tarifeskalation, Schmidt* in Grabitz/von Bogdandy/Nettesheim, Europäisches Außenwirtschaftsrecht, 1994, S. 99.

6 Die Verteilung erfolgt nach dem sog. *„Windhundverfahren"*, Art. 308a Abs. 1 ZK-DVO.

7 *Möllenhoff*, AW-Prax 2008, 206.

8 *Monographisch* dazu *Möller/Schumann*, Warenursprung und Präferenzen, 7. Aufl. 2013; und *Kaufmann*, Ursprungsregeln, 1996; zum Zollpräferenzmanagement *Hülskramer*, ZfZ 2015, 33.

9 Dazu EuGH v. 10.12.2009 – Rs. C-260/08, ZfZ 2010, 16 mit Anm. *Lieber*, AW-Prax 2010, 55, damit einhergehend das Problem der sog. *Minimalbehandlungen*.

- **Antidumping-** und **Ausgleichszölle** versetzen die EU in die Lage, ihre produzierende Wirtschaft vor unlauteren Handelspraktiken zu schützen. Von Dumping spricht man, wenn Waren zu Preisen, die unter dem Normalwert der Ware auf dem Heimatmarkt liegen, in die Gemeinschaft exportiert werden.[1] Ausgleichszölle dienen der Abwehr von (drohenden) Schädigungen gemeinschaftlicher Wirtschaftszweige durch die Einfuhr von Waren aus Drittländern, die durch staatliche Subventionen verbilligt worden sind. Das Prozedere ist geregelt in den sog. *Grundverordnungen.*[2] Es handelt sich um ein Sondergebiet des Zollrechts, das für einen beschränkten Wirtschaftskreis, dann aber wegen der Höhe der Abgaben und einhergehender strafrechtlicher Risiken von besonderer Bedeutung ist.
- **Schutzzölle** ermöglichen eine zeitlich begrenzte Korrektur von Wettbewerbsbedingungen infolge überraschender und schädigender Handelsentwicklung.[3]
- **Retorsionszölle** sind – nach GATT zulässige – Kampfmittel im Handelskrieg. Kennzeichen ist gemeinhin ihre *Nichtkonnexität.*[4] Sie pflegen gezielt auf wirtschaftlich sensible Wareneinfuhren von Handelsnationen verhängt zu werden, mit denen die EU wegen anderer Fragen in Streit geraten ist.

3. Zollwertrecht

Bezugsgröße für die Anwendung des Zolltarifs ist der Zollwert. Das 1540
Zollwertrecht[5] ist das Rechtsgebiet, das den Verzollungsmaßstab vorgibt, d.h. die Bemessungsgrundlage festlegt. Die Bedeutung des Zollwertrechts ergibt sich daraus, dass durch einheitliche Maßstäbe für die Warenbewertung der Verlagerungen von Warenströmen, damit verbundenen Einnahmeverlagerungen und Wettbewerbsverzerrungen vorgebeugt wird. Das moderne Zollwertrecht wird durch den *Wertzoll* beherrscht. Spezifische Verzollungsmaßstäbe bilden die Ausnahme.[6]

1 Eingehend *Wenig/Müller*, EWS 2003, 498.

2 VO (EG) Nr. 1225/2009, ABl. EU 2009, Nr. L 343, 51; VO (EG) Nr. 597, ABl. EU 2009, Nr. L 188, 93.

3 Vgl. VO (EG) Nr. 2200/2004, ABl. EU 2004, Nr. L 374, 1; Beispiel: Vorlagebeschluss FG Hamburg v. 13.5.2009 – 4 K 05/08, juris: prohibitiver Schutzzoll auf Pilze.

4 Art. 23.3 DSU lässt Strafzölle auch in streitfremden Marktbereichen zu.

5 Umfassende Information bei *Müller-Eiselt/Vonderbank*, EG-Zollrecht.

6 Daneben kommen gelegentlich noch spezifische Zölle (z.B. Gewicht, Volumen, Alkoholgehalt) und Mischzölle (Kombination aus Wert- und spezifischem Zoll) vor.

Rechtsgrundlage für die Zollwertermittlung sind die Art. 28-36 ZK. Charakteristisch ist eine genau einzuhaltende Stufenfolge,[1] deren Regelfall der **Transaktionswert** ist. Darunter ist der bei einem Verkauf zur Einfuhr in das EG-Zollgebiet tatsächlich gezahlte oder zu zahlende Preis für die Ware zu verstehen, sofern dieser nicht durch Verbundenheit beeinflusst ist. Diesem Wert sind bestimmte Kosten hinzu- bzw. abzurechnen, sofern sie im Rechnungspreis nicht bzw. enthalten sind.

4. Zollverfahren

1541 Breiten Raum[2] widmet der ZK den Regelungen der einzelnen Zollverfahren, die Art. 4 Nr. 16 ZK als Numerus clausus vorgibt. Die Überführung der Ware in ein Zollverfahren verlangt eine **zollrechtliche Bestimmung**, zu deren Erhalt es einer Zollanmeldung oder Mitteilung des Wirtschaftsbeteiligten bedarf. Das Zollverfahren, zu dem die Masse aller Einfuhren abgefertigt wird, ist das Zollverfahren der **„Überführung in den zollrechtlich freien Verkehr"**, durch den Nichtgemeinschaftsware – gemeinhin nach Festsetzung und Entrichtung der Grenzabgaben – zu Gemeinschaftsware wird.[3] In den **besonderen Zollverfahren**[4] kommt der Wirtschaftszollcharakter zum Ausdruck. Ihre besondere wirtschaftliche Bedeutung gewinnen die verschiedenen Zollverfahren dadurch, dass hier die Zollvolumina gemeinhin im reziproken Verhältnis zum begrenzten Kreis der Nutzer stehen.

5. Gemeinsame Bestimmungen

1542 Von Bedeutung für die Entwicklung des Zollrechts sind die allgemeinen Bestimmungen, die die vorstehend in Rz. 1535–1541 behandelten Teilgebiete des ZK einrahmen. Die Bestimmungen des Titel I des ZK

1 *„Zollwert-Treppe"*, Beispiel in *Müller-Eiselt/Vonderbank*, EG-Zollrecht, F. 4229, Art. 29 Rz. 19 (März 2010).

2 Standort ist Titel IV des ZK (Art. 58-182 ZK), d.h., fast die **Hälfte** (!) der insgesamt 253 Art. des ZK befassen sich mit dieser Materie; der UZK benötigt gut 50 Art.

3 Sog. *Statuswechsel*, Art. 79 ZK; Art. 29 AEUV.

4 So der Oberbegriff des Art. 201 UZK. Art. 84 ZK differenziert noch zwischen *Nichterhebungsverfahren* und *Zollverfahren mit wirtschaftlicher Bedeutung*; hervorzuheben sind Zolllagerverfahren (dazu *Henke/Witte*, Das Zolllager, 1996, 1 ff.), Veredelungsverkehre und das Versandverfahren; zur UZK-Regelung *Witte*, AW-Prax 2015, 77.

(Art. 1–19 ZK) enthalten die Grundstruktur eines *Allgemeinen Teils* des Gemeinschaftstollrechts, der Titel VIII des ZK (Art. 243–246 ZK) normiert – erstmalig – einen gemeinschaftsweit verbindlichen **Mindeststandard**[1] an Rechtsschutz.

IV. Zollverwaltung

1543 Die Anwendung des Gemeinschaftszollrechts erfolgt – dem europarechtlichen Subsidiaritätsprinzip entsprechend – durch die **nationalen Zollverwaltungen**. In der BRD war dies bis Ende 2015 eine Bundesverwaltung mit analoger dreistufiger[2] Struktur zur Steuerverwaltung in Länderhoheit. Zum 1.1.2016 wurden die bisherigen Mittelbehörden (BFD u.a.) in eine neu gegründete Generalzolldirektion (GZD) als Bundesoberbehörde überführt.

1. Auftragsverwaltung

1544 Die Mittelerhebung und -verwaltung durch die mitgliedstaatlichen Zollverwaltungen erfolgt – abzüglich eines Verwaltungsanteils – für Rechnung der EU.[3] Die Zolleinnahmen sind ein nicht zu vernachlässigender Bestandteil des EU-Haushalts. Das Verhältnis der EU zu den nationalen Zollverwaltungen ist bisweilen gespannt. Die EU argwöhnt mitunter eine zu wenig energische Durchsetzung ihrer Finanzinteressen durch die Mitgliedstaaten. Die nationale Zollverwaltung wiederum fürchtet nichts so sehr wie die **Anlastung**.[4]

2. Zollfahndung

1545 Organisatorisch verselbstständigt sind die **Zollfahndungsämter** – ZFÄ – mit dem Zollkriminalamt – ZKA – Köln als Zentralstelle, die die Funktion der Strafverfolgung und Bekämpfung von Zollstraftaten sowie typi-

---

1 EuGH v. 11.1.2001 – Rs. C-226/99, ZfZ 2001, 119; *Lux/Sack* in Dauses, Handbuch des EU-Wirtschaftsrechts, C.II. Rz. 96 (April 2008).

2 Hauptzollamt (HZA) – Bundesfinanzdirektion (BFD) – Bundesministerium der Finanzen (BMF).

3 Überblick zum Eigenmittel-System der Gemeinschaft bei *Weerth*, AW-Prax 2008, 168, m.w.N.

4 Dazu *Gellert*, AW-Prax 2008, 29, *Vögele*, AW-Prax 2008, 377 (378f.) (ZRT-Diskussionsbericht); sowie EuGH v. 15.11.2005 – Rs. C-392/02, ZfZ 2006, 18.

schen Begleitstraftaten[1] in Zusammenhang mit dem Grenzübertritt haben. Rechtsgrundlage ist das ZFdG,[2] ergänzt durch die AO.

V. Strafrechtsebene

1. Distanz zum Verfahrensgegenstand

1546 Die im **zollstrafrechtlichen Mandat** geforderte Verknüpfung von Kenntnissen dieses speziellen Abgabenrechts mit denen des (formellen und materiellen) Strafrechts weist die Materie externen Spezialisten zu. Für das Zollstrafrecht gelten insoweit keine anderen Grundsätze als für die Strafverteidigung an sich: Eine an den objektiven Interessen des Beschuldigten ausgerichtete Strafverteidigung ist ohne **Distanz** zum Verfahrensgegenstand nicht zielführend. Zollstrafrechtliche Interessenvertretung aus dem Unternehmen oder aus dem unmittelbaren Umfeld heraus managen zu wollen, unterschätzt die Gefahr blinder Flecke.

2. Prävention

1547 Nimmt ein Unternehmen zollstrafrechtliche Aspekte seiner Geschäftstätigkeit erstmals zur Kenntnis, nachdem gegen die Geschäftsleitung oder Mitarbeiter ein Zollstrafverfahren bereits eingeleitet worden ist, kann vielfach nur noch Schadensbegrenzung betrieben werden. Allemal besser ist auch hier natürlich Prophylaxe. Strafrechtliche Präventionsberatung im Zollrecht ist zum einen auf die **Vermeidung von Organisationsverschulden** zu richten, zum anderen hat sie die Risiken individueller Schuldzuweisung der an der Zollabwicklung beteiligten Unternehmensangehörigen aller Hierarchie-Ebenen in den Blick zu nehmen. Es gilt: Die Einhaltung simpler Grundregeln, gepaart mit zollrechtlicher Reflektiertheit im Alltagsgeschäft, kann späteren Ärger ersparen.[3]

---

1 Geldwäsche, Rauschgiftkriminalität, Marken- und Produktpiraterie, Artenschutz.

2 Zollfahndungsdienstgesetz v. 16.8.2002, BGBl. I 2002, 3202; dazu der Handkommentar von *Fehn/Wamers* (Hrsg.), Zollfahndungsdienstgesetz, 2003; s. auch *Ricke*, AW-Prax 2007, 288.

3 S. dazu das – zwanglos in den Zollbereich übertragbare – Beispiel: „We need a story for the tax authorities" als Muster fehlinterpretierter Geschäftskorrespondenz; zur Dokumentations(un)kultur in Unternehmen allgemein *Streck/Mack/Schwedhelm*, Tax Compliance, 2. Aufl. 2016, Rz. 1.302 ff.

3. Selbstanzeige

Die Selbstanzeige (Rz. 179 ff.) gewährt **Straffreiheit** um den Preis der nachträglichen Aufdeckung und Nachzahlung. Wichtig ist zum einen, die sachliche und persönliche Reichweite des Rechtsinstituts richtig zu bestimmen. In sachlicher Hinsicht besteht die Selbstanzeigemöglichkeit nur für die unter § 370 AO zu subsumierende (Zoll-)Hinterziehung, nicht für andere Zollstraftaten (§§ 372-374 AO) oder begleitende außersteuerliche Straftaten[1] und auch nur, solange nicht die *„Sperren"* des § 371 Abs. 2 AO eingreifen. Steuerstrafrecht der Bereich der Qualifizierung (besonders schwerer Fall gem. § 370 Abs. 3 AO/gewerbsmäßige Steuerhinterziehung gem. § 373 AO)[2] erreicht, was mit Blick auf die Verjährungsregelung des § 376 AO zu bedenkende Konsequenzen für den zeitlichen Umfang der Selbstanzeige hat.[3] Nicht aus den Augen verloren werden darf ferner der Umstand, dass die Selbstanzeige betreffend Eingangsabgaben eine parallele Korrekturnotwendigkeit von Umsatz und Gewinn des Unternehmens nach sich ziehen kann.[4] Die Einleitung eines Ermittlungsverfahrens in Deutschland in Zusammenhang mit grenzüberschreitenden Sachverhalten schließt den Hinweis auf die Notwendigkeit einer Beratung darüber ein, ob in den anderen Ländern Nacherklärungen einzureichen sind.[5] In personeller Hinsicht ist darauf zu achten, dass der Wirkungsbereich der Selbstanzeige ausreichend weit gezogen wird, wobei auch die Möglichkeit der verdeckten Stellvertretung[6] erwogen werden kann. Vor Abgabe der Selbstanzeige gehört mithin die Reflexion über ihre Förderlichkeit. Es gibt keinen Zwang zur Selbstanzeige. Vor- und Nachteile der Selbstanzeige müssen – zumal nach der wiederholten Verschärfung des Selbstanzeigerechts zum 1.1.2015 – gründlich gegeneinander abgewogen werden.[7] Dies kann auch zu dem Ergebnis führen, von der Möglichkeit der Selbstanzeige bewusst keinen oder noch keinen Gebrauch zu machen. 1548

---

1 *Jäger* in Klein, AO, 13. Aufl. 2016, § 371 Rz. 10.

2 Z.B. bei „Umgehung" von Antidumpingzöllen oder „Erschleichen" von Präferenzen.

3 *Spatscheck/Birkenmaier*, Stbg 2009, 361.

4 *Krause/Prieß* in Münchener Anwaltshandbuch Verteidigung in Wirtschafts- und Steuerstrafsachen, 2. Aufl. 2014, § 31 Rz. 93.

5 *Prieß/Niestedt*, AW-Prax 2004, 236 (348); s. auch *Abramowski*, DStZ 1992, 300.

6 Dazu *Alvermann*, Stbg 2008, 544; *Wollweber/Beckschäfer*, AG 2010, 207; *Wulf/Kamps*, DB 2011, 1711; *Ruhmannseder*, StBW 2014, 382.

7 *Möller/Retemeyer*, AW-Prax 2014, 271.

K. Mitteilungspflichten und Register

1549 Begeht ein Gewerbetreibender oder ein Angehöriger der freien Berufe eine Steuerverkürzung oder ist er an einer solchen beteiligt, bleibt es oftmals nicht allein bei einem strafrechtlichen Ermittlungsverfahren und einer eventuellen Verurteilung durch ein Strafgericht. Aufgrund gesetzlicher Mitteilungspflichten werden die Entscheidungen der Staatsanwaltschaft und der Gerichte zudem an das **Bundeszentralregister** (BZR), die **Berufskammer** oder sonstige Stellen **weitergeleitet**, die für die Überwachung der gewerblichen oder beruflichen Pflichten zuständig sind. Sie können neben strafrechtlichen auch zu **berufsrechtlichen Konsequenzen** führen.

I. Eintragungen in das Bundeszentralregister

1550 Das BZR wird nach § 1 Bundeszentralregistergesetz (BZRG) durch das Bundesamt für Justiz geführt. Es hat die Aufgabe, Informationen über **rechtskräftig abgeschlossene** Strafverfahren sowie genau bestimmte zivil- und verwaltungsrechtliche Verfahren zusammenzuführen und darüber Auskunft zu geben. Dies erfolgt insbesondere durch die Erteilung eines **Führungszeugnisses** an Bürger und Behörden, aber auch durch allgemeine Auskunftserteilung an berechtigte Behörden.

1. Strafrechtliche Verurteilungen

1551 Gem. § 4 BZRG werden in das BZR alle rechtskräftigen Entscheidungen eingetragen, durch die ein **deutsches Gericht** wegen einer rechtswidrigen Tat

- auf Strafe erkannt,
- eine Maßregel der Besserung und Sicherung angeordnet,
- jemanden nach § 59 StGB mit Strafvorbehalt verwarnt oder
- nach § 27 JGG die Schuld eines Jugendlichen oder Heranwachsenden festgestellt hat.

1552 Die Gerichte sind verpflichtet, dem Register u.a. die **Personendaten** des Betroffenen, die wesentlichen Angaben zur **Tat** (rechtliche Bezeichnung, Tatzeitpunkt) und die verhängte oder vorbehaltene **Strafe** mitzuteilen (§ 5 BZRG). Bei Geldstrafen werden die Anzahl und die Höhe der Tagessätze übermittelt. Gleiches gilt für die Aussetzung einer Strafe zur Bewährung (§ 7 BZRG).

1. Eintragungen in das Bundeszentralregister

Eintragungen über strafrechtliche Verurteilungen wegen Steuerhinterziehung werden – bei Verurteilungen zu Freiheitsstrafen von nicht mehr als drei Monaten und bei Verurteilungen zu Geldstrafen von nicht mehr als 90 Tagessätzen – **nach fünf Jahren gelöscht** (§§ 45, 46 BZRG). Geht die Verurteilung über diese Grenzen hinaus, erfolgt die Löschung erst nach **zehn Jahren** (Geldstrafen und Freiheitsstrafen auf Bewährung von bis zu einem Jahr) bzw. **15 Jahren** (alle übrigen Fälle). Die Frist beginnt mit dem Tag des ersten Urteils (§ 47 Abs. 1 i.V.m. § 36 BZRG). Ein Antrag auf vorzeitige Tilgung ist unter den Voraussetzungen des § 49 Abs. 1 BZRG möglich, wenn z.B. die Vollstreckung bereits erledigt ist und kein öffentliches Interesse mehr besteht. Nach der Tilgung der Eintragung darf die Verurteilung im Rechtsverkehr grundsätzlich nicht mehr zum Nachteil des Betroffenen verwertet werden (§ 51 BZRG). Er darf sich als unbestraft bezeichnen (§ 53 Abs. 1 Nr. 2 BZRG). 1553

2. Das Führungszeugnis

Grundsätzlich werden alle Eintragungen im BZR in das **Führungszeugnis** aufgenommen (§ 32 Abs. 1 BZRG). Das Führungszeugnis wird auf Antrag jedem, der das 14. Lebensjahr vollendet hat, erteilt und darf ausschließlich an die beantragende Person übersendet werden (§ 30 BZRG). Darüber hinaus erhalten Behörden ein polizeiliches Führungszeugnis (§ 31 BZRG), soweit sie es zur Erledigung ihrer hoheitlichen Aufgaben benötigen und eine Aufforderung an den Betroffenen, ein Führungszeugnis vorzulegen, nicht sachgemäß ist oder erfolglos bleibt. 1554

Ausnahmsweise werden Eintragungen **nicht in das Führungszeugnis aufgenommen**: Hierzu zählen nach § 32 Abs. 2 BZRG die Verwarnung mit Strafvorbehalt (§ 59 StGB) sowie Verurteilungen, durch die eine **Geldstrafe von nicht mehr als 90 Tagessätzen** oder **Freiheitsstrafe von nicht mehr als drei Monaten** auferlegt worden ist, wenn im Register keine weitere Strafe eingetragen ist. **Der Betroffene darf sich in diesen Fällen als nicht vorbestraft bezeichnen.** Von den nicht im Führungszeugnis enthaltenen Eintragungen darf ausnahmsweise den Gerichten und der Staatsanwaltschaft, den obersten Bundes- und Landesbehörden, den Verfassungsschutzbehörden, dem Bundesnachrichtendienst und den Finanzbehörden für die Verfolgung von Straftaten und weiteren in dieser Norm genannten Behörden auf ausdrückliches, begründetes Ersuchen hin Kenntnis gegeben werden, sofern die Informationen zur Erfüllung der konkreten Aufgaben der jeweiligen Behörde benötigt werden (§ 41 BZRG). 1555

3. Berufsregelnde Verwaltungsentscheidungen

1556 Nach § 10 Abs. 2 BZRG werden in das BZR nicht nur rechtskräftige Verurteilungen in Strafsachen, sondern auch alle vollziehbaren oder nicht mehr anfechtbaren Verwaltungsentscheidungen und alle rechtskräftigen gerichtlichen Entscheidungen eingetragen, durch die wegen Unzuverlässigkeit, Ungeeignetheit oder Unwürdigkeit ein **Antrag auf Zulassung zu einem Beruf oder Gewerbe abgelehnt** oder eine erteilte Erlaubnis **zurückgenommen** oder **widerrufen** oder die Ausübung eines Gewerbes oder Berufs **untersagt** wird. Hierzu zählen insbesondere:

- Die **Versagung** der Zulassung zur **Rechtsanwaltschaft** durch die Rechtsanwaltskammer (§ 7 BRAO) oder die Versagung der Bestellung als **Steuerberater** durch die Steuerberaterkammer (§ 40 Abs. 2 und 3 StBerG),
- die **Rücknahme** oder der Widerruf der Zulassung zur **Rechtsanwaltschaft** durch die Rechtsanwaltskammer (§ 14 BRAO) oder der Widerruf oder die Rücknahme der Zulassung als **Steuerberater** durch die Steuerberaterkammer (§ 46 StBerG),
- die Untersagung der Ausübung des Berufs, etwa durch das **Anwaltsgericht** (§§ 114, 150 BRAO) oder durch die **Kammer für Steuerberatersachen** beim Landgericht (§§ 89, 134 StBerG), sowie
- die Untersagung der **Gewerbeausübung** durch die Gewerbebehörde (§ 35 GewO).

1557 Eine Eintragung im BZR erfolgt nicht, wenn stattdessen eine Eintragung im Gewerbezentralregister (§ 149 Abs. 2 Nr. 1 GewO) vorgenommen wird.

4. Gewerbezentralregister

1558 Beim Bundesamt für Justiz wird zusätzlich ein Gewerbezentralregister geführt (§§ 149 ff. GewO). Hier werden bspw. rechtskräftige **Bußgeldentscheidungen** wegen einer Steuerordnungswidrigkeit, die im Zusammenhang mit der Ausübung eines Gewerbes steht, eingetragen, soweit die Geldbuße mehr als 200 Euro beträgt. Nach § 153 Abs. 1 GewO erfolgt die Löschung der Eintragung bei Bußgeldern bis 300 Euro nach drei Jahren, darüber hinaus nach fünf Jahren. Auskünfte aus dem Gewerbezentralregister werden insbesondere an Behörden erteilt, die mit der Verfolgung gewerberechtlicher Ordnungswidrigkeiten betraut sind.

II. Anordnung über Mitteilungen in Strafsachen (MiStra)

Rechtskräftige Strafurteile und sonstige Entscheidungen im Strafverfahren werden von den **Gerichten und Staatsanwaltschaften** durch die bundesweit geltende **Anordnung über Mitteilungen in Strafsachen (MiStra)**[1] an andere Stellen mitgeteilt. Es handelt sich um Informationen über die Einleitung, den Fortgang und die Beendigung eines Strafverfahrens. 1559

1. Strafverfahren gegen Rechtsanwälte, Notare und Patentanwälte

Strafgerichte oder Staatsanwaltschaften sind gem. Nr. 23 MiStra **verpflichtet**, im Falle von Strafverfahren gegen **Rechtsanwälte**[2] der Generalstaatsanwaltschaft und der Rechtsanwaltskammer folgende Tatsachen **mitzuteilen**: 1560

- den Erlass und Vollzug eines **Haft**- oder Unterbringungs**befehls**,
- Entscheidungen, durch die ein vorläufiges **Berufsverbot** angeordnet oder aufgehoben wurde,
- die Erhebung der öffentlichen **Klage**,
- die **Urteile** sowie
- den **Ausgang** des Verfahrens, wenn ursprünglich eine Mitteilung zu machen war.

Gleiches gilt hinsichtlich der **Notare** und **Patentanwälte** für deren jeweilige Standesvertretungen (Nr. 23 Abs. 4 MiStra). Hat das Strafverfahren einen Vorwurf zum Gegenstand, der zu einem Berufs- oder Vertretungsverbot führen kann (z.B. die pflichtwidrige Verwendung von Mandantengeldern oder Parteiverrat), sind den jeweiligen Stellen auch die **Einleitung und der Ausgang eines Ermittlungsverfahrens** mitzuteilen (Nr. 23 Abs. 2, Nr. 6 Abs. 7 MiStra). Bei Einstellungen nach **§ 153a StPO** ist die endgültige Einstellung des Verfahrens erst nach Erfüllung der Weisung oder Auflage zu übermitteln. 1561

---

1 BMJV v. 12.11.2015 – RB4-1431/3-R2 174/2015, BAnz 2015, AT 13.11.2015 B1, seit dem 1.1.2016 in Kraft.

2 Einschließlich der niedergelassenen europäischen Rechtsanwältinnen und Rechtsanwälte i.S.v. § 2 Gesetz über die Tätigkeit europäischer Rechtsanwälte in Deutschland (EuRAG), der dienstleistenden europäischen Rechtsanwältinnen und Rechtsanwälte i.S.v. § 25 EuRAG und der niedergelassenen ausländischen Anwältinnen und Anwälte i.S.v. § 206 BRAO.

2. Strafverfahren gegen Steuerberater und Wirtschaftsprüfer

1562 Bei Strafverfahren gegen **Steuerberater, Steuerbevollmächtigte und Wirtschaftsprüfer** sind, wenn der Tatvorwurf auf eine Verletzung von Pflichten schließen lässt, die bei der Ausübung des Berufs zu beachten sind, Staatsanwaltschaft und Strafgericht **verpflichtet**, der Generalstaatsanwaltschaft und der Berufskammer folgende **Mitteilungen zu machen** (Nr. 24 Abs. 1 MiStra):

- den Erlass und Vollzug eines **Haft**- und Unterbringungs**befehls**,
- die Entscheidung, durch die ein vorläufiges **Berufsverbot** angeordnet oder ein solches aufgehoben worden ist,
- die Erhebung der öffentlichen **Klage** sowie
- den **Ausgang** des Verfahrens, wenn ursprünglich eine Mitteilung zu machen war.

1563 Eine Mitteilung der Einleitung eines strafrechtlichen Ermittlungsverfahrens wie bei Rechtsanwälten ist bei Steuerberatern, Steuerbevollmächtigten und Wirtschaftsprüfern nicht vorgesehen.

1564 Erfolgt eine Verurteilung des Steuerberaters wegen **Steuerhinterziehung** oder dessen Teilnahme hieran, wird dies i.d.R. als **schwerwiegende Berufspflichtverletzung** angesehen, und zwar unabhängig davon, ob es sich um eine Steuerhinterziehung des Mandanten oder um eine solche in eigener Sache handelt. Die Strafgerichte überlassen die berufsspezifische Sanktionierung des Steuerberaters üblicherweise den Berufsgerichten. Diese wiederum gehen regelmäßig davon aus, dass bei einer Steuerhinterziehung des Steuerberaters – unabhängig davon ob als Täter oder Teilnehmer, ob versucht oder vollendet – neben der Strafe ein gesondertes Bedürfnis für eine **berufsrechtliche Sanktionierung** besteht. In einem scheinen sich Strafgerichte und Berufsgerichte jedoch einig zu sein: Mit dem Ausschluss aus dem Beruf geht die Rechtsprechung aufgrund der Bedeutung und Tragweite der Gewährleistung der Berufsausübungsfreiheit nach Art. 12 Abs. 1 GG zu Recht sehr vorsichtig um. Nur wenn das Gericht zu einer sicheren Prognose gelangt, dass von dem Steuerberater auch künftig schwerwiegende Gefahren für die Steuerrechtspflege ausgehen, ist ein (befristeter) Ausschluss bzw. ein Berufsverbot gerechtfertigt. Typisches Sanktionsmittel der Berufsgerichte – wenn es denn zu einer Verurteilung kommt – ist somit die Erteilung eines Verweises i.V.m. der Verhängung einer Geldbuße.[1]

---

1 Vertiefend *Talaska*, Stbg 2015, 315.

3. Strafverfahren gegen Angehörige der Heilberufe

In Strafsachen gegen **Ärzte**, Zahnärzte, Tierärzte, Apotheker, Psychotherapeuten, Heilpraktiker, Hebammen, Altenpfleger, Krankenpfleger etc.[1] sind 1565

- der Erlass und der Vollzug eines **Haft**- oder Unterbringungs**befehls**,
- die Entscheidung, durch die ein vorläufiges **Berufsverbot** angeordnet oder aufgehoben wird,
- die Erhebung der öffentlichen **Klage** sowie
- der **Ausgang** eines der vorgenannten Verfahren

der **zuständigen Behörde**[2] und der zuständigen **Berufskammer mitzuteilen**, wenn der Tatvorwurf auf eine Verletzung von Pflichten schließen lässt, die bei der Ausübung des Berufs zu beachten sind oder der Tatvorwurf sonst geeignet ist, an der **Zuverlässigkeit, Eignung oder Befähigung** Zweifel hervorzurufen (Nr. 26 Abs. 1 MiStra).

Erfolgt eine Verurteilung wegen **Steuerhinterziehung** zu einer Freiheitsstrafe, wird der Zulassungswiderruf nach gängiger Praxis sorgfältig geprüft. 1566

4. Strafverfahren gegen Kredit- und Finanzdienstleistungsunternehmen

Verletzen Inhaber oder Geschäftsleiter von Kredit- und Finanzdienstleistungsunternehmen oder Inhaber wesentlicher Beteiligungen an solchen Unternehmen ihre beruflichen Pflichten oder begehen sie sonstige Straftaten im Zusammenhang mit der Ausübung des Gewerbes und wird die öffentliche Klage erhoben, sind folgende Tatsachen der **Bundesanstalt für Finanzdienstleistungsaufsicht, Bankenaufsicht, mitzuteilen** (Nr. 25 MiStra): 1567

- die **Anklageschrift** oder eine an ihre Stelle tretende Antragsschrift; in Strafsachen, die eine Straftat nach § 54 KWG oder § 31 ZAG zum Gegenstand haben, bereits die **Einleitung** des Ermittlungsverfahrens,
- der Antrag auf Erlass eines **Strafbefehls** sowie
- die das Verfahren abschließende **Entscheidung** mit Begründung, wenn ursprünglich eine Mitteilung zu machen war.

---

1 S. im Einzelnen Nr. 26 Abs. 1 MiStra.
2 S. Anlage 3 zur MiStra.

1568 Vergleichbare Mitteilungspflichten bestehen in Strafsachen gegen Inhaber und Geschäftsleiter von **Wertpapierdienstleistungsunternehmen** (Nr. 25a MiStra), **Versicherungsunternehmen** (Nr. 25b MiStra) sowie **Verwaltungsgesellschaften** (Nr. 25c MiStra).

5. Strafverfahren gegen Gewerbetreibende

1569 Weiter bestehen Mitteilungspflichten in Strafsachen gegen Gewerbetreibende (Nr. 39 MiStra), wenn gegen sie **rechtskräftige Entscheidungen** ergangen sind und Grund zu der Annahme besteht, dass Tatsachen vorliegen, die geeignet sind, Zweifel an der **Eignung, Zuverlässigkeit oder Befähigung** am Betrieb des Gewerbes hervorzurufen. Bei **fahrlässig** begangenen Taten sind Mitteilungen regelmäßig zu unterlassen, wenn nicht besondere Umstände des Falls eine Mitteilung erfordern. Angeordnet wird die Mitteilung durch das Gericht oder die Staatsanwaltschaft. Empfänger der Mitteilung ist die Behörde, die für die Untersagung der Berufs- oder Gewerbeausübung zuständig ist.

6. Strafverfahren gegen Beamte und Arbeitnehmer des öffentlichen Diensts

1570 In Strafsachen gegen Personen, die in einem **Beamten- oder Richterverhältnis** stehen (Nr. 16 MiStra), sind

- der Erlass und Vollzug eines **Haft**- oder Unterbringungs**befehls**,
- die **Anklageschrift** oder eine an ihre Stelle tretende Antragsschrift,
- der Antrag auf Erlass eines **Strafbefehls** und
- die einen Rechtszug **abschließende Entscheidung**

an die zuständigen **Dienstvorgesetzten** mitzuteilen. Bei **fahrlässig** begangenen Straftaten sind Mitteilungen nur zu machen, wenn es sich um schwere Verstöße (Trunkenheit im Straßenverkehr oder fahrlässige Tötung) handelt oder in sonstigen Fällen die Kenntnis der Daten aufgrund der Umstände des Einzelfalls erforderlich ist, um zu prüfen, ob dienstrechtliche Maßnahmen zu ergreifen sind. Die Regelung entspricht im Wesentlichen dem Wortlaut der §§ 49 BeamtStG und 115 BBG (s. Rz. 1588 ff.).

1571 Bei Personen, die im **öffentlichen Dienst** beschäftigt sind, wird zwischen Verbrechen und Vergehen differenziert (Nr. 17 Abs. 1 und 2 MiStra). Bei **Verbrechen** sind Erlass und Vollzug eines Haft- oder Unterbringungsbefehls, die Erhebung der öffentlichen Klage, die Urteile und der Ausgang des Verfahrens, wenn ursprünglich eine Mitteilung zu machen war, an die **Behördenleitung** mitzuteilen. Bei **Vergehen** erfolgen solche Mitteilungen nur, wenn der Tatvorwurf auf eine Verletzung von Pflichten schließen lässt, die bei der Ausübung des Diensts zu beachten sind, oder in anderer Weise geeignet ist, Zweifel an der Eignung, Zuverlässigkeit oder Befähigung hervorzurufen. Bei **fahrlässig** begangenen Taten – mit Ausnahme von Delikten, durch die der Tod eines Menschen verursacht wurde, oder bei gefährlicher Körperverletzung – unterbleibt die Mitteilung, wenn nicht besondere Umstände des Einzelfalls sie erfordern. Es gelten dieselben Grundsätze wie bei den Beamten.

7. Strafverfahren gegen Inhaber eines Waffen- oder Jagdscheins

Inhaber eines Waffen- und/oder Jagdscheins müssen damit rechnen, 1572
dass die jeweils für die Erteilung und den Widerruf zuständigen Behörden über eine **Anklageerhebung** und den **Ausgang des Verfahrens informiert** werden (Nr. 36 MiStra [Waffenschein] und Nr. 37 MiStra [Jagdschein]).

Bei **Steuerhinterziehung** kann der **Jagdschein** und mit ihm der **Waffen-** 1573
schein nur dann versagt werden, wenn eine waffenrechtliche Unzuverlässigkeit i.S.d. § 17 Abs. 1 Satz 2 BJagdG bzw. § 5 WaffG besteht. Wird der Betroffene insoweit zu einer **Freiheitsstrafe von mindestens einem Jahr** rechtskräftig verurteilt, liegt **unwiderlegbar** eine Unzuverlässigkeit vor (§ 5 Abs. 1 Nr. 1a WaffG). Eine **widerlegbare Unzuverlässigkeit** ist anzunehmen, wenn der Betroffene rechtskräftig zu einer **Freiheitsstrafe von weniger als einem Jahr** oder einer **Geldstrafe von mindestens 60 Tagessätzen** oder mindestens zweimal zu einer geringeren Geldstrafe rechtskräftig verurteilt wurde, wenn seit dem Eintritt der Rechtskraft der letzten Verurteilung fünf Jahre noch nicht verstrichen sind (§ 5 Abs. 2 Nr. 1a WaffG).[1]

Eine wirksame strafbefreiende **Selbstanzeige** (§ 371 AO) ist ein persön- 1574
licher Strafaufhebungsgrund. Eine Verurteilung erfolgt nicht. Jagd- und Waffenschein sind daher nicht bedroht.[2]

Bei der Beratung über mögliche Konsequenzen des Verfahrensaus- 1575
gangs darf diese Information dem Beschuldigten nicht fehlen. Begeisterte Jäger sind teilweise eher bereit, den Führerschein als den Jagdschein/Waffenschein abzugeben.

1 S. Einzelheiten bei *Kamps/Talaska*, AO-StB 2013, 61.
2 *Kamps/Talaska*, AO-StB 2013, 61.

8. Sonstige Mitteilungen

1576 Nach Nr. 29 MiStra sind **Tatsachen, die in einem Strafverfahren bekannt werden** – gleich, gegen wen das Strafverfahren sich richtet – mitzuteilen, wenn ihre Kenntnis aufgrund besonderer Umstände des Einzelfalls für dienst-, disziplinar-, standes- oder berufsrechtliche Maßnahmen gegen Beamte, Notare, Wirtschaftsprüfer, Steuerberater und Steuerbevollmächtigte, Angehörige der Heilberufe, Inhaber oder Geschäftsleiter eines Kredit- oder Finanzdienstleistungsinstituts oder eines Versicherungsunternehmens erforderlich ist. Die Mitteilungen sind an die jeweilige Aufsichtsbehörde oder Berufskammer zu richten. Die Meldung kann ausnahmsweise unterbleiben, wenn für den Richter oder Staatsanwalt erkennbar ist, dass schutzwürdige Interessen der betroffenen Person an dem Ausschluss der Übermittlung das öffentliche Interesse an der Übermittlung überwiegen.

9. Inhalt und Form der Mitteilungen

1577 Ist die Erhebung der öffentlichen Klage mitzuteilen, so ist die **Anklageschrift** oder der **Antrag auf Erlass eines Strafbefehls** zu übermitteln (Nr. 6 Abs. 4 MiStra). Die Staatsanwaltschaft kann im Einzelfall anordnen, dass die Übermittlung des wesentlichen Ergebnisses der Ermittlungen unterbleibt.

1578 Soweit das **Urteil** mitzuteilen ist, sind

- die Urteilsformel und die Urteilsgründe zu übermitteln sowie
- die Tatsache, ob und von wem ein Rechtsmittel gegen das Urteil eingelegt wurde (Nr. 6 Abs. 5 MiStra).

Richter und Staatsanwälte können im Einzelfall anordnen, dass die Übermittlung der Urteilsgründe unterbleibt.

1579 Bis zur Erhebung der öffentlichen Klage ist die Staatsanwaltschaft, danach das Strafgericht, zuständig (Nr. 4 Abs. 1 MiStra). Wurden Mitteilungen gemacht, ist dies auf der Vorderseite der Akten **kenntlich zu machen** und in Vermerkform zu **dokumentieren** (Nr. 5 MiStra).

III. Weitere Mitteilungspflichten außerhalb MiStra und BZRG

1580 Neben der Anordnung über Mitteilungen in Strafsachen und dem BZRG existieren weitere Vorschriften, die im Falle von Steuerstraftaten, Steuerordnungswidrigkeiten oder Berufsrechtsverletzungen Mitteilungspflichten vorsehen:

III. Weitere Mitteilungspflichten außerhalb MiStra und BZRG

1. Steuerberatungsgesetz/Wirtschaftsprüferordnung/Bundesrechtsanwaltsordnung

Die **Finanzverwaltung** kann der jeweiligen Berufskammer oder den für das berufsgerichtliche Verfahren zuständigen Stellen Tatsachen mitteilen, die den Verdacht begründen, dass der Berufsträger eine Berufspflicht verletzt hat (§ 10 Abs. 1 StBerG; § 36a Abs. 2 Nr. 1 WPO; § 36 Abs. 2 BRAO). Die Mitteilungsberechtigung beinhaltet sowohl Pflichtverletzungen bei der geschäftsmäßigen Hilfeleistung in Steuersachen als auch Verfehlungen in eigenen Steuerangelegenheiten. Es handelt sich hierbei um eine **Ermessensentscheidung**. I.d.R. macht die Finanzverwaltung nur im Wiederholungsfall hiervon Gebrauch. 1581

2. Anweisungen für das Straf- und Bußgeldverfahren

Die **Straf- und Bußgeldsachenstellen** sind nach Nr. 136 Abs. 1 Nr. 1 der Anweisungen für das Straf- und Bußgeldverfahren (Steuer) (AStBV [St] 2014)[1] verpflichtet, gemeinsam mit dem Finanzamt (s. Rz. 1585 ff.) den Gewerbebehörden rechtskräftige Verurteilungen bzw. Bußgeldentscheidungen wegen einer Steuerstraftat oder -ordnungswidrigkeit mitzuteilen, wenn sich hieraus allein schon eine **gewerbliche Unzuverlässigkeit** i.S.d. § 35 GewO erkennen lässt. Eine solche wird z.B. angenommen, wenn der Gewerbetreibende erhebliche offene Steuerschulden hat. 1582

Der Bundesanstalt für Finanzdienstleistungsaufsicht ist bereits die **Einleitung** eines Steuerstrafverfahrens gegen Inhaber oder Geschäftsleiter von Kreditinstituten mitzuteilen (Nr. 136 Abs. 1 Nr. 3 AStBV [St] 2014 i.V.m. § 8 Abs. 2 KWG). 1583

Der Ausländerbehörde ist mitzuteilen, wenn ein Ausländer gegen eine Vorschrift des Steuerrechts verstoßen hat und wegen dieses Verstoßes ein **strafrechtliches Ermittlungsverfahren eingeleitet oder eine Geldbuße von mindestens 500 Euro verhängt** worden ist (Nr. 136 Abs. 1 Nr. 4 AStBV [St] 2014 i.V.m. § 88 Abs. 3 AufenthG). 1584

3. Mitteilungen des Finanzamts an die Gewerbebehörde

Die steuerlichen Verhältnisse des Steuerpflichtigen sind gem. § 30 AO grundsätzlich geschützt. Die **Finanzbehörden** sind deshalb lediglich in **Ausnahmefällen**, d.h. bei **zwingendem öffentlichen Interesse** gem. 1585

---

1 Gleichlautender Ländererlass v. 1.11.2013, BStBl. I 2013, 1395.

§ 30 Abs. 4 Nr. 5 AO, **berechtigt**, entweder von Amts wegen Mitteilungen an die Gewerbebehörde, etwa in Form einer Anregung auf Einleitung eines Gewerbeentzugsverfahrens, zu machen oder Auskunftsersuchen der Gewerbebehörde zu beantworten.

1586 Ein **zwingendes öffentliches Interesse** an der Mitteilung von steuerlichen Verhältnissen gegenüber den Gewerbebehörden liegt **aus Sicht der Finanzverwaltung** grundsätzlich nur vor, soweit es sich um Steuern handelt, die durch die gewerbliche Tätigkeit ausgelöst wurden (insbesondere Lohnsteuer, Umsatzsteuer). Bei Personensteuern (insbesondere Einkommensteuer, Kirchensteuer) besteht ein solcher Zusammenhang, soweit diese Steuern durch die gewerbliche Tätigkeit ausgelöst wurden. Unabhängig davon ist ein zwingendes öffentliches Interesse an der Mitteilung hinsichtlich der Personensteuern auch dann zu bejahen, wenn Versagung, Rücknahme oder Widerruf einer gewerberechtlichen Erlaubnis oder Gewerbeuntersagung wegen Unzuverlässigkeit infolge wirtschaftlicher Leistungsunfähigkeit im Raum stehen (z.B. hohe Schuldenlast, kein Sanierungskonzept).[1]

1587 Die Verletzung steuerrechtlicher Pflichten, die mit der Ausübung des Gewerbes in Zusammenhang stehen, begründet die gewerberechtliche Unzuverlässigkeit jedoch nicht in jedem Fall, wohl aber dann, wenn das Verhalten des Steuerpflichtigen darauf schließen lässt, dass er nicht willens oder in der Lage ist, seine öffentlichen Berufspflichten zu erfüllen. Wegen der weittragenden Bedeutung, welche die Versagung einer Erlaubnis oder die Unterbindung der gewerblichen Tätigkeit für den Betroffenen hat, muss es sich um erhebliche Verstöße handeln. Erhebliche Verstöße sind aus Sicht der Finanzverwaltung u.a.:[2]

- **Nichtabgabe von Lohnsteueranmeldungen und Umsatzsteuervoranmeldungen**;
- **Nichtabgabe von sonstigen Steuererklärungen** dann, wenn sie trotz Erinnerung hartnäckig über längere Zeit nicht abgegeben werden oder mit der Nichtabgabe und Nichtzahlung von Steuern zusammenfallen;
- **erhebliche Steuerrückstände**[3] (laut BMF liegt die Schwelle i.d.R. bei 5000 Euro);
- ständig schleppender Zahlungseingang;

1 Zu den Einzelheiten s. BMF v. 19.12.2013 – IV A 3-S 0130/10/10019, BStBl. I 2014, 19.

2 Vgl. BMF v. 19.12.2013 – IV A 3-S 0130/10/10019, BStBl. I 2014, 19.

3 S. auch BFH v. 10.2.1987 – VII R 77/84, BStBl. II 1987, 545; BFH v. 29.7.2003 – VII R 39, 43/02, VII R 39/02, VII R 43/02, BStBl. II 2003, 828.

- mehrfache **Nichtabführung von Steuerabzugsbeträgen** (insbesondere Lohnsteuer);
- Anhängigkeit eines **steuerlichen Straf- oder Bußgeldverfahrens**, das im Zusammenhang mit der Ausübung des Gewerbebetriebs steht.

4. Mitteilung nach § 49 BeamtStG, § 115 BBG

Das Gericht, die Strafverfolgungsbehörde oder die Strafvollstreckungs- 1588
behörde hat in Strafverfahren gegen Beamte zur Sicherstellung der dienstrechtlichen Maßnahmen im Fall der **Erhebung öffentlicher Anklage**

- die **Anklageschrift** oder eine an ihre Stelle tretende Antragsschrift,
- den Antrag auf Erlass eines **Strafbefehls** und
- die einen Rechtszug **abschließende Entscheidung** mit Begründung

an den **Dienstherrn** zu übermitteln (§ 49 Abs. 1 BeamtStG und § 115 Abs. 1 BBG). Bei **fahrlässig** begangenen Straftaten werden die Übermittlungen vorgenommen, wenn es sich um **schwere Verstöße** handelt (Trunkenheit im Straßenverkehr oder fahrlässige Tötung) oder die Kenntnis der Daten aufgrund der Umstände des Einzelfalls erforderlich ist, um zu prüfen, ob dienstrechtliche Maßnahmen erforderlich sind (§ 49 Abs. 2 BeamtStG und § 115 Abs. 2 BBG).

Verfahrenseinstellungen, bspw. nach § 153a StPO, sollen mitgeteilt 1589
werden, wenn die Erforderlichkeit einer dienstrechtlichen Maßnahme besteht (§ 49 Abs. 3 BeamtStG und § 115 Abs. 3 BBG).

Das **Steuergeheimnis** (§ 30 AO) steht den Übermittlungen nach den je- 1590
weiligen Absätzen 1 bis 3 nicht entgegen (§ 49 Abs. 6 Satz 1 BeamtStG und § 115 Abs. 6 Satz 1 BBG).

Sonstige Tatsachen, die in einem Strafverfahren bekannt werden, dür- 1591
fen mitgeteilt werden, wenn ihre Kenntnis aufgrund besonderer Umstände des Einzelfalls für dienstrechtliche Maßnahmen gegen einen Beamten erforderlich ist und soweit nicht für die übermittelnde Stelle erkennbar ist, dass schutzwürdige Interessen des Beamten an dem Ausschluss der Übermittlung überwiegen (§ 49 Abs. 4 BeamtStG und § 115 Abs. 4 BBG). Ferner ist das **Steuergeheimnis** zu beachten. Eine Mitteilung ist nur bei **zwingendem öffentlichen Interesse** (§ 30 Abs. 4 Nr. 5 AO) zulässig (§ 49 Abs. 6 Satz 2 BeamtStG und § 115 Abs. 6 Satz 2 BBG). Das zwingende öffentliche Interesse ist nicht auf die Fälle be-

schränkt, in denen eine Degradierung oder Entfernung aus dem Dienst zu erwarten ist; erforderlich ist eine Würdigung des Einzelfalls.[1]

1592 Eine sonstige Tatsache in diesem Sinne kann u.a. eine strafbefreiende **Selbstanzeige** (§ 371 AO) sein.[2] Eine Selbstanzeige **schützt** daher **nicht vor dienstrechtlichen Maßnahmen**. Insbesondere **Steuerhinterziehungen durch Finanzbeamte** – selbst wenn sie strafbefreiend nacherklärt wurden – können nach Auffassung der Rechtsprechung[3] und der Finanzverwaltung[4] ein überwiegendes öffentliches Interesse an der Weitergabe der im Steuerstrafverfahren festgestellten steuerlichen Sachverhalte zu disziplinarischen Zwecken begründen. In den übrigen Fällen zeigt die **Praxis**, dass Mitteilungen an den Dienstvorgesetzten in Fällen von Steuerhinterziehungen durch Nicht-Finanzbeamte unter Umständen zwar zulässig[5] sind, indes selten erfolgen.

1 BVerwG v. 5.3.2010 – 2 B 22/09, NJW 2010, 2229.

2 VGH Baden-Württemberg v. 27.1.2011 – DL 13 S 2145/10, PStR 2011, 276; BFH v. 15.1.2008 – VII B 149/07, BStBl. II 2008, 337; vgl. hierzu auch *Hoffmann-Knieriem*, PStR 2000, 211.

3 Vgl. BFH v. 15.1.2008 – VII B 149/07, BStBl. II 2008, 337; BVerwG v. 5.3.2010 – 2 B 22/09, NJW 2010, 2229; VGH Baden-Württemberg v. 27.1.2011 – DL 13 S 2145/10, PStR 2011, 276; s. auch *Schmidt-Kesseler*, DStZ 2009, 52.

4 Nr. 8.6 Satz 3 AEAO zu § 30.

5 Vgl. z.B. BVerfG v. 6.5.2008 – 2 BvR 336/07, NJW 2008, 3489 (betreffend einen Lehrer).

L. Kosten und Honorar

I. Verfahrenskosten

Strafprozessual hat der von der Fahndung Verfolgte die Verfahrenskosten der Steuerfahndung nur zu tragen, wenn er verurteilt worden ist (§ 465 Abs. 1 i.V.m. § 464a StPO).[1] 1593

Abgabenrechtlich besteht keine Pflicht zur Übernahme von Ermittlungskosten. 1594

Problematisch und noch wenig geklärt ist die Frage, wie sich strafprozessuale **Erstattungspflicht** und abgabenrechtliche **Kostenfreiheit** zueinander verhalten. In der Praxis werden dem Verurteilten alle Kosten ohne Unterscheidung auferlegt. Diese Vorgehensweise widerspricht dem unmittelbar nur für den Strafprozess geltenden Grundprinzip in § 465 Abs. 2 Satz 1 StPO, nach dem gesondert ausweisbare Auslagen, die für zugunsten des Angeklagten ausgegangene Untersuchungen entstanden sind, vom Gericht der Staatskasse aufzuerlegen sind, wenn es unbillig wäre, den Angeklagten damit zu belasten. 1595

Dieses **Aufteilungsprinzip** lässt sich auf das Verhältnis von Strafprozessrecht und Abgabenordnung übertragen: Die Kostenfreiheit des Abgabenrechts ist eine Gegebenheit zugunsten des Beschuldigten. Sie darf nicht über die Regelung der StPO unterlaufen werden. Angemessen ist es, Kosten, die konkret dem Straf- oder Steuerverfahren zugeordnet werden können, auszusondern und entsprechend der strafprozessualen oder abgabenrechtlichen Regelung zu unterwerfen sowie die nicht konkret zurechenbaren Kosten im Verhältnis der durch die Verurteilung rechtskräftig festgestellten Mehrsteuern aus dem Fahndungsverfahren aufzuteilen.[2] Stehen bspw. den rechtskräftig festgestellten Mehrsteuern i.H.v. 500 000 Euro nach dem Strafurteil verkürzte Steuern i.H.v. 200 000 Euro gegenüber, so gehen 3/5 der Kosten zulasten des Staats, während 2/5 der nicht zurechenbaren Kosten der Verurteilte zu tragen hat. 1596

1 Hierzu zählen auch alle **Fahndungskosten**, selbst wenn sich Ermittlungen in eine konkrete Verdachtsrichtung später nicht bestätigen, vgl. *Schmitt* in Meyer-Goßner/Schmitt, StPO, 59. Aufl. 2016, § 464a Rz. 2.

2 So z.B. *Henneberg*, Handbuch der steuerlichen Betriebsprüfung, Bd. 2, 6550, 33 (Juni 1993); *Henneberg*, INF 1970, 471.

II. Honorar

1597 Das Honorar des Rechtsanwalts richtet sich aktuell nach dem „Gesetz über die Vergütung der Rechtsanwältinnen und Rechtsanwälte" vom 5.4.2004 (**Rechtsanwaltsvergütungsgesetz – RVG**), das für Verfahren gilt, die nach dem 30.6.2004 begonnen haben.[1]

1598 In Steuer- und Wirtschaftsstrafsachen werden regelmäßig von dem RVG abweichende **Vergütungsabreden** getroffen. Hintergrund ist, dass hier gerade im Ermittlungsverfahren eine aufwendige, intensive und teilweise über mehrere Jahre andauernde anwaltliche Beratung erforderlich ist, die durch die engen Gebühren der Nr. 4104 ff. der Anlage 1 zum RVG nicht zutreffend abgegolten werden kann.

1599 Eine Vergütungsabrede, die einen über der gesetzlichen Gebühr liegenden Betrag zum Gegenstand hat,[2] ist nach § 4 Abs. 1 RVG zulässig. Sie muss von dem Mandanten schriftlich erklärt werden, wobei diese schriftliche Erklärung oder das schriftliche Einverständnis nicht in der Vollmacht oder einem Vordruck enthalten sein darf, der noch weitere Erklärungen enthält. Der Anwalt ist nach § 3 RVG berechtigt, einen Vorschuss zu verlangen.

1600 Die **Gebührenordnung für Steuerberater** verweist hinsichtlich der Strafverteidigung auf das RVG (§ 45 StBGebV).

III. Steuerliche Behandlung der Beratungskosten für die Vertretung im Steuerfahndungsverfahren

1601 Die **Beratungskosten** im Fahndungsverfahren sind hinsichtlich ihrer steuerlichen Behandlung zu trennen:

---

1 §§ 60 f. RVG.

2 Eine nicht verallgemeinerungsfähige Einzelfallentscheidung stellt das Urteil des 9. Zivilsenats des BGH v. 27.1.2005 – IX ZR 273/02, NJW 2005, 2142, dar, das bei einer Vergütung, die das Fünffache der gesetzlichen Gebühren übersteigt, regelmäßig vom Vorliegen einer Unangemessenheit (jetzt § 4 Abs. 4 RVG) ausgeht und zu einer entsprechenden Kürzung kommt. Die Literatur (*Lutje*, NJW 2005, 2490; *Henke*, AnwBl. 2005, 585; *Tsambikakis*, StraFo 2005, 446; *Johnigk*, StV 2005, 624) stellt zu Recht die Besonderheiten des vom BGH entschiedenen Falls dar, die eine Übertragung auf andere Verfahren nicht zulassen. Ferner widerspricht die BGH-Entscheidung der Vorgabe des Gesetzgebers, Honorare im Wege der Privatautonomie vereinbaren zu dürfen, was sich z.B. daran ablesen lässt, dass ab dem 1.7.2006 für die außergerichtliche Beratung kein gesetzliches Gebührengerüst mehr besteht.

Soweit sich die Beratung mit den **Besteuerungsgrundlagen** und der **Steuerfestsetzung** befasst, waren nach alter Rechtslage die Beratungskosten Betriebsausgaben, Werbungskosten oder Sonderausgaben (i.S.v. § 10 Abs. 1 Nr. 6 EStG a.F.) – also auf jeden Fall bei der Einkommensteuer abziehbar.[1] Diese Aussage galt lange Zeit als sicher. Nachdem sich die CDU-, CSU- und SPD-Koalition im Koalitionsvertrag vom 11.11.2005 auf die Streichung des § 10 Abs. 1 Nr. 6 EStG mit Wirkung ab dem Jahr 2006 geeinigt hatte, wurde die Änderung entsprechend umgesetzt. Im Einkünftebereich sind die Steuerberatungskosten nach wie vor als Betriebsausgaben/Werbungskosten abziehbar. Die Änderung hat letztlich die Ausfüllung des Mantelbogens betroffen.[2] 1602

Die Aufwendungen für die **Steuerstrafverteidigung** sind hingegen nur als Betriebsausgaben oder Werbungskosten abzugsfähig, wenn das Steuerstrafverfahren in ursächlichem Zusammenhang mit dem Betrieb bzw. dem Beruf steht.[3] Der betriebliche bzw. berufliche Zusammenhang besteht nur, wenn die Tat ausschließlich aus der betrieblichen oder beruflichen Tätigkeit heraus erklärbar ist. Das ist z.B. bei Fahndungsverfahren, die sich ausschließlich mit Lohnsteuer- und Umsatzsteuertatbeständen befassen, der Fall. 1603

Die Steuerfahndung ermittelt sowohl die **Besteuerungsgrundlagen** für das Finanzamt wie auch die Grundlagen für den **Strafanspruch**. Erstreckt sich die Vertretung und Beratung sowohl auf die für das Finanzamt bestimmten Besteuerungsgrundlagen wie auf die Steuerstrafverteidigung, so unterliegen die Honorare bei der steuerlichen Beurteilung zum einen den Regeln der Steuerberatungshonorare, zum anderen der 1604

---

1 Ebenso OFD Frankfurt v. 10.10.2005 – S 2221 A-37-St II 2.08, DB 2005, 2495. Unter Ziff. I, Abs. 2 stellt die Finanzverwaltung darauf ab, ob die steuerlichen Beratungskosten auch ohne Einleitung eines Steuerstrafverfahrens entstanden wären. In diesem Fall liegt Abzugsfähigkeit vor. Folglich fallen alle Aufwendungen zur Ermittlung und Rechtsverfolgung im Zusammenhang mit der Besteuerung in den Bereich der Abzugsfähigkeit. Die **Kontrollfrage** lautet: Wären die Aufwendungen abzugsfähig, wenn nur eine normale Betriebsprüfung mit nachfolgendem Einspruchs- und Klageverfahren durchgeführt worden wäre?

2 *Heinicke* in Schmidt, EStG, 35. Aufl. 2016, § 10 Rz. 101.

3 BFH v. 16.4.2013 – IX R 5/12, BStBl. II 2013, 806; BFH v. 21.11.1983 – GrS 2/82 und 3/82, BStBl. II 1984, 160 (166); *Spatscheck/Ehnert*, StraFo 2005, 265, m.w.N.; *Krüger* in Schmidt, EStG, 35. Aufl. 2016, § 19 Rz. 110 „Prozesskosten"; vgl. auch unten Rz. 1617 mit weiteren Zitaten. Nicht als Betriebsausgaben oder Werbungskosten abzugsfähige Verteidigungsaufwendungen als Sonderausgaben i.S.v. § 10 Abs. 1 Nr. 6 EStG zu behandeln, wird von der Rechtsprechung abgelehnt (BFH v. 19.12.1995 – III R 177/94, DB 1996, 610; **a.A.** *Streck/Schwedhelm*, FR 1987, 461.

Strafverteidigungskosten. Es ist eine **Aufteilung** vorzunehmen.[1] Besonders deutlich wird diese Notwendigkeit, wenn die Steuerstrafverteidigung in der Hand eines Anwalts und die Steuerberatung weiterhin in der Hand des Steuerberaters liegen. Die Honorare des Steuerberaters bleiben – unstreitig – Steuerberatungshonorare. Dies kann nicht anders sein, wenn sich beide Funktionen in einer Hand vereinen.

1605 Wegen der unterschiedlichen Handhabung sollte der Vertreter, in dessen Hand sich die Aufgaben der Steuerberatung und Steuerstrafverteidigung befinden, beide Leistungen **gesondert abrechnen**. Auch Honorarvereinbarungen sollten die Aufteilung ermöglichen.[2]

1606 Die **Aufteilung** des Beraters ist **anzuerkennen.**[3] Hierbei kann davon ausgegangen werden, dass im typischen Steuerfahndungsverfahren das Schwergewicht der Beratung bei der Ermittlung der Besteuerungsgrundlagen zum Zwecke der Steuererhebung liegt. Ohne Mehrsteuer keine Steuerhinterziehung.

1607 Soweit das Honorar im betrieblichen Bereich abzugsfähig ist, sind **Rückstellungen** zu bilden.

1608 **Selbstanzeigeberatung** ist **Steuerberatung.**[4] Die Kosten hierfür sind somit echte Steuerberatungskosten.

---

1 *Randt*, Der Steuerfahndungsfall, 2004, Rz. A 240 f.; OFD Frankfurt v. 10.10.2005 – S 2221 A-37-St II 2.08, DB 2005, 2495. Soweit der BFH in der Entscheidung BFH v. 20.9.1989 – X R 43/86, BStBl. II 1990, 20, nach einem allgemeinen Hinweis auf das Trennungserfordernis von Steuerberatungs- und Strafverteidigungskosten ggf. im Wege der Schätzung in dem zu entscheidenden Fall zur Nichtabzugsfähigkeit auch der Aufwendungen zur Ermittlung des objektiven Steuerstraftatbestands nach Einleitung eines Ermittlungsverfahrens gelangt, ist zu beachten, dass in diesem Fall ausschließlich über die steuerliche Behandlung der reinen Strafverteidigungskosten zu befinden war. Das Ergebnis der Entscheidung ist vor diesem Hintergrund zutreffend. Sie schränkt die Aufteilung in Steuerberatungs- und Verteidigungskosten nach Einleitung eines Ermittlungsverfahrens nicht grundsätzlich ein.

2 Ebenso *Depping*, DStR 1994, 1487.

3 BFH v. 30.4.1965 – VI 207/62, BStBl. II 1965, 410. Andernfalls hat das Finanzamt die Aufteilung zu schätzen: vgl. hierzu BFH v. 31.7.1985 – VIII R 345/82, BStBl. II 1986, 139.

4 OFD Frankfurt v. 10.10.2005 – S 2221 A-37-St II 2.08, DB 2005, 2495. Bei der Selbstanzeige wird nach steuerlichen Maßstäben eine Steuernacherklärung, also letztlich eine ergänzende Steuererklärung i.S.v. § 153 AO abgegeben. Hingegen fallen die Aufwendungen im Ermittlungsverfahren zur Durchsetzung der Straffreiheit nach einer Selbstanzeige nicht unter die Steuerberatungskosten.

IV. Übernahme von Verteidigungsaufwendungen durch Unternehmen

Übernimmt ein Unternehmen Geldsanktionen und Verteidigerhonorar für angestellte Mitarbeiter, Organmitglieder oder persönlich haftende Gesellschafter, stellt sich die Frage nach den **steuerlichen Auswirkungen**[1] bei den Beteiligten. 1609

1. Übernahme von Geldsanktionen bei Arbeitnehmern

a) Grundsatz: Arbeitslohn

Die Übernahme von Geldstrafen, die der Arbeitgeber für seine Arbeitnehmer übernimmt, führt grundsätzlich zu **steuerpflichtigem Arbeitslohn** gem. § 19 Abs. 1 Satz 1 EStG, für den der Arbeitgeber Lohnsteuer gem. § 38 Abs. 1 Satz 1 EStG abführen muss.[2] Dies soll nach Ansicht der Literatur auch dann gelten, wenn der Arbeitgeber selbst aus geschäftlichen Gründen an dem Ausgang des Strafverfahrens interessiert ist oder sich der Arbeitnehmer auf Weisung des Arbeitgebers strafbar gemacht hat.[3] Diese Grundsätze gelten auch bei der steuerlichen Behandlung einer Übernahme von Geldbußen durch den Arbeitgeber. 1610

Die Übernahme führt jedoch nicht immer zu steuerpflichtigem Arbeitslohn. Der BFH hat in einem Anfang des Jahres 2005 veröffentlichten Urteil klargestellt und in einem 2014 veröffentlichten Urteil bestätigt[4], dass kein Arbeitslohn vorliegt, wenn ein Arbeitgeber aus **eigenbetrieblichem Interesse** Verwarnungsgelder erstattet, die seinen Fahrern wegen Verletzung des Halteverbots auferlegt wurden.[5] Im Urteilsfall hatte ein Paketzustelldienst seine angestellten Fahrer angewiesen, die Fahrzeuge in unmittelbarer Nähe zum Kunden abzustellen, ggf. auch in 1611

---

1 Hierzu sowie zu den **strafrechtlichen** Problemen (Strafvereitelung, Untreue) vgl. *Spatscheck/Ehnert*, StraFo 2005, 265, m.w.N.

2 Vgl. *Geserich* in Blümich, EStG/KStG/GewStG, § 19 EStG Rz. 280 „Geldstrafen" (Mai 2015); *Krüger* in Schmidt, EStG, 35. Aufl. 2016, § 19 Rz. 100 „Geldbuße"; *Wedemeyer/Hohlfeld*, DStZ 1985, 79 (83); *Saller*, DStR 1996, 534; *Pflüger* in Herrmann/Heuer/Raupach, EStG/KStG, § 19 EStG Rz. 600 „Geldstrafen" (Jan. 2014); *Hartz/Meeßen/Wolf*, ABC-Führer LSt, „Geldstrafen" Rz. 11 (April 2015).

3 *Eisgruber* in Kirchhof, EStG, 15. Aufl. 2016, § 19 Rz. 78 „Geldstrafen"; *Geserich* in Blümich, EStG/KStG/GewStG, § 19 EStG Rz. 280 „Geldstrafen" (Mai 2015); *Pflüger* in Herrmann/Heuer/Raupach, EStG/KStG, § 19 EStG Rz. 600 „Geldstrafen" (Jan. 2014); *Hartz/Meeßen/Wolf*, ABC-Führer LSt, „Geldstrafen", Rz. 11 (April 2015).

4 BFH v. 14.11.2013 – VI R 36/12, BStBl. II 2014, 278.

5 BFH v. 7.7.2004 – VI R 29/00, BFH/NV 2005, 596.

Fußgängerzonen oder im Halteverbot. Nur so konnten die Fahrer ihre Routen und die vorgegebenen Lieferzeiten einhalten, wurden jedoch oft mit Verwarnungsgeldern belegt. Die Zahlung dieser Verwarnungsgelder übernahm der Arbeitgeber. Das Finanzamt und das Finanzgericht Düsseldorf[1] erfassten die Zahlungen als steuerpflichtigen Arbeitslohn, da die betreffenden Fahrer durch die Zahlungen aufgrund des Dienstverhältnisses bereichert würden. Dass die Fahrer die Verwarnungsgelder im Rahmen ihrer beruflichen Tätigkeit in Kauf genommen und auf Anweisung des Arbeitgebers gehandelt hätten, wurde als unerheblich angesehen. Das Unternehmen habe zwar ein Interesse daran, dass die Fahrer, falls erforderlich, Parkbeschränkungen außer Acht ließen. Ein Interesse an der Zahlung der Geldbußen als solche habe das Unternehmen jedoch nicht. Der BFH teilte diese Auffassung nicht. Die Übernahme der Verwarnungsgelder habe im Streitfall im ganz überwiegend eigenbetrieblichen Interesse des Arbeitgebers gelegen, sodass eine Entlohnung nicht vorliege.[2]

1612 In seiner Entscheidung vom 7.7.2004 hat der BFH ausdrücklich offengelassen, ob anders zu entscheiden wäre, wenn es sich nicht nur um ein Verwarnungsgeld, sondern um eine (wie auch immer) betrieblich veranlasste Straftat und um die Übernahme einer dafür verhängten Geldstrafe durch den Arbeitgeber handelt. Im Urteilsfall lag mit der Verletzung des Halteverbots – so der BFH – ein relativ **geringfügiger Verstoß** gegen die Rechtsordnung vor. Eine Kostenübernahme bei anderen Verkehrsverstößen (etwa wegen zu schnellen Fahrens) hatte der Arbeitgeber abgelehnt.

1613 Arbeitslohn im Zusammenhang mit der **Übernahme einer Geldauflage nach § 153a StPO** hat auch das FG Köln angenommen.[3] Die dargestellten Grundsätze gelten auch für die Übernahme von **Geldauflagen** gem. § 56b StGB.

b) Abzugsfähigkeit beim Arbeitnehmer

1614 Soweit die Übernahme von Geldsanktionen zu steuerpflichtigem Arbeitslohn führt, kann der Arbeitnehmer seinerseits **keine Werbungskosten** abziehen. Es greift das Abzugsverbot des § 12 Nr. 4 EStG. Geldstrafen usw. sind regelmäßig privat veranlasst, auch wenn sie in sachlich

1 FG Düsseldorf v. 24.11.1999 – 9 K 2985/97 H (L), DStRE 2000, 575.
2 Vgl. BFH v. 30.5.2001 – VI R 177/99, BStBl. II 2001, 671, m.w.N.
3 FG Köln v. 10.11.2004 – 14 K 459/02, EFG 2005, 756, rkr.: BFH v. 30.10.2008 – VI R 10/05, BStBl. II 2009, 354.

untrennbarem Zusammenhang mit der beruflichen Tätigkeit stehen. Sie sind Sühne für eigenes kriminelles Unrecht und Ahndung persönlicher Schuld.[1]

Das Abzugsverbot des § 12 Nr. 4 EStG umfasst nicht nur die in einem Strafverfahren festgesetzten Geldstrafen, sondern auch **Auflagen oder Weisungen**, die in einem Strafverfahren erteilt werden und **Strafcharakter** haben, d.h. nicht der Wiedergutmachung dienen. Nicht abzugsfähig sind deshalb auch Auflagen, die nach § 56b Abs. 2, 3 i.V.m. § 59a Abs. 2 StGB bei einer Verurteilung mit Strafaussetzung zur Bewährung erteilt werden oder Auflagen und Weisungen nach § 153a Abs. 1 Nr. 2, 3 StPO.[2] 1615

Ein Abzug ist auch **nicht** als **außergewöhnliche Belastung** i.S.d. § 33 EStG möglich.[3] Strafbares oder sittenwidriges Tun ist nicht „zwangsläufig", sodass damit zusammenhängende Aufwendungen bereits deshalb nicht abzugsfähig sind.[4] 1616

c) Abzugsfähigkeit beim Arbeitgeber

Übernimmt ein Arbeitgeber eine gegen seinen Arbeitnehmer verhängte Geldstrafe und handelt es sich insoweit um steuerpflichtigen Arbeitslohn, ist der Arbeitgeber berechtigt, den gezahlten Betrag als **Betriebsausgabe** abzusetzen.[5] 1617

Es liegt eine Betriebsausgabe vor, weil die Zahlung **durch das Arbeitsverhältnis veranlasst** ist und es in aller Regel gleichgültig ist, zur Deckung welcher im Rahmen seines Lebensunterhalts anfallenden persönlichen Aufwendungen der Arbeitnehmer Zuwendungen des Arbeitgebers verwendet, die er ohne das Arbeitsverhältnis nicht erhalten hätte.[6] 1618

Das Abzugsverbot des § 12 Nr. 4 EStG steht der Annahme einer Betriebsausgabe nicht entgegen. Vom Abzugsverbot betroffen sind nur 1619

1 *Seiler* in Kirchhof, EStG, 15. Aufl. 2016, § 12 Rz. 11.
2 *Thürmer* in Blümich, EStG/KStG/GewStG, § 12 EStG Rz. 231 (Mai 2016).
3 BFH v. 16.4.2013 – IX R 5/12, BStBl. II 2013, 806.
4 *Loschelder* in Schmidt, EStG, 35. Aufl. 2016, § 33 Rz. 35 „Geldstrafe".
5 *Heinicke* in Schmidt, EStG, 35. Aufl. 2016, § 4 Rz. 520 „Strafen", mit Hinweis auf BFH v. 14.11.2013 – VI R 36/12, BStBl. II 2014, 278; so auch *Wedemeyer/Hohlfeld*, DStZ 1985, 79 (83), mit Hinweis auf RFH v. 20.12.1929 – III A 49/26, RFHE 26 (1930), 173.
6 Laut *Wedemeyer/Hohlfeld*, DStZ 1985, 79 (83), unstr. mit Hinweis auf BFH v. 5.11.1964 – IV 199/62, HFR 1965, 161.

eigene Strafen des Steuerpflichtigen, nicht jedoch solche, die der Arbeitgeber für seine Arbeitnehmer übernimmt.[1] Dies muss jedenfalls gelten, soweit die Übernahme einer Geldstrafe durch den Arbeitgeber zu lohnsteuerpflichtigem Arbeitslohn beim Arbeitnehmer führt. In diesem Fall ist es unerheblich und für den Arbeitgeber auch nicht erkennbar, ob der Arbeitnehmer den Lohn zur Zahlung einer gegen ihn verhängten Geldstrafe oder für andere Zwecke einsetzt. Selbst wenn die Erstattungszahlung als „mittelbare, indirekte Geldstrafe" zu qualifizieren wäre, soll ein Abzugsverbot nicht greifen, da dieser Fall nicht ausdrücklich in § 12 Nr. 4 EStG erfasst ist.[2]

1620 In seiner Entscheidung, Verwarnungsgelder nicht als Arbeitslohn zu qualifizieren, hat der BFH ausdrücklich offengelassen, ob die Zahlung der Verwarnungsgelder auf der Ebene des Arbeitgebers zu abzugsfähigen Betriebsausgaben führt.[3] Für eine Betriebsausgabe spricht, dass der BFH für die Zahlung ein „ganz überwiegend" **eigenbetriebliches Interesse** des Arbeitgebers gesehen hatte. Dem steht das Abzugsverbot des § 4 Abs. 5 Satz 1 Nr. 8 EStG bzw. § 9 Abs. 5 EStG gegenüber. Dieses wurde seinerzeit eingeführt, damit die staatlichen Sanktionen den Täter oder das Unternehmen, für das der Täter gehandelt hat, in voller Höhe treffen.[4] Letztlich kann die Abzugsfähigkeit aber **nur einmal** versagt werden, entweder auf der Ebene des Arbeitnehmers oder der Ebene des Arbeitgebers.

2. Übernahme von Verteidigerhonorar bei Arbeitnehmern

a) Kein Arbeitslohn bei beruflich bedingtem Fehlverhalten

1621 Strafverteidigerkosten, die der Arbeitgeber für den Arbeitnehmer übernimmt, sind kein Arbeitslohn, wenn der den Gegenstand des Verfahrens bildende Schuldvorwurf durch ein **beruflich bedingtes Fehlverhalten** des Arbeitnehmers veranlasst ist. Ein solches beruflich bedingtes Fehlverhalten kann z.B. in einem Verstoß gegen Ausfuhrbestimmungen liegen, um einen lukrativen Auftrag zu erhalten, oder in einem Subventionsbetrug zugunsten des Arbeitgebers. Arbeitslohn soll nur dann vorliegen, wenn das Fehlverhalten privat veranlasst ist.[5]

---

1 *Heinicke* in Schmidt, EStG, 35. Aufl. 2016, § 4 Rz. 520 „Strafen".

2 So *Wedemeyer/Hohlfeld*, DStZ 1985, 79 (83).

3 BFH v. 7.7.2004 – VI R 29/00, BFH/NV 2005, 596.

4 Vgl. zum Gesichtspunkt der Einheit der Rechtsordnung BFH v. 28.11.1977 – GrS 2-3/77, BStBl. II 1978, 105 (109).

5 *Geserich* in Blümich, EStG/KStG/GewStG, § 19 EStG Rz. 280 „Strafverfahrenskosten" (Mai 2015); *Pflüger* in Herrmann/Heuer/Raupach, EStG/KStG, § 19

Ist der den Gegenstand des Verfahrens bildende Schuldvorwurf teilweise privat veranlasst, kommt es auf den Einzelfall an. Bildet das beruflich bedingte Fehlverhalten den **Schwerpunkt des Schuldvorwurfs** und treten Schwere und Schuld des privat veranlassten Fehlverhaltens hinter dem beruflichen Fehlverhalten zurück, gelten die Grundsätze für rein beruflich veranlasstes Fehlverhalten. Hier ist bspw. an den Fall zu denken, dass gegen einen Mitarbeiter wegen des Verdachts der Hinterziehung von unternehmensbezogenen Steuern bzw. Abgaben ermittelt wird und „gelegentlich" bei einer Durchsuchung beim Mitarbeiter Unterlagen über bislang nicht erklärte Einkünfte aus Kapitalvermögen in Luxemburg gefunden werden. Beläuft sich der Betrag der vorgeworfenen Einkommensteuerhinterziehung auf einen Bruchteil der angeblich zugunsten des Unternehmens hinterzogenen Steuern und tritt das privat veranlasste Fehlverhalten auch im Übrigen hinsichtlich Schwere und Schuld zurück, sind die Verteidigerkosten als rein beruflich veranlasst zu behandeln. Entsprechend den oben dargestellten Grundsätzen liegt dann kein Arbeitslohn vor. 1622

Nach **anderer Ansicht** sind erstattete Verfahrenskosten grundsätzlich **steuerpflichtiger Arbeitslohn des Arbeitnehmers.**[1] Eine Ausnahme hiervon soll allerdings dann vorliegen, wenn einem Arbeitnehmer die Verteidigung vom Arbeitgeber – motiviert durch das überwiegend eigene Interesse am Freispruch des Arbeitnehmers – **aufgezwungen** wird: Der Arbeitgeber beauftragt Rechtsanwälte, während der Arbeitnehmer erklärt, er wolle sich selbst verteidigen. Erstattet der Arbeitgeber nun dem Arbeitnehmer die Rechtsanwaltskosten, so soll dies kein Arbeitslohn für den Arbeitnehmer sein.[2] Allerdings soll auch nach dieser Ansicht dann Arbeitslohn vorliegen, wenn der Arbeitgeber den Rechtsanwalt unmittelbar selbst bezahlt. Zu denken ist hier z.B. an die Konstellationen, bei denen die Verfolgung des Arbeitnehmers zugleich die eigenen betrieblichen Interessen berührt: Die Verurteilung des Arbeitnehmers würde zu einer Rufschädigung des Unternehmens oder zum Ausfall eines wertvollen Mitarbeiters führen, die Verurteilung hätte Ersatzansprüche gegen den Arbeitgeber zur Folge oder würde die Möglichkeit eröffnen, Steueransprüche gegen den Arbeitgeber im Haftungsverfahren geltend zu machen.[3] In diesen Fällen ist die Verteidigung des Arbeitnehmers zugleich zum eigenen betrieblichen Schutz 1623

EStG Rz. 600 „Prozesskosten" (Jan. 2014); vgl. auch BFH v. 19.2.1982 – VI R 31/78, BStBl. II 1982, 467.

1 *Wedemeyer/Hohlfeld*, DStZ 1985, 79 (83).

2 *Wedemeyer/Hohlfeld*, DStZ 1985, 79 (83).

3 *Felix/Streck*, DStR 1979, 479 (483).

des Unternehmens nötig. Dies hat zur Folge, dass Arbeitslohn nicht vorliegt.

Vor dem Hintergrund, dass der BFH eindeutig davon ausgeht, dass der Werbungskostenabzug auf Ebene des Arbeitnehmers bei beruflich veranlassten Straftaten gegeben ist (s. hierzu Rz. 1626), erscheint die hier dargestellte Variante, die Zahlungen des Arbeitgebers im Zusammenhang mit dem Anwaltshonorar zunächst als Arbeitslohn anzusehen, der sicherere Weg zu sein.

b) Abzugsfähigkeit beim Arbeitnehmer

1624 Die Frage der Abzugsfähigkeit stellt sich bei **beruflicher Veranlassung** der Tat nicht, da die Übernahme vom Verteidigerhonorar nicht zu steuerpflichtigem Arbeitslohn führt. Liegt aber keine berufliche Veranlassung vor, scheidet auch ein Abzug als Werbungskosten aus. Denkbar wäre allenfalls ein Abzug als außergewöhnliche Belastung gem. § 33 EStG.

1625 Nur soweit das Vorliegen von **steuerpflichtigem Arbeitslohn** bejaht wird, ist die Abzugsfähigkeit relevant. Voraussetzung für den Abzug der Kosten für den Strafverteidiger als Werbungskosten ist, dass diese betrieblich bedingt sind. Dabei spielt es keine Rolle, ob das Strafverfahren zu einer Verurteilung, zu einer Einstellung (auch gem. § 153a StPO) oder zu einem Freispruch geführt hat.[1] Das Abzugsverbot des § 12 Nr. 4 EStG erfasst Verteidigerkosten nicht.

1626 Die zur Last gelegte Tat muss **in Ausübung der beruflichen Tätigkeit** begangen worden sein.[2] Diese Voraussetzung ist nur erfüllt, wenn die dem Steuerpflichtigen zur Last gelegte Tat ausschließlich und unmittelbar aus seiner betrieblichen oder beruflichen Tätigkeit heraus erklärbar ist (vgl. Rz. 1603).[3] Nach Ansicht des BFH handelt es sich bei der

---

1 BFH v. 10.6.2015 – VI B 133/14, BFH/NV 2015, 1247; *Schmitz*, StB 2003, 122 (123); *Thürmer* in Blümich, EStG/KStG/GewStG, § 12 EStG Rz. 214 (Mai 2016); *Müller*, DStZ 1999, 50 (51).

2 BFH v. 10.6.2015 – VI B 133/14, BFH/NV 2015, 1247; BFH v. 13.12.1994 – VIII R 34/93, BStBl. II 1995, 457; BFH v. 19.2.1982 – VI R 31/78, BStBl. II 1982, 467; *Krüger* in Schmidt, EStG, 35. Aufl. 2016, § 19 Rz. 110 „Prozesskosten" sowie *Heinicke* in Schmidt, EStG. 35. Aufl. 2016, § 4 Rz. 520 „Strafen"; *Depping*, DStR 1994, 1487; *von Briel/Ehlscheid*, BB 1999, 2539; *Seiler* in Kirchhof, EStG, 15. Aufl. 2016, § 12 Rz. 11.

3 BFH v. 12.6.2002 – XI R 35/01, BFH/NV 2002, 1441; BFH v. 20.9.1989 – X R 43/86, BStBl. II 1990, 20; *Seiler* in Kirchhof, EStG, 15. Aufl. 2016, § 12 Rz. 11; *Müller*, DStZ 1999, 50; *Schmitz*, StB 2003, 122.

Verteidigung gegen den strafrechtlichen Schuldvorwurf auch dann um ein beruflich veranlasstes Verfahren, wenn dem Arbeitnehmer bewusste oder grob fahrlässige Gesetzesverstöße vorgeworfen werden.[1]

Ist die Tat sowohl privat als auch betrieblich veranlasst oder beruht sie 1627
auf rein privaten Gründen, liegen **Kosten der allgemeinen Lebensführung** vor (z.B. bei bewusster Schädigung des Arbeitgebers[2] oder bei Tötungs- und Eigentumsdelikten[3]). Ein Abzug als Werbungskosten scheidet in diesem Fall aus. Denkbar ist allenfalls ein Abzug als außergewöhnliche Belastung gem. § 33 EStG.[4] Ein Abzug nach § 33 EStG soll jedoch ausscheiden, wenn das Verfahren mit einer Verurteilung endet.[5] Dies wird damit begründet, dass die Kosten des Verfahrens einschließlich der eigenen Auslagen des Verurteilten in einem solchen Fall den Charakter einer kraft Gesetzes eintretenden Nebenstrafe hätten. Es wird als nicht zulässig angesehen, Geldstrafen über das Steuerrecht mittelbar zu mildern oder aufzuheben und so auch die als notwendige Folge der Verurteilung auferlegten Verfahrenskosten zum Teil auf die Allgemeinheit abzuwälzen. Ein Abzug soll auch bei einem teilweisen Freispruch ausscheiden, wenn die den Gegenstand des Prozesses bildenden Vorgänge in einem inneren Zusammenhang oder in Tateinheit stehen.[6] In diesen Fällen fehle es an einem Maßstab für eine vernünftige Abgrenzung. Für einen Abzug müssten die Finanzverwaltungsbehörden und Steuergerichte die ihnen wesensfremde Aufgabe übernehmen, die Strafurteile und den ihnen zugrunde liegenden Sachverhalt daraufhin zu prüfen, inwieweit der Freispruch oder die Verurteilung überwiegt. Ferner soll eine außergewöhnliche Belastung auch bei Einstellung des Strafverfahrens gem. § 153 Abs. 2 StPO ausscheiden.[7] Durch seine Zustimmung zu der Einstellung des Verfahrens habe der Steuerpflichtige letztlich auch auf eine Kostenerstattung verzichtet (§ 467 Abs. 5 StPO), wie sie im Falle eines Freispruchs gem. § 467 Abs. 1 StPO auszusprechen gewesen wäre. Daher fehle es an der Zwangsläufigkeit der Aufwendungen. Bei Strafverteidigungskosten im

1 BFH v. 28.11.1977 – GrS 2/77, GrS 3/77, BStBl. II 1978, 105.
2 BFH v. 30.6.2004 – VIII B 265/03, BFH/NV 2004, 1639; FG Baden-Württemberg v. 14.4.1994 – 8 K 124/93, EFG 1995, 246, rkr.
3 BFH v. 12.6.2002 – XI R 35/01, BFH/NV 2002, 1441.
4 Vgl. BFH v. 5.7.1963 – VI 272/61 S, BStBl. III 1963, 499; Überblick bei *Brockmeyer*, DStZ 1998, 219.
5 Zuletzt BFH v. 21.6.1989 – X R 20/88, BStBl. II 1989, 831, m.w.N.
6 BFH v. 8.4.1964 – VI 165/62 S, BStBl. III 1964, 331.
7 BFH v. 19.12.1995 – III R 177/94, BStBl. II 1996, 197; zu möglichen Ausnahmen *Depping*, DStZ 1996, 588.

Fall eines Freispruchs ist § 33 EStG jedoch zu prüfen.[1] Kann das Strafgericht eine Schuld nicht nachweisen, darf dem Angeklagten grundsätzlich nicht vorgeworfen werden, dass er vor Gericht gestanden oder durch sein Verhalten Anlass zu dem Strafverfahren gegeben hat.

1628 Im Hinblick auf die Abzugsmöglichkeit von Steuerberatungskosten als Sonderausgaben ist darauf hinzuweisen, dass diese nicht die **Hilfeleistung in Steuerstrafsachen** umfassen.[2]

c) Abzugsfähigkeit beim Arbeitgeber

1629 Das übernommene Verteidigerhonorar ist **beim Unternehmen abzugsfähig**. Handelt es sich um steuerpflichtigen Arbeitslohn, liegt eine Betriebsausgabe vor, da Lohnzahlungen bereits der Natur nach durch das Dienstverhältnis und damit stets betrieblich veranlasst sind. Aber auch soweit kein steuerpflichtiger Arbeitslohn vorliegt, werden bei der Gesellschaft Betriebsausgaben angenommen. Das Nichtvorliegen von Arbeitslohn wird damit begründet, dass das Interesse des Arbeitgebers deutlich und überwiegend im Vordergrund steht, wenn es sich um Betriebsteuern handelt. Demzufolge ist auch in diesen Fällen eine betriebliche Veranlassung der übernommenen Verteidigerkosten zu bejahen. Der Abzug von Verteidigerkosten ist vom gesetzlichen Abzugsverbot § 4 Abs. 5 Nr. 8 EStG nicht berührt, da die Kosten der Verteidigung weder Strafe noch strafähnliche Rechtsfolge sind.[3] Allerdings hat der BFH[4] – nach einer Vorlage beim EuGH[5] – den Vorsteuerabzug aus den Verteidigerrechnungen mit der Begründung versagt, dass die geltend gemachte Vorsteuer mit den Leistungen, die vom Arbeitgeber erbracht werden, regelmäßig zu wenig zu tun habe.

---

1 BFH v. 15.11.1957 – VI 279/56 U, BStBl. III 1958, 105, zu § 467 Abs. 2 StPO a.F.

2 Zur Gesetzesänderung *Heinicke* in Schmidt, EStG, 35. Aufl. 2016, § 10 Rz. 101: Steuerberatungskosten sind bei der Einkommensteuer im Einkünftebereich als Betriebsausgaben/Werbungskosten absetzbar. Als **Sonderausgaben nach § 10 Abs. 1 Nr. 6 EStG a.F.** waren bis 2005 sonstige private steuerliche Beratungskosten abziehbar, z.B. für das Ausfüllen des ESt-Erklärungsmantelbogens, für außergewöhnliche Belastungen, nicht für StraBEG-Erklärung (BFH v. 20.11.2012 – VIII R 29/10, BStBl. II 2013, 344). Dieser Sonderausgabenabzug ist **ab 2006 aufgehoben** (fraglich, aber verfassungsgemäß, BFH v. 4.2.2010 – X R 10/08, BStBl. II 2010, 617); str., *App*, DStZ 1990, 424; vgl. auch BFH v. 20.9.1989 – X R 43/86, BStBl. II 1990, 20, m.w.N.

3 BFH v. 19.2.1982 – VI R 31/78, BStBl. II 1982, 467.

4 BFH v. 11.4.2013 – V R 29/10, BStBl. II 2013, 840.

5 EuGH v. 21.2.2013 – Rs. C–104/12, NJW 2013, 1585.

M. Exkurs: „SchwarzArbG“

Spätestens wenn die Ermittlungsbehörden auf **Schwarzlohnzahlungen** treffen, ist die Anwendbarkeit des SchwarzArbG[1] zu überprüfen.[2] 1630

Im Jahr 2002 wurde das damals (noch) geltende Gesetz zur Bekämpfung der Schwarzarbeit (SchwarzArbG a.F.) grundlegend verschärft.[3] Im Frühjahr 2004 legte die Bundesregierung zusammen mit den Koalitionsfraktionen den Entwurf eines „Gesetzes zur Intensivierung der Bekämpfung der Schwarzarbeit und damit zusammenhängender Steuerhinterziehung“ vor, durch den die Verfolgung von Schwarzarbeit auf eine neue gesetzliche Grundlage gestellt werden sollte.[4] Das Gesetz trat in seiner endgültigen Fassung am 1.8.2004 in Kraft.[5] Das heutige **„Gesetz zur Bekämpfung der Schwarzarbeit und illegalen Beschäftigung – Schwarzarbeitsbekämpfungsgesetz“**[6] (SchwarzArbG) hat keine grundlegenden Änderungen erfahren. Es erfolgten lediglich Anpassungen an die sonstigen gesetzlichen Entwicklungen. 1631

I. Einleitung

Das „Gesetz zur Bekämpfung der Schwarzarbeit und illegalen Beschäftigung“ ist ein Gesetzespaket bestehend aus 26 Artikeln. Es bündelt darin weitestgehend die Vorschriften zur Bekämpfung der Schwarzarbeit. 1632

Das Gesetz **definierte** in 2004 (erstmalig) die **verschiedenen Erscheinungsformen von Schwarzarbeit**, regelte umfassend die **Prüfungs- und Ermittlungsrechte** der zuständigen Behörden und enthielt verschärfte **Strafandrohungen.**[7] 1633

1 Aktuell i.d.F. v. 2.12.2014, BGBl. I 2014, 1922.

2 *Spatscheck/Wulf/Fraedrich*, DStR 2005, 129 ff.

3 Gesetz zur Erleichterung der Bekämpfung von illegaler Beschäftigung und Schwarzarbeit, BGBl. I 2002, 2787; vgl. auch *Kossens*, BB-Spezial 2/2004, 2.

4 BT-Drucks. 15/2948 und 15/2573.

5 BGBl. I 2004, 1842.

6 SchwarzArbG v. 2.12.2014, BGBl. I 2014, 1922.

7 Das SchwarzArbG 2004 hat im Rahmen des Gesetzgebungsverfahrens – insbesondere im Vermittlungsausschuss – noch verschärfende Änderungen gegenüber dem Ursprungsentwurf erfahren. Insbesondere der Begriff der Schwarzarbeit wurde wieder um die Verstöße gegen die HandwO und die GewO ergänzt und die Prüfungsbefugnisse der Zollbehörden auf Privathaushalte ausgedehnt. Vgl. *Wegner*, DB 2004, 1782.

II. Begriff der Schwarzarbeit

1634 Der **Schwarzarbeitsbegriff wird legal definiert**. Dabei hat sich der Gesetzgeber am allgemeinen Sprachgebrauch orientiert und damit einen weiten Begriff geschaffen.[1] Gem. § 1 Abs. 2 SchwarzArbG leistet Schwarzarbeit, wer Dienst- oder Werkleistungen erbringt oder ausführen lässt und dabei als Arbeitgeber, Unternehmer oder versicherungspflichtiger Selbstständiger seine sozialversicherungsrechtlichen Melde-, Beitrags- oder Aufzeichnungspflichten nicht erfüllt (Nr. 1), als Steuerpflichtiger seine steuerlichen Pflichten nicht erfüllt (Nr. 2), als Empfänger von Sozialleistungen seine Mitteilungspflichten gegenüber dem Sozialleistungsträger nicht erfüllt (Nr. 3), als Erbringer von Dienst- oder Werkleistungen seinen Anzeigeverpflichtungen nach den §§ 14, 55 GewO nicht nachkommt (Nr. 4) oder als Erbringer von Dienst- oder Werkleistungen die erforderliche Eintragung in die Handwerksrolle (§ 1 HandwO) unterlassen hat (Nr. 5).[2]

1635 In § 1 Abs. 3 SchwarzArbG sind **Ausnahmetatbestände** normiert, wonach solche Dienst- oder Werkleistungen ausgenommen sind, die nicht nachhaltig auf Gewinn gerichtet sind und von Angehörigen bzw. Lebenspartnern oder im Wege der Nachbarschafts- und Selbsthilfe erbracht werden.

III. Verstoß gegen steuerliche Pflichten

1636 In § 1 Abs. 2 Nr. 2 SchwarzArbG hat der Gesetzgeber u.a. die Nichterfüllung steuerlicher Pflichten aus dem Dienst- oder Werkvertrag als einen Fall der Schwarzarbeit normiert. Er geht davon aus, dass **Schwarzarbeit und Steuerhinterziehung gem. § 370 AO in einem engen Sachzusammenhang** stehen und steuerliche Pflichten im Zusammenhang mit Schwarzarbeit regelmäßig mit der Absicht, Steuern zu hinterziehen, verletzt werden.[3] Gleichwohl setzt der Tatbestand der Schwarzarbeit nicht voraus, dass eine Steuerhinterziehung vorliegt. Es genügt die **bloße Verletzung steuerlicher Pflichten**. Offen ist dabei nur der zur Tatbestandserfüllung erforderliche Umfang.[4]

---

1 BT-Drucks. 15/2573, 18.

2 Die Nrn. 4 und 5 sind erst im Vermittlungsausschuss auf Drängen der Oppositionsparteien wieder in das Gesetz gelangt, vgl. *Wegner*, DB 2004, 1782; *Kossens*, BB-Spezial 2/2004, 3.

3 BT-Drucks. 15/2573, 19.

4 *Kossens*, BB-Spezial 2/2004, 3.

1. Dienst- und Werkleistungen

Der Begriff der Dienst- und Werkleistungen ist den §§ 1, 2 SchwarzArbG a.F.[1] entnommen worden. Er umfasst sowohl die **Seite des Auftraggebers** als auch die **Seite des Leistenden.**[2] 1637

2. Steuerliche Pflichtverstöße

Steuerliche Pflichten, die im Zusammenhang mit Dienst- und Werkleistungen verletzt werden können, betreffen im Wesentlichen die Steuerarten Umsatz-, Einkommen-, Körperschaft- und Gewerbesteuer sowie die Lohnsteuer.[3] Darüber hinaus weist der Gesetzgeber in der Gesetzesbegründung ausdrücklich auf die **allgemeine Pflicht zur Berichtigung** von unrichtigen Erklärungen nach § 153 AO hin.[4] 1638

a) Typische Fallkonstellationen

Der Auftraggeber entlohnt einen selbstständigen **Handwerker schwarz**. Der Handwerker erklärt weder seine Einkünfte noch unterwirft er seine Umsätze der Umsatzsteuer. Es liegt ein Verstoß gegen die Erklärungs- und Anmeldungspflichten gem. § 25 Abs. 3 EStG und § 18 Abs. 1 und Abs. 3 UStG vor. 1639

Ein **Bauunternehmer** beschäftigt **Arbeitnehmer schwarz**, die im Rahmen ihrer Einkommensteuer keine Einkünfte aus nicht selbstständiger Arbeit erklären. Der Arbeitgeber entrichtet keine Lohnsteuer. Die Arbeitnehmer verstoßen gegen § 25 Abs. 3 EStG, der Arbeitgeber gegen seine lohnsteuerlichen Pflichten gem. §§ 38 ff. EStG. 1640

Ein **Subunternehmer** führt für ein Bauunternehmen Bauleistungen schwarz aus. Der Subunternehmer erklärt keine Einkünfte und erhebt keine Umsatzsteuer auf seine Leistungen. Er verstößt gegen § 25 Abs. 3 EStG und § 18 Abs. 1 und Abs. 3 UStG. Das Bauunternehmen nimmt bei seiner Zahlung an den Subunternehmer den Steuerabzug nicht vor und verstößt damit gegen § 48 EStG. 1641

---

1 Vor 2004.

2 Dem Anwendungsbereich des SchwarzArbG unterliegt damit einerseits die Tätigkeit des Arbeitnehmers oder selbstständigen Unternehmers (z.B. selbstständiger Handwerker, Bauunternehmer in der Form einer GmbH), andererseits die Beauftragung durch den Arbeit- oder Auftraggeber.

3 BT-Drucks. 15/2573, 19; *Wegner*, DB 2004, 758; *Kossens*, BB-Spezial 2/2004, 3.

4 BT-Drucks. 15/2573, 19.

1642 Wird im Privathaushalt eine **Putzhilfe** beschäftigt, liegt regelmäßig ein Arbeitsverhältnis vor.[1] Erhält die Putzfrau monatlich nicht mehr als 450 Euro[2], greift § 40a Abs. 2 EStG i.V.m. § 8 Abs. 1 Nr. 1 bzw. § 8a SGB IV.[3] Der Arbeitgeber muss eine pauschalierte Besteuerung bei der Bundesknappschaft anmelden und die entsprechende Lohnsteuer i.H.v. 2 % abführen. Unterlässt er dies, leistet er Schwarzarbeit.[4] Da die Putzfrau regelmäßig wegen ihres geringen Jahreseinkommens gem. § 56 EStDV keiner eigenen Erklärungspflicht unterliegt, verstößt sie nicht gegen das SchwarzArbG.

b) Ausnahmetatbestände

1643 Nach § 1 Abs. 3 SchwarzArbG unterfallen **nicht nachhaltig** auf Gewinn gerichtete Dienst- und Werkleistungen, die von **Angehörigen** oder **Lebenspartnern**, aus Gefälligkeit oder im Wege der Nachbarschafts- und Selbsthilfe erbracht werden, nicht dem Anwendungsbereich des SchwarzArbG.

1644 Gem. § 1 Abs. 3 Nr. 1 SchwarzArbG werden Leistungen, die von **Angehörigen** (§ 15 AO) oder Lebenspartnern erbracht werden, von der Schwarzarbeit ausgenommen.

1645 § 1 Abs. 3 Nr. 2 SchwarzArbG bestimmt, dass **Gefälligkeiten** nicht als Schwarzarbeit anzusehen sind. Darunter werden Tätigkeiten verstanden, die aufgrund persönlichen Entgegenkommens im Rahmen gesellschaftlicher Gepflogenheiten oder in Notfällen erbracht werden (z.B. Einkaufen für ältere Menschen).[5]

1646 Der Ausnahmetatbestand der **Nachbarschaftshilfe** gem. § 1 Abs. 3 Nr. 3 SchwarzArbG liegt vor, wenn die Hilfeleistung von Personen erbracht wird, die zueinander in persönlicher Beziehung stehen und in gewisser räumlicher Nähe wohnen.[6]

1647 In § 1 Abs. 3 Nr. 4 SchwarzArbG ist schließlich die **Selbsthilfe** gem. § 36 Abs. 2 und 4 des II. WoBauG und gem. § 12 Abs. 1 Satz 2 WoFG als letzte Ausnahme geregelt. Hierbei handelt es sich um Arbeitsleistungen, die zur Durchführung eines Bauvorhabens **vom Bauherrn selbst**,

---

1 *Krüger* in Schmidt, EStG, 35. Aufl. 2016, § 19 Rz. 20 f.
2 Bis 2012 400 Euro.
3 *Krüger* in Schmidt, EStG, 35. Aufl. 2016, § 40a Rz. 9.
4 Vgl. dazu auch BT-Drucks. 15/2573, 20.
5 BT-Drucks. 15/2573, 19; *Wegner*, DB 2004, 758.
6 BT-Drucks. 15/2573, 19; *Wegner*, DB 2004, 758; *Kossens*, BB-Spezial 2/2004, 4.

seinen Angehörigen oder unentgeltlich bzw. auf Gegenseitigkeit von anderen Personen erbracht werden (z.B. die gegenseitige Hilfe von Nachbarn oder Freunden beim Hausbau).

Gemeinsame Voraussetzung aller Ausnahmetatbestände ist, dass die 1648
Dienst- bzw. Werkleistung **nicht nachhaltig auf Gewinn ausgerichtet** ist. Das Gesetz stellt insoweit klar, dass insbesondere gegen geringes Entgelt erbrachte Tätigkeiten nicht nachhaltig in diesem Sinne anzusehen sind (§ 1 Abs. 3 Satz 2 SchwarzArbG). Entgeltlichkeit schließt das Vorliegen eines Ausnahmefalls also nicht per se aus.[1] Kleine Aufmerksamkeiten, wie z.B. 10 Euro für den rasenmähenden Nachbarsjungen, sind daher unschädlich.[2] Wo allerdings die genaue Grenze für ein derartiges „geringes Entgelt" zu ziehen ist, bleibt offen.

3. Die Schwarzarbeit betreffende Regelungen im UStG

Die Regelungen zur Schwarzarbeit werden durch **Rechnungslegungs-** 1649
pflichten nach dem UStG flankiert.[3] Um den „Ohne-Rechnung-Geschäften" zu begegnen, statuiert § 14 UStG – über die bereits bestehende Rechnungspflicht zwischen Unternehmern hinaus – auch eine Pflicht zur **Rechnungserstellung gegenüber Privatpersonen**. § 14 Abs. 2 Nr. 1 UStG schreibt vor, dass ein Unternehmer über steuerpflichtige Werklieferungen oder sonstige Leistungen im Zusammenhang mit einem Grundstück – auch bei einer Privatperson als Empfänger – innerhalb von sechs Monaten eine Rechnung zu erstellen hat. Diese Pflicht bezieht sich auf Bauleistungen, d.h. die Herstellung, Instandhaltung, Instandsetzung, Änderung oder Beseitigung von Bauwerken, sowie Erschließungsarbeiten und sonstige Dienstleistungen, wie z.B. Reinigungs-, Reparatur- oder Wartungsarbeiten.[4] Die Rechnung ist gem. § 14 Abs. 2 Nr. 1 UStG **innerhalb von sechs Monaten** ab dem Zeitpunkt der Ausführung der steuerpflichtigen Werklieferung oder sonstigen Leistung zu erstellen. Sie hat – neben den allgemeinen Pflichtangaben des § 14 Abs. 4 Satz 1 UStG – einen Hinweis auf die zweijährige Aufbewahrungspflicht des privaten Leistungsempfängers

1 *Kossens*, BB-Spezial 2/2004, 3.

2 *Wegner*, DB 2004, 758.

3 Art. 12 des Gesetzes zur Intensivierung der Bekämpfung der Schwarzarbeit und damit zusammenhängender Steuerhinterziehung. Zu den Neuregelungen ist bereits am 24.11.2004 ein BMF-Schreiben ergangen (BMF v. 24.11.2004 – IV A 5 - S 7280 - 21/04, BStBl. I 2004, 1122).

4 Vgl. dazu den Katalog: BMF-Schreiben v. 24.11.2004 – IV A 5 - S 7280 - 21/04, BStBl. I 2004, 1122, Rz. 10 ff.; Abschn. 14.1 Abs. 3 UStAE (Stand 15.12.2015); BT-Drucks. 15/2573, 34; *Huschens*, INF 2004, 658.

gem. § 14b Abs. 1 Satz 5 UStG zu enthalten.[1] Auch Nichtunternehmer oder Unternehmer, die eine Leistung für den nicht unternehmerischen Bereich verwenden, müssen Rechnungen, Zahlungsbelege oder sonstige beweiskräftige Unterlagen (z.B. schriftliche Angebote oder Kontoauszüge) bis zu zwei Jahre nach Ablauf des Jahres der Rechnungsstellung aufbewahren.[2] Bei Nichtbefolgung der Pflichten drohen gem. § 26a UStG Bußgelder.

IV. Behördliche Befugnisse bei Schwarzarbeit

1650 Um Schwarzarbeit aufzuspüren und zu verfolgen, hat der Gesetzgeber im Rahmen des SchwarzArbG einen umfassenden Katalog an **Verfahrensvorschriften** eingeführt.[3]

1. Zuständigkeiten

1651 Die Hauptzuständigkeit für die Bekämpfung der Schwarzarbeit in Deutschland liegt bei der **Zollverwaltung**. Gem. § 2 SchwarzArbG soll diese die erforderlichen Prüfungen zur Entdeckung von Schwarzarbeitsfällen durchführen. Dazu wurde in der Vergangenheit das Personal der bisher zuständigen Bundesanstalt für Arbeit und der Zollbehörden zu der sog. „**Finanzkontrolle Schwarzarbeit**" zusammengeführt.[4] Zur Durchführung ihrer Aufgaben werden die Zollbehörden nach § 2 Abs. 2 SchwarzArbG durch alle sonst betroffenen Behörden, z.B. Finanzbehörden oder die Bundesagentur für Arbeit, unterstützt. Dabei obliegt dem Zoll auch die Überprüfung von geringfügigen Beschäftigungsverhältnissen in Privathaushalten.[5] Ausgenommen von dem Zuständigkeitsbereich der Zollverwaltung sind allein gewerbe- und handwerksrechtliche Verstöße, deren Überprüfung nach § 2 Abs. 1a SchwarzArbG den nach Landesrecht zuständigen Ordnungsbehörden zugewiesen ist.

---

1 Vgl. BMF-Schreiben v. 24.11.2004 – IV A 5 - S 7280 - 21/04, BStBl. I 2004, 1122, Rz. 18 ff.; Abschn. 14b.1 Abs. 4 UStAE (Stand 10.8.2016); *Schmidt*, DB 2004, 1701; *Huschens*, INF 2004, 662.

2 Vgl. BMF-Schreiben v. 24.11.2004 – IV A 5 - S 7280 - 21/04, BStBl. I 2004, 1122, Rz. 26 f.; *Schmidt*, DB 2004, 1702; *Huschens*, INF 2004, 661.

3 *Wegner*, DB 2004, 758; PStR 2004, 117.

4 Diese Institution besteht aktuell aus 113 Standorten bundesweit, die 43 Hauptzollämtern angegliedert sind. Die zentrale Abteilung sitzt in Köln.

5 Dies war im ursprünglichen Gesetzesentwurf 2004 noch anders. Dort wurde die Prüfungsbefugnis den nach Landesrecht für die Verfolgung von Ordnungswidrigkeiten nach der HandwO bzw. GewO zuständigen Behörden übertragen, BT-Drucks. 15/2573, 4.

Eine Besonderheit bei der Zuständigkeit besteht, soweit überprüft werden soll, ob die **steuerlichen Pflichten** i.S.d. § 1 Abs. 2 Nr. 2 SchwarzArbG erfüllt werden. Für diesen Fall normiert § 2 Abs. 1 Satz 2 SchwarzArbG eine **vorrangige Zuständigkeit der Finanzämter**. Die Aufgaben der Zollbehörden beschränken sich in diesem Bereich auf ein Ausmaß, das ausreicht, um die Finanzämter über steuerlich relevante Sachverhalte informieren zu können.[1] 1652

2. Prüfungsbefugnisse

a) Allgemeines

Wesentliche Instrumentarien der Zollbehörden zur Bekämpfung von Schwarzarbeit sind die (weitreichenden) **Prüfungsbefugnisse** des SchwarzArbG. Problematisch ist, dass das Gesetz keine Aussage darüber trifft, unter welchen Voraussetzungen die Zollverwaltung und die sie unterstützenden Behörden die in den §§ 2 ff. SchwarzArbG normierten Prüfungen durchführen dürfen. Laut Gesetzeswortlaut handelt es sich um Prüfungen, die von **keinem Anfangsverdacht** oder auch nur hinreichendem Anlass abhängig sind.[2] Obwohl sicherlich in der Praxis die Anstrengung einer Prüfung nicht ohne Grund und Anlass durchgeführt wird, hat der Gesetzgeber insoweit – jedenfalls theoretisch – die Tür zum willkürlichen Eingriff geöffnet.[3] 1653

b) Überprüfung von Personen

Nach § 3 SchwarzArbG sind die Zollbehörden und die sie unterstützenden Behörden befugt, **in den Geschäftsräumen und auf dem Grundstück** von gewerblichen Arbeitgebern sowie auf dem Grundstück eines privaten Arbeitgebers tätige **Arbeitnehmer zu überprüfen**. Das Gleiche gilt für Auftraggeber von selbstständig tätigen Personen. Die Zollverwaltung darf dabei von den Arbeitnehmern bzw. selbstständig Tätigen Auskünfte über ihr Beschäftigungsverhältnis bzw. ihre Tätigkeit einholen, ihre Personalien aufnehmen und Einsicht in solche mitgeführten Unterlagen nehmen, von denen anzunehmen ist, dass sie im Zusammenhang mit der Beschäftigung stehen (z.B. Stundenaufzeichnungen). Nach § 3 Abs. 5 SchwarzArbG erstreckt sich die Prüfungsbefugnis auch auf Beförderungsmittel. Die Zollverwaltung ist also befugt, Personen 1654

1 *Wegner*, DB 2004, 759.
2 *Salditt*, BB-Spezial 2/2004, 1; *Wegner*, PStR 2004, 118.
3 Vgl. *Salditt*, BB-Spezial 2/2004, 1.

aus dem fahrenden Verkehr heraus anzuhalten und zu kontrollieren.[1] Solche Personenüberprüfungen sind nicht nur während der Geschäftszeit, sondern während der gesamten Arbeitszeit zulässig. Das bedeutet: **Sind Arbeiter vor Ort tätig, darf kontrolliert werden.**[2] Dies gilt nicht, wenn die Werk- oder Dienstleistung bei einem Dritten ausgeführt wird. Nach § 3 Abs. 2 SchwarzArbG ist in diesem Fall eine Kontrolle außerhalb der Geschäftszeit nur erlaubt, wenn der Dritte einwilligt.

c) Prüfung von Geschäftsunterlagen

1655 Innerhalb der Geschäftszeiten sind die Zollbehörden nach § 4 Abs. 1 SchwarzArbG ferner befugt, die Geschäftsräume und Grundstücke von gewerblichen Arbeitgebern und Auftraggebern zu betreten und dort **Einsicht in Lohn- und Meldeunterlagen, Bücher und sonstige Geschäftsunterlagen** zu nehmen. Außerdem besteht nach § 4 Abs. 2 SchwarzArbG das Recht, Einsicht in Unterlagen zu nehmen, aus denen sich die Vergütung der Dienst- und Werkleistungen ergibt.[3] Befinden sich die Unterlagen nicht beim Arbeit- oder Auftraggeber, sondern z.B. beim Steuerberater, besteht nach dem klaren Wortlaut des § 4 Abs. 1 SchwarzArbG, der wohl auch in den § 4 Abs. 2 SchwarzArbG hineinzulesen ist, kein Einsichtsrecht. Hier muss ggf. auf die Mittel der AO oder StPO zurückgegriffen werden. Schließlich normiert § 4 Abs. 3 SchwarzArbG die Befugnis, **Einsicht in erhaltene Rechnungen u.Ä. auch von Nichtunternehmern** zu nehmen, die **im Zusammenhang mit einem Grundstück erstellt** wurden (§ 14b Abs. 1 Satz 5 UStG). Hier stellt sich allerdings die Frage, wie diese Prüfung tatsächlich durchgeführt werden soll, wenn ausweislich der Gesetzesbegründung kein Recht zum Betreten der Wohnung besteht.[4] Die Behörden sind dann auch hier gezwungen, auf die Mittel der AO oder der StPO zurückzugreifen.

---

1 BT-Drucks. 15/2573, 22.

2 BT-Drucks. 15/2573, 22; *Wegner*, DB 2004, 759.

3 Hintergrund dieser Befugnis ist, dass nach Erkenntnis des Gesetzgebers Schwarzarbeit im gewerblichen Bereich regelmäßig nicht vollkommen verborgen geschieht. Subunternehmer stellen auch bei Schwarzarbeit Rechnungen aus, die bei den Haupt- oder Generalunternehmern ordnungsgemäß verbucht werden. Diese Rechnungen können als wertvolle Grundlage für Überprüfungen bei Subunternehmern dienen, indem die offizielle Rechnungssumme mit den Lohnaufwendungen verglichen wird. Vgl. BT-Drucks. 15/2573, 23; *Wegner*, DB 2004, 759; *Kossens*, BB-Spezial 2/2004, 5.

4 BT-Drucks. 15/2573, 23.

3. Duldungs- und Mitwirkungspflichten

Nach § 5 SchwarzArbG sind Arbeitgeber, Arbeitnehmer, Auftraggeber 1656
und Dritte, die bei einer Prüfung angetroffen werden, **zur Duldung und Mitwirkung verpflichtet**. Insbesondere haben die Arbeitgeber und Auftraggeber das Betreten der Geschäftsräume und des Grundstücks zu dulden. Auch Privatpersonen müssen nach § 5 Abs. 2 SchwarzArbG eine Überprüfung der Rechnungen im Zusammenhang mit dem Grundstück hinnehmen, ohne dass sie jedoch das Betreten der Wohnung akzeptieren müssen.[1] Besonderheiten gelten, wenn Ausländer von den Prüfungen betroffen sind. Diese sind nach § 5 Abs. 1 Satz 4 ff. SchwarzArbG verpflichtet, ihren Pass, Passersatz oder Ausweisersatz sowie ihre Aufenthaltsgenehmigung oder Duldung der Zollverwaltung vorzulegen. Ggf. können die Papiere einbehalten und an die Ausländerbehörden weitergeleitet werden.

4. Auskunftsverweigerungsrecht

Eine **Einschränkung bei der Mitwirkungspflicht** sieht § 5 Abs. 1 Satz 3 1657
SchwarzArbG vor. Danach können solche Auskünfte verweigert werden, die die verpflichtete Person oder eine ihr nahestehende Person (§ 383 Abs. 1 Nr. 1-3 ZPO) der Gefahr aussetzen, wegen einer Straftat oder Ordnungswidrigkeit verfolgt zu werden. Der Verpflichtete muss sich dabei ausdrücklich auf das **Auskunftsverweigerungsrecht** berufen. Wird von diesem Recht Gebrauch gemacht, können die Behörden weitere Maßnahmen nur auf Grundlage der StPO ergreifen.

5. Anonyme Werbemaßnahmen

Eine besondere Auskunftspflicht normiert § 7 SchwarzArbG für denje- 1658
nigen, der eine anonyme Chiffreanzeige veröffentlicht hat. Bietet diese Anhaltspunkte für Schwarzarbeit, ist der Veröffentlicher **von sich aus** verpflichtet, den Behörden **Name und Anschrift** des Auftraggebers der Anzeige zu **benennen**. Ein Auskunftsverlangen des Zolls ist nicht erforderlich.[2]

1 BT-Drucks. 15/2573, 23; *Wegner*, DB 2004, 759.
2 *Kossens*, BB-Spezial 2/2004, 5.

6. Interne Zusammenarbeit der Behörden

1659 Um die Bekämpfung der Schwarzarbeit zu optimieren, normiert § 6 SchwarzArbG eine enge Zusammenarbeit zwischen der Zollverwaltung und den sie unterstützenden Behörden. Dadurch entsteht ein umfassendes **Informationsnetzwerk.**[1] Die prüfungsbefugten Behörden sind verpflichtet, einander die erforderlichen Informationen einschließlich personenbezogener Daten und die Ergebnisse der Prüfungen zu übermitteln, soweit deren Kenntnis für die Erfüllung ihrer jeweiligen Aufgaben notwendig ist. Ferner ist die Zollverwaltung gegenüber den zuständigen Stellen zur Unterrichtung verpflichtet, wenn sie im Rahmen ihrer Prüfungen Anhaltspunkte für Gesetzesverstöße erkennt.[2] Dies gilt insbesondere gegenüber den Finanzbehörden.[3] Die Zollverwaltung und die Strafverfolgungsbehörden sind des Weiteren nach § 6 Abs. 2 SchwarzArbG befugt, bestimmte Datenbestände der Bundesagentur für Arbeit automatisiert abzurufen.

7. Datenbank

1660 Neben dem Informationsaustausch zwischen den Behörden steht der Zollverwaltung zusätzlich eine **eigene zentrale Prüfungs- und Ermittlungsdatenbank zur Verfügung**, die nach § 16 SchwarzArbG von der Finanzkontrolle Schwarzarbeit geführt wird. Die einzige Schutzmaßnahme bezüglich der gespeicherten Daten besteht in den Löschungspflichten nach § 19 SchwarzArbG.

8. Verwaltungsverfahren und Rechtsweg

1661 Nach § 22 SchwarzArbG findet für das Verwaltungsverfahren die **AO Anwendung**. Das bedeutet, dass dem Betroffenen die Rechtsbehelfe der AO zur Verteidigung gegen Maßnahmen der Zollverwaltung zur Verfügung stehen, während diese ihrerseits zur Durchsetzung von Verwaltungsakten auf die Zwangsmittel der AO zurückgreifen können. Für die gerichtliche Auseinandersetzung ist gem. § 23 SchwarzArbG die **FGO** anzuwenden.

1 Zu der Kritik vgl. *Salditt*, BB-Spezial 2/2004, 1.
2 In diesem Zusammenhang sei auch auf die Vorschrift des § 31a AO hingewiesen.
3 BT-Drucks. 15/2573, 24.

V. Strafrechtliche Sanktionen bei Schwarzarbeit

1. Anknüpfungspunkt Steuern, Steuerhinterziehung nach § 370 AO

Liegt Schwarzarbeit vor, ist regelmäßig der Straftatbestand der **Steuerhinterziehung** nach § 370 AO verwirklicht.[1] 1662

a) Lohnsteuerhinterziehung als Sonderfall

Die Lohnsteuer ist eine **besondere Erhebungsform** der Einkommensteuer der Arbeitnehmer. Gem. § 41a EStG ist der Arbeitgeber grundsätzlich verpflichtet, bis zum zehnten Tag des Folgemonats eine **Lohnsteueranmeldung** gegenüber dem zuständigen Betriebstättenfinanzamt abzugeben. Diese Lohnsteueranmeldung stellt gem. § 168 AO eine Steuerfestsetzung unter dem Vorbehalt der Nachprüfung dar. Macht der Arbeitgeber im Rahmen seiner Lohnsteueranmeldung unrichtige oder unvollständige Angaben, führt dies zu einer unvollständigen Steuerfestsetzung der Lohnsteuer i.S.v. § 168 AO und damit zu einer Steuerverkürzung i.S.v. § 370 Abs. 4 AO. Schon die Abgabe der falschen Anmeldung ist also für die Vollendung ausreichend. Unterlässt es der Arbeitgeber gänzlich, die Lohnsteueranmeldung abzugeben, führt dies als pflichtwidriges Unterlassen i.S.v. § 370 Abs. 1 Nr. 2 AO zu einer Steuerhinterziehung. Die unterlassene Zahlung, d.h. hier die unterlassene Abführung der Lohnsteuer, stellt allerdings keine strafbare Steuerhinterziehung dar. Sie ist lediglich als Ordnungswidrigkeit gem. § 380 AO sanktioniert. 1663

Für die Frage der möglichen Täterschaft einer Steuerhinterziehung ist zwischen der Handlungs- und Unterlassungsvariante zu differenzieren. Tauglicher Täter einer Steuerhinterziehung durch Unterlassen gem. § 370 Abs. 1 Nr. 2 AO ist allein derjenige, der nach den steuerlichen **Einzelgesetzen zur Steuererklärung verpflichtet** ist, mithin der Arbeitgeber bzw. das verantwortliche Organ des Arbeitnehmerunternehmens.[2] Eine Steuerhinterziehung durch Handeln gem. § 370 Abs. 1 Nr. 1 AO kann dagegen auch derjenige begehen, der nicht selbst zur Abgabe einer Steuererklärung verpflichtet ist. Wirken also Geschäftsführer und Buchhalter einer GmbH bei der Abgabe von unvollständigen Lohnsteueranmeldungen zusammen, kann der Buchhalter für die tatsächlich abgegebenen Steueranmeldungen als Mittäter bestraft werden; wird keine Steueranmeldung abgegeben, ist der Buchhalter da- 1664

---

1 Vgl. BT-Drucks. 15/2573, 19.
2 Vgl. § 14 StGB sowie §§ 34, 35 AO.

gegen nur als Teilnehmer strafbar.[1] Ferner kann die Abgabe einer falschen Lohnsteueranmeldung – wenn zusätzlich Gehaltszahlungen verschleiert werden – gleichzeitig eine **Beihilfe zur Einkommensteuerhinterziehung des Arbeitnehmers** darstellen.[2] Umgekehrt kann eine besondere Mitwirkung und Verschleierung durch den Arbeitnehmer auch eine Beihilfe zur Steuerhinterziehung des Arbeitgebers darstellen.

b) Privilegierung des § 50e Abs. 2 EStG

1665 Hinsichtlich des Straftatbestands der Steuerhinterziehung (§ 370 AO) genießen die Fälle der **Schwarzarbeit von geringfügig Beschäftigten in Privathaushalten** i.S.v. § 8a SGB IV eine erhebliche **Privilegierung**. Liegt ein geringfügiges Beschäftigungsverhältnis in einem Privathaushalt vor, muss der Arbeitgeber eine Pauschalversteuerung i.H.v. 2 % nach § 40a Abs. 2 EStG vornehmen. Die Nichtanmeldung dieser pauschalen Lohnsteuer würde grundsätzlich den Straftatbestand des § 370 Abs. 1 AO erfüllen. § 50e Abs. 2 EStG bestimmt, dass die Verletzung der Anmeldungspflicht dieser pauschalen Lohnsteuer bei Vorliegen der Voraussetzungen des § 40a Abs. 2 EStG lediglich als Ordnungswidrigkeit gem. § 378 AO verfolgt werden kann. Nach den Vorstellungen des Gesetzgebers gilt allerdings, dass die Privilegierung allein die Fälle der unterlassenen Lohnsteueranmeldung erfassen soll. Die Fälle des Handelns nach § 370 Abs. 1 Nr. 1 AO sollen weiterhin als Vergehen strafbar bleiben.[3] Der Wortlaut von § 50e Abs. 2 EStG enthält dies allerdings nur andeutungsweise.

2. Anknüpfungspunkt Sozialabgaben

a) Strafbarkeiten des Arbeitgebers (§ 266a Abs. 1 StGB)

1666 Nach **§ 266a Abs. 1 StGB**[4] macht sich strafbar, **wer als Arbeitgeber der Einzugsstelle Beiträge des Arbeitnehmers vorenthält**. Voraussetzung ist, dass Sozialversicherungsbeiträge (Kranken-, Renten-, Arbeitslosen-

---

1 Vgl. BGH v. 12.11.19863 – StR 405/86, wistra 1987, 147.

2 Vgl. nur BGH v. 20.3.2002 – 5 StR 448/01, wistra 2002, 221.

3 BT-Drucks. 15/2573, 36; *Loschelder* in Schmidt, EStG, 35. Aufl. 2016, § 50e Rz. 2.

4 Maßgebliche Bedeutung hat die Vorschrift vor allem für die zivilrechtliche Haftung. Die Krankenkassen versuchen regelmäßig, die Geschäftsführer des Arbeitgeberunternehmens nach § 823 Abs. 2 BGB i.V.m. § 266a Abs. 1 StGB persönlich in Haftung zu nehmen. Die Rechtsprechung tendiert hier zugunsten der Sozialversicherungsträger. Es ist aber zu beachten, dass diese die volle Be-

und/oder Pflegeversicherung) des Arbeitnehmers entstanden sind und diese vom Arbeitgeber nicht gezahlt werden. Die Beitragsansprüche der Versicherungsträger entstehen gem. § 22 SGB IV kraft Gesetzes. Dabei gilt im Sozialversicherungsrecht das sog. „**Entstehungsprinzip**", sodass – anders als bei der Lohnsteuerhinterziehung nach § 370 AO – nicht maßgeblich ist, ob tatsächlich ein Arbeitsentgelt ausgezahlt worden ist, sondern ob und in welcher Höhe der Anspruch auf Zahlung von Arbeitsentgelt entstanden ist.[1] Gem. § 28e SGB IV muss der Arbeitgeber die entstandenen Sozialversicherungsbeiträge einschließlich der Arbeitnehmeranteile an die zuständige Einzugsstelle zahlen. Die Arbeitnehmerbeiträge sind gem. § 23 Abs. 1 SGB IV in voraussichtlicher Höhe der Beitragsschuld am drittletzten Bankarbeitstag des Monats fällig, in dem die Beschäftigung oder Tätigkeit ausgeübt wurde. Unterlässt der Arbeitgeber die rechtzeitige Zahlung der Arbeitnehmerbeiträge, macht er sich nach § 266a Abs. 1 StGB strafbar, wenn sein Verhalten vorsätzlich ist. Insoweit genügt, dass er den tatsächlichen Zeitpunkt der Fälligkeit kennt und will oder wenigstens billigend in Kauf nimmt, dass die Zahlungen nicht erfolgen.[2] Zu beachten ist, dass im Falle der geringfügigen Beschäftigung keine Sozialversicherungsbeiträge des Arbeitnehmers entstehen. Die hier allein durch den Arbeitgeber zu zahlenden Beiträge zur Krankenversicherung und zur Rentenversicherung fallen nicht unter den Anwendungsbereich von § 266a Abs. 1 StGB.[3]

Ähnlich wie § 370 AO sieht auch § 266a Abs. 6 StGB eine **Regelung zur strafbefreienden Selbstanzeige** vor. Erforderlich ist, dass der Arbeitgeber im Zeitpunkt der Fälligkeit oder unverzüglich danach der Einzugsstelle schriftlich die Höhe der Beiträge mitteilt und darlegt, warum die Zahlung trotz ernsthaften Bemühens nicht möglich war. Werden die Beiträge dann binnen einer von der Krankenkasse zu setzenden Nachfrist gezahlt, tritt Straffreiheit ein. 1667

In **§ 266a Abs. 2 StGB** hat der Gesetzgeber eine Vorschrift über die Hinterziehung von **Arbeitgeberbeiträgen** zur Sozialversicherung geschaffen. Danach macht sich nunmehr strafbar, wer als Arbeitgeber gegenüber den Einzugsstellen über sozialversicherungserhebliche Tatsachen 1668

weislast hinsichtlich § 266a StGB tragen. Vgl. BGH v. 18.12.2012 – II ZR 220/10, wistra 2013, 234.

1 Ständige Rechtsprechung, s. BGH v. 18.12.2012 – II ZR 220/10, wistra 2013, 234.

2 *Fischer*, StGB, 63. Aufl. 2016, § 266a Rz. 23; Vgl. BGH v. 15.10.1996 – VI ZR 319/95, NJW 1997, 130 (133).

3 Vgl. aber § 266a Abs. 2 StGB.

keine, falsche oder unvollständige Angaben macht und dadurch **Arbeitgeberbeiträge vorenthält**. Entgegen § 266a Abs. 1 StGB wird somit nicht die bloße Nichtzahlung von Arbeitgeberbeiträgen unter Strafe gestellt, sondern vielmehr die fehlerhafte oder unterbliebene Information gegenüber den Einzugsstellen, d.h. die Verletzung von Mitteilungspflichten. Der Taterfolg ist das Vorenthalten der Arbeitgeberbeiträge. Wie dieses Tatbestandsmerkmal zu verstehen ist, hat der Gesetzgeber nicht erklärt. Es stellt sich die Frage, ob, in Anlehnung an § 266a Abs. 1 StGB, die Nichtzahlung der Arbeitgeberbeiträge, oder, in Anlehnung an § 370 AO, dem § 266a Abs. 2 StGB systematisch nachgebildet,[1] lediglich die unterbliebene oder nicht vollständige „Festsetzung“ in den Beitragsmeldungen zusätzliche Tatbestandsvoraussetzung sein soll. Wäre die Auslegung nach § 370 AO maßgebend, würde sich auch derjenige strafbar machen, der den Arbeitgeberbeitrag zwar fristgerecht zahlt, aber keinen Beitragsnachweis erbringt, d.h. keine „Erklärung“ abgibt.[2] Außerdem würde die Strafbarkeit von der Kenntnis der Einzugsstelle über die Entstehung der zugrunde liegenden Beitragsansprüche abhängen. So wäre keine Strafbarkeit gegeben, wenn der Arbeitgeber die erforderlichen Informationen zwar nicht in der gesetzlich vorgeschriebenen Form des Beitragsnachweises nach § 28f Abs. 3 SGB IV erbringt, sondern die Einzugsstelle in anderer Art und Weise, aber vollständig, informiert. Die Einzugsstelle wäre dann selbstständig zur Einziehung der Versicherungsbeiträge in der Lage (§ 28 h SGB IV). Eine echte Täuschung bzw. die Erregung eines Irrtums bei der Erhebungsstelle ist zur Tatbestandsverwirklichung nicht erforderlich.[3]

1669 Tauglicher **Täter** i.S.v. § 266a Abs. 2 StGB ist **nur der Arbeitgeber**. Die von diesem zu tragenden Beiträge zur Sozialversicherung müssen entstanden sein. Auch insoweit gilt das Entstehungsprinzip. Auf die tatsächliche Auszahlung von Lohn kommt es – worauf der Gesetzestext ausdrücklich hinweist – nicht an. Im Unterschied zu § 266a Abs. 1 StGB sind im Rahmen des § 266a Abs. 2 StGB auch die Arbeitsverhältnisse relevant, in denen allein der Arbeitgeber zum Tragen der Beiträge verpflichtet ist, mithin die Fälle geringfügiger Beschäftigung. Ausdrücklich **ausgenommen** von der neuen Strafvorschrift sind aber wiederum **geringfügige Beschäftigungsverhältnisse in Privathaushalten** nach § 8a SGB IV. Dies ergibt sich aus § 111 Abs. 1 SGB IV. Diese Vorschrift enthält eine Reihe von Ordnungswidrigkeitentatbeständen, die in der Ver-

1 *Laitenberger*, NJW 2004, 2703.
2 *Fischer*, StGB, 63. Aufl. 2016, § 266a Rz. 19 f.
3 *Fischer*, StGB, 63. Aufl. 2016, § 266a Rz. 21a.

letzung von Melde- und Aufzeichnungspflichten bestehen. In § 111 Abs. 1 Satz 2 SGB IV wird geregelt, dass der Verstoß gegen die vereinfachte Meldepflicht des „Haushaltsscheckverfahrens", das gem. § 28a Abs. 7 und Abs. 8 SGB IV für in Privathaushalten Beschäftigte gilt, allein über § 111 Abs. 1 Nr. 2a SGB IV als Ordnungswidrigkeit geahndet werden kann. Das Gesetz enthält hier gewissermaßen ein strafrechtliches **„Putzfrauenprivileg".**[1]

Als Tathandlung kommen grundsätzlich zwei Varianten in Betracht: 1670
Der Arbeitgeber macht der für den Einzug der Beiträge zuständigen Stelle (also regelmäßig der Krankenkasse) **unrichtige oder unvollständige Angaben** über sozialversicherungsrechtlich erhebliche Tatsachen oder der Arbeitgeber lässt die zum Einzug der Beiträge zuständige Stelle pflichtwidrig über sozialversicherungserhebliche Tatsachen **in Unkenntnis**, indem er insbesondere den Beitragsnachweis gem. § 28f SGB IV nicht einreicht. Problematisch ist die Einordnung einer **verspäteten Beitragsmeldung**. Hierin liegt grundsätzlich eine Pflichtverletzung i.S.d. § 266a Abs. 2 Nr. 2 StGB. Die Regelung zur „Selbstanzeige", § 266a Abs. 6 StGB, kommt jedoch noch nicht zur Anwendung. Wie bei der Steuerhinterziehung für den Bereich der Fälligkeitssteuern ist die verspätete Anmeldung als „Selbstanzeige" anzusehen, die bei späterer Zahlung die Strafbarkeit beseitigt. § 266a Abs. 6 StGB ist hier erweiternd so auszulegen, dass eine Fristüberschreitung bis zu zwei Wochen noch als „unverzügliche" Nacherklärung gilt und eine Darlegung zur ausgebliebenen Zahlung nach § 266a Abs. 6 Nr. 2 StGB nicht erforderlich ist.

Die Hinterziehung von Arbeitgeberbeiträgen zur Sozialversicherung 1671
war vor Einführung des § 266a Abs. 2 StGB allein über die Betrugsstrafbarkeit, § 263 StGB, sanktioniert. Eine **Straflücke** bestand jedoch für den Fall, dass der **Arbeitgeber gar keine Angaben machte** und mit seinem Unternehmen der zuständigen Krankenkasse vollständig unbekannt blieb. In diesem Fall fehlte es aufseiten der Krankenkasse an dem nach § 263 StGB erforderlichen Irrtum über das Bestehen von Beitragsansprüchen.[2] Diese Lücke wurde durch § 266a Abs. 2 StGB geschlossen.[3]

Gleichwohl kann es auch nach der neuen Rechtslage im Fall der Vor- 1672
enthaltung von Beitragsanteilen zur Sozialversicherung durch den Arbeitgeber zu einer Strafbarkeit wegen Betrugs kommen. Voraussetzung

1 Vgl. hierzu auch *Laitenberger*, NJW 2004, 2704.
2 BGH v. 4.2.1992 – 5 StR 11/92, wistra 1992, 141.
3 Vgl. BT-Drucks. 15/2573, 28.

ist, dass der **Arbeitgeber** gegenüber der zuständigen Krankenkasse als Einzugsstelle **unrichtige oder unvollständige Angaben über die bei ihm sozialversicherungspflichtig Beschäftigten macht.**[1] In diesem Fall erleidet die Einzugsstelle einen Irrtum und unterlässt aufgrund dessen die erforderliche Einziehung der Beiträge, was zu einem Vermögensschaden aufseiten der Versicherungsträger i.S.v. § 263 Abs. 1 StGB führen kann. Dabei ist allerdings zu bedenken, dass die unvollständige Beitragsmeldung gegenüber der Einzugsstelle nur dann zu einem Schaden des Versicherungsträgers i.S.d. § 263 StGB führt, wenn dessen Anspruch im Zeitpunkt der Erklärung werthaltig war. So scheidet eine Strafbarkeit wohl aus, wenn der Arbeitgeber bei der Erklärung bereits insolvent war.[2]

1673 Durch die Gesetzesnovellierung im Jahr 2004 hat sich eine Änderung der **Konkurrenzverhältnisse** zwischen § 266a und § 263 Abs. 1 StGB ergeben. Nach der bisherigen Rechtsprechung wurde die schlichte Vorenthaltung von Sozialversicherungsbeiträgen nach § 266a StGB a.F. bei Vorliegen der Betrugsvoraussetzungen (§ 263 StGB) verdrängt. Im Falle der Abgabe von unvollständigen Beitragsmeldungen war der Arbeitgeber somit allein nach § 263 StGB wegen Betrugs zu bestrafen. § 266a StGB wurde als allgemeinerer Auffangtatbestand verdrängt.[3] Mit den gesetzlichen Neuregelungen wollte der Gesetzgeber ausdrücklich eine Änderung dieses Konkurrenzverhältnisses herbeiführen.[4] Nunmehr geht § 266a StGB nach gefestigter Rechtsprechung generell (also Abs. 1 und der neu geschaffene Abs. 2) der Anwendung von § 263 StGB vor.[5] Seit der Änderung sind also die Fälle der Beitragsvorenthaltung – auch im Falle von unvollständigen Beitragsmeldungen – stets und vorrangig nach § 266a StGB zu bestrafen. Problematisch ist insoweit aber das Verhältnis zu den Privilegierungen für geringfügig Beschäftigte in Privathaushalten nach § 111 Abs. 1 Satz 2 SGB IV. Die Voraussetzungen des Betrugs dürften regelmäßig erfüllt sein, wenn der private Arbeitgeber unrichtige Angaben im Rahmen des Haushaltsscheckverfahrens macht. Obwohl der eigentlich vorrangige Straftatbestand des § 266a Abs. 2

---

1 Vgl. nur BGH v. 25.1.1984 – 3 StR 278/83, BGHSt 32, 236; BGH v. 13.5.1987 – 3 StR 460/86, wistra 1987, 290; BGH v. 12.2.2003 – 5 StR 165/02, NJW 2003, 1821, m.w.N.

2 Vgl. hierzu BGH v. 12.2.2003 – 5 StR 165/02, NJW 2003, 1824.

3 So zuletzt BGH v. 12 2.2003 – 5 StR 165/02, NJW 2003, 1821.

4 Vgl. BT-Drucks. 15/2573, 28 f.

5 BGH v. 24.4.2007 – 4 StR 558/06, NStZ-RR 2007, 236; BGH v. 20.12.2007 – 5 StR 482/07, wistra 2008, 180; BGH v. 18.5.2010 – 1 StR 111/10, wistra 2010, 408. Der Gesetzgeber verweist insoweit auf das Konkurrenzverhältnis von Subventionsbetrug (§ 264 StGB) und Steuerhinterziehung (§ 370 AO).

StGB gesetzlich ausgeschlossen ist, soll nach der Gesetzesbegründung der (verdrängte) § 263 StGB wieder aufleben.[1] Im Ergebnis wäre die Privilegierung demnach auf die Fälle des Unterlassens beschränkt. Strafrechtssystematisch ist dies wenig überzeugend, denn die Spezialität zweier Strafvorschriften führt grundsätzlich dazu, dass der allgemeine Straftatbestand (§ 263 StGB) verdrängt bleibt, wenn eine Strafbarkeit nach dem spezielleren Gesetz (§ 266a Abs. 2 StGB) infolge einer Privilegierung ausscheidet.[2] Es bleibt abzuwarten, ob die Rechtsprechung der Gesetzesbegründung folgen wird.

b) Strafbarkeit des Arbeitnehmers

In Betracht kommt im Wesentlichen eine Betrugsstrafbarkeit nach § 263 1674 StGB, wenn der Arbeitnehmer Leistungen aus der Sozialversicherung, wie z.B. Arbeitslosengeld bezieht. Insoweit liegt ein Betrug durch den Leistungsbezieher vor, wenn bei der Beantragung von Sozialleistungen falsche Angaben gemacht werden – insbesondere eine Tätigkeit als „Schwarzarbeiter" verschwiegen wird – und die Sozialversicherungsträger auf dieser Grundlage Zahlungen leisten, auf die der Empfänger eigentlich keinen Anspruch hat. Daneben liegt ein strafbarer Betrug durch Unterlassen vor, wenn der Leistungsempfänger nach der rechtmäßigen Beantragung von Sozialleistungen eine neue Beschäftigung aufnimmt, die einer weiteren Gewährung von Sozialleistungen entgegensteht. In diesem Falle ist der Leistungsbezieher nach § 60 Abs. 1 Nr. 2 SGB I dazu verpflichtet, die eingetretene Änderung der leistungsrelevanten Verhältnisse unverzüglich anzuzeigen. Wer diese Anzeigepflicht verletzt und weiter Sozialleistungen bezieht, macht sich wegen Betrugs strafbar.[3] Eine Betrugsstrafbarkeit ist ferner denkbar, wenn ein Verfahren zur Prüfung eingeleitet worden ist, ob der Leistungsempfänger bereits erhaltene Leistungen zu erstatten hat und der Leistungsempfänger seiner Mitteilungspflicht gem. § 60 Abs. 1 Satz 2 SGB I nicht nachkommt.[4]

---

1 Begründung des Regierungsentwurfs, BT-Drucks. 15/2573, 31 und 32.

2 Vgl. *Sternberg-Lieben/Bosch* in Schönke/Schröder, StGB, 29. Aufl. 2014, vor §§ 52 ff. Rz. 138 ff.

3 Ständige Rechtsprechung, vgl. nur grundlegend OLG Hamburg II v. 11.11.2003 – 104/03 - 1 Ss 150/03, II-104/03, 1 Ss 150/03, wistra 2004, 151; OLG Köln v. 17.12.2002 – Ss 470/02, StraFo 2003, 144; *Perron* in Schönke/Schröder, StGB, 29. Aufl. 2014, § 263 Rz.104a.

4 Vgl. hierzu OLG Hamburg II v. 11.11.2003 – 104/03 - 1 Ss 150/03, II-104/03, 1 Ss 150/03, wistra 2004, 151.

3. Ordnungswidrigkeiten

a) § 8 SchwarzArbG

1675 § 8 SchwarzArbG enthält eine **Zusammenfassung von Ordnungswidrigkeiten-Tatbeständen**, mit denen die eigentliche Schwarzarbeit i.S.d. Gesetzes mit Bußgeldern bis maximal 300 000 Euro geahndet werden kann. Die Tathandlung besteht jeweils in der Erbringung (bzw. dem Erbringenlassen) von Dienst- oder Werkleistungen in erheblichem Umfang unter Verstoß gegen bestimmte gesetzliche Meldepflichten (§ 60 Abs. 1 Satz 1 Nr. 1 SGB I, § 60 Abs. 1 Satz 1 Nr. 2 SGB I, § 8a AsylbLG, §§ 14, 55 GewO, § 1 HandwO). § 8 Abs. 4 SchwarzArbG regelt wiederum die negative Tatbestandsvoraussetzung, wonach die nicht nachhaltig auf Gewinn ausgerichteten und im persönlichen Umfeld erbrachten Leistungen von der Sanktionierung ausgeschlossen sind.

1676 Zentrales Merkmal der Ordnungswidrigkeiten nach § 8 SchwarzArbG ist die **Erbringung von Dienst- oder Werkleistungen in erheblichem Umfang**. Problematisch dabei ist, was unter der Bezeichnung „in erheblichem Umfang“ zu verstehen ist. Diese Formulierung ist aus § 1 Abs. 1 SchwarzArbG a.F. übernommen worden. Danach waren objektive Maßstäbe wie die Dauer, Häufigkeit, Regelmäßigkeit, Intensität der Arbeitsleistung und der für die Schwarzarbeit erforderliche Grad der Vorbildung entscheidend.

b) § 9 SchwarzArbG

1677 Der Gesetzgeber hat in § 9 SchwarzArbG einen **Auffangtatbestand** geschaffen für den Fall, dass Schwarzarbeit i.S.d. § 8 Abs. 1 Nr. 1 SchwarzArbG erbracht und dadurch bewirkt wird, dass dem Schwarzarbeiter eine Leistung nach den in § 8 SchwarzArbG aufgeführten Gesetzen zu Unrecht gewährt wird. Es handelt sich um einen Straftatbestand, der als Vergehen mit einer maximalen Freiheitsstrafe von bis zu drei Jahren ausgestattet ist. Die Vorschrift ist formal subsidiär zu § 263 StGB. D.h., wenn die Voraussetzungen des Betrugstatbestands vorliegen, tritt § 9 SchwarzArbG stets zurück. Es sind allerdings kaum Fälle vorstellbar, in denen der Schwarzarbeiter Sozialleistungen unter Verstoß gegen die Anzeigepflichten erhält, ohne dass dies den Straftatbestand des Betrugs erfüllt. Der Gesetzgeber hat insoweit darauf hingewiesen, dass für § 263 StGB der Nachweis der Bereicherungsabsicht problematisch sein könne.[1] Dass allerdings ein Schwarzarbeiter zwar

---

1 Vgl. Regierungsbegründung BT-Drucks. 15/2573, 25.

vorsätzlich Schwarzarbeit begeht, aber hinsichtlich der ihm zu Unrecht gezahlten Sozialleistungen ohne Bereicherungsabsicht handelt, ist in der Praxis kaum denkbar.

c) §§ 10, 11 SchwarzArbG

In den §§ 10 und 11 SchwarzArbG wird die illegale Beschäftigung von 1678
Ausländern geregelt. Tathandlung ist jeweils, dass ein Ausländer ohne die nach § 284 Abs. 1 Satz 1 SGB III erforderliche Genehmigung beschäftigt wird. § 10 SchwarzArbG setzt zusätzlich voraus, dass dies zu Arbeitsbedingungen geschieht, die in einem auffälligen **Missverhältnis zu den Arbeitsbedingungen vergleichbarer deutscher Arbeitnehmer** stehen.

d) § 8 Abs. 2 SchwarzArbG

Der Gesetzgeber hat in § 5 SchwarzArbG eine Reihe von **Duldungs-** 1679
und Mitwirkungspflichten geregelt, nach denen die Betroffenen zur Mitwirkung bei Prüfungshandlungen der Zollbehörden verpflichtet sind. § 8 Abs. 2 SchwarzArbG sanktioniert den vorsätzlichen oder fahrlässigen (!) Verstoß gegen diese Mitwirkungspflichten als Ordnungswidrigkeit. Diese Bußgeldtatbestände sind höchst problematisch. Denn nach dem verfassungsrechtlichen Grundsatz des „nemo tenetur" sind insbesondere die Personen, die tatsächlich Straftaten begangen haben, nicht zur Mitwirkung bei Ermittlungen gegen sich selbst verpflichtet.[1] Dieser Grundsatz gilt auch im Sozialversicherungsrecht.[2] Die Tatbestände sind deshalb so auszulegen, dass sie nicht gelten, soweit die Möglichkeit besteht, dass der betreffende Mitwirkungsverpflichtete im Falle der Mitwirkung eine eigene Straftat offenbaren müsste.[3]

---

1 Grundlegend der „Gemeinschuldnerbeschluss" des BVerfG v. 13.1.1981 – 1 BvR 116/77, BVerfGE 56, 37, 41 ff.

2 § 65 Abs. 3 SGB I.

3 § 65 Abs. 3 SGB I analog, zu den dortigen Grundsätzen vgl. *Seewald* in Kasseler Kommentar Sozialversicherungsrecht, § 65 SGB I Rz. 35 (Juni 2016).

Anlagen

Anlage 1: Ergebnisse der Steuerfahndung

	Von der Steuerfahndung erledigte Fälle			Vorläufig festgestellte Mehrsteuern (bis 2013 bestandskräftige Mehrsteuern)	Freiheitsstrafen in Jahren	Geldstrafen	Geldbeträge (§ 153a StPO)	Geldbußen
	Erledigte Fälle insgesamt	Durchgeführte Fahndungsprüfungen	Erledigte Amts- und Rechtshilfeersuchen					
2005	36195	27796	8399	€ 1658 Mio.	1569	€ 22,8 Mio.	€ 38,8 Mio.	€ 1,9 Mio.
Änderungen gegenüber Vorjahr in %	-3,1	-4,1	0,0	2,8	-3,4	-25,9	-8,1	-48,6
2006	35666	27070	8596	€ 1433,6 Mio.	2226	€ 23,7 Mio.	€ 27,1 Mio.	€ 6,4 Mio.
Änderungen gegenüber Vorjahr in %	-1,5	-2,6	2,3	-13,5	41,9	4,0	-30,2	230,8
2007	36309	27450	8859	€ 1603,8 Mio.	1794	€ 26,9 Mio.	€ 29,3 Mio.	€ 0,6 Mio.
Änderungen gegenüber Vorjahr in %	1,8	1,4	3,1	11,9	-19,4	13,4	8,0	-90,0
2008	31537	23909	7628	€ 1474,5 Mio.	1515	€ 25,9 Mio.	€ 39,1 Mio	€ 3,4 Mio.
Änderungen gegenüber Vorjahr in %	-13,1	-12,9	-13,9	-8,1	-15,6	-3,4	33,6	427,2

Anlagen

	Von der Steuerfahndung erledigte Fälle: Erledigte Fälle insgesamt	Durchgeführte Fahndungsprüfungen	Erledigte Amts- und Rechtshilfeersuchen	Vorläufig festgestellte Mehrsteuern (bis 2013 bestandskräftige Mehrsteuern)	Freiheitsstrafen in Jahren	Geldstrafen	Geldbeträge (§ 153a StPO)	Geldbußen
2009	31878	23674	8204	€ 1565,8 Mio.	1794	€ 30,1 Mio.	€ 42,3 Mio.	€ 2,1 Mio.
Änderungen gegenüber Vorjahr in %	1,1	–1,0	7,6	6,2	18,4	16,0	8,2	–38,2
2010	34186	26665	7521	€ 1745,7 Mio.	1585	€ 29,1 Mio.	€ 31,3 Mio.	€ 1,7 Mio.
Änderungen gegenüber Vorjahr in %	7,2	12,6	–8,3	11,5	–11,6	–3,5	–26,1	–20,0
2011	35592	27695	7897	€ 2228,6 Mio.	1684	€ 28,9 Mio.	€ 31,7 Mio.	€ 11,3 Mio.
Änderungen gegenüber Vorjahr in %	4,1	3,9	5,0	27,7	6,2	–0,7	1,5	574,6
2012	31655	23803	7852	€ 3079,6 Mio.	1937	€ 32,5 Mio.	€ 35,5 Mio.	€ 53,1 Mio.
Änderungen gegenüber Vorjahr in %	–11,1	–14,1	–0,6	38,2	15,1	12,5	11,9	369,5
2013	34183	24675	9508	€ 2051,2 Mio.	1866	€ 23,9 Mio.	€ 68,1 Mio.	€ 1,3 Mio.
Änderungen gegenüber Vorjahr in %	8,0	3,7	21,1	–33,4	–3,7	–26,4	91,8	–97,5

Anlage 1: Ergebnisse der Steuerfahndung

	Von der Steuerfahndung erledigte Fälle			Vorläufig festgestellte Mehrsteuern (bis 2013 bestandskräftige Mehrsteuern)	Freiheitsstrafen in Jahren	Geldstrafen	Geldbeträge (§ 153a StPO)	Geldbußen
	Erledigte Fälle insgesamt	Durchgeführte Fahndungsprüfungen	Erledigte Amts- und Rechtshilfeersuchen					
2014	40241	30024	10217	€ 2451,2 Mio.	1698	€ 25,3 Mio.	€ 45,0 Mio	€ 39,2 Mio.
Änderungen gegenüber Vorjahr in %	17,7	21,7	7,5	x	-9	5,7	-34,0	2939,7

Quelle: Statistik des BMF über die Verfolgung von Steuerstraftaten und Steuerordnungswidrigkeiten im Jahr 2014 vom 20.11.2015

Anmerkungen zu den Mehrergebnissen

1. Bemerkenswert sind die „Erfolge" der Steuerfahndung, die von der Verwaltung sorgfältig aufgezeichnet und veröffentlicht werden. Diese Zahlen bedürfen allerdings einer **kritischen Analyse**.
2. Offengelegt werden sollte, welche Mehrergebnisse **„echt"** sind und bei welchen Mehrergebnissen es sich nur um **Verschiebungen** handelt (bei denen es also nur um den richtigen Zeitpunkt der steuerlichen Erfassung geht; Beispiel: Zeitpunkt der umsatzsteuerlichen Erklärung von Bauleistungen in der Bauwirtschaft).
3. Interessant wäre es auch, das **Verhältnis** zwischen **ursprünglichem Anspruch** der Steuerfahndung und der **nachfolgenden tatsächlichen Realisation** kennenzulernen (hier liegt ein berechtigter Grund des Missbehagens und der Kritik; die Steuerfahndung schießt in der ersten Vermutung regelmäßig erheblich über das Ziel hinaus).
4. Schließlich sollten die Zahlen um die **nicht beitreibbaren Beträge** bereinigt werden. Dies sind nämlich insoweit keine echten Mehrergebnisse, als zum Beispiel in Insolvenz- oder Auslandsfällen häufig das Interesse fehlt, die Überschätzungen der Steuerfahndung auf das richtige Maß zurückzuführen.

Anlage 2: Muster einer Selbstanzeige

Selbstanzeige

An das Finanzamt Köln-Ost

usw.

Betr.: Eheleute Reuig

StNr. X/Y/Z

Herr Reuig

StNr. X/Y/B

Sehr geehrte Damen und Herren,

die Eheleute Reuig haben uns gebeten, Sie von folgenden Sachverhalten in Kenntnis zu setzen:

Folgende gewerblichen Einnahmen/Umsatzerlöse zum Regelsteuersatz sind in der Gewinnermittlung von Herrn Reuig bisher nicht enthalten:

2006	2007	2008	2009	2010	2011	2012	2013	2014	2015	2016
Euro	Euro	Euro	Euro	Euro	Euro	Euro	Euro	Euro	Euro	Euro
17.000	20.000	25.000	16.000	13.500	12.000	8.735	6.900	11.200	6.000	6.000

Die nicht erklärten Einnahmen/Umsatzerlöse verteilen sich im Jahr 2016 gleichmäßig auf die Voranmeldungszeiträume Januar bis Dezember 2016.

Mit freundlichem Gruß

Anmerkungen

1. Das Muster der Selbstanzeige soll aufzeigen, wie **gering** die **formalen Anforderungen** an eine Selbstanzeige sind. Die Selbstanzeige erfolgt aus der Perspektive des Beraters.

2. Der **Name** „Selbstanzeige" ist ebensowenig erforderlich wie eine reuige oder selbstbezichtigende Bemerkung.

3. Erforderlich ist die **Angabe** von **Zahlen**, die bestimmten Jahren zugeordnet werden, so dass eine sofortige Versteuerung möglich ist.

4. Bei der Bemessung des Mindestberichtigungszeitraums wird unterstellt, dass die Einkommensteuererklärungen jeweils im Folgejahr abgegeben wurden. Die Selbstanzeige wird im Beispielsfall Anfang Januar 2017 abgegeben (s. hierzu auch Rz. 243).

5. Bei der Umsatzsteuer sollte zusätzlich klargestellt werden, ob die Umsätze dem Regelsteuersatz oder dem ermäßigten Steuersatz unterliegen.

6. Im Hinblick auf das Jahr 2016 ist es ratsam, die zu korrigierende Voranmeldungszeiträume einzeln zu benennen bzw. die Umsätze entsprechend aufzuschlüsseln, da noch keine Jahressteuerfestsetzung erfolgt ist. Ferner sollten ggf. auch die laufenden Voranmeldungszeiträume des Jahres 2017 – sofern bisher unzutreffend angemeldet – korrigiert werden.

7. Frau Reuig wird ausdrücklich genannt, auch wenn nicht ihre Einkünfte betroffen sind, wenn in ihrem Fall Mittäterschaft bzw. Beihilfe denkbar ist.

Anlage 3: Muster einer Selbstanzeige in Stufen

Selbstanzeige in Stufen

An das Finanzamt Köln-Ost

usw.

Betr.: Eheleute Reuig

StNr. X/Y/Z

Sehr geehrte Damen und Herren,

die Eheleute Reuig haben uns gebeten, Sie von folgenden Sachverhalten in Kenntnis zu setzen:

1. Herr Reuig ist Inhaber einer Kundenbeziehung bei der X-Bank in Zürich (Schweiz). Diese Kundenbeziehung wurde dem Finanzamt bisher nicht offengelegt. Aus jener Kundenbeziehung erzielte Herr Reuig die folgenden, steuerlich bisher nicht erklärten Einkünfte aus Kapitalvermögen und sonstige Einkünfte bzw. Einkünfte aus privaten Veräußerungsgeschäften:

Jahr	Einkünfte aus Kapitalvermögen in Euro (§ 20 EStG)	Sonstige Einkünfte/ Einkünfte aus privaten VG in Euro (§§ 22, 23 EStG)	Einkünfte insgesamt in Euro
2006	30.000,–	15.000,–	45.000,–
2007	30.000,–	15.000,–	45.000,–
2008	30.000,–	15.000,–	45.000,–
2009	30.000,–	15.000,–	45.000,–
2010	45.000,–	5.000,–	50.000,–
2011	45.000,–	5.000,–	50.000,–
2012	45.000,–	5.000,–	50.000,–
2013	45.000,–	5.000,–	50.000,–
2014	45.000,–	5.000,–	50.000,–
2015	45.000,–	5.000,–	50.000,–

2. Die vorstehend angegebenen Besteuerungsgrundlagen sind vorläufig und geschätzt, wobei die Schätzungen eher zu hoch als zu niedrig erfolgt sind. Die Schätzungen erfolgten im Wesentlichen auf der Basis der von der Bank mitgeteilten Vermögensstände zum jeweiligen 31.12. und der weiteren Annahme, dass hierauf bezogene Einkünfte aus Kapitalvermögen i.H.v. x % sowie Einkünfte aus privaten Veräußerungsgeschäften i.H.v. y % erzielt wurden.

Wir werden die Bankunterlagen auswerten und die zunächst geschätzten Zahlen unter Vorlage der entsprechenden Unterlagen konkretisieren. Wir bitten hierfür um eine Frist bis zum ...

Mit stillschweigender Fristgewährung sind wir einverstanden.

Wir bitten, von Steuerbescheiden auf der Grundlage der geschätzten Zahlen Abstand zu nehmen. Die Eheleute Reuig sind gerne bereit, eine Abschlagszahlung auf die nachzuerhebenden Steuern zu leisten.

Mit freundlichem Gruß

Anmerkungen

1. Zur Selbstanzeige in Stufen s. Rz. 224 ff.

2. Die Abschlagszahlung ist nicht zwingend, jedoch zur Unterbrechung des Nachzahlungszinslaufs (s. auch Nr. 70.1. AEAO zu § 233a) ratsam.

Anlage 4: Instanzenzug

Instanzenzug der Steuerfahndung

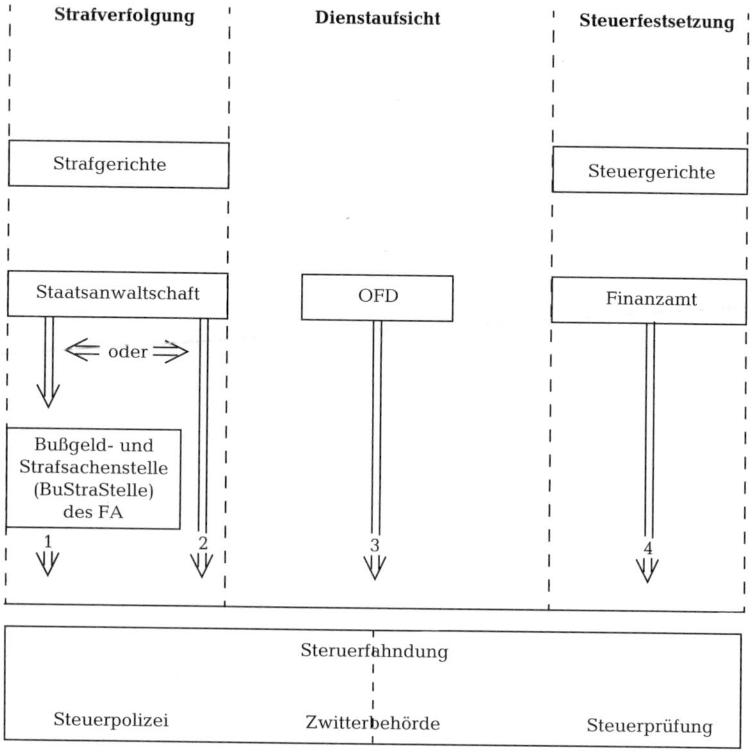

Die Steuerfahndung: Eine Unterbehörde mit vier Vorgesetzten (s. Rz. 33 ff.).

Anlage 5: Zeitlicher Ablauf

Typischer zeitlicher Ablauf eines Steuerfahndungsverfahrens

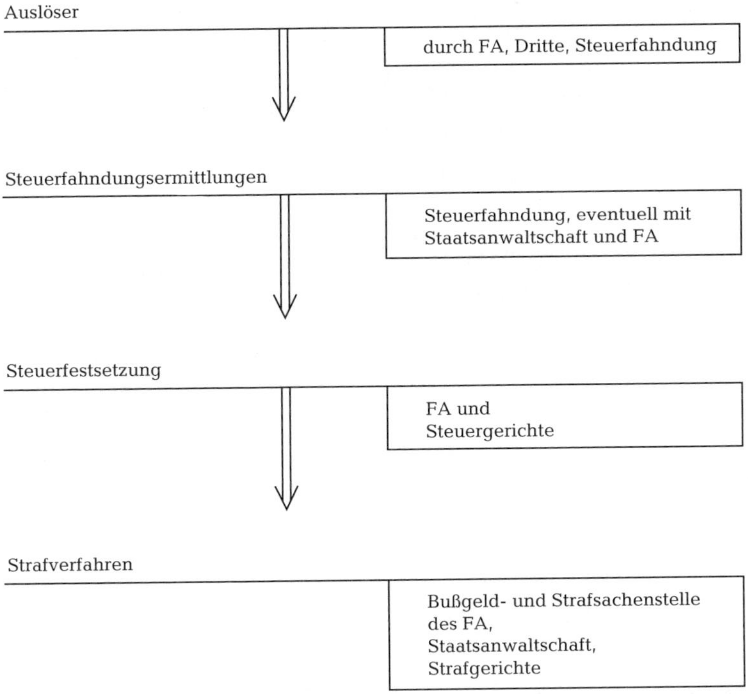

Stichwortverzeichnis

Zum Ausklang

Zum Ausklang: Heinrich von Kleist und das Steuerdelikt

Aus „Über das Luxussteueredikt"

Bruderherz!

Was klagst du doch über die, in dem Edikt vom 28ten Okt. d. J. ausgeschriebenen, neuesten Luxussteuern? Die Absicht und die Meinung, in der sie ausgeschrieben sind, lasse ich dahingestellt sein; sie ist eine Sache für sich. Die Auslegung aber kömmt dem Publiko zu; und je öfter ich es überlese, je mehr überzeuge ich mich, daß es dich und mich gar nicht trifft.

Es ist wahr, ich halte 2 Kammerdiener und 5 Bediente; Haushofmeister, Kutscher, Koch und Kunstgärtner mit eingerechnet, beläuft sich meine Livree auf 12 Köpfe. Aber meinst du deshalb (denn der Satz im Edikt pro Mann beträgt 20 Tl.), daß ich 240 Tl. an die Luxussteuerkasse entrichten würde? Mitnichten! Mein Gärtner ist, wie du weißt, eigentlich mein Vizeverwalter, der Koch, den ich bei mir habe, ursprünglich der Bäcker des Orts; beide sind nur nebenher Gärtner und Koch; der Kutscher, der Jäger auch, der Friseur nebst Kammerdiener und zwei Bediente sind, so wahr ich lebe, bloße Knechte, Menschen, die zu meinem Hofgesinde gehören und die ich, wenn es not tut, auf dem Feld oder im Wald brauche. Da nun das Edikt (§ II, 10a) sagt, daß Leute, die nur nebenher dienen, mehr nicht als die Hälfte des Satzes, und Knechte gar nichts zahlen, so bleibt für mich nur der Haushofmeister und zwei Bediente als steuerpflichtig übrig, macht (à 10 Tl.) 30 Reichstaler, oder drunter.

Ebenso, siehst du, mit den Hunden. In meinen Ställen, die Wahrheit zu sagen, befinden sich zwei auserlesene Koppeln; Doggen, die eine, echt englische, 17 an der Zahl, die andere besteht aus 30 Jagdkleppern; Hühnerhunde, Teckel und dergleichen rechne ich nicht. Aber meinst du, das Edikt sähe deshalb mich an mit 1 Tl. pro Hund? Mitnichten! Diese Koppeln gehören meinem Jäger; und da das Edikt (§ II, 10b) Hunde, die eines Gewerbes wegen gehalten werden, von der Steuer ausnimmt: so bleibt für mich nur, als steuerverfallen, ein Pudel von der norwegischen Rasse, ein Mops und der Schoßhund meiner Frau, macht (à Hund 1 Tl.) 3 Tl., mehr nicht.

Ein Gleiches gilt von den Pferden! – Zwar, wenn es Markt ist, fährt meine Frau mit den vier holstein'schen Rappen nach der Stadt; das schwarze Silbergeschirr steht den zwei jungen Apfelschimmeln nicht übel, und der Fuchs und der Braune gehn gut, wenn ich sie reite. Aber meinst du, daß dies darum, durch die Bank, Reit- und Kutschpferde wären, die ich, mit 15 Tl. pro Stück, zu versteuern hätte? Mitnichten! Die Pferde, das weiß jedermann, brauch' ich im Frühjahr und bei der Ernte; und da das Edikt (§ II, 10c) von Gebrauchspferden nicht spricht: so prallt die Forderung auch hieher von mir ab, und ich zahle nichts.

Endlich, was die Wagen betrifft! – Zwar die zwei englischen Batarden, die ich kürzlich gekauft, werde ich, ob ich sie gleich in Kreisgeschäften zuweilen brauche, mit 8 Tl. pro Stück, versteuern müssen. Aber den Halbwagen und die drei in Federn hängenden Korbwagen mit Verdeck? Mitnichten! Den Halbwagen, an dem ich kürzlich die Achse zerbrach, verbrenn' ich oder verkauf' ich; und von den Korbwagen beweis' ich, daß ich vergangenes Jahr Heu und Strauchwerk damit eingefahren und die 2 Fahrzeuge mithin Ackerund Lastwagen sind. Mithin geht der Kelch der Luxussteuer auch hier an mir vorüber; und es bleibt, außer den Batarden, nur noch eine zweirädrige Jagdkalesche übrig, die ich mit 5 Tl. (denn mehr beträgt es nicht) (§ II, 10d) zu versteuern habe.

Lebe wohl!